长株潭一体化三十五年
文献选编

张　萍 / 主编　　史永铭　胡亚文 / 副主编

Selection of 35 Years'
Changsha-Zhuzhou-Xiangtan Integration

社会科学文献出版社
SOCIAL SCIENCES ACADEMIC PRESS (CHINA)

张萍 ／1928年生于河北省藁城县（现为石家庄市的区）屯头村。1949年8月于华北大学（中国人民大学前身）学习结业南下工作，先后任湖南省行政学院、中共湖南省委党校经济学教员，湖南省社会科学院经济研究所所长、副院长、研究员，湖南省社会科学联合会主席团主席，湖南省人民政府科技顾问委员会委员，中国社会科学院特约研究员，中国区域经济研究中心副主任，湖南两型社会建设研究中心主任等职。

在科研上撰写、主编出版专著24部，发表论文200多篇，提出的多项建议均被省、区域、国家多个层面决策采纳。

除多项科研成果获奖外，先后被授予国家有突出贡献的专家享受国务院特殊津贴，湖南省优秀理论工作者，湖南省荣誉社会科学专家，获湖南第六届十大杰出经济人物特别贡献奖，获"改革开放30年湖南杰出贡献人物"荣誉称号，获"全国离退干部先进个人"荣誉称号，被评为"湖南文化强省建设有突出贡献先进个人"。

//长株潭"两型社会"展览馆外观 /

//长株潭"两型社会"展览馆序厅 /

///长株潭"两型社会"展览馆顶层设计厅 /

//长株潭"两型社会"展览馆阶段成果厅 /

// 长株潭"两型社会"展览馆阶段成果厅 /

// 长株潭"两型社会"展览馆阶段成果厅 /

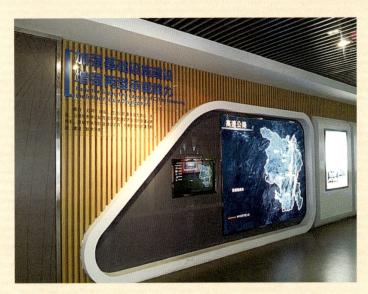

／／长株潭"两型社会"展览馆阶段成果厅 ／

／／长株潭"两型社会"国家未来展望厅 ／

／／长株潭湘江生态风光带长沙杜甫江阁／

／／风光带联接点长沙橘子洲青年毛泽东雕像／

／／株洲湘江风光带火车头广场 ／

／／株洲湘江风光带故事墙 ／

序　言

截至 2017 年，长株潭一体化的提出和实践已三十五年，长株潭是中国第一个推行综合改革试验的区域，具有重要的历史价值。三十多年来，其发展经历了一体化的提出及初步试验、以"五同"为主的一体化、以"两型社会"建设改革试验为主的一体化、多个试点示范的一体化，呈现突出的阶段性和典型性特点，对于我国处在不同阶段城市群一体化的发展具有重要的借鉴价值。从 2014 年开始推行的多个试点示范的一体化，对于现阶段和今后一个时期城市群一体化的发展具有重大的指导意义和现实价值。

习近平总书记先后视察了长株潭"两型社会"展览馆、长株潭湘江生态风光带，并给予高度评价。从时间、阶段、典型三个维度一体来看，长株潭一体化有些特质是其他城市群所没有的。如只有长株潭"两型社会"建设改革试验区的经验在全国得到推广，在全国城市群中只有长株潭是以群体为单位获批国家自主创新示范区的。

为此，笔者主持编辑出版这一具有历史意义和全国意义的传世之作——《长株潭一体化三十五年文献选编》，这也是中国第一部城市群历史文献。

笔者用了近一年时间，搜集到相关材料超过 1000 万字，以国家和湖南省出台的长株潭一体化有关文献、长株潭一体化推进会议的文献及长株潭合作协议为准，本书共选录文献 104 篇。以时间为序，包括长株潭一体化的提出及初步试验（6 篇）、以"五同"为主的一体化（20 篇）、以"两型社会"建设改革试验为主的一体化（52 篇）、多个试点示范的一体化（27 篇）四个部分，集中反映了长株潭由一个大中城市群发展成为湖南发展的核心增长极、长江中游重要的增长极和迈向中西部新的增长极的跨越式发展的历程。

张萍

2017 年 12 月

目　录

第一编　长株潭一体化的提出及初步试验

第二编　以 “五同” 为主的一体化

第三编　以 "两型社会" 建设改革试验
为主的一体化

第四编　多个试点示范的一体化

第一编
长株潭一体化的提出及初步试验

在湖南省人民政治协商会议第四届
第六次会议上省政协委员张萍提出
关于长株潭一体化建设的建议*

1982 年 12 月 28 日

　　1982 年 12 月 28 日上午，省经济学会副理事长张萍委员就关于建立省经济研究中心和体制改革等提出了三点建议，引起了与会者的浓厚兴趣。湖南省过去经济效益差，经济建设上的一些错误，主要是长期受'左'的错误影响造成的。但是，在生产力布局、综合经济区划、重大经济政策等宏观决策上，没有从战略上进行综合性的调查研究和科学论证，盲目性大，是一个重要原因。为了适应全面开创社会主义建设新局面的需要，加强经济科学和管理科学的研究和应用，成立湖南省经济研究中心是十分必要的。

　　第二点建议是：进行行政管理体制和经济体制改革的综合试点。他说："改革经济体制，是全面提高经济效益，实现宏伟战略目标的重要保证。但是经济体制和行政管理体制是相互联系、相互制约的。建议把改革行政管理体制同改革工业体制，如企业的改组联合，改革流通体制和建立以城市为依托的经济区，综合起来进行综合规划、综合试点。如果离开经济体制的改革和建立以城市为依托的经济区，行政管理体制的改革就会失去依据和意义；如果不同改革城乡分割、条块分割的行政管理体制紧密结合，经济体制也改不动，许多合理的事情就办不通，经济结构的合理化也难以实现。由于这种改革牵动面广，难度相当大，建议组织经济研究机构和有关部门的同志，一起进行调查研究，提出几种综合改革试点方案，征求各方面的意见和讨论，从中选择最佳方案，有步骤地进行改革试验，摸索经验，然后逐步推广。"

　　第三点建议是：把长沙、株洲、湘潭在经济上联结起来逐步形成湖南综合经济中心。他说："以城市为依托建设各种不同类型的经济区，从全省来说，应该根据经济条

---

　　* 此件原载 1982 年 12 月 30 日《湖南日报》和 1983 年 1 月 3 日湖南省政协第四届第六次会议简报。

件，有一个能够发挥多种经济功能的综合经济中心。长沙市是省会，科学文化、金融、贸易比较发达，但工业基础较薄弱，难以承担综合经济中心的作用。而长、株、潭各相距四十公里左右，地理位置相距很近，是自然形成的一个区域城市群。如果把三市建设成具有明确的分工，各有其自身特点的经济区，互相补充，联结成一个有机的综合经济体，就会具有工业基础比较雄厚、门类比较齐全，协作面广，贸易发达，交通使利，信息灵通，科技力量集中，各种基础设施比较齐全等特点。它能在我省经济发展中，通过各种渠道，发挥工业中心、科技中心、金融中心、贸易中心、情报中心和服务中心等经济综合功能的作用，这对于带动全省城乡经济的发展，逐步形成以城市为依托的多层次的合理的经济网络，促进"四化"建设，有十分重要的作用。"

中共湖南省委常委第六十六次会议纪要

——关于建立长沙、株洲、湘潭经济区的问题[*]

11月10日下午，省委、省政府领导同志召开会议，听取了省社会科学院副院长张萍同志关于建立长沙、株洲、湘潭经济区建议方案的汇报。这个方案的主要内容包括以下几点。

（1）建立经济区的基本依据和意义。长株潭三市是沿湘江中下游自然形成的一个"品"字形城市群体，两两相距最远为51千米，最近38千米，有着不可分割的经济联系。联合起来可以形成带动全省城乡商品经济发展的多功能的综合经济中心。三市是我省最发达的经济地带。工农业总产值为全省的29.1%，工业总产值为全省的36.26%。交通方便，湘江贯流三市，通过长江可达重庆、上海；京广、湘黔、湘赣等铁路在此交会，株洲是我国八大铁路枢纽之一，有四条公路国干线通过本区，长沙是中南地区重要的航空港。三市联合可以在全省形成和发挥工业中心、贸易中心、交通中心、金融中心、信息中心、科技中心等多功能的综合经济中心的作用，为发展全省的城乡商品经济服务，成为振兴我省经济的基地，新技术、新产品开发中心，带动全省经济腾飞的"龙头"。同时，从地理位置上看，三市北是武汉，南是广州，东是上海，西是重庆，地处江南腹地，四方交汇之点，联合起来在全国经济网络的总体格局中也具有重要的战略作用。三市可以联合实行"内联外扩""外引内联"的方针，形成强大的经济活力，对外（国外、省外）既可增强吸引力，又可增强竞争力；既可加快我省"四化"的发展，也可促进邻近省区经济的发展。此外，三市都有共同的区域性问题要解决。如能源的开发和引进，提高资源和能源的综合利用率，湘江水域污染的治理，城镇体系和工业的合理布局，现有工业的技术改造和改组联合，新产品的开发，对外经济技术合作，等

　＊　此件原载1982年12月30日《湖南日报》和1983年1月3日湖南省政协第四届第六次会议简报。

等。客观上都需要从三市作为统一的城市群的角度，统筹规划解决，才能获得较好的社会经济效益。

（2）性质和内容。经济区是以长株潭大中城市群为依托的开放式、网络型的区域经济发展的联合组织。首先要联合抓好规划和改革。要根据三市的特点，制定经济区的总体发展战略和中长期规划。三市可联合选择有利于引进外资和技术的地方搞经济开发区。三市的改革要有统一的部署和政策，时间可以有先有后，但应注意相互调节。

（3）原则和组织形式。建立经济区应当遵循扬长避短、形式多样、互利互惠、共同发展的原则。其组织形式：一是建立经济区的经济技术开发协调会议，作为三市最高联合的经济组织；二是建立三市的机械、电子、冶金、化工、建材、纺织、食品等行业协作会议或联席会议；三是建立三市的物资、信息、科技、人才等交流中心和网络。四是设立长株潭经济区规划办公室，省直经济综合部门亦抽人参加，负责经济区协调会议的日常工作。

会议认为，张萍同志关于建立长沙、株洲、湘潭经济区的建议是可行的，并议定了以下几点。

（1）建立长株潭经济区，可以通过联合和规划，取长补短，发挥综合的经济技术优势，对内增强内聚力，对外增强竞争力和吸引力。同时把三市建设成湖南的多功能的综合经济中心，对于带动全省城乡商品经济的发展，加速我省"四化"建设，也关系极大，因而要把建立和搞好长株潭经济区作为振兴湖南经济的战略重点，省直各有关部门都要给以支持。

（2）要从长远着眼，近期见效着手立足开发；要面向全省、面向全国、面向世界、面向未来；又要从近期见效快、收效大的经济技术联合和开发的项目人手，边规划边行动；要勇于探索，敢于改革，扎实工作，开拓前进，探索出一条发挥城市中心作用的新路子。

（3）建立长株潭经济区规划办公室。筹备工作由陈邦柱同志牵头，具体组织工作由翁辉、张萍同志负责。办公室由省综合经济部门、省社会科学院和长、株、潭三市各抽 1～2 人组成，负责经济区的日常工作。

（4）建立长株潭经济区经济技术开发协调会议制度。会议由省综合经济部门领导 3～4 人，三市包括党政领导在内的各 3 人参加，至少每年召开一次，轮流主持。由会议所在市负责筹备工作，并请该市的一名主要领导担任主席。第一次会议拟于明年春在长沙市召开。

（5）所需的经费，由省财政厅拨款 1 万元，长、株、潭三市各拨款 5000 元解决。

中共湖南省委办公厅

1984 年 12 月 18 日

附方案：

关于建立长株潭经济区的方案*

一 建立长株潭经济区的依据和意义

现代城市是商品经济发展的产物。随着社会分工和商品交换的扩大，逐步形成了具有贸易集散中心，生产协作中心，交通运输中心，金融信贷中心，科技交流中心，信息情报中心等综合性功能或单一性功能的城市；同时，它又是在发挥经济中心作用，为发展商品经济提供各种服务的过程中得到发展的。城市，从其本质上说，是开放型的经济社会综合体。社会主义经济是计划性和商品性相统一的经济。以城市特别是大、中城市为依托，逐步形成不同规模的，开放式、网络型的经济区，既打破了条块分割、城乡分割，沟通和加强了横向的经济联系，又有利于加强宏观计划的指导，是社会主义有计划的商品经济发展的客观要求，是对我国现行经济管理体制的重大改革。

从我省的省情来说，首先需要建立长株潭经济区。这是由于：

第一，长、株、潭三市是沿着湘江中下游自然形成的一个"品"字形的城市群体，两两相距 30～50 公里。较之大的中心城市同其卫星城镇的距离还要近得多。从历史和现实看，都有着不可分割的经济和社会的联系，实际上是一个城市综合体。

第二，三市联合可以形成能够带动全省城乡商品经济发展的多功能的综合经济中心。三市是我省经济最发达的核心地带。1983 年，三市的工农业总产值 105.63 亿元，为全省的 29.1%，工业总产值 74 亿元（不含军工），为全省的 36.25%；完成社会零售总额 32.5792 亿元，为全省的 26.08%；完成外贸收购总额 4.6691 亿元，为全省的 40%；全民所有制单位各类科技人员 93，990 人，为全省的 1/3，其中中级以上科技人员 18，115 人，为全省的 50.5%。从交通看，湘江贯流三市，北入洞庭，通过长江可连武汉、重庆、上海，京广、湘黔、浙赣等铁路在此交汇，株洲是我国八大铁路运输枢纽之一，有四条公路国干线交叉通过本区，以及有可直达十四个大中城市的空运航线，交通运输十分方便。三市联合可以在全省形成和发挥工业中心、贸易中心、交通中心、金融中心、信息中心、科技中心等多功能的综合经济中心的作用，为发展全省的城乡商品经济服务，成为我省振兴经济的基地，新技术、新产品的开发和推广的中心，带动全省经济腾飞的"龙头"。同时，三市在加强为全省商品经济发展服务的过程中，才能得

---

* 此方案系张萍1984年7月完成，报中共湖南省委、省政府领导。

到更快的发展。

第三，三市联合在全国经济网络的总体格局中也具有重要的战略位置。从地理上看，三市北是武汉，南是广州，东是上海，西是重庆，地处江南腹地，四方交汇之点。从经济实力看，三市如果不联合成一个经济综合体，就省会长沙市来说，在全国城市中也只能排在第30位以后。如果联合成一个城市群体来计算，1983年三市工农业总产值达105.63亿元，在全国中心城市中可排第9名；城区工业总产值62亿元，接近重庆，高于成都、哈尔滨、西安、杭州、兰州、长春、太原、福州，可排第11名；城区总人口达153.77万人，可排第9名。三市联合实行"内联外挤、外扩、外拓"和"内联外引"的方针，形成强大的经济合力，对外（国外、省外）既增强吸引力，又增强竞争力，既可加快我省"四化"建设的发展，也可促进邻近省区经济的发展。

第四，三市面临着许多需要共同解决的重大的经济社会问题。由于三市有着一个自然形成为城市群体的地理位置和紧密的经济社会联系，许多重大的经济社会问题诸如克服能源的限制，湘江水域污染的治理，城镇体系和工业的合理布局，现有工业的改组联合和技术改善，对外经济技术合作，等等，客观上都需要统筹规划解决，才能获得较好的社会经济效益。

二 长株潭经济区的性质、目标和原则

长、株、潭经济区，是以长沙、株洲、湘潭大中城市群为依托的，开放式、网络型的区域经济联合体。所谓开放式，即它不是新的块块，不仅三市之间是开放的，也欢迎外省其他地、市以及外省、市、区参加协作和联合；所谓网络型，即它不是一级行政层次，而是打破行政区划，把横向的经济联系用网络联结起来的经济联合体。

明确经济区的性质，需要分清经济区同行政区，以及过去的协作区的区别。

第一，行政区、协作区都是按行政区来划分的。经济区的特点是以中心城市为核心，根据城市的经济功能及其经济实力所辐射的区域范围来划分的。它既具有相对的稳定性，又随着中心城市的经济实力和辐射范围的变化而变化。而且经济区是一个开放的系统，在分工协作下，各个经济区之间存在着互相交织、渗透，形成犬牙交错的状况。同时，由于中心城市经济实力的大小和紧密联系的区域范围不同，不同的中心城市及其所联系的区域又有不同的特点，因而经济区也就有不同的规模、类型和层次。

第二，行政区、协作区，都是一级行政机构、行政层次。经济区是一种区域性的经济联合体，它也需要采取适当的组织形式，设置必要的工作机构，但它不是一级行政机构和行政层次，而是一种联合、协商和协调性质的。

第三，行政区、协作区主要是采用行政手段，经济区主要是用经济办法，通过组织各种经济网络、主要是横向的经济网络系统联结起来。

根据经济区的性质，长株潭经济区的原则应当是：平等互利，自愿协商，形式多样，共同发展。实行这一原则的关键，一是平等协商，一是互惠互利。也就是说，在平等协商、互惠互利的基础上，发展多方面、多层次、多渠道、多形式的联合，形成经纬交织的经济网络。

从长、株、潭区域经济的实际出发，应当把它建设成具有内陆省特色的综合型的经济区。其主要目标是：充分发挥长、株、潭这一城市群组织生产和流通的多功能综合中心的作用，变条块分割为条块结合，变城乡分割为城乡结合，形成和发挥出经济"内联外挤"和"内联外引"的综合优势，统筹开发和利用自然资源、经济资源、社会资源，促进地区经济结构和生产力布局的合理化，提高区域的社会综合经济效益，使整个经济区经济的发展能够提前实现"翻两番"的战略目标，并把全省经济带活。

三 长株潭经济区建设的基本途径和措施

组建长、株、潭经济区从何着手？应根据从长远着眼、近期见效着手、立足开发的指导思想，采取一些有效的措施和过渡的办法。主要是：

第一，联合。组织联合是建立经济区的首要步骤。经济区体制的形成，是发展多种形式的横向经济联合，组织各种经济网络的结果。比如，在工业方面，可在三市的机械、电子、冶金、纺织、化工、建材、食品等优势行业，围绕发展名优产品，开发新产品、新技术和原有企业的技术改造，以及深度加工和综合利用，发展多种形式、多层次的联合，逐步建立企业联合体和行业协作会议或联席会议。与此同时，逐步组织科技协作网络，商品流通（包括物资协作）网络，综合运输网络，邮电通讯网络，经济信息网络，金融信贷网络等。根据三市的特点，从最迫切、最需要、优势最明显的方面开始，需要共同解决什么问题，就先在那个方面联合起来，逐步扩大。组织横向联合的过程，也就是一个打破条块分割的过程，对现行经济管理体制改革的过程。

第二，规划。为了避免新的重复建设、盲目的发展，使三市能够扬长避短、相互取长补短，在充分发挥三市的特点和优势的基础上，形成经济区的配套的综合优势，同时组装新的区域优势，提高区域的综合经济效益，需要根据三市的特点，共同制定出经济区的总体发展战略，在条条和块块规划的基础上，通过协调，制定出区域的中长期发展规划。

第三，联合建立经济技术开发区。为了加速我省"四化"建设的发展，需要进一步扩大对外经济技术交流和合作，在我省设置经济技术开发区。长、株、潭经济区是我省经济发达的核心地带，不论是工业基础，还是交通、电信、经济、金融、商业等方面的条件，都是设置经济技术开发区条件较好之处。一个城市单独搞，势力单薄。三市联合搞，可以做到投资少，上得快，收到事半功倍的效果。可以在三个市的结合部划出一块作经济开发区，也可在三市区域中选择其他更适当的地方，提出几种方案，经过论证，选择有利于引进外资和技术的最佳方案。

四　长株潭经济区的组织形式

经济区不是一个行政层次，但也必须建立一种有权威的协调会议制度和建立协调机构，以统筹、协调、规划需要共同解决的重大的经济社会科技问题。经济区协调会议的主要任务是：

第一，依据党的十二大提出的总任务、总目标的要求，商讨、协调和制定经济区的搞活经济、对外开放、鼓励联合和发展科学技术的共同性的政策措施，以加快区域的"四化"建设的发展，提高区域的综合经济效益，使三市人民尽快地富裕起来。

第二，依据扬长避短，互惠互利的原则，从三市的实际情况出发，研究和解决在生产、流通、科技等领域，打破行政区域和企业隶属关系的界限，加强横向的经济联系，按照经济合理的原则，由浅入深，由易到难，由低级到高级逐步推进各种形式的联合，组织合理的经济网络。

第三，在国家计划指导下，广泛开展经济区内外的多边的社会经济和科学技术的协作活动，研究和探讨如何发挥三市城市群体在全省的综合经济中心作用，加强为发展全省城乡商品经济服务的综合功能。

第四，从三市的社会自然条件、经济基础和特点出发，依据生产力合理布局的客观要求，协调三市的国民经济发展五年计划和长远规划，制订区域的经济社会科技发展规划。

经济区协调会议的最高组织形式和决策机构是市长联席会议。市长联席会议由三市市长和长株潭经济区规划办公室负责人组成。会议至少每年举办一次，实行轮流坐庄、协商一致的原则，即轮流在三市举行，由会议所在市的市长担任主席。

经济区协调会议的经常工作协调机构，为长、株、潭经济区规划办公室。办公室由省的有关部门和三市各抽一定的人员组成，规划办公室负责人由省从有关部门选派能够超脱于条块利益，便于协调各方面经济关系的人担任为宜。

长株潭经济区规划办公室1986年
工作总结报告

1986 年 9 月 10 日

省委、省人民政府：

在我国城市经济体制改革试点工作刚刚起步的时候，省委常委于 1984 年 11 月 10 日举行了第 66 次会议，听取并采纳了省社会科学院副院长张萍同志关于建立长株潭经济区的建议。1985 年 1 月和 4 月，陈邦柱副省长先后两次主持召开了长沙、株洲、湘潭三市市长会议；3 月，长株潭经济区规划办公室组成并开始办公。一年多来，我们着重抓了经济区的横向经济联合工作。现将前段工作情况和今后工作意见报告如后。

一 横向经济联合正在经济区全方位展开

长株潭经济区的横向经济联合是从 1985 年初开始的，一年多来有了很大发展，出现了全方位展开的新形势：城市联合、行业联合、企业联合互相促进，生产联合、贸易联合、金融联合、运输联合交叉展开，城乡联合、军民联合同步进行，区域联合、区际联合连成一体。三市先后有机械、交通、邮电、商业、银行、城建等 12 个部门行业，举行了负责人联席会议，实行了部门行业联合。据三市不完全统计，到今年六月底止，三市共组建了各种形式，各种内容的经济联合体 379 个，其中已到工商行政管理部门登记注册的新型企业集团 65 个。株洲市有 64.9% 的乡镇企业参加了各种企业联合体。全方位开展的横向经济联合已经办成了一些联合前无法办成的大事、难事和新事。

（一）金融业突破了纵向的封闭的资金管理体制，初步形成了横向的资金市场雏形

各市的工商银行之间、农业银行之间、工商银行与农业银行之间先后实行了联合，

协力办了三件事：第一，实行了银行结算票据的直接交换。在三市交叉点易家湾设立了长株潭经济区银行票据交换站，有三市工商银行的 51 个行、处参加，结算资金日平均金额二千多万元，票据在途时间由原来邮寄的 2～3 天缩短为 1～2 天，一年可为企业增加流动资金约 3000 万元，减少企业利息支出 240 多万元，可年增产值 1.2 亿元，新增利税 2000 万元。这项改革受到了广大企业的普遍欢迎。现在三市农业银行已决定参加这个票据交换站。第二，实行了银行间的资金融通。各银行在资金利用上存在着时间差、项目差、地区差，在条块分割的银行体制下，有的银行资金严重不足，有的银行有大量资金用不上。为了解决这个问题，长、株、潭、衡、邵五市农业银行实行了跨地区的资金调剂、拆借，1986 年资金调剂计划总额为 2.16 亿元，以周转 3.2 次计算，其绝对调剂额为 6700 万元，相当于五市农业银行今年新增贷款规模的 36.9%。仅四、五两个月实际调剂资金 6700 万元，融通面达 20 个县。第三，三市决定联合进口美国 4381 - 2 中型计算机，以形成三市银行业务处理的计算机网络，其业务处理的现代化程度可跃到八十年代的国际水平，功效提高数十倍，可从根本上解决三市开户难、存款难和结算难的问题。据测算，三市每年比手工操作可多增存款约 5 亿元，节约企业在途结算资金 3 亿元，减少企业利息的支出 4000 多万元，用于支持工业生产可年增产值 26 亿元，增利税 3.75 亿元，并且还可以做到由银行直接给三市职工发存工资。而进口这套计算机只需要 1500 万元人民币和 250 万美元的外汇指标，加上其他配套设施，总投入量不过二千多万元，这是一项比一般工程项目效益高得多的特殊工程项目。

（二）企业联合要求银团贷款支持，银行集团与企业集团互相促进

以大型企业为核心的企业集团，开发高、大、精、尖新产品时，往往需要有较大数量的技术改造资金和流动资金，而这是为一家银行难以承担的，需要组织银团贷款。湘潭江麓机械厂联合湘潭、长沙的 13 家工业企业，开发我国没有生产的、钢铁工业急需的大型烧结机，遇到了资金上的较大困难，湘潭市工商银行、农业银行与长沙市农业银行组成潭长银团，给予 3100 多万元的贷款，促进了开发烧结机的企业集团的巩固和发展。以湘潭电机厂为主体的电机系列开发集团，按照产品系列化分工协作的原则，对长、株、潭、常、益等市的 12 家电机厂的产品实行分工调整，并进行相应的技术改造和新产品系列化开发，这是实现我省电机产品"三上一提高"的重要之举。这个企业集团就是在他们的资金需要得到了以湘潭市工商银行为主体的银行集团的贷款承诺之后，才得以组建的。

（三）交通运输联合打破了条块分割，为解决老大难的相向空驶问题找到了途径

据长沙、衡阳、湘潭、益阳等市定线抽样调查，共检查货车 45004 辆，其中空驶车

有 21485 辆，空驶率为 46.8%，衡阳市出城货车的空驶率为 62.68%。大量空驶，既影响经济效益，又造成交通拥挤，事故增多，能源浪费，环境污染。为解决这个长期不得解决的老大难问题，长、株、潭、衡、邵、岳、常、益等八市交通运输部门实行了跨地区联合，建立了八市交通运输协作中心，各市建立了联络处货运服务站，为参加了协作中心的长途空驶车辆组织货源，提供货源信息，并采取互利和分利的经济办法。据测算，如果能把货车空驶率降低 20%，八市一年可增收节支 5000 多万元，并节约大量的能源。

（四）三市联合办电信，三市人民长期盼望的市际电话直拨即将实现

三市之间电话不畅，打电话比跑一趟还慢，长期如此，人心思变。长株潭经济区成立后达成协议最早最顺利的一个项目，就是兴办电话直拨和数传工程。省和三市共筹集资金 480 万元，明年第二季度即可完成第一期工程，省和三市党政军部门和主要企、事业单位可望实现三市之间和与全国七个重点城市的电话直拨。再经过一段时间的努力，可以实现三市电话同城化和与全国三十多个主要城市的电话直拨。

（五）联合规划城市建设，变"三足鼎立"为统筹布局

长期以来，三个城市的建设各行其是、城市扩展背道而驰，拉大了三市的时空距离和经济距离。一些应该三市共利的项目不共利，一些该共同避患的布局不共同避患。一些污染企业布局在一市的下游、危害另两市的上游、黄花国际机场的选址偏隅长沙一角，远离株、潭，没有做到三市共利。三市重复建设项目甚多，一市无力办而需要三市合力办的一些项目却长期搁浅，长株潭经济区建立后，省和三市的建委、城市规划设计院、城建科研所的同志，先后三次聚会，逐市研究原订城市规划的修改意见，并在此基础上进行了三市规划的综合论证。从四个方面明确了认识：①必须进一步提高长株潭经济区的城市化水平，积极建设起在全国有较大影响的中心城市；②三市的城市建设，包括工业、交通布局，要统筹规划，讲究三市的整体效益；③三市的邮电、交通、金融、信息等业要优先进行同城化建设；④认真修改三市的城市规划，绘制三市总体规划图，今年年底可望完成。只要搞好了三市的统筹规划，上述种种弊端是可以避免的。

二 建立长株潭经济区的路子完全走对了

（一）长株潭经济区的建立有效地促进了各级领导思想观念的转变

一是开始了由行政区经济思想到经济区经济思想的转变。过去三市负责人总是只从本行政区考虑经济工作，想不到一起，坐不到一起，经济区建立后开始把三市的经济利

益连接在一起了，三市负责人为求三市的共同发展而坐到一起来了，去年举行过两次市长联席会议，并且建立了市长联席会议制度。三市同志一致主张今后要多做有利于三市共同发展的事。株洲市市长周吉太同志说：过去有很多事由于没有经济区整体思想而办得不好，今后凡是有关三市的重要经济规划布局，一定要通过经济区的总体论证，要把这一条作为一项决策程序定下来。二是开始了由小行业思想到大行业思想的转变。经济区横向联合的开展，首当其冲的是部门分割体制和小行业思想。机械工业的联合突破了条块、军民管辖的范围，实行大机械行业的择优联合。商业联合开始了包括一商、二商、供销以及其他部门的商业在内的大商业的联合。交通运输联合也开始在大交通运输行业内开展。银行业突破地区、专业界限，实行大银行的联合做得更好一些。大行业联合的实践促进了大行业思想的确立。三是开始了由联合企业思想到企业联合思想的转变。长期搞"小而全"、"大而全"，三市的大型企业基本上是求"全"的联合企业模式，其固定资产净值率都很低，现在再按这种模式去进行更新改造，已是不可能了。横向联合的开展使这些企业找到了出路，也打破了联合企业的模式，以大厂为主体的企业集团不断涌现，企业集团化的思想开始深入人心。

（二）长株潭经济区的建立为全省全国的经济区网络和城市网络建设迈出了开拓性的一步

1985 年 9 月召开的党的十二届五中全会文件指出：要在全国"逐步建立以大城市为中心的、不同层次、规模不等、各有特色的经济区网络"，"以大城市为中心和以交通要道为依托，形成规模不等、分布合理、各有特色的城市网络"全国"七·五"计划正式提出了建立三级经济区的网络计划。建立以三个大、中城市群为中心的长株潭经济区，不仅完全符合党和国家的上述重大决策，完全适应了全国建立经济区网络和城市网络的需要，而且是这两个网络建设的开拓者之一。早在 1982 年 4 月和 12 月就提出了建立长株潭经济区的问题。省委正式决定建立长株潭经济区的时间是 1984 年 11 月，而当时全国还没有一个省内经济区，故被《世界经济导报》在两次报道中称为"我国第一个省内经济区"。

（三）长株潭经济区建立后不断发挥着全省综合经济中心的辐射作用

省委常委第 66 次会议纪要指出：长株潭三市"联合起来可以形成带动全省城乡商品经济发展的多功能的综合经济中心"。一年多的实践证明了这一点。以长株潭为核心的工业联合网络已伸到全省各个地、市、自治州。交通运输联合网络已从三市扩展到八个市，金融联合面已达五个省辖市和三分之一的县。一些大的企业集团也呈现以三市为核心向全省辐射状。

（四）长株潭经济区建立后探索了一些全面改革的新鲜经验

这些经验主要有：通过由银行内部拆借资金——银行发行专项债券——开展有价证券交易等步骤开辟资金市场的经验；金融集团与产业集团互相结合、互相促进的经验；组织产品的、工程的系列化成套化联合集团的经验；企业外部集团化与内部股份化互相交叉的经验；建立综合运输网络的经验。

三　要为开创长株潭经济区工作的新局面积极创造条件

长株潭经济区的工作在全国各经济区中起步早，曾经被《世界经济导报》负责人称之为"全国最有希望的一个经济区"。但由于领导体制和办事机构不健全（没有一个固定的办事人员）等原因，不如一些后起的兄弟经济区、城市群联合体上得快。熊清泉省长的《政府工作报告》及时地强调要"抓好长沙、株洲、湘潭城市群体的联合，逐步开创三市经济协作区的新局面"。根据这一要求，7月19日，我们召开了省和三市有关部门六十多人参加的开创新局面座谈会，大家回顾总结了过去的工作，一致认为要从以下四个方面为开创经济区新局面积极创造条件。

（一）各级领导干部要进一步明确三市联合在全省全国经济网络中的重要地位，提高开创经济区新局面的自觉性

要组织大家学习党中央关于建立经济区网络和城市网络的重要方针，明白三市只有联合起来求发展，才能形成和发挥全省综合经济中心的作用，华中地区南部经济支撑点的作用，我国江南腹地经济枢纽的作用，我国经济发展重点由东向西转移的南方承启基地的作用。在认识了这项改革的重大意义后，还需要有坚持改革不动摇的决心和扎扎实实搞改革的实干精神。

（二）省和三市政府要研究制定一些经济区内的互惠政策，推动三市联合有更大的发展

三市同志普遍反映，缺乏按照实际情况执行政策的灵活性，这仍然是一个通病。只要治了这个病，有一些灵活的政策，三市联合的步子就会跨大，产值、利税也会增多。

（三）要进一步开展经济区战略研究，共同制定区域经济社会发展规划

联合和规划是经济区工作的基本任务。一年多来，我们主要是从联合入手开展经济区工作，通过联合实践使大家尝到甜头，提高规划和建设经济区的自觉性。现在三市同

志普遍反映，如果再不统一作好三市的发展规划，实现经济社会发展规划的区域化，就很不利于三市联合的巩固、开拓和发展。因此，要在长株潭经济区研究和三市规划工作的基础上，先开展长株潭经济区的战略研究，然后重点做好关系重大的专项规划，如城镇规划、交通运输规划、工业结构和布局规划、科技规划等，待条件基本具备时再制定经济区的总体规划。这项工作宜在今年做好准备，明年完成。

（四）健全经济区领导体制，加强办事机构

经济区的联合、规划工作，任务重，难度大，涉及面广，必须有权威的，精悍的决策机构、协调机构和办事机构，要进一步健全经济区的决策机构三市市长联席会议。实现制度化，要组建省和三市政府及其综合部门负责人参加的协调委员会，协调处理经济区工作中的一些难题，要加强常设办事机构经济区规划联合办公室。考虑到办事机构的连续性，办公室应设一名常务秘书长，由省政府经济技术协作办公室派出一名处长担任，三市协作办各派一名负责人任副秘书长。规划联合办公室设联络处和研究室。省协作办派出两名工作人员，三市各派一名工作人员参加联络处工作。鉴于城市经济区的组建是一项开拓性的工作，要边实践边探索，有必要设立一个综合性的研究咨询机构，暂时可由省社会科学院的长株潭区域经济研究课题组代行研究室的任务。

国家计划委员会国土地区司关于开展
长株潭区域规划报告的复函

计国土函〔1991〕16 号

湖南省计委、省国土管理局：

你们先后报来的《关于开展长株潭区域规划的报告》（湘国土〔1990〕51 号、湘计〔1991〕21 号）收悉。经研究，函复如下：

一、我们赞成开展长（沙）、株（洲）、（湘）潭区域规划，希望通过编制规划明确三市的分工和协作，充分发挥三市各自的优势和整体功能，理好地发挥全省经济核心区的作用。

二、规划工作要按省领导的指示精神，由省计委加强领导，做好协调工作，在业务方面，与国土局密切配合，做到共同研究、共同部署、相互支持、相互协作，规划的具体工作，由国土局负责组织进行。

三、长、株、潭区域规划的内容要有所侧重，着重解决一个市难以解决的问题，不要面面俱到，属于市域本身的任务可在各市的规划中充分体现。区域规划要与全省规划以及全国规划相衔接。

四、要注意规划的可操作性，注意与国民经济和社会发展计划相结合，并提出有效的和可行的实施措施。

五、工作中请注意研究城市群体规划的理论、方法，以便积累经验，提供相似地区规划时借鉴。

六、同意资助规划经费 5 万元，请按我委计办土〔1985〕203 号文的规定，从严掌握，节约使。不足部分请在省内筹措解决。

国家计委国土地区司

1991 年 7 月 8 日

湖南省人民政府办公厅关于同意《长株潭区域规划工作方案》的批复

湘政办函〔1992〕167号

省国土管理局、省计划委员会：

你们《关于呈报〈长株潭区域规划工作方案〉请予批复的报告》（湘国土〔1992〕37号）收悉。经省人民政府研究同意，现批复如下：

一、同意《长株潭区域规划工作方案》。请按照《方案》要求认真组织实施，争取在1992年年底以前完成规划编制工作。

二、同意成立长株潭区域规划领导小组。领导小组由清楚啸风任组长，邓鸿璋、王贤怡、高锦屏、汪浩任副组长，侯振挺、郑茂清、汤士荣、邱安吉、潘奇才、林善敬、肖福良、何家象、陈湘鹏、王汀明、欧祝华、刘运前为成员。领导小组下设办公室，由杨志明任主任，邹贻谋任副主任。

湖南省人民政府办公厅

1992年7月1日

长株潭区域开发总体规划（1991～2010）[*]

计国土函〔1991〕16 号

一　前言

党的十四大确定我国经济体制改革的目标是建立社会主义市场经济体制，以利于进一步解放和发展生产力。建立社会主义市场经济体制，就是要使市场在社会主义国家宏观调控下对资源配置起基础性作用，使经济活动遵循价值规律的要求，适应供求关系的变化。从区域经济来说，"应当在国家统一规划指导下，按照因地制宜、合理分工、各展所长、互补、共同发展的原则，促进地区经济合理布局和健康发展。"

国土规划是国民经济和社会发展计划的前期工作，是一项长期的、宏观国土开发、利用、整治、保护的区域性战略规划。编制《长株潭区域规划》，对于充分发挥区域优势和城市群体的整体功能，调整区域产业结构，统筹区域基础设施和城镇建设，加速区域高新技术产业开发，合理布局生产力，开展横向经济联合和分工协作，改善区域环境质量，协调区域经济发展与人口、资源、环境的关系，建立社会主义市场经济体制，提高区域经济实力，增强辐射功能，发挥我省经济核心区的"主力军"作用和华南经济圈与长江产业带的中介作用，带动湖南经济的发展，造福子孙后代，具有极为重要的意义。

湖南省国土综合开发整治规划，将长株潭区域列为重点开发地区。1990 和 1991年，省国土管理局、省计划委员会先后以湘国土〔1990〕51 号、湘计〔1991〕21 号文，向国家计委国土规划和地区经济司报送了《关于开展长、株、潭区域规划的报告》。1991 年 7 月 8 日，国家计委国土规划和地区经济司，以计国土函〔1991〕16 号文，函复我省同意开展《长株潭区域规划》。1992 年 5 月 25 日，省国土管理局、省计

---

* 此件收入本书时有删节。此文件于1993年12月14日通过鉴定。

划委员会联合以湘国土〔1992〕37号文，向省人民政府呈报了《长株潭区域规划工作方案》请予批复的报告。同年6月19日，原副省长汪啸凤同志作了批示："同意《规划工作方案》及领导小组、办公室正副主任人选方案……"。7月1日，省人民政府办公厅以湘政办函〔1992〕167号文，正式批复《长株潭区域规划工作方案》，同意成立长株潭区域规划领导小组及下设的办公室。8月15日，省政府领导同志召集省国土管理局、省计委、省建委等单位的负责同志研究长株潭区域规划工作，并就此项工作的开展进行统一部署。

为了从整体上体现国土规划的效能，长株潭区域开发总体规划的编制，主要从五个方面把握其内容：一是按照建立社会主义市场经济体制的要求，考虑长株潭区域开发整治的总体构想和发展目标；二是立足发挥长株潭三市城市整体功能，从长远考虑，为长株潭区域的今后发展打下基础；三是侧重于对各种资源、原有基础的利用、开发和对环境的治理保护；四是着眼于空间布局，突出重点地域开发；五是贯彻和落实省委、省政府关于调整"八五"计划和十年规划，拟将原定国民生产总值年均增长6.5%的速度调整到10%以上，提前三年翻两番的精神，发挥湖南优势，跻身全国十强。因此，在编制过程中，既要考虑三市的协调发展，又要注意到华南经济圈、长江产业带开发开放对湖南的影响及全省对长株潭的要求。

本规划是以长株潭三市14个区和12个县、市的陆地、水域和空间为规划范围，以1991年为基数，规划期为20年（1991～2010）。前10年是规划重点，后10年为规划展望。今后随着长株潭区域经济的发展和结合部——金三角开发区的逐步形成，本规划将进行滚动修改和补充。

二 基本情况

（一）历史沿革

长株潭区域指长沙、株洲、湘潭三市（包括所辖县、市）区域范围。长沙、湘潭两市都是历史名城。长沙早在汉初已形成25000户、10多万人口的王国都城；而湘潭在历史上也相当繁华的，至明代末叶，湘潭已沿江开辟码头10余处，"帆樯蚁集连二十里，廛市日增蔚为都市"，被称为"天下第一壮县"。长、潭两城共荣，在湘江下游长达2000多年。

自1903年7月萍醴铁路建成，1905年延伸至株洲，1949年粤汉（京广）、浙赣、湘黔三大铁路干线交汇于株洲。在此期间长潭地域的公路大增，结束了长期以水运为主的时代，交通运输结构大为改观，同时为一个1949年仅7000人口的株洲小镇成为新兴工业城市奠定了基础。湖南"金三角"——长株潭才逐步形成。到1991年长株潭区域的运输网络已出现四个中心：即以湘潭市为中心的湘江下游水运中心；以株洲为中心的南方铁路枢纽；以长沙市为中心的省级公路与航空中心。这种交通运输格局显然对三市的经济发展极为有利。株洲自1951年5月建成县级市后，到1956年7月就升为地级市，由于大项目的带动，经济以较快速度发展，很快就赶上了湘潭市，到1991年株洲市的经济实力已在湘潭之上了。目前三市区人口已达251.38万。

总之，长株潭区域的历史沿革有以下四大特征：一是两城争荣时间长，三城并存的时间短；二是这一区域经济综合体形成的时间长而且较稳定；三是后起之秀——株洲市发展很快；四是三市同城化是这一区域发展的趋势。

（二）自然环境与社会经济条件

1.自然环境

水资源丰富，生物种类繁多：长株潭区域属暖带气候，光、热充足，降水丰沛，四季分明，区域年均气温16.6～17.6℃，＞10℃活动积温5100～5500℃，年日照时数1350～1750小时，无霜期269～294天，年平均降水量为1200～1600毫米，是省内热、水资源最丰富的地区之一。

生物种类繁多，森林树类有226科，296属，1973种，区系成分复杂，残遗种类丰富，东亚（中国）特有成分多。而且一些农产品具有罕见性，利用价值高。

地势起伏小，土地潜力大：境内平原面积60.89万公顷，岗地面积72.76万公顷，水域面积16.65万公顷，三者合计150.3万公顷，占全地区总面积的53.13%，大部分地区地势起伏不大。

境内有"四低"土地面积81.57万公顷，"四荒"土地面积20.96万公顷，大多土层厚，只要做好水土保持，增施有机肥，改善排灌条件，其开发潜力是很大的，不仅适宜种植粮、油、蔬菜，而且发展柑橘、李、桃、枇杷等暖带水果种植的条件也很好。

2.社会经济条件

（1）工农业基础较好，经过建国40多年的建设，工农业生产有了很大的发展，总体水平位居全省之首。1991年，工农业总产值近380亿元，占全省工农业总产值的30.91%。

①工业方面：1991年三市工业总产值达301.94亿元，占全省工业总产值的37.57%。人平工业总产值2592元，比全省人均水平高1426元。工业净产值72.23亿元，占全省工业净产值的38.1%。主要产品产量在全省占有相当大的比重。1991年钢产量达84.51万吨，占全省55.98%；成品钢材69.52吨，占50.89%；平板玻璃280.02万重量箱，占66.69%；金属切削机床1803台，占82.82%。纱3.33万吨，占

23.04%；布 1.2 亿米，占 27.97%；日用陶瓷器 2.95 亿件，占 37.53%；化学原料药 3699 吨，占 49.3%。

②农业方面：长株潭区域农业基础条件较为优越，优势有三：

1）农业科技含量较高：本区共有各类农业科技人员 1415 人，每万名农业劳动力中有专业技术人员 4.2 人，比全省 3.6 人的平均水平多 0.6 人。有比较健全的农业教育科研和技术推广体系，绝大多数省级和中央在湘农业教育、科研机构设在本区，如著名的湖南杂交水稻研究中心、省农业科学院、农学院和中国科学院长沙农业现代化研究所等等，这是其他地区无法比拟的。

2）农业物质技术装备水平较高：全区拥有农业机械总动力 252.22 万千瓦，占全省的 19.9%。其中耕种机械 10.43 万台、60.29 万千瓦；农用排灌动力机械 12.99 万台、59 万千瓦；农产品加工机械 7.57 万台，农用运输车 9461 辆。平均每公顷耕地拥有农用动力 4.7 千瓦，比全省平均 3.84 千瓦多 0.86 千瓦，高出 22.5%。

3）农田水利建设基础较好：全区现有各类水库 1922 座，蓄水量 26.75 亿立方米，分别占全省的 14.5% 和 9.2%；塘坝 46.1 万座，蓄水量 17.8 亿立方米，分别占全省的 21.9% 和 29.8%。

（2）科技、教育发达，劳动力资源丰富，本区域是湖南科技和教育最发达的地区，特别是长沙市在全省占有突出地位。例如，杂交水稻、银河亿次计算机、智能机器人、超导材料和试管婴儿等方面的研究取得重大成果，有的在国际上处于领先地位。三市全民所有制研究机构与开发机构占全省 63.74%；其科研人员的高级职称占全省 96.8%、中级职称占 86.89%、初级职称占 82.42%；反映在获奖科技成果中也是如此，获奖成果占全省的 79.44%。再者，技术合同转让成交额也遥遥领先。

（3）城市基础设施较好，到 1991 年底，三市城市建成区面积 191 平方公里，实有住宅面积 1703.7 万平方米，人平居住面积 7.1 平方米；自来水厂 12 个，自来水综合生产能力为 513 万吨/日，供水普及率 91.6～100% 以上，高于全省城市 86.9% 的供水平均水平；三市煤气、液化气普及率 23.2～53.4%，平均计算高于全省 29.2% 的平均水平。境内交通、通信已基本形成。

3. 综合评价

本区域不仅光、热、水资源量大，土壤适种性广，工程地质条件好，综合运输能力强，劳动力资源丰富，科技教育力量雄厚，而且机械、电子、冶金、化工、建材等重工业在全国占有重要地位，轻工、食品工业也具有一定的实力。其中长沙市城市综合实力已进入全国 20 强。尽管区内还存在季节性旱、涝、环境污染，在交通、邮电、能源等方面还有不适应经济发展需要等问题，但区域社会经济环境的总体质量是全省最佳的。这种典型的城市群——区域发展潜力很大的"金三角"，就是在中国南部诸省也是不多的。特别要指出的是该区域的区位条件优越，它北靠长江产业带，南临华南经济圈，有利于进入国内外市场。开发投资的内部和外部环境都优于全省其他地区。在省会城市——长沙市投资，对引进的外资项目，除享有沿海开放城市的审批权力和有关政策外，对 3000 万美元以内（含 3000 万美元）的投资项目，开发区办公室可按程序报批，这就更改善了本区的开发投资环境。

（三）区域地位与作用

1. 在"五区一廊"中的地位与作用

"在五区一廊"是指以岳阳为龙头、长沙为中心，通过京广线、107 国道和湘江航道，把岳阳、长沙、株洲、湘潭和衡阳从北至南联成一起的经济地域。面积占全省 2727%，集中了全省 37.5% 的人口、50.64% 的工业、90% 的高校和科研单位、50% 以上的商业、乡镇企业产值和城郊型农业；而且城市基础设施、交通、通信、水资源等等条件也是全省最佳地段。因此，它的投资效益也是全省最好的。特别是从岳阳到衡阳长 300 多公里，宽 5 至 35 公里的南北地带（廊）中，开发条件更为优越，是湖南省发展扩散型、资源型乡镇企业及高效农业的最佳地段。而长株潭区域及其城市群又是"五区一廊"中的核心和经济发展极。三市国民生产总值、国民收入、工农业总产值均占五市合计数的 60% 左右，地方财政收入占 68.72%。

长株潭是"五区一廊"的政治、经济、交通、通信、金融、商贸、科技、人才、信息中心，区域经济实力雄厚，工业总产值约占"五区一廊"工业总产值 65%，建材、食品、印刷、塑料、冶金、机械、交通运输设备、电气、电子等 9 个工业部门，无论产值和产品产量，均居首位。

综上所述，岳阳、衡阳虽然都是"五区一廊"的重要组成部分，但其综合实力和发展潜力均逊于长株潭；据有关报道："长沙市环境整治连续三年列为全国十佳第七名，经济社会发展在全国 188 个地级城市中名列第九，经济综合实力在全国 479 个城市中进入第 20 位。"如果加上株洲、湘潭二市，整个区域的经济综合实力的位次将还会提前。由此可见，长株潭三市在"五区一廊"中的核心地位是毋庸置疑的。其作用有二：一是"五区一廊"的发展极，二是加强"五区一廊"的经济技术协作。既要利用衡阳作为跻入华南经济圈的跳板，又要利用岳阳的港口优势跻入长江产业带，在国内外市场发挥更大的作用。

2. 在全省的地位和作用

湖南经济的发展，从一定程度上说则要紧紧依靠长株潭区域的经济发展。我们分析，长株潭区域经济发展至少具有以下三个作用：

（1）集聚效应：目前长株潭的财政收入是收大于支，按照 1991 年的统计，约有

1/3的上缴节余，如按此推算，到2000年，三市财政除支出外，约可集聚20余亿元的资金，这部分钱则可用于支援全省的经济建设。

（2）辐射效应：湖南省经济要跻身全国十强，长株潭区域责无旁贷地应挑重担，这就需要三市进行超常规的发展，年平均递增发展速度要高于全省年平均递增10%的水平。三市经济发展的高速增长，无疑对省内相关地市的经济会起到推动、促经进作用，产生辐射效应。

（3）带动效应：长株潭区域现有经济、科技、教育等方面有相当的基础。随着改革开放的深入和经济建设的发展，区域经济的实力将会越来越强，随之而来的区际间、地市间的经济协作、科技交流、人才交流、商业贸易等也会越来越多，互设"窗口"、互通信息的联系也会多起来，这就必然要产生互相间的带动效应。

3. 在华南经济圈和长江产业带中的地位与作用

所谓华南经济圈，乃是国内外一些学者、专家对中国东南沿海经济发达或经济发展迅速地区的统称。具体说来它是以香港、澳门、台湾和深圳、汕头、厦门、海南等国际经济活跃的地方为核心，以广东珠江三角洲、广西北部湾、福建东南沿海地区为主要开放、开发地带，包括广西、广东、海南、台湾、福建等我国东南沿海五省、区，以湖南、江西南部为边缘组成。长株潭则处于这一经济圈的边缘外围，从华南经济圈大范围来看，它一方面把长株潭看成是沿海产品的推销市场；同时它又是长株潭和湖南优质农产品和原料的销售地。反映在商品的价格上则表现出：农产品的价格由长株潭向湘南、珠江三角洲、港澳不断升值；反之，主要工业品价格则由港澳、珠江三角洲、湘南向长株潭不断升值。这种价格双向互相升值的趋势，则深刻地影响着长株潭的市场价格和产品的加工、发展方向。

长江产业带虽然也是我国经济的发达地带，但它却表现出与沿海地带不同的特色。具体说来，长江产业带是以上海为龙头，长江为纽带联系起来的一条东西向带状经济发达带，其具体范围：东起上海浦东、西至四川重庆，包括长江三角洲14个城市和长江沿江地区的14个城市（不含县级市）及9个地区。

长株潭在长江产业带的区位，是属于边缘外围地区，通过湘江、京广铁路和107国道等通道和长江产业带相连。长江产业带在开发建设中对长株潭也有重大影响：一是三峡的修建将缓解长株潭区域能源的短缺；二是南京、武汉、重庆等地的工业品进入长株潭区域的比重会增加，但冲击力远小于沿海，因为长株潭区域有些工业品的档次与沿江城市比不相上下，处于相互竞争中；三是沿江城市对湖南的农产品吸引力小。

综上所述：不难看出长株潭区域在两大经济地域中，都处于边缘外围地带，不占有突出的位置。为此，我们就必须充分利用南北两地带的差异，把二者的边缘外围地带变成二者的结合部。因此，我们要从两个方面努力：一是充分发挥长株潭区域的整体功能效益，壮大自己的实力；二是要利用它们二者的差异起好中介作用。

总之，长株潭区域在华南经济圈与长江产业带的地位与作用，随着整体功能的发挥，将不断提高。要通过社会主义市场经济和市场机制的作用，将二者的边缘外围地带变成为二者的结合部，使长株潭区域成为我国南方又一省际经济发展极。

（四）区域发展中的主要问题

1. 长株潭城市综合体的中心作用不力

长株潭中心城市 1991 年人口规模为 251.38 万人，已进入 200 万人口级城市行列，然而却没有发挥 200 万人口级城市的功能。主要原因在于三市缺乏统一规划，没有把三市作为一个城市综合体来考虑，其规模经济效益没有得到充分发挥。其具体原因主要有以下几个方面：

（1）产业结构趋同化：长期以来，由于受条块分割管理体制的影响，三市经济处于封闭式的自我循环之中，工业布局要求门类齐全，自成体系。因此，长株潭三市工业缺乏各自的特色，产业结构趋同化。从行业分布情况来看，占全市工业前四位的，长沙为机电、食品、纺织、化工，株洲为冶金、化工、机电、建材，湘潭为机电、纺织、冶金、化工，优势行业大多是雷同的。

（2）第二产业比重大，第三产业发育不够，在全国劳动地域分工中，长株潭以高耗能、重污染的重工业中间产品为特色，这不仅造成了能源短缺、原材料不足等问题，而且限制了它对全省其他地区的辐射能力。而且在用地布局上通盘考虑不够，已至造成工业布点后上下游之间相互影响，如株洲的重污染区清水塘工业区正位于湘潭上游，使三市间 80 多公里的湘江部分江段污染严重。

第三产业发育不够也是城市综合体中心作用不力的重要原因之一。就长沙市区来说，1991 年第三产业增加值占国民生产总值的比重为 42.3% 虽高于全国的平均水平和全省的平均水平，但远低于经济发达国家和先进地区 60%~70% 的水平。而株洲、湘潭市区第三产业比重之低则是相当突出的。这一方面使城市骨肉不协调，影响第二产业发展，另一方面也影响城市多功能作用的发挥。

（3）非国有经济比重小，三市 1991 年工业总产值中，国有工业和非国有工业的比例为 58.85:41.15，高于 1990 年全国 54.6:45.4 的比例，与浙江 31.25:68.75、江苏 34.32:65.68、广东 40.24:59.76、福建 45.12:54.88 比较，相差更远。中外合资、中外合作、外商独资等其他经济成分工业总产值仅 24.33 亿元，占工业总产值的 8.06%，比广东低 12.23%，比福建低 5.34%。

2. 能源、交通、通信滞后

（1）能源特别是电力供需矛盾突出，长株潭区域能源资源相对贫乏，煤炭保有储量 2.7 亿吨，占全省煤炭总储量的 9.6%；水能蕴藏量 114.04 万千瓦，占全省 7.44%，而该地区域是全省工业最为集中的地区，冶金、化工、建材等高耗能工业比重大，能耗处于全省前四位的企业均集中于此地，因此能耗缺口很大。电力供需矛盾更为突出。1990 年装机容量为 60.83 万千瓦，发电量为 19.53 亿千瓦时，而三市用电负荷为 405 万千瓦，三市总用电量 77.05 亿千瓦时，电力生产不到消费量的 1/3，大部分靠外地输入电量。

（2）交通滞后

①公路线路少、技术等级低：1991 年三市公路线路 9983.59 公里，每万人拥有公路 8.52 公里，每百辆汽车拥有公路 16.08 公里，这两项指标低于全省平均水平。三市等级公路里程 5005 公里，占三市公路里程的 50.11%，目前无高级公路。

②航道、港口：

航道建设投资少，航运配套设施不足，开发建设缓慢。至今，三市境内 77% 的天然河道处于未开发状态，导致水运企业亏损严重。

③民航：目前黄花机场旅客进、出机场，走 319 国道，城市道路拥挤，阻车严重。必须另建一条上等级的航空机场专用公路。此外运力不足，只能承担社会运力的 40%，买机票难；机场无平行滑行道，客机坪小等问题，亦严重地影响民航对外开放的迅速发展。

④对外运输猛增，运力不足：区域内运输目前主要依靠铁路，而铁路运力不足，年递增率小，从 1986～1991 年，铁路货运到达平均年递增 1.1%，煤焦到达平均年递增 0.5%，货物发送量平均年递增 1.3%，难以满足对外货物运输发展要求。

（3）通信滞后：通信方面，经过近年来的建设，有了较大的发展，但仍然不能满足经济发展的需要。在长途电话中，明线杆路质量差，通信中断现象时有发生。电话普及率低，装电话难的现象依然存在。1991 年长沙市的电话普及率仅 1.7%，市区电话普及率也不到 6%，区域内还有不少乡村没有摆脱"摇把子"电话。

3. 城市生态环境仍需改进

（1）城市"三废"、噪声污染严重，长株潭三市工业污染源近 300 个，每天向湘江排放大量的废水，使湘江水质呈现轻度和中度污染。废气多达 30 余种，如株洲市清水塘工业区、长沙伍家岭工业区、湘潭岳塘、板塘工业区，大气污染相当严重。三市交通噪声达 72 分贝以上，已超过国家规定的 70 分贝标准，对人们的正常工作与生活带来一定的影响。

（2）农村生态环境仍需改善，由于森林植被简化，水土流失依然存在，大量施用农药、化肥，使土壤和水域受到污染。在乡镇工业分布区，由于布局不够合理，防污设施少，加剧了周围农村大气、土壤、生物、水质的污染。此外，季节干旱、洪涝灾害亦给农业生态环境带来了不利影响。

三 区域开发的总体构想、发展目标与战略

（一）总体构想

振兴长株潭区域在全省经济中举足轻重，省委、省政府寄予了极大的厚望。在今后的开发建设中，要从加强协作、促进联合开发，以发挥三市群体优势为宗旨，以突出交通、通信、能源等基础设施和工业建设为重点，以经济效益为中心，超常规发展第共三产业，调整改造第二产业，稳定发展第一产业，努力增加非国有经济比重，用 10~20 年时间，实现三大转变：即由三市分割向城市综合体转变、由传统工业向高新技术产业转变、由计划经济向社会主义市场经济体系转变，把三市开发建设成为高起点、高效益、高创汇、外向型的新型产业区；成为科技先进、经济发达、功能齐全、环境优美的开放型综合性的城市群体；成为全省的工业中心、金融中心、信息中心、商品物流中心、科教开发中心、人才培训交流中心；成为湖南改革开放的示范区，经济腾飞的发展极；成为继武汉之后的华中地区第二大经济发展中心。其具体构思如下：

1. 现代化的城市交通与通信

通过三市综合交通和现代化邮电通信系统建设，三市将如一体化的城市，交通立达捷往，通信迅速灵敏。人均占有道路面积、电话普及率有较大幅度的提高，形成对内对外都具有强大吸引力的良好的投资环境。

2. 优化的经济结构和高度的企业组织

形成具有结构优势的工业体系，重点发展技术密集型产业、高附加值产业和为全省经济服务的第三产业。组建若干大型企业集团，提高企业组织程度。

3. 速度与效益的统一

规划区域内国民生产总值年增长速度，应高于五区一廊的年递增速度，超过全省平均水平。投资收益率、劳动生产率达到全国先进区域水平。

4. 全省的科技教育中心

建设、完善大专院校和科研机构体系并提高质量水平，开发一批有时代气息和领先而适用的高新技术。充分发挥科学技术是第一生产力的作用，改造传统产业，开发新兴产业，使技术进步贡献率达到 50%，教育结构不断优化，以基础教育、高等教育和中等职工技术教育为主，进一步提高规划区内劳动力的文化技术素质，以适应经济高速增长的需要。

5. 繁荣的市场及健全的市场体系

区域内市场繁荣，各种专业批发市场应运而生，一批大型零售商场装饰着区内繁华

地段，发达的市场体系使得各种资源得到合理的配置利用。金融体系完善，区域内地方银行成为筹资重要力量，股票、债券既成为活跃金融市场，聚资融资的重要手段，又成为人们自由选择其保藏财富的形式。

6.新型的经济技术开发区

在三市交汇地带的暮云市、昭山、易家湾、马家河、天台山等地，建立高新工业、商业、农业开发区，使之成为三市经济发展的纽带。

7.健康文明的精神文化生活

随着区域经济的发展，统筹增建新的公园、游乐场、娱乐中心、影剧院、体育设施等，使人们的精神生活更加丰富多彩。

8.优美的城市建设

三市城市建设在统一规划下，通过市政建设和城市管理，使市容、市貌有一个大的改观，不仅市政设施完善，绿化覆盖率有所增加，而且要达到环境优美、生态宜人的目标。

总之，长株潭区域物质文明和精神文明建设将进入国内城市综合体的先进行列。

（二）发展目标

长株潭区域是湖南经济最发达地区，是洞庭湖经济带的依托中心。湖南能否按照省委、省政府提出的实现提前翻两番的宏伟目标，除了各地市、各部门开足马力，努力进取，奋发图强外，关键取决于长株潭区域的辐射功能、示范作用和效应。因此，长株潭区域在全省经济再上新台阶中挑重担，必须实行超常规、跨越式发展速度。初步规划的主要发展指标如下：

1.国民生产总值

1991年实际为211.32亿元，按1990年不变价格计算，2000年达到805亿元，年平均递增16%（模型预测分析为11.4%~15.1%）。

2.工业总产值

按1990年不变价价格计算，由1991年的301.94亿元提高到2000年的1340亿元，年递增18%（模型预测分析为14.3%~16.1%）。

3.农业总产值

按1990年价格计算，由1991年的78.05亿元提高到2000年的150亿元，年递增6.4%（模型预测分析为6.4%~12.6%；农业部门为6.4%）。

4.乡镇企业总产值

1991年113.4亿元，2000年按当年价规划1200亿元，年递增30%（模型预测分析为16.5%~30.7%）。

5. 全社会固定资产投资

1991 年为 24.88 亿元，2000 年规划累计达到 780 亿元，占全省的 30%。

6. 财政收入

1991 年实际为 25.21 亿元，2000 年规划到达 60 亿元，年递增 11%（模型预测为 11.6%～14.3%）。

7. 社会商品零售总额

1991 年实际为 117 亿元，2000 年规划达到 650 亿元，包括价格因素年递增 21%（模型预测为 15.6%～22.6%）。

8. 利用外资

1991 年实际利用外资 2.1 亿美元，2000 年达到 20 亿美元。

9. 年末人口数

1991 年实际为 1173.94 万人，2000 年达到 1330 万人，人口自然增长率控制在 10 以下（模型预测为 16.7%～14.5%）。

10. 职工年平均工资

1991 年为 2357 元，2000 年规划达到 6030 元，年均递增 11%（模型预测为 10.4%～11%）。

11. 农民人均年纯收入

1991 年为 838 元，2000 年规划达到 1900 元，平均每年增加 100 元以上。

12. 城市生态水平

三市城市建设在统一规划下，区内环境宜人，人均公共绿地 8 平方米，建成区绿化覆盖率达到 40%，污水处理率达 50% 以上，垃圾无害化处理率 80%，燃气气化率 70%，城市大气、水质、噪音符合标准要求（模型预测依次为 40%、50%、80%、70%）。

13. 科技进步因素

在经济增长份额中，科技进步因素在工业和农业方面都要求达到 50% 以上；长株潭三市高科技企业达 2000 家，开发高科技项目 2380 项；自然科学专业技术人员由 16.4 万人发展到 19 万～20 万人，科技队伍的专业结构、年龄结构趋向合理。

（三）区域经济发展战略

在国际经济区域化、跨国化、国内经济由计划经济向社会主义市场经济转轨的趋势下，其产业结构、产品结构不适应市场经济的需要乃是一种必然性的反映；省政府在 2000 年国民经济和社会发展规划中提出的"结构效率战略"是非常正确的。因此，长株潭区域开发必须坚定不移地贯彻"结构效益战略"。

首先，在工业方面要按照社会主义市场经济规律的要求，深化改革，扩大开放，把提高经济效益摆在首位，推进技术进步，调整优化产业结构。在搞活国有工业的同时，加快非国有工业的发展，在改组加工工业的同时，加快基础工业特别是能源、短线原材料工业与消费品工业的发展；在巩固提高现有支柱工业、拳头产品的同时，培育高新技术产品、高附加值产品的发展；在立足国内市场的同时，加快外向型工业的发展；在保证军工企业军品生产的同时。积极开拓民用工业品的发展。以沿海开放地区作为参照值，全面提高工业整体素质，把长株潭区域建成全国有重大影响的工业金三角。

长株潭区域工业贯彻"结构效益战略"，必须牢牢把握以下原则：一是要坚持高标准与内涵为主的原则。长株潭区域工业必须向全国先进水平看齐，在生产规模、工艺技术、产品质量、经济效益等方面赶超国内先进水平。通过40多年的建设，长株潭区域工业打下了坚实的基础，以后的发展必须立足这个基础，把现有存量潜力充分挖掘出来。要坚定不移地走内涵扩大再生产的路子，努力推进技术进步，加快企业技术改造、技术开发和技术引进，选择增量和存量的最佳结合点，使有效的增量发挥最大效益。二是要坚持大统一与强辐射原则。长株潭三市相距很进，形成了一个联系紧密的城市群休，而行政区划却把三市人为地分割开来。确定工业发展战略，三市各有各的考虑。因此，省里要对三市工业统一规划，权威地分类指导三市工业的发展，合理配置各项生产要素，避免重复建设的损失，把三市建成各有特色、统一协调的城市群体。同时应看到它在全省工业中所处的特殊地位，放到全省工业发展的总坐标图中去通盘考虑，增强对其他地区工业的辐射能力，带动其他地区工业的发展。

其次，在农业方面就是要通过国际市场、资源、技术重新评价长株潭区域农业优、劣势，以市场为导向，积极发展国际、国内市场农业，把本区建设成为全省乃至全国的高产、优质、高效和创汇农业示范区，把暖带常绿阔叶林红壤生物气候带的名、优、特产品发展成为支柱产业。发展方向：种植业在确保粮食生产稳步增长的前提下，大力发展经济作物；畜牧业在稳步发展生猪生产的同时，大力发展牛羊兔禽等节粮型畜牧业；渔业重点主攻中小水面的精养高产，积极开发大水面养殖，大力发展特种水产品；除此，还要发展各种特有山货等等。因此，农业的发展要坚持内涵扩大再生产与外延扩大再生产并重的方针，充分合理地利用农业自然资源，挖掘资源潜力，依靠现代农业科学技术，努力提高土地生产力和劳动生产率；坚持数量农业与质量农业发展并重的方针，在注重农产品数量增加，以满足人口增加、轻纺、食品工业等对农产品需求日益增长需要的同时，大力优化调整农业生产结构，立足本区域城镇化和工商业发展水平高的特点，不断提高农产品的品质，实现质量优等化、品种多样化，积极发展城郊特色农业，努力提高农业生产的经济效益和农民的收入水平。

再者，大力发展第三产业，加快私营经济的发展乃是我省"跻身全国十强"的重要方面。也是本区域经济实现超常规发展的关键。把"跻身十强"的着眼点放到第三产业上。因为我省工业和农业虽然都具有一定规模，但进一步发展却受到能源、交通、重要原材料等方面的制约，而第三产业起点低、潜力大，因此，长株潭区域经济的发展除了重视一、二产业外，在很大程度上，要依赖第三产业的发展，发展第三产业要实行国营、集体、个体一起上的方针，重视和加快私营经济的发展。

总之，要以邓小平同志南方讲话和党的十四大精神为指导思想，以建立社会主义市场经济为目标，通过以产业结构调整、国有大中型企业机制转换为主要内容的改革，实现经济超常规发展。既要大力发展第三产业、消费品工业，变重工业主导型城市群为多功能、现代化城市，又要加强三市经济技术联系，变松散型为紧密型的城市综合体。使长株潭区域经济跃上一个新台阶，充分发挥其在全省的发展极作用。

四　区域生产力布局规划

（一）区域生产力布局概况

长株潭区域生产力布局，目前已经在地域上形成了市区——三市城市综合体、辐射郊县、资源型市县三种不同的地域类型，而且各类型在空间上也存在着差异。

1．三市市区——城市综合体

三市市区的工业、商业所占比重很大，市区工业总产值占全区工业总产值68.9%，市区社会商品零售总额占全区社会商品总额近60%。

在产业结构上都是以第二产业为主，一、三产业之和大体和二产业相等。

但因各自发展条件和基础的不同，在基本合理的工业布局下，三市城市性质有着明显的特色：长沙为省会，是全省的政治、经济、文化中心和轻工业城市，株洲是铁路枢纽和以有色冶金、机车车辆和化工为特色的重工业城市，湘潭则是地区政治中心和以电机、钢铁为特色的工业城市。三市主要工业部门产值情况。

机械工业在三市都是最大工业部门，然而分工还是有不同：长沙以机床、电子等工业设备制造为突出，株洲以机车车辆为重点，湘潭则是以电工城著称。

这种比较明确的分工为城市间的协调发展和资源合理利用奠定了良好基础，较之苏、锡、常区域基本上均以轻纺、机械、电子为主的城市综合体更有利于城市发展。

2．辐射型郊县地区

在紧邻三市市区的郊区和长沙、望城、湘潭、株洲等郊县部分地区，为满足城市市场供应，建立了各种鲜、活、嫩农产品基地；同时，接受了城市部分大中型企业的零部件加工，或中间产品生产，发展了扩散型乡镇企业和服务行业。高效农业、扩散型乡镇企业、服务业在国民经济中的比重大是郊县的特色。

3．资源型市县区

该区域主要包括浏阳、宁乡、醴陵、攸县、茶陵、炎陵县、湘乡、韶山等县、市，烟花、陶瓷、食品、服装等所占比重很大，在全省也有重要地位。这些工业主要是在当地丰富的资源和传统技术的基础上发展起来的。粮猪优势明显，更是和本区农业资源丰富有关。

4．区域城镇职能分类

区域生产力布局，反映在城镇的职能结构上，其地域差异也是很明显的。

在职能结构上，县城以上城镇除韶山外均为综合型，建制镇类型以集镇型为主，在工业职能上，城镇类型以地方资源加工型为主。

核心城市长、株、潭和湘乡、醴陵以及各县城，在职能上与基层建制镇比较，都是较大区域的中心，功能齐全，为综合型。其他城镇根据其突出职能分工矿型、交通型、旅游型和集镇型共4种类型。

工矿型：充分利用和开发当地的矿产资源，发展矿业采掘及加工业，现有这类镇15个。

交通型：利用重要的交通线及原有基础，发展城镇工商业，现有这类镇4个。

旅游型：利用当地自然景观和人文景观，发展旅游及休闲、疗养事业，现有这类镇2个。

集镇型：大多为一定区域内政治、经济、文化中心，交通较方便，辐射范围较大，集市贸易活跃，现有这类镇52个。

（二）重点产业布局规划

1．第三产业规划

（1）交通长株潭区域交通要按照改造、新建、网络化发展的原则，大流量、高速度地提高通过的能力，加速改善经济发展和开发开放的硬环境，将三市的铁路、公路、水运、民航、组成联合的运输网络，使之成为内外衔接、进出便利、高效低耗的综合运输体系。

①铁路：在全省多方位与全国铁路联网，削弱限制口的同时，"八五"期间，重点加快建设长（沙）—石（门）铁路新线，本线主要是分流京广铁路运量，对缓解全省交通、能源的紧张状态，促进本区域与湘北地区工农业生产的发展与经济联系，将起着举足轻重的作用。在我省境内积极进行京广、湘黔、枝柳三条铁路电气改造和部分复线建设的同时，加快做好株洲铁路枢纽编组站和湘潭区站的扩建改造工程。

"九五"或至2010年，新建长沙——鹤岭地方铁路，全长约27～28公里，该铁路建成后，可形成长株潭区域内部环城线，进一步促进沿线城镇的发展和区域内的联系与协作。

②公路：公路以改造现有路段，努力提高公路技术等级和车辆通过能力为重点，减少客货运量在城市中的迂回运输，连接三市的国、省、县主干线，逐步形成串通三市的环形公路：

1）修建长沙至湘潭的高等级公路，避开城市间交通困扰，缓解交通流量大、公路日趋"街道化"的矛盾。

2）续建320国道莲花冲至易家湾公路，减轻株洲市城区主要街道交通拥挤的负担，加快市区车辆的分流。

3）修建株洲至湘潭吴家巷二级公路，加强两市的横向联系，促进经济协作。

4）修建长沙至永安一级专用公路和永安至浏阳二级公路，缩短长沙、株洲、湘潭到机场的时间。增强对外开放的强大吸引力；改善湘赣通道的交通状况。

5）修建长沙至常德一级专用公路，促进长株潭三市与洞庭湖区、湘西之间的联系与经济协作。

6）修建湘潭至宜章高速公路，拓宽三市乃至全省的出省通道。

7）修建湘潭至邵阳一、二级公路，拓宽西进通道。

8）修建湘乡至娄底二级公路，加强湘东与湘中之间的联系。

9）修建长沙至岳阳高速公路，使长株潭区域与长江产业带的交通联系迅捷便达。

10）修建长沙和湘江北大桥东西接线，提高国道的通行能力。同时，还要加快长沙市区芙蓉路和环城公路的建设，以及湘潭湘江二桥的续建工程。

③水运：水运以湘江干流开发为重点，疏浚整治湘江航道，畅通出海通道，充分利用长江优势，提高通江达海的能力。"八五"和"九五"期间，除继续抓好湘江千吨级航道整治株洲至城陵矶航段外，并积极抓好衡阳至株洲航道二期整治工程和三个港口的建设。

④民航：民航为加快三市的信息交流和扩散速度，增强对外开放的综合能力，"八五"期间，重点抓好黄花机场的升级配套建设，扩建机场停机坪和联络道，改善机场供水工程，新建气象自动观测系统，加装盲降设施，增建平行滑道等建设。增加导航、地勤等先进的现代化设备和客机数量，增辟飞往日本、中国台湾等地的航线，扩大吞吐能力，力争建设成为国际机场、湖南对外开放的"窗口"。

（2）邮电、通信 邮电、通信是现代信息社会的基本工具，是国民经济的神经系统。要坚持超前发展、政策扶持的方针，千方百计改变目前三市的邮电、通信尚不适应经济发展和对外开放需要的状况，下大力气，加快建设，2000年前，使三市邮电通信水平进入现代化行列，长株潭区域电话主线普及率达到13%，长沙、株洲、湘潭市话主线普及率达到 33.33%～42.68%，形成方便、迅速、灵敏的通信网络。今后着重抓好下列工程：

①组建三市直拨电话网。实现三市之间的电话一体化，实施打电话不需拨长途区号，而直接发按三市联网统一编号的电话号码拨号，加快接通速度。

②继续扩充三市的数字程控市话交换设备容量，建成以省会长沙为中心的三市 188 万门市话程控电话和 45 万门农村程控电话，并扩充三市县、市以上移动电话网、无线寻呼网、分组交换网、可视会议电话网和语音信息网，建成并扩充三市地、市以上集群电话网。

③建成并扩充三市包括农村的数字传输网和长途直拨网，以先进的数字微波和光纤通信手段，在三市间形成大容量、多路由、高可靠、高质量的传输网。

（3）市场体系　大力培育和发展市场体系，争取用五年或更长一些时间，逐步建立起三市统一发达的市场体系，形成连接内外、沟通全国、出入方便、贸易灵活、管理规范、能够调控的市场网络，使之成为全国重要的商业中心之一。

（4）旅游业　充分发挥三市旅游资源的优势，除加强岳麓山、韶山、花明楼等处的配套建设外，加快开发昭山风景名胜区、炎陵县炎陵旅游区，并积极兴建湘江水上游乐中心、度假村、电视娱乐中心，重点开发橘子洲和月亮岛。建设成为集旅游、娱乐、度假、文化、商业等于一体的国际性旅游中心。加速潇湘国际大酒店和湘潭的华泰大酒店等工程建设。

（5）外贸　要以出口导向与进口替代并重为原则，大胆利用外资，引进先进技术设备，稳定传统拳头产品，开发精加工、深加工产品，通过建立肉食、纺织、棉麻制品、矿产品、烟花、陶瓷、土特产等出口生产一条龙体系，提高大宗商品的基地供货额，改善出口商品结构，加速出口商品基地建设，实现出口商品向制成品、精加工产品转变。要瞄准国际市场，大力发展创汇农业、创汇工业，在取得高汇利经济效益的前提下，出口收购总值平均年递增 20% 以上。

积极开展灵活贸易，进一步扩展外贸渠道，建立各种类型的工贸、技贸、农贸的联合体或集团，大力开发新产品出口，并不断提高产品质量和档次，增强对外商外资的吸引力。

（6）市政建设　要按照"统一规划、合理布局、互相兼顾、共同发展"的原则，除继续抓好市区街道、商业区、公用设施的规划建设外，近期应重点搞好五个方面的建设。

①设立长株潭公共汽车股份有限公司，加快开通三市市内和开发区的公共汽车线路，着手规划兴建联系三市的大运量的轻轨电车，实行两两接轨。按整体规划修筑区内道路 100 万平方米左右，建设大型地下停车场。

②加强城市供水工程建设，在开发区兴建 2 ~ 3 个日供水 50 万立方米的中型水厂，保证开发区内自来水供应，并逐步规划将三市市区的自来水管连接起来。

③整体规划、统筹考虑三市区的管道布局和煤气设施建设，保证开发区管理煤气供应。

④统筹建设三市连接绿化带。除扩充和提高三市市区现有的绿化覆盖率外，重点加强长沙至黄花机场、长沙湘江二桥至湘潭羊牯塘、株洲至黄花机场、株洲至湘潭吴家巷、长沙至湘潭二桥等 5 条绿化带建设，努力做到城市绿化与经济建设和开发开放协调发展。

⑤整体规划三市环卫及其整治方案的同时，重点加强开发区的环境保护，对开发区排水设施、代运垃圾等实行有偿使用。

2. 工业规划

（1）能源及原材料工业

①电力工业：努力解决三市电源不足、电网结构不合理的现状，缓解三市用电负荷中心缺乏骨干电源点的突出矛盾，减少系统输入电量的比重，增强三市自供电量的能力。"八五"和"九五"期间，改造湘潭电厂——扩建株洲电厂，——新建望城火电厂——新建湘潭电厂。

②原材料工业，要充分利用现有基础，在挖、革、改、扩上大做文章，使三市的原材料工业在短期内上一个新台阶。

——有机原料及精细化工，要加快株化总厂甲酸系列产品的开发，缓解省内资源缺乏的矛盾，促进全省有机化工的发展。

——黑色冶金工业，要提高深加工产品比重，抓好湘潭钢铁公司、株洲钢厂、长沙钢厂优质线扩产改造，长沙金属制品厂低松弛预应力稳定化机组及制绳工程技术改造。

——有色冶金工业，要充分发挥省内资源优势，搞好产品结构调整，实现由原料生产型向深度加工产品型转化。

（2）加工工业

——机械工业要充分发挥长沙汽车电器、株洲火花塞、电力机车、湘潭电机电缆的优势，努力发展有特色的机电设备、基础机械和基础零部件，大力开发机电一体化产品，提高成套水平。

——电子工业是加速产业结构现代化的带头产业，要紧紧围绕投资类、消费类和元器件类产品来发展。搞好生产基地建设，建立产业集团，形成科工贸联合体，推进集约化经营。

——轻工业要以市场为导向，以资源为基础，开发名、优、特、新和出口产品。要充分发挥我省粮油食品和矿泉水的资源优势，搞好深度加工和产品开发，使"湘江水、湖南粮"的食品占领食品市场。

——纺织工业要以化纤为重点、棉纺为基础，深度开发麻纺，大力发展服装，逐步形成以苎麻系列产品为特色的纺织工业。

3.农业规划

本区域农业生产水平一直处于全省领先水平，是全省农业集约化程度较高的地区。80年代以来，已建设了一批国家和省级的农产品商品基地。今后要把增加农民收入和奔小康作为经济发展的中心任务，努力发展优质高产高效农业。本区域农牧渔业规划和农业地域类型规划如下：

（1）农牧渔业规划

到2000年，长株潭区域农业总产值达到150亿元，在1991年85.75亿元的基础上增长74.9%，年平递增6.4%，农业五业要在种植业稳定增长的基础上，充分发挥农业多种资源优势，全面提高林牧副渔各业比重，种植业与牧副渔各业的比重由53∶47优化为45∶55.其中：畜牧业产值达到60亿元，比重由34%上升到40%，渔业产值达到9亿元，比重由4.4上升到6.0。

①种植业：在确保粮食生产稳步增长的前提下，大力发展油料、麻类、茶叶、蚕桑、蔬菜和果用瓜、小水果、花卉等经济作物，建立食物原料、工业原料、养殖原料等三大种植产业支柱。到2000年农作物播种面积达到150公顷，种植业产值达到67.5万元以上。

②畜牧业：在稳步发展生猪生产的同时，大力发展牛羊兔禽等节粮型畜牧业，注重和加强特种珍奇动物的引进、系列和生产，以满足人民消费需求的多样化和高档化。规划到2000年，畜牧业总产值达到60亿元，占农业总产值的比重力争达到40%。

③渔业：重点主攻中小水面的精养高产，积极开发大水面养殖。在重视现有水面内涵增值的同时，积极发展网箱养鱼、围栏养鱼和稻田养鱼。到2000年，渔业总产值力争达到9亿元，占农业总产值的比重由4.4%上升到6.0%，水产养殖面积达到6万公顷，在充分利用现有可养水面的同时，选择一些常年粮食产量低的涝渍低洼地建池养鱼，水产品总产量达到20万吨。人平占有水产品，上7.7公斤增加到15.4公斤。

（2）农业地域类型规划

①城郊型农业：本类型分布于长株潭三市周围，由长株潭三市的郊区及邻近县市城郊型农业发达乡镇组成。人多地少，紧靠城市是它的基本特征。地势起伏不大，以岗平为主，生物生长量高，蔬菜、禽、蛋、鱼、奶等农产品比重大，以及交通、加工、市场条件好是它的主要优势。它不仅是长株潭区域，而且是全省高效农业最有前途的区域。

城郊型农业发展重点是：

1）以"菜篮子"工程为主，大力发展细菜和淡季蔬菜，消除淡旺季，缩小蔬菜价格的时差，并建设好一批高质、高效的现代化蔬菜基地，下决心在近期内改变淡季从广东等地调菜的被动局面。

2）要保护耕地，划定基本农田保护区，特别是优质菜地的保护至关重要。

3）大力发展设施农业，防治工业三废污染以及农药、化肥的污染。

4）不断提高蔬菜、禽、蛋、鱼、肉、果、奶的生产水平，增加产品产量，以服务于城市。

5）搞好农副产品的产后服务，完善商业网点。

②粮猪型农业：本类型离城市群较远，只有一些小城镇散布其间，其经济活跃程度和劳力充裕程度仅次于近郊类型，但远离于远郊边缘山区，是粮猪的主产区。其农业结构单一，水土流失和军节性干旱明显，但农业综合开发潜力大，不仅可以继续保持粮猪优势，而且可以发展更多的拳头产品。

本类型开发目标，既要保持它的粮猪优势，以效益为目的，又要发展优质高效的多种经营，搞好"一地一品市场"经济，建设淡季蔬菜基地和小水果基地，是其主要内容。但其中长沙、望城、株洲、湘潭等4县带有明显的城郊型特色，无论是经济水平，还是受城市群辐射影响，都有别于其他县市。因此，他们的农业区域开发方向更带有城郊特色。

③山货型农业：本类型大部分分布在炎陵县茶陵、攸县、浏阳市东部，宁乡、湘乡的西部边缘山地地区也属此型。生物资源丰富，人平土地多，污染少是其基本优势。但资源分布分散，交通运输不便，加工条件差是它的劣势。本类型目前对山地的基带利用较多，而对腰带、顶带则缺乏较详细的规划与设想。事实上，山地山货类型，自下而上可分为山麓常绿果树层、山腰落叶果树旱粮层、山腰上部药材用材林层、山顶灌丛草坡自然保护层等四个明显的土地垂直利用层。各种名、优、特产品是它的开发目标，粮食生产则主要应在旱粮上做文章。

五 区域城镇体系规划

（一）城镇体系结构规划

1. 地域空间结构规划

城镇体系规划的"地域空间结构"，是地域范围内城镇之间的空间结合形式，是地域经济结构、社会结构和自然环境在城镇体系布局上的空间投影。城镇体系是一个复杂的大系统，其发展必须同城镇以外的区域发生物质、能量和信息等方面的交流关系，即呈开放状态，城镇体系布局空间结构，就是要打破自求平衡、自成体系、条块封闭的传统体制，力图造成远离平衡状态的开放格局，使城镇体系与外部环境之间以及体系内各城镇之间，形成一种不断交换物质、能量和信息的内在机制．在区域经济上这就是所谓的中心城市和经济区的关系问题，前者作为"点"，后者作为"面"，通过各种交通线、通信线等"轴"外进行经济技术的全面交流和协作，从而形成"点—轴—面"型的稳定有序的城镇休闲空间新结构。长株潭区域城镇体系发展战略，决定了体系的"点—轴—面"型空间结构模式。首先，尽快发展区域核心城市，形成体系开展对外联系的前沿阵地以及对内技术、经济渗透和扩散的动力源泉，其次，根据城镇体系的一般扩散原理——等级扩散原理，在核心城市与地方中心城镇之间建立若干城镇发展轴线，建立以大、中、小城市为依托、分层次、多中心的不同类型开放式的点—轴系统；再次在上述"点—轴"系统基础上，再由点及轴向"面"渐进扩散，逐步形成城镇体系的"点—轴—面"系统的地域空间结构。

（1）"点—轴—面"结构

①"点"的开发重点发展城镇核心城市长、株、潭、地中心城醴陵、湘乡、浏阳、宁乡、攸县。次重点发展城镇：韶山、星沙、易俗河、渌口茶陵城关、炎陵县城关、捞刀河、望城城关、棋梓、楠竹山、鹤岭、王仙、网岭、炎帝、永和、榔梨等。这些城镇中，韶山是县级市，毛主席的故乡，旅游资源特别丰富；望城城关是望城县县城，发展条件和发展前途都很好，是规划的县级市；星沙、易俗河、渌口、茶陵城关、炎陵县城关是5个县城；捞刀河是长沙的卫星城镇，为长沙的发展重点，榔梨是长沙县目前最大城镇；棋梓是一个建材基地为湘乡市次中心；楠竹山、鹤岭是湘潭两大工业卫星城镇，其经济在本区域和全省都有一定地位；永和是浏阳市次中心，工业基地；王仙是醴陵市第二大城镇；网岭是攸县重点发展城镇；炎帝镇是炎帝陵墓所在地，人文旅游资源特别丰富，随着对外宣传的扩大，将取得长足发展

②"轴"的开发：城镇体系空间结构"轴"的开发，实际上是在上述"点"开发基础上，由"增长极"扩展到"增长地区"，由多个"增长地区"联结而成"增长轴"。根据这些轴线在整个体系中的地位和作用，一般可分为一、二、三级开发轴。

1）一级开发轴：由长沙、株洲、湘潭三个大、中城市构成，以湘江、京广铁路、107国道为连接线、整个体系核心，实际上相当于中心城市，它是整个体系的枢纽。

2）二级开发轴：湘黔—浙赣—320国道开发轴：主要城镇有株洲、湘潭、醴陵、湘乡等，该轴以株、潭为核心，以醴陵、湘乡为次中心，构成体系的南轴。

石长铁路—319国道开发轴：主要城镇有长沙、浏阳、宁乡等，该轴以长沙为核心，以浏阳、宁乡为次中心，构成体系的北轴。

京广铁路—湘江—107国道开发轴：被一级开发轴划分为南北两段，北段以长沙为中心，望城为次中心，南段以株、潭为核心，渌口为次中心。与一级开发轴一起构成体

系的西轴。

三条二级开发轴都是以长、株、谭为中心的，也就是说以一级开发轴为中心的。

3）三级开发轴：湘东铁路—106国道开发轴：分布有醴陵，浏阳、攸县、茶陵、炎陵县等主要城镇，该轴构成体系的东轴。这条开发轴城镇规模比较小，交通条件较差，偏离经济发展重心地区，特别是南端。随着湘东铁路的改造及其东延与京九线接轨，封闭性的交通体系将会大大改变，沿线城镇也将得到进一步发展，将形成湘东北部浏阳、中部醴陵、南部攸县三个增长地区，由三个增长地区构成增长轴。

这样，东、南，西、北四条开发轴构成了长株潭区域城镇体系的转"开"字形空间结构模型。在这四条开发轴中（在不分层次时，一级开发轴与二级开发轴的西轴合为一条轴），长、株、潭三市所组成的连绵区（一级开发轴）为整个体系最大的核心地区，它对区域内各城镇的辐射和极化作用，必然在整个体系内起到承东启西，联南接北、策应全局的巨大作用，另一方而，随着次轴中心城镇的发展，将形成5个城镇集聚区和3条二级城镇发展抽和1条三级城镇发展轴，利用"自点到轴，由轴及面"的极核作用和波及效应，带动各区域城镇的发展，最后形成以长株潭为核心，"点—轴—面"有机结合的多层次的城镇体系地域空间结构。

（2）重点开发地带—湘东小城镇带

长株潭三市从地域经济综合体来看，可分成两个明显的地域类型。一是以长株潭三市市区和郊区、辐射型乡镇企业比重大的长沙县、望城县、株洲县湘潭县、宁乡县等组成的地域经济综合体，它以机械、电子、冶金、纺织、化工、食品、建材等为其支柱产业，乡镇企业与三市大型企业联系紧密，大多为大型企业的补充，是一种辐射型乡镇企业；而农业则属典型的城郊型农业，鲜活嫩农产品占有较大的比重。二是长株潭的东部浏阳、醴陵、攸县、茶陵、炎陵县一带则是以烟花、陶瓷、食品等为主的资源型产业，多属劳动密集型性质，农业则为粮猪型，显然不同于长株潭三市市区及邻近地区。过去在长株潭区域经济中。常常忽视这一地带的特殊性，对这一地带的开发潜力认识不足。这一地带不仅有浏——茶铁路相连，而且有320、106国道相通。境内不仅农业资源十分丰富，名优特产品多，而且小城镇基础好，其烟花、鞭炮、陶瓷、粮、猪在全省都有突出地位。既可把它建成国际级烟花基地，也可建成国家级的瓷业基地；其食品工业、暖带水果、服装工业等在这一带的发展潜力亦都是很大的。只要我们加强浏阳、醴陵、饮县、茶陵等地的小城镇—浏阳市城关镇、文家市、大瑶、白兔潭、浦县、王仙、醴陵纷市城关镇、泗汾、皇图岭、网岭、新市、攸县城关镇、菜花坪、茶陵城关镇、炎陵县城关镇等地的城镇建设，使它们成为湘东地区乡镇发展的核心地带。只有这样。才能充分发挥这一地带的自然资源、劳力资源及交通条件的优势。对红壤丘岗进行系列开发，搞好一地一品一市场的农产品开发，加强小城镇的基础设施建设，则是开发整治三市东部地带的基本措施。

2.等级规模结构规划

等级结构规划城市的存在与发展都取决于其作为一个中心对周围地区的吸引力和辐射力，这种中心功能由于其影响范围的大小不同，形成了地域空间四个等级体系特征。

长株潭作为核心城市是由其地位所决定的，它是策应全区的枢纽。醴陵是本区除去核心城市以外的最大城镇，处体系东部地区中部，为开发东轴与开发南轴的交点，因此是次级中心城市。湘乡是本区除去核心城市以外的第二大城镇处体系西部地区南部，为南开发轴的次中心城市，因此是体系的次中心浏阳地处本区东部地区北部，尽管其发展条件和规模都不及醴陵，但它是东开发轴与北开发轴的交点，因此仍不失为次中心城市。宁乡设市后随着交通条件的改善，预计有大的发展，它处本地区西北部，也是北开发轴的次中心是本区西北区的中心城市。攸县尽管在发展规模上与醴陵等城市相差很大，但它地处本区南部地区，基本上已成为广大南部地区的中心城市。

三级中心主要是县城及一些发展条件较好、基础较好、前途较大和辐射范围较大的建制镇。韶山已经是一个县级城市，成为三级中心，望城、茶陵、炎陵县等县城，是全县的最大城镇和全县的政治文化中心，成为三级中心。棋梓等城镇，基本上是较大区域的中心城镇，如棋梓是湘乡市第二大城镇，处在湘黔铁路上，且工业基础好（水泥），因此成为三级中心。

四级中心由较小范围内的中心城镇组成。它们或为乡域、镇域中心，或为县以不区片中心。

3.基础设施网络结构规划①

城镇体系规划的最终目的，就是要形成城乡通开的网状的有机经济联系和开放系统。城镇体系的网络组织依赖于体系内部各城镇之间的联系以及体系之间的信息、能源和物质交流。网络体系的类型很多，而其中最为重要的一种是基础设施网络，它是其他联系网络的基础，也是城镇健康运行的支持条件，其组合方式与体系的空间结构相适应。

从城镇发展规划角度考虑，对长株潭区域基础设施提出如下规划设想，其中有些内容与交通、通信、电力部门的规划设想是一致的。

（1）交通网络结构规划

按照改造、新建、网络化发展的原则，大流量、高速度地提高通过能力，以长株潭核心城市为中心，建立内外衔接、进出便利、高效低耗的综合运输体系。

①加速高等级公路建设，建立以长株潭为中心，以高等级公路为主干，以普通公路

---

① 基础设施网络结构规划是站在城建部门角度提的，其中规划的建设项目与交通部门、电力部门、邮电部门所提的项目是一致的。因此，免于重复，只节录其要点。

为基础的公路网。以长沙为中心，分东、南、西、北四个方向修建四条高等级公路，以湘潭为中心，分东南、西、北四个方向修建两条普二、两条高等级公路，另外再修建四条公路。

②建设好株洲铁路枢纽工程、建立三横四竖铁路网。株洲北站是我国南方最大的列车编组站之一随着经济的发展，原有的列车编组站株洲北站远远不能适应发展的需要，为此，要加紧对其进行改造、扩大。近期要搞好路外征地拆迁工作和白石港特大桥及渌江大桥等主要配套项自的建设。以株洲为枢纽，以三横四竖铁路线为骨架的铁路网络建设，将从根本上改变本地区铁跻交通紧张状况，改善城镇体系整体运行条件。

③疏浚湘江水系航道。建立以湘江干流为主体，各支流为支撑的水运网。湘江为长江七大支流之一，也是全省第一江，入洞庭、通长江、出大海，其经济意义不可低估。

④黄花机场是本区开展对外联系的"窗口"，要抓好黄花机场的升级扩建（主要是扩建停机坪）及配套建设，增加导航、地勤等先进的现代化设备，购置5架波音—737飞机，力争成为国家一级机场。

（2）电信网络结构规划

①结合国家、全省的电信建设，以光纤通信为主、数字微波为辅，形成大容量、多路由、高可靠、高质量的电信传输网。

②组建长株潭三市直拨电话网。

③以长株潭为枢纽，连接各县（市），各县（市）连接各乡镇形成与主要联系方向相适应的高效率的放射状通信网络。

④建设好沟通区外联系的东、南、西、北四大通道。

⑤城镇电话普及率达到30%以上，市话交换机容量达到188万门。

（3）电力网络结构规划

①提高供电等级，完善供电网络：根据长株潭三市市区为区域用电负荷中心，建设长株潭核心区域500千伏供电网，其他重点、次重点城镇220千伏供电网，以下城镇110千伏和35千伏供电网，形成完整的供电等级和空间网络。

②电源建设：作为全省的用电负荷中心，为减少长距离输电损耗和建设高质量的供电网络，要加快区内电源建设步伐，适度超前发展，形成火电为主、水电调节，大火电为主、小火电补充，区内外互补的供电体制。

（二）核心城市——长株潭城市综合体规划

1. 城市综合体职能及用地规划

（1）城市综合体职能规划

①建成全省的经济中心、金融中心、贸易中心和科技中心：按照这一要求，长株潭

在产业规划上，应在稳定发展农业的前提下，一要加快发展第三产业，二要调整工业产业结构。

1）加快发展第三产业：目前长株潭第三产业发展存在两个问题，一是第三产业比重低，二是第三产业内部结构也不尽合理，基本上是以传统行业为主，新兴行业少，尤其是交通运输业邮电通信业及金融保险业等发展缓慢，严重滞后，成为制约经济发展的"瓶颈"，在很大程度上直接制约了社会再生产过程的顺畅运行机和总体效益的提高。

第三产业发展速度定为20%，力争2000年其在国民生产总值中的比重超过工业。要重点抓好流通、交通、融通和通信这"四通"的建设和发展，同时着力抓好房地产业、旅游业、信息咨询业、科技事业、教育事业等方面的发展，充分发挥中心城市多功能作用。

2）调整工业产业结构：以食品、轻纺服装、机械、电子、化工为主，大力提高轻纺服装工业和食品工业在工业中的比重，用电子技术、生物技术、信息技术等先进科学技术手段改造传统工业，降低能耗，要大力发展高新技术产业，积极开展技术创新，充分发挥中心城市对周围地区的技术扩散作用。

②分工协作：这个城市综合体是由三块组成的，因此必须根据三块现在的基础和发展条件，明确三块今后的发展方向和重点。长沙是湖南省省会，全省政治、经济和文化中心，全省首批历史文化名城，已形成了以机械、电子、轻纺、食品以及化工、印刷、金属加工、塑料等为主的综合性工业体系，湘绣、羽绒制品、汽车电器，电子器件、机床、工业泵、风机、活塞等环等工业在全国有一定的地位，科技、教育、文化、卫生、信息、交通、通信、金融、贸易在全省经济和社会发展的基本格局中也具有举足轻重的地位。在以后的发展上，长沙要突出省会职能，大力发展第三产业，着重抓好汽车电器、名优卷烟、彩管、服装、制冷设备等一批重点优势产品的发展与开发。

株洲是靠铁路和投资发展起来的以重工业为主的铁路枢纽城市，工业基础雄厚。已形成了以机械、化工、有色金属、塑料及麻纺、建材、电子、五金等为主的工业体系。株洲交通方便，水源丰富，城市用地条件好，宜重点发展。但是株洲的发展也存在一些制约因素，诸如能源不足，城市基础设施滞后，局部环境污染，科技教育与之不相适应等问题。在以后的发展上，株洲要突出铁路枢纽职能，大力发展第三产业，在工业上要发挥重工业优势，以有色金属、化工原料、建筑材料为重点，抓好一批原材料生产企业的改扩建，使铅锌、硫酸、烧碱、玻璃等原材料产品得到更大发展。突出发展电力机车、轴承、高压电瓷、移动电台等拳头产品。

湘潭是有名的"电工城"，已形成了以电机、电缆、黑色冶金、纺织及食品、精细化工为主的工业体系，在以后的发展上，湘潭要以冶金、机械、纺织为主导，以轻工、塑料、建材为支柱，以钢、化纤、交流电动机、电子产品等为重点。

（2）城市综合体用地空间规划

①布局构思：长沙、株洲、湘潭用地相连，有必要进行用地空间规划。三市比较而言，长沙用地条件稍差，株洲最好，湘潭次之。长沙因东、南、西、北受铁路、飞机场、岳麓山、浏阳河的限制，城市用地有限。目前用地相对最低，人口密度最大。株洲城市面积最大，人口密度最低，城市插花地多，用地充裕。

目前，三市都在各自中心城区外围建了一些卫星城镇，在用地上呈现三市蔓延之态势。关于三市空间发展方向问题，长期以来大部分人认为应该防止三市连绵，以取得较好的环境效益。然而也有人认为三市紧邻，构成"金三角"城市向三市中间发展是一种客观规律，连绵是一种不可避免的趋势。为此，我们综合二种观点，取其长，避其短，以取得较好的整体效益。采用的布局方案是：．三足鼎立，四周开花．也就是说在用地布局上采取中心部分相对集中，紧凑发展，保持三足鼎立，同时跳跃式地在外围布置小城镇的开敞式结构。

②用地布局：在上述布局构思指导下，综合体形成以下用地布局：

长沙：综合体主城区，综合体核心；

株洲：综合体主城区；

湘潭：综合体主城区；

捞刀河：新兴能源、原材料、建材、化工基地和出口加工区，交通枢纽；

坪塘：建材工业基地，位于长潭之间湘江西岸；

星沙：长沙县新县城，综合开发区，位于长沙河东，107、319国道交汇处；

望城坡：工技贸综合开发区，位于长沙河西；

董家段：航空动力机械基地；

株洲河西：主城区中心商务区功能的自然延伸，高新技术产业开发区，位于株洲河西；

板塘：轻纺工业为主的工业区，位于长潭之间紧靠湘潭；

滴水埠：精细化工工业区，位于长潭之间紧靠湘潭；

鹤岭：采掘工业区，湘潭锰矿所在地，位于长潭之间湘江西边紧靠湘潭；

马家河：传统建材工业区，位于潭株之间；

荷塘：新型建材和机械工业区，位于长潭之间湘江东岸；

易俗河：湘潭县新县城，位于湘潭以南，湘江西岸；

羊牯、赤马：文教区，位于湘潭西北；

金三角开发区：以经贸、旅游、高新技术产业为主的经济开发区，位于长、株、潭结合部，综合体中心部位。

2. 城市综合体结合部开发规划

为了增强湖南发展极——长株潭的实力，使湖南经济跃上新的台阶，充分利用长株潭"金三角"的现有基础设施及区位优势，规划在三市结合部建立一个金三角开发区，这是一项易开发、投入少、收效大的区域性开发工程，对发挥长株潭的总体功能，提高长株潭城市群的吸引力与辐射力都十分有利，是三市人民的迫切希望，也是全省开发的关键所在。这个结合部，我们认为有两块是最为理想的，一是长沙县的暮云镇至湘潭的昭山、易家湾、板塘一片；二是株洲市河西区及株洲县马家河一带，二者都依湘江延伸，前者位于湘江以东，后者位于湘江以南，这两块地带不仅水资源充足，航运条件好，而且在电网覆盖区内，可见这些地带水资源、能源条件是好的。从交通条件看，暮云镇有三个水运码头、五个汽车站、一个火车站；易家湾有一个火车站、一个水运码头，公路有新老107与320国道穿过境内，其新的107、320国道正在修建。可见，交通条件亦是很好的。株洲河西地段条件更佳，该地段紧靠株洲市中心，只要湘潭市第二大桥与株洲河西至易俗河的高等级公路修建后，这一带是很好的开发地带。其土地条件相差无几，都是由河漫滩、阶地及岗地组成，海拔高度在50～150米，不仅有利于工业和第三产业的发展，而且是中国暖带常绿阔叶林红壤地带的典型地区，非常有利于暖带双农业的发展。

根据调查数字计算，结合部开发区加上株洲、湘潭高新技术开发区，远期开发面积约为81平方公里，近期开发面积约为28平方公里。从分斤的情况看，长沙县暮云镇一片远期开发10平方公里，近期开发2平方公里；昭山至易家湾一片，远期开发6平方公里，近期开发2平方公里；湘潭市河东高新技术开发区一片，远期开发25平方公里，近期开发12平方公里；株洲市河西一片，远期开发35平方公里，近期开发10平方公里；株洲县马家河一片，远期开发5平方公里，近期开发2平方公里。

长株潭金三角开发区和湘潭市河东、株洲市河西高新技术产业开发区统筹开发构想：

暮云镇经济开发片：暮云镇，位于长沙南端，距长沙、株洲、湘潭三市中心各约18公里，是长株潭三市的中间点。全镇64.9平方公里，辖20个村，境内有中央及省、市、县驻地单位34个，89个个体工商企业，拥有以长沙电冰箱厂为龙头的家用电器、建筑、建材、化工、机械加工、铸造、型铸材料、铝合金、电镀、汽车配件、包装、饮料等十几种行业，产品畅销全国各地。根据它的开发条件及现有基础，本片宜作长株潭区域的重点开发片，其方向以第二产业为主，并相应发展第三产业。

湘潭市昭山、易家湾第三产业开发片：本片紧接暮云镇，由昭山、易家湾、仰天湖等地组成，境内最高点185.2米，可西望暮云镇的兴马洲，是个较好的旅游点，宜发展旅游业。境内交通十分方便，水资源充足，是发展第三产业的理想地段。诸如商业中心、展览中心、会议中心、信息中心等均可在此地段建设。这些中心既具有省级意义，也可成为我国南方第三产业的中心之一。因为它的区位有利于长江产业带与华南经济圈的联系，可起中介作用。在本区大力发展第三产业，定能带来巨大的经济效益。其开发规模近期暂不宜太大，做到开发一片，管理一片，收益一片，使之逐步成为中南地区的第三产业中心之一。

湘潭市河东高新技术开发片：本片位于湘潭市河东，现为并区后的岳塘区管辖。这里附近已有一定的工业基础。以轻纺、冶金为主，其投资环境类似易家湾一带，也是一个发展第二、第三产业的理想地段目前湘潭市已将其定为"湘潭市高新技术开发区"，其开发重点为：电子信息技术新型材料、精细化工、生物工程、节能技术等。此外，这中片区还是发展第三产业的理想地段，第三产业也应成为它的重点开发内容。今后这片既是湘潭市市区的组成部分，也是结合部中心地段，在长株潭经济区域中将起重要作用。

株洲县马家河乡高效城郊农业开发片：本乡位于湘江以南，东西长 12.9 公里，南北宽 11.4 公里，土地面积 6515 公顷，人口 27231 人。该乡虽然距湘潭市、株洲市都不远，但有湘江相隔，交通不便，近期是粮猪型农业经济为主的乡。株洲市湘江大桥通车后，特别是株洲市河西开发区建立后，这一地带的开发将引起人们的注意。株洲县就在此地建立了"株洲河西花园经济开发区"，以开发建材和房地产为主。因为此乡最近的地方离株洲市河西高新技术产亚开发区只有 3 公里，目前，湘潭市又在易俗河镇附近建湘潭市第二大桥，而且还要建高等级公路与株洲市的河西高新技术产业开发区相连，无疑这里将是开发高效城郊型农业的理想地段。

3. 综合体交通规划

把长、株、潭组合在一起成为一个综合体，交通起着十分重大的作用。

（1）建立综合体内外两圈公路网

①外圈为过境交通服务，解决穿越三市市区的干扰问题：修建长潭高等级公路，向东移一段距离，避开主城区。长潭高等级公路向北可通长常专用公路，向南即为潭宜高速公路。

修建株易路口至莲花冲公路（经株洲），即新 320 国道（原 320 国道保留），与长谭高等级公路立体交叉。

②内圈为三市径直联系的市际公路，解决市区扩展与道路功能的矛盾：由于长、株、潭用地紧连，结合部居民点较多，致使道路通过能力低、交通事故多。为此，除建设综合体外圈公路外，必须建设综合体内圈公路，以密切三市之间的联系，解决市区扩展与道路功能的矛盾。主要建设内内圈和内外圈两条环路。把现在的 107 国道"长潭公路"和现在的 320 国道（株易路口至株洲公路）辟为市际公路，形成叉形内内圈。建设从湘谭河西经九华、坪塘至长沙岳麓山的公路，修建从湘潭吴家巷到株洲河西普二公路，修建从株洲排楼山到长沙谷塘公路，然后与原 319 国道一起，形成三城圆形外内

圈。两个内圈公路组合在一起，构成方向盘骨架内圈公路网。

（2）建立环城铁路网

现在三城之间的铁路联系是京广线和湘黔线，两两联系必须通过株洲。规划从湘潭鹤岭修铁路北上到长沙与长石铁路接轨，把长石线、京广线和湘黔线联结在一起，形成长株潭环城铁路网。

六 国土整治与环境保护

（一）区域生态环境特征及演变趋势

1. 生态环境特征

（1）环境质量圈层化递变明显。本区域工矿企业5000多个，约占全省1/4左右，其中大、中、小型企业约占全省大、中、小型企的60%，冶金、化工、机械、纺织等污染企业数量多。此外，交通运输、乡镇企业，家用燃料、城镇生活废弃物、农药、放射性矿点等亦都对农业生态环境造成不同程度的污染。每年工业三废的污染是相当严重的：废气807.78亿标立方米，废水4.94亿吨，废渣405.07万吨以上。随着经济的发展，工业三废和其他环境污染物将会相应增加。

（2）环境季相变化显著由于气温、降水的季节差异大，环境的季相变化也大，春夏降雨多，易形成洪涝灾害。同时农业生产活动频繁，农药和化肥污染严重，且易产生各种流行性疾病；夏秋干旱，气温高，病虫灾害多，冬季寒冷，城镇和农村生产、生活用水相对减少，污水排放量相应减少，是一年中环境变化最小的时段。

2. 生态环境演变趋势

（1）长株潭城市群的生态环境日趋改善随着经济和人民物质生活水平的提高，三废排入总量和城市居民的各种生活废弃物将会继续增长。但从长株潭城市群的生态环境演变趋势分析，环境质量将会日趋改善。

首先，保护生态环境的意识有所加强。随着现代化城市的发展，保护环境、改善生态已成为人们的第一需要。

其次，工业布局将会进一步趋向合理。长株潭城市群的产业布局现状虽存在不少问题，但随着经济的发展，产业结构和产业布局的合理调整，工业过分集中，超过环境容量以及商业区、生活区处于污染下风向等不合理现象，将会逐步得到控制和改善。还有，废气净化和废水、废渣处理率日益提高；城市绿化面积将进一步扩大等等，都将改善三市市区的环境。

（2）三市周围及湘东小城镇地带的生态环境质量将会下降由于小城镇规模迅速扩

大，基础设施一时难以跟上，乡镇企业的三废综合利用与防治水平低，区内小城镇地带的环境质量，在一定时期内，将会下降，其趋势是清洁区、轻度污染区向中度和重度污染区演变。

（3）山区环境质量大部分地区将保持清洁状态目前，山区除旅游热点和有小型乡镇企业的地点外，大部分地区的环境保持清洁状态。预计在规划期内，山区的环境质量，将会基本保持目前的态势。

（二）环境整治分区

长株潭区域自然条件复杂，城镇分布不平衡，各地经济发展情况差别较大；工业三废、乡镇企业、水土流失、旱涝灾害各地区不同；同时综合防治污染、综合利用和处理三废的程度也不同。为此，我们根据环境质量的差异分成三个区：

1.三市城区"三废"中度污染区

本区包括长沙，株洲、湘潭三市市区和郊区。据统计，城市功能区划其相应的环境质量大都达不到规定的标准特别是二氧化硫和TSP两项经常超标，且污染面广、冬季严重，属典型的煤烟型污染。由于城市化进程加快，城市人口的增加和生活水平的提高，以及工业的发展，1991年三市垃圾产生量达到64.8万吨，大都未经处理；工业废渣占地扩大。由于城镇居民生活污水和工业废水的排放，使湘江水质受到有机物的污染，并造成水域功能的犬牙交错。区域酸雨污染严重。由于城市功能区混杂，居民区、商业区、工矿区犬牙交错，互相影响，造成大多数功能区环境噪声超标。

为此，本区不仅要控制人口增长，控制三废及噪声对环境的污染，而且要建立蔬菜保护区，并大力改善湘江水质，只有这样，本区的环境才会逐步改善。

2.中部岗丘轻度混合污染区

该区土地总面积162万公顷，是典型的红壤岗丘地区。区内拥有各类工业企业、乡镇企业数千余家，工业生产以采矿、选冶、机械、化工、建材、陶瓷、食品等为主，污染源多集中在城关镇、小城镇内。农业以农作物、农副产品生产和养殖业为主，同时包括岗丘区的林地、茶园、水域在内的生产系统。其农业生产活动则造成了农村能源消耗过大，森林锐减，水土流失，化肥、农药施用量过大，土地质量下降环境质量在城镇及其附近四周日益恶化。

水体环境质量局部地区亦有污染，如攸县洣水段、浏阳河、渌水醴陵段等均为中度和轻度污染。

此外，水土流失与季布性干旱亦非常明显。为此，本区必须大力发展岗丘基塘生态农业。搞好红壤岗丘系列开发，农、林、牧、水、土同时协调地进行综合开发，努力改造中低产田，建设好吨粮田、高效生态农业保护区，才能进入农业生态系统的良性循环。并根据市场经济需要，大力调整农业的产品、品种结构十分重视产品的质量与上市季节，充分利用小城镇的加工、运输、市场条件，大力发展优质农产品，其前景是很乐观的。

3. 边缘山地清洁区

本区的大部分地区分布于炎陵县茶陵、攸县、浏阳市的东部，小部分在宁乡、湘乡的西部边缘，海拔大多在 500 米以上。一般距城镇工业区较远，受城区工业三废污染价影响明显减弱，但也有其自身特点。边缘山地按自然地理和植物适生条件划分，从下至上可分为暖带谷地农耕层、山地暖带经济林和用材林层、山顶温带矮林灌丛层等三个明显的生物气候土壤利用带。由于在相当长的时期内，忽视森林资源的生态效益，同时，经营树种单一，用材林树种中基本上是杉木、马尾松、国外松等，而快速生长树种如泡桐、杨、柳、刨花楠等尚未得到发展。在经济林树种中以油茶为主，且低产荒芜面积大。果木树种少，植被覆盖率低。

其次，由于植被简化，山区又多季节性暴雨，加速了局部地区水土流失的发展。个别山区还有崩岗、滑坡、泥石流存在。为此，本区要建立自然保护区，封山育林。还需要加强采矿和环境保护的协调管理。只有这样，才能把本区建设成一个无污染或轻污染的环境清洁区。

（三）规划目标与战略重点

90 年代是实现区域发展战略目标的冲刺时期，也是在环境保护方面从抑制污染发展和生态破坏向基本控制转变的关键时期，如何使区域环境保护与整治的规划目标与经济发展相协调，这不仅对于到 2000 年实现小康水平战略目标有直接的影响，同时亦为下一世纪创造良好开端具有十分重要的意义。

1. 规划目标

（1）定性目标工业污染发展的趋势基本得到控制，城市环境质量部分有所改善，自然生态恶化的趋势有所减缓，逐步使环境建设与经济、社会发展相协调，为实现区域生态系统的良性循环、城乡环境的显著改善打下坚实的基础，力争长沙市稳定在全国环保"十佳城市"之列。

（2）定量目标到 20 世纪末，年工业废水排放量控制在 7.4 亿吨左右，其中 COD 控制在 8 万吨左右；工业废水处理率达到 75%；工业废水排放达标率达到 65%；城市生活污水排放量控制在 3.05 亿吨；城市生活污水处理率达到 20% ~ 25%；工业废气排放总量 1480 亿标立方米；工业二氧化硫排放量控制在 24 万吨左右；工业烟尘排放量控制在 11.7 万吨以内；工业粉尘排放量控制在 6.2 万吨以内；工业废气处理率达 90%；城市放射性废物集中存贮率达到 80%；自然保护区面积达 19060 公顷；自然资源开发中生态环境破坏的恢复治理率力争达到30%。

到2000年，城市大气环境按功能区划的标准，除个别指标（SO_2）外，均应稳定达到国家规定的要求；湘江干流及其主要支流，除个别江段外，均应稳定保持水域功能区划要求的水质；基本解决城市垃圾及时清运和卫生填埋问题。城市区域噪声按功能区划要求稳定达标，交通噪声达标率应维持在80%左右；全区域森林覆盖率达到40%以上，植被保护良好。水土流失得到控制，农业生态环境显著改善。

2. 战略重点

（1）长株潭区域环境与整治的战略重点是工业污染控制和城市环境保护工业污染控制的重点是废气和废水的处理，重点行业是有色和黑色冶金、化工、建材、电力和轻工业中的造纸、食品、纺织业；控制的重点区域是株洲清水塘工业区、湘潭岳塘工业区，其次是醴陵陶瓷工业区，湘乡工业区等，新建和改造工程要严格执行环境质量评价和环保"三同时"，推行清洁生产和清洁工艺，推行节约型生产模式，使污染物减量化、无害化。城市环境保护的重点是综合治理三个中心城市的废水、废气、垃圾废渣和噪声污染，关键是做好规划，加强城市基础设施建设，提高城市整体环境水平。

（2）水源保护90年代水资源将成为各种资源保护的重点。长株潭区域水资源虽然丰富，但饮用水源和养殖水面已受到污染的威胁。保护的重点是各城市的饮用水源保护区，其次是采用总量控制，江心排放等措施，防止岸边污染带的扩大，尽力保护鱼类和其他水生生物的栖息水域和洄游通道。

（3）农村生态环境保护其重点是保护好农业生产的基础资源，保护耕地，保护植被，防止水土流失。要引导乡镇企业健康发展，防止污染蔓延；发展生态农业，减轻农药、化肥污染，建立必要的自然保护区和农田基本保护区，保护物种资源和景观生态，促进农业持续发展。

七 实施规划的主要战略性措施

（一）强化城市综合体的观念，充分发挥总体功能

1. 强化城市综合体的观念

长期以来，我国按行政区域来管理经济和社会活动，其结果是部分资源得不到充分利用，并带来一些难以解决的经济、社会问题。长株潭是一个"金三角"，距离近。有湘江相连，并有公路、铁路、航空、通信、电力等基础设施交织在一起，三市都是地级市，且都已达到相当规模，这一切都决定了三市必须综合起来考虑它们的发展问题。也就是把这个"金三角"看作一个城市综合体来规划。然而却一直没有很好地解决这个

问题，其根本原因在于长、株、潭属于三个城市政府领导。因此，解决问题的关解在于管理上要有突破，我们建议，成立长株潭区域开发建设领导小组和城市综合体发展办公室，超脱于三市，由一名副省长负责，统一协调"金三角"地区的重大社会、经济问题。

2.充分发挥三市的总体功能

加快长株潭区域经济发展，很关键的一条是要加强三市间的经济协作，以充分发挥三市的总体功能作用。鉴于目前的状况，要着力抓好以下几个方面。

（1）提高三市交通、通信的通达度和能源供应的自给率。

在交通方面：要加快三市环形公路、铁路、轻轨电车的建设，而且要大力改造现有的长沙至株洲、长沙至湘潭的公路以及湘潭吴家巷至株洲马家河的高速、普二公路的修建，同时还要加快湘江航运、港口与黄花机场的扩建工程建设。

在通信方面：要进行三市统一电话系统建设，电话普及率达到每百人75部到20部。

在电力方面：要加快株洲电厂的改造工程，长沙、湘潭新建火电厂要加快前期工作，尽快组织开工，争取在"九五"期，区域的能源供应要有一个大的改善，以满足经济建设的需要。

（2）打破分割，加强协作三市工商、税务、公安、交通管理等部门，要密切加强协作与配合，要按照市场经济的要求，撤除各种不利于经济发展的地区封锁关卡。促进商业流通和市场繁荣稳定。

（3）建立人才流动的竞争机制三市范围内的各类科技人员、管理人员和技术人员，通过人才市场可以自由流动，为各企、事业单位、个人提供选才、择业的机会，充分调动各类人员的积极性。

（4）调整企业组织结构鼓励三市的企业，在自愿的基础上，组建跨地区、跨部门的不同所有制、不同规模的企业联合集团（生产群体）。为了让这些企业集团最大限度地自主经营，放手发展，可试建股份制企业集团，提倡三市企业之间，采取互相参股、折股、合股等形式办股份制企业。

（二）从经济、生态效益出发，调整产业结构

1.从结构效益战略出发，调整一、二、三产业结构的比例

长株潭要形成一个率先发展的综合经济区域，必须在调整产业结构方而有新的突破，要充分发挥城市群体的特有功能和辐射作用，利用已有的基础和优势，面向市场、面向出口创汇，面向21世纪，在三大产业中逐步按照三、二、一产业排序，超常规发展第三产业，大力改造振兴第二产业，稳定发展第一产业。通过调整，2000年长株潭的

三大产业比重由 1990 年 37% 比 42% 比 21% 调整为 17% 比 45% 比 38%。

2. 增强国有企业活力，发展企业集团，鼓励企业兼并

（1）增强国有企业活力国有企业特别是国有大中型企业，是我国国民经济的支柱。搞活国有企业，当前要全面贯彻《全民所有制工业企业转换经营机制条例》和《湖南省全民所有制工业企业转换经营机制实施办法》、落实国有企业财产监督管理条例。各级党政部门要从建立社会主义市场经济体制出发，按照《条例》和《实施办法》的规定，不折不扣地落实 14 项企业应有的权力。凡与《条例》和《实施办法》相违背的政策法规、管理规定一律要清理废止。企业要用好用活《条例》和《实施办法》赋予的各项权力，一方面要增强自主经营、自负盈亏的责任感，深化内部改革，建立与社会主义市场经济体制相适应的内部运行机制，自觉接受监督，依法经营，确保国有资产的保值、增值。另一方面，要敢于和善于运用《条例》和《实施办法》提供的法律手段，维护企业的合法权益，对侵犯企业自主权的行为，要敢于抵制、举报。各级纪检、监察、审计、监督部门要把贯彻落实《条例》和《实施办法》作为监督工作的主要内容之一，对那些不愿放权或侵犯企业自主权的部门要跟踪检查，严肃处理。新闻单位要发挥舆论监督作用，揭露侵害企业合法权益的行为。

3. 加快非国有工业的发展

由于非国有工业的机制适合社会主义市场经济的运转，故此要把加快非国有工业的发展，提高到优化湖南产业结构的战略高度来认识，在长株潭区域中更为必要。为此，既要加快乡镇企业的和区街工业的发展；又要放手发展私营、个体经济以及大力引进三资企业。

4. 优化农业生产结构，改变以水稻为主的传统经营模式

随着市场经济的发展和农村产业结构的调整，农民对比较效益低的粮食作物生产积极性并不高，对本区域来说，粮食生产优势也不如洞庭湖区明显，相反，对水果、蔬菜、瓜类、畜禽、水产品特别是特种水产却占有明显的市场优势。因此，在制定农业发展规划和生产计划时，应根据中共中央农村工作会议精神、国家产业政策、市场供求关系调整生产结构，确定发展方向，保证农产品稳定增长。通过发展农村经济，继续增加农民收入。通过优化农业生产结构实践，逐步建立起城郊型高效农业结构模式。

（三）加快开发区、小城镇及三级批发零售市场建设

1. 以结合部开发区建设为突破口

以结合部开发区建设为突破口，加快扩大对外开放，以此带动全省，联结四方，面向全国，走向世界。

（1）开发区范围拟选在水陆空运进出方便、长株潭三市都认为比较适合的地方。

建议北起长沙暮云镇，南至湘潭昭山一片，这部分主要是结合部开发区。如从建设"五区一廊"的发展角度考虑，今后可以把湘潭株洲已建的开发区连接起来。

（2）开发区规模第一期工程从三市交汇点开始 4～6 平方公里，连同株洲、湘潭市河东开发区的近期工程，开发区面积约为 28 平方公里，2000 年前，结合部开发区要形成雏形，初具规模。2000 年后，搞二期开发，结合部开发区扩展到 16 平方公里，若把湘潭市河东经济开发区和株洲市河西天台山高新技术开发区的远期开发工程以及马家河乡高效城郊农业开发区都计算在内，开发区总面积约有 80 平方公里。

（3）开发目标推行全方位开放，参照沿海、上海浦东等地经验，采取优惠政策，大力引进吸收外资和内联企业的投资，发展外向型经济，争取办成一个既是我省科技、管理、贸易、对外开放的四个"窗口"，又是对内对外两个扇面辐射的"枢纽"，具有湖南特色的经济技术开发区。

（4）开发区的产业发展重点结合部开发区主要发展高新技术、高附加值、高出口创汇、外向型以及无污染的产业。

2. 加快乡镇的发展与小城镇建设

要把加快小城镇建设、发展乡镇企业一起提到重要的议事日程，进行统筹规划，力求有大的发展，形成一个以城市为中心，以交通沿线为依托的网络型城镇格局。在建设中，长株潭周边以扩散型乡镇企业为主的小城镇要用发展企业来带动小城镇的发展。而在湘东资源型的小城镇带，则主要靠农民发展资源型乡镇企业，集资建镇，并且要根据当地资源的特色做到"一镇一品一市场"。同时在体制上要继续完善"镇带村"体制，有条件的地方，经过上报批准，可以建镇。

3. 建设好三级农产品批发零售市场

长、株、潭地区既是我省的"金三角"地带，也是江南重要交通枢纽和商品集散地，交通便利，人员集中，消费量和吞吐量都比较大，而且消费档次高，建立不同层次的农产品批发零售市场，是传统农业向商品农业和现代农业转化的必由之路。

制定全省农产品流通服务体系建设规划，应把长、株、潭地区作为核心，在资金投入上作为重点，实行倾斜政策。本区域内部，要按照农业发展规划，统一部署，分级分层次建立三级批发零售市场，即乡镇建立一级批发市场；城乡接合部建立二级批发市场；三市交界繁华地区兴建一座综合性的批零兼营的大型批发市场，再向市区辐射。为此，建议省财政和三市财政应专门从农发基金、财政支农支出、支农周转金中划出一块社会化服务体系建设资金，信贷部门列入计划贷款，重点扶持本区域农产品流通服务体系建设；同时发动社会各方力量、采取跨行业、跨部门联营，鼓励农民集资入股等形式兴办批发市场；建设市场调控、监督的专业机构，放开农产品流通的一切不正常界限，不受行政区域的限制；完成合同定购以后多余的农产品允许跨市、跨省经营，确保本区域农产品流通服务体系建设健康发展，真正实现物畅其流，货现其值。

（四）加快技术进步，搞好工业技术改造

企业之间的竞争越来越多地表现为物化在商品中的科技水平的竞争。长株潭作为一个老工业基地，一方面技术力量雄厚，一方面设备陈旧老化，重视和加快技术进步，既有潜力，也有必要。加快技术进步，搞好工业技术改造的任务主要是两方面：一是技术改造，二是技术开发：

1. 技术改造

技术改造是加快技术进步的主要内容，要把技术改造作为长株潭工业扩大再生产的主要形式，提高其在固定资产投资中的比重，要求在规划期内技改投资占固定资产投资的7%以上。技术改造要突出"高、新、准、省、快"的原则，所谓"高"就是起点要高、标准要高，采用国际国内先进适用的技术、工艺和设备，不搞低水平重复。所谓"新"就是项目要有创意，有长株潭特色，做到人无我有，人有我新，不要跟在别人后面亦步亦趋。所谓"准"就是项目选择要准，严格遵循国家产业政策，保证项目建成后产生较大的经济效益。避免重复建设、盲目建设造成的损失。所谓"省"就是要用相对少的投资改造关键技术和设备，不能把增量简单地加在存量上，而要使增量发挥"催化剂"、"药引子"的作用，引导、发掘、调动存量的潜力，使存量发挥更大的效益。所谓"快"就是要适应市场瞬息万变的需要，一旦项目选准，就要快上马、快实施、快投产。技术改造的重点包括六个方面：一是改造大中型骨干企业，提高大中型骨干企化的技术装备水平；二是增加品种，提高质量；三是降低能耗物耗，节约能源、原材料；四是改造短线产品，增加有效供给；五是改造出口企业，增加出口创汇。六是搞好生产保安，改善环境条件。

技术改造要注意引进、吸收、消化国外的先进技术。技术引进首先要严格限制成套设备和整条生产线的引进，把宝贵的外汇用于购买关键设备和技术。其次，要防止重复引进，采取措施搞好引进技术的消化、推广和创新。凡引进技术的项目单位，必须同时承担该技术的推广工作，推广效果好的企业其产品经批准可享受税收优惠政策，因推广而获益的企业应给予推广单位一定的技术开发费用。

2. 技术开发

企业只注重技术改造还是远远不够的。还必须大搞技术开发，三市要加快技术市场的建立和发展，通过专利技术的开发和实施，及时将科技成果转化为生产力。落实新产品开发的各项政策，如免税、减税政策，贴息贷款政策，原材料、能源、运力优先供应政策等。要严格按销售收入的1%提足新产品开发基金，有些小企业据此提取的开发基金数量很小。不足以开发新产品，有关部门可把这笔资金集中起来，统一使用。

（五）多渠道筹措资金，加快开发区及其他重点建设

振兴和开发长株潭经济，需要大量的资金投入，在这个地区资金投入的效益要比其他地区高得多，资金回收也相对快得多。筹集资金的路径，除了请国家给予支持外，还要动员社会各方面的力量，采取多条渠道、多种形式、多种方法筹集资金。

1. 建立开发区基金

城市建设基金由预算内拨改贷收回本息，城市建设维护费、公用事业附加费、城市建设配套费等集中一部分，加上通过调整运价、开征货运附加费、提高过渡费标准和加快收取路桥建设费等办法所筹集的资金，组成开发区建设基金，专户储存银行，主要用于城市和的市政配套设施和公用事业。并建议省工商行、建行、农行、中行、交通银行等各专业银行，每年安排专项贷款 5000 万元，省财政每年专项安排 1000 万元，建立经济技术开发区特别基金，用于开发区内投资企业重点项目。

2. 积极推行土地使用制度改革，实行土地有偿、有限期使用

过去我国城镇土地都是无偿无限期使用，致使土地资源浪费，土地资产流失，城镇建设资金缺乏。事实上，土地是资源与资产的统一体，是财富的源泉。实行土地有偿有限期使用，是土地使用制度改革的方向。地改的进行，关键在于坚持资源管理和资产管理并重，规范地产市场。政府必须垄断土地一级市场，完善和搞活土地二、三级市场，防止土地收益的流失。土地出让必须由法定的国有土地产权代表即县、市以上国土局办理，其他任何部门、单位和企业都无权出让土地。金三角开发区的资金来源问题，除多方筹措资金外，还可采用国家以土地入股，外商投资的形式，也可采用成片有偿出让给外商开发的模式，但必须带有相配套的建设项目，以防炒地皮和土地管理权的失控。

3. 改革户籍制度

为加速区域城镇化进程，要研究改革现行户籍制度，事实上，随着改革开放的不断深入扩大和城乡一体化发展的进程，城乡户口的界限在一些地区已有所变化。今后户籍制度改革的做法可考虑，一是与房地产开发相结合，集中在城镇开发小区实行购房入户，二是实行集资入户，集资额达若干，即可一人或全家入户。三是带资入户，设定标准，无论投向集体企业或是私营企业，一律按城镇户口接收。四是通过收取城镇建设配套费吸纳入户，费用标准不等。五是经济开发区，高新技术产业开发区内急需的人才，或为开发区建设作出重大贡献的及可为区内引进资金、技术、项目的人才，可以批准入户。

（六）确立"人才为本"的战略观念，加速培养与合理使用人才

当今世界竞争的焦点已转向经济、而经济竞争的关键是科技，科技竞争的实质是人

才。因此，为了发展经济，重视人才已经是一条世界性的规律。但是，我们在以往的实际工作中，"人才为本"的战略观念树立得不够牢固，加之，人才市场的建立工作没有及时跟上，因而一度曾出现过"孔雀东南飞"的现象，无疑这对区域经济的发展是有一定影响的。湖南省委、省政府及时了解人才南流的情况以后，迅速研究措施，有力地提出要让"孔雀东南回"的口号。在开发长株潭区域经济中，我们要立足区域科技队伍，抓住"孔雀东南回"的时机积极建立人才激励机制，广泛合理使用人才。同时，要透过生产力的发展去发现人才、评价人才、交换人才、培养人才、使用人才。要调动科技人员的积极性，各级政府、业务主管部门和各企事业单位、科研院校，就要努力改善知识分子的住房、工资、医疗等条件，使广大科技人员消除各种后顾之忧，全身心地投入到工作中去，充分发挥个人的聪明才智，使科技转化为生产力，以促进和加速企事业单位科研教学水平的提高。由于现在处在社会主义市场经济体系建设初期，人才的结构正处在迅速变化中，因此，搞好人才预测、搞好市场经济中短缺人才的培训已显得至关重要。此外，建立三市人才网络、引导人才合理流动、重视在职中青年干部的培训、建立人才社会保障服务体系等等。确立"人才为本"的观念，加速培养与合理使用人才是实施长株潭区域规划的一项主要战略。

（七）设立长株潭区域开发建设领导小组，按程序实施规划

长株潭区域规划，在行政地域上跨及三市，因此，实施这个规划，必须实行"省、市政府统一领导，专设机构负责管理"的管理体制，成立由省、市领导和有关部门负责人组成的长株潭区域开发建设领导小组，下设开发办公室。领导小组负责审定总体发展规划，制定方针、政策，协调解决开发建设中的有关重大事宜。为了协调和决策的需要，领导小组组长应由一名副省长兼任或专任。开发办公室是办事机构，负责组织开发区的详细规划设计与审查、项目引进、开发管理、政策研究、物资后勤、资料文秘等工作。

第二编
以"五同"为主的
一体化

关于编制长株潭经济一体化五个专题
规划的工作方案和建议的汇报

湖南省计划委员会
1998 年 7 月 20 日

长株潭经济一体化问题一直是省委、省政府关注的重点，也是全省经济发展的重点。今年 4 月 27 日，储波副书记主持召集有关部门负责人专题研究加快长株潭经济一体化发展问题。会后下发了《研究加快长株潭经济一体化发展的会议纪要》。《纪要》要求省计委牵头组织有关厅局抓紧编制长株潭地区的交通网络规划、信息网络规划、电力网络规划、金融网络规划和环境保护规划等五个关联性大、操作性强的专题规划，并组织逐步实施。今年 5 月，省计委提出了五个专题规划的工作方案。储波副书记、伯华、茂清副省长都作了重要批示。

为了五个专题规划编制工作的顺利进行，加速长株潭经济一体化的实质性步伐，茂林书记、储波副书记、伯华、茂清副省长今天又专题召开这次会议，进行具体部署。下面，我就五个专题规划编制工作作一个汇报。

一　关于编制规划的要求

（一）交通网络规划

三市的城市交通网络规划必须要站在长株潭整体高度设计，既要考虑三市城市道路之间的互通衔接，避免重复建设，又要考虑三市的城市道路规划与大交通规划的衔接，要避免把过境交通主干道作环线。"十五"计划可规划建设三市的环城轻轨，形成三市大交通。

规划要点：

1. 三市的城市道路规划；

2. 三市城市道路规划的相互衔接；

3. 三市城市道路与大交通干线的衔接；

4. 三市大交通环线与大交通干线的衔接。

（二）信息网络规划

三市信息网络的最终目的是实现信息资源的共享和信息产业的一体化。而目前的突破口则是要将长、株、潭三个本地网并为一个大本地网，区号并为 2 位，电话号码升 8 位，使三市电话号码成为唯一性，实现三市电话同城。

规划要点：

1. 电信网络：长株潭电话号码升 8 位，信息产业部已复函暂不办，需要继续努力争取；

2. 广播电视网络；

3. 计算机网络。

（三）电力网络规划

电力网络规划主要是电网规划，3 市电网建设要统一规划，优先考虑，率先突破，能适应 10～20 年。

规划要点：

1. 在抓好电源建设的同时，要加大电网建设和改造的力度；

2. 规划好主输变电工程；

3. 完善城市电网建设，特别是 110 千伏运行网的改造；

4. 加大力度，改造农村电网。

（四）金融网络规划

主要是融资市场统一和金融服务手段网络化。

一是实现票据交换网络。为促进三市金融与产业的优势互补，要及早实现三市票据同城交换，保证转账资金当天到账，加速资金周转。第一步要启动票据专递，使三市票据当天完成交换；第二步要建立并完善计算机金融网络，实现金融机构大同城票据交换，直接异地处理票据。此外，要加快实施银行卡等工程，逐步实现三市通存通兑。二是统一直接融资市场。三市发行的企业债券、短期融资券、产业投资基金等证券品种，经省级主管部门严格审批后，可异地发行，有效优化配置三市的社会资金；三是促进间接融资市场的进一步相互开放。一方面要积极通过省融资中心，合理调剂三市金融机构短期资金；另一方面，鼓励三市的信贷机构，尤其是城市商业银行，进行异地放贷，进一步增加信贷资金的流动能力。

规划要点：

1. 金融服务手段网络化；

2. 融资市场的统一；

3. 直接融资市场的统一；

4. 间接融资市场的进一步相互开放。

（五）环境保护规划

坚持可持续发展战略，到 2010 年，建成经济稳定发展、社会健康进步、环境清洁优美、生态良性循环的城市群。工业污染控制的重点是：依靠科技进步改善生产工艺和装备，从治标向治本转变，在规模结构优化和技术进步的基础上，提高资源和能源的利用率，推行资源节约型发展模式，逐步实现清洁生产，实行污染总量控制，使工业污染得到有效控制。城市环境保护的重点是：不断优化调整城市生态系统，完善基础设施建设，搞好绿化美化，规范城市环境管理，提高居民环境意识，减轻城市污染负荷，使城市环境有明显好转。水域和生态环境保护的重点是：严格规范城市饮用水源保护工作，确保人民群众饮用水源安全，抓好资源开发过程中的环境管理和生态恢复工作，减少水土流失，加强自然保护区建设和珍稀物种保护工作，维护生态平衡。

规划要点：

1. 点源治理：工业"三废"治理；

2. 城市环境治理：城市生活污水处理、城市固体废弃物处理、城市空气污染治理（包括汽车尾气治理）；

3. 生态环境保护：城市绿化美化、减少水土流失、生态环境及生物多样性保护。

以上 5 个规划都是专题规划，主要内容拟就规划区域的现状、矛盾、远景目标、重点建设、资金来源、落实措施等做出具体可行的方案。规划时段分"九五"后三年、"十五"、2010 年。

二 关于当前启动的重点

长株潭经济发展对加快全省经济建设步伐至关重要。因此，要抓紧规划，加速启动，要把制定规划和落实项目紧密结合起来。中央 3 号文件颁发后，国家出台一系列增加投资的措施，财政部最近拟发行 1000 亿元的债券，以地方财政向中央财政借款的形式支持农林水、公路、城市基础设施、环境和高科技产业及工业技改项目。银行拟增加

1000 亿元贴息贷款予以配套。对此，我们要及时掌握信息，狠抓项目落实。

最近，省计委筛选上报了一批配套资金落实、前期工作进展较好的城市基础设施、电网、环保建设及国家支持的粮库、农田水利设施、高新技术产业和工业技改项目，对长株潭地区实行了重点倾斜。

（一）城市基础设施建设

重点突出供水、排水和城市道路、桥梁。目前，我省已上报 23 个项目，今年计划投资 34.6 亿元，其中申请中央补助 2.33 亿元，重点是 14 个续建项目，7 个开工准备项目。其中长株潭地区 5 年项目，1998 年计划投资 15.8 亿元，占全省的 45.1%。对于这些项目，中央政策是国家给一、地方配二、银行贷三。

（二）电网建设

重点突出输变电主干线工程和城市电网、农村电网的改造配套。最近，我们已筛选上报大中城市电网改造项目 13 个，今年计划投资 3.58 亿元，申请中央补助 1.07 亿元，重点是 7 个续建项目，6 个准备开工项目。其中长株潭地区 10 个项目，今年计划投资 2.84 亿元，申请中央补助 8400 万元；今年农村电网开工建设 49 个项目，主要是开工建设和改造 11 万伏变电站、3.5 万伏及以下的配电网络，计划投资 14.34 亿元，申请开行贴息贷款 11.47 亿元。其中长株潭地区 8 个项目，计划投资 3.11 亿元，申请开行贴息贷款 2.49 亿元。同时要抓紧国家投资 8 亿元的长沙 50 万伏变电站工程的开工建设。对于农网改造项目，中央政策是中央与地方两级给予贷款贴息。

（三）环保项目建设

主要是国家支持的污水处理、垃圾处理、大气污染治理等三个重点。我们筛选上报了 12 个项目，今年计划投资 4.36 亿元，其中申请中央补助 1.04 亿元，重点是 3 个续建项目，9 个开工准备项目。坐落在长株潭地区的项目 6 个，今年计划投资 1.7 亿元，其中申请中央补助 4600 万元。

（四）粮库建设

抓住国家今明两年专项安排财政拨款 150 亿元、新扩建 500 亿斤国家粮食储备库的机遇，我委已上报 55.1 亿斤库容的新扩建粮库项目计划，其中新建宁乡等 6 个粮库，新增仓容 18 亿斤，扩建长沙霞凝等 24 个粮库，新增仓容 37.1 亿斤。

加快长株潭经济一体化发展进程，规划是先导，项目是关键。目前，长株潭地区要积极抓住国家出台的增加中央补助、建设债券和银行贴息贷款的机遇，力争在 7 月底之

（四）抓紧城市轨道交通项目前期工作

城市轨道交通具有运量大、快捷、舒适、节省土地和减少污染等特点，是解决大城市公共交通的重要方式。目前，西方发展国家50万人口以上的城市都在积极发展城市轨道交通。长株潭三市城区人口已超过300万，长沙市城区包括流动人口已近200万，三市经济总量接近1200亿元，有必要也有条件发展城市轨道交通。据从国家计委了解，"十五"期间以地铁为主的城市轨道交通是城市基础设施建设的重点之一，今后五年我国将建成总长度达450公里左右的城市轨道交通线路，直接带动投资8000亿元。目前，全国已有20多个特大城市正在建设和筹建轨道交通，其中北京、上海、广州正在完善地铁系统，深圳、南京已经开工建设，武汉、西安、大连等城市正在筹建。发展长株潭城市轨道交通，不仅可以加快三市经济一体化进程，而且可以充分发挥我省在城市轨道交通设备制造方面的技术和生产优势，带动株洲电力机车和湘潭电机集团的快速发展，培育壮大一个产业。目前，我们正在委托铁四院抓紧研究提出规划方案，我们将加紧前期工作，力争长沙城市轨道交通一期工程（地铁）"十五"计划期末开工。

四　几点建议

（一）组织编制长株潭土地利用总体规划

目前，长株潭地区已经有了一个较好的规划基础，长株潭经济一体化"十五"专题规划和五个网络专项规划已编制完成，正在审定出台产业发展规划和湘江生态经济带、岳麓山大学城两个重大规划，这些规划有的是行业性的，有的是局部性的。为合理配置资源，实现有序发展，建议组织国土等相关部门着手编制长株潭土地利用总体规划。拟编的土地利用总体规划主要内容包括三市市域特别是三市结合部的用地控制、空间布局、生态保护、功能分区和重大项目布点。

（二）进一步加强协调配合

推进长株潭经济一体化是一项长期性的工作，政策性强，涉及面广，工作量大，需要三市和各个部门、各个方面的大力支持和积极参与。随着工作向纵深推进，规划、建设、管理和体制、政策、资金等方面的协调，矛盾会越来越多，工作会越来越具体，请求省委、省政府加强领导，定期协调；建议三市和有关部门明确专人负责，建立联席会议制度，参与省长株潭经济一体化协调办公室日常工作，特别是在讨论重大规划、重大项目、重大问题时，请派出有关负责同志参与研究和协调。

（三）以立法保证规划实施

长株潭经济一体化相关规划，在编制过程中投入了大量人力、物力和财力，吸纳和集中了国内外专家的理念和智慧，为了使宏伟的规划变成美好的现实，把湘江生态经济带和岳麓山大学城这样的重大项目建成精品工程，让三市和全省人民共享这一宝贵的资源。建议控制性详细规划制订出来后，提请省人大审议，通过立法赋予规划法律效力，并对规划执行情况每年督促检查一次。

（四）筹备开好国际研讨会

为深化长株潭经济一体化发展战略研究，扩大长株潭的国际影响力，建议结合世行CDS 最终报告审查会，在今年年底或明年上半年组织召开一次高层次国际研讨会，由省政府与世界银行联合主办，我委具体负责筹备，邀请国家有关部委领导、国内外著名专家、国际金融组织和大公司参加。

在2003年长株潭经济一体化
工作会议上的汇报

湖南省计划委员会

2003 年 8 月 7 日

1997 年省委、省政府正式做出决策，加快推进长株潭经济一体化，并确定了"总体规划引导，基础设施先行，重大项目跟进"的思路。为了加强对这一工作的领导，省政府成立了以省长为组长的长株潭经济一体化协调领导小组，省直各厅局的负责人和三市政府主要领导为领导小组成员。领导小组下设办公室放在省计委，由省计委主任兼任办公室主任。以下就几年来的主要工作作一简要回顾。

一 规划研究方面

一是 1998 年编制完成了交通、电力、金融、环保、信息五个基础设施网络规划，由省政府批准下发。

二是完成了长株潭城市群发展战略研究（CDS）。2000 年底开始的世界银行长株潭城市群发展战略研究（CDS），经过一年多的工作，在我省各有关部门和三市的积极配合下，2002 年 3 月份，世行专家组完成了《长株潭城市群 CDS 最终报告》。该报告以推进长株潭经济一体化为主题，就如何改进城市规划、改善基础设施投融资、增强城市竞争力，以及完善社会保障制度等重大战略问题提出了许多建设性意见，提出了在三市跨区域培育壮大交通运输设备制造、教育和文化、食品和医药、IT 设备制造和服务四大产业群的建议，初步建立了重大建设项目库。

三是完成了产业发展规划。湘潭会议以后，省直各部门和三市在省经贸委、科技厅、省外经贸委分别编制的《长株潭产业结构调整和升级规划》、《长株潭高新技术产业发展规划》和《长株潭产业一体化技术引进规划》三个专题产业规划的基础上，结合世行 CDS 研究成果，经过反复研究、论证、提升，完成了三市产业一体化发展规划，对三市的产业分布、空间结构、产业群的培育提出了指导性意见。2002 年 7 月，正式由省政府下发。

四是完成了湘江生态经济带概念性规划国际咨询。建设湘江生态经济带是推进三市一体化的重大措施。湘潭会议上，省委、省政府主要领导为此作了全面、具体的安排。为了高起点、高标准、高质量建设湘江生态经济带，经省政府批准，首先采取国际咨询方式，请国际一流的规划机构编制概念性规划。湘江生态经济带概念性规划是一个大尺度、多学科、高难度的区域性规划。国际咨询从 2001 年 8 月开始，历时大半年，2002 年 3 月由德国欧博迈亚公司最终完成了该规划。成果包括了区域总体规划和沿江 10 个重要节点城市设计，涵盖了区域规划、生态、土地利用、城市设计、旅游、交通、水资源、环保等八个方面。其先进的理念和独到的构思对湘江生态经济带的进一步规划和建设具有很强的指导作用。

五是基本完成《湘江生态经济带开发建设总体规划》。这是湘潭会议要求组织编制的重大规划。《湘江生态经济带开发建设总体规划》是对生态经济带概念性规划的深化、细化，是操作性较强的总体规划。该规划由中国城市规划设计研究院编制，去年 10 月已基本编制完毕，在规划编制过程中，曾与省直有关部门和三市反复衔接。根据省政府领导的指示，今年在三市进行了公示并完成了专家评审，目前正在等待省政府审批。

六是正在编制《长株潭城市群区域规划》。《长株潭城市群区域规划》是我省第一个区域总体规划，也是湘潭会议要求编制的重大规划，对今后全面指导长株潭三市各个层面各类规划引导长株潭城市群分步建设具有重要的作用。该规划也是由中国城市规划设计院编制。目前正在根据省直部门和三市的意见修改规划文本。

通过两年来的规划工作，目前已初步形成了一个三市一体化层面的，包括综合规划和专题规划，对三市各个层次、各类规划具有指导作用的经济一体化规划体系框架。通过各种研究和规划，长株潭经济一体化日益受到国内外广泛的关注。由于一体化的背景，长株潭三市以新的形象走向世界。规划成果不仅为三市一体化发展提供了指导和依据，而且越来越多的国际金融组织、跨国公司从规划中看到了该地区巨大的发展潜力和充裕的发展空间，从而为三市进一步对外开放、招商引资奠定了坚实的基础。

二 重大项目运作方面

一是抓好长株潭城市发展世行贷款一期项目前期工作。长株潭城市发展世行贷款一期项目包括三市沿江防洪景观道路、长沙长善垸污水处理厂、株洲现代物流中心、湘潭四大桥、株洲洁净煤和昭山景区建设等 6 个子项目，这批项目的建设将大大加快长株潭经济一体化进程。

二是初步拟定长株潭城市发展世行贷款二期项目。七月初，世界银行东亚及太平洋城市发展局瓦玛局长来访，初步达成了二期项目的意向。二期项目将继续围绕湘江生态经济带的建设。

三是三市沿江拓展新城区加速相向发展。长沙市呼应三市一体化积极向南拓展。规划和正在建设的天心生态新城西临湘江、东靠韶山路、南接暮云，面积达 55 平方公里。去年完成了部分控制性详规。到目前为止，新城区道路基础设施建设完成投资 13 亿元，新建道路 19 公里，主要交通干道网络初步形成，35 个项目已基本完成征地工作，随着省政府南迁，天心生态新城将出现加速发展的势头。湘潭在河东沿江开辟新城区，向北发展。其中心区是未来湘潭的行政、文化、商贸中心。中心区规划面积 2.4 平方公里，总投资 7 亿元，计划今年完成总投资的一半。目前，八条道路和一批文化设施全面开工建设。株洲河西的天台—栗雨组团正在积极向湘潭方向发展，栗雨工业区已完成土地开发 700 亩，并基本完成园区主干道栗雨路与城区主干道的对接。

四是积极抓好其他重大项目的前期工作。主要项目有长沙引水及水质环境工程项目，长株潭城市轨道交通工程，长株潭岳醴 5 市天然气利用工程等。

三　基础设施网络建设方面

几年来，省直各有关部门和三市积极实施五个网络规划，三市一体化的基础平台日臻完善。

交通网络。京珠高速长临段和上瑞高速潭邵段于 2002 年建成通车，长株潭地区与相邻城市全部实现了高速公路相连。三市大外环方面，长沙绕城线的西北段、东北段相继建成开通，长潭西线高速年内动工，株黄快速路完成方案研究，大外环已显雏形。市际交通方面，长沙向南的长沙大道已建成通车。株洲向西的株洲大道已经立项，并完成了定线方案和施工方案，市际交通正在向以城市主干道为主体的方向发展。

电力网络。株洲电厂二期技改工程二台 30 万千瓦机组正在紧张施工，湘潭电厂扩建二台 60 万千瓦机组正在积极做前期工作。总投资 36.1 亿元的三市城乡电网改造工程基本完成，截至 2002 年底，三市电网拥有电源装机 135.6 万千瓦，500 千伏变电站 2 座，220 千伏变电站 16 座，110 千伏变电站 82 座。

信息网络。通过连续几年的建设，长株潭已建成覆盖三市各县、乡、镇，以光缆为主数字微波为辅的、纵横交错的、立体交叉的传输网络。2002 年底，三市固定电话用户达 244.5 万户，移动电话用户达 220 万户，电子政务工程、金税工程、劳动和社会保障信息工程、金盾工程、远程教育工程等信息化重大工程均由三市起步向全省推广。

金融网络。一是三市同城票据交换业务不断扩大，2002年，三市间票据交换11.8万笔，比上年增长27%，金额141.86亿元，同比增长43%。二是在三市范围大力推进银行卡联网业务。三是同城清算、电子联引和会计核算三位一体为目标的"城市电子支付与清算网络系统"在三市投入运行。四是为提高地方金融机构的竞争实力和抗风险能力，人行长沙中心支行正在研究三市城市商业银行的业务联合和资源整合的最佳方案，推动三市地方金融机构的合并重组和跨地区发展。

环保网络。环保基础设施建设和污染防治都有新的进展。株冶铅烟气治理工程于2002年初投入运行，湘钢高炉、湘潭电化厂废水治理、株洲霞湾污水处理厂等项目相继建成，长沙垃圾卫生填埋场、星沙污水处理厂基本建成，长沙一污扩建、南天农药废水治理、湖铁铬渣治理等项目取得进展。三市工业污染企业达标率97.2%，其中省直接监督的重点污染企业达标率92.9%。酸雨防治工作积极推进，省政府批准了《长株潭区域酸雨污染防治试点工作方案》，三市联合加大了扬尘污染防治力度，城市空气质量总体上稳中有进。

实施长株潭经济一体化战略极大地促进了三市经济和社会发展。三市作为全省经济核心增长极的作用进一步显现。2002年三市GDP 1428.45亿元，占全省GDP总量的32.9%，比2000年提高了1.4个百分点，其中二产业增加值624.96亿元，占全省的比重比2000年提高了2.1个百分点；固定资产投资525.7亿元，占全省的比重为38.8%，比2000年提高了25.4个百分点；消费品零售额614.7亿元，占全省的比重为36.6%，比2000年提高了1.8个百分点；进出口总额22.6亿美元，占全省比重为78.6%，比2000年提高了11.3个百分点。

湖南省人民政府办公厅
关于调整湖南省长株潭经济一体化
发展协调领导小组成员的通知

湘政办函〔2003〕124号

各市州人民政府，省政府各厅委、各直属机构：

根据人员变化情况和工作需要，省委、省人民政府决定对湖南省长株潭经济一体化发展协调领导小组成员进行相应调整。现将调整后的名单通知如下：

组　长：周伯华　省人民政府代省长

副组长：于幼军　省人民政府常务副省长

　　　　徐宪平　省人民政府副省长

　　　　罗桂求　省人民政府顾问

成　员：陈叔红　省计委主任

　　　　卓　群　省经贸委助理巡视员

　　　　李友志　省财政厅厅长

　　　　肖常锡　省建设厅副厅长

　　　　詹新华　省交通厅副厅长

　　　　方先知　省国土资源厅副厅长

　　　　佘国云　省水利厅副厅长

　　　　陈仲伯　省科技厅副厅长

　　　　李　沛　省外经贸厅副厅长

　　　　韩淑云　省信息产业厅副厅长

　　　　蒋益民　省环保局局长

　　　　袁新华　省旅游局局长

　　　　李定一　省林业厅副厅长

刘志荣　省统计局助理巡视员

刘春鸣　省通讯管理局副局长

童志强　人民银行长沙中心支行副行长

喻新强　省电力公司副总经理

谭仲池　长沙市人民政府市长

颜石生　株洲市人民政府代市长

彭宪法　湘潭市人民政府代市长

领导小组办公室设省计委，陈叔红兼任办公室主任。

湖南省政府办公厅

2003 年 8 月 5 日

湖南省人民政府令
《湘江长沙株洲湘潭段开发建设保护办法》

第 176 号

2003 年 8 月 18 日

《湖南省湘江长沙株洲湘潭段生态经济带建设保护办法》已经 2003 年 7 月 24 日省人民政府第 12 次常务会议通过，现予公布，自 2003 年 9 月 1 日起施行。

代省长：周伯华

2003 年 8 月 18 日

湖南省湘江长沙株洲湘潭段生态经济带建设保护办法

2003 年 8 月 18 日

第一条 为了促进湘江长沙株洲湘潭（以下简称长株潭段）生态经济带的建设，加强湘江长株潭段生态经济带的保护，推动长株潭经济一体化和本省经济可持续发展，制定本办法。

第二条 湘江长株潭段生态经济带的建设、保护工作，必须遵守国家有关法律、法规和本办法。

第三条 本办法所称湘江长株潭段生态经济带，是指由湘江长株潭段及其滨江两岸组成的，以生态环境、生态经济和旅游观光为发展重点的带状区域，北起湘江长沙段的月亮岛北端，南止湘江株洲段的空洲岛南端；两岸纵深距离根据不同地形地貌确定：

（一）临江区域为街区的，以临江的第一个街区道路（不含沿江道路）为限；

（二）临江区域为洼地、平地、浅丘的，根据地形地貌确定，一般不超过 1500 米；

（三）临江区域为重丘、山峦的，以临江的第一层山脊线为限；

（四）临江区域为旅游景区的，以旅游景区离湘江最远的外围线为限。

前款所指区域的具体界线，由省人民政府发展计划行政部门商建设行政部门在《湘江长沙株洲湘潭段生态经济带开发建设总体规划》中确定。

第四条　湘江长株潭段生态经济带的建设、保护遵循保护生态环境、永续利用资源和高起点规划、分阶段建设的原则。

第五条　湘江长株潭段生态经济带建设、保护的目标：

（一）加强生态建设和环境保护，把该区域建设成为生态良好和环境优美的示范区；

（二）开发、保护旅游资源和文化遗产，把该区域建设成为适宜于休闲观光的景观带；

（三）发展符合生态环境要求的产业，把该区域建设成为新的经济增长点。

第六条　湘江长株潭段生态经济带的建设、保护实行省统一领导、统一规划和分市建设、分市管理的体制。

省人民政府负责对湘江长株潭段生态经济带的建设、保护工作实行统一领导、规划、监督和协调，具体工作由省人民政府发展计划行政部门会同建设行政部门承担。

长株潭三市人民政府在省人民政府的领导下，分别负责各自行政区域内湘江长株潭段生态经济带有关区段的具体建设、保护工作。

省人民政府和长株潭三市人民政府的发展计划、环境保护、国土资源、建设、规划、交通、农业、林业、水利、旅游、文化、文物、宗教等行政部门，按照各自的职责做好湘江长株潭段生态经济带建设、保护的有关工作。

第七条　省人民政府发展计划行政部门负责组织编制《湘江长沙株洲湘潭段生态经济带开发建设总体规划》，报省人民政府批准。

第八条　省人民政府环境保护、国土资源、建设、交通、农业、林业、水利、旅游、文化、文物、宗教等行政部门应当根据省人民政府批准的《湘江长沙株洲湘潭段生态经济带开发建设总体规划》，编制专业规划，报省人民政府批准。

省人民政府发展计划行政部门应当会同相关部门和长株潭三市人民政府，根据省人民政府批准的《湘江长沙株洲湘潭段生态经济带开发建设总体规划》，组织编制湘江长株潭段生态经济带市际连接段详细规划，报省人民政府批准。

长株潭三市人民政府应当根据省人民政府批准的《湘江长沙株洲湘潭段生态经济带开发建设总体规划》编制湘江长株潭段生态经济带城区段详细规划。湘江长株潭段生态经济带城区段详细规划，应当与长株潭三市各自的城市总体规划相衔接，确需对原城市总体规划进行局部修改时，分别由长株潭三市人民政府按照法定程序办理。

  第九条 湘江长株潭段生态经济带的建设，必须执行规划。对没有列入规划的项目，任何部门和个人不得办理立项、用地、开工等审批手续。在市际连接段和自然洲岛上的基础设施、生态、公用事业、工业和房地产建设项目，长株潭三市人民政府规划行政部门在批准选址前必须先征求本级人民政府发展计划行政部门的意见，其中，重大建设项目的选址，还需由长株潭三市人民政府发展计划行政部门征求省人民政府发展计划、建设行政部门的意见。

  发展计划、环境保护、国土资源、建设、规划、交通、水利、林业等行政部门应当加强对建设项目的管理，依法查处违法审批和违法建设行为。

  第十条 湘江长株潭段生态经济带的开发建设实行生态环境保护优先和生态环境保护与经济发展相结合，重点发展文化业、旅游业、观光农业、商贸服务业、高新技术等产业。禁止新建不符合湘江长株潭段生态经济带环境保护要求的项目。

在2004年长株潭经济一体化暨"一点一线"地区加快发展座谈会上的汇报

湖南省发展和改革委员会

2004 年 10 月 14 日

根据会议安排，下面，就长株潭经济一体化和"一点一线"地区率先发展问题，做个简要汇报。

一 一年来长株潭经济一体化的主要进展

推进长株潭经济一体化，一直是省委省政府高度关注的重点。一年来，三市齐抓共建，同心协力，突出规划实施，突出产业发展，突出基础设施，长株潭经济社会发展取得显著进展。2003 年，三市完成 GDP 1580 亿元，增长 12.8%，高出全省 3.2 个百分点。其中工业增加值 512 亿元，增长 12.5%，高出全省 3.5 个百分点。地方财政收入86.8 亿元，增长 24.3%，高出全省 8.1 个百分点。今年上半年，三市继续保持快速增长的较好势头，完成 GDP 831 亿元，同比增长 14%，高出全省 2.2 个百分点。继续保持了对全省经济社会发展的带动作用。一年来，长株潭经济一体化主要突出了以下工作。

1. 突出集群发展，进一步推进产业一体化

一是围绕优势产业，推进产业的集群发展。重点培育了轨道交通设备制造、汽车及零部件、工程机械等装备制造业，电子信息、生物医药等高新技术产业，加大了扶持力度，《湖南省优势产业发展规划纲要》中长株潭投资项目和金额分别占到全省的 60.1% 和 65.6%。二是围绕龙头企业，加速产业的链条延伸。重点依托株洲电力机车厂、株洲车辆厂、湘潭电机厂、长丰猎豹、北汽福田、三一重工、中联重科、LG 菲利普曙光

等企业，鼓励中小企业向龙头聚集，加强引导，加大技改，配套生产，强化协作，延伸了产业链条。三是围绕骨干园区，推动产业的空间集聚。在清理整顿园区的同时，对三市保留的18个工业园区（开发区），重点推动企业布局集中、用地集约和产业集聚。目前，长沙高新区等6个主要工业园区聚集了大、中、小各类工业企业500余家。今年1~6月，长株潭工业增加值312亿元，增速24.7%，高出全省9.2个百分点，对全省工业的支撑作用明显增强。

2. 突出"五同"，强化基础设施一体化

交通。按照对外畅通6大出口，对内高速公路相连的要求，建设进展加快。对外的最后一大出口醴陵金鱼石—易家湾高速公路已开工。对内高速公路中，长—潭西线高速已开工，长—株高速也将于今年内开工。同时，武—广客运专线和长株潭轻轨的前期工作也在抓紧推进。电力。按照"三厂四网"（长沙、株洲、湘潭电厂，500千伏受端环网、220千伏双环网、城市电网、农村电网）的建设布局，株洲电厂已竣工投产，湘潭电厂也已开工，长沙电厂前期工作正紧张进行。新增电源装机60万千瓦，220千伏变电站2座。目前，三市电源装机已达196万千瓦，500千伏变电站2座，220千伏公用变电站18座。信息。建成了覆盖三市以光缆为主、数字微波为辅的纵横交错、立体交叉的传输网。三市本地电话交换机容量新增28万门，达348万门，新增用户80万户，达321万户；移动通信交换机新增容量40万门，达400万门，新增用户56万户，达296万户。金融。一体化建设取得阶段性成果，大同城票据交换等四大系统如期建成。2003年，大同城票据交换金额190亿元，比上年增长29%。环保。三市统一治污取得新进展。长沙一污扩建竣工，湘潭河西污水处理厂、株洲龙泉污水处理厂、三市天然气建设工程均在抓紧建设。为开展湘江全流域的系统治污和大气环境的整体净化，重点规划的长沙长善垸污水处理厂和株洲洁净煤工程，也将于年内开工。

3. 突出一江两岸，推进城乡一体化

以湘江为发展主轴，在三市相向地区布局了长沙天心生态新城、湘潭新城中心区、株洲高新区栗雨工业园等三市一体化十大重点建设项目。去年以来，共完成投资82亿元，累计完成投资240亿元。世行贷款长株潭城市发展项目，经过一年的紧张准备，今年8月顺利完成谈判，总投资31.1亿元，世行贷款1.72亿美元。其中投资20亿元、长达72公里的沿江防洪景观道路工程争取年内开工。沿湘江千吨级航道建设稳步推进，株洲航电枢纽、湘潭铁牛埠码头正抓紧建设，长沙霞凝港航电枢纽前期工作也顺利展开。沿江12个重点小城镇基础设施不断完善。

4. 突出规划实施，强化建设布局一体化

《长株潭城市群区域发展规划纲要》已组织专家评审，年底将正式出台。省政府颁布实施了《湘江生态经济带开发建设总体规划》、《湘江生态经济带建设保护办法》，对

湘江生态经济带的开发、建设和保护，起到了有效的规范和约束作用。为抢抓机遇，促使长株潭整体纳入国家老工业基地改造笼子，编制了《2004～2010年长株潭老工业基地改造规划纲要》，待省政府审批后，努力争取国家支持。

二 "一点一线"地区发展的基本态势

"一点一线"地区一直是我省的优势区、精华带。2003年完成GDP 2845亿元，增长11.9%，高出全省2.3个百分点，总量占全省61.3%。其中，二产业比重高出全省2.9个百分点，工业增加值占全省66%，增幅高出全省3.8个百分点，高新技术产品产值占全省83.5%。地方财政收入增幅高出全省5.6个百分点。全社会从业人员人均GDP为全省的1.4倍。一点一线地区是我省经济社会发展的主要支撑力量。

推进长株潭及"一点一线"地区率先发展、加快发展，这对于带动全省、崛起中部、赶超全国，具有重要的战略意义。

1. 壮大"一线"是做强"一点"的现实要求

长株潭这"一点"，通过几年来的一体化推进，产业、技术、人才等方面集聚了相当的实力和能量，统筹发展"一点一线"，既是做强"一点"的必然，也是壮大"一线"的需要。从长株潭一体化，进而构筑"一点一线"的城镇走廊；从依托龙头企业，进而依靠产业集群；从打造航空母舰，进而打造联合舰队，在更宽领域和更高层面推进"点""线"互动，壮大"一线"将有利于长株潭在更大范围内整合资源，优化结构，壮大规模。也有利于增强长株潭对"一线"地区的整体带动和辐射。

2. 壮大"一线"是带动全省协调发展的大局所需

"一点一线"地区和湘西地区是全省的两个大局。目前，"一点一线"地区作为全省二、三产业的主要聚集区，集中了全省80%的高新技术产业、主要的大型企业和工业园区，壮大"一线"，统筹"一点一线"和湘西地区的发展，是全省区域发展战略的需要。它将促进我省的产业结构和区域结构更加协调，优势产业和优势地区更具特色；也将使全省的改革发展更富活力，速度总量也将迈上一个新的台阶。壮大"一线"，将带动全省近一半的人口率先实现全面小康，为我省实现全面小康奠定坚实的基础。

3. 壮大"一线"是顺应全国发展的大势所趋

以城市圈为特征的区域竞争日趋激烈，长三角、珠三角、环渤海经济圈竞相凸起。我省南邻广州，东望上海，北抵武汉，西接重庆，在几大强势中心的挤压下，挑战是严峻的。湖南要崛起于中部，关键是城市圈的崛起，实质在产业群的崛起，做强"一点"，是必然选择，壮大"一线"，是希望所在。"一点一线"地区作为我省工业的重心，只有这一地区的城市圈和产业群率先发展、率先突破，全省新型工业化才能闯出一条路子。才能加快融入珠三角，呼应长三角，才能为产业承接和资金融通奠定坚实的平台。在崛起中部的竞争中才有优势。

三　加快发展的思路、目标、重点

加快长株潭一体化及"一点一线"地区发展，坚持以"三个代表"重要思想和科学发展观为指导，紧紧抓住国家实施中部崛起战略新机遇，实施点线面发展战略，做强"一点"，构筑长株潭核心增长极，壮大"一线"，形成"一点一线"地区率先发展带，扩展到面，辐射和带动全省加快发展。

1. 发展思路

——做强"一点"。就是长株潭经济一体化，要在中部城镇圈上形成增长极，要在产业集群化上取得突破性进展，"十一五"期间，长株潭要努力成为中部地区先进制造业中心和现代服务业中心，全面赶超武汉，率先在中部崛起。

——壮大"一线"。就是"一点一线"地区要在产业、结构、基础设施建设等方面形成整体优势，要努力成为我省承东启西、贯南通北的产业走廊。到"十一五"期末，力争成为在全国有一定影响、与沿海基本同步的产业发展带，成为改革开放先行区、先进制造业聚集区、高层次服务业聚集区和高效益特色生态农业示范区的"一带四区"。

——带动全省。就是"一点一线"地区要领先一步，快速发展，率先突破，辐射湘中、湘西地区，带动全省经济的整体提速和综合实力的全面提升，加快全面建设小康社会步伐，推动全省加速发展。

2. 发展目标

"一点一线"的发展，总体上，速度要快，结构要优，产业要强，效益要高。就发展速度而言：

2005年，"一点一线"地区增长速度力争高出全省3个百分点，长株潭地区增长速度要力争高出全省4个百分点。

"十一五"期间，"一点一线"地区及长株潭地区年均增长速度要分别高出全省2个和3个百分点，并力争分别高出3个和4个百分点，GDP占全省比重力争达到70%和40%左右。

2010年，"一点一线"地区和长株潭的三次产业结构分别达到11：46：43和8：48：44，城市化水平分别达到48%和57%。

提出上述目标，一是有现实可能。"十五"前三年，长株潭和"一点一线"地区年均增长速度分别高出全省2.8和2.1个百分点，具备实现高出全省3个和2个百分点的基础。作为努力方向，工作目标按4和3来把握，有利于挖掘潜力，调动积极性。二是有客观需要。按照我省全面建设小康社会的总体要求，2010年，全省人均GDP要达到全国平均水平，"一点一线"作为率先地区，要有一个较高的要求，全省才会有一个较好的基础。三是有发展压力。中部崛起，长株潭就必须赶超武汉。2003年武汉GDP增速为12.1%，今年上半年已提速到13%，这就要求长株潭有更快的发展速度。

3. 发展重点

一是长株潭一体化抓突破。在继续按规划抓好三市经济一体化建设的同时，关键要突破现行管理体制。重点是在部分管理体制上分步改革，稳步推进。努力探索规划、国土、交通、环保、统计等五大方面的改革，逐步建立区域性统一的管理机构，或制定区域的统一管理办法；积极研究三市省垂直管理的分支机构的整合方案；努力推进长株潭公交、广电、通讯、环保设施建设、物流一体化。

二是优势产业抓集群。在"一点一线"地区产业发展方向上，突出各市特色，强化资源整合，加速产业集聚。长株潭突出发展工程机械、轨道交通设备、汽车及零部件、钢铁和有色深加工、电子信息、新材料、生物医药等，岳阳重点发展石化、造纸、食品，衡阳、郴州重点发展电力、钢铁和有色深加工、化工、超大型输变电设备制造。在"一点一线"地区的产业布局上，总体实施"658"工程，加速培育装备制造、电子信息、新材料、生物医药、食品、建材6大产业集群，加速建设装备制造产业基地、国家软件基地、信息产业梯度转移基地、先进电池材料及应用产业基地、生物医药产业基地等5大基地，加快建设国家级的长沙高新区、株洲高新区和长沙经开区以及省级的岳阳、湘潭、衡阳、郴州开发区、醴陵陶瓷工业园等8大园区。以龙头企业推动同类产业和相关产业发展，促进产业集聚，以园区发展聚拢企业，承载产业集聚，形成辐射带动作用强、国内外知名度高、市场竞争力强、代表湖南工业整体实力和水平的优势产业集群，打造长株潭和"一点一线"地区特色鲜明的产业形象。

三是基础设施抓布局。合理布局重大设施，统筹建设发展平台。交通，要突出主骨架、大网络，完善铁路、公路、水运、航空等交通体系，重点抓好武广高速客运专线、湘潭—衡阳高速公路、湘潭—醴陵高速公路以及6市市际、县际公路建设。抓好长沙轨道交通、岳阳城陵矶码头扩建等一批重大项目建设。能源，要突出电源、电网的合理布局与有序建设，重点抓好长沙、湘潭、衡阳、华能岳阳、郴州鲤鱼江等火电项目建设。同时开发一批水电项目。并重视核电建设，抓紧前期工作。水利与环保，以涉及6市的湘江为重点，继续推进湘江全流域的系统治理。长株潭三市重点抓紧湘江生态经济带建设，并抓好株洲清水塘化工区的综合治理，做好湘潭竹埠港化工区整体搬迁前期准备，尽早启动。同时要抓好岳阳洞庭湖堤防加固、衡阳等5市山丘区城市防洪、郴州莽山水库等大型水利工程。城市基础设施。要加快"一点一线"地区城市供水、污水处理、垃圾处理等建设。围绕服务业，统筹布局长株潭金融中心、岳阳现代物流基地、郴州出口加工区、衡阳就业培训基地。长株潭三市要以长沙天心生态新城、暮云镇、湘潭岳塘区和天易工业走廊为重点,加快三市相向发展。

四是科技进步抓应用。充分利用"一点一线"地区科技人才、科研条件、科技成果的优势,加快科技进步。围绕共性技术,重点抓好海利惠霖胚胎干细胞、软件、先进电池材料等为代表的工程研究中心、重点实验室和企业技术开发中心的建设,抓好一批重大科技攻关。围绕高新技术产业化,通过风险投资、创业孵化、园区承载,大力培育电子信息、新材料、生物医药、先进制造、农产品深加工等五大高新技术重点领域,争取到"十一五"末,形成年销售收入 500 亿元的生物医药产业基地,年销售收入 200 亿元的软件产业基地,年产值 500 亿元的先进电池材料及应用产业基地,以及年产值 100 亿元的军民两用技术高科技产业基地。围绕传统产业的改造升级,积极引进国外先进适用技术,提升装备制造和电子信息产业技术水平,提升食品、造纸、建材等传统产业。争取到"十一五"期末,"一点一线"地区主要工业企业技术和装备水平达到国内先进水平。

四 加快发展的措施建议

1. 规划要落实

一是要把加快长株潭经济一体化和"一点一线"地区发展,作为全省"十一五"规划及相关专项规划的重点。二是各市编制"十一五"规划,要按照这次会议的精神,与省规划相一致。三是《长株潭城市群区域规划》,待省政府审批后,建议省人大赋予其强制性,指导、规范和约束国土、城建、交通、环保等规划,特别是《长株潭土地利用总体规划》要尽快修编。

2. 机制要创新

一是在"一点一线"地区特别是长株潭三市,要营造与沿海发达地区相似的发展环境。二是建立六市之间的发展合作机制。包括城市总体规划的相互协调,重大基础设施的合作共建,湘江水资源的流域性整治,以及重大产业项目的统筹布局。一线六市特别是长株潭三市,要建立多层次的协商协调机制。三是要推动建立跨市联合,包括行业协会、联合促销、连锁经营、联合招商。四是要创立区域一体化发展的研究咨询机制,把"长株潭论坛"这个品牌,扩大到"一点一线",通过项目发布、课题招标,对"一点一线"地区全局性重大问题开展系统研究。

3. 融资要突破

"一点一线"地区的大发展,要有大投入作支撑,必须有融资的大突破。除了争取国家支持外,关键是搞活市场融资。一是对于准经营性和非经营性的基础设施和社会发展项目，要加大争取世行、亚行、日本协力银行、外国政府贷款等间接融资力度，加大争取国外资金特别是国际银团直接融资的力度，加大争取国家开发银行等金融机构的贷款力度，加大运用信托、债券等手段融资的力度。二是对经营性的基础设施和社会发展项目，要放宽市场准入，特别是当前热门的水、火电项目、高速公路、城市供水等项目，要实行项目法人招标制。三是对于产业发展项目，要加快与国外跨国集团以及国内大企业联合。长株潭三市每年要争取引进一家世界 500 强的跨国公司。加速吸引国内特大型企业到"一点一线"地区建项目、建基地。对钢铁有色、装备制造、汽车、电子信息、石油化工、造纸等优势产业，积极探索，开展产业链专项招商引资。四是开辟融资新途径。推动企业境外融资，同时要探索组建长株潭股份商业银行，营造"一点一线"的金融洼地。

4. 品牌要打响

对"长株潭"这一冠名市场，要加大保护、加快开发、加强宣传。鼓励龙头企业和新建的大型企业或集团以"长株潭"冠名，建议研究布局一批以长株潭冠名的标志工程。研究布局武广客运长株潭车站、长株潭现代物流中心、长株潭会展中心。探索组建长株潭公交公司、长株潭污水处理公司、长株潭旅游公司、长株潭广电中心、长株潭报业集团等等。每年组织 1 次"长株潭"招商会。强化长株潭的整体形象。同时，"一点一线"地区要积极培育一批已有一定基础和规模的品牌，使之成为国内外有一定影响的知名品牌。如长沙猎豹越野车，株洲唐人神肉制品、钻石牌硬质合金，湘潭迅达燃气具、江南牌系列轿车，岳阳的岳阳楼牌胶印书刊纸，衡阳特变牌输变电设备，郴州中彩系列视讯设备等。

湖南省人民政府关于印发
《长株潭城市群区域规划》的通知

湘政发〔2005〕16 号

长沙、株洲、湘潭市人民政府，省直有关单位：

省发改委组织编制的《长株潭城市群区域规划》已经省人民政府批准，现印发给你们，请认真组织实施，并根据此编制相关下位规划，抓紧实施本规划提出的项目，加快长株潭经济一体化进程。

湖南省人民政府

2005 年 8 月 2 日

长株潭城市群区域规划[*]

第一章　总则

第一条　编制目的为了实施湖南省长株潭经济一体化战略，提高湖南省的区域竞争力，打造湖南经济发展的火车头，促进长株潭城市群区域经济社会全面、协调和可持续发展，协调和指导对三市区域城市发展的调控，根据省政府规定的事权范围，特制定本规划。

第二条　湖南省长株潭城市群区域规划的主要依据

1. 《中华人民共和国城市规划法》

---

[*]　此件收入本书时有删节。

2. 《中华人民共和国土地管理法》

3. 《中华人民共和国环境保护法》

4. 《中华人民共和国水法》

5. 国务院关于加强城乡规划监督管理的通知（国发〔2002〕13 号文件）

6. 《中华人民共和国国民经济和社会发展第十个五年计划纲要》

7. 《湖南省国民经济和社会发展第十个五年计划纲要》

8. 《湖南省城镇体系规划》（成果送审稿）（2003 年 6 月）

9. 《湖南省土地利用总体规划》（成果送审稿）（1997～2010 年）

10. 《湖南省长株潭经济一体化发展"十五"计划》

11. 《长株潭产业一体化规划》

12. 长沙市城市总体规划（2003～2020）（已经国务院批准）

株洲市、湘潭市二市城市总体规划（成果送审稿）（2001～2020 年）

13. 长沙市、株洲市、湘潭市三市土地利用总体规划（2010 年）

14. 长沙市城市林业生态圈规划

第三条 湖南省长株潭城市群的工作范围

分为两个层次：

第一层次：三市市域，面积约为 2.8 万平方公里。

第二层次：长株潭三市城市群核心地区（以下简称核心地区），主要包括长沙市新编城市总体规划确定的长沙市城市规划区 2893 平方公里，湘潭新编城市总体规划确定的城市规划区（湘潭市区和湘潭县域涟水—湘江以北的用地范围）670 平方公里和湘潭县易俗河—河口地区（含易俗河镇域、河口镇域、梅林桥镇域）约 200 平方公里，株洲市新编城市总体规划确定的城市规划区 536.7 平方公里（即株洲市辖四区：天元区、芦淞区、荷塘区、石峰区）和株洲县渌口地区（含绿口镇、雷打石镇、南阳桥乡、白关镇）约 200 平方公里，总面积为 4500 平方公里左右。核心地区是湖南省经济、社会发展的引擎，是产业布局、城市建设、生态保育和基础设施共建共享的重要区域，也是本规划的重点工作范围。

第四条 规划期限

本规划期限：2003～2020 年，

近期：2003～2010 年，

远期：2011～2020 年，

同时提出远景发展框架：2021～2050 年。

第五条 长株潭城市群区域的规划、建设、管理指导思想

坚持科学发展观，按照"五个统筹"思想，统筹长株潭城乡发展，统筹长株潭核

心地区和外围区域发展，统筹长株潭经济社会发展，统筹长株潭人与自然和谐发展，以人为本，保持生态平衡，统筹长株潭本地区的发展和对外开放，贯彻实事求是的协调发展原则，强调可持续性原则，促进长株潭地区的经济、社会全面协调可持续发展。

第六条 长株潭城市群区域规划的基本原则

正确把握和处理好"市场与政府""现实与目标""长远与近期""整体与局部"这四对错综复杂的关系，构成本次规划的指导原则。

1. 各司其职，正确把握"市场与政府"的关系

既要适应未来发展转变的要求，针对战略性地区和战略资源的配置，完善自上而下政府主导的发展调控模式，又要充分利用和引入自下而上市场主导的发展模式推动区域经济持续增长，激发区域经济活力。既要强化政府对公共资源和战略性资源的有效控制，又要坚持市场对资源配置的基础性作用。

2. 顺应规律，正确把握"现实与目标"的关系

务实对待现实与目标之间的差距，兼顾效率与公平，在大力推进发展地区率先发展、提升层次的同时，通过基础设施建设和政策的倾斜扶持待发展地区，促进和引导生产力的合理、均衡布局；基于对区域发展阶段的基本判断和战略目标的确立，把握好区域发展节奏和时序，在保持区域经济发展现实活力的前提下，既要防止冒进，又要敢于抓住历史机遇，适时调整发展模式，在更高层次谋求更大的发展。

3. 统筹兼顾，正确把握"长远与近期"的关系

在保障区域整体发展战略目标和整体利益前提下，为不同的投资主体和各级行政主体提供充分的发展空间；在保证区域长远利益和生态环境"底线"的前提下，要为近期的开发建设保持足够的弹性空间。

4. 合理统筹，正确处理"整体与局部"的关系

在保障区域整体利益的前提下，正确处理"城市型区域与乡村型区域"、

"长株潭核心地区与外围区域"的关系。两类区域不可分割，相互依存，对前者强调刚性规划和建设性开发，对后者强调区域宏观指导和保护性开发。同时也要分类指导，正确把握"经济相对发达地区与发展中地区"、"敏感地区与一般地区"的关系。保障发达地区的资源增量，重点解决快速成长过程中带来的资源增量不足、生态环境恶化和缺乏协调等问题；为待发展地区提供加快发展的基础条件和政策扶持，创造发展机遇。对敏感地区（生态敏感地区、战略性地区和战略性资源、现实和潜在的冲突区）突出政府的控制与协调作用，防止生态环境破坏和低效利用；对一般地区突出引导，放手发展。

第七条 长株潭城市群区域规划的基本工作目标和主要内容

构筑以区域产业布局为动力，核心区城市功能空间为主体，外围生态系统为基础，

交通运输和环境基础设施系统为支撑，并能够支持区域经济、社会和环境的综合发展目标实现的空间格局；提出区域一体化的协调措施与政策建议。

第八条 长株潭城市群区域的规划、建设、管理由省政府统一领导和协调，具体工作由省人民政府指定的主管部门承担，由其负责协调和构建各级各类规划相互衔接、相互补充、相互影响的有机体系，发挥规划对市场主体的引导作用和政府行为的规范约束作用。

第九条 省人民政府的发展和改革、环境保护、国土资源、规划建设、交通、农业、林业、水利、旅游、文化、文物等行政部门应当根据省人民政府审定的《长株潭城市群区域规划》，编制各类专业规划。

第十条 省人民政府主管部门负责协调制定各类规划标准和准则以及规划的量化监控评估体系，并会同相关部门和长株潭三市人民政府，组织编制各个级别的次区域规划。

第十一条 长株潭城市群区域规划，是三市总规及其他专项规划的上个层面的宏观空间规划，对三市总体规划编制实施和城市发展承担指导作用，三市原城市总体规划有与之不符的地方，确需进行局部修改时，分别由长株潭三市人民政府和湖南省规划行政主管部门按照法定程序办理。

第十二条 本规划的强制性内容是指文本中宋体加粗加下划线条文。强制性内容是对区域规划实施进行监督检查的基本依据，违反本区域规划强制性内容进行建设的，属严重影响区域规划的行为，应依法进行查处。

对违反本区域规划的行为，任何单位和个人有权劝阻或者检举。

长株潭城市群区域的开发建设，应执行区域规划。区域内重大建设项目的选址、立项、征地、开工或者核准、备案，必须按国家规定的法定程序办理。

第二章　城市群功能定位和发展目标

第十三条 长株潭区域发展的核心功能定位——提高湖南省的区域竞争力

1. 国家战略层面的目标定位

通过长株潭地区产业的集群化，推动本区域经济一体化，支持湖南省发挥后发优势，实施反梯度战略，统筹区域发展，提高湖南省在国内省份中的核心竞争力和区域整体实力。

努力发展成为我国中西部地区具有综合优势和强大竞争力的主要城市密集区之一，成为辐射与服务中南地区的经济引擎之一，能在更大范围、更宽领域、更高层次参与国内外竞争和直接对外开放的区域。

2. 省域战略层面的目标定位

通过三市经济一体化的协调发展，实现城市群在湖南省的非均衡极化发展、跨越式发展。

努力发展，率先实现全面小康，并带动湖南省全面实现小康，对全省发挥积极影响和示范作用的区域。

成为湖南省经济发展的核心增长极、高新技术产业集聚区和现代化、生态型的网状城市群。

成为湖南省城镇化战略的优先目标和重点实施区域。

成为湖南省对外开放的窗口、招商引资的洼地和高新技术的孵化地。

第十四条 长株潭城市群核心地区发展目标

1. 形成长株潭三市空间布局合理、功能健全、基础设施完备和共建共享、生态环境共存共生、要素市场一体化、产业发展一体化的高效率、高品质的多中心型城市群地区。

2. 形成以长株潭三市城区为增长核、以三市间的快速交通设施（高速公路、快速路、轨道交通）为纽带的核心区组团，以铁路和高速公路为发展轴向周边地区放射的城镇网络群体。

3. 发展成为经济繁荣，就业能力提高，人居环境良好，污染得到综合治理，人地关系协调并体现科学发展观的示范型城市地区。

4. 发展成为在华中经济圈中具有举足轻重地位、在国内具有很强竞争力的组群式的特大型城市化地域之一。

规划推荐指标预测：

（1）规划长株潭区域整体生产总值（GDP）2010年为3754亿元以上，GDP增长速度达到12%以上；到2020年增长为7918亿元以上。人均GDP规划到近期2010年为2.5万元人民币以上，到2020年达到5万元人民币以上。

（2）核心地区生产总值（GDP）规划近期2010年达到2499亿元以上，GDP增长速度达到14%以上；到2020年增长为6193亿元以上。

（3）核心地区三次产业比例到近期2010年为9：50：41，2020年为5：45：50。核心地区人均GDP规划到近期2010年为4万元人民币以上，到2020年达到8万元人民币以上。

第三章　城市群空间组织

第十五条 区域城镇发展的空间组织

保持和加强以京广铁路、京（武）广客运专线铁路、京珠高速公路、107国道及湘江生态经济带为主轴线的突出地位，继续促进这条轴线的集聚和辐射作用，以这条轴线为核心和纽带促进三市经济的一体化。

积极打造两条次轴线（即以 319 国道、320 国道和上瑞高速公路为轴带）作为次级密集发展轴带和主轴线的补充，规划期内较大幅度地推动沿线经济发展水平的提高，促进区域城镇的协调发展和城镇等级结构的改善；

同时，以两条辅轴（即湘乡—韶山公路和 106 国道）为纽带，联系和辐射广大的三市市域地区。

规划最终形成以长沙、株洲、湘潭为核心和中心结点的放射状城镇布局，以三纵两横（即一主两次两辅）夹绿心的"冉字形结构"支撑起整个区域的城镇发展空间。

第十六条 区域城镇发展的等级结构规划

长株潭地区城镇将形成省域中心城市组群（属于长株潭城市群核心地区）—区域次中心城市—重点镇—一般建制镇四级结构。

1. 第一级—省域中心城市组群

即长株潭城市群核心地区，是一个由长、株、潭三市城区和若干紧密关联的周边组团构成的多核组团式中心城市，共同承担省域中心城市的功能（含长沙县城区、望城县城区、湘潭县城区和株洲县城区和若干小城镇）。

2. 第二级—区域次中心城市（共 8 个）

一是包括韶山城区、浏阳城区、宁乡城区玉潭镇（即宁乡县城）、醴陵城区、湘乡城区、攸州城区（原攸县县城），是本地区省域中心城市以外、具有县和县级别以上地域范围意义的区域性次级中心城市，共 6 个。

二是包括茶陵县县城（城关镇）、炎陵县县城（霞阳镇）等县域中心城市，共 2 个。

3. 第三级—重点城镇（共 47）

一是包括具有省级影响的重点城镇 15 个：

包括长沙市域的朗梨镇、金井镇、永安镇、大瑶镇、官渡镇、双岛铺镇、花明楼镇；湘潭市域的花石镇、棋梓桥镇、中路铺镇、虞塘镇；株洲市域的白兔潭镇、网岭镇、皇图岭镇、界首镇。

二是包括具有地级市市域影响的重点城镇 32 个：

包括长沙市域的铜官镇、桥驿镇、莲花镇、镇头镇、江背镇、青山铺镇、黄光镇、福临镇、路口镇、横市镇、夏铎铺镇、煤炭坝镇、回龙铺镇、流沙河镇、灰汤镇、黄材镇等；湘潭市域的青山桥镇、楠竹山镇、茶恩寺镇；株洲市域的黄獭嘴镇、泗汾镇、古岳峰镇、王仙镇、均楚镇、黄龙镇、酒埠江镇、渌田镇、腰镇、虎踞镇、湖口镇、水口镇、挑水镇。

4. 第四级——一般建制镇（85 个）

在现有基础上通过行政区划的适当调整，进行撤乡并镇而成 85 个建制镇。（对三市总体规划确定的建制镇设置数量略有调整）

第十七条　区域城镇发展的主要功能体系

规划长株潭城市群核心地区作为省域中心，将成为湖南省经济发展的核心增长极、高新技术产业集聚区和现代化、生态型的网状城市群。

1. 长沙城区

全国历史文化名城、湖南省省会、我国中部地区的区域性现代化中心城市，长株潭城市群的核心片区之一。

2. 株洲城区

国家的交通枢纽，湖南省的重要工业、高新技术产业基地和现代物流中心，具有较强区域服务职能和山水生态特色的现代化综合性大城市。长株潭城市群的核心片区之一。

3. 湘潭城区

长株潭城市群地区的中心城市之一，湖南省重要的工业、科教和旅游城市。长株潭城市群的核心片区之一。

湘潭县是中国的"湘莲之乡"，县城易俗河镇是地区性农副产品转运加工基地及商品集散地，是集工业、商贸、科技于一体的多功能园林化城市。

4. 韶山城区

国家重点风景名胜区，重点发展旅游业，并推动交通运输业、服务业、旅游型工业的发展。

5. 湘乡城区

湘潭市重要工业基地，重点发展铁合金、铝合金为主的冶金工业以及高标号水泥为主的建材工业，积极发展皮革加工、啤酒等行业为主的轻工业，加快发展以水府庙旅游区为主的旅游业。

6. 浏阳城区

以烟花生产及其配套产业为主，相应发展轻工业、农副产品加工以及特色手工业等，长沙市域的综合型次中心城市。

7. 宁乡城区

以食品、轻工、机械、化工和建材工业为主，长沙市域的综合型次中心城市。

8. 醴陵城区

以陶瓷、烟花产业为主导的山水园林城市，湘东—赣西物流中心。

9. 攸州城区

株洲南部重要的商品流通基地，以化工、建材、农副产品加工为主导的市域中南部中心城市。

10. 茶陵城区

湘赣边界交通枢纽和物资集散地，历史文化名城，以建材、农副产品加工为主导的县域中心城市。

11. 炎陵地区

湖南南部重要的旅游城市、株洲市南部重要的边贸物资集散地，以旅游、水电、森林加工、农副产品加工为主导的县域中心城市。

12. 重点城镇

主要承担专业化职能、跨市域的服务职能、跨县域的服务职能。

13. 一般建制镇

主要承担本镇域和邻近乡集镇的农副产品加工职能和商贸职能。

第十八条 实施区域城乡统筹的城镇化发展战略目标

2005 年区域城镇化水平约为 45%，2010 年约为 50%，2020 年为 60% ~ 62%，考虑暂住流动人口因素，高限设定在 70% 左右。远景城镇化发展水平达到 85% 左右。

积极推进城乡统筹，制定与城乡统筹相适应的城镇化发展战略，并坚持贯彻如下原则：

把加快乡镇企业二次创业和推进农村城镇化结合起来，推进工业化。把发展高新技术产业、农副产品加工业作为再次创业的突破口，加快发展农村第三产业。将人口流动与城乡建设相互结合，形成长期持续的经济增长点。将农村要素流动和农业发展有机结合，繁荣农村经济。以城乡经济一体化为导向，引导城市区域化和城市郊区化的进程，走可持续发展的道路。形成有利于城乡统筹推进城镇化的体制和政策环境，疏通和引导中心城市对区域农村、农业和农民的反哺渠道和机制。

第十九条 长株潭城市群核心地区的空间结构框架

本规划确定长株潭城市群核心地区的空间结构框架为："以周边良好的生态环境为背景，以长株潭北、西南、东南三个功能区为主次核心，三市结合部金三角地区为绿心，突出长沙城区（长株潭北核）作为核中核的地位，城市中心组团、片区组团和小城镇构成发育相对完善，区域基础设施网络发达，各类空间协调发展，生态循环良好的网络型的城市化地域，概括为'一主两副环绿心'的空间结构"。"一主两副环绿心"的空间结构，包括了三个主中心组团、四个次中心组团以及 15 个片区组团和 29 个小城镇组团。

第二十条 长株潭城市群核心地区北核功能区的范围和控制、引导要求

长株潭城市群核心地区的北核功能区，即长沙城市功能区，是长株潭城市群核心地

区的主核，主要包括长株潭主中心长沙河东中心城区、长株潭次中心长沙河西新城（已含雷锋镇）、长株潭次中心长沙星马新城、高塘岭组团（已含望城县城高塘岭镇）、星城组团（已含星城镇）、含浦组团、坪塘组团、丁字组团（已含丁字镇）、捞霞组团以及周围空间紧密联系、功能互补的四个乡镇，即朗梨镇、黄兴镇、乌山镇、黄金乡。

北核功能区主要辐射的城镇包括周边区域内呈空间离散分布的与之功能配套协作的13 个小城镇，即干衫镇、雨敞坪镇、莲花镇、白箬镇、新康镇、靖港镇、乔口镇、铜官镇、茶亭镇、桥释镇、北山镇、安沙镇、青竹湖镇。

该功能区属于城市政府主导发展地区，要求按城乡规划协调发展，引导其人居环境品质向较高层次提升，以起到区域示范作用，积极发展高新技术产业和高端服务业。

第二十一条 长株潭城市群核心地区东南副核功能区的范围和控制、引导要求

长株潭城市群核心地区的东南副核功能区，即株洲城市功能区，是长株潭城市群核心地区的副核，主要包括长株潭主中心株洲河西城区、长株潭次中心株洲河东城区、栗雨组团、石峰组团、田心组团、荷塘组团、枫溪组团以及周围空间与其紧密联系、功能互补的四个小城镇，即马家河镇、群丰镇、雷打石镇和泳口镇。

东南副核功能区主要辐射的城镇还包括周边区域内的 4 个乡镇，即南阳桥乡、云田镇、仙庚镇、龙头铺镇。

该功能区属于由省级政府提供发展指引，城市政府主导发展地区，规划控制要求是控制土地资源的合理利用，为高新技术产业发展预留足够的用地。进一步提升城市建设水平和档次，建设优良的人居环境，保护生态环境。

第二十二条 长株潭城市群核心地区西南副核功能区的范围和控制、引导要求

长株潭城市群核心地区的西南副核功能区，即湘潭城市功能区，是长株潭城市群核心地区的副核，主要包括长株潭主中心湘潭河东城区（已含双马镇）、长株潭次中心湘潭河西城区（已含雨湖区的长城乡、先锋乡、护潭乡等）、鹤岭组团、易俗河组团以及周围空间与其紧密联系、功能互补的一个行政乡，即河口乡。

西南副核功能区主要辐射的城镇还包括周边区域内呈空间离散分布的、与之功能配套协作的两个小城镇，即梅林桥镇、姜畲镇。

该功能区属于城市政府主导发展地区，为促进其经济社会快速协调发展和城乡规划管理建设水平的提高，实现区域协调和城乡统筹发展，应对其区域内经济社会发展项目提供重点政策扶持，积极引导其沿着科学合理的轨道走新型工业化道路和健康城市化道路。

第二十三条 长株潭城市群核心地区的绿心功能区，即三市结合部金三角地区的范围和控制、引导要求

长株潭城市群核心地区的绿心功能区，主要是指三核之间的交界地带，三市结合

部，包括城南组团（原暮云组团）、昭山一易家湾组团和远景的响水组团以及暮云镇、九华镇、白马镇、跳马镇、响塘乡等乡镇区域范围。

该区域是长株潭城市群的"绿肺"，主要包含区域绿地和生态保育涵养、休闲度假两类主要功能和少部分生态型新兴产业功能。其中区域绿地属于省级政府对其资源环境保护进行监督控制、城市政府负责建设管理的地区，原则上只进行低密度生态型建设，对城市总体规划中划定的区域绿地、环城绿带和各类国家和省级风景名胜、自然保护区和森林公园、林业生态圈等地区，要按照相关法律法规严格保护。生态保育和休闲活动功能区则属于由省级政府对该地区的发展类型、控制规模和生态环境要求提供发展指引，由城市政府按照指引要求加强管治的地区。

规划建设省政府在明确绿心范围和整体功能定位后，进一步委托相关部门编制具体的绿心地区建设控制规划，以统一指导该地区有序的保护利用和绿化建设。

第二十四条 长株潭城市群核心地区空间结构的整体控制和推进策略

1. 有效促进生态环境网络的形成。

在空间格局上规划形成以优美的自然山水和田园风光为背景特色的生态环境网络。

2. 积极建设三市区域基础设施系统。

以高速公路、铁路和航运线等交通网络建设为主体，能源、给排水、通信系统、防洪排涝等设施共同组成以长株潭三市城区为核心的城镇网络的基础设施支撑系统。

3. 整治三市城区的总体环境，协调各核心功能区和片区组团的有序开发。

有重点、有步骤整治三市城区环境，按照城市总体规划对三市各片区、组团的功能进行调整，使核心地区各片区、组团形成一个完整、协调的有机体。

4. 积极治理湘江污染，严格控制小城镇无序发展，坚决防止四面出击和无序蔓延。

第二十五条 长株潭城市群核心地区功能结构的整体控制和空间体系

核心地区内的各类城市功能组团的空间体系及类型控制为：

1. 以综合服务功能为主的城市主次中心功能区。

主要为长沙中心城区、长沙河西新城、长沙星马新城、湘潭河东城区、湘潭河西城区、株洲河西城区、株洲河东城区等。

2. 专业化城市产业功能区（含产业园区及工矿城区）。

主要为高塘岭组团、捞霞组团、鹤岭组团、栗雨组团、石峰组团、田心组团。

3. 专业化服务中心功能区、物流商贸功能园区。

主要为长沙城南组团、含浦组团、坪塘组团、枫溪组团、荷塘组团

4. 外围县城城区、小城镇建设功能区。

主要为丁字组团、易俗河组团、泳口镇区以及铜官镇区、黄兴镇区等。

5. 生态涵养区（城市绿色肺）、新兴产业成长区和旅游休闲商贸功能区。

主要为暮云镇区、星城组团、昭山一易家湾组团、九华镇区和远景的响水组团。

第二十六条 长株潭城市群核心区空间结构的演进时序

长株潭城市空间形态的演进应以三市城市现状用地为基础，逐步向外扩张，总体呈现出近期三核同步增长，远期和远景逐步向绿心发展。

演进态势、具体空间结构发展时序如下。

1. 近期（2003～2010年）

以长沙中心城区、湘潭城区、株洲城区为核心，采取内涵式的紧凑集中发展，引导有序外延，重点建设三市各自环线、三市间公路外环、潭望高速公路等基础设施建设项目。推动湘潭一株洲联合发展，搞好湘潭和株洲的路网衔接和空间隔离，预留三核中间地带的发展空间，为未来多种发展模式提供可能。

2. 远期（2011～2020年）

长沙城区主要向东发展，并加快向南发展的进度。湘潭城区主要向北发展，兼顾向东。株洲城区主要向河西发展，搞好与湘潭的路网和绿色空间的衔接，适度向北，考虑与长沙市东部开发区功能和道路上的衔接。营造三核相向发展的演进态势和空间框架，在三核中间地带开辟文化娱乐、旅游度假和生态保护区域，并保留三核中间地带与三市原中心城区的隔离空间。

3. 远景（2021～2050年）

长沙、湘潭、株洲城区形成三核，并继续相向发展，逐步形成具有良好生态环境为背景的绿心，并在中间镶嵌若干高品质的新型城市功能区。

第二十七条 长株潭城市群核心地区空间结构的远景构想

远景2050年左右形成一个人口为800万～1000万人，面积约为4500平方公里的疏密有致的城市群空间网络。

形成三主四次十二组团，主要包括长沙的中心城、河西新城、星马新城、高星组团、含浦组团、捞霞组团、暮云组团、黄花组团，湘潭的河东城区、河西城区、鹤岭组团、响水组团、昭山一易家湾组团、易俗河一河口组团，株洲的河东城区、河西城区、新马组团、云田组团、渌口组团。

第四章　城市群区域和核心地区土地利用

第二十八条 土地利用的规划目标和原则

1. 充分发挥本规划对土地资源集约和合理利用的调控、引导作用，坚持贯彻"十分珍惜、合理利用土地和严格保护耕地"的基本国策，落实好最严格的土地管理制度，促进城乡区域经济和社会的健康、可持续发展。依法做好土地利用总体规划、城市总体规划、村庄和集镇规划的相互衔接工作。统筹安排各类、各区域用地。

2. 切实保护耕地，特别是保护好基本农田。基本农田总量不能减少，用途不能改变，质量不能下降。基本农田不得擅自改变和占用。实行最严格的耕地占补平衡制度，即占用耕地与整理、开发、复垦耕地相平衡。

3. 建立合理的用地指标体系。尽量减少建设占用耕地，提倡耕地质量提高改造，争取从质上实现耕地综合生产能力动态平衡，促使农用地得到有效保护。

4. 保障重点建设项目用地，促进长株潭城市群一体化发展。大力推进节约用地、集约用地。有序引导建设用地增量，有效控制建设用地总量。加强村镇土地整理，促进农村居民点用地相对集中，规模总量有所减少，适度开发土地后备资源。

5. 加强对开发区用地的规划管理，加强对土地储备、供应的调控和引导。运用价格机制调控土地。

第二十九条 核心地区土地保护控制和合理利用的总体要求

1. 遵循长株潭三市城市总体规划，按土地利用年度计划控制土地投放量，控制城市建设用地规模。提高城市建设用地内涵挖潜，实现中心城市土地集约高效利用，有选择地发展重点小城镇，积极推行迁村并点，逐步减少乡村居民点用地面积。

2. 适时修编三市土地利用总体规划，合理保护和利用农用地，推广建设占用耕地与补充耕地挂钩制度，强化耕地的占补平衡管理，逐步做到耕地的先补后占，推进耕地储备制度的建立。大力发展特色农业、园林业，实现规模化经营。

3. 大力建设生态保护用地，禁止砍伐森林和破坏林相结构。禁止污染性工业企业沿江布局，根据城市规划调整部分污染产业用地布局。

4. 加强土地规划管理和用途管制。维护土地利用规划的严肃性，从严从紧控制耕地占用的总量和速度，严格控制农业内部产业结构调整占用耕地，限制农业用地转为非农业用地。建立、完整土地储备制度和土地出让招拍挂制度，建设用地分期、分批出让，依据市场供求关系和土地的稀缺状况，制定基准地价和协议出让土地最低价标准。

5. 适度开发未利用地，提高区域内土地利用率。

第三十条 核心地区土地开发利用及整理保护导则

1. 建设用地区域

（1）城市建成区域

提高土地利用率，加强建成区内部存量土地挖潜，对废弃、破旧厂房等进行改造利用，避免增量土地的盲目扩展。规划期内，核心地区非农建设占用耕地控制在18000公顷之内。

沿江地区禁止规划布局污染环境的产业，沿江现有污染严重的企业应逐步搬迁。

有序引导城市发展，分期、分批进行建设用地开发。

城市建成区域内风景名胜区的保护和利用，要符合城市规划，其建设规模和开发方式按照风景名胜区规划进行严格控制提高绿化水平，建设用地区域的绿化覆盖率不应低于35%。

（2）重点小城镇区域

坚持"开发中保护，保护中开发"的原则，积极发展各具特色的产业，建设特色小城镇。

沿江小城镇的产业布局以高科技产业、高水平的第三产业为主，禁止建设有污染的项目，严格控制沿江新的污染源的产生。限期治理污染企业或实施搬迁。

非沿江的小城镇根据区位特点和自身优势，城镇工业用地以承接城区转移工矿业或发展农产品加工业等特色产业为主。

规划根据市场条件开发价位较低的经济适用房住宅，吸引周围乡村地区人口向城镇集中，为实现城乡经济一体化提供空间条件，促进城乡统筹发展。

（3）乡村地区（含部分工矿点）

2. 基本农田保护区

（1）本区土地按照《基本农田保护条例》进行管理，鼓励区内其他用地转为基本农田或为基本农田服务的用地，按照规划保留现状用途的其他零星用地，不得再擅自扩大用地面积。

（2）严格控制区内基本农田转变用途，国家重大建设项目及能源、交通、水利等基础设施建设，无法避开基本农田的，应按有关法规的规定严格审批，并经法定程序调整规划。

（3）禁止毁坏基本农田发展林果业和挖塘养鱼等。

3. 江湖平原高科技生态农业区

（1）实行土地用途管制，严格控制建设用地占用基本农田，保护有限的耕地资源。

（2）减少农药和化肥的施用，增加有机肥施用，发展绿色无污染农业，降低农地污染。

（3）一般耕地应实行平整改良，以实现规模化、生态化和高效化，同时创造美丽的田园景观，建设高产、高科技的现代化农业示范区。

（4）通过农业生态工程建设、休闲农业建设、农田园林建设、带动第三产业的发展，建成集旅游、休闲、度假、垂钓、保健、科研于一体的综合休闲观光农业园区。

4. 城市生态绿地

（1）禁止森林砍伐和破坏林地，尤其应加大对天然林和原生植被的保护，以自然保护区、森林公园、风景区的形式加以保护。

（2）优化林种结构和林相结构，大力发展经济林、水保林和风景林，减少用材林。

5. 岗地一丘陵农林景观区

（1）山坡地开垦要防止水土流失，易引起水土流失的山地丘陵区应严禁开垦，避免因破坏山区植被，而引起土地沙化、水土流失、气候变化等生态环境恶化所带来的自然灾害。

（2）宜林荒山荒地应全面绿化，低洼的农田应退田还湖，坡度在 25°以上的耕地必须退耕还林，5°～25°的耕地可退耕还林。

（3）农业耕作以横坡耕作取代竖坡耕作，发展林粮间作，培育发展特色、优质的农产品。

（4）在水土流失的重点地区，应积极实施工程措施和生物措施。

第三十一条 核心地区的三市结合部土地利用和开发控制的要求

1. 作为三市的绿心和城市生态保护区，禁止各类工矿建设，可以规划为森林公园和旅游休闲用地，并适当进行旅游配套服务设施建设，建设成为以生态、旅游为主，辅以低密度建设控制的城市生态屏障区。

2. 保护野生动植物的生长、栖息地。依据区内的湿地、林区、浅丘群中的动植物资源分布格局及规划的环境功能要求，结合特殊地形划定永久性生态保护区，严禁任何形式的开发建设。

3. 保留位于长株潭城市群相向发展地区的耕地，利用先进的农业技术对其进行生态工程建设，发展绿色旅游农业。发挥耕地的生产、生态、景观美学等多重功能。规划期末将三市相向发展地区建设成集生态涵养和旅游休闲、度假、垂钓、保健、科研等为一体的综合性生态绿心，以及城市发展的绿色屏障保护区。

第五章 产业发展和布局规划

第三十二条 产业发展的总体原则

1. 坚持区域经济一体化发展要求。

2. 坚持尊重产业发展规律和政府推动相结合的要求。

3. 坚持可持续发展要求。

4. 强调保障就业和提高城市群内农民收入。

5. 坚持集中发展和园区化控制原则。

第三十三条 产业发展的总体目标

近期，要营造出在国际国内有一定影响的农产品加工品牌，建立集约化程度较高的现代农业生产体系。三市经济年增长速度超过全省平均水平两到三个百分点，高新技术产业产值年均增速超过 26% 以上，产业一体化初见成效，三市产业分工基本合理，优势产业的市场份额逐步增大。规划期末，要成为集约型农业发展区域；成为我国中部地区重要的高新技术产业基地，形成知识经济高地；电子信息技术与设备、交通与电机设备制造、食品与制药、文化等四大产业群和若干主导产业逐步显现；交通、流通、信息、旅游及科教文化等第三产业兴旺发达，成为我国中西部重要的服务中心。

远景、要把主导产业发展的选择、空间布局的调整和长株潭城市群的长远发展趋势有机结合起来。

第三十四条 第一产业发展的总体目标

在规划范围内保留适宜的农业区域，促进农业生产和保持区内的生态平衡。

以增加农民收入为中心，以市场需求为导向，加速实现资源优势向产业优势、传统农业向现代农业的转变，逐步建立融经济、生态、文化功能为一体的现代农业。

具体要求是大力提高农业现代化水平，重点建设各类农业园区，发展休闲农业、生态农业、观光农业。进一步调整种植结构，发展多样化生产，特别是发展附加值高的经济作物；根据自然条件大力发展各种规模的养殖业；大力发展林业，扩大植树造林，提高森林覆盖率，营造良好的生态环境。

第三十五条 第一产业发展的重点领域

根据市场需求和地域特点，调整农业产业结构，形成优质高效的现代农业生产体系；在城市群核心地区发展都市型农业，建立现代化农业示范工程和现代农业经济示范区，在丘陵山地大力发展特色农业、观光农业、林果业，建立若干农副产品生产基地。

第三十六条 第二产业发展的总体目标

传统工业得到全面有效的改造，规划期末工业装备要全面达到和赶上21世纪初叶世界先进水平。相当部分要达到当时国际先进水平；电子信息技术与设备、交通与电机设备制造、食品与制药、文化等四大产业群和若干主导产业全面形成，拥有大批具有较强国际、国内竞争力的特色产品。

第三十七条 第二产业发展的主导产业选择

1. 电子信息产业

主要是基础元器件、计算机终端、嵌入式数字产品、计算机软件、教育电子产品、移动通信产品、金融电子产品及新型传感器等产品。

2. 钢铁和有色金属产业

主要是锌、铅、锑、稀土、钨、铝和硬质合金及其深加工产品及黑色冶金中高档次板带材、无缝管、硬线、高速线材和棒材、锰系列深加工和特种合金产品

3. 工程机械加工业

主要是数控磨床、铣床和线切割机床为主体的高档数控机床产业，以及工程起重机械、混凝土输送设备、道路工程机械、桩工机械等现代工程机械产业和空调产业等。在

汽车工业方面，要加强与国际跨国公司的合作，成为其产业链条中的重要一环。

4．轨道交通设备制造业和机电产业

一是加快发展以电力机车、城市轻轨车、公路运输客车、越野车、摩托车及汽车关键零部件生产，开发高速重型集装箱牵引车。

二是高压输变电成套设备。

三是大型潜水泵、大型挖泥船泵、城市垃圾焚烧设备、城市路面清扫设备等环保设备。

四是机电一体化通用装备等。

第三十八条 第三产业发展的总体目标和重点领域

依托城市群的交通、区位优势，战略地位以及文化特色，以资源共享、互利互惠为原则，通过对城市群内各类大型跨区域服务设施的整合发展，构建功能完善、竞争有序、全面协调发展的城市群现代服务业体系和旅游产业体系。

三市现代服务业发展的重点是稳固发展传统商贸流通业，大力发展新兴的文化产业、金融保险业、信息服务业、物流业和教育产业。在坚持工业作为三市经济发展支撑点的基础上，同时也要注意提高服务业的比重，尤其是生产服务业的比重。

率先发展的长沙文化产业要进一步整合株洲、湘潭的文化资源，打破行政分割和地区分割，做大做强，为三市第三产业的发展增加新的亮点。加快发展物流业，大力建设物流业所需的基础设施，发展与铁路、航空、内陆口岸相关联的综合运输网络体系。强化物流标准化体系建设，包括物流硬件与物流软件的建设，迅速提高物流代理经营管理水平、服务水平和信息化水平，推进各类物流装备的现代化。明确三市政府在促进物流发展中的分工，制定物流业具体的发展规划，从政策法规方面为现代物流业的加速发展提供有力保障，推进物流发展的市场化进程，为各类企业参与竞争创造良好的外部环境。大力发展第三方物流，逐步改造城市与企业物流系统，建设城市物流中心，建设企业或社会化配送中心。

第三十九条 产业空间组织的总体目标

按照市场经济的发展要求，创造有利于城市群各类产业发展的物质环境、政策环境和空间环境平台。实现生产要素跨城市优化配置，促进产业的集群化发展，提高产业空间的集约化程度和综合效益，统筹规划培养多层次的专业性园区，使其成为城市群发展产业、引进外资、研发创新的主要空间。要形成分工合理、优势互补、协调发展、各具特色的优势产品和优势企业，建设具有区域特色和较强竞争力的产业发展带，实现产业空间与城镇空间相互契合的联动效应。

第四十条 产业空间组织的分工布局要求

三市产业布局分工方向主要是：长沙作为长株潭最具潜力的产业增长中心，以高新技术产业和第三产业为重点，特别是要发展壮大以电子信息为主的高新技术产业。加快发展金融、科技、教育、文化、信息、旅游业，着重构筑现代科教中心、商贸中心、文化中心及信息中心。

株洲作为有基础优势的工业中心，要依托自身的交通中心地位，增创工业新优势，重点改造提升交通设备制造、有色冶金业、化工业、食品加工业、陶瓷业、建材业，并且培育发展新材料、医药保健制品、电子信息业、先进制造技术和环保节能降耗等高新技术产业。

湘潭要加速黑色冶金、精细化工、机电、机械制造、建材、纺织及原料等传统工业的优化升级，努力培育光机电一体化、新兴材料、生物制药等高新技术产业和教育、文化、旅游等第三产业，力争建成新型的制造工业中心和新兴的科教基地。

第四十一条　产业带规划

根据城市群产业发展目标与城镇空间组织构建的要求，在各产业园区建设的基础上，重点建设湘江生态经济带、湘江西岸高新技术产业带、湘江东部制造业产业带、西部丘陵山区零次产业带。

具体就是以现有产业空间分布为基础，沿湘江西岸形成以长沙高新区、岳麓山大学城、湘潭大学科技园、湘潭高新技术产业区、株洲高新区为主的高新技术产业带。

搬迁三市城市中心区和三市沿江地区的生产型企业至三市总体规划布局的新工业区，远景规划在长株潭地区的东部沿南北向发展轴线采取串珠形式布局新的工业区，形成一条以制造业为主的东部产业带。

第六章　交通运输设施体系和通道建设

第四十二条　长株潭城市群区域综合交通体系发展目标

规划将长株潭区域交通建设纳入国家、湖南省交通网络建设之中，以市场经济为导向，以可持续发展为前提，以"建立客运快速化、货运物流化的智能型综合交通运输体系"这个国家交通发展长期战略目标为指引，适应长株潭经济一体化发展的客观需求，确定规划期内区域综合交通的发展目标是：

建成以长沙公路主枢纽、长沙主枢纽港、黄花空港和株洲铁路枢纽为中心，以公路干线、铁路干线、湘江干线航道、黄花机场为骨架，由公路、铁路、水运、航空等多种运输方式构成的布局合理、快速便捷、连接区域内外的满足国家、湖南省以及长株潭区域经济发展和客货增长需求的综合交通运输系统。

1. **市际交通发展目标**

长株潭三市交通骨架；形成带动区域整体发展的南北向交通走廊；强化区域东西向

交通联系，带动湘江西侧欠发达地区的发展；巩固和强化湘江东岸已有的交通优势；促进长株潭交通网络同城化；建设联系三个中心城市主城区和重要功能区的快速城际轨道交通网络，加强区域内部城镇之间的联系。

2. 对外交通发展目标

建成由公路、铁路、水运、航空、管道等运输方式构成的四通八达的满足国家、湖南省和区域客货运输增长需要的对外综合运输大通道。

（1）公路建设目标。

完成国道主干线高速公路网主骨架建设和相关站场建设，完成进出境的国省道改造提级工程。

（2）铁路建设目标。

完成京（武）广和沪昆客运专线铁路建设，完成现有铁路干线的改扩建工程，积极做好株洲—赣州—福州通海铁路、长沙—浏阳—南昌、衡吉炎等铁路新线建设的前期研究、论证工作。

（3）水运建设目标。

建设湘江干流航道，形成对外水运大通道，建设长沙主枢纽港，完成湘潭港、株洲港的改扩建工程。

（4）航空运输建设目标。

黄花机场建成为现代化国际机场，完成第三代候机楼和第二跑道的建设。

根据区域航空运输客货运量的预测，2020年黄花机场的吞吐量将达到1860万人次左右。为适应运量的增长，机场配套工程建设要加快，并须积极做好远期扩建黄花机场的前期工作。到2020年，完成黄花机场的扩建工程，形成能力（吞吐量）至少在2000万人次/年以上。规划期内不考虑在区域内布局第二机场。

第四十三条 区域内部的市际交通系统规划

1. 规划原则

（1）城市快速道路以上等级的道路网络应统一规划，协同建设。

（2）地面公共交通运营通过市场化运作，实现跨行政区界经营。

（3）对于投资大的交通设施，按利益原则，共建共享。

（4）城市交通管理与收费政策协调一致。

（5）建立跨行政区的交通设施建设和运营管理协调机构。

2. 公路规划

（1）2006~2010年规划。

①建成区域市际间具有多通道、方便、快速、灵活的公路交通网。

②加快县乡公路的建设，力争市际间的县乡公路基本达到四级以上。

③基本建成长沙主枢纽，按主枢纽规划布局的一个中心、两个系统、三个层次要求（在市区内设立若干个旅客售票、货运受托服务网点）进行客货站建设；基本建成以株洲、湘潭市区为中心的一级交通枢纽。

（2）2011～2020年规划。

①完成株洲城市外环线建设。

②重点建设县乡公路，提高路网整体水平，基本实现县市与各主要乡镇通三级以上的公路，主要乡镇与各主要村通四级以上公路的目标。

③基本建成区域客货站场网络，使公路客货站场建设与公路干线建设相匹配，与其他运输方式相衔接，尽快建成服务优质的站场服务体系。

④2010年以后，根据需要来决定新建长沙—湘潭—衡阳高速公路西线。

3. 铁路规划

（1）2006～2010年的建设规划。

①建成京（武）广客运专线铁路武汉—长沙—衡阳段（包括专线长沙新客站、株洲西客站建设）。

②积极做好区域轻轨铁路建设前期工作。

（3）2011～2020年的建设规划。

①完成沪昆客运专线铁路建设。

②建设长株潭轻轨铁路。

③衡阳—炎陵—江西吉安铁路建设。

4. 水运规划

在加强湘江干流三级航道的整治维护同时，继续加强与之配套的港口建设是区域水运基础设施建设的主要任务。科学论证后建设湘江长沙综合枢纽工程。

（1）湘江干流航道。

近期，争取尽快完成株洲航电工程，达到渠化株洲—大源渡96公里的三级航道标准建设；远期，主要是对湘江干流航道三级标准的维护建设。

（2）港口规划。

①长沙主枢纽港规划。

2005年前，重点建设霞凝港区，尽早完成一期工程4个千吨级泊位的建设，2006～2010年，完成二期工程，建设三期工程（4个千吨级危险品泊位），基本建成霞凝港区；2011～2020年，建成长沙主枢纽港。

②株洲港规划。

株洲港规划为永利、白石、霞湾三个港区和建宁、天元两个作业区。2006～2010年，在天元作业区建一个件杂货码头，完成建宁客运码头的配套建设，继续建设霞湾联运港区；2011～2020 年，在霞湾、天元港区增建集装箱泊位，在建宁港区建通用泊位。

③湘潭港规划。

2006～2010 年，新建易俗河千吨级散货码头；2001～2020 年，新建马家河联运码头（千吨级）和竹埠港危险品码头（千吨级）。

第七章　能源、供水、污水处理、防洪排涝

第四十四条 能源需求

长株潭地区社会经济持续高速发展，需要有强大的能源支撑。预计在规划期内长株潭地区的能源需求将大幅增加。到 2020 年终端能源需求总量将由 2000 年的 1179 万吨标准煤增加到 3470 万吨标准煤，人均消费量将由 0.96% 吨标准煤提高到 2.52 吨标准煤。在主要能源品种中，煤炭由 874 万吨增加到 3100 万吨；供电量由 123.7 亿千瓦时增加到 615 亿千瓦时；石油制品由 102.6 万吨增加到 300 万吨；天然气供气量达到 9.2 亿立方米。

第四十五条 能源问题及对策

长株潭地区是缺能地区，90% 以上的能源要从外地调入。受资源条件限制，以煤为主的能源结构难以根本改变。在规划期内，尽管煤炭在终端能源消费中的比重在逐步降低，但新增发电电源中，90% 以上为燃煤电厂，建立安全可靠的能源输配系统，最大限度地缓解能源消费与环境保护的矛盾，是未来能源系统规划建设需要解决的两大问题。应做好以下工作。

1. 根据各类能源需求量和输配形式，建设强大、安全、可靠的能源输配系统。交通运输系统应充分考虑煤炭、石油制品需求增长，确保足够运力。电力系统应根据电力需求，加强输配电网建设，提高输电能力和受电能力。城市用地布局应为能源设施留出足够用地。

2. 必须重视燃煤污染控制，特别是燃煤电厂的污染控制。民用和小型工业用煤应采用经过洗选后的精煤或加工后的固硫型煤。电厂用煤应逐步减少原煤使用量，改用洗选后的动力煤。新建、扩建燃煤电厂必须同步安装脱硫设施或采取其他脱硫措施，并采取低氮燃烧技术，配备烟气污染物在线连续监测装置。现有未安装烟气脱硫装置的燃煤电厂必须全部使用洗选动力煤或低硫煤。煤耗高、污染严重的小火电机组应严格执行国家和地方有关规定，按期关闭。

3. 合理利用天然气。分配给长株潭地区的天然气应优先满足居民生活用气和公共设施用气，以消除小面分散的低架污染源；适度发展工业用气，以平衡供气日变化；鼓励金融、办公、科研类公共建筑使用燃气空调，以降低电力负荷峰谷差。

第四十六条 电力工程

1. 电源规划

规划期内，在长株潭地区新建和扩建电厂5座，同时淘汰一批不符合国家产业政策的机组。新建和扩建电厂为：

新建长沙电厂。

新建株洲电厂B厂。

新建宁乡电厂。

新建黑麋峰抽水蓄能电站，站址位于长沙市北部望城县与长沙县交界处附近。

扩建湘潭电厂。

上述电源工程建成后，长株潭地区2010年发电装机容量达到410万千瓦左右，本地电力约占负荷需求的55%；2020年发电装机容量达到950万千瓦左右，本地电力约占负荷需求的63%。

2. 电网规划

（1）500千伏电网。

至2020年，长株潭地区共建成500千伏变电站11座，主变容量约1900万千伏安。在湖南区域电网中，形成多个500千伏环网，并通过长沙西站、长沙北站、望城站至益阳的线路接受三峡、葛洲坝、五强溪等大型水电站的电力，通过湘中换流站接受广西电力。

（2）220千伏电网。

220千伏变电站主变容量近期按容载比1.85配置，总容量约1400万千伏安，变电站约40座；远期主变容量按1.75配置，总容量约2630万千伏安，变电站约60座、220千伏电网采用环网加放射形式布置，在三市市区形成220千伏双环网。

第四十七条 燃气设施规划

1. 天然气

配合"川气入湘"工程，在长株潭地区建成天然气输配系统，包括分输站、输气管道、天然气门站、储气罐站、配气管道等。分输站在长沙和湘潭各建1个。天然气门站各市建1个，储气罐站各市建1~2个。

2. 液化石油气

近期使用天然气的长沙、株洲、湘潭、醴陵市维持现有的液化石油气储配设施，在湘乡、韶山等中小城市新增2万~3万吨/年的储配设施。

远期长株潭三市新增1万~2万吨/年储配设施，其他中小城市新增8万~10万吨/年储配设施。

第四十八条 城市供水

1. 供水能力

至 2020 年，规划区城市公共供水（即自来水系统）能力由 2000 年的 244.5 万吨/日增加到 505 万吨/日，其中长沙 320 万吨/日，株洲 90 万吨/日，湘潭 95 万吨/日。

2. 供水水源

城市供水近期仍以湘江为水源，适当时期可考虑从附近水库引水，形成多水源供水系统。水府庙、株树桥、官庄等水库作为城市水源应严加保护。

3. 水厂建设

新增供水能力近期主要依靠扩建现有水厂解决。在现状 18 座水厂中，保留 15 座，并对其中 7 座进行扩建，新增供水能力 102.5 万吨/日。远期新建水厂 4 座，新增供水能力 150 万吨/日。

4. 水源保护

水厂取水口上游 1000 米至下游 200 米（个别水厂为下游 100 米）以及两岸一定陆域为城市饮用水源一级保护区，一级保护区外一定范围为城市饮用水源

二级保护区。各级保护区应严格执行中华人民共和国水污染防治法及其实施细则规定。针对规划区城市饮用水源比较单一的特点，应特别重视有毒、有害物品储存、运输安全和污水系统运行安全，防止发生突发性污染事故，污染湘江水体。

第四十九条　城市污水收集与处理

1. 排污水体制

规划区排水体制为：现状直排式合流系统改造为截流式合流系统；现状分流制系统予以保留，分流不彻底的管网进一步加以完善；新开发地区全部采用分流制排水体制。

2. 污水处理原则

生活污水由城市污水系统集中收集处理；排放量大的工业废水由企业自行处理，达标排放；排放量小的工业废水可由城市污水系统收集处理，但含特殊成分的工业废水必须由企业自行处理，达标后才能进入城市污水系统；鼓励污水性质基本相同的相邻企业共同建设污水处理厂。

3. 污水处理率和处理深度

近期城市污水集中处理率达到 70%，处理深度为二级；重点工业污染源废水全部达标排放。远期城市集中污水处理率达到 85% 以上，处理深度为二级；工业废水全部达标排放。

4. 污水系统建设

城市污水处理厂采取在各市市区适度集中的布局方案，在具体选址，确定排水口位置时，应协调好与饮用水源保护区的矛盾。

长沙市区污水系统布置原则是：湘江以西污水处理厂尽量集中在四水厂下游三叉矶

一带和望城县城下游，沿江建设污水截流干管；湘江以东现状污水处理厂服务区以外的其他地段，污水处理厂尽量布置在浏阳河、捞刀河、圭塘河沿岸和湘江沿岸五水厂下游。

株洲市区污水系统布置原则是：湘江以西污水处理厂集中在市区下游，沿江建设污水截流管；湘江以东污水处理厂结合地形和水系适度分散，但应尽量远离水厂取水口。

湘潭市区污水系统布置原则是：沿湘江两岸建设污水截流管，尽量将污水集中到下游处理。

在污水系统建设时，应坚持厂网配套原则，优先考虑污水管网建设。

第五十条　防洪排涝

1. 防洪排涝形势与对策

长株潭地区历来是洪涝灾害的多发地区。近几十年来，洪涝灾害发生频率、灾害损失都在不断增大。尽管各级政府非常重视防洪排涝工作，但受自然条件限制和人类活动影响，防洪排涝形势依然严峻。

防洪排涝工作应坚持"确保重点，兼顾一般"的原则。城市和区域性重大基础设施应系统地构筑坚固防线；乡村居民点应继续按照传统的防洪策略，在设计洪水位以上选址建设；目前地处洪水高风险区的零星居民点，结合城镇建设有计划地搬离高风险区；地处低洼区的零星农田、公共绿地、防护绿地可维持现有的防洪标准，不再提高。当发生特大洪水，城市和区域性重大基础设施受到威胁时，有计划地提前将洪水缓慢分蓄在一些公共绿地、防护绿地和农田内。

2. 防洪排涝标准

防洪标准：长沙市区 100～200 年一遇；株洲市区和湘潭市区 100 年一遇；城郊和农村地区 20～50 年一遇。

排涝标准：长沙中心城区 10 年一遇 12 小时暴雨 12 小时排干'非中心城区 10 年一遇 1 日暴雨 1 日排干；株洲市区和湘潭市区 10 年一遇 24 小时暴雨 24 小时排干；城郊和农村地区蔬菜地 10 年一遇 1 日暴雨 1 日排干，其他地区 10 年一遇 3 日暴雨 3 日排干，其中农田排至耐淹水深 50 毫米。

3. 防洪工程措施

防洪工程措施主要是堤防，重点应建设好湘江堤防，并根据河流水系分割情况划分若干保护圈。各防洪保护圈堤防，在城市规划建成区内，原则上在现有堤防基础上加高加固。在城市规划建成区外，湘江干流堤防宜结合湘江生态经济带建设，进一步研究两岸堤防走向。规划确定的沿江大片绿化带，原则上可不作为防护对象加以保护。

4. 排涝工程措施

按照"高水高排，低水低排"的原则，结合地形、地势、天然水系和城市规划建设，合理划分排水分区，设置一定的临时蓄滞涝区，采取撇洪渠、顺堤涵管等措施，尽量将涝水自排入外河。地势较低地区，按照排涝标准，配套建设相应的排涝泵站和控制设施。

5. 其他措施

重视非工程措施在防洪排涝中的作用，加强全流域水土保持、防汛指挥系统建设和水文气象预报。城市用地发展方向和城市规划建设用地选择，应考虑防洪排涝因素，尽量避开洪涝灾害高风险区。城市规划建设应尽量保留天然水面，保持必要的调蓄能力。

第八章 环境资源保护和利用

第五十一条 环境功能区划分及保护目标

1. 大气环境

长株潭地区大气环境分为3类功能区，各功能区划分及环境保护目标是：

一类功能区：指经县级以上人民政府批准的自然保护区、风景名胜区和其他需要特殊保护的地区，包括株洲的大京风景区、仙庚岭风景区、湘潭的韶山风景名胜区、湘乡东台山国家森林公园，长沙的岳麓山风景区、浏阳大围山自然保护区等。一类功能区大气环境保持一级标准［《环境空气质量标准》（GB 3095 – 1996），下同］。

二类功能区：指城市规划中确定的城市居住区、商业交通居民混合区、文化区、一般工业区和农村地区。二类功能区大气环境按二级标准控制。三类功能区：指工业集中、大气污染相对严重的特定工业区，包括株洲的清水塘工业区、醴陵陶瓷工业区，湘潭的岳塘工业区。三类功能区近期按三级标准控制，远期达到二级标准。

2. 水环境

长株潭地区水域环境功能分为9类，即源头水域和国家自然保护区、饮用水水源保护区、渔业用水区、工业用水区、农业用水区、娱乐用水区、一般景观用水区、混合区、过渡区。其中饮用水水源保护区分为一级保护区和二级保护区。饮用水水源一级保护区一般为水厂取水口上游1000米至下游200米的水域，个别水厂为取水口上游1000米至下游100米；二级保护区为饮用水源的其他水域。

饮用水源一级保护区和自然保护区按Ⅱ类水体标准［《地表水环境质量标准》（GB 3838 – 2002），下同］控制；其余水域按Ⅱ – Ⅴ类水体标准控制。

第五十二条 环境保护总体思路

长株潭地区环境保护的总体思路是：依靠政策调控，采取经济、技术和管理手段强化区域环境管理和污染治理。

在政策方面，严格执行国家和湖南省的产业政策，结合产业结构调整，坚决淘汰落后生产能力，落后生产工艺和落后产品。大力推广清洁生产、清洁工艺和循环经济模式，提高能源和其他资源利用效率。

在经济方面，一是增加环保资金投入，尽快建成一批与环境保护有关的市政公用设施，提高环境监测、环境管理、环境科研技术装备水平；二是逐步提高排污收费标准，最终达到或超过污染治理成本；三是加强处罚力度，对违反规定超标排放的企业、单位、个人严加处罚。

在技术方面，重视各类污染物处理工艺、技术、设备的引进和研究工作，提高治理效率，降低投资和成本，促进企业进行环保设施建设和技术更新改造。

在管理方面看，继续实行污染物排放浓度控制和总量控制相结合的管理办法。根据环境保护目标、污染物排放量和环境容量，适时修订污染物排放标准，适时定制污染物控制总量。针对长株潭地区山水相依，一水相连，污染物排放相互影响层层叠加的特点，应特别重视区域间（包括长株潭三市之间以及三市同周边城市之间）的协调。相关城市再污染物排放总量、行政区交界断面的环境质量方面应建立严格的目标责任制。在继续发挥三市环境保护主管部门作用的同时，建立区域性环境管理协调机构，统一协调三市的环境管理。

第五十三条　大气环境保护措施

1. 调整能源结构

积极引进天然气等优质能源，扩大电力在能源结构中的比重，逐步降低煤炭终端消费量。煤炭主要应用于配套安装有除尘脱硫装置的大型火电厂或热电厂。

从 2005 年 12 月 31 日起，长株潭城区禁止燃用普通高硫煤。到 2020 年，在终端能源消费中，煤炭由 2000 年的 36% 下降到 10% 以下，电力由 2000 年的 44% 提高到 62，长株潭城市群核心区域内民用燃料应全部采用天然气或洁净煤等清洁能源。

2. 加强污染治理

大气污染严重的企业，必须按国家规定加强污染治理。近期应集中力量治理一批污染严重的企业，如株洲冶炼厂、株洲电广、湖南智成化工有限责任公司、湘潭电厂、湘潭钢铁集团有限公司、浏阳氮肥厂、湖南永和磷肥厂、株洲化工集团有限责任公司等。

3. 科学制定并严格执行城市规划

城市新区应根据本地区的自然条件，合理进行用地功能分区。在居住用地、公共设施用地上风向，不得安排有大气污染的项目。现有污染严重的企业，若不能采取有效措施治理污染，应逐步迁出。

第五十四条　水环境保护措施

1. 加强城市生活污水收集和处理

各市应将污水系统建设作为城市建设的重要内容，加紧进行污水收集管网和污水处理厂建设。到 2010 年，规划区城市污水处理率达到 70%，.2020 年达到 85% 以上。

2. 合理布置污水处理厂和排水出口

污水处理厂和排水出口布置应充分考虑饮用水源保护，与水环境功能区相协调。在城市饮用水源一级保护区内（水厂取水口上游 1000 米，下游 200 米），禁止布置污水排放口。

3. 合理制定工业废水排放标准

应根据水环境保护目标、污染物排放量、环境容量，适时制定严于国家标准的地方污水排放标准，实现污染物排放总量控制目标。

4. 强化和落实湘江一级支流的具体保护措施

第五十五条 固体废物收集与处理

长株潭地区固体废物收集与处理应坚持"无害化、资源化、减量化"原则，积极推广分类收集，进行资源回收和综合利用。

规划在长株潭城市群核心区东部集中建设服务于三市的大型垃圾综合处理厂 1 座。三市在总体规划中选择的 6 座垃圾处理厂，近期予以保留，但新建垃圾处理厂的建设规模和建设时间应与服务于三市的大型垃圾处理厂的建设时间相协调，避免重复建设。待上述大型垃圾综合处理厂建成投产后，原有垃圾填埋场停止使用。

近期应使工业危险废物和医疗垃圾全部得到妥善处理。到 2020 年，工业固体废物综合利用率由现状的 71.44% 提高到 90% 以上，生活垃圾应全部实现无害化处理。

第五十六条 完善三市环境质量、污染源监测系统，按规定公布监测结果，接受社会监督，加强环境监管力量，及时查处环境违法行为。

第五十七条 在野生动植物的主要生长、栖息地建立自然保护区。禁止非法猎捕、采集野生动植物。

第五十八条 保护区域内的农业环境和基本农田，推广无公害农产品和绿色食品技术。

第九章 生态建设和空间管治

第五十九条 生态环境体系规划目标与生态底线的划定

1. 生态环境体系目标

规划构建安全的生态环境体系，确保区域可持续发展的环境底线。促进生态环境改善、资源可持续利用及城镇环境品质提高的和谐的生态环境系统。

规划合理高效利用资源，实现合理的发展容量控制。合理开发利用和保护土地、水源、森林等重要自然资源。

规划加强生态恢复和环境重建，切实治理、控制和防止水、空气和噪声等环境污染。大气环境、水环境达到清洁标准，噪声得到有效控制，垃圾、废弃物的处理率和回收利用率高，排除任何超标的环境污染，环境卫生、空气新鲜、物理环境良好，实现合理的环境容量控制。

2. 生态环境"底线"的划定

规划自然生态"底线"：防止自然生态环境继续恶化，提高森林覆盖率，为长株潭城市群区域发展提供可持续的区域性生态保障。

规划水环境"底线"：以长株潭各市环保局最新编制的水域功能区划为水质管理目标，以平偏枯水年的枯水期流量为河道水域水文条件，分析地表水环境容量。

规划空气环境"底线"：空气环境"底线"为保证人类正常生存和生态系统正常发展，除了经县级以上人民政府批准的自然保护区、风景名胜区和其他需要特殊保护的地区外，规划以国家二级标准为大气质量管理目标。

第六十条　核心地区生态功能分区

规划针对长株潭区域生态格局的基本特征与土地利用现状，提出四类区生态功能分区。前两类为自然生态功能区，后两类分别为自然人文交错过渡区、城市人文生态功能区。

1. 地周边低山丘陵水土保持与水源涵养林生态区。该区以恢复地带性原生植被为主，建立合理的植物群落结构，提高水土保持与水源涵养能力，增强森林景观的生态环境功能，使之成为区域环境功能的保护屏障。

2. 湘江河谷生态区。该区以水风景建设为主，集生态绿化、防洪堤建设、水污染治理、江心洲防护、湿地保护为一体，应综合规划、分段布局，使滨江地区成为一个环境优美，集休闲娱乐、旅游观光、自然保护为一体的景观生态区。

3. 盆地内部丘间低地与缓岗丘陵农业生产及人文生态交错过渡区。丘间低地以农业利用为主，发展生态农业经济；缓岗丘陵以发展经济园林为主，辅之以速生用材林。在树种选择上，应注意物种多样性与经济效益相结合，速生林与原生林相结合，风景林与生态林相结合；在空间布局上，应使不同林种的植被相间分布，注意相对集中与适当分散的关系、方便生产与美化居住环境的关系、人居环境建设与生态建设之间的关系，以提高抗御各种自然灾害的能力，改善生产与生活环境。

4. 城市人文生态区。该区分别位于长沙、株洲、湘潭盆地的中部，濒临湘江两岸，是人口高度集中、社会经济发达的人文景观区。该区生态建设的重点是充分利用区内自然地物的结构特征，合理规划布局公共绿地系统，增加市区绿地面积，改善城市生态环境。应避免"摊大饼"式的城市发展模式，在合理调整城市功能分区的同时，以合理的生活圈为组织框架，走"组团"式发展道路。

第六十一条　区域绿地系统的控制

规划通过以区域绿地系统的构建来实现长株潭城市群的生态结构。

区域绿地系统的空间结构主要包括城市群外围绿环、城市内部绿环、线形湘江生态走廊、T形城市间隔离带。

区域绿地体系主要包括防护绿带、农田绿地、生产绿地、城市公共绿地、景区绿地、特殊地类绿地。

城市区域公共绿地是城市的"绿肺"，在城市景观生态中起着改善城市生态环境、提高社区人居环境质量、维系居民生态安全的重要作用。

规划构建区域绿地管理机制，建立综合决策机制，促进环境与经济的协调发展；建立实效、公正、公开的公众参与机制；建立稳定的绿地建设投资、融资体制。

根据城市绿化与绿地系统结构特征，重点实施如下规划布局。

1. 以城市总体规划方案和城市林业生态圈规划为蓝图，建立市域防护林体系。

2. 在长沙市外环、内环线和各主副中心城之间建立绿化隔离带；湘潭市和株洲市按双核一体化布局方式，建立环城区域绿化带，在两核之间沿公路线建立绿化隔离带；在长沙城区与株潭城区之间的金三角之间也要建立绿色隔离带，规划森林覆盖率控制在80%以上，城镇功能区的绿化覆盖率至少在50%以上。

3. 重点建设好市区范围内湘江两岸的绿化体系，使之成为株洲市的河东组团与河西组团之间、湘潭市的河东组团与河西组团之间的绿色共享空间；长沙市区河段则成为中心城区与河西组团之间的生态绿色长廊。

4. 沿京珠高速路、京广铁路和长潭公路、规划中的河西连城公路建立绿色长廊，使之成为沟通长株潭地区南北的绿色生态通道。

5. 建设文物古迹周边的绿化体系，重点是长沙市马王堆古墓和株洲市炎帝广场的绿化建设。

6. 城市道路绿化体系，重点选育绿化树种，增加绿化面积，使之与城市景观已有的绿色斑块连成一个整体，共同构成城市内部的绿地系统。

第六十二条　湿地布局

规划湿地作为区域景观生态结构中的重要类型，是构建区域景观生态功能不可或缺的一部分。规划不仅要成为区域景观生态重要的汇合区，也要成为重要的动物栖息场所。

根据长株潭区域景观生态格局的基本特征，本着多样性与生态安全原则，应重点规划建设好如下三处湿地保护区。

1. 岳麓山南缘、湘江西岸低漫滩地段。

2. 浏阳河、捞刀河下游、湘江东岸低漫滩地段。

3．茶陵县湖里湿地。

第六十三条　森林公园布局

森林公园的主体是森林。考虑到长株潭地区现有林地的空间分布，区域景观生态格局的基本特征，以及森林公园的建设目的与功能特征，依据区域景观生态规划的基本原则，对长株潭地区森林公园作如下的空间布局规划。

1．乌山森林公园：规划为休闲娱乐、旅游观光的胜地。

2．黑糜峰森林公园：规划作为长沙市北方的绿色屏障。

3．天际岭国家森林公园：规划作为城市景观生态功能源区。同时作为湖南省森林植物园，也是从事科学文化活动的重要场所。

4．桃源洞国家森林公园：规划同时作为自然保护区。

5．大昭山森林公园：位于长沙、湘潭、株洲三市交界处，以丘陵林地景观为主。主要包括昭山景区、石燕湖景区、天鹅池景区、龙王岭一凿头岭景区、玉屏岭景区、法华山景区，是极有潜力的风景旅游度假区。

此外，还有洪山庙森林公园、青竹湖森林公园、书堂山森林公园、黄祖伪森林公园、莲花山森林公园、象鼻窝森林公园、谷山森林公园、浏阳大围山国家森林公园、金霞山森林公园、株洲石峰区九郎山森林公园、天元区龙门寺森林公园、荷塘区婆仙森林公园、醴陵市的仙岳山森林公园、芦淞区的天池森林公园、茶陵云阳山国家森林公园等。

第六十四条　风景名胜区布局

根据长株潭地区自然景物变化多样，地文人脉历史悠久，各种风景名胜丰富多样，地区分布较为广泛的特点，规划重点建设的风景名胜区主要布局如下：

1．岳麓山风景区，国家级重点风景名胜区。

2．韶山风景名胜区，国家级重点风景名胜区。

3．昭山省级风景名胜区。

4．此外还有炎帝陵省级风景名胜区、大京水库省级风景名胜区、仙虞风景名胜区、攸县酒埠江风景旅游区、酒埠江地质公园、正在申报的花明楼省级风景等。

风景区内建设应严格执行国家、省、市有关风景区保护条例与规定。

第六十五条　区域生态空间管治要求

区域空间管治的目标是通过明确区域空间开发管制范围，制定严格的生态环境资源保护措施，为各类开发建设行为规定了必须共同遵守的行动纲领和行为准则。

长株潭城市群核心地区是区域生态整体系统的有机组成部分，对核心区生态空间实施有效的管治是保证核心地区城市功能系统有效运转和可持续发展的安全保障。

主要分为五类：

1. 禁止开发区域（属于城市群的绿色生态空间）

（1）保护区：主要有自然保护区、水源保护区、湿地保护区、有严重地质灾害的地区、地下有宝藏的地区、生态环境极端脆弱地区。

（2）水域：湘江、其他河流、湖泊。

（3）郊野公园：主要风景名胜区、森林公园、动植物园和度假区（含国家级、省级、市级）。

（4）生产防护绿地：主要包括交通线两侧的绿地、苗圃、果园和楔形绿地。

（5）特殊的绿地：包括特殊地质地貌区、泄洪区、滞洪区。

风景旅游用地的建设必须遵循《风景名胜区管理条例》、总体规划和旅游规划。

区内只允许符合景观保护、观光休闲和文化展示的用途，不得进行大规模建设，防止风景区建设转为房地产开发等城市建设。严格控制建设规模，充分利用现有建设用地和闲置地，确需扩大的，应当首先利用非耕地或劣质耕地。

建设要严格控制在占用耕地指标之内，占用耕地需办理《耕地占用许可证》。除与保护需要直接相关的建筑外，禁止其他各类建设。

2. 限制开发区域（属于城市群的边缘型空间）

（1）基本农田保护区。

（2）大面积乡村地区空间，包括乡集镇驻地、农村居民点、道路、水利、小型生产性建筑和公共建筑，不允许搞工业的区域。

（3）湘江两岸100米以内地区，项目重复建设的地区等。三市城市总体规划中按功能明确限制和控制蔓延的地区。

区内基本农田按照《基本农田保护条例》进行管理，鼓励区内其他用地转为基本农田或为基本农田服务的用地，严格控制区内基本农田转变用途，确需调整的必须经法定程序调整。发展绿色无污染农业，降低农地污染。引导村镇建设由分散型建设向集中式整体建设转化。

3. 远景开发建设区域（属于城市群的备用空间）

三城市的远景建设用地及重点镇的远景建设用地，以及部分区域性交通干线及沿线用地。属于战略性空间发展地区。

区内的土地开发必须按行政区划经市城市规划管理部门或县城市规划主管部门批准方可进行。严格保护生态环境、禁止开发有污染的工业门类。

在2005年长株潭经济一体化暨"一点一线"地区加快发展汇报会上的汇报

湖南省发展和改革委员会

2005 年 11 月 5 日

按照会议安排，下面就长株潭经济一体化及"一点一线"地区加快发展工作，汇报三个问题。

一 "十五"以来的工作情况

推进长株潭经济一体化及"一点一线"地区发展，是省委省政府的重大战略决策。五年来的实践，取得了大的进展，形成了新的局面。一是速度，发挥了增长极的龙头作用。预计 2005 年，长株潭 GDP 2240 亿元以上，占全省 35.5%，五年提高 4.7 个百分点；年均增长 12.7%，高出全省 2.5 个百分点。"一点一线"增幅高出全省 1.7 个百分点。二是结构，发挥了工业化的主体作用。"十五"前四年，"一点一线"工业投资 929 亿元，是整个"九五"的 2.2 倍，占全省的 62.9%，推动工业年均增长 14.6%，快于全省 2.2 个百分点，占比从 54.7% 提升到 65.8%，并带动固定资产投资年均增长 24.8%，占全省的 65.5%。三是效益，发挥了先富区的带动作用。长株潭一般预算收入可达 130 亿元，五年净增 78 亿元，年增长 23%，对全省财政增收的贡献率达 45%；"一点一线"超过 200 亿元，占全省的 55%。城镇居民收入，长株潭和"一点一线"比全省高 2140 元和 1240 元；农村居民收入，是全省的 1.6 倍和 1.3 倍。四是城镇化，发挥了城市群的引领作用。长株潭城市化率 48%，高出全省 11 个百分点；"一点一线"41%，高出 4 个百分点。

以上成绩的取得，符合省委省政府的战略意图，也表明省委省政府的决策是正确的。工作中，我们与各市、各部门一道，突出了以下方面：

1. 抓规划，抓创新

几年来，落实省委省政府战略构想，组织国内外和省内外专家，重点编制了 11 项规划，主要有：一、长株潭区域规划，长株潭城市群进入国家"十一五"重点发展的城市群体系。二、湘江生态经济带规划，获得了世行第一批贷款。三、老工业基地改造规划，已上报国务院，一批项目得到国家支持。四、"五同"规划，引导三市构筑一体化的基础设施网络。加上其他规划，形成了比较完备的体系。随着这些规划的实施和项目的启动，长株潭城市群已站在一个更高的发展平台。按照全省改革的统一部署，国企改革，市属国企今年可以基本完成。农村改革，长沙县率先全免农业税，在强县扩权改革中，全省第一批 13 个经济强县，10 个在"一点一线"，其中 7 个在长株潭。要素市场改革，长株潭建立了一体化的劳动力市场，实现了全省 77% 的证券融资、44% 的技术贸易、50% 以上的土地交易。长株潭和"一点一线"真正起到了率先、突破、引领和示范作用。

2. 抓重点，抓项目

突出了长株潭城市群和"一点一线"的产业布局和项目建设。产业发展方面，突出工业，集中布局了 26 项工业国债项目，重点建设了株洲电力机车地铁、江南轿车、衡钢大无缝管、HEG 玻壳等项目，进一步巩固和提升了轨道交通、工程机械、电子信息等主导产业的优势地位。同时，围绕工业技术创新和产业升级，集中布局了 59 个国家和省高技术产业专项、10 家国家级技术中心、3 家国家工程研究中心，重点扶持软件、电池材料、超级杂交稻等一批引领未来的产业。完成了全省 78% 的装备工业、87% 的新材料、89% 的石化、97% 的电子信息等产业增加值。公益工程方面，突出了教育、文化、卫生、体育等场馆所建设，同时加强了中小学危房改造、市县疾控中心、乡镇卫生院等建设，建成了五城会场馆等一批标志性工程，"一点一线"已成为我国京珠走廊上一条丰富多彩的文化生态带。基础设施方面，在水利、能源、交通以及城市基础设施方面上了一批大工程，长株潭已基本形成"三纵三横"的整体框架。株洲二期、耒阳二期等的投产发电，新增装机 210 万千瓦。湘江流域的综合治理，削减近 1/4 的污染负荷。武广高速的顺利开工，将带动"一点一线"地区全面提升。

3. 抓协调，抓服务

围绕长株潭和"一点一线"的整体形象和系统推进，五年来，省市互动、部门合作。一、突出资金投入。争取国家安排长株潭和"一点一线"地区各类中央资金 78 亿元和 179 亿元，占全省的 20% 和 44%。用市场的办法引导资金投向，两次举办银企洽谈会，三次负责组织与国家开行的合作协议。长株潭和"一点一线"商行贷款余额，占全省的 53% 和 80%。二、突出区域合作。积极推动泛珠三角、泛长三角合作，拓展了发展的空间。积极参与"深洽会"、"欧洽会"等大型招商活动，今年 6 月"港洽周"

上，举办了长株潭专场，推出了 60 个重大项目。初步统计，五年间，六市引进内资1249 亿元，占全省 71%；利用外资 37 亿美元，占全省 78%。三、突出形成共识。目前，共建共享的意识不断增强，统筹协商的机制已经建立，支持优势地区率先发展已经成为全省共识。

长株潭和"一点一线"五年的实践表明：一、长株潭和"一点一线"率先、引领、带动的作用日益凸现，潜力越来越大。二、长株潭和"一点一线"加快发展的共识、氛围、合力已经形成，劲头越来越足。三、长株潭和"一点一线"地区加快发展，与湘西地区加快开发，开辟了我省城乡统筹、区域协调发展的崭新格局，路子越来越顺。但必须看到，长株潭和"一点一线"发展也存在一些不容忽视的问题，投入产出比还没有达到理想的结果，能发挥强大支撑和引领作用、能带来格局性变化的重大项目不多，投资软硬环境有待进一步优化提升。这些，都需要在今后重点关注、努力解决。

二　下一步主要工作任务

按照省委"十一五"规划建议精神，结合全省和长株潭"十一五"规划，未来五年发展的总体要求是：长株潭，要努力成为我省加快发展的增长极、中部崛起的率先区、全国有影响力的城市群；"一点一线"，要勇做全省改革开放的先锋、新型工业化的典范、社会主义新农村建设的样板，成为我省最重要的经济走廊。经济增速要力争高于全省 2 个百分点，到 2010 年，长株潭和"一点一线"GDP 占全省的比重分别达到40% 和 70%。为此，长株潭和"一点一线"地区要挑大梁、担重担，工作重点必须摆在以下方面：

（一）突出产业升级

1. 新型工业化，要有新的进展

切实把工业发展聚焦到科技支撑和信息化带动上，显著增强优势产业的核心竞争力。抓紧实施 145 个重点项目，总投资 2672 亿元，重点抓好长丰和江南 32 万辆轿车、株洲和湘潭 500 辆城轨、特变电工 15 万台输变电设备、博云 3 万盘碳/碳复合材料、长岭 850 万吨成品油等关键项目，推进人类干细胞、生物芯片、环保节能等重大技术产业化，促使电力机车、电子信息等一批产业在全国的优势进一步巩固，并形成汽车、新材料等新的支柱。力争到 2010 年，长株潭和"一点一线"工业增加值占全省的比重提高到 45% 和 75%。

2. 农业产业化，要有大的突破

要利用好、发挥好"一点一线"地区拥有全省 70% 的国家级和省级龙头企业的优势，突出科技农业、品牌农业、外向型农业，抓好岳阳、株洲、衡阳等国家级大型粮食基地，建设 24 个良种生猪、12 个肉牛等优势农产品基地县，实施隆平高科 100 万亩良种、湘潭伟鸿畜禽产品出口开发、郴州东江鱼养殖加工等项目，推动优势农产品生产区向品牌农产品加工区转变。

3. 现代服务业，要有质的提升

要着力构筑全省文化、物流、金融、科教四大中心，以广播影视、新闻出版、文娱演艺为重点，发展文化产业；以基础设施和信息平台建设为重点，打造长株潭、衡阳、岳阳等现代物流中心；以韶山、炎帝陵、岳阳楼、衡山等为重点，发展精品旅游。抓紧实施 10 万分钟动漫、红色旅游景区开发、湘江冶金物流中心等 30 个重大项目，使长株潭及"一点一线"成为中部乃至全国有影响、有特色的一条服务经济带。

（二）突出基础工程

建设与工业化、城市化水平相适应的水利、能源、交通、通信等基础设施体系，突出抓好 3 项工程。

1. 交通

建设高速公路、高速铁路、轨道交通等大运量快速通道，加快实施 29 项重点工程，总投资 1400 亿元。建成 800 公里高速公路，加强国省道和乡村公路改造，长株潭率先实现乡村公路全部硬化。推进武广客运、湘江长沙枢纽以及霞凝港、城陵矶港区、黄花机场扩建等项目，争取长沙城市轻轨 1 号线尽早开工，进一步强化以长株潭为中心的现代综合交通网络，总体提升"一点一线"地区在中部、在全国的交通枢纽地位。

2. 能源

围绕满足长株潭和"一点一线"加快发展对能源的需要，重点建设 18 项能源工程，总投资 600 亿元。建设湘潭二期、岳阳华能二期、长沙等电厂，新增装机 350 万千瓦以上，并做好株洲、衡阳等电厂的前期工作；突出长株潭和湘南 500 千伏主网架、第三期农网改造，适时建设 1000 千伏特高压电网，增强电网保障能力。完成岳阳至长株潭、兰州至长沙等油气管道工程，同时，在节能降耗和新型能源开发上走在全省前列。

3. 生态环境

围绕建设环境友好型社会和生态宜居城市，着力实施 11 项重大工程，总投资 280 亿元，"十一五"完成 235 亿元。加快长沙引水、株洲清水塘整治、白沙沉陷区治理、洞庭湖生态功能区等重大工程建设，合理开发和保护水源、森林等重要资源，抓好汨罗、永兴、株冶等循环经济试点，在坚持绿色发展上走在全省前列。

（三）突出园区建设

把园区建设作为一项重大战略性任务来抓，使之成为工业发展、技术创新、要素积聚、资源节约的重要依托。

1. 合理布局园区

按照每个县有一个园区的原则要求,努力争取国家支持。这次园区清理,全省共上报 99 个,目前除 3 个国家级的已批准外,其余要继续大力气争取,对韶山、攸县等没有园区的县市,也要积极支持设立。

2. 办好重点园区

在加快长沙、株洲三个国家级开发区发展的同时,努力办好株洲欧洲工业园、湘潭德国工业园等特定投资来源地的新型园区,争取长沙国家生物产业基地、长沙金霞保税物流中心尽快获得国家批准,加快郴州出口加工区建设。

3. 政策支持园区

要研究出台扶持园区发展的政策,原则上新的产业项目布局到园区,园区建设的土地优先供应,公共设施建设优先安排,在园企业融资优先担保。

(四)突出引进投资

加快长株潭和"一点一线"发展,优势是引资,关键在投入。要抓好以下方面:

1. 战略引资

要以战略眼光,引进战略投资者。在米塔尔、博世等成功引进的基础上,争取更多的支柱产业对外招商。力争每个市每年引进 1 个以上。

2. 项目引资

目前长株潭及"一点一线"进入全省"十一五"规划重大项目库的有 284 个,总投资 5539 亿元。项目的实施很大部分靠引资。但我们发现,不少项目还只是"概念",研究深度不够。要把项目前期工作做深、做细、做实,以确保引资的成功率。

3. 环境引资

"一点一线"地区要创造类似于沿海的投资环境,在土地等要素成本增加的情况下,要通过提高行政效率、减少各种不合理收费、改善产业配套条件等措施,挖掘低成本的潜力。要通过实行环保标准、投资强度标准等,把有限的资源集中到好的项目上。

(五)突出社会发展

按照全面小康和构建和谐社会的要求,在以下方面重点突破:

1. 新农村建设

长株潭和"一点一线"的新农村建设要走在全省前列,规划好新农村建设试点,统筹抓好现有的 68 个省级小康示范村,并适当扩大范围。实施韶山"五个示范工程",力争通过五年努力,在全省率先建成全面小康社会。

2．公共事业

教育，要按照省委提出的科教兴湘和人才强省战略，巩固"普九"成果，争取长株潭基本普及高中阶段教育，"一点一线"农村九年义务教育杂费全免，在长株潭建设具有国际影响的大学群，"一点一线"布局高水平的职业教育基地。卫生，加快公立医院改革，鼓励社会资金投入。社保，要健全社保体系，到 2010 年，城镇基本养老个人账户做到实账运行，长株潭基本建立农村最低生活保障制度，新型农村合作医疗保险全覆盖。

3．城镇建设

着力发展以长株潭城市群为依托、辐射带动周边的"一小时城镇圈"，以岳阳、衡阳、郴州等为中心的"半小时城镇圈"，突出建设城镇圈交叉部位的小城镇，形成湖南东部发达的城镇密集带。支持农户进城就业定居，逐步享受城市居民福利。到 2010 年，长沙市区人口达 250 万，衡阳、株洲过 100 万，湘潭近 100 万，长株潭和"一点一线"城市化水平分别达到 57% 和 48%。

三　几点工作建议

按照省委省政府关于全省明年经济增长 10% 的计划和 11% 的工作目标，"一点一线"地区要按 12% 的计划、13% 的工作目标去争取。要早部署、早安排，为"十一五"开好局、起好步。工作上有三点建议。

1．关于规划问题

长株潭发展，从战略到规划、到项目，都已经很清晰，关键是落实。建议出台《长株潭城市群区域规划条例》，以提高法制权威；部门的专项规划、三市的地方规划，特别是跨区域的项目布局，必须与省一体化领导小组办公室协商。为加快提升长株潭的整体形象，我们提出了标志性的十大工程，建议狠抓落实（责任部门见附件 4）：

（1）沿江防洪景观道路。全长 128 公里，目前世行贷款一期工程 72.4 公里，已部分开工。关键是长株潭三市抓紧落实配套资金、征地拆迁和质量监管，力争一期工程成为精品工程，为争取二期打下好的基础。

（2）湘江开发。包括港口、码头、洲岛等一批项目，长沙枢纽要加紧前期工作，长沙霞凝港等要加快建设进度，橘子洲要做好开工准备。

（3）城市大外环。长潭西线要争取明年完工，长株高速要加快拆迁进度，确保今年年底开工，构筑三市大外环。

（4）城市轨道交通。分三市城际与市内两大部分，城际部分初步规划线路长 136 公里。我们将与有关部门、三市抓紧推进前期工作。

（5）武广铁路客运专线站场。建设新长沙、新株洲车站，与公交、轨道交通、长途客运实现"零距离换乘"。要抓紧前期工作。

（6）黄花机场扩建工程。包括站坪扩建、跑道延伸，扩大机场容量。

（7）三市公交。包括抓紧长沙芙蓉南路南延线与湘潭昭山大道对接，实现三市城市主干道相连；开通三市公交。

（8）通讯同城。适应一体化需要，改变目前三市区号不同、通话按长途计费的状况，推进三市通话同费、区号统一。

（9）环境同治。把三市作为一个环境单元、统一治理，建成 7 座污水处理厂、3 座垃圾处理厂，新增日污水和垃圾处理能力 103 万吨和 1800 吨。抓紧株洲清水塘、湘潭竹埠港综合治理。

（10）绿心保护。加强湘潭昭山、跨株潭两市的法华山等森林公园的建设保护，杜绝不合理开发。

2. 关于政策问题

加快"一点一线"地区发展，要争取国家政策、用好用足现有的政策、研究提出新的政策。

国家支持方面，要千方百计争取中部崛起和老工业基地改造的政策和项目支持，在上报国家的老工业基地改造规划中，提出了 108 个项目，有的得到了支持，更多的要继续争取，同时，力争长株潭和衡阳整体纳入国家老工业基地改造规划。争取国家设立长株潭综合改革实验区。

现有政策方面，建设用地向城镇化和产业发展倾斜；抓住中央和地方企业"股权置换、相互持股"的机遇，将更多省属企业联大靠强；落实扩权强县政策，把财政收支、利用外资、项目核准权限下放到位。

新政策方面，按照特殊贡献特殊支持的原则，鉴于"一点一线"地区在全省粮食、工业、交通、资源等方面做出的贡献，建议：

（1）进行社会主义新农村建设的试点，与全省小康结合好，省市重点扶持一批村镇建设；

（2）出台鼓励自主创新的政策，促进产业优化升级；

（3）建立战略产业培育和重大设施建设专项基金，支持老工业基地、老矿区的结构调整。

3. 关于机制问题

建议进一步完善长株潭经济一体化领导小组及其办公室的指导协调职能，并扩大到"一点一线"地区。进一步加强党政领导联席会议和部门对口联系制度，实现六市尤其是长株潭横向协调经常化。进一步强化责任机制，将一些群众最关心的问题，明确目标、明确部门、明确责任，逐项解决。今年湘政办 32 号文起到了积极的促进作用，建议明年出台类似文件，重点抓 5 件实事，并作为"长株潭经济一体化"专题列入明年省政府八件实事之一。

（1）公交互通。解决目前反映普遍的在长株潭三市内办事"有车的更方便、没车的更不方便"问题，落实总理优先发展城市公交的指示，为城市居民办一件实事。具体操作上可组建股份制公交集团，三市认股，人员、收益、税收按股分配，线路先选择人流量大、运力偏紧的 107 国道。建议由建设厅牵头、交通厅配合。

（2）道路撤卡。对三市城区路桥和城际道路所有收费口，进行撤、并、移，并实行车辆年票三市通行通用。建议由交通厅牵头，物价局配合。

（3）IC 卡并网。将目前三市各种 IC 卡，逐步扩大到三市通用。明年先组建三市公交 IC 卡管理中心，实现三市公交一卡通。建议由建设厅牵头、人民银行配合。

（4）通信同费。推行三市通信收费同城，在不改变区号的情况下，三市按大本地网收费。建议由通信管理局牵头。

（5）教育共享。重点解决三市跨区就学和外来务工经商人员子女就读问题。建议由教育厅牵头，三市配合。

在长株潭经济一体化发展协调
领导小组会议上的汇报

湖南省长株潭经济一体化领导小组办公室

湖南省发展和改革委员会

2006 年 1 月 5 日

长株潭经济一体化发展协调领导小组专题研究长株潭"十一五"规划一体化问题，并根据湘潭会议精神，明确 2006 年各部门、地市的责任分工，必将对长株潭经济一体化起到十分重要的推动作用。下面我根据会议安排，汇报四个问题。

一 长株潭"十一五"规划编制情况

《长株潭经济一体化"十一五"规划》，是继"十五"计划之后的第二个五年规划，也是全省两个"十一五"区域性专项规划之一。省市都投入了较大的精力。

（一）规划编制的背景和主要工作

这几年省里对一体化的规划工作很重视，借助世界银行和国内外一流的机构，编制了 1 个总体规划，即《长株潭城市群区域规划》，6 个专项规划，即交通、电力、金融、信息、环保 5 个基础设施和 1 个产业一体化规划，2 个专题规划，即《长株潭老工业基地改造规划纲要》和《湘江生态经济带开发建设总体规划》，构筑了一个比较完整的规划体系。这些规划中，五个基础设施规划已实施五年，阶段性目标基本实现，有待继续深化；区域规划和湘江生态带规划等规划，时间跨度长达 20 年，需要在"十一五"具体落实。尤其国家和省对长株潭提出了新的定位和要求，作为湖南发展的核心增长极、中部崛起的战略支点，需要通过"十一五"一体化规划的编制，进一步理清思路，明确重点，引导三市行为。

为编制好该规划，按照省委省政府的统一部署，我们会同省直各部门、三市政府，主要抓了三项工作。一是抓规划对接。把现有各项规划的任务，与今后五年发展的要求对接。二是抓前期研究。组织省社科院、中南大学、湖南大学、湖南师范大学等单位的资深学者及其学术队伍，集中研究了一体化的六个重大课题，联合三市和省直有关单位全面分析"十五"一体化的进展，把握国内外城市群发展的动态。三是抓规划沟通衔接。与全省、三市总体规划，工业、交通等专项规划反复衔接，向国家部委汇报，上门与省交通厅、环保局等部门沟通，多次召开三市、部门、专家等专题座谈会。应该说，《规划》集中了各方面的智慧。

在《规划》编制中，我们注重了以下方面。一是把握"一体化"这个核心，不是把规划作为一个对三市经济社会发展规划的综合，而是紧紧瞄准三市共同关注、单个市难以解决的问题，有利于整体竞争力提升的问题。二是突出空间概念，按"优先开发区、重点开发区、限制开发区、禁止开发区"四个类别，对长株潭进行功能定位和空间布局，使规划落地。三是挖掘一体化的内涵，从区域布局、基础设施、产业发展、市场、城乡建设、社会发展等六大方面对一体化加以明确，并相应开发了一批重大项目，在此基础上，提出了基础设施一体化标志性工程，产业发展、城乡建设、社会发展等一体化的标志性工程正进一步衔接。四是着眼于加快"产业"和"人口"两个集聚，做大做强长株潭城市群。五是为了使一体化取得更大的突破，注重体制创新，力求发展与改革有机结合。

（二）规划的现实基础、面临的新形势和奋斗目标

现实基础。"十五"计划的主要目标基本实现，GDP 年均增长 13.2%。2005 年，三市人均 GDP 是全省的 1.9 倍，以占全省 13.3% 的土地、18.9% 的人口，实现了占全省 38% 的 GDP、35.7% 的财政、49.6% 的投资、65% 的高新技术产值、77% 的进出口。核心增长极的功能初步发挥，产业集群化发展初显雏形，基础设施条件不断改善，重大项目建设取得积极进展，"融城"效应日益显著。这是"十一五"发展的坚实平台。

面临的新形势。从新阶段、新机遇、新挑战来把握。新阶段，长株潭经济一体化已从"总体规划引导，基础设施先行，重大项目跟进"进入"规划实施、重点突破、全面推进"的关键时期，省里提出把长株潭打造成全国有重大影响的城市群，发展的要求更高、涉及的领域更广、攻坚的任务更重。新机遇，国家把城市群作为城镇化的主体形态，并实施中部崛起战略，"十一五"，继续把长株潭作为全国"十大"重点发展城市群之一，省里规划明确提出把长株潭城市群放在全省龙头地位。新挑战，在武汉城市群、中原城市群等快速推进的同时，作为国内实施一体化最早的长株潭，率先突破、保持领先的压力很大。

主要目标。根据长株潭率先发展的要求和现实可能性，提出三类重要指标：一是经济总量和结构，要求 GDP 年均增长高出全省 3 个百分点，达到 13%，经济总量占全省的 42%；结构进一步提升，工业为主体的第二产业占到 GDP 的 50%；城市化水平达到 57% 以上。二是环保和生态。根据可持续发展的要求，提出重点污染源得到有效治理、空气质量稳定在三级以上、工业废水排放达标率 95%、人均公共绿地 9 平方米等。三是一体化。对"六个一体化"提出了相应的要求，在国土、环保、海关、质检等方面，逐步实施一体化管理。

（三）规划的主要内容

着重推进"六个一体化"：一是区域布局一体化。整个长株潭三市的城镇结构，以京广铁路、京珠高速为南北主轴，以 319 国道、320 国道和上瑞高速公路为东西次轴，以湘乡—韶山公路和 106 国道为南北辅轴，形成一个"冉"字形结构。核心区，为"一主两次环绿心"的结构，"一主"为长沙城区，"两次"分别为湘潭城区和株洲城区，中间为生态绿心。并对核心区进行了开发定位。

二是基础设施一体化。在原"交通同环、电力同网、金融同城、信息同享、环境同治"的"五同"基础上，根据形势发展提出了"新五同"建设。

交通同网。跳出环的概念，除了加快长株高速、长潭西线、醴潭高速等建设，形成三市高速环线外，大力推进城际轨道交通、湘江沿江防洪景观道路、公交一体化、乡村公路建设，形成三市内部发达的路网。同时，抓紧实施武广客运专线、潭衡高速、湘江长沙综合枢纽、株洲航电枢纽、黄花机场扩建等重大工程，形成立体的对外交通网络。

能源同体。一方面，继续强化长株潭 500 千伏受端环网、220 千伏双环网，推进新一轮城市电网改造、完成县城和农村电网三期改造，建设湘潭电厂二期、黑麋峰抽水蓄能电站、长沙电厂等。另一方面，建设三市成品油、天然气等输送管道，扩大天然气使用，拓展能源的供求结构。

信息同享。包括推进通信一体化，力争三市统一区号、通信同费；推进信息平台一体化，在全省七大平台建设中走在前列，实施三市电子政务系统互联互通，整合三市广电资源，实现三市"一号通"、"一卡通"、"一码通"。

生态同建。着眼于区域发展的可持续性，共同保护和合理开发利用水源、森林、湿地等重要资源。森林覆盖率达到 55%，城市建成区人均公共绿地面积 9 平方米。

环境同治。严格实施《湘江生态经济带建设保护办法》，建立上游对下游水质的责任制度，实行污染物达标排放和总量控制制度，对化工、冶金等重点行业，株洲清水塘、湘潭岳塘等重点工业区，加强整治，积极发展循环经济，加快污水处理厂、垃圾处理站建设。到 2010 年，三市城市污水处理率、城市生活垃圾无害化处理率分别达

80%、90%以上，分别高出全省 20 和 30 个百分点。

围绕"新五同"建设，规划提出了湘江沿江防洪景观道路、湘江开发、长株潭城市大外环、长株潭城市轨道交通、武广客运专线长沙和株洲站、黄花机场扩建、公交一体化、通讯同城、环境治理、绿心保护等基础设施十大标志性工程，这是一体化发展的重要抓手。

三是产业发展一体化。这是长株潭的优势，也是全省的希望。要抓紧建立"优势地区牵头、跨市分工协作"的发展机制，着力优化产业布局和园区布局，集中打造"两基地、一中心"，加快形成三条经济带。

两基地，一是中部先进制造业基地。重点发展装备制造、电子信息、新材料、钢铁有色、生物和医药、食品加工等六大产业集群，力争到 2010 年，三市装备制造、电子信息销售收入分别超过 800 亿元，新材料过 700 亿元，食品加工过 600 亿元，钢铁有色过 400 亿元，生物和医药超过 300 亿元。二是现代农业示范基地，发挥农业科教资源丰富、城乡结合紧密的优势，依托龙头企业，抓好优质水稻、花卉苗木、有机茶等基地建设，发展都市农业。

一中心，即区域性服务中心。挖掘中心城市潜力，把长株潭打造成国家区域性现代物流、商贸、科教、文化、旅游、娱乐等综合性现代服务中心。

三条经济带，包括作为中轴的湘江生态经济带，湘江西岸的高新技术产业带，湘江东岸的先进制造业产业带。

四是城乡建设一体化。把推进城镇化进程与社会主义新农村建设结合起来，提高城市群吸纳农村人口的能力，支持并带动农村地区发展。包括三大建设，一是城镇建设，三市城区要加快相向发展，县城既要配套长株潭三市，又要相对独立发展，城镇特别是核心区的 29 个小城镇，要积极承接城区产业和要素的转移。二是社会主义新农村建设，在全省率先建立以城带乡的新机制，抓好中心村镇规划建设，加强沼气、村庄主干道硬化、饮水安全等工程，加紧实施韶山"五个示范工程"。三是湘江生态经济带建设，按照《湘江生态经济带开发建设总体规划》和《建设保护办法》，规范开发，加强保护，使之真正成为连接三市的生态经济走廊。

五是市场一体化。推进商品市场一体化和资本、土地、技术、人才、劳动力、产权等要素市场一体化。尽快实现"四个统一"，即统一市场布局、统一市场交易平台、统一中介服务规则、统一市场监管，实现三市交易的同城化。重点建设十大物流项目，努力形成 5 个过 100 亿元的大型商品市场，4 家过 30 亿元、7 家过 10 亿元的流通集团。

六是社会发展一体化。就是要通过建立统一布局、资源共享的机制，推进三市科技、教育、卫生、体育、社保等一体化。科技，要建立一批公共科技创新平台，打造一批国家级研发创新基地和产业化基地。教育，共建有国际影响的大学群。社保，逐步提高统筹层次。对文化、体育等公共事业，要统筹设施建设，构筑繁荣、和谐的新型城市群。

规划的保障措施，重点是四个方面。一是深化改革，积极探索适应跨区域管理的模式，塑造体制优势。二是扩大开放，发挥对外开放的窗口和主力作用。三是加大投入，尤其对有利于三市一体化发展的重大项目，省市加大融资力度，共同推动。四是加强协调，确保一体化发展战略措施的落实。

以上是规划的简要情况。按照全省规划编制的部署，我们在多次修改完善规划文本的基础上，近期组织省内对长株潭经济一体化研究较深的专家，对规划文本进行了评审。总体上，专家对规划给予了较高的评价，也提出了一些修改意见。现在提交领导小组会议的文本，已根据专家意见进行了修改，请各位领导审议。

二　三市"十一五"规划的衔接情况

经济一体化，首先规划要一体化。我们与有关部门及三市，进行了多层、多项、多面的衔接协调工作，取得了很好的成效。目前，三市规划即将进入人大审查程序，有必要集中进行一次部门衔接。按肖捷常务副省长指示，我们于 12 月 20 日，将三市的规划、一体化规划和区域规划文本，一并送达有关部门和专家，并于 12 月 30 日召开了部门、专家座谈会，专门听取意见。我们对这些意见和建议，结合我委的研究，进行了整理归纳。

总体上，大家认为，三市规划贯穿着中央科学发展观和构建和谐社会的精神，符合省委省政府打造战略增长极的意图，体现了全省加快推进以工业化为核心的"三化"战略，提出的发展目标、重点任务、保障措施等，既考虑了全省发展大局，又立足市情实际，具有较强的针对性和可操作性，是比较成熟的规划。在充分肯定三市规划的同时，部门和专家对三市规划，也提出了一些意见。需要说明的是，由于这些意见是针对 12 月 20 日下发的文本提出的，这段时间三市加班加点作了不少修改，其中有些修改我们已经掌握，就不再提出。意见主要有 6 个方面：

（一）关于发展思路

加快长株潭经济一体化，是省委省政府打造增长极的重大战略，也是三市"十一五"实现跨越式发展的一个重要背景。三市规划都强调中部崛起、泛珠合作等重大机遇，但对长株潭经济一体化谈得不多，建议把它纳入三市规划的指导思想和发展战略，以体现一体化在三市发展战略中应有的位置。

（二）关于发展指标

有三大指标需进一步研究。

一是经济指标。按照省委《建议》，2010年长株潭经济总量要占全省42%以上。目前全省确定的"十一五"总量指标为10600亿元，这样长株潭总量要达到4452亿元，而三市规划数为4400亿元，尚有52亿的差距。速度方面，全省是10%，长株潭要高出全省3个百分点，三市"十一五"规划目标分别为13%、12%、12.5%，综合起来为12.7%，适当加点劲，13%的目标应该是可以实现的。投资方面，"十五"中三市都超过20%，平均31.5%，但"十一五"中三市均只提15%，恐难支撑经济增长。建议进一步测算。

二是城镇化指标。按照全省"十一五"规划，2010年城镇化率达45%，未来5年城镇人口增加600多万。我们在一体化规划中提出到2010年，长株潭的城镇化率达57%，比"十五"提高9个百分点，城镇人口要增加160万，但从三市指标看，到2010年，三市建成区人口435万（长沙245、株洲100、湘潭90），相对2004年，六年仅增加84万，而"十五"前四年，三市城区人口增加了97万。"十一五"是城镇化的加速期，三市城区人口指标应该还可以定高一些，初步测算，建议2010年增加到500万。

三是环境保护指标。三市指标设计不一致。长沙提城市空气污染指数、城市污水处理率；株洲提城市空气、水环境质量达到区划标准，工业废气、废水排放达标率；湘潭提城市空气质量达标率、城市生活污水集中处理率和城市生活垃圾无害化处理率。建议按省"十一五"规划，统一口径。此外，上游的株洲、湘潭的垃圾无害化处理率较低，应下大力气提高。

（三）关于空间布局

目前三市规划一个共同的亮点，就是十分重视空间布局，但在空间协调上研究不够。城镇体系，按照《区域规划》，长株潭城镇布局是一个"冉"字形空间结构，核心区包括3主4次15片区29个小城镇。对这些组团，《区域规划》都有相应的定位，三市要与之协调。相向发展，三市在保护好绿心的前提下，要优先发展相向片区组团，突出暮云、黄兴、白马、云田、九华、易家湾等重点镇。建议三市规划在城镇空间布局、功能区划上进一步落实。新农村建设，从发展基础和条件看，三市应在全省新农村建设中走在前列。目前三市规划力度不够。建议进一步做好规划、突出重点、办好试点、分步实施。

（四）关于基础设施

从基础设施的全面对接和共建共享考虑，交通同网方面，三市对长株潭城际和城市轨道交通、交通大外环、公交一体化、对武广客运专线新长沙站和新株洲站、公交一体化零距离换乘枢纽等，规划不够，或未作相应规划。信息同城方面，建议三市把通讯一体化、信息平台一体化等，列入规划。环境同治方面，按照《区域规划》，在核心区东部规划了一座服务三市的大型垃圾综合处理厂，建议在规划中予以考虑。同时，随着污水处理厂的建设，污泥处理势在必行，应对三市的污泥处理进行统一规划。有关污水、垃圾处理规划项目，建议按照共建共享的原则加以整合。对水、气、固体废弃物等重点污染物，对化工、冶炼等重点行业，对清水塘、竹埠港等重点区域的治理，建议提出具体的目标、时限和措施。生态同享方面，目前三市核心区外围生态绿环、生态隔离带、近郊景区、滨江景观带等正遭蚕食，建议三市高度重视，并落实到规划中。

（五）关于产业发展

主要有五点意见。第一，三市都强调要建设先进制造业中心、物流中心等等，建议突出各自的特色和在整个区域内应扮演的角色，搞好定位。第二，在具体布局上，强调自身优势多，但从相互间的关联、协作、一体来考虑，哪些自己唱主角、哪些自己当配角，规划不够。比如汽车，三市如何确立各自的重点产品、发展一体化的零部件集群，建议进一步研究。现代物流，缺乏明确分工。建议长沙突出机场、港口、铁路、公路等综合交通优势，强化综合物流功能，株洲、湘潭则强化专业性，合力把长株潭建设成为国家级区域现代物流中心。生物技术，长沙拥有国家生物产业基地，株洲、湘潭也有不少有竞争力的企业和产品，建议研究如何与长沙研发机构和骨干企业加强合作。等等。第三，建议株洲、湘潭在推动化工、冶金等有一定实力、但是污染较重的产业转型上，进一步加大力度。第四，根据城市群空间布局的要求，长株潭重点打造湘江西岸高新技术产业带、湘江生态经济带、东部制造业产业带三条经济带，集中建设一批专业园区。但三市还一定程度存在低水平同构，建议在规划中进一步突出专业化园区建设。第五，建议三市作为湖南科技资源最丰富、产业基础最雄厚的地区，更加关注对引领未来的战略性产业的开发。

（六）关于体制改革

改革是促进长株潭经济一体化的动力。三市规划对体制改革都作出重点部署，但从"一体化"角度、解决深层次的体制机制问题不够。比如在整合行政职能、消除行政壁垒，推进三市要素市场一体化、共建科技创新平台、共享教育资源，解决农民工的住房、户籍、子女就学问题等等，目标不够明确，措施上也还不到位。建议三市协同推进改革，为长株潭一体化提供有效的体制保障。

三 2006年重点任务及职责分工

（一）提出过程

湘潭会议以后，按照伯华省长指示，我们根据湘潭会议省领导讲话的主要精神，以及6市和各部门推进长株潭一体化及"一点一线"地区发展的计划安排，筛选了200多项任务。在此基础上，经与有关部门和6市反复衔接，整合成七大类48项，形成了一个2006年重点任务分工的征求意见稿。经委办公会讨论修改后，向省直部门和6市共发出征求意见函42份，反馈了40份。后又分两次召开相关省直部门和6市座谈会，充分听取意见。经过多次衔接、修改完善，形成了目前的《职责分工（代拟稿）》。

编制过程中，我们始终注意充分尊重当事市或部门的意见。共收到108条意见，其中没有具体意见的9条。我们对所提的99条意见进行了认真研究，吸纳了73条，对26条未采纳的意见，我们在《意见采纳情况汇总表》中说明了理由。

（二）主要内容

《职责分工（代拟稿）》共分7大类，43项。一是规划工作。提出了"十一五"规划的衔接、规划立法等3项任务；二是产业发展。包括重大项目布局、优势产业发展、科技攻关、现代物流、循环经济等9项任务；三是基础设施。围绕建设一批"一点一线"基础设施大工程和长株潭十大标志性工程，提出了交通、能源、环保、城建等项目及政策，共6项；四是新农村建设。重点是确定一批新农村建设示范点，推进韶山小康示范市和"一点一线"地区小康示范村建设、经济强县建设等3项任务；五是招商引资。包括提出一批引进战略投资者项目、利用国外贷款、郴州出口加工区建设等5项任务；六是社会事业发展。包括建设一批社会事业发展重大项目、社保、促进教育发展等4项任务；七是长株潭经济一体化专项。提出了13项任务。包括区域相向发展、体制创新、公交一体化、通信同城、世行贷款项目建设等重大专项。

请领导小组审议。

四 几点建议

第一，关于《长株潭经济一体化"十一五"规划》。建议由我办根据领导小组意见修改后，提交省政府审查批准。

第二，关于三市规划。建议三市根据本次会议精神，对《规划》进行修改后，报地方人大审批，有关经济指标，要根据 2005 年的实际值进一步测算调整。

第三，关于重点任务职责分工。建议由我办根据本次会议意见，对《职责分工（代拟稿）》修改完善，报省政府，以省政府文件下发，作为 2006 年长株潭及"一点一线"地区工作的重要指导文件和考核依据。

第四，关于长株潭城市群申请纳入国家综合改革试验区。国家为深化改革，加强探索，已将上海浦东列为国家综合改革试验区。目前全国已有 10 多个省市向国家提出申请。我们已将长株潭综合改革试验区申请纳入国家试点的要求，口头向国家发改委做了汇报，他们很有兴趣。建议按照国家发改委的要求，仿照其他省市形式，以省政府文件向国家汇报。

第五，建议加强对长株潭一体化两个专项的领导。根据去年湘政办 32 号文，由省建设厅牵头的公交一体化和由通信管理局牵头的通信同城，在推进中都遇到了一些困难，请领导小组加强领导，年内务求突破。

第六，在编制一体化规划的过程中，感到有几个方面还需进一步突破。一是市场一体化，如何规划布局三市物流，是一个值得研究的问题，建议省经委尽早作出规划。二是社会发展一体化中，如何切实推进教育、卫生、文化、体育、社保等方面的一体化，还需进一步深化，建议相关部门分别研究，提出操作方案。

第七，建议建立三市党政联席会议制度，先从长沙开始，三市轮流牵头。

长株潭区域合作框架协议

2006 年 6 月 28 日

长沙、株洲、湘潭三市，为落实湖南省委、省政府的战略部署，加快长株潭经济一体化进程，加强区域经济合作，务实推动合作事项的落实，经三市党委、政府协商一致，特制订本框架协议。

一 在新型工业化进程中合力推进
长株潭城市群的崛起

1. 加速长株潭经济一体化已具备良好的基础

"十五"期间，省委、省政府实施长株潭经济一体化的重大战略部署，长株潭三市积极配合，在基础设施、产业发展、旅游合作、市场建设等方面，取得了较好的进展。长株潭作为湖南经济核心增长极的功能初步发挥，2005 年三市实现 GDP 2412.6 亿元，占全省的 37.3%，"十五"期间年均增长 13%，高出全省平均增速 2.8 个百分点。产业集群化发展初显雏形，基础设施和城镇建设对接步伐加快，"融城"效应日益显现，为长株潭城市群的加速崛起和经济一体化的纵深推进，奠定了坚实基础。

2. 携手打造湖南新型工业化的核心增长极

"十一五"期间，国内外区域经济一体化趋势深入推进，国家实施促进中部崛起战略，省委、省政府加快推进长株潭经济一体化，为长株潭区域发展带来前所未有的机遇。长株潭三市将深化合作，加强协调，突出产业发展优势互补、基础设施主动对接、生态环境共同保护，推进三市新型工业化的整体联动，推进区域产业结构优化升级和经济增长方式转变，建设创新型城市群，促进三市统筹规划、资源共享、功能协调和互利共赢，力求在经济一体化上取得突破性进展。争取到 2010 年，长株潭三市实现 GDP 4400 亿元，占全省的 44% 左右，进一步把长株潭城市群打造成湖南经济的核心增长极和中部崛起的重要引擎。

二　加快发展长株潭区域优势产业集群

3.共同培育发展具有自主创新能力的现代装备制造产业集群

突出汽车及零部件、工程机械、电力机车等领域，推进三市装备制造业分工与合作，积极引导区域产业集聚，加强项目对接，延伸产业链条，形成上中下游配套、大中小企业协作的产业集群，实现三市装备制造业整体规模扩张和结构升级。汽车及零配件制造集群，重点建设汽车发动机、大中型客车、越野车、中档轿车、小排量轿车等项目，加快发展汽车零配件产业。工程机械制造集群，重点发展混凝土机械、起重机械、路面机械、建筑机械等产品。轨道交通设备制造集群，重点建设5英寸半导体器件生产线、电动汽车电传动系统化、客车电气化、直流牵引电机产业化、电机城轨车辆和电机电控及站场成套设备生产等项目。力争到2010年，把长株潭建设成为中部地区重要的现代装备制造业基地。

4.合力建设长株潭高新技术优势产业基地

突出新材料、生物医药、电子信息（软件）三大领域，力争通过五年努力，使高新技术产业成为三市新的重大支柱产业。新材料产业，以三市具有一定优势的电池、合金、化工、超硬、轻质等材料及相关领域的技术资源和产业为基础，以长沙的先进电池材料、动力电池，湘潭的无汞电解二氧化锰、精细化工材料、高档耐火材料和株洲的微电子材料、特种金属材料、合金材料、新型化工材料为重点，三市共同申报建设列入国家"十一五"重点布局的长株潭国家新材料产业基地。生物医药、电子信息产业，以中部地区唯一的长沙国家软件产业基地和国家生物产业基地为核心，将产业布局和新项目布点向株洲、湘潭辐射延伸，电子信息以显示器件、软件、计算机与通信产品、新型元器件等为重点，生物医药以生殖健康药、肝类药、戒毒药、肿瘤药、中药标准提取物等为重点，充分整合资源，拉伸产业链条。争取到2010年，上述三大基地成为中部地区相应领域中产业规模最大、创新能力最强的特色产业基地。

5.共同打造长株潭区域性现代服务业中心

加速壮大以现代物流、信息服务、会展为重点的生产性服务业，发展提升以文化、旅游、商贸等为重点的消费性服务业，合力提升三市现代服务业的整体优势。积极构筑支撑区域产业发展的现代物流体系。不断完善长株潭三市综合交通运输体系，整合、提升区域物流资源，把长株潭建设成为区域性现代物流中心。长沙市重点发展以金霞保税物流园为中心的综合性现代物流业；株洲市发挥铁路枢纽优势，重点发展石化、服饰等专业物流；湘潭市重点发展汽车、钢铁等专业物流。大力发展立足长株潭、面向国内外的第三方物流，降低三市产业交融发展成本。共同打造长株潭文化旅游产业知名品牌。

弘扬湖湘文化特色，把长株潭打造成为全国极具优势和特色的文化产业中心。突出长株潭黄金旅游经济圈建设，积极完善以韶山、花明楼、乌石为龙头的"红色旅游"，加快发展炎帝陵、马王堆、岳麓书院等历史人文旅游，采取"捆绑资源，联合促销"的方式，每年联合举办大型旅游主题活动，大力整合旅游资源，打造长株潭无障碍旅游区，形成在国内知名的旅游拳头产品。

三　积极促进长株潭产业集群效应的发挥

6.制定长株潭优势产业发展和老工业基地改造振兴规划

三市共同制定长株潭优势产业发展规划，明确装备制造、高新技术等区域优势产业集群的发展目标、重大布局和重要举措。成立三市优势产业集群发展的指导协调机构，做好发展规划和重大项目实施中的协调服务。抓住国家将东北老工业基地改造政策向中部地区延伸的机遇，三市共同制定长株潭老工业基地改造振兴规划纲要，向国家发改委等部门打捆申报一批重大项目。

7.发展长株潭优势产业专业配套园区

以工业园区为载体，扶持发展一批为龙头企业主动配套协作服务的中小企业，建设专业配套园区，推动三市配套企业与区域产业龙头企业同步发展。发挥龙头企业的集聚效应，在三市范围内出台相关政策，鼓励和引导中小企业向各类专业园区集中并参与园区产业化分工，努力延长产业链条，形成专业特色和集聚效应。

8.合力建设区域创新公共服务体系

围绕整合利用三市科技人才优势创新资源的需要，合力加快创新政策环境、科技公共平台和创新服务体系建设，努力构建三市统一的技术创新、成果转化、条件共享和科技融资平台，建立统一、开放、高效的科技项目资源数据库，联合举办长株潭技术成果和资本对接会。三市共同研究，从财政支持、税费优惠、政府采购、行政执法等方面，加大科技政策、产业政策的创新力度。

四　协力打造长株潭三市共同发展的新平台

9.共同加快区域重大基础设施建设

加大推进一体化重大项目建设力度，推进三市融城发展，实现三市重大基础设施共建共享。交通，突出三市内外通道建设，形成便捷高效的综合交通网络。重点加快长潭西线、长株高速等三市大外环项目建设，推进106国道等中心城区到周边卫星城镇的经济干线建设，加速长株潭公交一体化及三市对接地区道路网络、站场建设，推进长株潭城市群轨道交通建设，力争长沙在"十一五"期间尽早开工建设。加快湘江防洪景观道路等世行贷款一期项目建设，全力争取世行二、三期贷款项目，形成以湘江为纽带的长株潭经济大动脉。能源，重点加快长沙电厂、湘潭电厂二期及黑麋峰抽水蓄能电站建设，提高统一电网的可靠性，建成保障有力的能源供应体系。水利，重点加强三市在城市防洪、水土保持、水源保护等方面的协调合作。信息，加快通信同城步伐，推进电子政务等信息平台的互联互通和资源共享。

10. 以长株潭核心区城镇建设为重点加快相向融城步伐

坚持高标准高品位，突出加强三市对接部位的重点城镇建设，率先推进新农村建设，把长株潭核心区建设成为城乡一体化的示范区。

11. 联手共创国内外知名的长株潭区域开放品牌

构建高起点的长株潭开放招商平台，共同打造引进战略投资者的洼地。三市每年联合筛选、策划、包装一批重大招商项目，统一对外发布。加强对外来投资者信息的交流，推进客户资源共享，共同扩大客户群。三市联合出台招商政策，重点在关联度大、协作效应强的领域，联合开展组团招商，联合举办招商、经贸活动。选择若干协作性强的领域，共同举办大型主题文化活动，逐步在国内外树立统一、合作的区域对外开放形象。

12. 共同加强长株潭区域生态环境保护

加大环境同治力度，严格实施《湖南省湘江长沙株洲湘潭段生态经济带建设保护办法》，合力加大湘江流域污染治理力度，切实保护湘江母亲河。实行严格的污染控制，建立湘江长株潭段横断面控制标准，加强重点污染源的主要入江排污口和工业废气污染的监控。加大环境同治投入，集中部分环境同治专项资金，推进一批重大环境治理项目建设。协力推进资源节约型和环境友好型城市建设，在重点园区、企业开展循环经济试点，逐步建立区域性的循环工业体系。

13. 构筑长株潭商品和要素统一大市场

进一步清理阻碍三市商品流通的地方规定，推进三市商品市场一体化。健全现代金融体系，吸引国内外金融机构进入，引导发展紧密型地方性商业银行，加大对资金相互融通的合作，加快建设长株潭区域性金融中心。筹建立足三市、面向全省、辐射周边的技术产权交易机构，促进三市技术市场资源的整合互用。推进长株潭统一的人才和劳动力市场建设，促进就业和再就业。

14. 强化推进经济一体化的三市合作机制

加强衔接合作，建立省市联动机制、三市部门联动机制、社会联动机制，努力清除经济一体化的体制障碍。由三市有关部门牵头，共同制定长株潭创新型城市群建设纲要、老工业基地改造规划纲要，以及建设长株潭高新技术优势产业基地、现代装备制造业基地和共建开放招商平台行动方案。三市积极配合省政府做好长株潭国家综合配套改革试验区申报工作，共同加快体制改革和创新步伐。抓住中部崛起推进中心城市群发展的契机，三市成立专门工作班子，实行通力协作，争取国家政策、资金和重大项目布局支持。

15. 本协议二〇〇六年六月二十八日于长沙签署

协议一式三份，协议三方各执一份。

长株潭工业合作协议

为加速推进新型工业化，进一步加强长株潭三市工业经济合作，提高长株潭城市群在国内外的核心竞争力和区域整体实力，努力发展成为我国中西部地区具有综合优势和强大竞争力的核心板块，经三市经委商议，特制定本工业合作协议。

一 在工业经济运行上加强要素合作

1. 建立经济运行联合调度制度，加强工业经济运行分析、预测、预警等方面的合作，重点突出增量调度，促进工业经济总量扩大。设立工业经济运行综合调度办公室，负责收集三市工业经济运行等相关信息，定期通报三市工业经济运行动态。

2. 加强煤电油运气等经济运行生产要素的综合协调，建立三市生产要素应急系统，统一调度，调剂余缺，缓解瓶颈，确保生产要素供给的平衡稳定。

3. 三市共同发展生产性服务业，加快金融、保险、物流、信息、商务等生产性服务业的发展，互相促进，互为补充，提升现有产业竞争力。

二 在产业发展布局上加强规划合作

4. 三市共同制定产业发展的专项规划和长株潭老工业基地改造振兴规划纲要，依托三市区域内科技人才资源和产业基础，明确主攻方向，在三市范围内合理布局产业聚集区，促进各类创新资源和产业资源的整合共享、创新同步、分工协作、产业成链、优势互补的发展格局。

5. 加强工业园区建设的统筹协调，初步建立比较完善的区域工业合作体系，依据各自的优势、条件和分工，统一规划建设主导园区、配套园区和特色园区，形成合理的空间布局和产业链上下游的衔接，避免重复建设和无序竞争。

三 在产业集群发展上加强配套合作

6. 共同培育有区域特色的产业集群。围绕列入省重点发展的 50 个产业集群（其中长株潭 26 个），在具有核心优势的产业领域，形成若干科技创新集群和产业战略联盟，形成一批有优势、有影响的科技创新及产业化基地，使主导产业的国内外竞争力有明显增强。工程机械产业集群，以长沙和湘潭龙头企业为核心；汽车产业集群，越野车、载货车、客车以长沙和湘潭龙头企业为核心，轿车、电动大巴以湘潭、株洲龙头企业为核心，轨道交通以株洲、湘潭龙头企业为核心；新材料产业集群，以长沙、株洲、湘潭龙头企业为核心，大力加强龙头企业的交流与合作，扩大三市区域配套率，做长产业链，形成三市共同的优势支柱产业。

7. 合力创建中部地区最具实力的国家级新材料、生物医药、软件产业基地。生物医药和软件产业集群，以长沙已拥有的中部地区唯一的国家软件产业基地和国家生物产业基地为核心，将产业布局和新项目布点向株洲、湘潭辐射延伸，充分整合资源，拉伸产业链。

8. 加大长株潭高新技术产业项目建设力度。围绕先进电池材料、新型合金材料、超硬材料、轻质材料、纳米材料、新型化工材料，基因药物、免疫调节药物、现代中药、生物农业，行业应用软件、数字媒体软件等领域，建立项目库，积极争取国家高新技术项目布点，优先引进国内外重大优质科技产业化项目，出台专门的产业发展政策，加大扶植发展力度，培育一批规模效应明显、技术创新优势显著、核心竞争力强的高新技术企业和知名品牌，共同提升长株潭高新产业在中西部地区的独特优势和市场影响力。

9. 积极推进装备制造产业战略合作。突出汽车制造、汽车零部件、工程机械、电力机车、矿山装备等领域，建立相关产业基地和优势项目库，以项目对接为着力点，推进长株潭三市装备制造业分工与合作，积极引导区域产业集聚，延伸产业链，通过大投入、大合作，形成上中下游配套、大中小企业协作的产业集群，实现三市装备制造业整体规模扩张和结构优化。

10. 围绕三市优势产业集群，大力发展配套产业。优势产业集群、龙头企业和主导产品优先在三市范围内配套，通过政策扶植、配套奖励等措施，积极鼓励优势产业集群龙头企业向三市中小企业扩散配套件、外协件，加强三市的配套协作。

四 在工业科技创新上加强信息合作

11. 合力推进长株潭开放式行业技术开发基地建设。相互开放重点实验室、工程技术研究中心、大型公共仪器设备、技术标准检测评价机构，共同建设成果交易、科技信息服务平台，基本实现科技资源共享。以三市各具特色的支柱产业为主导，引导企业积极与同行企业和关联企业建立技术联盟，实现优势互补，合作共赢。依托三市国家级、省级技术中心，联合行业科技力量，整合科技资源，重点对行业共性、关键性、前瞻性技术进行联合开发，并在重点企业实现产业化。建立长株潭重大技术的联合开发、成果共享和技术扩散的机制，打造具有国内领先水平和国际先进水平的行业技术开发基地。

12. 合力推动中小企业技术支持服务平台的建设。充分发挥长株潭科技资源及国家级企业技术中心优势，积极引导三市高等学校、科研机构的技术转移，鼓励优势产业、骨干企业的技术中心建立开放式运作方式，基本实现科技资源的优势互补，使区域科技资源结构、布局得到明显改善和优化。为长株潭行业内中小企业或配套企业提供企业技术创新活动所需的研究开发、试验检测、技术培训等方面的技术支撑。在支持一批重点产学研合作开发和技术转移项目的同时，探索三市间多种合作与联合的模式，在共同开发、联合培养科技和管理人才、互相兼职等方面进行大胆的探索。

五 在工业项目建设上加强项目合作

13. 加强三市协调，营造公平、开放和富有吸引力的工业项目投资环境，建立透明、便利、规范的工业投资促进机制。支持三市内企业间开展技术、生产、投资合作，形成优势互补、协作配套、共同发展的产业布局，提高三市整体产业水平。

14、建立部门衔接落实制度。各方责成有关主管部门加强相互间的协商与衔接落实，对具体合作工业大项目及相关事宜提出工作措施，制订详细的合作协议、计划，落实本协议提出的合作事项。

15. 加强工业招商引资的互惠合作，实现招商引资信息平台、公共平台、经贸洽谈活动平台和驻外办事处等资源共享。

六 在国家政策争取上加强互利合作

16. 抓住国家中部崛起和将东北老工业基地改造政策向中部地区延伸的机遇，积极用好、用足、用活国家促进中部崛起和老工业基地建设的政策措施，通力合作，加强协调，根据三市的优势和特点，联合打捆推出一批大项目、好项目，共同争取国家中部崛起和老工业基地建设扶植政策和省各项发展专项资金向长株潭重点倾斜，竭尽全力在政策、资金、重大项目布局等方面争取国家和省支持，力求在国家实施中部崛起战略、支持中部先进制造业发展中抢占先机。

17. 三市共同向国家申报建设长株潭国家新材料产业基地，争取成为中部地区首个国家"十一五"布局中的新材料基地。力争到 2010 年成为中部地区相应领域中产业规模最大、创新能力最强的特色产业基地。

18. 建立三市工业合作协调机制，针对产业集群、产业配套等成立专门工作班子，不定期召开联席会议，通报情况，协调处理三市工业合作及项目建设等方面的重大问题，共同营造有利于区域工业合作的发展环境，力争在中部崛起中长株潭成为最具实力的增长极。

本协议一式三份，三方各执一份，未尽事宜，另行商定。

各方代表签字：

长沙市经委　株洲市经委　湘潭市经委

2006 年 6 月 28 日

长株潭科技合作协议

为贯彻落实省委省政府"长株潭一体化"发展战略，推进三市发展，经长沙、株洲、湘潭三市科技部门共同协商，就科技合作问题协议如下。

一　合作领域

紧紧围绕增强长株潭三市自主创新能力、加速工业化进程，为全面提升科技的经济功能，重点开展以下合作：

1. 增强自主创新能力。在原始创新、集成创新和引进消化吸收再创新三个层面上，推动三市自主创新能力的不断增强。

2. 加速新型工业化进程。围绕长沙、株洲、湘潭三市支柱和优势产业的发展，组织科技攻关，推进高新技术产业化，加快传统产业提升改造步伐，发展资源节约型工业和环境友好型工业。

3. 服务建设社会主义新农村。为发展县域经济和乡镇工业、加快农业产业化及提高农村医疗卫生教育水平提供科技和人才支撑。

4. 提升服务业水平。充分发挥科技在城市规划建设和管理、大型物流、金融与贸易、文化事业等方面的功能，提升三市服务业水平。

二　合作重点

1. 发展高新技术产业：三市联合发展包括新材料产业、生物医药产业、电子信息产业、光机电一体化产业、新能源和环保产业等在内的高新技术产业。新材料领域重点开发复合材料、轻质材料、高性能电池材料等；生物医药领域重点开发人类胚胎干细胞技术、个体化用药基因芯片、重大疾病基因治疗和基因药物；电子信息领域重点开发新型显示器件、数字媒体技术、智能交通技术、动漫及网络游戏软件等；先进制造领域重点开发起重运输机械、智能型工程机械以及装卸机械等；能源与环保领域重点开发太阳能、生物质能等清洁与可再生能源利用、湘江环境污染治理及控制新技术等。

2. 改造提升传统产业：共同运用高新技术改造提升机械、汽车零配件、化工、烟花、有色冶金、交通装备制造、纺织、食品、陶瓷、建材、农产品深加工等传统产业。

3. 实现科技资源共享：三市实现科技信息互通、科技成果共享、科技人才互动、科技资源共建共享。

4. 共建科技成果转化机制：

（1）鼓励三市开展产学研合作或以其他方式实施科技成果转化，为科技成果在三地转化提供资金、政策和其他扶持；

（2）围绕长株潭三市主导产业的关键和核心技术，组织科技攻关，提供具有自主知识产权的科研成果和专利技术，将具有重大带动作用的科技成果优先在三市实现转化；

（3）建立以市场为导向、产学研联动的科技成果对接会制度，三市联动，积极参与和支持兄弟城市的重大科技活动。

5. 共建科技创新平台：

（1）三市鼓励企业与本市或其他两市共建以企业为主体、以院校为依托的重点实验室、工程技术研究中心、企业研发中心和博士后工作站；

（2）三方共建以科技企业孵化器和技术转移中心为代表的技术创新平台以及专业领域共性技术研发平台；

（3）三市共建以常设技术市场、网上科技成果与技术市场等为主体的科技中介服务体系；

（4）鼓励长株潭的研究院所和高等院校的科技资源向三市开放。

三　组织实施

1. 加强组织领导。成立长株潭科技合作工作协调小组，三方科技管理部门主要负责人担任协调小组组长，对合作工作进行规划、指导、组织、协调。

2. 建立联动机制。三方每季度召开联席工作会议，交流合作信息，讨论具体合作事宜，检查实施情况，协调解决合作中存在的问题。

3. 建立长株潭科技合作发展资金。长沙、株洲、湘潭共同出资建立长株潭科技合作发展资金，用于三市重大关键技术的攻关和高新技术产业发展以及优势传统产业的提升改造。

本协议一式三份，三方各执一份，未尽事宜，双方另行商定。

各方代表签字：

长沙市科技局　株洲市科技局　湘潭市科技局

2006 年 6 月 28 日

长株潭环保合作协议

为全面落实科学发展观，深入实施可持续发展战略，改善长株潭区域环境质量，防治环境污染，整合区域环境资源，促进区域社会经济与生态环境的良性互动与协调发展，根据《长株潭城市群区域规划》和《长株潭环境同治规划》，经三市环境保护部门协商一致，制订本协议。

一 合作宗旨

全面推进"环境同治"，建立区域环境保护协调机制，充分发挥三市的优势和特色，以促进合作、优势互补、共同发展为目的，优化产业布局，共同推进区域环境保护合作，全面提升区域环境保护水平，促进环境与资源的有效利用和合理共享，确保湘江饮用水源安全，改善区域环境质量，维护区域生态平衡，提高区域整体环境质量和可持续发展能力。

二 主要合作内容

三市在污染防治、生态环境保护、环境管理、环境科技与环保产业等领域全方位开展合作，重点在以下几方面开展工作。

1. 水污染防治。以保护湘江饮用水源安全为重点，突出上游城市和重点区域的水污染防治，强化湘江长株潭重点江段综合整治。建立湘江流域上下游水环境管理机制，包括建立跨行政区交界断面水质达标管理、水环境安全保障和预警机制，以及跨行政区污染事故应急协调处理机制。

2. 大气污染防治。优化三市能源结构和布局，强化重点污染源的治理，加强机动车尾气污染防治，全面削减二氧化硫、颗粒物等大气污染物排放量，逐步降低区域内酸雨频率和降水酸度。

3. 危险固废污染防治。共同遵守国家《固体废物污染环境防治法》《危险化学品安全管理条例》《废弃危险化学品污染环境防治办法》的要求，协同对危险固废的收集、贮存、运输、利用、处置进行规范管理，对跨区转移的危险固废严格执行危险废物转移联单制度。

4. 生态环境保护合作。按照《湘江长沙株洲湘潭段生态经济带开发建设总体规划》，实行生态环境保护优先和生态环境保护与经济发展相结合，共同促进清洁生产，推动区域发展循环经济，引导区域整体产业结构的合理布局。

5. 环境监测合作。建立长株潭区域环境监测和信息共享网络，加强区域内环境监测工作的合作，及时、准确、完整地掌握区域环境质量及其动态变化趋势，为长株潭区域环境污染防治提供科学的决策依据。

6. 环境保护科技和产业合作。严格执行国家产业政策，坚决淘汰落后工艺和关闭污染严重的企业，优化提升现有产业水平。提高长株潭区域的产业建设项目环境准入标准，重点发展文化业、旅游业、观光农业、商贸服务业、高新技术等产业。开展环境保护重大科研开发项目合作，实现环境科技资源共享。

7. 共同构造三市环境保护融资平台，对环境保护重点项目的投融资、市场拓展、技术配合、环境保护技术应用等多个层面开展广泛合作。

三　合作机制

为保证有效开展环境保护合作，推动合作事项的落实，各方同意建立合作协调机制。

（一）三市共同遵守国家环保法律法规，贯彻落实三市环境同治规划目标，各负其责，相互合作。

（二）不定期举行长株潭三市环境保护合作联席会议，研究商定区域环境保护合作重大事项。联席会议由长沙、株洲、湘潭环境保护部门负责人共同主持。

（三）建立环境保护工作交流和情况通报制度，定期通报和交流三市环境保护工作情况；定期组织各种形式的环境保护区域论坛、研讨会及考察观摩，开展环境管理、污染防治、生态环境保护、环境科技等方面的交流。

本协议一式三份，三方各执一份，未尽事宜，另行商定。

各方代表签字：

长沙市环境保护局　　株洲市环境保护局　　湘潭市环境保护局

2006 年 6 月 28 日

湖南省人民政府办公厅
关于调整湖南省长株潭经济
一体化发展协调领导小组成员的通知

湘政函办〔2006〕156号

各市州人民政府，省政府各厅委、各直属机构：

因工作需要，省人民政府决定对湖南省长株潭经济一体化发展协调领导小组成员进行调整。现将调整后的名单通知如下：

组　　长：周伯华　省人民政府省长

副组长：肖　捷　省人民政府常务副省长

　　　　徐宪平　省人民政府副省长

　　　　罗桂求　省人民政府顾问

成　　员：石华清　省人民政府副秘书长

　　　　陈叔红　省发改委主任

　　　　毛腾飞　省发改委副主任

　　　　卓　群　省经委副巡视员

　　　　张放平　省教育厅厅长

　　　　陈仲伯　省科技厅副厅长

　　　　邓　磊　省民政厅副巡视员

　　　　李友志　省财政厅厅长

　　　　赵湘平　省劳动保障厅厅长

　　　　方先知　省国土资源厅副厅长

　　　　肖常锡　省建设厅巡视员

　　　　欧阳斌　省交通厅厅长

　　　　贺仁雨　省信息产业厅厅长

张硕辅　省水利厅副厅长

胡长清　省林业厅副厅长

李　沛　省商务厅副厅长

肖策群　省卫生厅副厅长

王会龙　省环保局副局长

姜　欣　省广电局副局长

张世平　省统计局副局长

袁新华　省旅游局局长

戴美湘　省农办副主任

黄　强　省电力公司副总经理

刘春鸣　省通信管理局副局长

张瑞怀　人民银行长沙中心支行副行长

谭仲池　长沙市人民政府市长

颜石生　洲市人民政府市长

彭宪法　湘潭市人民政府市长

领导小组办公室设在省发改委，陈叔红同志兼任办公室主任，毛腾飞同志兼任办公室副主任。

今后，领导小组成员因工作变动需要调整的，由所在单位提出意见，经领导小组办公室审核后，报领导小组组长批准，由领导小组行文，报省政府办公厅备案。

湖南省人民政府办公厅

2006 年 9 月 18 日

湖南省人民政府办公厅转发省发展和改革委员会、省环保局《关于长株潭区域产业发展环境准入规定》的通知

湘政办函〔2006〕205 号

长沙、株洲、湘潭市人民政府，省直有关单位：

省发展和改革委员会、省环保局《关于长株潭区域产业发展环境准入规定》已经省人民政府同意，现转发给你们，请认真遵照执行。

湖南省人民政府办公厅

2006 年 11 月 21 日

关于长株潭区域产业发展环境准入规定

2006 年 11 月 21 日

为加快长株潭区域经济一体化建设和环境同治步伐，改善区域环境质量，通过加强环境保护，优化经济增长，增强发展后劲，根据有关法规政策，结合长株潭区域实际，现就长株潭区域产业发展环境准入作如下规定：

一 严格长株潭区域产业建设项目环境准入标准

（一）禁止新建下列项目

1. 湘江干流朱亭镇（衡阳与株洲交界断面）至长沙月亮岛江段两岸各 20 公里范围内，外排主要污染物涉及镉、汞、铅、砷和其他重金属的项目；制浆造纸、制革、

印染、农药、电解锰、炼钒、炼锑、炼铜和镍钼生产等污染严重的项目和污染治理技术达不到环保要求的电镀装置；水泥机立窑、湿法窑和日产 4000 吨及以下干法窑水泥项目。

2. 未开展环境影响评价、未经环境保护行政主管部门批准的工业园、开发区的建设项目。

3. 采用国家明令淘汰的落后工艺、技术和设备，不符合国家产业政策和环保政策的建设项目。

（二）禁止改建、扩建和技术改造下列项目

1. 无法通过采取"以新代老"、"以大代小"的措施，实现增产不增污、削减污染负荷的建设项目；

2. 不履行环保"三同时"的建设项目；

3. 建设单位目前污染物排放超过标准或总量控制指标，配套的污染防治设施和生态保护措施未落实的建设项目。

二　坚决淘汰落后的工艺技术、装备和产品，依法取缔关停污染严重的企业

1. 根据国务院《促进产业结构调整暂行规定》（国发〔2005〕40 号），强制淘汰高能耗、高污染、落后的工艺技术、装备和产品。

2. 对不符合国家产业政策、未办理核准手续的企业，依法予以取缔。对不能稳定达标或超总量排污的企业实行限期治理，逾期未完成治理任务的，责令其停产整治。

3. 对未经环保部门审批的重金属污染企业，一律取缔。对已经环保部门审批、手续完备，但没有下达环境审批要求超标排放的、试和平生产超过 3 个月但未申请验收、申请验收但未达到验收要求或者验收不合格的和发现有超标排放、偷排等环境违法行为的企业，实施限期治理，经治理仍不达标的，2007 年底以前实施关闭。

三　湘江枯水期间限产或停产部分生产装置

为确保城市饮用水安全，在湘江枯水期间必须限产或停产下列生产装置：硫铁矿制硫酸生产装置；硫酸法钛白生产装置；氮肥生产装置；立德粉生产装置；排放重金属的冶炼生产装置；其他废水排放量大、污染物多的生产装置。上述生产装置的限产或停产具体实施方案由省环境保护行政主管部门提出，报省人民政府批准。

四　加强协调，确保落实

各有关部门要按照职责分工，齐抓共管，确保长株潭区域产业发展环境准入措施的落实。

1. 对钢铁、炼焦、铁合金、有色金属采选冶、电解锰、氮肥、农药原药、涂料、染料、硫酸、立德粉、钛白、水泥、制浆造纸、制革、印染、纤维板制造、酿造、化学合成药制造、电镀等新建、扩建、改造、搬迁项目，不论项目大小，其环境影响评价文件由省级以上环境保护行政主管部门审批，各市、县（市）区不得越级审批。

2. 本通知中严格禁止建设的项目，各级固定资产投资主管部门不得核准或备案，各级金融机构不得发放贷款，各级土地管理、城市规划和建设、环境保护、质检、消防、工商管理等部门不得办理有关手续。

3. 凡违反本通知要求或政策执行不力，违规办理项目相关手续的，要严肃查处。造成严重损失的，要依照有关法律法规，追究相关当事人和负责人的责任。

湖南省人民政府关于《长株潭环境同治规划（2006～2010）》的批复

湘政函〔2006〕231号

省发改委、省环保局：

你们《关于审定下发长株潭环境同治规划及相关政策和考核办法的请示》（湘发改〔2006〕348号）收悉。经研究，同意《长株潭环境同治规划（2006～2010）》（以下简称《规划》），请认真组织实施。

《规划》是长沙、株洲、湘潭三市环境治理的重要依据，三市的经济建设活动必须符合《规划》的要求。三市政府和省直有关部门要根据《规划》提出的目标、任务、要求。抓紧制订本市和本部门的实施计划，逐项落实，统筹实施，确保环境同治目标按期实现。

湖南省人民政府

2006年12月12日

长株潭环境同治规划（2006～2010）

长株潭是我省的经济重心，也是全省环保工作的重点地区，长株潭的发展需要良好的环境支持。为贯彻长株潭"环境同治"基本方略，特制定本规划。

一　规划背景

（一）环境现状及变化趋势

自确立长株潭经济一体化战略以来，各级政府重视经济一体化过程中的环境治理工作，制定了区域环境保护规划，将三市作为环保工作的重点地区，加强了饮用水源的保护工作，在区域内国内生产总值翻一番的情况下，环境质量基本保持稳定。

1.水环境状况

长株潭三市废水污染物排放主要集中在化工、有色、钢铁三大行业，占三市废水污染物总量的73%。"十五"期间工业废水污染物排放量减少的有 COD、汞、砷、六价铬，增加的有镉、铅。生活废水及污染物明显增加。

株洲市饮用水源水质相对较好，湘潭、长沙市的饮用水源水质状况相对较差，湘潭是我省饮用水源达标率最低的城市，主要超标因子有粪大肠菌群、氨氮、镉等。"十五"期间，区域内湘江水质保持稳定。

2.空气环境状况

长株潭三市二氧化硫、烟尘、粉尘排放量分别占全省的 27.4%、28%、27.2%。废气污染物排放主要集中在火电、建材、化工和有色冶炼行业，占三市废气污染物总量的88%。"十五"期间，工业废气及各污染物有较大幅度增加。

三市空气中首要污染物为可吸入颗粒物。酸雨污染较为严重，属于我国的重酸雨区，也是省内酸雨污染最严重的地区。"十五"期间，空气污染总体略有加重。

3.固体废弃物排放现状

工业固体废物污染排放量居前三位的行业为电力、化工和有色，占29.4%。

设市城市和县城生活垃圾清运量 216.7 万吨，无害化处理量 134 万吨，约有 82.7 万吨进行简易填埋。

区内一些有色、化工等企业排放的废水、废气、废渣对周边土地产生一定程度的污染，清水塘区域土壤的镉等污染物普遍超标，湘江底泥镉、汞、锌超标，部分排污口附近超标上百倍。土壤污染受影响的范围广，潜伏期长，治理难度大，并通过食物链富集，危害较大。

4. 生态环境现状

2005 年，森林覆盖率为 55.1%；城市人均公共绿地面积平均达 7.17 平方米；被批准国家级生态示范区 3 个，国家级风景名胜区 2 个，国家级自然保护区 1 个，国家级森林公园 4 个。

（二）主要环境问题及成因

1. 饮用水源隐患较大

由于湘江干流在不到 70 公里的流程内经过三个城市核心区和主要工业区，纳污江段与饮用水取水江段交错，严重威胁城市饮用水源供水安全，枯水季节尤为突出。

2. 大气污染相互影响

长、株、潭三市同处一个大气环流场，受纵贯湘江走廊的大气流场控制，属于气流交汇地区，不利于大气污染物的扩散，大气污染相互影响，大气中的二氧化硫等酸性物质容易形成酸雨沉降。

3. 工业结构与布局不够合理

株洲、湘潭两市化工、冶金等重污染行业产值占工业产值的比重分别为 52%、63%，大大高于湖南省 36% 的平均水平。近年这种高能耗物耗、高污染为主的工业结构没有改观，化工、有色、钢铁仍然作为当地的主导产业发展。产业结构偏重与布局不合理相互作用，使区内污染问题更加突出，现实的污染和潜在的环境风险都很大。

4. 环保设施建设相对滞后

当前，长沙已建成 5 座城市污水处理厂，日处理能力达 46 万吨，生活污水集中处理率为 49.4%；株洲 3 座，日处理能力为 17.2 万吨，生活污水集中处理率为 31.84%；湘潭 2 座，日处理能力 10.5 万吨，生活污水集中处理率为 15.31%，上游城市污水处理水平大大落后于下游城市。从 2001 年至 2005 年，长沙 COD、氨氮减少了 14%、7%，而同期株洲、湘潭的生活 COD 分别增加了 45%、44%，氨氮增加了 44%、47%，造成湘江干流水质有机污染严重。

5. 环保执法力量比较薄弱

长株潭排污点多面广，环境敏感度高，环境监管任务十分繁重。目前三市环境监测部门仪器设备落后，配备不全，没有一家监测站完全达到标准化建设要求，一有紧急情况，监测仪器不能满足高强度的使用要求。环境监察仍以传统的现场督查为主，执法力量明显不足，在线监控刚刚起步。加之环境保护与经济发展、局部利益与整体利益短期内存在一定的冲突，环保部门的执法监督职能受到牵制，不到位的情况不同程度地存在。

随着三市经济的发展和城市化步伐的加快，污染物排放强度继续加大与环境容量的矛盾将更加突出。

二 指导思想和基本原则

（一）编制依据

《中华人民共和国环境保护法》《湘江流域水污染防治实施方案》《长株潭城市群区域规划》《长株潭经济一体化"十一五"规划》《湘江长沙株洲湘潭生态经济带开发建设总体规划》。

（二）规划范围和期限

本规划的范围是长株潭三市市域，面积约 2.8 万平方公里，重点是长株潭城市群核心区（以长株潭三市城区为中心的三角区域，面积约 4500 平方公里）。

规划基准年为 2005 年，规划期限为 2006～2010 年。

（三）指导思想

全面落实科学发展观，深入实施可持续发展战略，优化经济增长方式，调整产业结构，优化工业布局。建立区域环境保护协调机制，改善区域环境质量，维护区域生态平衡。强化工业污染防治，加快城市生活污染治理，不欠新账，多还旧账，加大投入，严格执法，努力让人民群众喝上干净的水、呼吸清洁的空气、吃上放心的食物，在良好的环境中生产生活。

（四）基本原则

1.统一规划，同步治理

对区域内的工业布局、产业政策、污染防治、环境监管做出统一的规划。坚持上下游互动，坚持省市联手，坚持公共治理与企业治理结合。

2. 突出重点，全面推进

突出水体重金属污染防治，以清水塘、竹埠港（岳塘）、坪塘地区治理为重点，兼顾整个市域范围以及衡阳、郴州、永州、娄底等外围地区的污染控制。加强有色、冶金、化工行业的污染控制，全面推进工业污染及城市生活污染、农业面源污染控制。

3. 综合治理，协调发展

综合运用法律、经济、技术和必要的行政手段解决环境问题。在发展中落实保护，在保护中促进发展，将环境治理与工业布局、产业调整相结合，促进节约发展、清洁发展和可持续发展。

4. 不欠新账，多还旧账

严格控制污染物排放总量；所有新建、扩建和改建项目必须符合环保要求，做到增产不增污，努力实现增产减污；积极解决历史遗留的环境问题。

5. 创新机制，强化监管

大力发展环境科学技术，以技术创新促进环境问题解决。建立政府、企业、社会多元化投入机制，部分污染治理设施市场化运营机制以及区域性环境监管机制，形成环境同治的合力。

三 规划目标

（一）环境质量指标

到2010年，湘江水质、城市空气环境质量和声环境质量均要得到全面改善。

（二）污染物控制指标

1. 总量指标

到2010年，长株潭三市主要污染物排放总量得到全面削减。

2. 污染控制指标

到2010年，污染控制水平全面提高。

四 主要任务

（一）以消除饮用水源安全隐患为重点，加强水污染防治

1. 优先保护饮用水源

在一级保护区内禁止从事可能污染水源水体的活动、禁止建设与供水设施和保护水

源无关的项目，限期拆除已设置的排污口；严格保护株树桥、官庄、水府庙水库等重要水源，水源保护区内建立 10～50 米的防护林带；实施长株潭供水、备用水源规划建设、湘江治理"一盘棋"战略，统筹考虑供水安全；禁止在二级保护区内建设向水体排放污染物的项目和设立装卸垃圾、油类及其他有毒有害物品的码头，逐步置换饮用水源二级保护区内的工业用地。

建立环保、水利、卫生、供水等部门的联动机制和安全预警机制，水利、水电部门要制定枯水期水资源调度方案，保障上游水库的基本下泄流量，卫生部门要加强对自来水的卫生监督，供水行政部门要加强制水管理，环保部门加强水源监测和污染源监管，确保饮用水源安全。

2. 加强湘江长株潭重点江段综合整治

长株潭核心区水污染防治重点在清水塘和竹埠港地区。清水塘禁止新建、扩建化工、有色、钢铁、水泥等重污染企业，技术改造项目必须以新带老，削减排污总量，实现增产减污，到 2010 年，工业废水中的主要污染物平均削减 34%。竹埠港工业区要制定重污染产业退出计划，在 2010 年前，所有化工、染料、冶炼企业全部退出，工业废水污染物平均削减 32%。

尽快实施清水塘重金属污染综合整治规划，加强对受污染河道的综合整治和生态恢复，结合河道清障、截污、治污、清淤、堤防建设等，加强湘江的净化和美化，消除城市河段黑臭现象，逐步提高湘江水质和生态服务功能。

3. 强化工业水污染防治

严格监管污染严重的重金属排放企业，狠抓重金属污染治理项目落实，引导并促进企业走集约化、规模化道路，淘汰落后、污染严重的工艺和设备。对排放重金属的企业保持高度的敏感，加强跟踪监管。加强对小型企业的环境监管，严查非法排污企业。大力推进企业园区化，推动废水集中治理。完成一批重点水污染治理工程，推行清洁生产，提高工业用水重复利用率，降低单位工业产值废水和水污染物排放量。鼓励工业废水集中处理，控制工业废水及水污染物排放总量。

4. 加快污水处理设施建设

推行城镇污水处理厂的市场化运作，加快旧城排水管网改造，逐步形成分流制排水系统，新区一律采用分流制排水系统，基本消除城市生活污水和工业废水直接排入城市河道的现象。至 2010 年，长株潭地区建设污水处理厂 14 座，新增处理能力 106.5 万吨/日，城市生活污水集中处理率达到 60%，其中长沙 70%、株洲 55%、湘潭 55%，主城区生活污水集中处理率均达到 80%。所有污水处理厂安装在线监测装置，保证污水处理厂的正常运行。

5. 加强农业种养业污染控制

划定畜禽禁养区，严禁在畜禽禁养区内从事畜禽养殖业。搬迁或关闭位于水源保护区、城市和城镇居民区等人口集中地区的畜禽养殖场。适度控制养殖规模，原则上长株潭核心区不得新建、扩建畜禽养殖场，引导畜禽养殖业走生态养殖道路，提高畜禽养殖业清洁生产水平及废弃物资源化利用水平。发展现代农业和节约型农业，科学使用农药、农膜，减少化肥施用量，防治农业面源污染。

（二）以改善城市空气质量为重点，推进大气污染防治

1. 优化能源结构和布局

继续推进能源消费结构调整，降低煤炭在一次能源中的使用比例，以"川气入湘"为契机，积极引进天然气等优质能源，扩大电力在能源结构中的比重，大力加强新型能源开发。到 2010 年，主城区淘汰所有 4 蒸吨/时以下的燃煤锅炉，采用油、气、电等清洁能源或实施集中供热，市区居民普及天然气、石油液化气等，第三产业供热锅炉、大灶改用天然气等清洁能源，基本消除市区小而分散的低架污染源。

严格控制新增大气污染源，确保城市规划区范围内不建设大气污染较严重的项目。合理布局新建电厂，除适当建设热电联供机组外，城市的城区和近郊区、环境空气质量不达标的地区严格限制新建燃煤电厂，长株潭地区原则上不再规划建设新的燃煤电厂。

2. 加快脱硫、脱硝步伐

加快电厂脱硫。现有湘潭电厂 2×300MW 机组、株洲华银火电公司 2×125MW 和 2×310WM 机组应在 2007 年全部完成脱硫设施建设，湘潭、株洲电厂二氧化硫排放量从 2008 年起分别控制在 1.68 万吨、1.70 万吨以内。新建、改建和扩建电厂要配套建设烟气脱硫装置，所有火电厂必须安装烟气在线监测系统。

全面推行低氮燃烧技术，新建火电厂要预留烟气脱硝场地。已建电厂全部安装低氮燃烧器，推广采用烟气脱硝技术，控制电站锅炉、工业锅炉等固定源的氮氧化物排放。

推进钢铁、有色、化工、建材等行业二氧化硫综合治理。严格控制长株潭地区工业企业燃煤含硫率，适度发展工业企业用气。凡未配套建设脱硫设施、燃料达不到含硫率要求的企业，必须配套使用固硫剂或脱硫剂。湘钢、株冶二氧化硫分别控制在 1.35 万吨、1.2 万吨以内，韶峰水泥二氧化硫控制在 2000 吨以内。

3. 控制颗粒物污染

大力治理粉尘污染。重点治理水泥行业的粉尘污染，发展 4000 吨/日以上的新型干法水泥，淘汰落后的立窑生产线，禁止新建立窑，长株潭核心区不再规划新建、扩建水泥厂。大力发展散装水泥、商品混凝土，控制水泥使用过程的扬尘污染，到 2010 年水泥散装率达到 55%。

严格控制烟尘、细颗粒物污染。控制建筑施工、道路交通等扬尘污染。所有燃煤电厂、工业锅炉要安装烟尘净化装置，规模以上、位于敏感区和群众反映强烈的餐馆要安装油烟净化器。

4.加强机动车排气污染防治

推行公交优先，鼓励发展绿色公共交通，推广液化天然气、压缩天然气公交车，加快长沙和长株潭城际轨道交通建设。严格机动车市场准入制，控制城市市区摩托车的数量，机动车尾气、噪声超标不得上路行驶。

（三）以资源废物综合利用和危险废物安全处置为重点，强化固体废物管理

1.加快工业危险废物和医疗废物处置中心建设

至 2007 年底前，建成 3 个危险废物及医疗废物处置工程，确保到区域内危险废物和医疗废物得到安全处理处置。

2.加强工业危险废物治理

强化对危险化学品的监管，加强含重金属固体废物污染治理，推进堆存铬渣无害化处理，重点抓好长沙市铬盐厂、湖南铁合金厂的铬渣综合治理。

3.加强工业固体废物综合利用

强化源头控制管理，推行工业固体废物清洁生产审计，促进企业加强技术改进、降低能耗和物耗，减少固体废物产生。加强对工业固体废物的回收利用，防止综合利用过程中的二次污染。拓展资源化利用途径，提高工业固体废物综合利用率。

4.提高生活垃圾无害化处理水平

积极推进生活垃圾的分类收集，建立健全鼓励生活垃圾分类收集的政策措施和制度规定，建设垃圾分类收集的设施和管理体系，完成一批重点垃圾处理场项目建设，新增生活垃圾无害化处理能力 3360 吨/天，城市生活垃圾无害化处理率达到 88%，主城区达到 100%。

（四）以改善人居环境为重点，加强生态保护

1.构筑良好的区域生态屏障

保护重要生态屏障。长株潭三市结合部，是长株潭城市群的"绿肺"，原则上只进行低密度生态型建设，发展区域绿地和生态保育涵养、休闲度假两类主要功能和少部分生态型新兴产业功能。对区域内绿地、环城绿带和各类国家及省级风景名胜区、自然保护区和森林公园、林业生态圈等地区，按照相关法律法规严格保护。以建成长株潭都市森林圈为目标，以长沙创建国家森林城市为重点，培育开发长沙大围山，株洲神龙谷、酒埠江，湘潭昭山、韶山等森林公园。建设一批新的自然保护区及风景名胜区。强化天

然湿地生态系统、重要生态功能保护区建设，加强生物多样性保护。

优化城市人居环境。重点建设湘江两岸的园林绿化体系，保护和建设长株潭永久性绿化隔离带，强化三市内部绿化体系。积极开展国家和省级园林城市、园林县城、园林式小区、园林式单位创建活动。在城市中心区合理布局大、中、小型绿地，确保每500米距离建成一处具有一定规模的公共绿地，搞好城市干道、街巷和水系绿化，逐步建立环城绿带、绿色走廊、大型绿地、郊区森林相配套，平面绿化与立体绿化相结合的城市绿化系统。

实施生态修复工程。针对土壤重金属污染较为突出的问题，加大对土壤污染治理技术的科研，探索土壤污染治理的可靠途径，推进土壤污染整治工作，建立不同类型资源开发区生态恢复治理示范工程。对污染严重、修复困难的土地，因地制宜置换为工业或房地产用地。进一步依法加强生态环境保护和建设，保护并合理开发土地、水、森林、矿产资源，逐步建立资源更新的经济机制。

2. 推进农村小康环保行动

清洁家园。本着先规划、后建设的原则，因地制宜制定规划，搞好环境功能分区，有步骤地开展环境综合整治，重点开展农村聚居点环境和乡镇企业污染综合整治。清洁水源。以农村居民饮用水源保护为核心，开展农村水源水质普查，加大农村饮用水源保护力度，推进农村供水设施建设。清洁田园。大力推进生态农业建设，开展农村土壤背景值普查和土壤污染现状调查，加强土壤污染综合治理，建立环境友好的生产方式。清洁能源。推广沼气和秸秆气化技术，发展农村沼气。鼓励发展太阳能、风能和开发小水电。大力推广省气、省电、省煤、省柴等节能技术，鼓励一能多用。

3. 保障良好外围生态环境

重点保障湘江株洲段上游生态环境安全。衡阳、郴州等上游城市发展要从湘江流域整体考虑，产业结构调整、污染防治要与长株潭实施"一盘棋"战略。在产业选择上有所为有所不为，充分发挥人才、技术、资金的优势，发展技术、资金密集型产业，改善产业结构，将资源依赖度高、污染重、用治理、改造方法不能完全解决问题的产业先行转移到环境容量大，运输、资源条件较好的地区。用水量大、水污染问题比较突出的产业，如有色、化工、印染、制药等要向长株潭下游地区转移，并做好污染防治工作。

加强水质管理，确保交界断面水质达标。加大衡阳水口山和郴州有色金属采选的综合整治力度，削减重金属排放量，确保进入株洲江段的水质达标或低于标准值一定范围，为长株潭地区水质改善提供好的基础。郴州、衡阳、长株潭之间的交界断面水质管理，纳入长株潭"环境同治"的考核范围。

五 保障措施

长株潭环境治理是紧迫性、艰巨性、复杂性、长期性的任务，要通过完善政策、健全制度、创新机制、增加投入、严格执法等多种措施，切实使各项工作规范有序进行，把规划的各个项目真正落实，确保环境治理各项目标任务顺利完成。

（一）切实转变经济增长方式

1. 推进形成主体功能区

结合生态保护、资源合理开发利用、社会经济可持续发展的需要，对长株潭核心区实行分区控制，制定不同的环境政策。

优化开发区。主要是长沙河东中心城区，湘潭河西城区、株洲河东城区等老城区产业功能区。实行产业置换，对不符合功能分区要求的企业进行改造或逐步外迁，优化产业结构，实现增产减污。

重点开发区。主要是长沙河西新城、长沙星马新城、株洲河西城区、湘潭河东城区，包括三市国家级、省级高新技术产业开发区、经济技术开发区和各类农业高新区、现代服务工业区，以及重点城镇、城郊交错带。禁止新建能耗物耗大、污染重的化工、有色、造纸、水泥、火电、冶炼等企业，加强污染治理力度，实现增产不增污。

限制开发区。主要是乡村地区、不允许上工业项目的区域、湘江风光带地区、三市城市总体规划中按功能明确限制和控制蔓延的地区。加强生态整治，开发特色产业。结合湘江生态经济带建设，调整沿江地区现有产业布局，将现有分布在三市城市中心区和三市沿江地区生产型企业逐步外迁至三市总体规划布局的新工业区。

禁止开发区。主要是基本农田保护区、自然保护区、水源保护区、湿地保护区等保护区；湘江、其他河流、湖泊等水域；风景名胜区、森林公园、动植物园和度假区（含国家级、省级、市级）等郊野公园；交通线两侧的绿地、苗圃、果园和楔形绿地等生产防护绿地；特殊地质地貌区、泄洪区、滞洪区等特殊的绿地。依法实行强制性保护，严禁不符合功能定位的开发活动。

2. 大力发展循环经济

微观层次。推行清洁生产。流域内企业普遍推行清洁生产，纳入强制清洁生产审核范围的企业至少完成一轮审核，重点企业开展"有毒物排放清单"试点工程，使用、产生有毒物质的重点企业必须制订排放削减计划。推动化工、冶金、建材等行业的"零排放"试点示范工程。强化环境管理，积极引导企业开展ISO14000环境管理体系、环境标志产品和其他绿色认证，主要行业的重点企业、重点出口生产企业全部通过ISO14000认证。

中观层次。以工业园区、农业产业园为重点，以企业之间、产业之间的循环链建设为主要途径，以实现资源在不同企业之间和不同产业之间的最充分利用为主要目的，建立入园企业的经济和资源环境综合控制要求，形成以二次资源的再利用和再循环为重要组成部分的循环经济机制。

宏观层次。建设循环型城市群。优化产业结构，合理布局工业企业，推行以循环经济为核心的经济运行模式，探索建设长株潭循环经济城市群。建设循环型农村。建立农村内部循环体系，推广秸秆的集中利用和有效还田，乡镇企业污水的无害化排放，化肥、农药、农膜的减量化使用。建立中心镇循环体系，以城镇为中心进行整体规划，有效处理生活垃圾、污水与乡镇企业污染。建立城、镇（区）、村总体循环体系，优化三者间物质交换，农村进入城市的农产品尽可能初级加工处理，产生的垃圾就地还田。

3. 实行严格的准入和退出政策

实行严格的环境准入。以限制高耗能产业外延扩张，禁止发展高污染产业，鼓励发展资源能源消耗低、环境污染少的机械制造、电子信息、生物制造等工业产业，大力发展第三产业为主要内容，制定有针对性、严于国家的产业政策和环境保护政策，对不同区域，尤其是环境敏感区域，不同行业，尤其是重污染行业，规定严格的环境准入条件，建立以规划、国土、环保为约束条件的投资审批体制，严格执行环境影响评价、污染物排放总量控制和排污许可证制度，确保环境准入政策严格实施。

实行严格的退出政策。综合运用经济、法律和必要的行政手段，做好污染企业的取缔、关停、淘汰、并转、退二进三、改造等退出工作。对现有排污企业超标排污或超总量排污的，依法实施限期治理，限期治理的期限原则上不超过一年，对逾期未完成治理任务的，由当地人民政府依法责令其关闭、停业或转产。结合区域实际，公布一批技术落后、污染严重的生产工艺、设备、产品和企业淘汰名录，强制淘汰规模不经济、污染严重的涉镉、涉砷及其他重金属企业（生产线）。按照控制总量、淘汰落后、加快重组、提升水平的原则，对大中型企业予以产业调整、升级，提升产品结构，降低消耗，减少污染。对位于城区的污染企业主要采取"退二进三"的方式尽快退出。

（二）抓紧实施一批重点项目

规划共安排重点项目112个：

1. 企业治污项目

共63个，可年削减COD 3万吨、氨氮0.5万吨、砷10吨、镉3吨、铅10吨、二氧化硫7.2万吨、烟尘4.5万吨、工业粉尘4.5万吨，年综合利用工业固废80万吨，区域主要污染物排放达到规划确定的总量控制目标。

2. 公共治污项目

共30个。其中，城市污水处理项目14个，新增城镇污水处理规模106.5万吨/日，达到180.2万吨/日；城市垃圾处理项目13个，新增生活垃圾处理规模3360吨/日，达到7020吨/日；危险废物及医疗废物处理项目3个，每年可安全处置危险废物10万吨、医疗废物 1.24 万吨。

3. 生态保护项目

共 8 个，建设水府庙湿地公园，实施生态资源保护，合理开发湿地旅游资源，水域保护面积 44.3 平方公里。实施村庄环境综合整治，创建生态示范县区 10 个左右，为创建生态省打下好的基础。

4. 能力建设项目

11 个，项目实施后，将大幅度提升环境监测、监察和应急能力以及风险防范能力。

5. 科技攻关项目

以重金属污染防治、持久性有机物污染防治、环境修复为重点，尽快筛选、实施一批科技攻关项目，加大科技投入，加强环保技术研究，提高污染控制技术水平。围绕湘江流域水污染治理，组织研究与开发区域污染治理综合技术，为改善湘江等流域水质状况提供强有力的科技支撑。科技攻关项目由省科技厅另行筛选并组织实施。

（三）全力筹措项目建设资金

依据当前环保投入的构成和规划期间环保投入的预计，按照"谁污染谁治理"和"筹资主体多元化"的原则筹措资金。

1. 争取国家资金

在循环经济、资源节约、重点污染治理、城市生活垃圾、污水处理、生态建设等方面，筛选一批重点环境治理项目，积极争取国家财政的支持。根据国家政策要求，积极做好有关项目前期工作，落实好配套资金，争取国家投资。

2. 加大财政投入

省、市政府要按照国务院发布的国发〔2005〕39 号文的要求，将环保投入列入本级财政支出的重点内容并逐年增加投入。

3. 拓宽外资渠道

利用世行和亚行继续向我国提供环保项目贷款，法国、奥地利等外国政府贷款加大对环保领域支持的机遇，全力做好长沙引水及水质环境工程、长沙市第二垃圾中转站、浏阳市垃圾处理工程申请日元贷款的工作，以及长株潭城市发展项目利用世行贷款的工作，争取资金尽快到位。同时，通过放开领域、创新融资方式等手段，吸引外商直接投资。

4. 扩大银行贷款

继续发展与国家开发银行的良好合作，创新贷款方式，向开行申请政府信用 20 亿元左右，专项用于环境同治重大项目建设。努力搭建服务平台，促进政银企合作，争取更多的商业性贷款。安排财政贴息资金，引导信贷投向。预计"十一五"环境同治项目银行贷款 48 亿元。

5. 加强招商引资

努力建立有利于环境治理的价格、税收、信贷、贸易、土地和政府采购等政策体系，形成主体多元化的投资格局。全面实施城市污水、生活垃圾处理收费制度，通过转让经营权、股权、特许经营等方式，鼓励社会资本参与污水、垃圾处理等基础设施的建设和运营。

6. 促进企业投资

进一步提高企业环保意识，明确企业领导者环保责任，引导企业在积累逐渐增强的基础上，加大对工业污染治理以及新建项目"三同时"的投入。运用价格手段，鼓励企业加大资源节约和综合利用，鼓励排污单位委托专业化公司承担污染治理或设施运营。

（四）着力强化工作机制

1. 建立健全环境同治协调机制

完善领导小组统一领导、统筹协调，各部门分工负责的长株潭环境同治机制，环保、发改、经委、建设、监察等部门，要根据各自的职责分工，加强协调配合，形成合力，共同推进长株潭环境同治工作。

2. 建立目标责任考核机制

政府主要领导和有关部门主要负责人是本行政区域和本系统环境保护的第一责任人，要切实承担对所辖区内环境质量的责任。要建立城市出境水质负责制和责任追究制度，落实责任、明确任务、加大投入。各企业要按时完成重点治污项目，实现污染物排放控制目标。

3. 加强监督执法

各级政府要大力支持职能部门开展环境监督执法工作。环境保护行政主管部门应以环境保护法规为依据，统一执法标准，统一执法程序，对企业污染防治设施运行及其排污状况、建设项目执行环保"三同时"、城市环境基础设施运行、企事业单位违法排污和规避环保审批行为等进行监督检查、现场执法。

4. 建立健全公众参与机制

健全环境举报制度，保障"12369"环保举报电话等渠道畅通。做好环境信访工作。在广播电视网络等相关媒体上建立长株潭环境同治宣传专栏，主办环境同治论坛，为公众参与提供平台。客观发布环境信息，在广播电视网络等主要媒体上及时客观刊发环境治理政策、方针，发布环境质量公告，公开企业环境信息，通报环保工作进展情况。加强公众监督，加强舆论监督，加强社会监督。

第三编

以"两型社会"建设
改革试验为主的一体化

国家发展改革委
关于批准武汉城市圈和长株潭城市群为
全国资源节约型和环境友好型社会建设
综合配套改革试验区的通知

发改经体〔2007〕3428号

（2007年12月14日）

湖北省人民政府、湖南省人民政府：

报来《湖北省人民政府关于恳请以构建中部崛起重要战略支点为目标将武汉城市圈列为国家新型城市化综合配套改革试点的函》（鄂政函〔2007〕129号）和《湖南省人民政府关于请以推进新型城市化为标志将长株潭城市群列为国家综合配套改革试点的函》（湘政函〔2007〕74号）收悉。经报请国务院同意，批准武汉城市圈和长沙、株洲、湘潭（简称长株潭）城市群为全国资源节约型和环境友好型社会建设综合配套改革试验区。

推进武汉城市圈和长株潭城市群综合配套改革，要深入贯彻落实科学发展观，从各自实际出发，根据资源节约型和环境友好型社会建设的要求，全面推进各个领域的改革，在重点领域和关键环节率先突破，大胆创新，尽快形成有利于能源资源节约和生态环境保护的体制机制，加快转变经济发展方式，推进经济又好又快发展，促进经济社会发展与人口、资源、环境相协调，切实走出一条有别于传统模式的工业化、城市化发展新路，为推动全国体制改革、实现科学发展与社会和谐发挥示范和带动作用。请你们抓紧组织研究制定实施方案，尽快将方案报送我委，经国务院批准后实施。

关于长株潭试验区总体构想
及当前重点工作的汇报

湖南省发展和改革委员会

2008 年 5 月 19 日

按照省委、省政府的部署，为规划建设好长株潭"两型社会"试验区，我委会同有关部门和三市政府，根据国家批复要求，开展了大量的前期调研工作。春贤书记、周强省长高度重视，亲自到相关市县及企业调研，到上海、武汉等地考察，多次主持召开专题座谈会听取各方意见，再三指示要精心谋划；来山常务副省长多次听取我委汇报，亲自部署相关工作，研究提出思路建议，并集中听取了中规院和中改院的汇报；国家发改委杜鹰副主任及相关司局领导先后两次听取我省汇报，并专程来湘调研；我委在组织起草初稿的过程中，反复征求部门、相关市政府、专家、部分人大代表和政协委员及社会各界的意见，多次赴国家发改委汇报衔接，充分听取各方建议，借鉴上海浦东、天津滨海、广西北部湾等地的成功做法，初步形成了试验区建设的总体构想。现简要汇报如下。

一 指导思想、基本原则与主要目标

长株潭城市群作为国家试验区，率先开展"两型社会"建设试点，是国家促进东中西互动、区域协调发展的重大战略布局，是湖南全面落实科学发展观，实现又好又快发展的重大历史机遇，是全省人民多年来的共同夙愿。建好试验区事关全省发展改革全局，责任神圣、使命光荣、任务艰巨，必须在省委、省政府的坚强领导下，以时不我待、只争朝夕的进取精神，精心谋划，尽早行动，务求三年见成效，五年大突破。

（一）指导思想

以邓小平理论和"三个代表"重要思想为指导，深入贯彻落实科学发展观，按照十七大精神，进一步解放思想，根据资源节约型和环境友好型社会建设的要求，全面推进各个领域改革，在重点领域和关键环节率先突破，大胆创新，尽快形成有利于资源节约和生态环境保护的体制机制，加快转变经济发展方式，推进经济又好又快发展，促进经济社会发展与人口资源环境相协调，切实走出一条有别于传统模式的工业化、城市化发展新路，全面提升城市群综合实力和竞争力，带动实现富民强省、科学跨越，为推动全国的体制改革、科学发展提供示范，积累经验。

（二）基本原则

长株潭城市群建设"两型社会"试验区，是一项高要求、高标准的创新性工作，总体上必须把握以下原则。

一是突出改革创新。以改革为动力，把观念创新和体制机制创新作为首要任务，把解放思想全面落实到各项改革方案和措施上，以改革的大突破，促进发展的大跨越。坚持先行先试、敢于突破、允许失败，充分尊重人民群众的首创精神，保护、引导和调动一切积极因素，形成改革创新新优势。

二是突出"两新"主导。以新型工业化为主体，新型城市化为载体，促进加速发展。大力发展高端、高质、高新产业，形成高层次、特色鲜明的"两型"产业体系，为全省发展提供强大的产业支撑。大力提升城市群基础设施承载能力、公共服务能力和居民生活质量，形成高品位、功能完善的城镇体系，为全省城市化提供强大的引擎动力。强化人才、科技的保障作用，激发人才的创新、创业潜能，加速科技成果向现实生产力转化，推动"两型"产业壮大，实现城市群向"两型社会"发展。

三是突出生态特色。始终把握"两型"主题，加快推进重点产业、重点区域循环经济发展，加强重点流域的环境治理，突出城市群绿心和绿地保护建设，形成有序开发、集约开发的生态模式，构建绿色相连、疏密相间、山水洲城相融、相向发展的生态格局，全方位展现城市群在"两型"特色上的示范性。

四是突出市场作用。坚持政府引导，注重发挥市场在资源配置中的基础性作用。以搭建投融资平台为重点，加快培育多元化市场主体；以完善土地、资本等要素市场为重点，构建统一开放的市场体系；以加强投资、财税、产业等政策引导为重点，健全科学、高效的宏观调控体制，促进各类生产要素有序流动和优化配置。

五是突出首位带动。坚持优势优先，采取切实有效措施，迅速做大做强做优长株潭，提高首位度和辐射带动力。坚持以"3"带"5"，启动"3＋5"城市群整体规划、基础设施建设和产业布局，同步推进，全面对接。继续推进湘西和湘南地区开发开放，促进全省协调发展。按照主体功能区规划要求，突出建设重点开发区，加大对限制开发区、禁止开发区的保护和补偿。大力促进省市联动，在国家支持、指导和帮助下，加强省统筹，强调市为主，充分突出各市主体地位。

六是突出城乡统筹。积极构建以工促农、以城带乡机制，大力发展现代农业，确保国家粮食安全，全面改善农村生产生活条件，缩小城乡差距，努力化解城乡二元矛盾。

七是突出项目建设。坚持以项目为抓手，全力实施大项目推进战略，加快建设一批关系全局及长远的大项目、大工程，把各项改革发展的举措都落实到项目上。以干事干事再干事、落实落实再落实的强烈责任感和事业心，建立项目责任制，强化项目储备，加速项目实施，推动城市群实现大发展、大跨越。

（三）主要目标

长株潭试验区建设关系湖南改革发展大局，要努力实现"三个率先"：率先构建资源节约和环境保护新机制，率先积累传统工业化成功转型的新经验，率先形成城市群发展的新模式。

建设时间上，分两个阶段：第一阶段，2008～2012年；第二阶段，2013～2020年。前5年是关键、是基础。建设指标上，参照国内外相关指标，借鉴其他试验区的经验，结合城市群现实基础，按照超常规、跨越式发展的要求，紧盯沿海发达地区先进水平，共设计了三大类22个指标。具体建设目标是：

第一，建成全国"两型社会"建设的示范区。科技进步和现代服务业对经济发展的贡献明显增强，以"两型产业"为核心的产业体系基本形成；集约发展、循环发展和生态发展的模式基本确立，资源环境综合承载能力显著提高。到2012年，城市群"两型产业"增加值占GDP的70%左右；万元GDP能耗降低到1吨标煤以下；湘江流域水质基本保持在Ⅱ类，巩固第一水源地位；城市空气常年保持在二级以上。到2020年，"两型产业"增加值占GDP的80%以上，资源节约和环境友好各类指标进入全国前列。

第二，建成湖南经济发展的核心增长极。经济规模快速扩张，综合实力、综合素质显著提升，占全省比重稳步提高，辐射带动作用明显增强。到2012年，长株潭经济总量达到7300亿元，占全省的45.6%；工业化水平达到45%；一般预算收入达到600亿元，占全省的46%；社会消费品零售总额达到2900亿元；占全省的47%。在长株潭的带动下，"3+5"城市群GDP达到1.3万亿，超过全省的80%。一般财政收入达到850亿元，占全省的66%；社会消费品零售总额达到5000亿元，占全省的80%。到2020年，长株潭经济总量达到2万亿，占全省的50%；"3+5"城市群经济总量达到3.4万亿，占全省的85%，成为中部崛起的重要标志。

第三，建成具有生态型现代化宜居城市。城镇化水平快速提高，生态含量明显增强，城乡居民生活质量显著提高，社会文明、经济富裕、环境优美、服务完善的新型城市群基本形成。到 2012 年，基本指标达到联合国宜居城市标准，长株潭总人口 1500 万，核心区人口 900 万，城市化率达到 70%，年均提高 3 个百分点以上，在长株潭带动下，"3+5" 城市群和全省城市化水平分别年均提高 3、2 个百分点，分别超过 58%、50%；长株潭人均 GDP 超过 4 万元，城乡居民人均收入分别达到 3 万元和 1 万元；"3+5" 城市群人均 GDP 达到 4.8 万元，城乡居民收入分别达到 5 万元和 2.5 万元；城市群生活污水和垃圾无害化处理设施全覆盖，建成区人均公共绿地面积 12 平方米。到 2020 年，长株潭城市化率超过 85%，"3+5" 城市群城市化率达到 70%。

二 主要措施

试验区建设领域广、要求高、难度大，必须整合力量、统一步调、重点推进，关键在以下三个方面打基础、抓启动、求突破。

（一）强化规划统领

编制好发展目标明确、建设思路清晰、配套措施创新的规划，是搞好试验区建设一项重要的基础性工作，要确立区域规划的龙头地位，发挥理念上、思路上、行动上的抓总作用。

第一，高起点编制区域规划。国家批准试验区后，我们根据春贤书记指示精神，会同中规院对区域规划进行全面提升。总体上把握三个要求。一是体现国际视野。紧跟世界新型工业化、新型城市化的最新动态，以新理念、宽视野规划城市群发展，避免走发达国家走过的弯路。二是紧扣"两型"主题。深入研究长株潭"两型社会"建设中所面临的突出矛盾和问题，强化实施措施的针对性。三是彰显区域特色。突出一体化推进，弱化行政区划。突出提升城市群功能定位，优化空间布局，整合战略资源，打造生态特色，强调以"3"带"5"，实现高起点、全覆盖。

第二，强化专项规划。在完善区域总体规划的同时，加快编制操作性更强的区域专项规划，并针对建设重点，尽快编制土地、交通、产业、环境治理等重点行业专项规划，"3+5" 城市群各市要在总体规划的指导下，尽快修改、提升城市总体规划、分区规划和详细规划，将区域规划落地、深化、细化。

第三，强制性实施规划。长株潭城市群区域规划突破了单一行政区划的界限，落实的难度大，必须强制性实施，抓好落实。省人大已经出台《长株潭城市群区域规划条例》，确立了区域规划的法律框架，建议尽快出台《条例实施细则》，将条例的相关规定落实到市县和部门的工作程序。明确规划的强制性内容，以规划红线的方式落实到空间版图。建立执行重大规划衔接、项目规划审核、规划督察、实施报告等制度，推进规划实施的规范化、程序化。加大执法监察力度，确保规划的严肃性、权威性。

（二）实施五大工程

试验区建设，要集中推进一批关键领域的重大项目，初步规划五大工程，总投资过万亿元。

第一，以"两型"为主导的产业支撑工程。产业是"两型社会"建设的关键和难点，也是成功的标志和检验。要实施大项目、大企业、大产业战略，着力推动传统产业改造升级，加快以高新技术和现代服务业为主体的"两型"产业发展。

一是改造传统产业。主要抓三个层面：第一层面，优化一批。对冶金、化工、火电、建材、陶瓷等高能耗、高排放企业，实行低碳、循环和信息化改造，发展精深加工，提升技术含量，促进节能、降耗、减排，提高资源综合利用率，用5年时间基本实现上述5大产业转型升级，构建以有色冶金－基础化工－新型建材产业为核心，以冶金材料－精细化工－环保产业为拓展的循环产业体系，到2012年，主要污染物排放总量削减30%，资源综合利用率达到85%以上。第二层面，关停一批。制定区域产业退出政策，强化节能减排考核，严格环保执法，强制淘汰、关停工艺落后的"两高"产业和"五小"企业。建议对湘江沿线纵深20公里范围内的高污染、高能耗、小规模的"两高一小"企业，集中治理、限期达标，逾期未完成治理任务的责令关停。第三层面，重组一批。瞄准世界500强、国内500强和央企，加大战略投资者引进力度，通过靠大靠强，扶优扶强，提升工程机械、有色、汽车、轨道交通、食品等优势特色产业的品牌价值和竞争力。到2012年，形成工程机械、汽车及零部件、钢铁与有色深加工、食品制造与加工等4个销售收入过1000亿的产业集群，20家以上主营业务收入过100亿、100家过10亿元的企业。

二是发展高新技术产业。长株潭国家高技术产业基地是6大国家级综合性高技术产业基地之一，包含电子信息、生物、新材料、民用航空航天、新能源等5块"金牌"，要充分发挥基地优势，重点建设30个技术创新平台、12个特色专业园区和5大产业集群。一、依托长沙信息产品制造园、长沙软件园、湘潭九华IT工业园，推进年产100万台液晶电视、3000万个激光头、1000万部手机、10万分钟动漫、新一代互联网、软件服务外包等重大项目，形成年产值1000亿元以上的信息产业群。通过壮大信息产业，整体提升全省经济社会发展的信息化水平。二、依托长沙国家生物产业基地、隆平高科园等，推进年产1亿支流感疫苗、1万吨人参生物药、2000吨抗生素原料药、60万吨优质高产粮棉油杂交制种等重大项目，形成年产值600亿元以上的生物产业群，培育成为全省的重要战略性产业。三、依托长沙储能材料园、株洲硬质材料园等园区，推进年产 800 万平方米泡沫镍、15 亿支镍氢动力电池、2000 吨高性能碳－碳复合材料、4000吨锂离子电池材料等重大项目，形成年产值 1600 亿元以上的新材料产业群。四、依托株洲董家塅高科园、长沙航天城，推进年产 200 台航空发动机、200 架着陆系统、3000万片卫星导航接收芯片等重大项目，形成年产值 400 亿元以上的航空航天产业群。五、依托湘潭风电产业园、株洲田心风电产业园、长沙光伏产业园等园区，推进年产 700 台兆瓦级风电整机、2400 片风机叶片、2000 吨晶体硅和 500 兆瓦太阳能电池、电动汽车等重大项目，形成产值 1000 亿元以上的新能源产业群。以 5 大产业集群为支柱，到2012 年，高新技术产业产值过百亿的龙头企业达到 10 家以上，过 50 亿的 20 家以上，实现总产值 5000 亿元以上，增加值占 GDP 的比重提高到 25%，带动"3＋5"城市群实现高新技术产业产值 7000 亿元以上。

三是发展现代服务业。突出具有区域优势和湖湘特色的物流、文化、旅游三大领域。将交通的枢纽优势转化为物流产业优势，重点建设金霞、石峰、九华等物流园和京阳、全洲医药、长株潭现代物流、长株潭烟草物流等重大项目，加快推进三一、中联、步步高、唐人神等企业物流配送中心建设，力争形成 1 家交易额过 200 亿、4 家过 100亿的物流园区，1 家成交过 500 亿、5 家过 100 亿的大型市场群，建设中部具有区域优势的现代物流中心。将文化资源转化为文化产业，大力提升电视、出版、动漫等文化湘军品牌影响力，加快推进湖南报业文化城、金鹰卡通园、湖南网络文化产业园等项目，重点建设国家动漫游戏、创意设计、文博会展 3 大基地，培育现代传媒、出版印刷、动漫游戏、文化旅游 4 大产业，发展 1 家收入过 100 亿元、3 家收入过 50 亿元的文化企业集团，建设具有全国影响力的综合性文化娱乐中心。到 2012 年，实现营业收入1000 亿元以上。打造全国乃至世界旅游目的地，打响以长沙、韶山为代表的红色旅游，以炎帝陵为代表的历史人文旅游和长株潭生态休闲旅游等 3 大品牌，深度开发长沙伟人故里游、湘江风光游、楚湘文化游、寻根祭祖游等 7 条区域精品线路，建设全国知名的旅游胜地和红色、生态旅游基地，到 2012 年总收入突破 800 亿元。

四是优化产业布局。加强产业引导，加快专业化园区建设，形成特色鲜明、错位发展的产业格局：长沙，重点发展工程机械、汽车及零部件、电子信息、新材料、航天、生物医药，以及以文化、金融、商贸、会展为主的现代服务业等产业；株洲，重点发展交通设备制造、有色金属深加工、航空、食品、陶瓷、物流、科技服务等产业；湘潭，重点发展精品钢材、汽车及零部件、矿山及专用机械、新能源装备、旅游、职业教育等产业。发挥长株潭的产业辐射作用，构建大区域产业分工配套体系，带动"3＋5"城市群产业发展。其中，岳阳，努力形成石化、造纸基地；益阳，努力形成新能源、新材料基地；常德，努力形成食品加工、有色深加工基地；娄底，努力形成能源、钢铁基地；衡阳，努力形成设备制造、盐化工基地。

第二，以交通为先导的基础设施工程。把交通作为缩短城市群时空距离、提高运行效率的重要环节，率先取得突破性进展。按照春贤书记指示，我们正在做"3＋5"城市群的综合交通网络规划，从点、线、面，全方位规划水、陆、空交通。

路网：长株潭核心区重点建设"七纵七横"的城际主干道，"3＋5"城市群重点建设"二环六射"的高速公路网。

七纵，即长潭大道（长沙绕城西线＋长潭西线）、麓东大道（长沙西二环接湘江西岸沿江道路）、芙蓉大道（原107国道改造）、京珠大道（现京珠高速湖南段改造）、长株大道、星渌大道（长沙星沙—株洲渌口新建）、107国道东移线。

七横，即319国道北移线、金沙大道（长沙金洲乡—星沙）、韶江大道（长沙江背—长沙绕城高速南段—长花灰韶公路改造）、上瑞高速株潭段（改造）、莲易高速（320国道）、株潭外环南段、320国道南移线。

启动长株潭城际轻轨、长沙地铁建设，提升城市群公交能级。加快建设武广高铁，尽快启动沪昆高铁。

二环，一个是长株潭大外环。为避免高速公路对城市的切割和空气污染，东移京港澳高速（长株段）、南移沪昆高速，并新建京港澳高速复线，利用长沙绕城高速北段，形成高速外环；一个是"3＋5"大外环。由岳阳—汝城高速、杭州—瑞丽高速（岳阳—常德段）、二广高速（常德—邵阳段）、邵阳—衡阳高速、衡炎高速构成。

六射，重点建设长株潭—浏阳—南昌、长株潭—岳阳、长株潭—益阳—常德—张家界、长株潭—娄底—怀化、长株潭—衡阳、长株潭—醴陵—萍乡，辐射和带动全省。

实施区域畅通工程，相邻县城之间、相邻核心旅游景区之间以二级以上公路连接，绝大部分县城和核心旅游景区半小时上高速路，绝大部分乡镇半小时上二级以上公路，90%以上的行政村通水泥路。

空港：加快黄花机场扩建，改扩停机坪13.8万平方米、航站楼6.5万平方米，延长跑道600米，形成起降大型飞机的能力，增加国际航线，努力建成中部地区的国际航空中心。到2015年，达到旅客吞吐量1500万人次、货邮吞吐量20万吨的规模，相应布局临空产业，发展临空经济。

"海港"：集中开发湘江黄金水道，打通对接泛长三角的江海联运通道，重点建成"五港一枢纽"。五港，即长沙霞凝港，新增5个千吨级泊位；株洲铜塘湾港，新增5个千吨级泊位；湘潭九华港，新增5个千吨级泊位；湘阴漕溪港，新增2个3000吨级泊位；岳阳城陵矶港，新增10个3000吨级泊位；一枢纽，即建设湘江长沙综合枢纽，形成年通过能力9400万吨的双线船闸，将长江城陵矶经长沙至衡阳的通航能力由1000吨级提高到2000吨级。

在交通设施先行的同时，全面推进基础设施共建共享，加强能源、水利、市政、社会设施建设，尽快编制专项规划，加快启动重大项目，不断增强城市群的承载能力。

第三，以湘江治理为重点的生态修复工程。用5年左右的时间，集中解决长株潭面临的突出环境问题，为建成生态型城市群奠定坚实基础。

一是推进湘江和洞庭湖流域综合治理。要像保护生命一样保护湘江母亲河，像治理洞庭湖一样治理湘江，把湘江治理作为"两型社会"建设的标志性工程，坚决维护湘江第一水源的地位。加强上下游联动、江湖联动，巩固洞庭湖治理成果，全面控制工业、农业和生活三大污染源，确保湘江水质基本保持在Ⅱ类，洞庭湖水质保持在Ⅲ类以上，构建以湘江、洞庭湖为主体的水体生态系统。围绕全流域综合整治，加强水体、大气、土壤配套治理，优化能源结构和电源布局，大力推进火电厂脱硫治理工程，长株潭核心区不再新建火电厂。加强水口山、清水塘、竹埠港、坪塘以及洞庭湖流域的治理，发展循环经济，加快土壤修复、功能置换、淘汰落后产能，对区域内的"两高"企业，宜搬则搬、宜转则转、宜停则停，对株冶、株化、湘钢等重点企业，实行"一企一策"，切实做到达标排放。加强城市污水、垃圾处理设施建设，3年内实现设施全覆盖。到2012年，实现全流域重金属零排放，工业废水全部达标排放，垃圾资源化率超过30%，城市空气常年保持二级以上。

二是建设湘江生态经济带。要把湘江沿岸建成城市群的绿色轴线、"两型社会"的展示窗口。加快建设湘江风光带，保护建设好橘子洲、空洲等洲岛，对临江的城市轮廓、建筑布局进行整体设计、统一引导。推进长沙新河三角洲、南湖、滨江新城、株洲芦淞、湘潭万楼等旧城改造，集中布局大型商务、文化、会展设施，大力提升岳麓山、昭山等沿江景区，形成一条集生态、文化、居住、教育、研发、观光等功能于一体的绿色长廊。

三是全面推进生态建设。依托长株潭山水相连、绿色相间的丘陵地貌，城市建设注重依山就水，加强重要水源区、自然保护区、森林公园、生态隔离带、湿地等生态区域的保护和建设，构建"一心（绿心）、一带（湘江风光带）、山丘河湖交织、生物多样"的生态网络。到2012年，每平方公里建成一处街心公园或绿化广场，力争创建国家森林城市群。

第四，以城镇为节点的城乡统筹工程。坚持以工促农、以城带乡，大力促进农村人口转移，着力消除城乡二元结构，使城乡居民共享改革发展成果。

一是加快中心镇建设。这是解决"三农"难题、统筹城乡发展的重要途径。突出县城建设，着力提升对农村的带动、服务功能和对农村人口的积聚功能，经过5年的努力，大部分县城人口超过30万。精心选择城市群内30~50个小城镇，按照资源禀赋、发展基础和环境承载能力，建设一批高素质、高品质、功能型、特色型的宜居小镇、宜游小镇、宜学小镇、宜商小镇、工业强镇。力争到2012年，建成15个GDP过10亿元、财政收入过亿元和镇区人口过10万的经济强镇,成为引导农村居民转移的重要平台。在加大户籍制度改革的基础上,到2012年,长株潭城市群内转移农村人口250万,吸纳外地人口200万。

二是促进城乡设施对接。重点完善农村水、电、路等基础设施,沼气、垃圾和污水处理等生活设施,教育、医疗、社会保障等公共服务设施,打造一批新农村建设示范区,建设100个新农村示范村,力争通过5年左右的时间,核心区实现村村通公交车、通自来水、通宽带网;三市范围内实现通村公路硬化、电网改造和饮水安全全覆盖,清洁能源使用、新型农村合作医疗和养老保险基本覆盖。

三是发展现代都市农业。加快推广超级杂交稻等技术,建设国家大型商品粮基地,支持省内其他地区农田整理开发,为全省守住耕地底线、保障国家粮食安全做贡献。充分发挥科技、人才、市场、区位等优势,大力发展高效生态农业,积极构建"四基地一中心"的现代都市农业框架,即休闲观光基地、优质农产品供应基地、农业科技创新基地、种子种苗基地和农产品物流中心。力争5年内,星级农家乐、生态园超过300个,无公害、绿色、有机农产品基地达260个。

第五,以创新为核心的示范区建设工程。试验区建设是一项长期艰巨的历史过程,必须选择一些有条件、有基础的区域,先行先试、率先突破,积累经验、逐步推开。结合长株潭现有基础,重点布局建设大河西、云龙、昭山、天易、滨湖五大示范区(均为暂定名)。

大河西示范区,以长沙河西先导区为主体,包括三大板块。岳麓板块,自长沙岳麓高新区、高校区至含浦、坪塘,是全省高端人才聚集区、科技创新要素聚集区,突出产业研发、人才培养、文化引领、商务会展,加强教育培训、科技创新、成果转化的平台建设,打造具有国际影响的大学城、国家"两型"产业的核心基地、引领"两型"技术发展的长株潭"硅谷"。金霞板块,包括开福区的捞刀河镇、青竹湖镇、金霞港区,望城的丁字镇、铜官镇,充分发挥铁公水联运的优势,重点发展大物流、大运量产业。长益板块,自长沙岳麓区经宁乡玉潭镇、菁华铺乡至益阳沧水铺镇,沿金洲大道和319国道两侧布局,构筑一条延绵35公里的先进制造业走廊,重点发展机械制造、新能源、电子信息,辐射带动益阳、常德等湘西北地区发展。

云龙示范区,由株洲云龙和清水塘两个板块组成。云龙着力提升城镇功能,有力配合老厂区改造提质、承载老城人口转移,同时发展先进制造业,对接长沙黄花机场,发展现代服务业、临空产业;清水塘是长株潭能源资源的高消耗区,水体、大气、土壤污染的集中地和扩散地,是试验区建设的重点、难点、焦点,依托国家循环经济试点,加速污染治理、土地变性、提质改造,5~8年根本改变面貌。

昭山示范区,由昭山和九华两个板块组成。昭山板块,自长沙暮云镇,沿芙蓉南路至湘潭昭山、易家湾，拥有"绿心"这一宝贵资源，主要定位是打造国际水平的生态经济区，集居住、休闲、商务于一体。按照"田园城市"理念，低密度、高品位、保护性开发，保留自然山体、植被、稻田、河流、池塘，与城市有机融合，开发类似中（国）新（加坡）共建天津生态新城的国际合作项目，引进国际组织分支机构、地区总部，承办世界园艺博览会，举办类似博鳌的国际论坛，建设中国民俗民居展示和体验基地。九华板块，包括湘潭大学城、鹤岭、响水，其定位是打造先进制造业基地，向北对接长株潭"硅谷"，向西辐射湘中地区。

天易示范区，位于株洲天元区与湘潭易俗河之间，沿规划中的上瑞高速南线、天易大道两侧布局，拥有武广客运专线株洲新站、欧洲工业园、国家电动汽车示范基地等重要资源，重点发展汽车及混合动力能源、新材料、工业物流等产业，打造高技术产业创新基地、物流基地，建设生态型工业园区，辐射带动娄底、衡阳等地区发展。

滨湖示范区，包括岳阳湘阴、汨罗和长沙望城的部分区域，拥有汨罗国家级再生资源循环经济工业园、湘阴漕溪港深水码头。充分发挥水运、港口优势，建设大型物流基地。在保护生态环境的基础上，建设长株潭产业转移承接基地、再生资源产业基地、绿色农产品生产加工基地，成为辐射环洞庭湖经济的重要节点。

示范区建设，要坚持用地集约、节能环保、资源循环，坚持整体规划、重点实施、分步推进，每年都要取得阶段性成果，到 2020 年在经济上再造一个长株潭，成为展示试验区建设成果的重要窗口。

（三）推进五项改革

按照试验区建设的总体要求，目前改革的总体方案已初步形成，并配套制定了资源节约、环境保护、土地管理、产业发展、科技创新、财税体制、金融体制、对外开放体制、基础设施建管、社会保障、户籍制度、行政管理体制等 12 个专项改革方案，委托中改院研究提出了总体方案的建议报告。从国家最关注的领域和长株潭实际出发，重点在以下方面取得突破，探索和形成长效机制。

第一，创新产业发展机制。长株潭的"两型社会"建设，核心在产业，关键是制定产业政策，形成促进传统产业改造和"两型"产业发展的体制机制。

一是加强产业引导。制定"两高"、"两型"产业标准，以及统一的产业发展指导目录，提高产业准入门槛。明确鼓励类、限制类、淘汰类产业，对鼓励类产业，在项目核准和备案、土地供应、资金筹措、招商引资、技术创新、税收优惠、循环经济等方面，予以重点支持；对限制类产业，严格控制其规模扩张，限期对现有工艺技术进行改进；建立淘汰产业退出机制，强制"两高一小"产业逐步退出，争取国家批准长株潭为全国产业退出补偿试点地区。

二是促进节能减排。设立支持和引导"两型"产业发展的专项资金，对采用先进节能、减排技术的项目，给予一定比例的资金补助；建立财政奖励与节能减排量挂钩的"以奖代补"制度。

三是鼓励技术创新。充分利用国家对技术创新和技术引进的税收抵、免、返政策和加速折旧政策，争取国家更多的税式支出权，充分利用增值税、消费税、营业税、企业所得税、加速折旧等税收优惠政策，促进产业技术创新，加速传统产业的"两型"化。

四是完善政府采购。对符合"两型"要求的产品，如轨道交通设备、工程机械、电动汽车、汽车、风电装备、航空航天装备等，政府优先采购，争取国家将相应的骨干企业和产品纳入重大工程采购定点企业和产品目录。

五是支持园区发展。争取长株潭区域内的所有工业园享受国家级开发区的各项政策，修订工业园区政策，引导园区专业化发展，赋予园区法人资格，在符合总体规划的前提下，独立开展发展规划、土地批租、基础设施建设、招商引资、社会融资等工作。开通台湾直航点，加快承接台湾产业转移，建设台湾工业园。

第二，改革投融资体制。未来5～10年，是长株潭大投入、大发展的关键时期。从省内现有财力、国家对试验区政策取向看，政府投入非常有限。浦东、重庆、天津滨海等试验区的经验表明，破解建设资金压力，关键在于金融创新、市场运作，建立多元化投融资体系。

一是壮大政府投资项目融资平台。做强湘投控股、土地资本经营公司、财信控股等省级投资公司，恢复湘投控股的政府投融资功能，使其承担起政府投资导向职能。成立国有建设性投资集团，为试验区的重大基础设施和产业投资项目筹集资本金。提升长株潭三市城市建设投资公司，充分发挥其城市基础设施建设的投资主体功能。整合省、市中小企业担保公司，推动设立中小企业投资公司。

二是拓宽直接融资渠道。争取国家尽早批准湘江产业投资基金，申请建立长株潭"两型产业"投资基金，主要投资传统工业升级改造、高新技术、环保节能、循环经济等产业项目和生态环保、公路、航运、轨道交通、水利枢纽等基础设施建设。建立长株潭高新技术风险投资基金，完善创业投资机制。鼓励私募投资基金。放宽行业准入标准，扩大民营资本投资领域。放宽企业债券审批条件和规模额度，争取国家批准发行项目债券、市政债券、"两型社会"建设债券。争取将《企业投资项目核准目录》中的国家核准权限下放到省里。

三是建设区域性金融中心。大力改善金融生态，加快金融聚集，吸引境内外各类金融机构设立分支机构、后院服务基地。做大做强长株潭三市城市商业银行，积极推动上市，设立长株潭区域性银行、农村合作银行、住宅储蓄银行、小额贷款公司等金融机构，推动组建省级金融控股集团和金融租赁公司、汽车金融公司等非银行金融机构。争取长株潭列为国家保险业综合配套改革试点，支持保险资金投资"两型"建设。争取各大商业银行增加湖南信贷规模，扩大省、市两级金融部门放贷权限。

四是发展资本市场。参照天津模式，力争在长沙设立全国第二家非上市公众公司股权交易市场，争取在长沙设立稻米、生猪、有色金属等大宗优势产品期货交易所。以信托公司作为项目的投融资中介，接受分散投资者的资金信托，加强信托融资。

第三，改革土地管理体制。根据国家主体功能区规划的定位要求，长株潭城市群作为国家的重点开发区将产生巨大的用地需求，必须努力探索节地用地的新体制、新途径。

一是改革用地计划、审批制度。争取国家将长株潭地区土地利用计划单列，将三市城区及结合部建设用地审批权下放到省。变集中审批方式为分批次审批、报国务院备案的方式。对长株潭土地利用专项规划确定为建设用地范围内的集体土地，按照"先征收后转用"的方式，先行予以征收，纳入政府储备，再按建设时序和农用地转用计划指标转用。

二是建立城乡建设用地增减挂钩机制。建立城镇建设用地增加与农村建设用地减少相挂钩、城镇建设用地增加规模与吸纳农村人口进入城市定居的规模相挂钩的实施机制，通过复垦多出的农村建设用地指标转为城市建设用地指标。建立农村集体建设用地交易许可制度和交易市场。

三是推进污染土地变性利用。对株洲清水塘、湘潭竹埠港等湘江沿岸严重污染地区、老工矿区进行功能置换，争取国家将核心污染区耕地变更为未利用地，并调整土地用途，争取转为建设用地。

四是建立跨区域耕地占补平衡机制。开展农用地分类保护和耕地有偿保护试点，在确保全省耕地总量动态平衡的前提下，放宽以市县为范围的占补平衡限制，并建立补偿机制。完善耕地整理复垦制度，建立耕地保护基金。

五是完善节约集约用地的激励和约束机制。实行城市土地投资强度分级分类控制，实施差别化的土地税费政策，建立节约集约用地税费奖惩机制和考核机制。适当增加用地成本，提高土地使用效益。

第四，改革资源环境管理体制。要突出扭转长株潭单位 GDP 能耗、地耗、水耗均高于全国平均水平的现状，在体制机制上寻求突破。

一是开展生态补偿试点和重点流域治理。在湘江流域水源保护区、绿心保护区、生态保护区开展生态补偿试点，争取国家增加生态补偿转移支付，并设立生态补偿专项基金。争取国家将湘江流域综合治理纳入国家大江大河治理范围。

二是全面推行循环经济试点。争取将试验区整体纳入国家第三批循环经济试点，从生产、消费等环节入手，积极探索循环发展的体制机制。

三是建立健全资源环境产权制度。加快培育水权、林权等资源产权市场，完善探矿权、采矿权市场，建立健全资源产权转让制度。完善环境有偿使用制度，建立生态环境使用者、受益者或破坏者，向生态环境提供者、受损者或保护者支付费用的制度和实施办法。

四是完善排污权有偿取得制度。将排污权许可范围扩大到所有排污行为，严格规定排污方式、总量和标准，有偿出让排污权，争取国家在试验区建立全国排污权交易市场，开展排污权交易试点。

第五，探索建立城市群管理体制。长株潭试验区建设，其主要特色之一就是协调多个相互独立的行政主体，逐渐形成结构紧密、功能互补的城市群发展模式，重点推进三方面的改革：

一是管理机构。建立统一、协调、精简、高效的试验区建设管理机构，理顺与省有关部门、相关市的职能职责，简化审批程序，提高行政效率，统筹规划和组织实施试验区改革发展。

二是协调机制。按照"省统筹、市为主"的要求，加快建立省直部门与市以及市之间的高效协调机制，在环保、国土、城建、交通、规划等部门率先建立一体化的协调机制，促进重大基础设施共建共享、产业合理分工布局。

三是考评体系。建立资源节约、环境优先的政绩考核体系和干部考核制度，加大生态环保、节能降耗、耕地保护、公共服务等领域指标权重，突出"两型"的考核。

在各项城市群管理体制改革中，当务之急是加快户籍制度改革，通过统一落户标准，剥离和取消附加在户口上的社会管理功能，促进人口在城乡之间、相关市之间有序流动，加快城市化进程。

三　当前重点工作

试验区建设必须抢抓机遇，尽快启动。当务之急要推进一批有条件、有基础的重点工作，务求年内取得实质性进展。

（一）尽快启动交通项目和编制交通规划

一是芙蓉大道，这是长株潭的主轴线，要作为标志性工程尽快贯通。南延长沙芙蓉南路，改造提升107国道湘潭昭山至板塘铺路段，北接湘阴漕溪港。二是清易大道，这是长株潭的重要城际主干道。改造原320国道石峰区清石广场至湘潭株易路口路段。两条大道均在9月份开工，明年完工。三是长株潭城际轨道快速交通和长沙地铁，加快项目前期工作，年内开工建设。四是"3＋5"城市群交通网络，3个月内完成规划编制。同时，全面推动全省 18 条高速公路开工建设，2010 年高速公路里程达到 4700 公里。

（二）尽快推进示范区建设

一是在规划提升中划定五个示范区的规划范围，明确功能定位和发展目标。加紧编制示范区总体规划和控制性详细规划。二是尽快制定示范区和长沙空港地区土地利用规划，严格控制用地。三是出台支持政策，力争示范区的开发建设享受国家级开发区的政策。

（三）尽快实施产业项目

一是长株潭国家高技术产业基地建设，抓紧规划编制，确定 5 大领域的发展重点，加紧项目开发建设。二是循环经济发展，推进清水塘循环经济园区建设，抓紧编制竹埠港循环经济产业发展规划。三是加快长沙（中国）服务外包基地建设，争取长株潭整体纳入服务外包基地，争取国家批复长沙金霞海关保税物流中心，规划建设"两型"产品国家级中心交易市场。

（四）尽快办成融城实事

围绕人民群众最关心、最现实、最迫切的一体化问题，首先在长株潭三市突破。一是通信，实现固话同城同费，争取统一区号。二是公交，在去年开通 6 条试点线路的基础上，增开线路、增加车次、统一票价、延长服务时间，享受城市公交价费政策，实行三市公交 IC 卡通用。三是收费站，尽快拿出长株潭城市间收费站（点）的撤并方案，年内组织实施。四是金融，实现银行贷款三市同城化，取消银行卡跨市存取款手续费。五是广电，实现三市广播电视节目互传、交叉落地，推进节目整合和专业化改造。

四　请求明确的几个问题

当前，试验区建设的各项工作都在抓紧起步，有几个问题请省委、省政府进一步明确指示。

（一）成立领导和工作机构

试验区建设，必须要有强力的组织保障。其他五个国家改革试验区，都成立了以省市主要领导为组长的高规格领导小组，设立了专门工作机构。为此，请求尽早组建省长株潭城市群综合配套改革试验区建设领导小组，对实施试验区改革发展中的重大事项进行决策。下设正厅级的办公室（或试验区管委会），作为常设机构，从省级层面开展规划、综合、协调，对试验区工作进行日常指导、监督和检查，重点是抓策划、规划，抓政策、法规，抓协调、服务，抓考核、监督。坚持省统筹、市为主的原则，凡是市里能够独立完成的事，都由市里去做。市里要成立相应机构，在省统一部署下，抓实施，抓落实。

（二）设立专项资金

天津的办法是，通过财政专项补助、新区所辖各区每年从可用财力中提取 5% 上缴、新区土地开发收益三部分设立专项资金。广西北部湾，实施基础设施大会战，110亿元的总投资，区政府补助 33 亿元。我们建议设立长株潭试验区建设专项资金，重点用于规划编制、重大项目前期准备、重大改革试点、区域性基础设施建设、传统产业改造、"两型"技术研发和产业化、生态环境治理等方面，从今年开始启动，省财政先安排不低于 5 亿元，以后逐年增加，省有关部门切块倾斜，三市财政适当集中，并争取国家支持。

（三）建立工作责任制

为确保试验区建设各项工作扎实推进，必须建立严格的工作责任制。建立争取国家支持、重大改革和重大建设三项责任制。争取国家支持，我们已形成分工方案（见附件四），经这次会议审定后即可印发。重大改革，在国家批准改革方案后，将形成具体的工作职责分工，由省委省政府批准后下发。重大建设，会后将进一步细化，尤其针对重大项目建设，形成具体的目标任务和进度要求，报省委、省政府批准后下发。所有责任分工，应作为年度考核的重要依据。

（四）审定区域规划和改革方案

长株潭城市群区域规划和改革总体方案经本次会议审议后，我委将会同有关单位抓紧修改完善。建议省委授权领导小组对完善后的规划和方案进行审定，以尽早报国务院审批改革总体方案，报国家发改委批准区域规划。

（五）认真筹备两项活动

一是赴京举办试验区建设汇报会，争取国家部委支持。建议省委、省政府主要领导亲自带队，争取国家尽快审批方案，尽最大努力争取国家支持。二是在国家批准改革总体方案后，在京举办新闻发布会。

以上几个问题，需请本次会议予以明确，以便相关部门抓紧准备，尽早落实。

在中共湖南省委常委扩大会议上的讲话

张春贤

2008 年 5 月 20 日

这次会议，是一次研究部署长株潭试验区改革建设的重要会议，也是一次中心组集中学习。参加会议的有省委、人大、政府、政协、军区的领导同志，省直有关单位负责同志，长株潭三市的书记、市长，还有规划编制和改革方案研究单位的领导和专家，以及省内部分专家。

一 关于会议的目的

这次会议共安排两天时间。会议的开法是，先听取三个汇报。一是省发改委关于长株潭试验区改革建设的总体构想及当前重点工作的汇报；二是中国城市规划设计研究院关于长株潭城市群区域规划升纲要的汇报；三是中国（海南）改革研究院关于长株潭试验区改革总体方案建议的汇报。然后请参会的专家、省直部门负责人和省领导讨论发言，明天下午进行会议总结。

集中这么多领导和专家一起来研究规划，可能是多年来比较少见的，主要目的一是审定两院的规划，二是通过集中集体智慧，解决好长株潭试验区改革建设的顶层设计问题。

长株潭是湖南的重点发展地区，多年来省内的领导层和专家学者高度重视，作了不少探索，长株潭有了很好的发展基础。新形势下，如何促进长株潭科学发展、和谐发展、率先发展，带动全省加快富民强省，是近年来省委、省政府一直在思考的问题。2006 年 2 月，我们商议，如何抓住中央促进中部崛起机遇，利用长株潭这个平台，通过改革的方式，在国家和地方两个层面促进长株潭的长远发展，带动全省的发展。后经过全面、慎重考虑，我们认为，争取设立综合配套改革试验区，是带动湖南发展的战略举措，并能获得国家层面的支持。2006 年 6 月，正式向国家发改委提交了长株潭设立综合配套改革试验区的申请报告。国家发改委很重视，8 月份派出调研组来湖南调研，并给予积极评价，提出了很好的意见。省委、省政府多次与国家发改委深入交换意见，最终共同商定长株潭试验区建设以"两型"社会为主题。去年 4 月 8 日我们向总理写信，提出试点请求。6 月 19 日我和周强、肖捷同志专程到北京向家宝总理汇报，总理非常支持。12 月 14 日，中央正式批准长株潭城市群为国家资源节约型和环境友好型社会建设综合配套改革试验区。从 20 世纪 50 年代建设毛泽东城的设想到现在设立综合改革试验区，说明湖南在长株潭的发展上认识不断深化，主题不断提炼，各个时期都做出相应的努力。

长株潭城市群获批国家新一轮综合配套改革试验区，对全省上下是极大鼓舞，对湖南发展是重大机遇，在国内和国际上也产生了广泛影响。我们在激动高兴的同时，也感到了沉甸甸的责任。中央把试验任务交给湖南，是对湖南的关心、支持和信任，按中央要求搞好试验区改革建设，是我们必须履行好的重大责任。

省委、省政府认为，把试验区改革建设这件大事办好，首先要规划先行。去年 12 月 15 日，省委召开常委扩大会研究。确定抓紧进行的第一项工作就是提升规划和制定改革方案。决定邀请国内实力很强的中规院和中改院参加，提升长株潭城市群区域规划，编制试验区改革总体方案。

近处来，省委、省政府一再强调规划引领问题。2006 年初部署新农村建设，强调抓好 7 件事，第一件就是抓规划。现在部署长株潭试验区改革建设，首先也是抓规划。这不仅仅是因为规划是综合性、全局性、基础性工作，处于龙头地位，更因为规划涉及到对长株潭试验区改革建设的顶层设计。好的规划一般有三个层面：宏观层面主要是解决方向的问题，指导方针的问题，法律地位和有关政策的问题；中观层面解决空间布局问题。城市功能、规模等问题；微观层面则解决操作细节和技术问题。国内外城市群、城市圈建设曾走过一些弯路，经验和教训都很多，我们现在搞长株潭城市群改革建设，就是要发挥后发优势，借鉴汲取已有的经验教训，一开始就搞好顶层设计，避免走弯路。所以，召开这次会议，不仅仅是讨论审议一个规划的问题，实际上是要对长株潭改革建设进行顶层设计，通过行政层面和专业层面的结合，集中智慧，设计长株潭改革建设的方向、原则，研究长株潭城市群的规模、模式，明确目标是什么，突破口在哪里。研究审议规划的过程，就是一个顶层设计的过程，是一个决策的过程。把这次会议开好，把一些重大问题研究透彻，对长株潭试验区改革建设至关重要。希望大家集中精力，以高度的责任感把这次会议开好。

二 关于两院的规划

最近几个月，大家围绕长株潭城市群"两型"社会改革建设，做了大量工作。从两个规划院的规划、省直部门和三市所做的工作，以及大家会上所做的发言来看，都经过了深入研究和思考。这些富有成效的工作，为试验区改革建设开了一个好头，为下一步工作打下了很好基础。

一是中规院和中改院编制的两个规划比较成熟。两个规划总的讲有这么几个特点。一是方向上体现了科学发展的理念，符合十七大关于新型城市化发展的要求，与国家对长株潭试验区建设的批复精神相吻合，也体现了省九次党代会精神。二是汲取了国内外城市化和区域经济发展的经验教训，特别是吸纳了国内三大城市群的体制改革经验，规划起点高。三是对湖南的实际情况做了深入调查和分析，比较符合湖南的历史沿革和自然状况。四是对一些重点领域和关键环节做了较好的把握，对土地、资源、能源、产业、城市形态、体制机制等进行了较好的规划。总体上这两个规划的质量都比较高，体现了国内一流的专业水准，经过完善后都是很好的规划。

二是原则同意省发改委的汇报。发改委的前期工作比较深入，充分听取了各方面意见，汲取了两个规划的成果，对中央及省委、省政府的要求理解得比较好。借鉴了国内其他几个试验区的成功做法，体现了改革创新和务实精神。对试验区今后几年的发展提出了建设重点和改革措施，对当前工作提出了具体建议，有比较强的操作性。

三是长株潭三市的工作较为主动。三市按照省委、省政府的统一部署，思想上高度重视，组成了领导和工作班子，积极与国家部委沟通衔接，认真学习思考，做了大量的前期工作。我几次到三市调研，大家所谈的思路和所做的工作，表达出强烈的干事创业的热情，为下一步打下了较好的工作基础。

三　从战略全局高度充分认识试验区改革建设的极端重要性

长株潭城市群作为国家试验区，率先开展"两型"社会建设试点，具有极为重要的意义。我们要充分认识试验区建设的重要性和深远历史意义，把思想统一到中央的战略决策和要求上来，统一到加快富民强省的目标上来。

第一，这是国家在新的发展阶段的重大战略布局。改革开放三十年来，我国取得了现代化建设的伟大成就，但也付出了巨大代价，资源环境制约日益严峻，需要走出一条科学发展的新路子，探索新的发展模式。长株潭城市群作为国家老工业基地和中部地区主要城市群，正处于工业化中期阶段，发展水平相对滞后，资源环境消耗较大，瓶颈制约比较突出，加快发展与节约资源、保护环境的任务并重，兼具东部发达地区和中西部地区的发展特征，在全国极具典型性和代表性。国家布局在长株潭开展"两型"社会试验，就是希望我们在保持较快发展速度的同时，通过体制机制创新，避免走传统的工业化、城市化老路，就是希望我们加快改革创新力度，率先探索出具有全国示范意义和借鉴价值的新体制机制，促进经济社会发展与人口、资源、环境相协调。这是我国在新的历史起点、新一轮改革开放大背景下采取的重大战略举措，是国家着眼东中西相互联动，布点深圳、浦东、滨海等东部试验区，重庆、成都等西部试验区后做出的又一重大战略布局。贯彻落实好这一战略部署，是贯彻落实科学发展观，加快转变发展方式，实现又好又快发展的必经之路。

第二，这是湖南富民强省的重大历史机遇。未来五年是我省加快发展的关键时期。省第九次党代会提出，要加快推进新型工业化和新型城市化进程，发展长株潭城市群的核心增长极作用，带动全省实现科学跨越发展。建设综合配套改革试验区，为我省提供了极为难得的历史机遇。抓住这一机遇，将长株潭上升到国家战略层面，有利于提升城市群的知名度、影响力和吸引力，凝聚各方力量，汇集新的动力源泉，进一步发挥核心增长极的作用，辐射和带动全省加速发展；有利于我省在更广领域、更高层次、更大程度上调整优化产业结构，完善基础设施，增强资源环境承载力，拓展新型工业化发展的空间；有利于我们深刻把握发展规律，以城市群为依托，加快推进全省新型城市化，增强湖南的长远竞争力。这是党中央、国务院对湖南的高度信任和重视，是湖南人民多年来的共同努力、期盼已久的夙愿，是实现富民强省的重大历史机遇。

第三，这是新时期赋予湖南的重大历史使命。长株潭作为综合配套改革试验区，面临着建设"两型"社会的全新课题，肩负着为全国探索发展新路子的重任，创新要求高、建设任务重。特别是长株潭是在人力物力财力相对不足、资源环境消耗相对较大的阶段下，探索推进发展转型；是在三个行政主体既协同共进又相互竞争的格局下，统筹推进城市群建设；是在全国七大试验区齐头并进、中部两大试验区同主题竞争的背景下，加速推进改革进程，任务更加艰巨。能否不负重托，完成好任务，是对我们执政能力工作水平的重大考验。必须以高度的历史责任感和紧迫感，在省委、省政府领导下，攻坚克难，以全局眼光、全新思路，精心组织、扎实推进，务求三年内在重点领域和关键环节有重大突破，五年内见到实效。

四　按照科学发展观的要求统筹谋划试验区改革建设

对长株潭试验区改革建设，思想认识上要切实克服三种片面性：一是"限制"论，担心试验区搞"两型"主题会限制发展。中央把这个光荣任务交给我们，是着眼后发地区从现在开始就要注意避免走老路，目的是促进发展得更好、步子更稳、又好又快，而不是限制发展；二是"简化"论，把"两型"社会等同于节能减排。"两型"不仅是资源节约和环境保护，这只是基本要求，核心是推进新型工业化和新型城市化，实现发展方式的转变；三是"无关"论，认为试验区是长株潭三市的事，其他地区关系不大甚至会受影响。经济发展有一个基本规律是非均衡发展，高度发达的大都市或城市群是带动区域发展的核心增长极。把长株潭做大做强了，核心增长极作用能够得到充分发挥，就能带动"3+5"城市群、带动全省发展。

认真落实中央对试验区改革建设的要求，用科学发展观指导试验区改革建设，要把握好以下几个重大问题：

（一）指导思想

要突出两条，一是进一步解放思想，全面推进各个领域改革，在重点领域和关键环节率先突破，大胆创新，尽快形成有利于资源节约和生态环境保护的体制机制；二是加快转变经济发展方式，推进经济又好又快发展，促进经济社会发展与人口资源环境相协调，切实走出一条有别于传统模式的工业化、城市化发展新路。落脚点是全面提升城市群综合实力和竞争力，带动实现富民强省、科学跨越，为推动全国的体制改革、科学发展提供示范，积累经验。

（二）目标定位

主要是四句话，一是全国"两型"社会的示范区；二是全省新型工业化、新型城市化和农业现代化的引领区；三是湖南经济发展的核心增长极；四是具有国际品质的现代化的生态型宜居城市。

（三）建设时段

2008~2010年为第一阶段，打好基础，重点突破；2010~2015年为第二阶段，纵深推进，初见成效；2015~2020年为第三阶段，基本完成建设任务，取得较好的示范效果。

（四）基本原则

要把握好四点。

第一，要将改革创新贯穿于试验区改革建设全过程。建设长株潭"两型"社会是一件大事，也是一件难事。特别是当前我们的发展水平还不高，难度就更大。要坚持解放思想，敢为人先，大胆探索，敢于和善于用改革的思路研究新情况，用新办法解决新问题，用新举措打开新局面，推动形成发展的新优势，促进科学跨越发展。要紧扣发展推进改革，有利于解放生产力、有利于促进发展、有利于增进人民福祉的改革，都要大胆设想，集中攻关、重点突破；制约科学发展的体制机制障碍，都要勇于突破。要通过改革创新，在体制机制上率先突破，争创制度新优势，促进后发赶超、跨越发展。

第二，要全面把握"两型"社会的要求和湖南特色。试验区的主题是"两型"，核心任务是"两新"，载体是城市群，根本措施是综合配套改革，着重点是重点领域和关键环节，对此要全面准确掌握和领会。要牢牢把握"资源节约、环境友好"的总体要求。"两型"社会是由工业文明向生态文明的转型，是一个漫长而艰巨的任务，不可能一蹴而就、一劳永逸。从当前来看，中央对长株潭试验区的"两型"定位，就是"资源节约、环境友好"这八个字，我们要紧紧围绕这八个字，从中央最关心的领域、群众最能直接体会的问题入手，实行重点突破。要立足于"两型"促进"两新"，"两新"带动"两型"，把资源节约、环境友好落实到新型工业化和新型城市化的发展上，走出一条有别于传统模式的工业化、城市化新路。要坚持从湖南实际出发，在改革和建设中充分体现敢为人先的湖湘文化传统，充分展现湖南山水、生态、文化特色，通过塑造特色增强长远竞争优势。

第三，要立足科学跨越发展推进试验区改革建设。科学发展观的第一要义是发展。这些年，湖南发展取得了显著的成就，可以用翻天覆地来描绘。但作为后发地区，无论是经济总量、经济质量，还是发展模式，都还有大量工作要做。全省上下都要有追赶意识。后续文明的发展，注定跟前面不一样；后发地区的发展，也必须经过艰苦卓绝的追赶路径，这条路径就是改革创新，在体制机制上率先突破，形成新的制度优势，进而形成科学发展新优势。所以，试验区的改革建设要有科学跨越发展理念，目标定位和发展指标要按照超常规、跨越式的要求，瞄准国际先进水平，力争几年内迈上新台阶。试验区要力争跨越传统的发展模式，走出一条科学跨越发展的新路，带动全省科学跨越发展。

第四，要注重全面统筹，协调发展。统筹兼顾是科学发展观的根本方法。要注重城乡统筹发展，通过新型城市化、新型工业化带动新农村建设，积极构建以工促农、以城带乡机制。加强农业基础地位，发展现代农业，稳定粮食生产，加快改善农村生产生活设施，稳步提高农民收入水平，率先建立城乡发展的新模式，推进农业现代化。要注重全面统筹发展，坚持优势优先、协调发展，发挥长株潭的辐射作用，实现以"3"带"5"，带动"3+5"城市群的发展。继续坚定不移地实施湘西地区大开发战略，加快推进湘南地区开放发展，推动邵阳、怀化等"三线"建设时期的重点城市加快经济转型。要注重政府引导和市场运作相结合，发挥市场的主体作用，努力拓展国际、国内两个市场，充分运用省内外、国内外的要素资源，提高资源配置的国际化程度，引进国际战略投资者，促进各类要素集聚长株潭。要注重发挥省市两个积极性。加大省对试验区改革建设的支持力度，加强统筹协调。充分调动三市的积极性，突出三市在试验区建设中的主体地位。

五　坚持改革创新，走出一条综合试验的新路子

根据中央的改革要求和任务，结合湖南实际，试验区要通过改革创新，走出综合试验的新路子，具体要在以下方面有突破。

第一，要走出一条新型城市化规划、新型城市化发展的新路子。中央部署长株潭试验区建设，考虑的一个重要方面是在城市群建设上探索新路。诺贝尔经济学奖得主斯蒂格利茨提出，21世纪初期，有两件事对世界影响最大：一是新技术革命，二是中国的城市化。过去十年，我国城市化以年均1.3个百分点的速度快速提高，未来20～30年将有更多的人口进入城市生活。既要不断提高城市化水平，又要避免过去城市化中的弯路，必须探索一条新型城市化的路子。我们2006年5月在新型工业化座谈会上，提出走新型城市化路子，探索长株潭新型城市群建设，应该说认识是比较早的。关于城市群的概念，专家学者从不同角度有不同的阐述，其中一种说法是，城市群是在特定的地域范围内，具有相当数量的不同性质、类型和等级规模的城市，依托一定的自然环境条件，以一个或两个超大或特大城市作为地区经济的核心，借助于现代化的交通工具和综合运输网的通达性，以及高度发达的信息网络，发生与发展着城市个体之间的内在联系，共同构成的一个相对完整的城市集合体。所谓新型城市群，"新型"体现在什么地方？

至少体现在三个方面。一是体现现代发展理念。经济社会协调发展，人与自然和谐相处，布局合理，生态良好，环境优美，功能完善，生活舒适，适宜人居。二是体现党的十七大精神。以增强综合承载能力为重点，以特大城市为依托，形成辐射作用大的城市群，培育新的经济增长极。三是吸取了国际城市化过程中的经验。城市群发展的国际经验很多，基本可归纳为六个方面：一是持之以恒，机构权威，政府支持，是城市群形成的先决条件；二是利用区位优势，建成立体基础网络设施，是城市群形成的基本条件；三是实现产业结构优化配置，以产业链相连，是城市群形成的必要条件；四是培育中心城市竞争力，发挥扩散效应，是城市群形成的充分条件；五是坚持可持续发展，是城市群成熟的保证条件；六是增强自主创新能力，充分发挥示范效应，是城市群持续发展的动力。我们要通过改革试验，走出一条新型城市群建设的路子，关键要抓好城市群规划和城市群建设两个方面。

城市群规划要有国际视野。要把长株潭的发展定位、发展目标放到国际大背景下去比照、审视，充分了解和掌握世界城市群的发展趋势和特点，充分吸纳世界城市群和国内其他改革试验区的成功经验，做成世界一流水平、全国一流水平。规划要充分考虑长株潭地处中部地区，是内生型城市群，不具备沿海城市的开放优势，要更加重视城市群

内部功能优势互补，增强城市群整体竞争力。规划要有湖南特色、湖南个性。湖南有山有水，山清水秀，植被比较茂盛，森林覆盖率高，生态环境好，这是湖南最大的一个优势。城市群建设从规划开始就要突出生态特色。与世界上的城市群一般都在平原地区不同，长株潭处于丘陵地区，具有得天独厚的生态条件。城市群要按绿色连接开展空间布局，城市与城市、城镇与城镇间通过森林、稻田、水面、湿地等连接，疏密相间、显山露水。城市建筑物依山就水，山、水、城相间，建筑格调与自然环境相协调。要实行分类开发，严格划分生态核心区、生态缓冲区和适宜开发区，严格保护三市结合部的空间开放式绿心、湘江生态风光带、湘江支流及交通线和跨交通线的生态廊道等生态区域。这次会后，要尽快组织力量，对禁止开发和限制开发的生态区域进行明确，严格保护。同时，要根据总体规划编制操作性更强的下位规划，修编三市城市总体规划、分区规划和详细规划，促进规划落地。

城市群建设要按照"两型"要求，积极探索资源能源节约、环境治理、产业发展、综合基础设施建设、城市群建设管理体制等新路子。要统筹解决好节约用地、保护耕地、农业人口有序转移等关键问题。逐步解决历史旧账，坚决不欠新账，全面削减排污总量，提高控污水平，改善城市群环境质量。推进产业转型升级，以新型工业化带动新型城市化，强化城市群产业支撑。完善城市基础设施布局和建设，增强综合承载能力，提高城市运行效率。依靠法制、市场和政府行政管理的作用，形成统筹、高效、协调的城市群建设管理模式。

第二，要走出一条新型工业化的新路子。加速推进新型工业化是城市群发展的产业支撑，也是"两型"社会建设的重要途径。试验区建设要按照"两型"社会的要求，适应科学跨越发展的需要，在现有产业基础上，充分利用产业优势与发展条件，构建以"两型"产业为核心，高新技术产业、优势产业和传统产业各尽其职的新型产业体系。

产业发展总体上要把握三条：一是立足"两型"、促进"两新"；二是自主创新、循环节约；三是高端带动、重点突破。具体产业选择上把握四个层次。一是加快发展高新技术产业和生产性服务业。主要包括电子信息、生物医药、新材料、环保节能、航空航天等高新技术产业，金融服务、商务服务、物流、信息服务、技术研发等生产性服务业。我省特别是长株潭有一批享誉国内外的科技领头人和知名院士学者，有一批拥有自主知识产权和高科技企业、品牌和科技成果，有集中几十万教师和学生的岳麓山大学城，最近长株潭又被批准为全国性高新技术产业基地，发展高新技术产业潜力很大。要突出自主创新，提倡科学研究，鼓励技术转让，重视科技成果的产业化，从政策、资金和创业环境上鼓励中小企业发展，大力发展职业教育和职业培训，使科技创新成为引领长株潭产业向高端发展的动力源。二是大力发展优势产业。主要包括工程机械、轨道交通、汽车、新能源、文化、旅游产业等，目前这些产业初具规模，竞争力较强。要积极拓展市场份额，全力发展具有国际竞争力的工程机械制造业、具有国内领先优势的轨道交通制造业、带动联动效应巨大的汽车产业、极具发展潜力的新能源装备制造业、具有全国影响的文化产业和独具"湖湘文化"魅力的旅游产业，加快技术升级，延伸产业链，提升城市群产业配套水平，培育一批上千亿的产业、上百亿的龙头企业，提高产业规模，提升产业品质。三是改造提升传统产业。主要是现在有较强基础的钢铁、有色、化工以及陶瓷、烟草、花炮等产业。要突出引进战略投资者，积极吸纳国际先进技术，促进信息化与工业化融合，提升传统产业的技术水平和产品竞争力，实现由高投入、高消耗的传统发展模式向节能降耗、高附加值发展模式转变，巩固钢铁、化工和冶金"高增长产业集群"的产业地位，加快突进粗放型重化工业向创新型重化工业升级。四是逐步淘汰限制性产业。主要是一些产业规模小，高能耗、高污染、产业效率低、技术水平低的产业，特别是低于1000千伏的电石产业、土焦产业、小煤炭、小化工等产业。这些产业，要像整治洞庭湖的造纸厂一样，下决心关停并转一批，为长株潭生态环境整治，产业升级结构创造条件。

第三，要走出一条资源节约、环境友好的新路子。这是试验区的重要任务，也是将来体现长株潭城市群特色和竞争力的重要方面。要以环境承载力为基础，以尊重自然生态为准则，以发展循环经济为动力，建设生态文明，保护生态环境，促进生态平衡，建立起资源节约、环境友好的生产模式、消费模式和城市建设模式。

一是集约用地。湖南人多地少，目前人均0.85亩，接近0.8亩的警戒线；长沙是0.79亩，已低于警戒线了。今后几年，是长株潭大发展的关键期，用地矛盾更加突出。要克服目前土地利用比较粗放的状况，真正做到用"两型"的理念用地。要按集约用地的要求探索提高土地利用效率的新途径。要优化城镇建设用地，转变用地开发模式，引导建设用地向丘岗坡地拓展，提高用地节约集约水平。同时，引导鼓励人口向城镇集中，逐步减少农村居住用地规模。二是节能降耗。长株潭是全省能源消耗最大的地区，占全省的30%以上；万元GDP能耗1.6吨标准煤，高于全国1.21吨的平均水平。实现长株潭可持续发展，要强力推进节能减排，调整产业结构，抓住一批重点耗能大户，努力降低城市群能耗水平。大力推广节能技术，改变粗放的能源消费模式。力争到2012年长株潭万元GDP能耗下降到1吨标准煤以下。三是湘江治理。要像整治洞庭湖一样，打好湘江流域综合治理的攻坚战。从上游的生态涵养保护、沿线的集中治污，到下游洞庭湖的巩固治理成果，从水体保护，到大气、土壤配套治理，加强上下联动、江湖联动、水陆空联动。要下决心关掉湘江流域不达标的"五小企业"，努力实现全流域重金属零排放，工业废水达标排放，水质整体提升。要加快湘江风光带建设，将防洪经济效益、环境生态效益和社会综合效益有效融合为一体。四是清水塘、竹埠港等重点地区治理。加快发展循环经济，突出抓好重点产业、重点企业的生态化再造，大力促进节能减排，切实提高资源循环利用效率，打造全国循环经济的样板区。到 2012 年，这些地区主要污染物排放总量削减和资源综合利用水平要力争达到全国先进水平。

第四，要走出一条综合基础设施建设的新路子。完善的区域性综合基础设施网络是城市群的重要标志，也是城市群发展的主要驱动力和承载力。高效率、有活力的城市群，要拥有由公路、铁路、航空、水运、管网等构成的区域性基础设施网络，发达的交通设施是城市群空间结构的骨架。要通过加强综合规划，增强各种基础设施整体功能。长株潭城市群建设要吸取国内外城市群发展的经验教训，立足新理念，高起点布局综合基础设施。要以城市群为载体，统筹路网、电网、水网、通信、污水、垃圾处理等综合基础设施建设。特别是交通设施，一定要树立综合交通理念，通盘考虑城市群对外辐射带动周边地区的要求，突出网络化，突出各类交通设施的无缝对接。要按规划中的城市规模、人口数量安排交通设施布局和能力，城际主要通勤走廊要体现快速便捷、高承载力。长株潭城市群交通要在三个层次规划，一是三市之间的连接，以湘江风光带和芙蓉大道为主轴线，建设快速城市干道、轨道交通等，形成三市公交一体化系统；二是构建"3＋5"城市群的主干网，提高城市间的直接通达性；三是构建"3＋5"城市群对外的立体交通网。

第五，要走出一条城乡统筹发展的新路子。统筹城乡发展，推动形成城乡经济社会发展一体化新格局，是十七大提出的战略任务，是推进新型城市化的题中之意。要通过改革试验，打破城市、农村分而治的传统管理模式，把农村当作城市来管理。一要完善机制。切实打破城市群城乡二元结构，统筹好城市群的城乡空间发展布局，协调好基础设施、产业发展、耕地保护和生态保护之间的关系。改革户籍制度，促进城乡人口自由流动，引导农民有序的向城市转移。二要加强城镇建设。加强县城、小城镇建设，建成一批品牌镇、经济强镇。三要推进城乡基础设施和公共服务对接。推动城市道路、管网、供水、供电、垃圾污水处理的设施向农村延伸，教育、医疗卫生、社会保障等体系向农村覆盖。要按管理城市的模式管理城市近郊，带动新农村建设。

第六，要走出一条体制机制创新的新路子。改革创新是长株潭试验区的灵魂，必须坚定不移地走改革之路。要在体制机制创新上多思考、多琢磨、多实践，积极开展分类研究：法律、法规明确有底线的，要重点研究底线以上如何创新；法律法规只做原则性规定的，要通过试验改革予以明化、细化；法律法规尚未涉足的，要积极探索建立合理的制度；法律法规和正在执行的政策虽有明确规定，但在实践中需要调整完善的，可向上报告，在局部试点，为法律法规和政策体系的完善提供实践经验。当前重点要在土地利用、产业发展、投融资、资源环境、城市群管理等领域加大探索、率先突破。

六　以强烈的紧迫感和责任感推动试验区改革建设

各地各部门要明确责任，迅速行动，把这件事关全局、事关长远的工作抓紧抓好。

第一，强化党委政府的领导，发挥统筹协调作用。

加快试验区改革建设，政府要在五个方面发挥作用：

一是通过科学规划，强化规划引领，用规划引导城市群经济社会活动方向，约束各类主体行为；二是围绕长株潭的新规划，注重区域经济的统筹安排，尤其是土地资源的统筹利用；三是统筹推进综合交通体系建设，形成公路、铁路、空港和水运等相结合的立体网络；四是重视综合财税政策的引导支持，通过资金流向体现政府的战略意图；五是搞好政策层面的综合协调。要加强学习，掌握规律，科学决策，提高用现代管理手段统筹协调城市群建设的水平。

第二，设立专项资金，加大投融资力度。要多渠道筹措资金。设立长株潭试验区建设专项资金，省里先拿一些，以后再逐年增加。突出资本市场融资通过市场机制吸引资金向长株潭流动。改革投融资体制，推进金融创新，建立多元化投融资体系。

第三，以良好的精神状态、务实的作风干实事。各级干部都要切实做到学习学习再学习，开放开放再开放，创新创新再创新，干事干事再干事，落实落实再落实。要充分发扬"敢为人先、敢于担当"的精神，把改革的思路、举措和行动落实到发展的绩效上；大力弘扬"先行先试、敢破敢立"的精神，以创新的勇气和宽容的胸怀，保护、引导和调动一切积极因素，营造新氛围，保护新事物，形成新优势。要多谋事、少谋人，以干实事、出实绩作为考核评价的重要标准。只要有只争朝夕的紧迫感，有抓一事成一事的实干精神，我们一定能够在竞相发展之中闯出一番自己的天地。

在中共湖南省委常委扩大会议上的讲话

周　强

2008 年 5 月 20 日

　　这次常委扩大会议很重要，讨论的问题事关全省全局发展和长远发展。这次会议也开得很好，是一次统一思想的会议，集思广益的会议，充分发扬民主的会议，大家通过讨论，进一步明确了"两型"社会综合配套改革试验区建设的目标、基本原则、指导思想、主要任务和路径；同时也是一次动员会议，动员全省干部群众为实现规划提出的宏伟蓝图而努力奋斗。

　　省委、省政府一直高度重视长株潭城市群"两型"社会综合配套改革试验区建设。春贤书记对规划的制定抓得很紧，在规划提升过程中，提出了许多具体、明确的指导意见，今天又就试验区建设规划及改革方案做了重要讲话，全面深刻，针对性、指导性都很强。希望大家认真学习领会，切实把思想认识统一到这次会议精神上来，按照这次常委扩大会议的要求，动员全省干部群众，推进规划的落实，将规划制定的蓝图真正变为现实。这里，我扼要讲三个具体问题。

一　关于规划、方案和总体设想的基本评价

　　总体看，长株潭城市群试验区建设提升规划围绕"两型"社会建设主题，具有国际视野，借鉴了国内外先进经验，结合湖南实际，突出了城市群特色。我们发展城市群，把建设"两型"社会和推进"两新"（新型工业化、新型城市化，下同）结合起来，就可以避免西方发达国家所走过的"先污染、后治理"老路，可以避免大城市病，避免犯罪充斥、空气污浊、高失业率、贫民窟等传统城市化道路的弊端。这次提交常委扩大会议讨论的规划，体现了继承与创新的原则，是原有规划的提升和发展。长株潭"两型"社会综合配套改革试验区建设获得国家批准，是全省干部群众几十年奋斗的结果，张萍等许多专家、教授进行了长期研究。试验区建设规划充分吸收这些成果，既有

继承，也有很多新的发展。我们的事业就是这样，在继承的基础上创新，在继承的基础上发展，这样才能永葆发展活力，才能保证我们的事业不断向前发展。说有继承，如规划中很好地体现了长株潭经济一体化发展的连贯性，很好地处理了"五同"的关系。说有创新，突出了建设"两型"社会，突出了推进"两新"，还结合新农村建设提出了一些很好的理念，比如"开"字形的开放式空间结构布局，还有生态空间布局提出建设"绿心、一带、多廊道、多斑块"，这些都是很好的理念，具有国际视野，体现了长株潭城市群的特色。概括来讲，规划方案立意比较高，特色比较鲜明，亮点比较多，是一个鼓舞人心、令人振奋的规划，通过全省上下的共同努力，也是可以完全实现的规划。

改革方案总体来看重点突出，提出了一些很好的改革思路和政策建议，借鉴了国内外尤其是国内其他地区、其他城市一些成功的改革经验，为我们深化"两型"社会配套改革提供了很好的思路。

省发改委关于长株潭城市群"两型"社会建设的总体设想，指导思想、基本原则、主要目标、主要措施明确，操作性很强，符合湖南实际、切实可行。

二 关于规划、方案的修改完善

这次会议之后，省发改委会同中规院、中改院将会议讨论的意见，以及尚未来得及发言的同志的书面意见，认真加以归纳梳理，认真加以研究吸收，抓紧修改完善规划和方案，经省委、省政府审定之后，尽快上报国家审批，尽快付诸实施。

一是目标定位要进一步明确。包括城市群"两型"社会建设的目标定位、改革的目标定位、城市群发展的目标定位等，都要进一步明确。

二是规划内容要进一步充实。生态方面，要进一步做好生态文明这个文章，突出"绿心、一带、多廊道、多斑块"，这也是我们的亮点和特色。建设长株潭城市群，生态是我们的优势所在，有青山绿水，湘江贯穿三市，丘陵山岗遍布其间，这在城市群建设中是不可多得的资源，是我们"两型社会"建设的宝贵资源。从城市规划和建设来讲，要充分展现湖南的特色、湖南的传统、湖湘文化的元素。很多同志来湖南，都希望对城市形象、城市建筑、城市街道如何体现湖南的特色有个总体的了解和把握。比如，湖塘、山丘、草坪，是湖南的特色。很多城市以前有很多湖，现在有湖的城市就很少了，从长株潭城市群而言，我们说长株潭美，说湖南美，美在湘江，湘江和浏阳河等河流怎样与城市群的发展更好地融合起来，需要进一步规划明确。目前三个城市里面还缺城市的内湖，城市发展缺乏对湖的规划，很多小塘都填掉了。建筑方面，像毛主席故居这样的建筑就很有特色，规划中出现了"庭院总部"的提法，我看就很好，体现了湖南建筑的传统特色，对国际上的投资者很有吸引力。我们在现代化建设过程中，要保护好传统的、美好的、有价值的元素，在景观设计、开敞空间的规划方面，一定要注意体现湖南的特色和优势。产业方面，要突出大力发展高新技术产业、创意产业、先进制造业和现代服务业尤其是现代金融业。经济社会的信息化程度，是现代化特别是新型工业化很重要的标志，要高度重视信息化的发展，一方面要抓信息产业的发展，另一方面要加快提升经济社会信息化水平。我们推进长株潭城市群"两型"社会建设，信息化是最重要的动力，也是最重要的标志，规划的提升、完善方面要进一步突出信息化的内容。我省信息产业的发展规划，也要根据新的发展形势，重新制定，充实提升。总的想法就是要通过规划的实施，通过建设和发展，生态建设方面，使长株潭城市群成为生态之都、魅力之都。产业发展方面，使长株潭城市群成为创业之都、创新之都。综合配套改革方面，要进一步突出行政管理体制改革和三市统一市场的建设，包括"3＋5"城市群的市场建设，都要进一步深化，要有比较具体的方案。

三是基础设施建设要更加突出重点。从长株潭城市群的发展现状和长远发展出发，主要是要突出交通和通信基础设施建设。交通，要注重水平的提升，网络的完善，结构的优化，尤其是要抓住现代立体综合交通网络体系的构建。通信，就是要推广运用新一代网络通信技术，积极创新，在长株潭城市群布局建设统一的基础设施网络，使用新一代的通信网络技术。

四是规划之间要进一步衔接。目前，城市群规划在我国规划体系当中，还没有相应的法定地位。区域规划、省会城市的总体规划都要经过国务院批准，具有法律效力。现在在这个中间，出了一个城市群规划，增加了一个规划层次，这既是区域经济社会发展的需要，更需要加强规划之间的衔接。再就是在区域规划、城市群规划、控制性详规和修建性规划中间，还有一个城市设计问题。城市的发展，城市群的建设，要打造品牌，要注意城市和城市群的形象设计，要花更多的精力做好城市标志形象的设计和推介策划。我们对外推介长株潭城市群，具有代表性意义的形象标志是什么，长沙、株洲、湘潭具有代表性的标志又是什么，都要有一个形象设计，这是一篇很大的文章。

三　关于完善和实施规划、方案当前要做的工作

一要坚持思想先导。要完善规划，尤其是要制定具有国际视野的城市群建设规划，就要不断解放思想，在思路、目标、措施等方面不断创新，打破条条框框的束缚。要坚持把改革开放作为动力，大胆探索、大胆创新，创新思想观念，创新政府管理方式。要努力适应国内外形势已经发生和正在发生的深刻变化，不断强化战略思维，特别是要有国际化视野、宽广的胸怀，紧紧跟上时代前进的步伐。

二要尽快完善规划和方案并抓紧上报。要充分发扬民主，广泛听取各方面的意见，集中大家的智慧，认真修改、完善规划和方案。从国内外来看，无论是对规划，还是对具体的建设项目，从不同的角度，有不同的看法，是十分正常的，最典型的就是法国的埃菲尔铁塔，100多年前建造时被认为是最差的设计，而今天却被认为是最好、最具特色、最有风格的建筑。我们对长株潭城市群建设规划和配套改革方案，既要广泛听取各方面的意见，充分发扬民主，集思广益，也要抓紧时间，不能无限制的讨论下去，要尽快收集、研究各方面的意见和建议，抓紧修改完善报批。

三要增强规划的约束力。要在《长株潭城市群区域规划条例》立法的基础上，省人大以地方法规的形式将城市群规划的主要目标和内容予以明确，使之既有指导性，又有约束性。

四要做好统筹协调。长株潭城市群区域规划要与各市的规划衔接起来，要与土地、交通、通信、环保等专项规划有机衔接起来。各市都要根据区域规划和改革总体方案，进一步修改完善现有的各项规划，尤其要通过控制性详规加以推进和落实。

五要重点推进。一方面要完善规划，一方面要积极创造条件推进规划的实施。行动是最好的动员，行动也是最好的统一思想过程，要坚持基础先行，狠抓交通设施建设，抓紧完善三市交通网络；要落实措施，狠抓环境治理，省委、省政府已经决定启动湘江综合治理，力争三年见成效，再用两年回头看，同时要继续巩固洞庭湖治理成果；要加大力度，狠抓循环经济，要以清水塘、竹埠港等治理作为长株潭"两型"社会建设的突破口，作为建设"两型"社会的一个标志。要多渠道筹措资金，关键是要解放思想，坚持市场运作，积极引进国内外各种创新要素和资金聚集长株潭。

六要优化环境。最好的规划、最宏伟的蓝图，要变为现实，离不开良好的发展环境作为保障。要进一步统一思想，为经济社会发展、为外来投资者创造公开、透明、可预期的法制环境，力争做到投资项目时间可以计算，成本可以计算，尤其要降低隐形成本。纪检、监察部门要充分发挥作用，严肃查处损害发展环境的人和事。这个问题一定要下大力解决。我们引进国内外客商是来湖南投资，而不是投诉，是要他们在湖南更好的投资兴业。

七要积极争取国家支持。各部门都要用好、用足"两型"社会建设试点政策，积极利用这一平台，从土地、环保、财税等方面，多向国家有关部委汇报，加强衔接，多提建议，争取国家更多的项目和资金支持。

八要积极搭建国际合作平台。广泛借鉴国际城市群发展的先进经验，努力汲取国际城市发展的成功经验，以"两型"社会建设国际论坛等形式，积极开展国际合作，致力建设国内一流、国际上有影响的城市群。

九要加强协调形成合力。长株潭城市群综合配套改革试验区建设是全省人民的共同事业。省直各部门要大力支持，积极做好工作，长株潭及其他各市要相互配合，加强协调，努力形成真抓实干的良好氛围。省里要做好三市干不了的事情以及三市之间、"3＋5"城市之间的协调统筹工作，同时要充分调动各市的积极性，形成合力。

十要加强理论研究。建设"两型"社会需要坚持不懈的探索，需要不断改革创新，要及时收集各方面的情况，加强宏观和政策层面的研究，为全省"两型"社会建设提供理论支撑。

湖南省人民政府
关于印发《湘江流域水污染
综合整治实施方案》的通知

湘政发〔2008〕14号

长沙、衡阳、株洲、湘潭、岳阳、郴州、永州、娄底市人民政府，省政府各厅委、各直属机构：

现将《湘江流域水污染综合整治实施方案》（以下简称《方案》）印发给你们，请认真组织实施。

湘江是湖南的母亲河。开展湘江流域水污染综合整治是省委、省政府做出的重大决策，是一项民生工程。各级各部门要从贯彻落实科学发展观、调整经济结构、转变发展方式、维护人民群众根本利益的高度，深刻认识实施湘江流域综合整治的重大意义。制定和实施整治方案，是保护湖南人民母亲河的重要行动，是巩固洞庭湖综合治理成果的重要措施，是推进长株潭城市群"两型社会"建设，构建生态湖南、和谐湖南的重要标志。湘江流域各级人民政府要进一步提高认识，统一思想，把湘江流域水污染综合整治作为政府工作的大事来抓，加强领导、精心组织、落实责任、强化考核。各有关部门要根据职能分工，相互配合，协同作战，在监督管理、资金投入、技术服务等方面给予支持。各有关责任单位要落实责任人员、技术方案、资金来源，推进整治措施顺利实施，要动员全社会力量共同保护湘江，确保全面完成湘江流域水污染综合整治的各项目标任务。

湖南省人民政府

2008 年 5 月 25 日

湘江流域水污染综合整治实施方案

湘江纵贯我省南北，集生活饮用、生产用水、航运、发电、纳污等诸多功能于一体。为了落实国家、湖南省环境保护"十一五"规划，确保实现"十一五"减排目标，保障湘江流域人民群众的饮水安全，改善人居环境，制定本方案。

一 指导思想、整治目标和基本原则

（一）指导思想

全面贯彻党的十七大精神，以邓小平理论和"三个代表"重要思想为指导，深入贯彻落实科学发展观，以人为本，以保护饮用水源安全为中心，综合治理，重点突破，大力推进产业结构调整和优化升级，强化工业污染防治，突出重金属污染整治，加快城市生活污染和畜禽养殖业污染治理步伐，确保全流域水环境安全。

（二）整治目标

用三年时间（2008～2010年），解决湘江水污染问题以及株洲清水塘、衡阳水口山（含松江）、湘潭岳塘和竹埠港工业区及郴州有色采选集中地区环境污染问题。到2010年，湘江流域水环境质量达到功能目标，饮用水源地主要污染指标达标，流域生态良性循环，经济竞争力与环境竞争力同步提升，长株潭城市群"两型社会"建设取得较大进展。再用两年时间（2011～2012年），对湘江流域水污染综合整治工作进行回头看，巩固提高整治成果。

（三）基本原则

1．综合治理，突出重点

以冶金、化工、轻工、畜禽养殖业和生活废水污染治理为重点，以清水塘、水口山（含松江）、岳塘和竹埠港工业区及郴州有色采选集中地区为重点整治地区，综合治理水污染。

2．远近结合，标本兼治

对污染严重的企业分门别类采取立即取缔关停与工程减排措施相结合，既要快见成效，又要积极解决历史遗留的环境污染，多还旧账。

3. 调整结构，促进发展

将结构减排与工业布局、产业结构优化相结合，合理配置资源，促进经济社会又好又快发展。

4. 创新机制，巩固成效

政府牵头、职能部门分工协作，形成整治合力，建立长效机制，巩固整治成果。

二　主要任务

（一）以结构减排为重点，从源头削减污染排放总量

1. 严格环境准入

切实加强规划、区域和项目环境影响评价工作，市级以上人民政府及其有关部门组织编制的土地利用和区域流域建设、开发利用规划，在报批时须同时提交有关规划的环境影响评价文件，引导冶金、化工等污染严重的企业向专业园区集中。大力推进招商引资向招商选资转变，对不符合环保法律法规、产业政策的项目，对选址、布局不合理的项目，对饮用水源等环境敏感地区产生重大不利影响、群众反映强烈的项目，对排污总量已超过控制指标、生态破坏严重或者尚未完成生态恢复任务的地区的新增污染项目，一律不予审批。在湘江干流株洲朱亭镇至长沙月亮岛江段两岸各 20 公里范围内禁止新建外排水污染物涉及重金属以及有色、化工制浆造纸等废水排放量大的企业。对产业限制类项目，现有生产能力确需改造升级的，其新增污染排放量必须实现"增产减污"。对于产业政策鼓励类项目，新增污染物排放量必须通过企业、区域等量削减予以平衡。

全面执行"三同时"保证金制度，建设项目按照"三同时"要求完成建设并投入正常运行，经验收合格的，及时将保证金返回建设单位。未按"三同时"要求建设的，"三同时"保证金充作环保治理专项资金，环保部门不予项目竣工验收，有关部门不得发放准予生产的相关证照。

2. 取缔关停污染严重企业

对未经环保部门审批且不符合国家和省产业政策的企业一律取缔。对已经环保部门审批，但污染防治设施未验收或验收不合格、超标排污的企业实施停产治理。对治理无望或实施停产治理后仍不能达标排放的企业实施关闭。停产治理的企业完成治理任务后，需经环保部门验收合格后方可恢复生产。

3. 淘汰落后产能

对已列入国家和省淘汰退出的工艺、设备、产品和企业名录的企业，必须在期限内

淘汰退出。

被取缔关停和淘汰退出的企业，有条件的也可退二进三，也可转产等。转产的企业必须符合国家和省的产业政策、产业布局，经有审批权的环保行政主管部门批准。

（二）以工程减排为重点，加速重点污染源治理步伐

1. 限期治理重点工业污染源

对生产规模较大，部分污染因子不能达标排放的企业或达标排放后排放总量仍然较大，因环境容量限制需要进一步削减污染总量的企业，依法实施限期治理。列入限期治理的企业，要把治理内容项目化、工程化，限期完成治理任务，在限期内没有完成治理任务的，实施停产治理。开展污染行业清洁生产审核，全面提高工业企业清洁生产水平，扶持建设一批污染物"零排放"示范企业。

2. 加快推进污染集中治理

省级各类工业开发园区都要配套建设工业废水集中处理厂等环保基础设施，对工业"三废"实行集中处理处置。引导各类排污企业向园区集中，加强统一监管，实现稳定达标排放。

3. 加大重点污染源监管力度

对重点排污企业排污口安装自动监控装置，与各地污染源监控中心联网，实行实时监控、动态管理。健全完善企业排污总量控制和排污许可证制度，做到持证排放、按量排污，把各项减排措施落实到每一个工业点源。

（三）以清水塘、水口山（松江）、岳塘和竹埠港工业区、郴州有色采选集中地区为重点，消除重点地区水污染威胁

1. 株洲清水塘地区

以进一步削减排污总量、霞湾港水变清为总目标，重点对中盐湖南株洲化工集团有限公司废水进行深度处理，改造完善排污系统，实现清污分流；株洲冶炼集团股份有限公司尽快完成废水深度处理和废水、废渣综合利用；取缔关停工业区及其周边污染严重的小型企业；实施霞湾港底泥沉积重金属污染治理工程。

2. 衡阳水口山、松江地区

以加强有色冶炼企业渣料的管理和废水治理为重点，全面整治水口山、松江地区环境。加快水口山有色金属集团废水处理，完成一批废水废渣治理项目，加大污染物削减力度。加大水口山、松江地区冶炼企业的整治力度，所有原料和废渣必须进棚，关闭手续不全和污染严重的小冶炼企业，坚决取缔小摇床。

3. 湘潭岳塘、竹埠港地区

以产业结构调整为重点，落实化工、颜料、冶炼等重污染产业退出计划，鼓励发展资源消耗低、环境污染轻的机械制造、电子信息等产业。按期完成湘潭钢铁有限公司水资源综合利用等一批污染整治项目，进一步削减排污总量，改善区域环境。

4. 郴州有色采选集中地区

采取整顿矿业开采秩序，取缔关闭非法采选企业，集中选矿，集中建设尾矿库等措施，全面整治临武县香花岭三十六湾、北湖区新田岭矿区、汝城县小垣矿区、苏仙区柿竹园矿及玛瑙山矿周边地区有色金属采选污染，恢复有色采选集中地区的生态环境。

（四）以城镇环境基础设施建设为重点，全面提高生活污水处理率

1. 实现县城以上生活污水处理设施建设全覆盖

到 2010 年，湘江流域设市城市、县城都要建成生活污水处理设施，污水处理率分别达到 80% 和 50% 以上。新建污水处理厂必须采取除磷脱氮工艺。

2. 加强生活污水处理设施运行监管

所有生活污水集中处理设施都要安装在线监控装置，并与当地污染源监控中心联网。要尽快完善污水管网，保障污水处理厂建成投入运行一年内处理负荷达到设计能力的 60% ，三年内不低于设计能力的 75% 。

（五）以规模化畜禽养殖废物资源化为重点，全面开展农业面源污染防治工作

1. 畜禽养殖业污染治理

积极推广集中养殖、集中治污。对规模化养殖场，要按照工业污染源一样的污染防控要求，实施排污许可、排污申报和排放总量控制制度。在 2009 年 12 月底以前，完成规模在 5000 头猪（或折合 5000 头猪）以上的养殖场的污染治理，在 2010 年底以前完成规模在 500 头猪（或折合 500 头猪）以上的养殖场的污染治理，确保达标排放。积极采用生产沼气、有机肥料等方式，加强畜禽粪便资源化利用，到 2010 年，畜禽养殖粪便综合利用率达到 80% 以上。

2. 水产养殖业污染治理

对东江湖、水府庙水库等重要水域，要依据水环境容量和水环境功能区划要求，确定养殖面积，严格审批，严格监管；对已超过环境容量，达不到水环境功能区划要求的水域，要尽快缩减养殖面积，做好网围养殖设施的拆除工作。

3. 农村面源污染控制

开展农业清洁化生产技术推广，重点以减少农药和化肥用量、控制高毒高残留农药的使用、提高秸秆资源化利用水平为手段，实现农业清洁生产，促进农业污染减排工作。实施乡村清洁工程，分户或联户设置垃圾收集、建设沼气和污水净化设施，削减农村废水污染物排放。

三 工作步骤

省人民政府根据湘江流域水污染综合整治工作的进度，分批公布取缔关闭、停产治理、淘汰退出、限期治理、搬迁等企业名单，并适时进行督查，组织阶段性考核验收。企业所在地县以上人民政府按省人民政府公布的名单下达整治通知，责令落实，确保按限定时间完成整治任务。市县人民政府下达的整治通知报省环保局备案。

2008 年 10 月底以前，湘江流域水污染综合整治第一批取缔关闭企业（37 家）实施到位。2008 年 10 月底以前，淘汰退出企业（18 家）实施到位，湖南南天实业有限公司、湖南顺鑫钢铁有限公司、耒阳市百利恒钢铁有限公司淘汰退出（或退二进三、转产），2009 年 12 月底以前实施到位。2008 年 10 月底以前，湘江流域水污染综合整治第一批停产治理企业（42 家）必须停产，临武县香花岭三十六湾、北湖区新田岭、汝城县小垣、苏仙岭柿竹园矿区（198 家）整治整合，2009 年 6 月底以前实施到位。2009 年 12 月底以前，湘江流域水污染综合整治第一批限期治理企业（122 家）完成治理任务。2009 年 12 月底以前，湘江流域水污染综合整治第一批存栏 5000 头猪（或折5000 头猪）以上的养殖场（36 家）完成污染治理任务。2010 年 12 月底以前，搬迁企业（11 家）实施到位；工业园区污水处理厂（11 家）建设与工业园区建设同步。湘江污染综合整治涉及的行业多，企业类型多，情况十分复杂，各地在采取整治措施时要对污染企业的分布和生产、排放情况认真清理排查，当发现属于整治范围或与已列入整治名单企业的情况相类似的企业，要一并纳入整治范围，并将排查情况及时报省环保局。2011~2012 年，深化湘江污染整治，按照循环经济的要求，对企业开展废水深度处理，达到循环使用的要求，进一步削减排污量。加强对整治企业的监管检查，严防污染反弹，确保整治成果。城镇生活污水、生活垃圾处理和造纸行业污染整治，继续按省人民政府的部署组织实施。

四 保障措施

（一）加强宣传，舆论引导

湘江流域各市、县要充分发挥舆论引导和监督作用，大力宣传环境保护的方针政策和法律法规，大力宣传湘江流域污染整治工作的重要性、紧迫性，大力宣扬湘江整治的先进典型，定期通报湘江整治工作阶段性进展；公开曝光环境违法行为；全方位、多层次推广适应建设资源节约型、环境友好型社会要求的生产生活消费方式。

（二）落实责任，强化考核

湘江流域各级政府对辖区的整治工作负责，省人民政府与 8 个市人民政府签订整治目标责任书，明确目标任务，落实整治责任，并将工作责任落实到基层、落实到具体工程项目、落实到具体工作人员，统一行动，统一验收标准。建立问责制，对整治行动进行跟踪督办和考核，对整治工作进展慢的地方，实施"区域限批"、"企业限批"，对没按期完成整治任务的企业给予黄牌警告、挂牌督办。

（三）部门联动，协同作战

湘江水污染综合整治是全省污染治理的重大战役，必须在政府的统一领导下，各职能部门相互配合，协调行动。各项目审批部门要把环保准入作为项目审查的重要前提条件，严把环保准入关；发展改革、经济等部门要结合整治工作提出产业布局、产业整合、产业发展等有关政策措施，促进结构调整优化；工商部门要对取缔和责令关闭的企业依法予以注销或吊销营业执照，对无证经营的企业依法予以取缔；公安部门要维护好取缔和责令关闭企业的秩序和内部治安稳定工作，依法打击在取缔和责令关闭企业过程中的违法犯罪行为；电力部门要对取缔、关闭和淘汰退出的企业停止生产供电；金融部门要对实施取缔关闭的企业不予以办理信贷业务，及时将取缔关闭企业信息纳入人民银行企业征信系统；财政、劳动保障、民政部门要落实促进就业再就业各项优惠政策措施，指导帮助关闭淘汰和停产整治企业失业人员实现再就业；农业部门要提出调整农业产业结构，促进养殖业健康发展的政策措施，协调产业发展中的重大问题；国土资源部门要做好取缔关闭企业土地回收、评估、利用工作和矿业秩序整治工作；水利部门要加强对湘江水资源保护的监督，合理有效调度流域水资源；国有资产管理部门要加强对所监管企业污染治理的监管和督查工作；监察部门要加强整治行动中的行政监察，维护政令畅通；环保部门要负责湘江整治行动的综合协调，统一监督管理，依法查处环境违法行为。

（四）加强调研，用好政策

湘江整治涉及面广，各地要加强调研工作，因地制宜，分类指导，按政策法规处理好整治行动中出现的问题，用好用足现有的有关污染治理、企业搬迁、退二进三、转产、淘汰退出、综合利用、技改等方面的优惠鼓励政策，并根据本地实际，制定有利于整治行动的激励扶持政策，做好取缔、关停和淘汰退出企业的稳定工作。

（五）落实资金，保障投入

坚持"谁污染谁治理，谁破坏谁恢复"的方针，多渠道筹集治理资金，要加大企业治污主体的投入。同时，采取鼓励和优惠措施，吸引国内外企业、金融机构和民间资本投入到湘江污染整治中来。要积极争取国家资金支持。省和相关市、县财政要加大对湘江流域水污染综合整治的投入力度，有效整合环保、节能减排、水利建设、淘汰落后产能、新农村建设等方面的资金，确保湘江流域水污染综合整治工作的顺利进行。

（六）加强领导，严密组织

省人民政府成立湘江流域水污染综合整治委员会，省长周强任主任，常务副省长于来山任常务主任，副省长刘力伟任执行主任，省政府分管副秘书长、省发改委、省经委、省公安厅、省监察厅、省财政厅、省劳动保障厅、省国土资源厅、省建设厅、省水利厅、省农业厅、省国资委、省环保局、省工商局、省政府法制办、人民银行长沙中心支行、电力公司主要负责人和湘江流域8个市人民政府市长任委员。委员会不定期召开会议，统一指挥，研究处理整治行动中的重大问题。委员会办公室设在省环保局，负责日常工作。各地要加强对整治行动的领导，认真筹划，周密部署，制定应急预案，全面完成整治的各项目标任务。

湖南省人民代表大会常务委员会
《关于保障和促进长株潭城市群资源
节约型和环境友好型社会建设综合
配套改革试验区工作的决定》

（2008 年 7 月 31 日湖南省第十一届人民代表
大会常务委员会第三次会议通过）

为了保障和促进长株潭城市群资源节约型和环境友好型（以下简称"两型"）社会建设综合配套改革试验区工作，根据国家对长株潭城市群"两型"社会建设综合配套改革试验区的决策和中共湖南省委的部署，结合长株潭城市群的实际，特作如下决定。

一、长株潭城市群"两型"社会建设综合配套改革试验区的设立，是国家在新的发展阶段的重大战略布局，是新时期赋予湖南的重大历史使命，是我省实现科学跨越、富民强省的重大历史机遇。省人民代表大会常务委员会支持省人民政府在长株潭城市群"两型"社会建设中，按照科学发展观的要求，坚持"省统筹、市为主、市场化"的原则，解放思想，勇于创新，全面推进各个方面改革，牢牢把握"资源节约、环境友好"的总体要求，率先形成有利于资源节约和环境友好的新机制，率先积累产业结构优化升级、转变经济发展方式的新经验，率先形成城市群发展的新模式，努力把长株潭城市群建设成为全国"两型"社会的示范区、全省新型工业化、新型城市化和社会主义新农村建设的引领区、湖南经济发展的核心增长极、具有国际品质的现代化生态型城市群；

二、"两型"社会建设综合配套改革试验是一项艰巨的创新工程。省人民政府在坚持国家法制统一原则的前提下，可以就长株潭城市群资源节约、环境保护、土地管理、城乡发展、行政管理和运行体制等综合配套改革重大事项适时决策，先行先试。省人民政府制定的相关文件，报省人民代表大会常务委员会备案。

三、省人民代表大会常务委员会根据改革试验工作的情况和需要，适时制定相关地方性法规，并对相关法律法规的实施情况和决议、决定的执行情况进行检查，为"两型"社会建设综合配套改革试验工作提供法制保障。

四、省人民政府和长沙、株洲、湘潭市人民政府应当根据《湖南省长株潭城市群区域规划条例》有关长株潭城市群禁止开发区域、限制开发区域空间管治的要求，采取有力措施，依法加强空间管治区域的有效管治，保护生态环境。

五、全省各级国家机关要按照中共湖南省委、省人民政府的总体部署，统一思想，坚定信心，积极支持、全力推进改革试验，为建设资源节约型和环境友好型社会、实现富民强省的宏伟目标而奋斗！

本决定自公布之日起施行。

国务院关于长株潭城市群资源节约型和环境友好型社会建设综合配套改革试验总体方案的批复

国函〔2008〕123号

湖南省人民政府：

你省报来的《关于长株潭城市群资源节约型和环境友好型社会建设综合配套改革试验总体方案》及附件《长株潭城市群区域规划2008~2020年》（以下统称《方案》）收悉。现批复如下。

一、原则同意《方案》，请认真组织实施。

二、《方案》实施要以邓小平理论和"三个代表"重要思想为指导，深入贯彻落实科学发展观，根据建设资源节约型和环境友好型社会的要求，进一步解放思想，加大力度推进重点领域和关键环节的改革试验，推进经济结构调整和发展方式转变，在长株潭城市群形成有利于能源资源节约和生态环境保护的体制机制，不断增强区域综合实力和可持续发展能力，使长株潭城市群在促进中部地区崛起和区域协调发展中发挥更大的作用，为全国深化体制改革、推动科学发展和促进社会和谐提供经验和示范。

三、湖南省人民政府要加强对长株潭城市群综合配套改革试验的组织和领导，做好城市群区域规划与改革方案的衔接，着力推进长株潭城市群一体化建设。要以创新资源节约、环境保护、产业优化升级、科技和人才管理、土地管理的体制机制为重点，配套推进投融资、对外经济、财税、统筹城乡及行政管理等体制机制改革创新。要根据《方案》制订相应的专项改革方案和专项规划，其中涉及财税、土地、金融等重要专项改革要按程序另行报批后实施。对改革试验中出现的新情况、新问题，要及时统筹研究，妥善提出相应对策。

四、国务院有关部门要按照职责分工，积极支持和指导长株潭城市群开展有关专项改革，关注改革的进展情况，先行试验一些重大的改革开放措施。与建设资源节约和环境友好社会主题相关的改革事项，要优先在长株潭城市群等改革试验区先行先试。发展改革部门要加强对改革试验工作的指导，健全试验工作管理与协调推进机制。建立改革风险预防控制和纠偏机制，保障改革试验工作平稳有序推进。

各有关方面要充分认识推进长株潭城市群资源节约型和环境友好型社会建设综合配套改革试验工作的重要意义，统一思想，勇于创新，扎实工作，积极推进《方案》的实施和各项改革措施的落实，努力开创长株潭城市群改革发展的新局面。

国务院

2008 年 11 月 22 日

湖南省人民政府办公厅
关于在长株潭三市开展土地
征收改革试点的通知

湘政办函〔2008〕195 号

长沙、株洲、湘潭市人民政府，省直有关单位：

为理顺农用地专用和土地征收关系，增强土地供给能力，更好地服务全省经济社会发展，探索长株潭城市群"两型社会"建设综合配套改革试验区的改革经验，经省人民政府同意，决定在长沙、株洲、湘潭三市开展集体土地实行先行征收改革试点。现将有关事项通知如下。

一　实施对象

长株潭城市群"两型社会"建设综合配套改革试验区内的土地利用总体规划确定的城市建设用地。

二　实施条件

（一）根据当地建设用地的实际需要，合理确定并严格控制先行征收土地规模。首年度申请先行征收农用地的总量，不得超过该地区当年度农用地转用计划的 2 倍；以后每年申请先行征收农用地的总量，不得超过该地区当年度的转用计划。每批次报批的征收土地不得超过 70 公顷，其中耕地不得超过 35 公顷。

（二）申请先行征收时，必须制订征收土地方案和被征地农民的安置方案，落实被征地农民安置补偿费用和社会保障费用。

三 实施程序

（一）项目申报。需办理先行征收的县市区国土资源管理部门，根据土地利用总体规划确定的城市建设用地范围内实施城市规划的用地需求，确定需办理先行征收的用地规模和具体地块，在进行勘测定界、履行征地前期规定程序、落实征地补偿和社会保障资金后，拟定先行征地申请报告，编制征收土地方案、征收拆迁补偿安置方案，连同土地利用现状图、土地利用总体规划确定的城市规模控制图、勘测定界报告和图件等资料，报市人民政府审核同意后，再上报省国土资源厅。

（二）项目审批。省国土资源厅根据经批准的城市土地利用总体规划、年度用地计划、土地征收和土地利用等有关规定，对县市区人民政府报送的先行征收土地方案进行审核，并按省政府授权范围批准或报省政府批准。

（三）项目实施。先行征收土地方案经批准后，由县级以上人民政府予以公告，并依法组织实施。

（四）项目储备。先行征收的土地，必须统一纳入政府土地储备库。

四 实施要求

（一）各地要建立先行征收土地台账，对批准征收的集体建设用地实行单独登记，单独管理。

（二）先行征收的土地，应依法办理土地权属变更登记。

（三）先行征收的农用地，在批准转用前，必须维持土地利用现状，积极组织农业生产，防止土地荒芜，禁止实施"三通一平"等建设行为。违者按非法占地从严查处，依法追究相关责任人员的责任。

（四）先行征收的土地，原则上不得进行置换。

（五）先行征收的农用地、未利用地，在落实具体建设项目后，由县市区人民政府根据建设时序、年度用地计划和原土地类型，按规定办理转用审批手续。新增建设用地土地有偿使用费、耕地开垦费、耕地占用税、防洪保安资金等有关税费，在办理转用审批时一并征缴。

（六）先行征收土地的供应量未达到批准总量50%的，停止办理该地区新的先行征收审批手续。

五　实施责任

对集体土地实行先行征收是一项探索性工作，三市及其县市区人民政府一定要高度重视，认真负责，严格按照有关规定，坚决防止土地闲置。三市及其县市区人民政府是这项工作的责任主体，政府主要负责人是第一责任人，三市及其县市区国土资源管理部门负责人是直接责任人。

六　监督管理

省国土资源厅要加强对三市先行征收土地试点工作的指导、监督和检查。发现不按规定要求执行、出现土地闲置和违法用地现象，要及时会同有关部门坚决查处，依法追究相关单位和责任人员的责任，确保先行征收土地试点工作有序进行。

湖南省人民政府办公厅

2008 年 12 月 26 日

湖南省人民政府
关于印发《长株潭城市群资源节约型和环境友好型社会建设综合配套改革试验总体方案》的通知

湘政发〔2009〕4号

各市州人民政府，省政府各厅委，各直属机构：

《长株潭城市群资源节约型和环境友好型社会建设综合配套改革试验总体方案》及附件《长株潭城市群区域规划 2008～2020 年》（以下统称《方案》）已经国务院批准。现将《方案》印发给你们，请认真组织实施。

各级各部门要以邓小平理论和"三个代表"重要思想为指导，深入贯彻落实科学发展观，按照资源节约型和环境友好型社会建设的要求，抓紧完善各专项改革方案、专项规划，编制行动计划，争取国家有关部委支持，着力推进重点领域和关键环节的改革，尽快形成有利于能源资源节约和生态环境保护的体制机制，转变发展方式，不断增强区域综合实力和可持续发展能力，努力开创长株潭城市群改革发展的新局面，带动全省又好又快发展。

湖南省人民政府

2009 年 1 月 21 日

长株潭城市群资源节约型和环境友好型
社会建设综合配套改革试验总体方案

在长株潭城市群设立全国资源节约型和环境友好型社会建设综合配套改革试验区，是国家落实科学发展观、建设资源节约型和环境友好型社会、转变经济发展方式的重大战略部署，是促进区域协调发展、构建中部崛起重要支点的重大战略布局。根据国家发展改革委《关于批准武汉城市圈和长株潭城市群为全国资源节约型和环境友好型社会建设综合配套改革试验区的通知》（发改经体〔2007〕3428号）要求，结合湖南和长沙、株洲、湘潭实际，制定《长株潭城市群资源节约型和环境友好型社会建设综合配套改革试验总体方案》（以下将"资源节约型和环境友好型"简称为"两型"）。

一　综合配套改革试验的总体要求

（一）指导思想和基本原则

1．指导思想

以邓小平理论、"三个代表"重要思想和"十七大"、十七届三中全会精神为指导，深入贯彻落实科学发展观，围绕长株潭城市群"两型"社会建设，进一步解放思想，大胆创新，全面推进各个领域改革，在重点领域和关键环节率先突破，尽快形成有利于资源节约和生态环境保护的体制机制，加快转变经济发展方式，促进经济社会发展与人口资源环境相协调，率先走出一条有别于传统模式的新型工业化、城市化发展新路，带动和促进全省又好又快发展，为推动全国的体制改革、科学发展积累经验。

2．基本原则

坚持改革创新、先行先试；坚持全面统筹、协调发展；坚持因地制宜、区域特色；坚持政府引导、市场推动。

（二）目标任务

1．主要目标

按照党中央、国务院关于"两型"社会建设的总体战略部署，综合配套改革试验要率先形成有利于资源节约、环境友好的新机制，率先积累传统工业化成功转型的新经验，率先形成城市群发展的新模式，为把长株潭城市群建设成为全国"两型"社会建设的示范区、中部崛起的重要增长极、全省新型工业化、新型城市化和新农村建设的引领区、具有国际品质的现代化生态型城市群提供动力支持和体制保障。

综合配套改革试验分"三个阶段"推进：

第一阶段，2008～2010年，全面启动各项改革，初步建立支撑"两型"社会建设的政策法律体系和体制机制框架，基本健全城市群协调发展机制和公共服务体系，初步形成城市群共建共享的综合基础设施框架体系，以湘江为重点的流域综合治理和保护模式基本建立，以株洲清水塘、湘潭竹埠港为重点的循环经济发展初见成效。初步形成长株潭与周边岳阳、衡阳、常德、益阳、娄底等市协调发展的区域经济一体化格局。

第二阶段，2011～2015年，纵深推进各项改革，进一步发挥市场配置资源的基础性作用，在资源节约、环境友好、产业优化、科技创新和土地管理等体制改革方面取得显著成效，形成比较完善的"两型"社会建设制度保障体系和新型工业化、新型城市化促进机制，基本完成城市群基础设施建设和重点环保综合治理项目，科技进步对经济发展的贡献率大幅上升，初步形成节约资源和保护环境的产业结构、增长方式和消费模式。到2015年，单位地区生产总值能耗比2007年降低35%，城市空气质量达标率为93%以上，饮用水源达标率为98%、水功能区水质达标率为95%，化学需氧量、二氧化硫排放量分别比2007年削减23%和12%，城市化率达到70%以上。

第三阶段，从2015～2020年，完成"两型"社会建设综合配套改革的主要任务，形成有利于资源节约和生态环境保护的体制机制，率先建立完善的社会主义市场经济体制。形成符合国情和区域特色的新型工业化、城市化发展模式，单位地区生产总值能耗和主要污染物排放指标低于全国平均水平，实现发展方式转变和经济社会发展与人口资源环境协调发展。

2. 主要任务

以资源节约、环境保护、产业优化、科技创新、土地管理五个方面的体制机制创新为重点，紧扣"两型"社会建设主题率先突破；配套推进投融资、对外开放、财税、城乡统筹及行政管理等体制机制创新，为"两型"社会建设提供支撑平台和配套措施。通过以上"十大体制机制创新"，探索走出"六条新路子"：新型城市化规划与发展的新路子，新型工业化的新路子，资源节约和环境友好的新路子，综合基础设施建设的新路子，城乡统筹发展的新路子，体制机制创新的新路子。

二　综合配套改革试验的主要内容

（一）创新资源节约体制机制

1. 构建城市群循环经济体系

加快株洲清水塘循环经济工业区建设，促进湘潭竹埠港、下摄司和长沙坪塘等深度污染区循环经济改造，支持各市按照资源禀赋和产业特色建设循环经济产业园区和循环农业示范区，构建以有色、冶金、化工、建材等产业为重点的循环经济产业体系。探索建立生产者责任延伸和工业废弃物处理认证等制度，完善循环经济政策支撑体系。将长株潭城市群整体纳入国家循环经济试点，探索城市群循环经济发展新模式。

2．探索建立和完善资源产权制度

健全和完善资源有偿使用制度，探索建立统一、开放、有序的资源初始产权有偿取得机制。健全资源产权交易市场，规范探矿权、采矿权市场，培育水权、林权等产权交易市场。

3．推进资源性产品价格改革

完善差别化能源价格制度，理顺能源、矿产品价格，逐步建立体现资源稀缺程度、市场供求关系和环境恢复成本的资源价格形成机制。建立绿色电价机制。推行分质供水和阶梯式水价制度，对居民生活用水实行阶梯式水价，对非居民用水实行超计划、超定额累进加价收费。

4．完善节能减排激励约束机制

完善政府引导、企业为主体的节能减排投入机制，综合运用价格、税收、财政、金融等经济杠杆，有效促进社会、企业节约能源资源。安排专项资金并积极争取中央财政通过增加"以奖代补"专项转移支付支持淘汰落后产能。建立健全新建项目能效评价制度，提高高耗能项目市场准入标准。建立完善节能减排指标体系、监测体系和考核体系，健全节能减排监督管理机制。

5．创新资源开发管理机制

制定并实施促进资源节约、发展循环经济的地方性法规。编制实施专项节能规划，制定水资源综合利用规划，建立城市群统一的能源、水、矿产、森林等重要资源规划管理体制。合理确定各类生态资源的功能定位，集约、限额建设征占林地、湿地、绿地资源。加强水功能区管理，实行区域总量控制和定额管理相结合的用水管理制度。

（二）创新生态环境保护体制机制

1．建立湘江流域综合治理体制机制

将湘江流域纳入国家长江中下游污染治理规划，加大国家对重大项目支持力度。以控制沿江沿湖地区项目准入和开发强度为重点，加强水系、水域环境污染联防联治和流域生态修复与保护，有效保护饮用水源地安全，探索建立跨区域的流域综合整治和保护机制新模式。发行湘江流域综合治理项目收益债券，创新投融资模式。

2．建立区域性生态环境补偿机制

建立并实施污染物排放总量初始权有偿分配、排污许可证、排污权交易等制度，在长株潭设立排污权交易市场，开展排污权交易试点，推进环境保护和污染治理市场化运营。改革城市污水和固体废弃物处理费征管办法，创新排污费征收使用管理模式。在湘江流域开展国家生态补偿试点，设立生态补偿专项资金，重点是建立湘江流域水源保护区、长株潭"绿心"保护区等区域的生态补偿与污染赔偿机制和部分重金属污染河段的治理修复补偿机制。

3. 建立城市群环境治理一体化体制机制

制定城市群统一的环境保护和生态补偿地方性法规，完善污染物排放标准体系。编制实施城市群生态建设规划，按照区域功能实行分类管理，探索一体化的规划环评机制、项目布局协商机制。建立城市群环境监控信息共享平台和环保督察中心，实行环境保护目标责任制和"一票否决"制，完善协同监控管理体系。提高产业发展的环保准入门槛，实行强制清洁生产审核和生产全过程污染控制。制定绿色产品标准体系，推行绿色产品认证和消费扶持等制度。建立企业环保诚信档案。建立城市群一体化的垃圾分类、收集、运输、处理体系。

（三）创新产业结构优化升级的体制机制

1. 建立优化产业布局的协调促进机制

探索建立企业、项目在城市群内转移的利益协调和补偿机制，引导生产要素合理流动，增强产业集聚功能。国家支持资源节约和环境保护领域的重大产业项目布局长株潭。选择城市群内条件较好的省级开发区，比照享受国家级经济技术开发区的政策措施，积极推行园区法人资格制度，探索开发区发展新模式。

2. 建立分类引导的产业发展导向机制

按照"两型"社会建设要求，编制城市群产业发展指导目录，明确产业分类标准，实施分类引导。围绕建设先进制造业基地、高新技术产业基地、优质农产品生产加工基地、中西部地区现代物流中心、综合性文化产业基地、世界知名的旅游目的地，综合运用经济、行政、法律等手段，对鼓励类产业，在项目核准、土地供应、资金筹措、技术创新等方面，予以重点支持；对限制类产业，严格控制其规模扩张，限期进行工艺技术改造；建立淘汰产业退出机制，强制高能耗、高排放的企业逐步退出，采用补贴、奖励等方式对淘汰落后产能给予财政支持，在城市群开展全国产业退出补偿试点。

3. 促进国有经济战略性调整

推动国有资本向公共服务领域和优势产业集中。深化垄断行业改革。推进国有企业股份制改造，发展一批具有自主知识产权、节能环保技术先进、带动性强的大型企业集团。国家加大对老工业基地改造的政策支持。健全国有资产监督管理体制机制。

4. 改善非公有制经济发展的体制环境

营造有利于企业公平竞争的法制、政策环境。建立完善社会化服务体系和区域性中小企业融资担保体系。

（四）创新科技和人才管理体制机制

1. 建设产学研结合的自主创新体系

推进科研机构分类改革，深化公益类科研院所分配制度改革，加快推进转制类科研院所产权制度改革。加强科研院所、高校和企业现有各类重点实验室、工程中心和企业技术中心建设，新建一批国家级或省级创新基地和研发中心。支持和引导科研院所、高校和企业围绕"两型"社会建设中的关键技术、共性技术进行研究开发，建立优势产业领域的技术创新战略联盟。

2. 完善区域创新体系

支持湘潭高新技术产业开发区升格为国家高新技术产业开发区，依托长沙、株洲、湘潭等高新技术产业开发区，构建长株潭创新创业试验区。探索科教资源整合共享机制，以岳麓山大学城为重点，建设一批大学科技园区。建立城市群科技创新协调管理机制，加快构建面向特色产业和中小企业的公共创新平台，探索多种模式的合作创新组织。

3. 创新科技成果转化机制

加快科技成果转化基地建设，建立以高新技术园区为中心、科技企业孵化器为依托的区域孵化网络，以长株潭综合性国家高技术产业基地为龙头，壮大信息、生物、新材料、新能源、航空航天等高技术产业，大力推进长株潭湘江沿岸高技术产业带建设。健全技术市场，规范发展科技中介组织，支持湖南省技术产权交易所在中部地区开展高新技术企业股份转让柜台交易试点。推动长沙、株洲国家级高新技术产业开发区进入代办股份转让系统，开展非上市公司股份报价转让试点。探索产学研联合开发、利益分享的新机制，形成技术创新、产业培育和产业基地协调发展的"链式"发展模式。扩大创业投资引导资金规模，鼓励发展各类创业投资基金。

4. 创新人才开发与配置的体制机制

整合省内人才资源，健全高层次、高技能创新型人才选拔培养机制。探索保障各类人才养老、医疗保险等异地享受新模式，破除影响人才流动的体制性障碍，加快建设统一规范的人力资源市场。大力发展人力资源服务业，促进各类人才交流与合作，广泛吸引海内外人才到长株潭地区就业和提供智力服务。探索建立新型人才评价方法和人力资源开发利用制度，健全人才激励机制。

（五）创新土地管理体制机制

1. 创新节约集约用地管理制度

实行城市土地投资强度分级分类控制，调整和实施工业用地最低价标准，探索建立工业园区和工业用地预申请制度。探索城镇建设用地增加与农村建设用地减少相挂钩的实施机制和管理制度。探索实施国家机关用地、基础设施以及各类社会事业用地有偿使用。开展土地立体开发等多种节约集约用地模式试点。实施"城中村"改造。健全土地利用动态监测体系，完善执法监察机制。将单位生产总值和固定资产投资的新增建设用地消耗纳入政府考核内容，考核评价结果与建设用地计划指标奖惩挂钩。对株洲清水塘、湘潭竹埠港等湘江沿线严重污染地区的耕地，在确保规划确定的耕地保有量不减少的前提下，依法变更土地地类。

2. 创新耕地保护模式

制定耕地和基本农田分区保护规划，开展农用地分类保护和耕地有偿保护试点，探索建立耕地保护有偿调剂制度。在确保省内耕地总量和质量动态平衡的前提下，探索建立省域内跨区域耕地占补平衡机制。完善耕地开发整理复垦制度，探索建立财政投入与社会投入相结合的土地开发整理多元投入机制，设立耕地保护资金。统筹实施耕地整理和农村建设用地整理，推进田水路林村的综合整治。

3. 完善征地用地制度

对长株潭土地利用专项规划确定为建设用地范围内的集体用地，依据法定程序办理农用地转用、土地征收批准手续，纳入政府土地储备。试行统一的征地区片综合地价，探索建立征地协议制度。在确保"原有生活水平不降低、长远生计有保障"的前提下，先安置后拆迁，采取公寓式安置、集体建设用地土地使用权入股、土地股份合作等多种形式妥善安置被征地农民，建立完善被征地农民的就业培训和社会保障体系。

4. 创新土地市场机制

建立长株潭城市群统一的土地市场信息平台，加快建立区域统一、城乡统筹的土地市场体系和土地价格体系。建立集体建设用地交易许可制度，建立流转交易平台，加强收益分配管理，探索建立集体建设用地使用权出让（出租）、划拨、转让、抵押等制度，引导和规范农村集体建设用地进入市场。探索土地粮食生产能力的定级分类办法，开展土地生产当量配额交易，推动土地资源的最佳使用。建立农村宅基地科学管理方式，建立宅基地退出机制。扩大"迁村腾地"的试点范围，稳步推进合理的迁村并镇工作。

（六）创新投融资体制机制

1. 推进投融资主体建设

组建国有建设性投融资集团。在做大做强城市群城市商业银行的基础上，通过重组设立区域性商业银行，并积极推动上市。整合金融资源，组建大型金融控股集团。设立金融租赁公司、汽车金融公司等非银行金融机构。积极引进、设立保险机构。实行长株潭城市群金融机构同城化管理，鼓励三市金融机构互设分支机构。

2. 完善金融市场体系

支持设立促进"两型"社会建设的产业投资基金。推动企业改制上市，提高上市公司再融资能力。支持发行服务"两型"社会建设的项目收益债券，扩大企业债券发行规模。整合全省产权交易市场，组建联合产权交易机构。加快发展期货业，在长株潭设立稻米、生猪、有色金属等大宗优势产品交割库。支持保险资金参与"两型"社会建设，开展环境污染责任保险等新型保险业务的试点。

3. 改善金融生态环境

规划建设长株潭金融服务区，制定设立金融机构的优惠政策，吸引境内外各类金融机构在长株潭设立分支机构、总行（总部）、后台服务基地，促进金融机构集聚发展。搭建银企合作平台，积极开展银行产品和服务创新，扩大"绿色信贷"规模，重点扶持符合"两型"要求的企业和项目。开展金融生态建设试点，加快社会信用体系建设，培育和扶持信用服务中介机构，推进中小企业和农村信用体系建设，形成逃废金融债务惩戒机制。

4. 推进农村金融改革

以农村信用社为基础，组建区域性农村合作银行或农村商业银行，培育发展村镇银行、贷款公司、农村资金互助社等新型农村金融机构，扩大农贷规模和覆盖面。探索建立涉农贷款贴息制度，鼓励和引导金融机构扩大农村金融服务范围。创新农村信贷产品，探索多种农村金融服务新模式。创新抵押担保方式，探索开展农村集体建设用地使用权、林权抵押融资服务，探索建立财政和保险共同参与的担保机制。开展新农村建设政策性金融试点。扩大农业政策性保险试点范围，建立农业大灾风险转移分散机制。

5. 深化投资体制改革

放宽行业准入标准，扩大民营资本投资领域，推进基础设施和公用事业领域市场化改革，鼓励社会资本以多种方式参与"两型"社会建设。规范审批权限和程序。加强政府投资项目管理，全面推行"代建制"。

（七）创新对外经济体制机制

1. 转变外资外贸发展方式

建立城市群对外招商统一平台和协调机制，降低商务成本，增强配套能力，积极引进战略投资者，引导海内外资金、技术、人才等要素参与"两型"社会建设。转变外贸增长方式，扩大先进技术、关键设备的进口，支持企业技术更新。大力促进资源节约、环境友好的产品出口。建设科技兴贸创新基地。积极实施"走出去"战略，加快建设对外投资促进和服务体系，培育跨国公司。

2. 完善"大通关"体系

加快湖南电子口岸建设，构建大通关信息平台，实现通关、物流等信息资源共享。大力推广"江海联运"、"铁海联运"、"陆空联运"，加快建设覆盖城市群的立体口岸开放体系。创新通关便利运行机制，全面推行通关单联网联查，完善城市群内"属地申报、口岸验放"模式。加强跨区域合作，建立与"长三角"、"珠三角"等区域口岸合作协调机制。

3. 营造承接产业转移和发展服务外包的体制环境

支持长株潭城市群成为国家加工贸易梯度转移重点承接地，重点承接国际、沿海技术水平高、增值含量大的加工贸易产业转移。探索建立长株潭三市承接东部地区产业转移的联动机制。完善长株潭城市群服务外包产业发展的政策法规，培育服务外包企业，促进形成服务外包产业集群。

4. 探索内陆地区发展空港经济的新模式

扩建长沙黄花国际机场，拓展国际航空货运业务和国际航线航班。充分利用空港交通的便利优势，重点发展现代物流、总部经济、航空工业和航空商务，力争建设成为中西部最具竞争力的空港经济区。批准长沙金霞保税物流中心封关运行。根据外贸发展总量，适时增设出口加工区。

5. 加强湘台两岸产业合作

加强湘台经贸合作交流，积极推动湘台两地在农业、环保产业、金融业等领域开展多种形式的合作。支持将长沙列为两岸直航城市，促进湖南与台湾地区经贸往来。

（八）创新财税体制机制

1. 创新城市群财税管理体制

创新省与长株潭城市群以及城市群三市之间的财政分配关系，建立城市群财税利益协调机制，着力消除城市群在统筹基础设施、产业布局、公共服务、城乡建设、生态环境保护等发展方面的财税体制障碍，探索建立支撑城市群协同发展的新型财政分配体制。完善省以下财政转移支付体系，探索建立横向财政转移支付机制，推进优化开发区、重点开发区向限制开发区、禁止开发区，生态环境受益地区向环境治理保护地区补偿的新模式。改革资源税制度，探索开展环境税试点。

2.构筑"两型"社会建设的财政支持体系

设立"两型"社会建设的专项资金，国家对城市群"两型"社会建设改革试验给予财力支持。发挥财政资金的杠杆作用，综合运用债券、担保等政策工具，引导社会资金投向"两型"社会建设。完善节能减排、农业生产和农产品深加工企业的税收优惠政策。

3.完善政府"绿色采购"制度

对符合"两型"社会要求、自主创新的产品，实行政府首购和优先采购，争取国家将此类产品和相关生产企业纳入重大工程采购定点企业和产品目录。

（九）创新统筹城乡发展体制机制

1.建立健全区域统筹规划和管理体制机制

编制城市群区域规划体系，理顺各类各级规划部门之间的管理关系，健全城市群规划协调机制，建立城乡衔接、统一协调的规划管理体系。探索建立经济社会发展规划、主体功能区规划、区域规划、国土规划、土地利用规划和城乡规划有机结合的规划编制和管理体制。开展长株潭城市群国土规划试点。

2.建立支持"三农"的体制机制

建立农业投入保障机制，提高财政支农资金绩效。优化农业结构，重点发展循环农业、生态农业，培育农业产业化龙头企业，加强商品粮基地和优势特色农产品基地建设，加大农业基础设施建设力度，提高农业综合生产能力。健全农村土地承包经营权流转市场，探索承包经营权合理退出机制，促进农村土地规模经营。全面推进农村集体产权制度改革。创办农民工返乡创业园区，支持农民工返乡创业。

3.探索建立基础设施共建共享机制

探索城市群基础设施建设的新模式，统筹交通、能源、通信、供水、污水和垃圾处理等基础设施建设。改革城乡基础设施投融资体制，构建城市群共建共享投融资平台，开放投资领域。探索大交通体制改革，创新交通管理模式，构建高效协调发展的区域综合交通体系，统筹城际轨道交通、高速公路、黄花航空枢纽、湘江航运等重大项目建设，提升长株潭在全国交通格局中的枢纽地位。积极推进城市公用事业改革，大力促进城乡基础设施对接，重点完善农村水、电、路等基础设施，沼气、垃圾和污水处理等生活设施。

4.完善覆盖城乡的公共服务体系

以义务教育、公共卫生和基本医疗服务等为重点，探索建立城市群统一的基本公共服务标准和制度。合理划分各级政府提供基本公共服务的责任范围，建立投入保障机制和多元参与机制，逐步提高城市群基本公共服务水平。健全完善公共产品价格形成机制、政府监管机制、应急处理机制，保证公共利益和公共安全。

5.深化户籍制度改革

统一城市群落户标准，统一长株潭户口迁移条件，推行网上户口迁移，逐步建立城乡统一、以具有合法固定住所为迁移条件、实行居民身份证管理的户籍管理制度，逐步改革依附于户籍管理制度上的有城乡差别的相关政策，推进城乡人口合理有序流动。

6.完善就业促进制度

推行积极的就业政策，建立健全覆盖城乡的平等就业制度、职业教育和培训制度、就业服务和援助制度，健全公共就业服务体系。进一步健全创业服务体系，建立促进高校毕业生和返乡农民工就业的长效机制，鼓励以创业带动就业，实现城市群城乡劳动力充分就业。

7.建立覆盖城乡社会保障体系

加快实现城镇社会保险全覆盖。探索建立新型农村养老保险制度，进一步完善城乡医疗救助制度。建立和完善资助救助对象参合参保、门诊医疗救助、住院医疗救助、临时医疗救助和慈善医疗援助"五位一体"的医疗救助制度。完善被征地农民社会保障制度，全面实施农民工养老保险制度，推动农民工参加养老、工伤保险。提高各项社会保险基金统筹层次，在实现规范的市级统筹的基础上，逐步实现三市和全省统筹。建立覆盖城乡的社会保障信息网络，逐步实现社会保障"一卡通"。

（十）创新行政管理体制机制

1.加快转变政府职能

加快推进政事分开、政资分开、事企分开、政府与市场中介组织管办分离，在加强政府经济调节、市场监管职能的同时，更加突出公共服务、社会管理。简化行政审批，推进依法行政，提高行政效能和公务活动透明度。加强公共服务机构能力建设，完善公共服务监管体系。将城市群作为实施《湖南省行政程序规定》的示范区，推进政府管理创新，努力建设服务型政府。

2.建立城市群高效协调机制

建立长株潭城市群改革试验区高层次领导协调机构及执行机构，健全省市之间、市与市之间的多层次协调机制，强化城市群区域规划立法保障和实施监督，统筹区域规划、产业布局和财政投入，优化资源配置，项目联动，共建共享，创新行政运行机制，探索区域公共资源一体化管理，实现政府间高效协同推进。

3. 建立符合科学发展观的政绩考核体系和干部考核制度

把体现"两型"社会要求的指标作为考核城市群经济社会发展的核心指标，加大生态环保、节能降耗、耕地保护、公共服务等指标考核权重，引导城市群各级政府把工作重点转移到为市场主体营造环境和改善服务上来。

三 保障措施

（一）加强组织领导

湖南省人民政府成立长株潭城市群综合配套改革试验区领导协调委员会，全面负责改革试验工作。领导协调委员会负责组织实施改革试验总体方案，审批专项改革方案，协调改革试验中的重大问题；负责按照审批权限决策重大项目的布局和实施。改革的进展情况和改革中遇到的重大问题，领导协调委员会要及时向国家发展改革委和国务院有关部门报告。领导协调委员会主任由省长担任。领导协调委员会下设办公室，作为常设机构，归省发展改革委管理，负责组织编制改革试验总体方案、协调编制专项方案，制定三年行动计划，组织重大改革试验项目的立项、论证、审批（或备案）、评估和验收等工作。建立由国家发展改革委和省政府领导牵头的部省合作机制，对长株潭城市群综合配套改革试验工作中的重大问题进行沟通协调。

（二）明确职责分工

在总体方案的指导下，省直有关部门配套制定和实施长株潭城市群区域规划、产业发展规划、交通规划、生态建设规划等专项规划、重大项目建设规划和若干专项改革方案。总体方案实行省统筹、市为主实施，改革任务分解落实到相关部门、相关市，省市联动，各负其责，长株潭三市作为改革实验主体，相应制定具体的实施方案，负责组织实施。周边地区要围绕"两型"社会建设改革试验的主要内容，结合本地实际，选择重点领域和关键环节，主动改革，大胆试验，做好与长株潭的衔接互动。

（三）加强法律法规和政策保障

根据湖南省人大常委会颁布的《关于保障和促进长株潭城市群资源节约型和环境友好型社会建设综合配套改革试验区工作的决定》，修订相关地方性法规，支持和保障综合配套改革顺利推进。根据国家批准的总体方案，湖南省人民政府出台相关政策措施，建立长株潭城市群综合配套改革试验专项资金，支持试验区综合配套改革试验工作。

（四）加强改革试验项目管理

对重点改革事项实行项目管理，完善项目管理程序，提高改革试验的科学性，防范和减少风险。建立改革综合评估制度和"两型"社会建设统计监测评价指标体系，每年对改革进展进行总结，每个阶段组织进行综合评估，及时将改革试验中出现的问题、形成的经验、呈现的典型上报国家发展改革委。

（五）推进试点示范

在长株潭城市群选择大河西、云龙、昭山、天易、滨湖等5个先导示范区，先行先试、率先突破，积累经验、逐步推开。国家拟放在湖南省试点或拟开展省级试点的改革项目，原则上优先安排在5个先导示范区率先推进。同时，在各专项改革领域，选择一批单项试点单位或区域，进行改革试验，及时总结经验，切实做好全面推广工作。

长株潭城市群区域规划
（2008～2020年）*

前　言

长株潭城市群地处我国中南部，以长沙、株洲、湘潭三市所辖行政区域为主体，国土面积2.8万平方公里，2007年末，总人口达1325.6万人。2007年12月，被国家批准为全国资源节约型和环境友好型社会建设综合配套改革试验区，长株潭城市群的发展上升到国家战略层面，进入一个新的历史起点。

《长株潭城市群区域规划（2008～2020年）》在《长株潭城市群区域规划（2003～2020年）》基础上，依据党的十七大精神、《中共中央国务院关于促进中部地区崛起的若干意见》（中发〔2006〕10号）及国家发展改革委《关于批准武汉城市圈和长株潭城市群为全国资源节约型和环境友好型社会建设综合配套改革试验区的通知》（发改经体〔2007〕3428号）精神，以科学发展观为指导，立足资源节约型和环境友好型社会（以下简称"两型"社会）建设、中部崛起、长株潭城市群一体化发展等战略加以提升，为有效配置城市群资源、促进城市群一体化建设、推进"两型"社会建设、带动区域跨越发展提供指南。

第一章　总则

第一节　发展基础和保障条件

长株潭城市群位于京广经济带、泛珠三角经济区、长江经济带的结合部，内部结构紧凑、区位条件优越，自然资源丰富，生态环境良好，历史文化特色鲜明，是国家不可

---

* 此件收入本书时有删节。

多得的城市群资源，具备建设区域性中心城市群、影响和辐射四方的区位优势。

1980年代以来，长株潭城市群积极推进区域经济一体化发展，成效显著。长株潭经济社会综合实力领先湖南，区域内大中小城市与各级城镇协调发展，区域性重要交通枢纽作用日益增强，科教文化资源全国突出，先进制造业、高新技术产业和农业综合生产力在全国拥有一定优势，为长株潭在新时期实现又好又快发展奠定了坚实基础。长株潭城市群所在的湖南省东部城镇密集地区近年发展迅速，为长株潭发展提供了广阔的发展空间，也为实现长株潭辐射全省发展提供了平台和纽带。

国家"十一五"规划把城市群作为推进城镇化的主体形态、国家实施中部崛起战略、长株潭城市群获批全国"两型"社会建设综合配套改革试验区，是长株潭城市群经济社会又好又快发展的重要政策条件。

但是，长株潭城市群总体实力还不强，经济结构性矛盾仍然突出，缺乏强大带动力的产业集群和中心城市，资源节约压力较大，湘江生态环境亟待改善，城市群协调发展的体制机制需要进一步完善。

第二节　战略意义

长株潭城市群正处于工业化中期阶段，兼具东部发达地区和中西部地区的发展特征。加快长株潭城市群发展，既关系到湖南自身发展，也是落实国家中部崛起战略的需要，是促进东中西区域协调发展的重要实践。积极推进资源节约型和环境友好型社会建设综合配套改革试验，加快长株潭城市群率先发展，能够为全国探索资源节约和环境友好的体制机制提供示范，为中部欠发达地区推进新型工业化、新型城市化积累经验，为全国探索区域协调发展新模式做贡献。

第三节　指导思想和原则

一　指导思想

高举中国特色社会主义伟大旗帜，以邓小平理论和"三个代表"重要思想为指导，深入贯彻落实科学发展观，进一步解放思想，锐意改革，加快转变经济发展方式，促进经济社会发展与人口资源环境相协调，切实走出一条有别于传统模式的工业化、城市化发展新路，全面提升城市群综合实力和竞争力，带动实现富民强省、科学跨越，为全国科学发展提供示范，积累经验。

二　发展原则

——坚持以人为本、改革创新。以改革为动力，通过体制机制和观念创新，形成促进又好又快发展、增进人民福祉的制度优势，带动全省科学跨越发展。

——坚持全面统筹、协调发展。实施优势优先，兼顾周边地区，辐射带动全省，实现城乡统筹、优势互补、资源共享、互利共赢。

——坚持因地制宜、体现特色。加快推进新型工业化、新型城市化，构建优势突出、特色鲜明的产业体系，布局合理、集约发展的城镇体系。创新流域治理、生态网络建设、有序开发机制，展现湖南山水、生态、经济、文化特色。

——坚持政府引导、市场推动。加强省级统筹协调，充分发挥各市在改革建设中的主体作用。强化规划、政策等的科学引导，发挥市场配置资源的基础性作用，促进生产要素自由流动。

第四节　规划范围、层次和时序

一　规划范围

长沙、株洲、湘潭三市行政辖区，约 28000 平方公里。重点规划长株潭城市群核心地区，面积为 8448.18 平方公里。

二　协调规划范围

长株潭城市群经济联系最直接的益阳、娄底、岳阳、常德、衡阳五市的大部分地区，即湖南东部城镇密集地区。

三　规划期限

近期　2008～2010 年；中期　2011～2015 年；

远期　2016～2020 年；远景　2020 年以后。

第五节　规划强制性内容

一、区域内必须控制开发的区域。包括：风景名胜区、自然保护区、森林公园、湿地公园、公益林区、退耕还林地区、湿地、水源保护区、基本农田保护区、生态敏感区、维护生态系统完整性的生态廊道和绿地，其他禁止开发、限制开发地区。

二、区域性重大基础设施的布局。包括：高速公路、干线公路、铁路、港口、机场、区域性电厂和高压输电网、天然气门站与主干管、防洪、滞洪、水利枢纽、区域引水等工程。

三、涉及相邻城市的重大基础设施布局。包括：城市取水口、城市污水排放口、城市垃圾处理场等。

四、规划期限内城市建设用地的发展规模、方向等。

本规划强制性内容（详见 P266，区域规划强制性内容一览表）是对区域规划实施进行监督管理的基本依据。对违反本规划强制性内容的地区和单位，要公开曝光，依法追究直接责任人和相关领导的责任。

第二章　城市群发展战略目标

第一节　战略定位

长株潭城市群的战略定位是：全国"两型"社会建设的示范区，中部崛起的重要增长极，全省新型城市化、新型工业化和新农村建设的引领区，具有国际品质的现代化生态型城市群。

第二节　战略重点

长株潭城市群总体发展战略为：建设"两型"社会、实现科学跨越。战略重点是：

——坚持核心带动，促进跨越发展。加强城市群核心区的规划建设，作为建设"两型"社会的基础平台、区域发展重点和一体化建设的空间载体，大力推进综合配套改革方案的实施，实现优势地区率先发展，带动长株潭城市群和全省跨越式发展。

——加快产业"两型化"，推进新型工业化。发挥科技创新的先导示范作用，依靠产业结构调整、自主创新和信息化，加快新型工业化进程，重点发展先进制造业、高新技术产业和现代服务业，提升基础工业，发展现代农业。

——强化生态格局和湘江治理，塑造高品质生态环境。以"南治水为主、北治气为主"为原则，突出湘江综合治理。以"强化生态特色，彰显湖湘魅力"为原则，合理利用三市结合部的空间开放式绿心、湘江生态带等生态区域，打造人与自然和谐相处、布局合理、生态良好、环境优美、适宜人居的生态环境。

——发展社会事业，推动城乡和谐。促进社会就业更加充分，构建更加合理的收入分配和社会保障体系，大力推进教育、文化、卫生、体育等社会事业发展。建立以工促农、以城带乡的长效机制，改善乡村地区生活环境，推进乡村产业发展和劳动力转移，建设社会主义新农村。

——坚持集约发展，促进能源资源节约利用。构建城镇紧凑发展的空间结构，推动土地、水、能源等资源集约节约利用，加快开发利用太阳能、风能、生物质能等新能源。

——建设综合交通体系，提高城乡运行效率。以一体化交通网络和公共交通体系建设为重点，将城市交通体系向乡村地区延伸，协调城乡空间资源开发。

——提升存量空间、创新增量空间，推进空间高效利用。整合现有工业园区，建立产业退出机制，淘汰"两高"、"五小"企业。加快旧城和城中村改造，整合乡村居民点。探索土地、能源、水资源节约和生态建设、环境保护、城乡统筹发展的新模式，形成符合"两型"社会要求的新型城乡空间形态。

第三节　发展目标

近期目标。到2010年，试验区建设全面启动，共建共享的综合基础设施框架体系初步形成，以湘江为重点的流域综合治理和保护模式基本建立，以清水塘、竹埠港为重点的循环经济发展初见成效，长株潭与周边岳阳、衡阳、常德、益阳、娄底等市的区域经济一体化格局初步形成。人均GDP超过3.8万元，总人口达到1450万人，城市化水平高于60%。

长株潭城市群发展指标

序号	指标	2007年	2010年	2015年	2020年	性质
1	人均GDP（万元/人）	2.56	3.8	6	11	预期性
2	高新技术产业增加值占GDP比重（%）	13.6	18	26	35	预期性
3	常住人口规模（万人）	1350	1450	1600	1800	预期性
4	城市化率（%）	53.4	>60	>70	>80	预期性
5	万元GDP能耗降低（在2007年基础上降低，%）	—	17	35	47	约束性
6	单位面积产出（亿元/平方千米）	1	1.25	1.67	2	预期性
7	单位GDP取水量（立方米/万元）	215	200	150	100	约束性
8	区域森林覆盖率（%）	55.2	55.4	55.7	56.0	约束性
9	人均城市公共绿地（平方米/人）	8.4	10.0	12	>12	约束性
10	主要污染物排放强度	—	达到全国平均水平	低于全国平均水平	低于全国平均水平10%	约束性

远期目标。到 2020 年，"两型"社会建设综合配套改革主要任务基本完成，资源节约、环境友好的体制机制基本形成，新型工业化、城市化发展模式基本建立，经济社会发展与人口、资源、环境协调发展的格局基本形成。地区人均 GDP 达到 11 万元，三市总人口 1800 万人，城市化水平 80% 以上。

第三章　城市群核心区发展战略和空间规划

第一节　核心区空间范围

空间范围涵盖长沙、株洲、湘潭市区，望城县全境，浏阳市、醴陵市、韶山市、湘乡市、宁乡县、长沙县、株洲县、湘潭县、赫山区、云溪区、湘阴县、汨罗市、屈原管理区的一部分，总面积 8448.18 平方公里。

第二节　核心区空间发展战略

一　东优西进，增强区域核心竞争力

优化湘江以东的长沙、株洲、湘潭城区，依托机场、高铁等开放性基础设施，重点布局现代服务业，依托现有制造业基础，大力发展高端制造业。在湘江西岸整合科技创新资源，构筑长株潭城市群科技创新中心。

二　提北强南，促进区域整体发展

综合提升北部长沙的综合性区域职能：建设全国领先的新兴产业园区、科技创新园区和服务区域的中央商务区，发展空港－高铁新区，与岳阳临港经济和循环经济联动发展。增强南部株洲、湘潭的经济地位和专业性区域职能：推动株洲产业转型升级，完善工业型城市职能，建设面向全国的综合物流中心；增强湘潭面向城乡腹地的经济社会服务职能，建设面向湖南城乡腹地的综合服务中心。

三　连城带乡，加强城乡一体化建设

加强城际道路连接，促进相向发展。加强长沙与株洲、长沙与湘潭间的南北干道，整合提升株洲与湘潭的东西连接道路，打通连接三市的内环路，增加连接三市的外环路。城市道路向乡村延伸，改善小城镇的通外道路，加强城乡经济联系，促进城乡互动发展。

四　治江保绿，提高生态安全保障

治理湘江流域污染，突出株洲清水塘、湘潭下摄司和竹埠港地区的污染治理和产业提升；加强岳麓山、昭山、法华山、金霞山等滨江区的山水景观建设，打造风光秀美的湘江风光带；保护好生态环境，建设维护绕城生态带、生态廊道、绿楔、绿心、公共绿地等生态系统，防止土地空间过度开发、城镇空间过度连绵，提高生态安全保障。

第三节　核心区发展规模

一　人口规模

2010 年总人口 1000～1050 万人，城镇人口 750 万人；

2015 年总人口 1100～1150 万人，城镇人口 880 万人左右；

2020 年总人口 1200～1300 万人，城镇人口 1020 万人左右；

2030 年总人口 1600 万人以上，城镇人口 1400 万人以上。

二　城镇建设用地规模

2010 年城镇用地规模达到 760 平方千米左右；

2015 年城镇用地规模达到 880 平方千米左右；

2020 年城镇用地规模达到 1000 平方千米左右；

2030 年城镇用地规模达到 1350 平方千米左右。

第四节　核心区空间功能分区

立足集约发展，合理划分禁止开发地区、限制开发地区、优化开发地区、重点开发地区四类功能区。

一　禁止开发地区

包括饮用水水源保护地、自然保护区、森林公园、湿地公园、重点公益林区、坡度 25 度以上的高丘山地、著名风景区、泄洪区、滞洪区、重要湿地、相对集中连片的基本农田保护区等。主要分布在核心区西部、北部山地丘陵集中区、湘江及其主要支流水体、绿心地区高丘山地等。作为构筑生态安全屏障、维护城市群空间结构的国土空间，加强强制性保护，禁止不符合主体功能定位的各类开发建设。

二 限制开发地区

包括基本农田保护区以外的各类宜农土地、坡度在 15～25 度之间丘陵山地、生态脆弱地区等。资源环境承载力较弱，关系城市群整体生态安全格局，分布在城市群组团之间，呈斑块状分布的区域。坚持保护优先、适度开发、点状发展，优先保护自然生态，适量发展休闲旅游，逐步治理或恢复已破坏的山体植被、水系。

三 重点开发地区

包括长沙黄花、黄兴、榔梨、含浦、坪塘、雷锋、白箬、夏铎铺地区，株洲市的天元、云龙、白井、南洲、黄泥坳地区，湘潭河东、易俗河、九华、楠竹山地区，益阳沧水铺、岳阳界头铺等。资源环境承载力较强，经济和人口集聚条件较好。完善基础设施，促进产业集群发展，成为支撑全省经济发展、人口集聚的重要空间载体和城市群发展的主要增量空间。

四 优化开发地区

包括三市建成区及湘潭、望城、株洲、长沙县城现状建成区。国土开发密度较高、资源环境承载力开始减弱，调整、置换城市产业职能，对现有过度集中的功能进行疏导，加快老城区的旧城改造。

在实际建设中，按照符合功能定位和土地集约节约利用的原则，通过土地投资强度分级分类控制等手段进行空间管治，科学安排生产、生活、生态空间。

第五节　核心区生态系统

一 建设目标

突出生态特色，综合运用区域生态补偿等机制，着力构筑环境友好型产业体系、生态型城镇体系、基础设施体系，建设生态型城市群。

二 系统结构

以山脉、水系为骨架，以山、林、江、田、湖等为要素，综合自然、历史、人文等的空间分布，构建"一心、一带、多廊道、多斑块"的网状生态结构，形成多层次、多功能、复合型区域生态网络。有效保护并合理利用长沙、株洲、湘潭三市相向地带，发挥城市群"绿心"的功能。治理和建设湘江及其沿岸，构建生态良性循环、景观环境优美的湘江生态带。利用湘江支流、区内山体和丘陵，串联城镇绿化隔离带、农田等，形成网络状生态廊道。加上主要交通干道和铁路两侧的绿化带建设及山水廊道的构筑，促进生态"斑块"间、"斑块"与"种源"间的生态联系，维护区域生态系统的稳定和健康。

三 生态建设

1. 规划建设大昭山、法华山、岳麓山等森林公园、城市公园、风景名胜区 40 处，其中新建 34 处、扩建 2 处、续建 4 处，总面积 24622 公顷，林地面积 15194 公顷；新建谷山自然保护区、团头湖湿地白鹭保护区等自然保护区、湿地保护区 11 处，总面积 24721 公顷，林地面积 13094 公顷。

2. 江河风光带建设。沿核心区内湘江干流、主要支流浏阳河、捞刀河、靳江河、沩水、渌江、涓水、涟水防洪堤，建设沿江生态绿地。

3. 湿地保护与恢复。湘江干流及其一级支流警戒水位 200 米以内地区目前尚未开发的江段，主要湖泊、水库、重要山塘警戒水位 200 米以内地区，以及江中的大中型岛、滩、洲（包括湘江干流 8 个永久性生态保护洲岛：傅家洲、龙洲、洪家洲、蔡家洲、冯家洲、鱼尾洲、鹅洲、甑皮洲等）。

4. 主要交通干道两侧建设绿化隔离带，并参照国家道路建设相关规范和要求合理确定绿化隔离带宽度。

第六节　核心区空间发展结构

注重集约化、生态型和开放式开发，形成"一心双轴双带"的空间结构。

一心，即三市结合部的绿心地区，是"两型"社会建设的窗口。充分利用绿心地区的良好生态，在保护好生态基底、发挥生态屏障功能的前提下，创新城乡建设模式，科学提升绿心价值，构筑面向区域的高附加值公共服务平台，将绿心地区从三市"边缘"地带，建设成为城市群的重要功能区、联结三市的功能纽带。

双轴，包括长株东线重点发展轴、长潭沿湘江重点提升轴，是城市和产业一体化建设的综合廊道。前者连接长沙东部新城和株洲市区及长沙县和株洲县等外围片区，依托空港、高铁和高速公路等对外交通设施，重点发展中央商务、先进制造业、空港物流等高端产业。后者连接长沙和湘潭两市区及北部的霞凝港、湘阴县城、汨罗市和南部的湘潭县城等外围片区，依托沿湘江分布的高校、科研机构和高新技术产业区，建设具有生态绿谷、景观项链和经济走廊三大功能的纵向主发展轴。

双带，包括北部东西综合发展带、南部东西优化发展带，是城镇和产业聚集发展的复合走廊。前者连接长沙市区和空港－高铁新城及益阳沧水铺镇和浏阳市等，综合发展先进制造、高新技术和现代服务等产业，成为长株潭向湘西北辐射、拓展发展腹地的重要轴线。后者连接株洲和湘潭及其周边城镇，向东延至醴陵，向西延至湘乡，加强基础产业优化和先进制造业发展，成为长株潭向湘中辐射的重要轴线，使长株潭未来发展有更大范围的协作区域。

第七节　核心区城市职能结构

一　区域性职能中心

先进制造业中心。包括以星沙先进制造业园区、黄花临空产业园为主体的长沙东岸先进制造业中心，以株洲高新区、田心、金山、航空产业园为主体的株洲南部先进制造业中心，湘潭九华工业园、台湾工业园为主的湘潭西部先进制造业中心。

科技文化中心。以长沙国家软件基地、长沙国家生物产业基地、金鹰文化产业园、隆平论坛高新农业园为主体的文化创意、科技研发中心。

物流中心。以长沙金霞物流园、株洲市石峰物流园、株洲铁路枢纽站和湘潭九华物流园为中心，以霞凝、清水塘、九华、荷塘地区为主体，发展物流、产品加工、生产服务等多项功能。

技术创新中心。以长沙岳麓山大学城、麓谷高新技术开发区、株洲高新区、湘潭大学城和湘潭高新技术开发区为中心，以电子信息、生物、新材料、新能源和民用航空航天等高新技术研发应用为主导功能。

二　地方性职能中心

生产性服务中心。以长沙东岸长株潭 CBD 为中心，包含主城区的商务、金融、信息等多项功能。

生活性服务中心。以长沙东岸为中心，包含商贸、娱乐休闲等多项功能。

生态休闲中心。以绿心、九华滨江地区和昭山地区为基础，包含郊野休闲、主题游乐、休养度假等功能。

度假休闲中心。以株洲空灵岸、大京风景区为基础，包含度假休闲、观光、娱乐等功能。

城乡统筹服务中心。以株洲市荷塘区、南洲、白关、石亭和湘潭市雨湖区及以西地区为中心，包含面向农业地区的技术与信息服务、大型农副产品加工与集散等多项功能。

第八节　核心区创新发展区域

一　创新发展绿心

探索生态资本利用的新方式，把绿心地区作为长株潭"空间整合关键、功能提升依托、三市联系纽带"，引导低消耗、高产出、无污染及对交通、环境高度敏感的高端产业进入，建设精品型高端服务区，重点发展生态旅游、园艺博览、休闲度假、商务娱乐等城市功能，适度发展文化创意、高新技术研发、企业孵化与创业服务等产业功能，成为利用生态资本的示范窗口。

二　创新发展长沙河西

在科技创新要素与丘岗自然地形的耦合中，探索产业和空间的新形态。有效利用丘陵地形自然景观，科技研发、生态居住、城乡服务等各类建设用地呈"岛块"状分布于山岭、田园之间，形成功能完善、环境良好、城乡相融的"第三空间"形态。

三　创新发展长株潭东部

在高铁枢纽与机场空港的叠加作用下，探索公共交通导向的城市集约发展的新模式。依托空港、高铁等重要区域交通设施，提倡基于公共交通优先的紧凑城市发展模式，进行土地高强度开发。依托清水塘地区工业基础和国家级循环经济试点，加速污染土地治理，依法变更土地地类，形成循环经济网络，促进清水塘治理和云龙新区开发联动发展。以高新技术产业、高端制造业为主导，建设东部先进制造业产业带，大力发展金融、商务、商贸、物流等产业，承担大区域生产性服务职能。

四　创新发展湘潭西部

在城市与乡村两种经济形态的交接部，积极探索城市化的新途径。以农产品加工和贸易物流为主导，高科技农业、休闲农业、农产品商贸加工等相结合，提高农业盈利水平，优化农村居民点布局，统筹城乡基础设施，通过城乡联动带动城市化。在主城区及其周边产业区形成就业集中点，依托城乡一体的公共交通体系，使农村中心社区、镇与城市就业点联系便捷，形成"居住在乡村，工作在城市"的新型空间组织模式。

第九节　湘江整治与提升转型

一、建立城市群循环经济发展模式，着力推动清水塘、下摄司和竹埠港等地区转型。依托汨罗、清水塘等国家循环经济试点，推进产业、园区的循环化改造。关停污染企业，盘活城市存量建设用地，加强对受污染农用地的综合整治。发展新型工业，促进产业升级和能源结构优化。加强技术创新，解决制约环境治理的关键技术难题。

二、改造长沙新河三角洲、南湖、滨江新城、株洲河东、湘潭万楼等片区，提升沿江城市品质。实行"退二进三"，增强服务功能。保护和利用人文景点和历史街区风貌，重塑城市个性。改造城中村和棚户区，加强市容市貌和环境整治。优先发展公共交通，推广节能环保建筑，营造宜居家园。

三、建设长沙综合枢纽工程，提升水运能力和湘江水环境质量。推进长沙综合枢纽工程，强化湘江航道开发和航运码头建设，提升航运能力，使衡阳以下航道提高到三级及以上标准。将涟水等支流纳入湘江综合治理，加强生态环境保护，以控制沿江地区项目准入和开发强度为重点，加强水系、水域环境污染联防联治和流域生态修复，不断改善湘江水环境。

四、建设月亮岛—鹅羊山、岳麓山—橘子洲、九华—昭山、金霞山—法华山、空洲岛—空灵岸五个生态景观区，丰富湘江生态景观。强化湘江两岸自然地理空间的生态功能，丰富湘江两岸生态景观内容，建设湘江沿江防洪景观道路，形成集"生态、文化、居住、景观"于一体的湘江生态经济带。

第十节　核心区城乡功能布局

长株潭城市群核心区分为七类功能分区。

一　综合功能区

包括长沙、株洲、湘潭三市市区，长沙县、望城县、株洲县、湘潭县城，云龙、天易、九华、坪塘、星城、长沙城北等城市中心区、县城和新城区。积极发展现代服务业，优化工业园区，调整产业结构，节约资源，改善环境，新城建设和旧城提质改造必须符合"两型"社会建设要求。

二　产业园区

指独立于城市市区之外重点发展先进制造业、科技产业、临空临港产业园区。先进制造业园区包括星沙、望城、金洲、九华、楠竹山、田心、董家塅和白井等产业园。科技产业园区包括麓谷高新区、株洲高新区、湘潭高新区。临空产业园区包括黄花、云龙临空产业园。临港物流产业园区指金霞物流园、石峰物流园、九华物流园。

三 CBD 地区

长沙市东部的浏阳河地区。围绕高铁长沙站建设，综合考虑轨道交通枢纽布局，重点发展综合管理、流通贸易、金融服务等现代服务业功能，加强生产性和生活性服务业集聚，建成以现代服务业为龙头的中央商务区和区域性服务中心，带动长株潭三市发展，面向湖南乃至中南地区服务。

四 科教创新区

株洲职教园、岳麓山和湘潭大学城。完善基础设施建设，整合科教资源，重点发展文化教育与科技研发。

五 绿心创新发展区

长株潭三市结合部。在保护生态基底、发挥生态屏障的前提下，发展生态旅游、休闲度假、会展博览及商务娱乐等功能。

六 生态保育区

包括呈斑块状的高丘山地、自然保护区、风景名胜区、森林公园和湿地等生态敏感区。禁止进行有损生态环境的各种活动。

七 高品质乡村地区

包括特色丘陵区和沿水系分布的高产农业区。集中发展生态农业，推动农业产业化和乡村现代化。建设生态小镇和新农村社区，改善基础设施，提升公共服务。

第十一节 乡村地区发展

根据地理特征和农业生产条件，围绕提高农业综合生产能力和农村现代化水平，进行乡村发展分区。

一 农业高产复合发展区

以长沙北部生态产业园和湘潭涟水—泉塘高科技高新农业园为中心，形成以水稻、蔬菜和特色农产品种植、水产畜牧养殖综合发展的农业高产地区。利用靖港、姜畲、云湖桥等重点镇的产业与交通优势，发展农产品深加工业，建立多层级农产品市场体系。

二 生态保育适度发展区

以捞刀河高新农业园为中心，形成以烟叶、蘑菇、茶叶等种植和水产养殖综合发展的生态农业地区，利用重点镇发展农产品深加工，适当发展休闲农业。

三 产业综合配套发展区

以长沙河西、姜畲－泉塘生态产业园为中心，推广现代农业技术；以夏铎铺、石亭、梅林桥、沧水铺、袁家铺等镇为中心，建设乡镇工业园，为城市产业配套。发展与本地矿产资源条件匹配的低污染加工业、与本地农业生产匹配的农产品深加工业。

四 城乡休闲产业协同发展区

以浏阳河生态农业园、绿心生态产业园、河口生态产业园、金霞生态产业园、云峰湖、空灵岸生态产业园、仙庾岭－婆仙岭－大京休闲产业园为中心，大力发展乡村休闲产业，推广跳马、暮云、云田、昭山和柏加的花木产业、蔬菜和水果种植产业，科技农业种植与休闲旅游结合发展。

第四章 城市群区域统筹发展战略

第一节 功能拓展区域

考虑长株潭核心区经济联系方向、未来能源原材料等供给关系及大生态、大交通格局建设的需要，构建功能拓展区域，承担起核心区向外的功能扩散和对核心区的功能补充。

一 区域范围

长沙、株洲、湘潭三市市域，益阳市的资阳区、赫山区、桃江县，娄底市区和双峰县，岳阳的湘阴县和汨罗市，面积30122平方公里。

二 统筹发展基本原则

——生态优先，持续发展。以资源环境容量为基础，保护水源、森林、湿地等重要资源，构建较为完备的生态安全体系，形成可持续发展的区域整体。

——突出核心，点轴发展。强化长株潭城市群的核心作用，沿重要交通线路、经济走廊实施点轴开发，促进城市发展由空间极化到空间扩散转变。

——功能互补，联动发展。加强长株潭城市群与周边城市的经济联系，尤其要利用娄底、益阳的能源优势，岳阳的港口优势，促进城市间功能互补，形成大中小城镇协调发展的格局。

三　功能拓展区域划分

北部促进发展区：包括汨罗、湘阴两县。主要拓展港口物流、循环经济、都市农业、休闲旅游、农产品加工等功能。加快实施退垸还湖、移民进城（镇）和防洪体系建设。

西部综合发展区：包括益阳市区、桃江县，娄底市区、双峰县，宁乡县、湘乡市、韶山市、湘潭县的部分。主要拓展与核心区联动的能源原材料和旅游等功能。加大涟水污染治理，对水府庙及周边地区实施统筹管理。

东部优化发展区：包括浏阳和醴陵的大部分。培育沿319、320和106国道的特色小城镇带。提升花炮、陶瓷等特色产业，推动乡镇企业入园，降低资源消耗和环境污染。

南部协调发展区：包括攸县、茶陵和炎陵。主要拓展与核心区联动的能源和旅游等功能，加强和衡阳的联系，打造南岳—酒埠江、云阳山、炎帝陵—井冈山等精品旅游线路。

四　重点城镇定位

宁乡：长株潭城市群的先进制造配套产业基地和职业技术教育基地。

浏阳：中国花炮之乡，长株潭城市群的高新技术产业、传统特色产业和先进制造配套产业基地。

醴陵：绿色瓷城、湘东门户，长株潭城市群的传统特色产业基地。

攸县：长株潭城市群的能源原材料基地和农产品加工基地。

茶陵：长株潭城市群的红色旅游和特色农业基地。

炎陵：炎帝文化深厚的生态旅游城市。

韶山：具有全国乃至世界影响力的知名旅游城市，长株潭城市群的红色旅游服务基地。

湘乡：长株潭城市群的重要工业基地和休闲旅游城市。

湘阴：长株潭城市群的先进制造配套产业基地和深水港口。

汨罗：国家循环经济试点园区，全国主要的再生资源产业基地，屈原文化旅游基地。

桃江：长株潭城市群的新能源基地。

双峰：长株潭城市群的能源、原材料基地。

五 城镇规模等级结构

形成特大城市—大城市—中等城市—小城市—重点镇——一般镇的城镇等级规模结构。

推进新型城市化进程，促进特大城市、大城市、中等城市和小城市协调发展，集中发展重点镇，不再新增建制镇。

六 城乡统筹措施

规划 4 个城乡统筹示范区，包括韶山市、醴陵市区及周边乡镇、望城县城及长沙河西北部乡镇、攸县。实施乡镇通外道路工程、乡镇信息网络工程、技术推广与就业培训工程三项城乡统筹重点扶持工程。

第二节 东部城镇密集地区

考虑到湖南梯度发展、长株潭城市群和湖南东部城镇密集地区之间的密切关系，将该地区作为区域协调发展的空间，形成以长沙、株洲、湘潭为中心、1.5 个小时通勤为半径，包括岳阳、常德、娄底、益阳、衡阳在内的"3 + 5"城市群。

一 区域范围

长沙、株洲、湘潭、岳阳、常德、娄底、益阳、衡阳八市的主体，是全省交通区位、资源条件和经济发展水平最好的地区。

二 空间发展结构

形成"一核三带辐射联动"的空间构架。

一核：指长株潭城市群核心区。

三带：

——岳阳—长株潭—衡阳城镇产业聚合发展带。是长株潭城市群对外联通带动湖南发展最重要的城镇产业聚合发展带。进一步扩大南北向综合交通走廊的优势，聚合高新技术产业和先进制造业。

——长株潭—益阳—常德城镇产业聚合发展带。是长株潭向西辐射带动湘西北地区发展的城镇产业聚合发展带。引导城市群制造业沿长沙－益阳－常德快速路带状布局，打造西线工业走廊。

——长株潭—娄底城镇产业聚合发展带。是长株潭向西辐射带动湘中地区、进而带动湘西地区发展的城镇产业聚合发展带。重点提升沿线湘潭、湘乡、娄底等城镇的能源原材料工业。

三 重点城市定位和发展方向

岳阳：湖南省的北门户、中南地区的石化工业基地、长江中游重要节点城市、长株潭城市群能源基地。推动石化产业从化工原料向制成品方向发展，发展以钢铁产业原材料、农产品为主要门类的物流业，和益阳、常德联手开展环洞庭湖治理。

衡阳：湘南中心城市和交通枢纽、湖南省综合制造业基地。建设衡茶吉铁路和高速公路，重点打造衡山—炎帝陵—井冈山精品旅游线路。重视湘江衡阳段的航道和港口建设，规划衡—邵—怀铁路，预留衡阳—娄底铁路通道。

常德：湘西北中心城市和交通枢纽、全省重要的农产品加工和制造业配套基地。发展商贸业和物流业，增强带动湘西北地区发展的作用。打造长沙—常德—张家界旅游黄金走廊。

益阳：长株潭城市群新能源基地和休闲旅游服务基地。重点推进桃花江核电站建设，成为长株潭、全省乃至更大区域内的新能源基地，建设区域性休闲旅游基地。

娄底：长株潭城市群向湘中、湘西辐射的重要节点城市，能源原材料基地。培育钢铁行业与长株潭城市群机械、汽车产业之间的上下游关系，改善对外陆路交通。

四 产业分工与布局

坚持突出优势、错位发展。长株潭以先进制造业、高新技术产业、生产性服务业为主导产业，岳阳以石化工业为主导产业，衡阳以综合制造业为主导产业，常德以农产品深加工和制造业为主导产业，益阳以新能源工业和休闲旅游业为主导产业，娄底以能源、原材料工业及配套工业为主导产业。

构建娄底、衡阳原材料工业与长株潭先进制造业之间的上下游关系，长株潭核心区不再新建、扩建火电厂，在周边地区发展火电、水电以及风电、核电等新能源，为长株潭提供强大的能源支撑。将烟草、食品工业引导至常德、湘潭，农产品物流和商贸产业调整至湘潭、衡阳、常德，将湘钢的扩建调整与岳阳、娄底的钢铁产业调整相结合，将株洲的石化工业部分调整至岳阳。

五 交通建设

构筑联通全国、辐射全省的铁路、公路、水运、民航、管道等综合交通体系和综合枢纽体系，构建或提升湘江—长江水运通道、黄花机场空中通道、京广陆路通道、洛湛二广陆路通道、沪昆陆路通道、长渝陆路通道等六条区域对外通道。建设内部复合公路走廊，发展中心城市之间的快速交通，改造低等级交通网络，加强农村地区与城市的联系。发展城际轨道交通，远期建设长沙—宁乡—韶山—湘乡—湘潭、长沙—浏阳、株洲—醴陵、长沙—湘阴、长沙—汨罗、宁乡—益阳、娄底—衡阳的区域快线。加强港口资源整合，推进港口经营一体化发展，发展港口保税物流，提高湘江岳阳—衡阳段航道技术等级，形成以岳阳港、长沙港为核心，湘潭、株洲、衡阳、湘阴港、汨罗港等港口为补充，功能明确、层次分明的港口体系。加快机场扩建改造，新建衡阳机场、岳阳机场。

六 生态保护建设

重视幕阜、罗霄、武陵、雪峰山脉的生态保护与建设，保护森林公园、自然保护区、风景名胜区、基本农田等，加强沿湘江干支流生态廊道建设。建立湘江等河流上下游城镇排水口和污水口的协调机制。整合排污口，上下游城镇在行政边界处进行取水口和排污口调换，形成污水排放口在下游、取水口在上游的格局。不具备调换条件的上下游城镇应明确城市取水口上游 2000 米，下游 200 米范围内严禁设污水排放口。建立和完善森林保护和生态补偿机制，推进林权制度改革，强化森林资源消耗控制。

第五章　城市群发展支撑体系

第一节　产业发展

一 产业体系建设

全力发展战略性产业，积极培育先导性产业，稳步提升基础性产业，限制和退出劣势产业，构建"两型"产业体系和产业发展导向机制，发挥高新技术在加快结构调整步伐和实现产业升级的重要作用。

——战略性产业，包括工程机械、轨道交通、汽车、新能源设备制造、文化产业、创意产业和旅游业。

——先导性产业，包括高新技术服务业、电子信息、生物、新材料、环保节能、新能源、航空航天等高新技术产业，物流、金融服务、商务服务、总部经济等生产性服务业和现代科技农业。

——基础性产业，主要包括钢铁、化工和有色冶金。

——限制发展产业，主要包括低于 5000 千伏安电石产业、土焦产业、小煤炭、小化工等。

——强制性退出产业，主要包括高能耗、高污染等对区域生态环境影响严重、预期效益低的产业。

二　产业空间布局

优化核心区产业布局，形成四带、十一园、三片的产业布局。

——构筑长株潭东侧先进制造产业带、西侧高新技术产业带、南侧基础产业提升带、北侧先进制造产业带四条产业带。

——重点建设长沙麓谷高新技术园区、星沙先进制造业园区、株洲高新技术开发区、湘潭高新技术开发区和九华工业园、长株潭 CBD、金鹰文化产业园、金霞物流园、石峰物流园、九华物流园、隆平高新农业园、汨罗循环经济园十一个园区。

——重点改造株洲清水塘、湘潭竹埠港和下摄司、长沙坪塘三个传统工业片区。

第二节　交通规划

构筑高效协调发展的区域交通体系，提升长株潭在全国交通格局中枢纽地位。

一　机场

以空港建设为基础，构建内陆城市国际化的平台。规划 2020 年长沙黄花机场建成区域性枢纽机场，完成第三代候机楼和第二跑道的建设。开通并增加直抵日韩、欧美的国际航线。旅客吞吐能力达到 2200 万人次/年，货邮吞吐量达到 80 万吨/年。预留长株潭城市群第二机场。

二　铁路

构建连接长三角、珠三角地区的大能力铁路通道，强化铁路枢纽地位。建设武广、沪昆客运专线、衡茶吉铁路、荆岳铁路，实施湘桂铁路扩能、石长增建二线、渝怀增建二线等工程，建设新长沙站等，并与轨道交通及公共交通有机衔接，形成现代化综合枢纽。

三　航道和港口

整治长江干线湖南段、湘江　航道　重点建设岳阳港、长沙港霞凝港区，协调岸线资源利用、航电枢纽建设和港口功能的发挥。

四　区域道路交通

强化对外和过境通道，在核心区域外围建设长株东外环线、长潭西外环线、株潭南外环线、长沙北外环线，形成"两纵两横"长株潭城市群高速外环线。构建沟通核心区各重要组团的"七纵七横"长株潭城市群快速路网。纵向，利用京珠高速、长株高速、长潭西线，同时新建或改建长沙星沙—株洲渌口、长沙福临—江背—湘潭梅林桥大道，改造芙蓉大道，延伸长沙西二环至湘潭九华；横向，利用沪昆高速、莲易高速、长浏高速，同时新建或改建长沙金洲—安沙—浏阳永安、湘乡—醴陵、株潭绕城南线，延长长沙南外环线。新建道路的具体走向及技术标准在有关专项规划及项目前期工作阶段进行深入研究论证。

五 城际轨道交通

由长沙—株洲、长沙—湘潭、湘潭—株洲线路组成"人"字形骨架，线路进入三市市中心。在此基础上增加星马新城—长沙 CBD—株洲云田组团的南北向线路和河西新城—麓谷—长沙中心城—CBD—空港的东西向线路，联系各具有重要区域职能的组团。预留建设空港—浏阳、株洲—醴陵向东延伸的线路，河西新城—益阳、湘潭—湘乡向西延伸、星马新城—汨罗/岳阳向北延伸的线路，促进核心区和功能拓展区重要城镇之间的联系。

第三节 基础设施建设

加强基础设施建设，推进能源、水利、信息等基础设施共建共享，为试验区建设提供强力支撑。

一 能源

节约优先、优化结构、多元发展，大力发展生物质能、风能、太阳能、沼气等清洁可再生能源。到 2020 年，长株潭核心区用电量达到 550 亿千瓦时，最大供电负荷将达到 1130 万千瓦；长株潭核心区保有主要电厂四座，发电装机容量 680 万千瓦，发电能力达到区域最高用电负荷的 60%；长株潭核心区 500 千伏变电站达到 13 座，其中新建 7 座；220 千伏变电站 92 座，其中新建、扩建 65 座。到 2020 年，长株潭地区天然气供气量达到 19 亿立方米，进一步扩大天然气配额；液化石油气需求量为 7.8 万吨，安排相应的储配设施。远期沿京珠高速路规划第二输气管。

二 供水

加强水资源节约、保护和优化配置，大力推广节水技术，扩大再生水利用，加大公共供水系统服务面积，提高现有供水设施利用效率，关闭公共供水服务范围内的自备井。到 2020 年，核心区日供水需要 340 万吨，其中，长沙市区 179 万吨/日，株洲市区 84 万吨/日，湘潭市区 77 万吨/日；核心区的再生水回用量达到 65 万吨/日。探索分质供水，加强水功能区管理，继续改善湘江水源，株洲、湘潭两市利用原有取水口，三市共同或分别选择第二水源。在核心区范围内加强取水设施的统筹规划。长株潭核心区供水总能力达到 428 万吨/日，规划新增供水能力 143 万吨/日。

三 排水

在核心区范围统筹优化排污设施。到 2020 年，核心区污水处理能力达到 360 万吨/日，建成规模在 5 万吨/日以上的城市集中污水处理厂 20 座，加上边缘地区的中小型污水处理厂，处理能力共 393 万吨/日，污水收集处理率达到 95% 以上，处理深度为二级。污水管网普及率达到 95% 以上。

四 城市垃圾处理

到 2020 年，实现城市生活垃圾处理的无害化、减量化、资源化。垃圾日产生量 9348 吨，其中，长沙、株洲和湘潭片区日垃圾量分别为 5154 吨、2147 吨和 2047 吨。需新增垃圾处理能力 3900 吨/日，生活垃圾处理方式采取卫生填埋、焚烧发电，规划预留大型垃圾综合处理场用地。

五 防洪

长沙城区湘江两岸段均为 200 年一遇设防标准的重点保护圈，近期按 100 年一遇设防，株洲城区、湘潭城区湘江堤防均按 100 年一遇的标准设防。规划需新建或加高防洪堤 506 公里，其中湘江干流 200 年一遇标准防洪堤 36.2 公里，100 年一遇标准防洪堤 141 公里，50 年一遇标准防洪堤 100 公里。其他河道 200 年一遇标准防洪堤 14.8 公里，100 年一遇标准防洪堤 11.2 公里，50 年一遇标准防洪堤 83 公里，20 年一遇标准防洪堤 120 公里。

六 信息

到 2020 年，建成各类信息网络互联互通的骨干信息传输网。建立功能完善的电子业务网络平台，实现三市电子政务、电子商务、社会保障、交通信息管理、社区信息资源的整合和共享。提高邮政网点覆盖率。建立完善的教育科研、医药卫生、劳动与社会保障、网络文化和社区信息等社会信息化服务体系。完善电子金融系统、现代物流、旅游管理和电子商务系统。

七　农业设施

提升农业水利化、田园化、机械化水平，拓展现代农业功能。加强农机服务网络建设，农机化水平达到 80%；加强农田水利建设，提高相关水库功能，农田灌溉保证率达到 90%。

第四节　社会事业发展与重要公共服务设施规划

一、推进户籍制度改革，建立统一规范的人力资源市场，建立健全公共就业、社会保障、外来人员服务体系，加快人力资源和社会保障综合服务设施等公共服务设施建设。

二、保护历史文化资源，重点保护建设岳麓山历史文化区、长沙老城历史文化区、北津城文化遗址公园、桐溪曾国藩文化园、靖港历史文化古镇、湘潭城正街、窑湾历史街区等集中反映湖湘文化传统的地区。发展茶陵红色文化、炎陵炎帝文化。塑造省府文化活动中心、新河三角洲文化活动中心、新世纪文体活动中心、株洲河西文化中心、湘潭老城文化艺术活动中心、绿心湖湘文化展示、空灵岸佛教文化等文化中心。建设雨花数字传媒、金星出版、金鹰影视、昭山—仰天湖文化创意等文化产业园，打造湘江文化走廊。加强农村文化设施建设，完善文化服务网络。

三、加强教育和人才培养，优化区域教育资源配置，加快提高教育现代化水平，巩固提高义务教育，建设区域性公共实训基地，优化高校空间布局，提高高等教育质量，增强高校人才培养、科技创新与社会服务能力，促进产学研一体化。加大企业家、科技创新、紧缺专业技术人才的培养和引进。

四、重点建设完善株洲、湘潭市市级医疗卫生机构，加强城市社区卫生服务机构和县乡村医疗卫生机构业务用房建设及设备配置，加强人才队伍建设，不断改善市、县、乡、村四级医疗卫生服务条件，提高医疗卫生服务能力和水平。发展面向民生的养老、社区、健身服务设施。

第六章　规划的环境影响与评价

第一节　资源环境促进与约束因素分析

一　促进因素

长株潭城市群临近洞庭，通江达海，水陆空交通途径四通八达，具有良好的区位优势。矿藏资源种类繁多，储量大。位于湘江下游，地势平缓，光、热、水资源丰富。地貌条件多样，森林覆盖率高，生物多样性高，具有建设各类自然保护区、森林公园及旅游胜地的基础条件。

二　约束因素

基于季风气候、地貌特征以及能源结构，大气环境相互影响，污染物难扩散，二氧化硫等酸性物质容易积聚，形成酸性降水。城市以湘江为纽带联系格局，三城距离近，排污江段与取水江段交错，水资源调度和水质保护存在协调困难。森林覆盖率虽高，但目前的树种结构不尽合理，森林和植被生态效益有改善的余地。历史形成的环境污染问题比较突出。

第二节　规划与相关法律和政策的协调性分析

本规划根据城市规划法、环境保护法、环境影响评价法等法律，遵循相关条例、法规、标准，对长株潭城市群发展的各个方面进行了全面研究和安排，协调社会经济发展与生态环境保护两个方面，符合法律及法规和政策的要求，妥善处理了社会经济发展与生态环境保育间的关系。

第三节　规划环境影响分析

规划实施带来的正面影响包括禁止开发区和限制开发区的划定，规范城乡的开发行为，防止对生态敏感区的破坏；生态园区建设将起到增绿、保护生物多样性的作用，改善生态环境质量；加强湘江及其支流，特别是株洲清水塘、湘潭下摄司和竹埠港地区的环境综合治理，将解决历史遗留的环境污染问题；推进新型工业化，促进资源能源的节约和循环利用，将从源头上控制污染物的排放，有利于环境保护。以紧凑空间结构建设城市，能够实现土地的高效利用。本规划实施后的关键负面影响在于城乡建设和产业发展仍要占用一定土地资源，加大对生态环境的压力。由于规划既考虑了当前急需解决的环境污染问题，也根据长远发展的要求，对生态环境建设进行了安排。因此，本规划的实施，将改善长株潭生态环境质量，为长株潭城市群的发展，提供坚实的支撑。

第四节　生态环境建设保障措施

一　法规保障

以国家关于生态环境保护的系列法规与政策为依据，根据对"两型"社会建设的要求和长株潭城市群具体情况，提出和完善相关法规，将资源利用、城乡建设与生态环境保育纳入法制化轨道。加大执法力度，杜绝有法不依、执法不严现象。依法行政、规范执法，落实执法责任制，实行环境稽查制度。建立健全监督制度。以新闻媒体为桥梁，接受社会公众的监督，对直接涉及群众切身利益的环境与发展决策，建立健全公众参与制度。

二　行政保障

进一步完善综合决策机制，实现各部门协调科学决策，协调区域、流域生态环境问题的解决。依法建立重大决策责任追究制度。以生态环境承载力为前提，协调各种各类规划内容。将生态建设与环境保护与城镇规划、国民经济和社会经济发展中长期规划等有机结合起来，互相衔接、互相补充。建立生态环境的目标责任考核机制。

三　政策保障

实行严格的生态环境准入政策。鼓励发展资源能源消耗低、环境污染少的工业和第三产业。限制高耗能产业外延扩张，禁止发展高污染产业。实行严格的退出政策。结合区域实际，公布技术落后、污染严重的生产工艺、设备、产品和企业淘汰名录，强制淘汰规模不经济、污染严重的涉镉、涉砷及其他重金属企业（生产线）。

四　经济保障

健全环境投融资机制，完善生态补偿机制，多渠道筹措资金，增加生态环境建设和保护投入。运用产业政策引导社会生产力要素流动，鼓励利于资源保护、生态环境建设的建设项目。

五　技术保障

积极开发、引进、推广先进适宜技术，促进清洁生产，组建循环经济产业园区，促进生态环境保护、资源综合利用与废弃物资源化。推行以循环经济为核心的经济运行模式，探索建设长株潭循环经济城市群。推行农业生物质废弃物循环利用，建设循环型农村。

第七章 规划的实施

第一节 核心区城市空间发展政策指引

将长株潭核心区划分为五类政策区，实施不同的政策引导。

一 振兴扶持地区

主要包括株潭南部农业地区、湘潭西部地区和鹤岭地区。通过政策倾斜和基础设施建设扶持，在项目、投资和基础设施建设方面给予一定的区域优先权，尽快提高社会经济发展水平。

二 发展提升地区

主要包括长沙经开区、麓谷高新技术产业区，株洲栗雨工业园、田心高科园、航空城，湘潭九华工业园、双马工业园等高新技术产业基地。通过产业集聚与城市综合服务功能提升，尽快成为区域经济发展的重要极核与节点。

三 发展转型地区

主要包括株洲清水塘工业区、湘潭竹埠港、下摄司、汨罗新市和湘乡花亭等循环经济园区。探索城市群循环经济新模式，通过循环经济示范，尽快实现发展转型。

四 战略储备地区

主要包括具有潜在高端功能的东部空港和高铁车站地区和西北综合生态农业特色产业发展空间。充分识别其战略价值，加强省市两级协作控制，防止破坏性开发。

五 特色保护和新兴功能发展地区

指具有重大自然和文化价值，需要强化特色保护与以新兴功能发展的地区。如三市结合部的绿心地区。

第二节 核心区建设发展时序

长株潭城市群核心区城乡功能组团的发展时序按照 2010 年以前、2015 年以前、2020 年以前和远景期规划控制。

2010 年以前，三市中心城区紧凑集约发展，有序引导示范区建设，科学提升绿心区价值，规划控制东部空港地区。湘潭西进北拓、东联南接；株洲北联西接、东控南进。

2015 年以前，三市中心城区采取存量改造优化和增量相结合、点面相结合的发展模式，大力推进示范区建设，着力建设空港新城，循环经济园区建设取得明显成效。

2020 年以前，通过新兴组团的增量创新，带动旧城地区和传统乡村地区的存量转型，构筑高效率基础设施平台，形成符合"两型"社会要求的城乡建设模式。

远景期，三市核心区形成网络化、生态型、组团式城市连绵区，构筑完善的内外畅达的一体化综合交通系统，进入新旧城区、城乡区域共融联动发展阶段。

第三节 近中期建设重点地区

近期选择重点区域"一江五区"，先行启动探索，提供示范。

"一江"，就是湘江生态经济带，北起长沙月亮岛，南至株洲空洲岛，全长 128 公里。是城市群的核心生态轴线。加强湘江污染治理，启动长沙综合枢纽工程。重点抓新河三角洲、南湖片、滨江新城和株洲东岸、湘潭西岸等片区整体改造，整治岳麓山、昭山、法华山、金霞山和洲岛景观，精心打造一条集生态、文化、居住功能于一体的百里长廊。

"五区"，包括大河西、云龙、昭山、天易、滨湖五大示范区。

——大河西示范区。以长沙河西先导区为主体，纵向自长沙岳麓高新区、高校区至坪塘，打造引领两型产业和技术发展的"硅谷"。横向自长沙开福区霞凝、岳麓区麓谷经宁乡玉潭镇、菁华铺乡至益阳沧水铺镇，沿金洲大道和 319 国道两侧布局，构筑以长沙高新、金洲，益阳高新，常德德山等为核心区域的先进制造业走廊，重点发展机械制造、新能源、电子信息，辐射带动益阳、常德等地区发展。

——云龙示范区。包括株洲云龙和清水塘两个板块，云龙重点发展先进制造业、临空产业，打造内陆城市国际化平台，积极配合老城区改造提质，着力提升城镇功能；清水塘依托循环经济试点，加速污染治理、土地置换、提质改造，5~8 年根本改变面貌，成为发展新型产业、改造老城区和循环经济发展的示范区。

——昭山示范区。自长沙暮云，沿芙蓉南路至湘潭昭山、易家湾，往西至湘潭九华。低密度、高品位、保护性开发，保留自然山体、植被、稻田，建设生态宜居新城，引进国际组织分支机构、地区总部，举办国际论坛和博览会，打造生态经济区。九华建成先进制造业基地。

——天易示范区。位于株洲天元区和湘潭县易俗河之间，沿着天易公路两侧布局。发挥株－潭两市的绿色空间隔离和交通通道的作用，防止两市城区空间连绵发展。重点发展机电制造、食品加工、环保、现代物流等产业，培育生态示范功能，建设成为株－潭协同发展的标志区和引领区。

——滨湖示范区。包括岳阳湘阴、汨罗、长沙望城的部分区域和城陵矶临港产业新区。发挥水运、港口优势，在保护生态环境的基础上，建设长株潭产业转移承接基地、再生资源产业基地、绿色农产品生产加工基地、健康休闲服务基地。

第四节　规划实施保障

一　强化规划的统筹作用

实施《长株潭城市群区域规划条例》，依法强化区域规划的总体统筹作用，作为区域内各类各层规划编制和实施管理的依据。加强区域规划与省域城镇体系规划和长沙、株洲、湘潭三市总体规划的协调和衔接。依据经批准的区域规划和所在城市总体规划，编制五个示范区的总体规划、分区规划和详细规划，要按照《城乡规划法》的要求，将用地纳入城市建设用地实施统一的规划管理。各级政府研究制定规划实施的具体工作方案，把各项任务落实到年度计划，加强区域规划实施的综合评估和监督。

二　设立高效协调的行政管理机制

组建长株潭城市群"两型社会"建设综合配套改革试验区领导协调委员会，在"省统筹、市为主、市场化"的原则下，统一规划和推动城市群建设，强化省级事权的协调管理。建立区域协调机制，鼓励跨市联合开发、利益共享。完善建设项目审核的分级管理制度，加强规划确定的禁止开发区内建设项目以及区域性影响建设项目的省级审查。规划确定的省级战略资源地区，由省政府与地方政府联合审查和实施监管。

三　推进体制机制创新

推进资源产权、价格机制改革，加快形成资源节约的体制机制。探索湘江流域综合治理模式，完善环境同治体制，探索建立生态补偿机制，推动流域生态保护、跨界污染防治及重金属污染治理。建立产业退出补偿机制、产业布局引导机制、"两型"导向的激励约束机制，形成有利于新型工业化发展的体制机制。率先在提升自主创新能力、完善区域创新体系等方面突破，构建技术创新体系和人才保障体系。创新耕地保护、林地和湿地保护、征地用地、集体建设用地流转制度，促进土地节约集约利用。深化投融资体制改革，积极探索组建新的投融资平台。建立城乡统筹的规划、基础设施建设、公共服务、户籍、就业和社保等制度。

四　强化各类资源的统筹利用和保护

加强水、土地、矿产以及森林、湿地等生态环境资源的统筹保护和综合利用，严格执行建设项目水土保护方案制度，减少地貌植被破坏和可能造成的水土流失。加强对战略性空间资源的保护控制和预留。

五　完善区域政策

完善财政转移支付政策，对禁止开发区、限制开发区及对区域发展产生重要影响的项目给予资金和政策支持。建立以"两型"社会建设为主题的产业投资基金。制定鼓励研究开发、技术转让的政策。制定扶持和促进中小企业创新发展的政策。建立科学的指标考评评估机制，建立"两型"社会发展指标体系。

六　努力探索中外合作机制

大力采取国际合作的方式进行城市群建设，在国家统一部署和指导下开展中外合作的、以可持续发展为主题的建设。

七　鼓励公众参与

推进公众参与的法制化和制度化，使公众通过法定的程序参与规划实施的决策和监督。加强规划宣传，增强规划意识，提高维护和执行规划的自觉性，引导社会力量参与城市群建设。

区域规划强制性内容一览表

序　号	分　类	内　容
1	规划期限内城市建设用地的发展规模	2010 年城镇用地规模达到 760 平方千米左右； 2015 年城镇用地规模达到 880 平方千米左右； 2020 年城镇用地规模达到 1000 平方千米左右。
2	区域内必须控制开发的区域及要求	包括饮用水水源保护地、自然保护区、森林公园、湿地公园、重点公益林区、坡度 25 度以上的高丘山地、著名风景区、泄洪区、滞洪区、重要湿地、相对集中连片的基本农田保护区等，主要分布在核心区西部、北部山地丘陵集中区、湘江及其主要支流水体、绿心地区高丘山地等。作为构筑生态安全屏障、维护城市群空间结构的国土空间，加强强制性保护，禁止不符合主体功能定位的各类开发建设。
3	区域内必须控制开发的区域及要求	包括基本农田保护区以外的各类宜农土地、坡度在 15～25 度之间丘陵山地、生态脆弱地区等。资源环境承载力较弱，关系城市群整体生态安全格局，分布在城市群组团之间，呈斑块状分布的区域。坚持保护优先、适度开发、点状发展，优先保护自然生态，适量发展休闲旅游，逐步治理或恢复已破坏的山体植被、水系。

续表

序 号	分 类	内 容
4	区域内必须控制开发的区域及要求	有效保护并合理利用长沙、株洲、湘潭三市相向地带,发挥城市群"绿心"的功能。治理和建设湘江及其沿岸,构建生态良性循环、景观环境优美的湘江生态带。
5	区域内必须控制开发的区域及要求	高丘山地、自然保护区、风景名胜区、森林公园和湿地等生态敏感区。禁止进行有损生态环境的各种活动。
6	区域性重大基础设施的布局要求	整合排污口,上下游城镇在行政边界处进行取水口和排污口调换,形成污水排放口在下游、取水口在上游的格局。不具备调换条件的上下游城镇应明确城市取水口上游 2000 米,下游 200 米范围内严禁设污水排放口。
7	规划期限内城市群产业方向要求	限制发展产业,主要包括低于 5000 千伏安电石产业、土焦产业、小煤炭、小化工等。强制性退出产业,主要包括高能耗、高污染等对区域生态环境影响严重、预期效益低的产业。
8	区域性重大基础设施的规划布局要求	在核心区范围内加强取水设施的统筹规划。
9	涉及相邻城市的重大基础设施规划布局要求	新增垃圾处理能力 3900 吨/日,生活垃圾处理方式采取卫生填埋、焚烧发电,规划预留大型垃圾综合处理场用地。
10	涉及相邻城市的重大基础设施规划布局要求	长沙城区湘江两岸段均为 200 年一遇设防标准的重点保护圈,近期按 100 年一遇设防,株洲城区、湘潭城区湘江堤防均按 100 年一遇的标准设防。规划需新建或加高防洪堤 506 公里,其中湘江干流 200 年一遇标准防洪堤 36.2 公里,100 年一遇标准防洪堤 141 公里,50 年一遇标准防洪堤 100 公里。其他河道 200 年一遇标准防洪堤 14.8 公里,100 年一遇标准防洪堤 11.2 公里,50 年一遇标准防洪堤 83 公里,20 年一遇标准防洪堤 120 公里。
11	区域性重大基础设施的规划布局要求	重点保护建设岳麓山历史文化区、长沙老城历史文化区、北津城文化遗址公园、桐溪曾国藩文化园、靖港历史文化古镇、湘潭城正街、窑湾历史街区等集中反映湖湘文化传统的地区,切实加强文物保护。

在中共湖南省委常委扩大会议上的讲话

张春贤

2009 年 6 月 19 日

这是省委第三次召开常委扩大会议，专题研究长株潭试验区建设。第一次是 2007 年 12 月 15 日，试验区获批后的第二天，对试验区工作进行初步安排部署。第二次是去年 5 月 19 日到 20 日，主要是对试验区的改革建设进行顶层设计。今天这次常委扩大会议，主要是总结试验区建设一年多来的工作，明确今明两年的重点工作和有关重大问题，加快推进试验区建设。

这次会议开得很好，汇报好，发言好，会风好，准备充分，学习认真，观点明朗，敢于争锋，气氛非常热烈，是一次充分发扬民主，集体研究当前和今后一个时期试验区改革建设阶段性重大问题和实质性推动工作的重要会议，达到了预期目的。下面，我讲几点意见：

一 这次会议召开的背景

在当前金融危机还没有见底、"三保"任务非常繁重的情况下，把省几大家班子、省直有关各部门、"3＋5"地区主要负责同志召集起来，集中两天时间，研究部署长株潭试验区建设，主要基于这样几个方面的考虑。

一是试验区建设的第一阶段已经过去一年多时间，今明两年非常关键。2008～2010 年是试验区建设的第一阶段。试验区建设能不能按预定目标顺利推进，第一阶段非常关键。目前第一阶段 3 年时间已过去了一半，到了一个非常重要的时间节点，必须增强紧迫感，切实把今明两年的工作抓紧抓好。

二是随着试验区改革建设的推进，一些重大问题和重大事项急需进一步明确。比如，今明两年试验区改革建设如何组织实施、"3＋5"城市群城际铁路及综合交通体系建设、昭山"绿心"保护等，这些议题关系重大，需要广泛集中智慧，在深入研究的

268

基础上进行明确。

三是在当前保增长任务艰巨的情况下，要全面认识和处理好试验区建设与保增长的关系。当前，正处在应对国际金融危机冲击、促进经济平稳较快发展的关键阶段。有的同志可能担心，搞"两型"社会试验区建设，会不会拖保增长的后腿，分散保增长的精力。对于这些疑虑，有必要认真分析，统一思想。

四是国家布局的各试验区竞争发展，长株潭试验区建设要加大力度、加快进度。自2005年以来，国家共批准设立了7个综合配套改革试验区。这些试验区中，有的本身就很强，基础很好。近年来各试验区动作都很大，比如：浦东新区把南汇区并入，扩大了改革试验范围，放大了政策效应；天津滨海新区增长势头强劲，带动天津的发展今年以来在全国领先；湖北省已签订40多个部省合作协议，支持武汉城市圈试验区建设，等等。在激烈的竞争面前，我们必须增强责任感与紧迫感。

二 试验区改革建设取得了突破性进展

试验区获批以来，尤其是去年5月省委常委扩大会议以来，省、市共同努力推动，以国际化的宽广视野高起点谋划，高标准建设，方向和目标非常明确，体现了科学发展观的要求，长株潭试验区改革建设取得突破性进展和阶段性成果，开局良好，成绩令人鼓舞和振奋，进入了新的发展阶段。

一是高起点、高标准完成了试验区顶层设计。坚持以宽广的国际视野精心编制了试验区总体改革方案和城市群区域规划，并于去年底获国务院批准。方案和规划同时获批，这在全国7个试验区中是第一个。方案和规划起点比较高，理念比较新，操作性比较强。

二是布局和启动了一批重点项目建设。坚持边规划、边实施，不等不靠，高起点谋划，高标准建设，在基础设施、产业支撑、生态环保等领域布局和新上了一批重大项目。连接三市的路网骨架已经基本拉开，湘江流域综合治理可望进入国家层面，黄花机场结束了不能起降大型飞机的历史。特别值得一提的是，在不到半年时间内，出色完成了长株潭通信升位并网工作，开了国内先河，在国外也是少有的。

三是一些重点领域和关键环节的改革试点取得良好成效。通过部省合作和示范区建设等途径，开展了建设节水型城市、集约节约用地、行政管理体制、排污权交易、基础设施债券融资、土地征转分离、集体土地经营权流转等一系列改革试点。长丰集团与广汽集团实现战略合作，是十大产业调整与振兴规划实施以来企业跨省并购重组的第一例，影响很大。

四是试验区建设有力促进了全省的保增长。去年，长株潭地区经济增长14.5%，高出全省 1.7 个百分点，经济总量占全省的比例为 40.9%，对全省经济增长的贡献率达到 54.8%。今年一季度，经济总量占全省比重进一步提高到 41.7%。

五是试验区建设提升了湖南的对外开放度和国际影响力。试验区已成为湖南争取中央政策支持、加强部省合作的重要平台，成为招商引资、扩大开放的重要窗口。通过试验区这块"金字招牌"，进一步鼓舞了士气，凝聚了人气，促进了生产要素向湖南集聚；同时，也进一步提升了各级干部科学发展的理念，提高了全社会的生态文明意识，增强了发展软实力和长远竞争力。

一年多来试验区改革建设取得的显著成绩，是中央高度重视和中央各部委大力支持的结果，也是各地各部门通力协作、扎实工作的结果，凝聚了广大干部群众的心血和汗水。我们一定要倍加珍惜和发展这种良好局面。

三 更好地发挥试验区建设对保增长、扩内需、调结构、促就业、强基础的推动作用

试验区建设是保增长、扩内需、调结构、促就业、强基础的重要组成部分，也是重大举措、强大动力和新的增长点。

（一）试验区建设是推进"一化三基"的重要抓手

实践已经证明，"一化三基"是推进湖南科学跨越发展的重大战略举措。试验区改革建设的主题、目标、任务和措施，都是"一化三基"的重要内容。推进试验区改革建设，是"一化三基"战略的具体体现和有力促进。比如，正在规划的"3＋5"城市群综合交通体系和城际轨道交通建设，将大大缩短各城市间的时空距离，直接带动轨道交通、装备制造、工程机械等产业发展，促进大中小城市及城镇组团式发展，既是重大基础设施，又有力推动基础产业、新型工业化、新型城市化的发展。

（二）试验区建设是实现全省保增长的重要保障

长株潭作为全省优势地区，近年来在推动全省经济平稳较快发展中发挥着越来越重要的作用。这从几组主要经济数据的分析就可以看出：2008 年与 2007 年相比，长株潭三市经济总量占全省比重由 37.9% 提高到 40.9%，提高 3 个百分点；规模以上工业增加值占全省比重由 37.7% 提高到 43.8%，提高 6.1 个百分点；对全省经济增长的贡献率由 41.1% 提高到 54.8%，提高 13.7 个百分点。去年，"3＋5"地区经济总量占到全省的 78.5%，对全省经济增长的贡献率达到 91.3%。在一定程度上，保住了"3＋5"地区经济平稳较快发展，就保住了全省经济发展大局。从外省情况看也是这样。天津今

年一季度经济增长 16.5%，位列全国第一，滨海新区是主要动力源，一季度滨海新区生产总值占了天津市的一半，增长 22.3%。这充分表明，试验区是促进区域经济发展的重要增长极，是当前保增长的重要推动力。同时还要看到，试验区建设是争取中央政策支持、抢抓扩内需政策机遇的重要平台。比如株洲核心污染区 34.4 平方公里的土地变性，长株潭通信一体化建设，等等。对此，具体参与和经办的同志可能感受更深。

（三）试验区建设是推动湖南科学发展上水平的重要途径

试验区建设的主题是"两型"，核心任务是"两新"，根本措施是综合配套改革，其实质是加快转变发展方式，将经济社会发展全面转入科学发展的轨道。通过综合配套改革试验，先行先试，积极探索，将有力推动全省的科学发展上水平。

四　进一步明确第一阶段的工作目标

去年 5 月的常委扩大会议，明确了试验区建设的三个时段：2008～2010 年为第一阶段，2010～2015 年为第二阶段，2015～2020 年为第三阶段。第一阶段的主要任务是"打好基础、重点突破"。按照这一要求，第一阶段要具体达到以下几个目标。

一是实现规划体系全覆盖。按照改革总体方案和城市群区域规划，编制完成 15 个专项规划，开展"3＋5"城市群各市总体规划修编，形成高起点、多层次、全覆盖的规划体系，健全完善保障规划实施的法规体系和执行机制，确保规划落地。

二是重大基础设施布局基本形成。科学布局、统筹谋划试验区交通、能源、信息、环保等基础设施建设，城际轨道交通、骨干路网、港口站场等重点工程建设全面启动，长株潭通信一体化深入拓展，城镇生活垃圾处理设施实现全覆盖，城市群公共服务体系更加完备，初步形成城市群共建共享的综合基础设施框架体系。

三是产业结构调整取得显著进展。大力推进产业结构调整优化，加快优势企业整合壮大、优势产业集群集聚，为建设现代产业体系奠定坚实基础。

四是有利于资源节约、环境友好的制度框架初步建立。十项改革全面启动，重点领域和关键环节的改革取得突破，湘江流域等重点区域的综合整治取得明显成效，试验区生态环境明显改善，资源能源综合利用水平明显提高，循环经济发展初具规模。

五　围绕第一阶段的工作目标，努力实现重点突破

今明两年，要在试验区改革总体方案和区域规划的指导下，围绕完成第一阶段目标任务，着力在以下六个方面取得突破。

（一）着力抓好规划的编制与实施

要以顶层设计为统领，认真做好下位规划的编制和提升工作，形成完善的规划体系，实现规划的全覆盖。一是抓紧编制完成各专项规划。重点编制好基础设施、产业发展、环境治理等领域的 15 个专项规划，实现以规划指导项目建设，引导产业发展。二是开展"3 + 5"城市群八市城市总体规划修编。力争用 3 年左右时间完成八市城市总体规划修编。三是建立健全规划实施保障体系。修订完善长株潭试验区域规划条例，并制定出台相应的实施细则。各项规划的起点一定要高，要有超前眼光和国际化视野，要有利于各类资源的统筹综合利用。要强化规划的权威性，规划确定后，要刚性管理、严格执行。

（二）着力抓好综合交通基础设施建设

试验区综合交通基础设施建设要坚持科学发展、以人为本，充分考虑和满足经济社会发展需要、居民出行需要和试验区开篇布局需要；要符合"两型社会"要求。要按照这一原则和"安全、经济、便捷、高效"的总体要求，着重从点、线、面来统筹谋划试验区水、陆、空交通布局和管道、信息、污水和垃圾处理设施，优化资源配置，分步组织实施，积极构建试验区重大基础设施布局的框架体系。特别是交通设施，要树立综合交通理念，突出网络化，突出无缝对接。

一要构建大通道。要依托区域性、枢纽性工程建设，比如城际铁路、国家高铁、高速公路等，构建城际复合走廊，提高城市间的直接通达性。

二要疏通微循环。主要是城市内部的交通体系，要按照高承载力要求，建设完善公交骨骼体系，突出城市干道建设，形成高效率、高密度、清洁的城市空间。

三要打通关节点。要加强处于枢纽地位的车站、港口和机场等节点建设，通过枢纽的合理布局和对接，促进各种交通设施的衔接，构建一体化交通换乘系统。

四要加快推进重点项目建设。公路：长株潭重点建设"七纵七横"的城际主干道，形成以城市主干道相连的格局；"3 + 5"城市群重点建设"二环六射"的高速公路网。铁路："3 + 5"统筹规划，建设连通 8 市的城际轨道交通，今年力争长株潭和长益常两条线路开工。空港：努力建成中部地区的国际航空中心。水运：打造千吨级航道，洞庭湖与长江联络重点港口与长江直通，通江达海。

（三）着力推进产业结构优化升级

要抓住当前中央扩大内需的政策机遇，优化产业布局，加快产业结构调整，促进产业向高端化、两型化、高新化方向发展。

一是全面对接国家产业调整振兴规划，抓紧组织实施我省"9＋3"产业调整振兴规划实施方案。鼓励支持骨干企业以产业链为纽带加快省内外兼并重组，提高集中度，形成大的企业和企业集团。要把着力点放在基础产业和优势产业上，重点培育机械制造、食品加工、钢铁有色、电子信息等千亿产业；对工程机械、轨道交通、输变电设备等成长性强的优势产业，要着力提高产业层级，使之优势更明显，特色更鲜明；大力发展能源、新材料、生物医药等新兴产业，抓紧布局一批新的优势产业项目。

二是突出抓好自主创新。着力建设一批国家级工程中心和实验室，启动梅溪湖科技创新园建设。大力发展高新技术产业和现代服务业，培育一批销售收入过 100 亿元和 50 亿元的高技术企业。

三是大力抓好承接产业转移。以承接珠三角、长三角等沿海沿江产业转移为重点，坚持多条腿走路，既承接劳动密集型产业，又结合推进新型工业化，引进一批技术含量高、有自主研发能力的企业，吸引一批高素质人才。四是用先进适用技术改造提升传统产业。大力开展城市群循环经济试点，坚决淘汰落后产能，力争用 3 年左右时间完成现有开发区的产业"两型"化改造。

（四）着力抓好节能减排和生态环境建设

"3＋5"地区是全省能源消耗最大、污染治理任务最重的地区。必须把节能减排和生态建设保护摆在十分重要的位置，确保完成、力争超额完成"十一五"节能减排约束性指标。一是落实国土功能分区管理。长株潭城市群区域规划明确了四类功能区，即禁止开发地区、限制开发地区、重点开发地区、优先开发地区。在制订规划和开发建设中，要严格按照功能分区定位和土地集约节约利用的原则进行，探索建立重点、优先开发地区向限制、禁止开发地区进行利益补偿的政策机制，促进生态环境建设。二是抓好湘江流域综合治理。要抓住机遇，按照中央近期有可能批复的湘江重金属治理方案要求，认真组织实施湘江流域水污染综合整治三年行动计划，实行"一江同治"，突出抓好衡阳水口山、株洲清水塘、湘潭竹埠港、长沙坪塘等重点地区的集中整治，加大对重点产业、重点企业的监管和改造力度。通过集中治理，力争湘江流域工业废水排放达标率、饮用水源保护区水质达标率达到 95% 以上，城市空气质量优良率达到 90% 以上。三是抓好节能减排。突出抓好重点行业、重点企业的节能减排，大力推广节能减排新技术、新产品，积极扩大循环经济试点，加快淘汰落后产能，切实降低能耗物耗，提高能源资源综合利用水平。四是抓好生态重点工程建设。对水面、河谷、林地、湿地等生态系统实行严格保护，加快建设湘江生态经济带，构建"一心（绿心）、一带（湘江风光带）、山丘河湖交织、生物多样"的生态网络，争创国家森林城市群。

（五）着力推进重点领域和关键环节的改革

要按照改革总体方案要求，发挥试验区的改革优势，先行先试，积极探索，全面推进十大改革。

今明两年重点抓好六个方面：一是土地管理。既要集约节约利用，又要保障试验区建设的用地需求。二是资源节约。抓住当前有利时机，理顺价格体系，建立以市场调节为主、反映资源稀缺程度、有利于资源节约的价格形成机制。三是生态环境保护。大力开展环境经济政策创新，形成生态环境保护的长效机制。四是投融资体制。通过投融资平台、投融资手段方式等方面的创新，以及金融产品和服务的创新，建立多元化的投融资体系，解决融资难问题。五是城乡统筹。要在农村土地流转、户籍管理、基础设施建设、社会保障和基本公共服务等方面重点突破，加快城市化进程，推进城乡一体化发展。六是行政管理体制。以新一轮政府机构改革为契机，加快政府职能转变，进一步精简行政审批项目，转变工作作风，提高行政效能。要充分对接和运用好中央的支持政策，加强与国家各部委的沟通联系，深化部省合作，争取更多的改革试验项目放在湖南试点。

（六）着力推进"3＋5"城市群建设

"3＋5"城市群是湖南推进新型城市化的战略重点，是拓展试验区发展空间、实现在更大范围内优化资源配置的重要载体。要紧紧围绕试验区建设，通过主动对接、主动服务、主动配套，推进"3＋5"城市群协调发展。要抓紧做好城市规划修编工作。根据长株潭区域规划要求和各城市特点，按照"两新"和"两型"要求，统筹规划区域的空间格局和目标定位，统一规划跨区域的资源开发、产业布局、设施配套、市场体系等重大问题。要加快"3＋5"城市群路网建设，加快形成对内大循环、对外大开放的城市群综合交通网络体系。要探索构建"3＋5"城市群建设工作推进机制。建立"3＋5"城市群联席会议制度和多层面的协调会商机制，定期对一些重大问题进行协商解决。

六　关于几个重点问题

省发改委、两型办在汇报中提请明确的几个重大问题，事关试验区改革建设全局，也关系到当前保增长和长远增后劲。我这里再明确一下。

（一）关于2009～2010年长株潭试验区改革建设实施方案

今明两年是试验区建设的关键时段。根据试验区总体方案和区域规划要求，对试验区今明两年的基本思路、目标任务、工作重点和保障措施等进行深化、细化、具体化以及责任化，十分必要。发改委、两型办提出的实施方案，目标比较明确，重点比较突出，操作性比较强。根据这次会议的意见，再作进一步的修改完善后，以省委、省政府正式文件下发。今明两年重大改革建设项目计划、考核评价办法和今年重点工作职责分工，可以作为文件的附件形式一并下发，也可以省政府文件单独下发。省直相关部门和各市要按照实施方案要求，结合实际，科学制定好本地区本部门的具体实施意见，明晰职责分工，认真抓好落实。

（二）关于"3＋5"城市群综合交通体系规划方案

城市群形成的首要条件是发达的交通设施网络、大运量的高速通道相连接。现代城市群已进入各种交通运输方式协调发展阶段，表现为交通类型多样化，交通布局网络化。"3＋5"城市群是我省城镇最密集、发展速度最快、综合实力最强的地区，人员往来日益频繁，2008年区域内客运发送量突破9亿人次，预计到2020年将达21.9亿人次，加快构建综合交通运输体系的任务十分紧迫。交通基础设施的统一规划和协同建设是实现"3＋5"各城市间功能互补、经济联动、社会趋同的基础。一个较好的城市群综合交通体系规划，一是要与经济社会发展规划目标协调一致，同时适度超前，既满足当前又满足未来发展需要，能够有效引导城镇体系和生产力布局调整，促进经济社会发展；二是要通盘考虑城市内部、城际之间的交通设施建设，合理布局各类交通运输方式，突出网络化，突出各类交通设施的无缝对接，形成综合优势，提高机动性和通达度，实现交通便利化；三是交通体系要与人文自然环境相协调，大力发展绿色交通，实现交通运输可持续发展。同时，要坚持开放式建设，为未来发展及周边城市对接留有余地。这次会议提交的"3＋5"城市群综合交通体系规划，与这几条要求比较符合，总体可行，原则同意规划方案，根据这次会议讨论的意见进一步修改完善后，可由省政府批准实施。

（三）关于"3＋5"城市群城际铁路规划方案

城际轨道交通具有高速准点、安全舒适、用地少、运量大、污染小等优点，是城市群发展的重要基础。目前，轨道交通已成为世界各大都市圈城市间连接的主要交通方式，比如，东京都市圈就有轨道交通3100公里，承担都市圈内总客流量的70%；伦敦大都市圈拥有轨道交通3500公里，是市民主要的通勤方式；我国第一条城际高速铁路—京津城际铁路，将北京与天津的时空距离缩短至30分钟。原则同意"3＋5"城市群城际铁路规划方案。要按照部省合作协议，把城际铁路建设作为"3＋5"城市群建设的战略性工程来抓，在运行组织模式上，要突出快速、公交化、大容量的运行特征；在线网布局上，要最大程度地连接区域内主要客流集散点，实现与其他交通运输方式零距离或最短距离换乘，覆盖大部分人群，方便人们出行；在建设时序上，要选择客流量大、带动性强的线路先行启动实施。同意成立"3＋5"城际铁路建设指挥部，由来山同志任指挥长，实行指挥部领导下的项目法人负责制。同意由省土地资本经营公司和铁道部共同出资组建"3＋5"城际轨道交通公司，具体负责项目的建设运营。要进一步听取各方意见特别是"3＋5"各市的意见，抓紧规划方案的修改完善，确定下来之后，即行组织实施，确保长株潭和长益常项目在年内开工建设。

（四）关于昭山"绿心"的保护与建设

试验区建设必须塑造特色。长株潭城市群的最大特色是生态，最大优势也是生态。试验区生态建设与保护，关键是"一江两带"，其中又以昭山"绿心"最为紧要。要坚持保护第一原则，坚持在保护的前提下适度开发建设，在科学的开发建设中更好地保护。先期对核心区120平方公里土地进行控制性保护，由省两型办和省林业厅组织专家进行专题论证规划。规划要围绕打造国际一流的生态经济区和高端服务区的目标，突出生态性、文化性、国际性、服务性与高端性，提升城市群的品质和品位。要加快出台试验区生态保护法规，实行刚性保护。鉴于昭山示范区涉及三个市，不同于其他4个示范区，为更好地建设保护，待规划出台后，由省政府组织长株潭三市政府和省直有关部门再进行专题研究，科学确定建设运作模式。

（五）关于设立长株潭投融资平台

长株潭试验区建设工程浩大，仅今明两年筛选提出的313个重大项目，总投资近1万亿元，必须要有强大的资金支持。原则同意省财政厅提交的建设综合融资平台方案，省土地资本经营公司更名为湖南发展投资集团有限公司，作为省级投融资主平台。产业投资基金、创业投资基金、产权交易所等专项投融资平台推进要积极稳妥，做到成熟一个组建一个，当前首要的是加快组建城际铁路建设投融资平台。各市也要组建相关投融资平台。要抓住当前有利时机，整合各类资源资产，敢于拿出优质资产注入投融资平台。在当前房地产市场比较低迷的情况下，要加大土地储备力度，为今后增强投融资能力打下基础。同时，要积极吸纳各类金融机构资本和社会资本，实现投资主体多元化，融资手段多样化。

（六）支持五个示范区率先发展

示范区是改革试验区的先行区和"两型"社会建设成果的集中展示区。率先建设好五个示范区，对于推进整个试验区改革建设具有重要的示范带动效应。

总的原则是，支持示范区率先发展，赋予其先行先试权，鼓励其大胆改革创新。要扩大示范区经济管理权限，省里下放给市州的审批事项可授权示范区行使，明确享受省级开发区政策，积极争取享受国家级开发区政策，同时，加大对示范区的财税、土地、产业项目等支持力度。示范区一般都是跨区县设立，要妥善处理示范区管委会与现有行政机构的关系，避免职能交叉重叠。要根据发展定位和功能需要，实行大部门体制，科学确立示范区内设机构及事权，强化指导与服务，防止机关化、行政化倾向。要推进岳阳、常德、益阳、娄底、衡阳等五市对接长株潭试验区的示范区建设，扩大示范区的辐射带动作用。

七　加强试验区改革建设的组织领导

试验区建设是中央交给湖南的重大任务，是全省的战略发展重点，必须要加强组织领导，强化协调配合，形成强大合力。一是成立高规格的试验区改革建设协调委员会，由周强同志任组长。二是建立试验区工作联席会议制度，由来山同志牵头组织。三是加强部省共建。省直和中央驻湘各部门要对口争取支持，促使国家各部委与湖南建立战略合作关系，实现部省合作全覆盖，争取国家在重大改革事项、重大项目建设和重大政策等方面给予湖南倾斜支持，争取与"两型"社会建设相关的改革事项，优先放在长株潭地区先行先试。

全省各级各部门要顾全大局，形成合力，真抓实干而不坐而论道，坚持超常规、高起点、快行动、大手笔、见实效，全力以赴加快长株潭"两型"社会建设，全力以赴加快"3＋5"城市群建设，全力以赴力争湖南在中部地区率先崛起，为全国发展作出更大贡献。

在中共湖南省委常委扩大会议上的讲话

周　强

2009 年 6 月 19 日

这次省委常委扩大会议的主要任务是，总结长株潭城市群"两型社会"综合配套改革试验区获批两年来的工作，部署今明两年的工作，重点研究长株潭城际轻轨和"3＋5"城际综合交通体系建设、昭山核心示范区建设以及投融资平台建设等工作。

会上，省发改委和两型办做了汇报，系统、全面地总结了前段时间的工作，在深入调查研究、广泛听取各方意见的基础上，对长株潭"两型社会"综合配套改革试验区建设下一步的工作、思路和措施，提出了很好的意见和建议。中铁四院就长株潭城市群和"3＋5"城市群轨道交通建设规划做了说明，这个规划经过专家反复论证、广泛听取了各方面的意见，集中了全国这方面专家的智慧，具有国际视野，体现了适度超前，是个比较好的规划。上海交通规划院做的"3＋5"城市群综合交通规划，涵盖了公路、铁路、航运和民航等方面，这在国内是个首创，虽然还有不足之处，但也是一个很好的、积极的、有益的尝试。总的来看，这两个规划尤其是"3＋5"城市群的轨道交通建设规划，符合湖南实际，符合长株潭城市群试验区改革发展的需要，也符合全省人民群众的愿望。参加会议的各位省领导、省直各有关部门和 8 个市的负责同志，分别从不同角度讲了很好的意见，这对进一步完善长株潭"两型社会"综合配套改革试验区建设的思路、"3＋5"城市群轨道交通规划、"3＋5"城市群综合交通运输规划很有价值、很有帮助。

一　要认真总结前段推进试验区建设的各项工作

总体来看，长株潭试验区建设可以用两句话来概括：一是来势很好、潜力很大；二是机遇难得、时不我待。

来势很好、潜力很大，体现在经过几十年的艰苦奋斗，从新中国成立之后毛泽东城的构想，到二十世纪八九十年代长株潭经济一体化概念的提出，再到 2007 年 12 月 14 日国务院正式批准长株潭城市群"两型"社会综合配套改革试验区建设、2008 年 12 月 22 日国家批准通过长株潭城市群区域规划和长株潭城市群"两型社会"建设综合配套改革总体方案，长株潭试验区建设已经取得了显著进步。芙蓉大道一期、红易大道、湘江风光带、长株潭通信一体化升位并网等基础设施建设取得实质性进展，一批重大项目获得国家批准，示范区和先导区建设加快推进，湘江综合治理力度加大，改革试验迈出新的步伐，正加快形成品牌效应，不仅全省人民给予很大的期待，更重要的是引起社会各界和国内外投资者的广泛关注，已成为湖南加快发展的重要平台。

机遇难得、时不我待，主要是国家扩内需保增长政策措施的实施，国际金融危机带来的产业转移和产业结构调整，以及国家为促进区域经济协调发展已经并将继续出台一系列政策，给我们提供了难得的发展机遇。但与此同时，我们也要看到，现在国内区域经济发展异军突起、百舸争流，你追我赶、竞争激烈。如广西北部湾地区、珠三角地区、长三角地区以及福建的海峡西岸经济区，国家都已经出台了很多具体的支持政策，而且含金量很高。在新一轮的区域经济竞争中，全省各级各部门尤其是长株潭三市必须进一步增强责任意识、机遇意识、竞争意识，真正做到以时不我待的紧迫感、责任感，加快推进试验区建设。

二 推进试验区建设要坚持立足现实、重点突破

一是要加快交通基础设施建设。从国内外城市群发展经验来看，良好的交通基础设施是扩大对外开放的重要依托，是提升城市综合承载能力的重要保障。推进长株潭城市群试验区建设，目前的重点在交通，未来发展的潜力也在交通。在综合交通体系建设中，要大力发展水运和轨道交通。湖南的水运潜力很大，目前全省共有 1.1 万公里通航里程，具有运输费用低、排放小的优势。与公路交通相比，城际轨道交通具有运量大、速度快、能耗低、污染少等诸多优点，在国际上也被称为"绿色交通"，完全符合我们推进"两型"社会建设的要求，更重要的是能带动经济社会发展。目前发展轨道的有利条件很多，遇上了国家实施扩大内需的政策，铁道部的积极性很高，一定要积极抢抓机遇，多方积极争取国家各部委的支持。要以城际轨道交通建设为重点，加快发展长株潭同城交通、周边 5 市城际复合交通走廊、中部国际航空枢纽、长江中上游航运中心、全国陆运大通道等 5 大核心系统，加快构建陆域通道畅通无阻、航空航运网络发达、各种交通方式互联互通的"3＋5"城市群综合交通体系，形成对内大循环、对外大开放的交通格局。

二是要突出抓好湘江流域环境治理。湘江是湖南人民的母亲河，实施湘江流域综合

治理，既直接关系到长株潭试验区建设，更关系到湖南人民的长远福祉。在推进试验区建设过程中，国家已经给了不少政策，支持湖南将株洲清水塘35平方公里的土地变性，在暮云12平方公里范围内开展土地集约节约示范试点，明确将湘江治理列入重点流域治理工程，规划投资在100～150亿。还有，洞庭湖治理国家已经正式批准立项，规划总投资120亿元，其中国家投资80多亿元。各级各部门一定要把推进实施湘江流域综合治理作为试验区建设的重要标志工程来抓，作为长株潭"两型"社会建设最重要的生态资源来维护，进一步落实措施，认真实施《湘江流域水污染综合整治方案》，实行沿江各市同步治理，不断加大流域综合治理投入，坚决取缔关停一批违法企业，坚决淘汰退出一批落后企业，坚决停产治理一批污染严重企业，坚决搬迁一批布局不合理企业，重点要抓好"三年污水治理行动计划"和重金属污染治理，确保按期全面完成湘江流域水污染综合整治各项任务。

三是要大力培育符合"两型"社会建设要求的产业体系。推进新型工业化，实施"一化三基"，最重要的是靠产业带动。从湖南来讲，建设符合"两型"社会要求的产业体系，其实质也就是走新型工业化道路，以新型工业化带动提升"三化"。在五年、十年之后，我们向党中央、国务院交卷的时候，对于什么叫"两型"社会，什么叫"两型"产业，都应该通过我们的实践和探索交出一份答卷。这方面我们已经有一些成功的案例。如华菱集团与米塔尔合作，引进当今世界钢铁行业最顶端的技术，生产汽车板和取向硅钢，使华菱集团在有效应对国际金融危机和激烈的市场竞争中得到稳步发展，甚至有可能进入全国钢铁行业第一方阵，1000亿元的产值目标也有可能很快就会实现。在高新技术产业领域，尤其是在新能源、新材料方面，在航天、航空领域，发展势头较好，抢占了先机，遇到了难得的历史性机遇，已经占有一席之地。如混合动力汽车，今年在长株潭三市先期投入使用500台，株洲确定在全市推广，能继续得到国家的大力支持，可以很快形成产业化。新能源方面，48所的光伏产业从2007年起步，去年就达到了500MW的生产规模，今年全省将达到1100MW，在全国同行业已位居第四。还有湘潭电机、南车时代的风力发电装备，衡阳特变电的特高压输变电设备，在国内都处于领先地位。各级各部门要坚持立足长株潭的产业基础，紧紧抓住机遇，以强烈的机遇意识和责任意识，进一步落实措施，努力做大做强风能、太阳能、混合动力汽车等两型产业。要研究制定"两型"产业、"两型"企业、"两型"产品等相关标准及其配套政策，坚决淘汰高能耗、高排放、高污染的项目和产业，不断加大技术改造力度，大力推进自主创新，加快产业结构调整升级，构建以"两型"产业为核心，高新技术产业、优势产业和传统产业相互促进的新型产业体系。要在全省上下形成合力，举全省之力继续争取国家对发展"两型"产业的支持。要以强烈的机遇意识和责任意识，推动高新技术产业的发展，加快产业结构调整步伐，不断改造提升传统产业，做大做强符合建设

"两型"社会要求和标准的产业。

四是要充分发挥先导区的示范带动作用。设立大河西、云龙、昭山、天易、滨湖五大先导区，就是要充分体现长株潭试验区建设的鲜明特色，承担先行先试、率先突破、积累经验、逐步推进的重任，为推进"两型"社会建设发挥示范作用。大家一定要明确，抓试验区建设，现在是我们的历史性机遇；5年后或若干年后，对其他地方要起到示范带动作用，就是我们的责任。要通过先导区建设，在5～10年后，总结、归纳一套"两型社会"建设的指标体系。建立一套指标体系，不是用来束缚我们的手脚，而是我们在试验区建设和改革发展过程中探索和实践经验的总结。要抓好核心示范区和先导区建设，必须有效集合各方面的力量，在节约资源、保护环境的前提下，充分发挥改革优势、功能优势、区位优势、科教优势和资源优势，构筑科学的空间体系、功能分区、建设框架和发展秩序，切实提升产业支撑力、要素转化力、市场竞争力和区域带动力，率先探索出一条新的科学发展模式。要高度重视昭山"绿心"的保护和开发，这也可以看作是推进长株潭试验区建设的一个重要标志。建设、国土部门要把昭山"绿心"的规划统一控制起来，严格控制土地用途，重点保护这100多平方公里核心区的生态。保护起来不是不要开发，首先是保护，然后做好规划，再来进行合理开发。涉及三市跨区域的保护开发规划，要坚持面向国内外招标，高水平做好"绿心"的发展规划，力争达到世界一流水平。通过整体规划和开发，探索建立全新的开发模式，在把湘江打造成中国的"莱茵河"的同时，把昭山建设成为中国的"维也纳森林"，建设成为国内外瞩目的一流示范区。

五是要着力打造投融资平台。资金问题不解决，试验区建设就不可能取得成功。解决资金问题必须解放思想，开动脑筋，放宽眼界，充分挖掘金融市场潜力，拓宽融资渠道。我赞成财政厅提出的建议，设立长株潭试验区产业基金，在土地经营公司的基础上成立湖南投资发展有限公司，加快发展财信控股等龙头企业，争取上市融资，募集社会资金。当前，首先要抓紧建立城市群轨道交通建设融资平台，为长株潭轨道交通建设等重大项目提供更多的资金保障。互联网时代，最大的力量就是集合的力量。构建融资平台，解决融资问题，要注意发挥集合效应，高盛、JP摩根、摩根士丹利这些世界顶级的投资银行，都非常看好这种合作方式。同时，要进一步争取金融机构的支持，完善金融服务体系，大力引进外资银行、股份制商业银行、私募基金，支持组建区域性商业银行，完善农村金融服务体系，建立省级城市群金融控股集团，引导更多的战略投资者、更多的资金投向长株潭城市群试验区建设。

六是要以改革为动力、以法制为保障推动试验区建设。国务院在批复长株潭试验区改革方案中指出，长株潭综合配套改革要先行先试，全面推进各个领域的改革，在重点领域和关键环节率先突破，在体制机制改革方面大胆探索，通过体制机制改革，走出一条资源节约型、环境友好型社会发展路子。行政管理方面，要进一步转变职能，下放职权，特别是对5个先导区要进一步精简审批事项，下放审批权限。最近省委、省政府专门发文，要求加强和改进对经济的管理，用经济学的话说就是放松管制，下放一批审批权。在行政审批方面，我省去年精简了25%，但与外省如吉林相比，仍然比较多。今后还要进一步精简审批事项、下放审批权限。除了对关系人民群众健康安全的食品、药品、质量要严格加强管理以外，大量的审批都可以进一步精简。要进一步加强立法，完善相关法律和政府规章，以法制来保障和推进试验区建设，推进依法办事、依法行政。如果我们在依法行政上取得了突破，这也是对试验区建设的改革探索，可以为推进试验区的各项改革创造良好的法制环境，为加快试验区建设创造公开、透明、可预期的发展环境。

三 试验区建设要注意处理好的几个关系

一是"省统筹"与"市为主"的关系。也就是聚合与发散的关系。推进长株潭城市群试验区建设，省里和各市要有明确的职责分工，充分调动各地的积极性，工作主要靠各地来做，规划主要靠各市组织实施。但在一些重大问题上，要坚持省统筹，该改革的改革、该统筹的统筹，省里要集中力量抓好编制各项规划、指导地方发展、研究制定政策和争取国家支持，统筹解决轨道交通建设、昭山绿心区的保护和开发等跨区域的重大问题，照顾既得利益、平衡各方利益。在省里统一指挥、统一部署、统一协调的前提下，各地要紧密联系实际，充分发挥自身的优势和创造性。

二是政府主导与市场运作的关系。长株潭城市群"两型"社会建设，无论是改革方案的实施，还是重大项目的推进，都离不开政府的主导。现在中国特色社会主义模式越来越受到世界各国的关注，中国政府是强势政府，可以集中力量办大事，应对国际金融危机中国政府很有效率，这是我们的优势。在推进长株潭城市群"两型"社会建设改革和发展过程中，一定要充分发挥这个优势，发挥好各级政府的主导作用，这个不能丢，丢掉了就什么事都干不成。在推进"两型"社会建设改革发展过程中，一方面，无论是体制机制改革，还是重大项目的推进，同样离不开政府的主导；另一方面，又要充分发挥市场配置资源的作用。比如筹集建设资金，不能只把眼睛盯着财政的口袋，而是要通过政府投资的引导，撬动社会投资，吸引带动省内民间资金和更多国内外私募基金投资长株潭试验区建设。

三是开发与保护的关系。长株潭试验区不仅有绿心，还有很多文化遗产。要处理好开发与保护的关系，对有些重要的生态功能区、事关长远发展的重要资源，首先要保护好。包括绿心、湿地、文化遗产和非物质文化遗产等资源，都要注意在开发中切实加以保护，这也是我们这一代湖南人的历史责任，是对后人负责、对历史负责。在保护好的基础上，要注重挖掘潜力、发挥优势，对各种资源做到积极开发、科学开发、合理开发、可持续开发。

四　关于几个具体问题

这次会议讨论了几个具体问题，大家在发言中也提出了很好的建议，这里我先谈些意见，最后请春贤书记决定。

一是同意发改委提出的改革建设方案，也原则上同意以省委、省政府的名义，出台一个指导试验区改革建设的文件。请省发改委、省两型办根据这次省委常委扩大会议讨论的意见，抓紧修改完善后报批。

二是同意财政厅提出的意见，构建投融资平台。请省财政厅会同有关部门抓紧组织实施。

三是原则同意三个专项规划，要抓紧修改完善。"3＋5"城市群城际轨道交通规划，总体框架比较好，请省长株潭办牵头组织有关专家进一步修改完善，按程序报批；长株潭城际轨道建设成立指挥部，由常务副省长于来山同志担任指挥长，统筹协调各项工作。"3＋5"城市群综合立体交通规划需要继续听取各方面意见，作进一步修改完善。昭山核心示范区保护性建设规划要进一步提升，在规划未出来之前，先暂时冻结土地，待规划完善出台、体制明确后再进一步研究保护和开发的问题。

湖南省人民政府办公厅
关于印发《长株潭"两型社会"建设改革试验区重大建设与改革项目表》的通知

湘政办函〔2009〕161号

长沙市、株洲市、湘潭市、衡阳市、岳阳市、常德市、益阳市、娄底市人民政府，省直和中央在湘有关单位：

《长株潭"两型社会"建设改革试验区重大建设与改革项目表》已经省人民政府同意，现印发给你们。请结合实际，制定工作方案，明确责任主体和责任人，认真组织实施。2009年续建和新开工或启动的重大建设、改革项目，纳入省政府绩效考核及"两型社会"建设考核评价体系，2009年底进行考评。

湖南省人民政府办公厅
2009年9月8日

附件：长株潭"两型社会"建设改革试验区重大建设与改革项目表（略）

中共湖南省委办公厅、
湖南省人民政府办公厅
关于成立湖南省长株潭"两型社会"
建设改革试验区领导协调委员会的通知

湘办〔2009〕55 号

各市州委，各市州人民政府，省直机关各单位：

因工作需要，省委、省人民政府决定成立湖南省长株潭"两型社会"建设改革试验区领导协调委员会。现将委员会组成人员名单通知如下：

顾　问：张春贤　省委书记、省人大常委会主任

主　任：周　强　省委副书记、省人民政府省长

副主任：于来山　省委常委、省人民政府常务副省长

　　　　陈润儿　省委常委、长沙市委书记

　　　　陈叔红　省人大常委会副主任

　　　　阳宝华　省政协副主席

成　员：李友志　省人民政府党组成员、省长助理、省财政厅厅长

　　　　蒋作斌　省人民政府党组成员、省发改委主任

　　　　葛洪元　省人民政府党组成员、省纪委副书记、省监察厅厅长

　　　　刘明欣　省人民政府副秘书长

　　　　李发美　省委宣传部副部长

　　　　刘宗林　省委农村工作部部长、省人民政府农村工作办公室主任

　　　　徐湘平　省发改委副主任

　　　　谢超英　省经委主任

　　　　张放平　省教育厅厅长

王柯敏　省科技厅厅长

胡旭曦　省公安厅党委副书记、副厅长

余长明　省民政厅厅长

彭崇谷　省委组织部副部长、省人事厅厅长

孔介夫　省编办主任、省人事厅副厅长

赵湘平　省劳动和社会保障厅厅长

陈三新　省国土资源厅厅长

王会龙　省环保厅副厅长

高克勤　省住房和城乡建设厅厅长

陈明宪　省交通运输厅党组书记

戴军勇　省水利厅厅长

田家贵　省农业厅副厅长

邓三龙　省林业厅厅长

刘　捷　省商务厅厅长

周用金　省文化厅厅长

张　健　省卫生厅厅长

莫德旺　省国资委主任

吕兴胜　省地税局局长

杨金鸢　省广播影视局副局长

李新连　省统计局副局长

刘绵松　省旅游局副局长

龚秀松　省物价局局长

许显辉　省人民政府法制办公室主任

黄卫东　省人民政府金融工作办公室副主任

程安亭　省国税局局长

靳晨光　长沙海关关长

李维建　省电力公司总经理

李湘宁　省通信管理局局长

周晓强　人民银行长沙中心支行行长

施爱平　湖南银监局局长

杨晓嘉　湖南证监局局长

陈　杰　湖南保监局局长

刘志仁　省机场管理集团有限公司总经理

张剑飞　　长沙市人民政府市长

王　群　　株洲市人民政府市长

余爱国　　湘潭市人民政府市长

廖炎秋　　衡阳市人民政府常务副市长

黄兰香　　岳阳市人民政府市长

陈文浩　　常德市人民政府市长

胡衡华　　益阳市人民政府市长

张硕辅　　娄底市人民政府市长

委员会下设办公室，蒋作斌同志任办公室主任，徐湘平同志任办公室常务副主任。

今后，委员会组成人员工作如有变动，由相应岗位的人员自然递补，并由委员会办公室报省委办公厅、省人民政府办公厅备案，省委办公厅、省人民政府办公厅不再行文。

中共湖南省委办公厅

湖南省人民政府办公厅

2009 年 9 月 23 日

湖南省第十一届人民代表大会常务委员会关于通过《湖南省长株潭城市群区域规划条例》的公告

第 23 号

《湖南省长株潭城市群区域规划条例》于 2009 年 9 月 27 日经湖南省第十一届人民代表大会常务委员会第十次会议通过，现予公布，自 2010 年 1 月 1 日起施行。

湖南省第十一届人民代表大会常务委员会

2009 年 9 月 27 日

湖南省长株潭城市群区域规划条例

第一条 为科学编制和有效实施长株潭城市群区域规划，合理配置资源，避免重复建设，保护生态环境，促进长株潭城市群经济和社会协调发展，制定本条例。

第二条 长株潭城市群区域规划的编制、实施和监督管理适用本条例。

本条例所称长株潭城市群区域，是指长沙市、株洲市、湘潭市城市规划区及其周边地区。其具体范围由省人民政府划定。

第三条 长株潭城市群区域规划是长株潭城市群经济和社会协调发展的综合性规划；长株潭城市群区域专项规划和长沙市、株洲市、湘潭市市域规划的制定，应当以长株潭城市群区域规划为依据；长株潭城市群区域内的各项建设，应当符合长株潭城市群区域规划。

第四条 省人民政府负责组织长株潭城市群区域规划的编制、调整和实施；监督长沙市、株洲市、湘潭市人民政府实施长株潭城市群区域规划；协调和决定长株潭城市群区域规划实施中的重大事项。

第五条　省人民政府发展和改革部门负责长株潭城市群区域规划编制、实施和监督管理的以下工作：

（一）拟订长株潭城市群区域规划草案和长株潭城市群区域规划局部调整草案；

（二）对长株潭城市群区域内相关专项规划草案提出论证和审查意见；

（三）对具有区域性影响的建设项目的确定和规划选址进行协调并提出意见；

（四）对各类空间管治区域的划定进行指导、协调；

（五）与长株潭城市群区域规划相关的其他事项。

省人民政府长株潭城市群区域规划工作机构负责做好长株潭城市群区域规划实施有关的具体工作。

第六条　长沙市、株洲市、湘潭市人民政府负责本行政区域内长株潭城市群区域规划的实施，其职责是：

（一）依据长株潭城市群区域规划编制、调整市域规划；

（二）依据本条例对辖区内空间管治区域进行管理；

（三）对具有区域性影响的建设项目的确定和规划选址提出建议；

（四）在各自职责范围内决定本行政区域内长株潭城市群区域规划实施的其他事项。

长沙市、株洲市、湘潭市人民政府应当定期向省人民政府报告长株潭城市群区域规划实施情况。

第七条　省人民政府国土资源、建设、经济、交通、环境保护、水利、林业等部门应当按照职责分工，根据长株潭城市群区域规划编制长株潭城市群区域各类专项规划，并做好实施和监督管理的有关工作。

第八条　省人民政府应当建立长株潭城市群区域规划编制、调整和实施协调会议制度。协调会议包括联席会议和专题会议。

联席会议对长株潭城市群区域规划草案编制、修编和实施等重大事项进行协调并做出决定。

专题会议对空间管治区域的范围、具有区域性影响的建设项目的确认及其规划选址等事项进行协调并做出决定。协调不成的，报联席会议做出决定。

第九条　长株潭城市群区域规划的主要内容包括：

（一）城市群的发展目标与总体空间结构；

（二）主要城镇、产业聚集区的功能定位；

（三）生态建设以及自然资源、人文资源的开发利用和保护；

（四）空间区域管治；

（五）区域性交通、能源、环境保护、公共服务等领域的发展规划；

（六）规划实施的时序及保障措施；

（七）其他需要统筹、协调的事项。

第十条 长株潭城市群区域规划草案拟订后，由省人民政府组织专家进行评审，征求社会各界意见，经省人民政府常务会议审议通过后，向省人民代表大会常务委员会报告。

第十一条 根据经济和社会发展需要以及在长株潭行政区划发生重大调整时，省人民政府应当按照本条例第十条规定的程序对长株潭城市群区域规划组织修编。

第十二条 因国家重大项目建设等情形导致长株潭城市群总体空间结构和重要设施布局发生重大变更需要局部调整的，或者长沙市、株洲市、湘潭市人民政府、省人民政府有关部门认为需要对长株潭城市群区域规划中不涉及禁止开发区域的事项进行局部调整的，由省人民政府发展和改革部门召开专题会议进行审查，作出局部调整，报省人民政府批准，并报省人民代表大会常务委员会备案。

第十三条 长株潭城市群禁止开发区域、限制开发区域等空间管治区域的具体范围的划定方案，由省人民政府发展和改革部门会同长沙市、株洲市、湘潭市人民政府依据长株潭城市群区域规划确定的原则和范围提出，经专题会议协调后报省人民政府批准并公布。

禁止开发区域主要包括各类保护区、水域、郊野公园、生产防护绿地、特殊绿地等城市群绿色生态空间。在禁止开发区域，应当设立明显标志。在禁止开发区域内，不得进行除景观保护、文化展示等用途以外的项目建设，除兴建与保护需要直接相关的建筑之外，不得兴建其他建筑。省人民政府应当对禁止开发区域实行利益补偿，具体办法由省人民政府制定。

限制开发区域主要包括基本农田保护区、乡镇人民政府所在地、农村居民点、湘江两岸河堤背水坡脚向外水平延伸一百米以内地区等城市群边缘型空间。在限制开发区域内，应当发展绿色无污染农业，依法保护基本农田，不得兴建除农业综合开发、土地整理和村镇建设等项目以外的一般产业项目。

第十四条 长沙市、株洲市、湘潭市人民政府应当根据区域空间管治要求制定空间管治区域管理规定，明确管理主体的责任、保护范围的控制要求和具体管理措施，并予以公布。

第十五条 对区域空间布局以及对生态环境、人文环境产生跨市域重大影响的建设项目，长沙市、株洲市、湘潭市人民政府和省人民政府有关部门应当向省人民政府发展和改革部门提出，按照本条例第八条的规定协调确定后予以公布。

第十六条 对按本条例第十五条规定确定的具有区域性重大影响的建设项目或者按本条例第十三条第二款规定可以兴建的建设项目的规划选址，城市规划行政主管部门核发建设项目选址意见书时，应当向省人民政府发展和改革部门征求是否符合长株潭城市群区域规划的意见；省人民政府发展和改革部门提出异议的，应当按本条例第八条的规定进行协调后，城市规划行政主管部门方可核发建设项目选址意见书。

第十七条　省人民政府应当建立长株潭城市群区域规划实施督察制度，监督长株潭城市群区域规划的实施。

省人民政府应当建立长株潭城市群区域规划动态监控信息系统，对空间管治区域进行监测。

第十八条　省人民政府应当定期向省人民代表大会常务委员会报告长株潭城市群区域规划的实施情况。

省人民政府以及长沙市、株洲市、湘潭市人民代表大会及其常务委员会通过的涉及长株潭城市群区域规划实施的规范性文件，应当报省人民代表大会常务委员会备案。

第十九条　公民、法人和其他组织对违反本条例和长株潭城市群区域规划的行为，有权向长株潭城市群区域内人民政府或者有关部门举报。

第二十条　违反本条例第十三条、第十四条、第十五条、第十六条规定的，由省人民政府责令限期改正；造成严重后果或者逾期未改正的，对直接负责的主管人员和其他直接责任人员，依法给予行政处分；构成犯罪的，依法追究刑事责任。

条例自 2008 年 1 月 1 日起施行。

中共湖南省委、湖南省人民政府
关于全面推进长株潭城市群"两型社会"
建设改革试验区改革建设的实施意见

湘发〔2009〕25 号

为进一步加快推进长株潭城市群全国资源节约型和环境友好型（以下简称"两型"）社会建设综合配套改革试验区改革建设进程，促进长株潭城市群更好更快发展，根据国务院发布的国函〔2008〕123 号文件精神和《长株潭城市群资源节约型和环境友好型社会建设综合配套改革试验总体方案》，现提出如下实施意见。

一 总体要求

按照国务院批复精神和省委、省政府战略部署，以"两型"为主题、规划为龙头、产业为支撑、重大项目为抓手、改革创新为动力、法制为保障，解放思想，先改先试，着力构建"两型"政策支撑体系和工作推进机制，力争在综合交通、环境治理、产业升级、示范区建设、城乡统筹、低碳经济发展等重点领域和关键环节实现新突破，到2010 年初步形成长株潭城市群整体推进、竞相发展的新格局，切实增强区域综合实力和可持续发展能力，为科学跨越、富民强省发挥示范引导和辐射带动作用。

具体目标。一是规划体系全覆盖。编制完成 15 个专项规划，开展"3＋5"八市总体规划修编，形成高起点、多层次、全覆盖的规划体系，健全完善保障规划实施的法规体系和执行机制，确保规划落实。二是重大基础设施布局基本形成。科学布局、统筹谋划试验区交通、水利、能源、信息、环保等基础设施建设，城际轨道交通、骨干公路、港口站场等重点工程建设全面启动，城镇生活垃圾处理设施实现全覆盖，城市群公共服务体系更加完备，初步形成城市群共建共享的综合基础设施框架体系。三是产业结构调整取得显著进展。加快优势企业整合壮大、优势产业集群集聚，积极培育和扶持"两型"新兴产业,为建设现代产业体系奠定坚实基础。四是资源节约、环境友好的制度框架初步建立。各项改革全面启动,重点领域和关键环节的改革取得突破,湘江流域等重点区域的综合整治取得明显成效,试验区生态环境明显改善,资源能源综合利用水平明显提高,循环经济发展初具规模。

工作中要始终注意和把握四个方面。一是保增长与"两型"社会建设紧密结合。二是抓住中央扩大内需机遇,在重大基础设施、基础产业和基础工作上实现重点突破。三是勇于创新,以超常规举措推进改革。四是上下协同推进,加强部省合作,坚持省统筹、市为主,加强舆论宣传,充分调动和发挥各方面积极性。

二 主要任务

2009~2010 年,重点推进以下工作。

(一)强化规划的统领作用,基本形成完善的规划体系和执行机制

坚持规划先行、规划引领,不断完善顶层设计,确保规划的先进性和高起点,认真做好下位规划的编制和提升工作,形成完善的规划体系,建立严格的规划执行机制。

1. 编制提升专项规划

由省长株潭"两型社会"建设改革试验区领导协调委员会办公室(以下简称"两型办")会同省直有关部门抓紧编制或提升湘江流域治理、城市群环境同治、生态建设、循环经济、工业布局、现代物流、文化、旅游、综合交通、水利、信息同享规划,以及"3+5"城市群国土规划、土地利用总体规划、核心区空间开发与布局规划、示范区建设投融资规划。其中,国土规划 3 年内完成,其余 14 个专项规划力争 2009 年完成。

2. 同步修编"3+5"八市城市总体规划

将区域规划新增的城镇建设空间进一步落实,引导八市基础设施对接共享、产业合理分工布局,3 年内完成八市城市总体规划修编。指导宁乡县、长沙县等县做好城乡一体化规划。

3. 完成示范区规划编制

2010 年完成五大示范区总体规划和控制性详细规划的编制。其中,昭山示范区(九华片区除外)总体规划由省直接组织编制,其余由省提出规划要点,协调、指导各市具体编制。

4. 加强规划管理实施

完成《长株潭城市群区域规划条例》修订,2010 年出台《条例》实施细则。建立

项目规划审核制度、重大规划衔接制度、规划动态管理制度等，所有建设项目和用地审批必须符合区域规划。建立省、市规划局局长联席会议制度，对经济社会发展规划、土地利用总体规划、城乡总体规划、投融资规划等重大规划进行统筹协调。加强现场巡查、督察，强化规划执法，严肃查处违规行为。

（二）突出轨道交通、骨干公路建设，加快构建综合交通体系

坚持适度超前、统筹协调、突出"两型"的原则，以轨道交通为骨架，打造长株潭同城交通、周边五市城际复合走廊、中部国际航空枢纽、长江中上游航运中心、全国陆运大通道五大核心系统，构建陆域通道畅通无阻、航空航运网络发达、各种交通方式互联互通的综合交通体系，推进长株潭公交同城。

1.加快城市群轨道交通建设

规划建设以长株潭为中心，覆盖"3+5"八市重要城镇的城际轨道交通系统。由我省和铁道部共同投资建设。力争长株潭和长益常两条线路尽早开工。

2.推进国铁建设

2009年力争沪昆客运专线湖南段、石长复线、荆州——岳阳——吉安铁路、娄邵铁路扩改建等开工，加快怀邵衡、张娄衡、黔张常、常岳九等项目前期工作，力争2010年开工建设。

3.加快骨干公路建设

2009年，建成芙蓉大道一期、红易大道等城际干道，长株、衡炎等高速公路；开工建设洞株、板霞、天易、九华、坪塘、芙蓉大道二期、益宁等城际干道，以及炎陵分路口至炎陵县城、京港澳高速长沙连接线、长沙绕城高速东北段和东南段、通城界至平江、浏阳至醴陵、醴陵至茶陵、炎陵至汝城、茶陵至界化垄、临湘至岳阳、大围山至浏阳、新化至溆浦等高速公路；启动麓东、金洲至星沙、韶山至江背、株潭快速南环、星沙至渌口等城际干道前期工作。

4.加快港口站场建设

加强以湘江为重点的"四水"航道综合治理，建设湘江长沙综合枢纽、长株潭组合港、岳阳港，打通对接泛长三角的江海联运通道。加快长沙黄花国际机场改扩建。优先建设公交枢纽工程，促进各种交通设施的衔接，构建一体化的交通换乘系统。

（三）抓住产业调整与振兴的契机，加快推进"两型"产业发展

以实施产业振兴规划为契机，着力建设大项目、培育大企业、构建大园区、发展大集群，形成以高新技术和现代服务业为龙头，以先进制造业为基础，以新能源、环保产业为突破，以循环经济为特色的"两型"产业体系。

1. 打造产业发展龙头

全面对接国家产业调整振兴规划,抓紧组织实施我省"9+3"产业振兴规划,促进产业向高端化、"两型"化、高新化发展,迅速提高龙头企业和支柱产业的竞争力、支撑力和带动力。一是鼓励企业兼并重组。支持骨干企业加强与央企的对接、加快省内外的兼并重组,培育一批大型企业集团。二是支持产业加速壮大。重点发展具有国际竞争力的工程机械产业,具有国内领先优势的轨道交通、输变电成套装备和新能源产业,带动联动效应巨大的汽车产业,具有资源优势的有色金属和食品加工产业,具有全国影响力的文化产业,独具魅力的旅游产业,适应新型城市化需要的房地产业等。到2010年,城市群力争形成装备制造、轻工纺织2个过3000亿元的龙头产业,一批过1000亿元的支柱产业群。三是优化空间布局。按照错位发展、优势互补、特色鲜明的要求,引导企业向优势地区转移集聚。装备制造方面,打造长沙工程机械之都、株洲湘潭轨道交通和风电设备基地、长株潭衡汽车和航空设备制造基地、衡阳特高压输变电设备基地、湘潭宽厚板和娄底薄板深加工产业基地;电子信息方面,打造长株潭电子信息产业基地;石化产业方面,建设岳阳精细化工基地;轻工纺织方面,打造以长沙、常德为重点的烟草制造基地,以株洲为重点的服装产业基地,洞庭湖区食品加工和棉麻生产基地;文化产业方面,建成长株潭全国文化产业基地和综合性文化艺术中心;物流方面,以长株潭为全省物流核心区域,构建以岳阳为中心的湘北、以衡阳为中心的湘南、以娄底为中心的湘中、以常德为中心的湘西北等物流区域;旅游方面,打造精品旅游线路和景区。

2. 积极发展新兴产业

把增强自主创新能力、抢占未来发展制高点作为发展动力和方向,依托长株潭沿江国家高新技术产业带和国家高新区、特色产业基地,加快搭建创新平台,大力发展新能源、新材料、生物医药等新兴产业。加快以工程中心、实验室和企业技术中心为主体的科技创新平台建设,组建产业技术创新战略联盟,到2010年,建立覆盖主要产业的公共科技创新平台。大力发展高技术产业和现代服务业,用2~3年的时间,培育销售收入过100亿元的高技术龙头企业10家、过50亿元的20家。组建中小企业联盟和产业协会。重点发展混合动力汽车、太阳能光伏、风电装备、生物医药、民用航空航天等产业,提高市场占有率和竞争力,到2010年,力争高新技术产业增加值占GDP的比重超过15%。

3. 大力发展循环经济

编制并组织实施城市群国家循环经济试点方案。一是以企业为主体,完成循环化改造。对资源开发企业,明确准入条件,实行保护性开发、规模开发和集约开发。对生产企业,推行清洁生产标准,实现主要废弃物综合利用。对流通企业,实行能源资源消耗与废弃物排放定额管理。到 2010 年，城市群重点企业和"两高一资"型企业通过技术改造，基本达到循环经济标准。二是以园区为重点，构建循环产业链。引导不同企业以核心企业为龙头、产业链为纽带，向专业园区集中布局，上下游企业和关联企业之间形成共享资源和互换副产品的产业共生组织。到 2010 年，清水塘、竹埠港、下摄司、水口山等深度污染区域循环经济改造初见成效，建成一批循环经济示范园区。三是以全社会参与为目标，推行循环经济发展模式。建立再生资源综合回收利用体系，推进农村清洁工程建设，启动农业废弃物资源化利用工程，全面实行城市垃圾分类收集和综合利用，使循环经济深入社会各层面。

（四）以湘江重金属污染治理为突破口，强力推进生态环境整治

实行纳污能力总量控制。重点实施沿江截污治污、工业源头治理、农业面源治理、城市洁净、防洪保安、生态修复等工程，实行"一江同治"，通过上下游联动、城乡联动、水陆联动、江湖联动，集中解决突出的环境问题，全面改善湘江和洞庭湖流域生态系统。到 2010 年，流域工业废水排放达标率、饮用水源保护区水质达标率均达到 95%，城市空气质量优良率达到 85% 以上。

1. 完成城镇污水处理设施建设三年行动计划和城镇生活垃圾无害化处理设施建设

2009 年基本实现污水处理设施设区城市全覆盖，完成部分市、县生活垃圾无害化处理设施建设；2010 年实现县以上城镇（含县城）污水处理和生活垃圾无害化处理设施全覆盖。

2. 推进四大工业区治污

到 2010 年，水口山、清水塘、竹埠港、坪塘四大工业区在 2007 年基础上实现二氧化硫排放量削减 10%，化学需氧量削减 5%，镉、砷等污染物削减 25%。对水口山，重点治理采矿、选矿、冶炼企业的"三废"，关闭污染严重的小冶炼企业。对清水塘，以霞湾港水体变清为目标，推进株化、株冶、智成完成废水深度处理和"三废"综合利用，启动重金属污染土壤的修复试点，取缔关停工业区及其周边污染严重的小型企业。对竹埠港，启动污染土地变性和修复试点，落实颜料、冶炼等重污染产业退出计划。对坪塘，实施重污染企业退出，2009 年 6 家水泥厂、1 家化工厂淘汰退出，2010 年 1 家化工厂搬迁。

3. 加强重点生态带建设

加强水土流失治理，严格执行建设项目水土保护方案，减少地貌植被破坏和可能造成的水土流失。强化湘江两岸河谷及洋湖垸、仰天湖等 6 大湿地保护，推进昭山、法华山、金霞山等 78 个森林公园，松雅湖等 75 个湿地公园，壶瓶山等 50 个自然保护区建设。加快建设湘江生态经济带，2010 年完成世行一期工程，启动二期工程，与滨江建

筑风貌、城市轮廓、建筑布局紧密融合，着力构建"一心（绿心）、一带（湘江风光带）、山丘河湖交织、生物多样"的生态系统，争创国家森林城市群。

（五）以率先形成示范效应为目标，高起点推进示范区建设

大胆创新体制，使示范区成为湖南发展的"经济特区"、新型工业化的先导区、综合配套改革的先行区、新型城市化的展示区。

1. 加快产业集聚，发展主导产业

力争通过 2~3 年努力，每个示范区都有一个或多个主导产业支撑。大河西，突出产业集聚、人才培养、文化引领，打造总部经济区，构筑先进制造业走廊，新能源、新材料基地。云龙，重点发展先进制造业、临空产业、混合动力汽车产业，积极配合老城区改造提质，着力提升城镇功能；其中，清水塘片区用 5~8 年时间根本改变面貌，成为发展新型产业、改造老城区和循环经济发展的示范区。昭山，进行低密度、高品位、保护性开发，打造国际领先的生态经济区；其中，九华片区着力打造先进制造业基地，建设成为产业新区、滨江新城。天易，重点发展风电、机电制造、食品加工、环保、现代物流等产业，建设成为株—潭协同发展的引领区。滨湖，发挥港口优势，建设大型物流基地、能源石化基地、再生资源产业基地、绿色农产品生产加工基地、健康休闲服务基地。同时，在衡阳、娄底等市规划建设示范区，推广改革建设经验。

2. 完善基础设施，构筑发展平台

加紧推进基础设施建设，力争 2009~2010 年完成投资 3000 亿元。重点建设防洪工程、骨干公路、港口码头、供水管网、污水处理、居民安置房及配套服务等设施。积极探索实践"两型"的规划、设计、材料，努力形成一批国家建设标准。到 2010 年，五大示范区重大基础设施基本建成。

3. 营造发展环境，形成政策"洼地"

对示范区实行简政、放权、让利，总体上将示范区全部视同省级开发区，积极争取享受国家级开发政策。争取国家财力支持，重点是中央对试验区上划"两税"的全额返还、中央财力补助等。加大省内财政投入力度。试验区建设专项资金原则上向示范区倾斜；中央和省财政安排的主体功能区建设专项资金，原则上向示范区倾斜。重大建设项目和改革试点，原则上优先布局在示范区，示范区基础设施项目优先列入省重点工程。新增建设用地指标向示范区倾斜，示范区用地由所在市实行单列，占用耕地原则上由所在市实行占补平衡，确实难以实现占补平衡的，可在全省实行异地占补平衡。创新示范区管理体制，规范示范区机构设置。对示范区实施定期评价、动态管理。

（六）以制度创新为核心，推进十大改革

发挥试验区的改革优势，强化综合性制度创新，推动重点领域、关键环节的改革取

得实质性突破，到 2010 年，初步建立支撑"两型"社会建设的体制机制框架。

1. 资源节约

尽快建立资源有偿使用制度，推动资源节约从行政行为逐步向市场引导转变。节能方面，建立投资项目能源评价制度、落后产能退出机制。出台鼓励扶持节能产品的政策。落实差别电价政策。对建筑能耗实施定额管理、超额加价制度。实施太阳能光伏并网发电收购制度，鼓励与建筑一体化的光伏电站建设。节水方面，实行用水总量控制和定额管理，全面推进节水型社会试点建设。制定城镇居民用水阶梯价格管理办法，推进城市污水处理产业化。探索建立水权管理和水市场，推进流域水功能区统一管理、入河排污总量统一控制、用水定额统一标准，实行水务一体化管理。节材方面，建立资源节约型原材料推广应用机制、单位产品包装耗材限额制度。进一步完善矿产资源税管理。健全资源综合利用认定管理制度，建立废弃物生产者责任、大宗生活废弃物专营、城镇垃圾分类管理和回收制度。

2. 环境保护

用 3 年左右的时间，初步建立统一的环境管理、监察、监测体系。创建统一协调的环保行政体制，实现城市群生态同建、污染同治、执法统一。建立低碳城市评价指标体系，创新低碳经济管理模式。探索建立环境优化经济增长机制、环境保护市场化机制、资源环境问责机制、环境同治协调机制、公众参与和社会监督机制。完善环境监测预警体系、执法监督体系、法规政策和标准体系。推行促进可再生能源发展的价格措施。开展湘江上下游生态补偿试点，在重点地区开展生态补偿与修复。探索建立省级排污权交易市场。

3. 产业发展

按照分类改革、分类推进的原则，形成符合"两型"社会要求的产业发展促进体制机制。编制"两型"产业发展规划、目录及产业政策，支持城市群产业退出补偿试点；明确各区域主导产业，建立企业和项目在城市群内转移的利益协调和补偿机制；支持城市群产业、企业之间组建联盟，共建共享服务平台。

4. 科技创新

率先在全省建成自主创新的示范基地，初步建立以市场为导向、产学研紧密结合的科技创新机制。一是加强创新基地建设。积极推动部省联动，开展国家创新园区试点，构建国家级创新基地。加快建设以重点实验室为核心的知识创新基地，支持高校、企业和科研院所共建科技创新平台和成果转化平台。加强岳麓山大学科技园和湘潭大学科技园建设，加快"两型"技术的研发、推广、应用。二是优化创新机制。着力建设创新资源共享机制、产学研结合创新机制、科技成果转化体系，切实提高自主创新的能力和效率。三是完善科技投融资体系。构建政府科技投入引导机制、银行贷款和担保支持体系、风险与创新基金体系。开展高新技术非上市企业股份转让柜台交易（OTC）试点。积极探索科技保险发展的新模式，争取纳入国家科技保险创新试点城市。

5. 土地管理

逐步完善严格保护耕地和节约集约用地的体制机制，努力实现土地开发利用与经济社会发展、生态环境保护相协调。实施土地利用分区管制制度，强化土地利用规划的总体控制作用；完善土地开发整理复垦及耕地质量保护等制度，实行耕地和基本农田保护有偿调剂、跨区域统筹制度，在全省范围内统筹安排长株潭城市群耕地保有量、建设用地总规模等控制指标；健全征地用地制度、土地储备制度，实行城乡建设用地增减挂钩，创新征地补偿安置制度；探索集体建设用地使用权流转制度，建立统一的地价体系，改革土地税费制度，探索开展新增或节约的土地利用年度计划以及城乡建设用地增减挂钩周转计划有偿转让；健全土地利用动态监测体系，完善执法监督机制，加强建设用地批后监管。

6. 投融资

进一步拓宽投融资渠道，创新投融资方式，健全投融资组织体系和服务体系，切实增强试验区的投融资"洼地"效应。一是深化投资体制改革。大力推进基础设施和公用事业领域市场化改革，吸引社会资本进入节能环保领域。二是强化金融服务机制。围绕建设区域性金融中心，引进金融机构，组建区域性商业银行。加快农村信用社改革与发展，积极稳妥发展小额贷款公司，进一步扩大村镇银行试点，完善农村金融服务体系。建立省级城市群金融控股集团，统一经营管理国有投资的金融股权。推进社会信用体系建设。三是大力发展多层次资本市场。优先支持城市群内符合条件的企业上市融资、发行债券。通过创业板上市、发行中小企业短期融资债券、中小企业集合债券等方式，缓解中小企业融资难。通过发行市政建设债券等融资方式支持示范区建设。积极打造新材料、有色金属、传媒业以及城市建设等产业投资基金。探索组建地方性保险机构，促进信托业发展。

7. 对外开放

坚持开放带动。一是建立招商引资统筹协调机制。以城市群统一对外招商引资，实行相对统一的对外招商引资政策和办法。二是创新口岸管理体制。开展"属地申报、快速验放"的新型通关模式试点。大力推广"铁海联运"、"江海联运"、"陆空联运"等新型转关业务。全面落实提前报关、联网报关、上门验放、加急通关、担保验放、绿色通道等便捷通关措施。三是完善贸易促进机制。支持城市群申报国家科技兴贸出口创新基地。加大对机电产品、高新技术产品和农产品出口的扶持力度，鼓励引进先进技术设备，特别是节能减排技术设备。加强对台合作，加快台商投资区申报建设。

8.财税

依托税收优惠、财政贴息、奖励补助、政府采购等政策手段，构建激励与约束相结合的调控机制。一是加大财政投入力度。采取以奖代补、以奖促治等方式，建立区域性生态补偿机制。采取补贴、奖励等方式，建立财政引导支持政策。二是开展税费改革。争取国家在试验区开展资源税、车船税、房产税、环境保护税等税制改革试点。建立和完善有利于资源节约和环境保护的非税收入征管政策，对"两型"企业、使用清洁能源等依法给予相关的税收优惠政策，对符合条件的重点项目在收费政策上给予适当优惠。加大对浪费资源和破坏环境行为的处罚力度和收费力度。三是完善政府采购。对自主创新产品，实行政府首购和优先采购制度，积极争取纳入国家重大工程采购定点企业和产品目录。

9.城乡统筹

以人口转移、劳动保障和土地流转为重点，加快构建统筹城乡发展的体制机制。一是改革户籍管理制度。放宽城市群居民户口迁移条件，简化居民迁移手续，逐步淡化各市之间的户口差异。二是实施劳动保障体制改革试点。完善城乡统筹的就业政策和就业援助制度，健全市场化的人力资源配置机制。完善农民工社会保险制度，落实被征地农民社会保障，健全新型农村养老保险制度，建立城镇无业老年人养老保障制度。建立覆盖城乡的职业技能培训体系，完善技能人才培养机制。完善劳动用工制度、企业工资收入分配宏观调控制度、覆盖城乡的劳动争议调解仲裁制度和劳动保障监察体系。三是探索农民市民化模式。积极推进农村土地承包经营权流转，探索土地量化入股、农民持股进城，推广以承包地换社保、以宅基地换住房等办法。

10.行政管理

围绕转变职能、提高效率、增强服务，加快推进行政管理体制改革。一是构建与城市群发展相适应的行政管理体制。建立符合"两型"社会建设要求的绩效考核体系。完善试验区组织领导与协调推进的机制、机构和职能配置。二是创新改革建设管理机制。建立改革试验的总体统筹机制、目标任务机制、评估纠偏机制、示范创建机制。三是提高行政效能。下放审批权限，简化审批程序，减少审批环节，全面推进电子政务、电子监察和行政审批服务代理制，在示范区开展大部门制等试点。

三 保障措施

（一）加强组织领导

强化对试验区的统筹协调，成立由省长任主任的省长株潭"两型社会"建设改革试验区领导协调委员会；建立试验区工作联席会议制度，由分管副省长牵头组织，省直有关部门参加。各级各部门都要明确具体分管领导、主办单位。

（二）实行项目化管理

对重点建设改革事项实行项目管理，制定具体时间表，建立责任制，确定责任单位。每年由省政府下达试验区重点任务，纳入年终目标考核体系。

（三）加大部省共建力度

省直和中央在湘各部门要对口争取各部委与湖南建立战略合作关系，实现部省合作的全覆盖，争取国家重大改革事项、重大项目和重大政策等在长株潭城市群先行先试。

（四）设立投融资平台

按照"政府主导、市场运作"的原则，积极筹建区域性基础设施建设、湘江治理、生态建设、示范区建设、土地矿产资源开发、"两型"技术和标准研究推广等专业化平台和项目公司。设立试验区改革建设专项资金，主要用于重大改革建设项目前期、污染区环境治理、生态专项补偿等。

（五）强化法规政策保障

出台《湖南省实施〈中华人民共和国清洁生产促进法〉办法》和《湖南省洞庭湖区水利管理条例》，启动《长株潭城市群"两型"社会建设改革试验区改革建设管理条例》《湘江流域管理条例》等法规的制定工作。各地各部门都要研究出台具体的支持政策措施，积极为试验区改革建设创造条例。

中共湖南省委

湖南省人民政府

2009 年 11 月 23 日

在长株潭"两型社会"试验区
工作会议上的讲话

张春贤

2010 年 3 月 25 日

刚才，来山同志作了一个实事求是、令人鼓舞的工作报告，周强同志作了一个主题鲜明、重点突出的工作部署。他们讲的意见我都赞成，请同志们认真抓好落实。下面，我讲四点意见。

一　长株潭试验区建设改革取得实质性进展

长株潭"两型社会"试验区获批以来，试验区建设改革取得实质性进展，主要体现在八个方面：一是长株潭城市群核心增长极作用进一步显现，去年三市经济总量占全省 42.6%，对全省经济增长贡献率达到 55%。二是高标准地完成了试验区的顶层设计，为试验区改革建设制定了行动路线图。三是建立部省合作共建平台和机制，开启了湖南与国家部委共同建设长株潭试验区的新局面。四是布局和开工建设了一批重大基础设施项目，有力地推动了长株潭一体化格局的形成。五是高起点谋划了一批高新技术基地和重大项目，为长株潭率先转变经济发展方式打下了良好基础。六是突出抓好生态环境建设，湘江治理及生态修复初见成效。七是着力抓了新区的示范带动，全面启动了五区十八片的示范区建设。八是切实用好先行先试权，一些重点领域和关键环节的重大改革取得积极进展。取得这些实质性进展，各市各有关部门为此做出了全方位的不懈努力，特别是敢于担当，敢为人先，敢于应对解决复杂问题，才有现在这样的结果。试验区改革建设不断取得实质性进展，极大地鼓舞了全省人民士气，为全省应对国际金融危机冲击、保持经济又好又快发展提供了重要支撑，为试验区下一步改革建设奠定了良好基础。成绩来之不易，大家一定要加倍珍惜并不断发扬光大。

二 从加快转变经济发展方式的战略高度，进一步加快试验区改革建设步伐

在中央省部级主要领导干部专题研讨班上和全国"两会"期间，胡锦涛总书记反复强调，必须切实增强主动性、紧迫感和责任感，刻不容缓，痛下决心，加快经济发展方式转变，着力在"加快"上下功夫、见实效。调整经济结构对加快经济发展方式转变具有决定性意义，而调结构的一个重要方面，就是加快调整城乡、区域结构，加快推进新型城镇化，促进城乡、区域协调发展。因此，长株潭城市群"两型社会"试验区建设，就是转变经济发展方式的重要内容和载体。各级各部门一定要从转变经济发展方式的战略高度，来认识长株潭试验区改革建设，加快推进试验区改革建设。

长株潭试验区建设启动两年多来，通过不懈努力和积极探索，为下一步加快经济发展方式转变打下了良好基础。比如，我们高起点完成了试验区建设的顶层设计，包括试验区改革总体方案和城市群区域规划以及各个专项方案和规划。这些方案和规划，既贯穿了科学发展观要求和"两型社会"理念，又体现了湖南的特色和优势，起点高、理念新、创新性强，覆盖面广，为我们下一步加快试验区建设提供了行动路线图，同时也为我们加快经济发展方式转变赢得了先机，争取了主动。在抓好顶层设计的同时，我们抓住机遇，高起点谋划和布局了一批重大基础设施和产业项目，加大了节能、减排、治污和生态建设力度，率先在土地集约节约利用、生态保护、投融资体制、行政管理体制等重点领域进行了一系列改革探索，这些与中央转变经济发展方式的要求是高度一致的。有了现在的良好基础，长株潭试验区完全可以在加快经济发展方式转变上率先取得突破。对此，我们要有足够信心。

同时要看到，当前日趋激烈的区域经济竞争格局，要求我们必须进一步加快试验区建设，加快经济发展方式转变。近两年，国务院连续批准了14个区域规划和区域性文件。同时，还有一批区域规划正在待批，基本覆盖了全国各省区市。比如，安徽皖江城市带承接产业转移示范区、江西鄱阳湖生态经济区，以及河南申报的中原城市群等，主题基本上是"转变发展方式，走'两型社会'建设道路"，主攻方向就是城市群发展。中央加快区域发展战略实施步伐，一方面说明加快区域经济协调发展这个潮流不可阻挡，说明当初我们做出积极申报和建设"两型社会"试验区的决策是完全正确的，在加快区域经济协调发展上先走了一步；另一方面，兄弟省市你追我赶、竞相加快区域经济协调发展的新形势，也给我们提出了新的挑战和竞争压力。我们一定要增强紧迫感和责任感，积极应对区域竞争格局的新挑战，主动顺应加快经济发展方式转变的新要求，切实在"加快"上下功夫、见成效。

三 抓住重点，率先突破

重点在以下六个方面率先突破。

（一）率先在"3＋5"八市的先导区和工业园区取得突破

先导区具有先导示范效应，工业园区是加快转变经济发展方式的主战场。在加快转变经济发展方式中，要把先导区和工业园区作为重点，力争率先突破、尽早见效。突出抓好三个方面：一是加强政策引导，加快改造传统产业。对污染落后产业，该退出的要有序退出，该淘汰的要坚决淘汰；对环境指标不达标的企业，该整改的要坚决整改，该关停的要坚决关停。二是着力推进产业"两型化"发展。无论是新建项目，还是现有产业改造升级，都要按照"两型化"的要求来进行。要严格把好环评关，项目引进千万不能饥不择食，导致项目刚刚建成投产，马上就变成了新增污染。宁可把速度放慢一点，也要把生态环保放在首位。三是要在培植战略性新兴产业方面下功夫。加快培育和发展战略性新兴产业是转方式、调结构的有力抓手，是抢占未来经济制高点的关键举措，在这方面试验区要走在全省前列，充分发挥带头引领作用。

（二）率先建立有利于经济发展方式转变的体制机制

转变经济发展方式的问题，归根到底是个体制机制问题，如果没有体制机制上的重大突破，就难以实现经济发展方式的根本性转变。我们要充分利用先行先试的优势，今年重点在长株潭三市，对一些制约因素比较强、实践当中又有基础、经过努力可以完善和做得到的，或者是通过向中央部委积极争取可以进行的，要积极开展探索，力争在体制机制上率先取得突破。比如"两型"产业发展、生态环境建设、土地集约节约利用、投融资体制改革，服务型、效能型政府建设等方面。在政府职能转变上，重点要在优化服务和提高效率上下功夫，政府效率提高了，把握机遇的能力就增强了。另外，要进一步完善"3＋5"城市群整体发展思路，把"3＋5"作为区域经济发展的一个整体来看待，"3"发展了，"5"肯定受益匪浅，特别是"5"，一定要从"3＋5"整体发展的角度来思考问题，谋划当地发展。总之，要在体制机制上进行系统化设计，促进"3＋5"的整体发展。

（三）率先构建现代产业体系

这些年，在"一化三基"战略带动下，我省现代产业体系建设具备了一定基础。比如，汽车制造及零部件、工程机械、轨道交通等先进制造业，新能源、新材料、生物医药、电子信息等战略性新兴产业，以及旅游、文化等现代服务业等，都具备较好的基础，都是"3＋5"地区重点发展的产业。一定要从整体区域经济发展的角度，立足现实基础，着眼将来和长远，统筹谋划好"3＋5"地区现代产业体系建设。比如说工程机械，短短几年时间，长沙已发展成为"工程机械之都"，预计今年产值可达1千亿元。产业发展到一定程度，自然就形成了"外溢效应"，辐射带动作用会进一步凸现。目前就有一部分工程机械项目转移到了娄底、常德等周边地市，大家都受益。再比如汽车，过去有的同志认为湖南汽车产业失去了机遇，难以发展起来，但通过吉利、菲亚特、比亚迪等一批大项目的引进，未来的5～10年汽车将发展成为湖南的一个大产业，带动"3＋5"整个区域经济的发展。因此，建设现代产业体系一定要有战略眼光，就是要着眼于将来发展，通过产业的聚合、辐射与扩散，带动提升"3＋5"区域乃至全省经济的整体竞争力。

（四）率先形成城乡经济社会发展一体化新格局

城乡统筹发展最有可能在地级市周边率先实现，最有条件的是长株潭三市，其次是"5"。要认真贯彻落实2008年全省新型城镇化工作会议精神，加快推进新型城镇化。在着力抓好城市群发展和中心城市建设的同时，重视抓好中小城镇建设，加快县城扩容提质，着力扶持建设一批卫星城镇和示范重点小城镇，加大新农村建设力度，推进城乡统筹协调发展。今年，八个市要重点在加快城乡统筹发展、着力推进新型城镇化方面有所作为。

（五）率先在节能减排和生态保护上取得突破

节能减排、生态保护是"两型社会"的底线。"两型社会"建设要见到成效，首先要在节能减排和生态保护方面见到成效。我国正处在社会主义初级阶段，生产力总体水平不高，长期形成的结构性矛盾十分突出，能源资源和环境的瓶颈约束越来越紧。这是我们在加快发展中必须破解的难题，也是加快转变经济发展方式的重要内容。要把节能减排和生态保护作为"两型社会"建设的重要突破口，切实加大节能减排力度，深入推进湘江流域综合治理，大力实施产业退出和生态修复工程，切实加强以昭山"绿心"为核心的生态保护和建设，抓好农村污染综合治理。力争经过三、五年大力度的治理和建设，使试验区的生态环境明显改观。

（六）率先构建现代化的综合基础设施体系

现代化的综合基础设施不光是交通，还包括能源、通信、水利、环境保护等基础设施。一定要重视现代化的综合基础设施建设，这既是一种投资拉动，更是"两型社会"试验区建设的保障和支撑。现在，我们在交通基础设施建设方面见到了明显成效，长株潭通信一体化成功实现并网升位，特别是"3＋5"城市群城际铁路规划成功获得国家批准。如果我们当初不着眼于整个区域经济发展，只局限于"3"，而不是"3＋5"，那么长益常轻轨就不可能这么顺利获批。将来，城际铁路还可以延伸到张家界。"3＋5"八个市通过城际快速铁路连接起来，发展为一个大城市群，将大大拓展湖南的发展空间，增强区域经济的整体竞争力。这就是为什么当时申报国家综合配套改革试验区时要把"5"纳进来，把"3＋5"作为一个整体来对待的一个战略思路。

四　强化保障措施，确保如期完成第一阶段目标任务

今年是试验区建设第一阶段的最后一年。第一阶段的目标任务，都已经跟大家明确过了。大家要切实增强紧迫感，对照第一阶段的目标任务，进一步加大工作力度，强化工作措施，确保全面如期完成第一阶段目标任务，让老百姓看到阶段性的成效，看到我们的决心，看到我们确实是在用心做事。一是要健全机制。按照省统筹、市为主、市场化的原则，各自切实负起责来。省统筹，就是要充分发挥协调委员会和联席会议制度的协调指导作用，省直相关部门要协同配合、积极支持，及时协调解决改革建设中出现的重大问题。市为主，就是各市要切实承担起试验区改革建设的主要责任。市场化，就是要发挥市场在配置资源中的基础性作用，通过市场化运作，加快推进试验区各项建设。二是要强化责任。各地各相关部门要严格按照试验区改革建设第一阶段的职责分工，认真抓好工作落实。要对第一阶段目标任务完成情况开展专项考核，并纳入全省统一的绩效考核体系。同时，要加快建立"两型社会"指标体系和科学考核评价体系，并据此进行考核评价，强化考评结果的运用，推动圆满完成第一阶段目标任务和试验区改革建设各项工作。三是要加大投入。现在，试验区建设正处于高投入时期。要进一步加大投入力度，没有投入就没有产出，没有投入也没有"两型"。在加大向国家争取资金和政策力度的同时，要充分运用市场化的手段，吸纳更多社会资本参与试验区建设。同时，要切实注重提高投资质量和效益。四是要打造品牌。品牌的作用十分重要。要把长株潭作为一个整体来宣传和推介，使之成为一个世界知名的品牌。比如，通过打造长株潭试验区这个整体品牌，促成了菲亚特等一批重大项目落户长沙，同时带来了100多家相关配套企业集聚长沙。这样，我们就不用像过去那样一家一家登门拜访招商引资。

"十二五"期间，国家将从中西部地区选择一些能做大做强的城市群，纳入国家战略层面进行重点支持。我们要力争将"3＋5"城市群纳入国家战略重点支持的层面。

长株潭试验区这个品牌要宣传好，但不能搞忽悠，不能不着边际。务必把宣传建立在干好事情的基础之上，通过真实而适度的宣传，让大家切实了解到，试验区建设风生水起、朝气蓬勃的新气象，试验区建设者昂扬向上、奋发有为的新风貌，让大家真正认识到，我们湖南的发展确实是讲科学、高层次、有水平、两型化的。这样宣传才会更有效果，更有利于将试验区打造成湖南品牌、中国品牌、世界品牌，大家对湖南的未来就会更加充满信心。

在长株潭"两型社会"试验区
工作会议上的讲话

周　强

2010 年 3 月 25 日

同志们：

我们这次会议是一次十分重要的会议。主要任务是总结 2009 年长株潭城市群"两型社会"综合配套改革试验区的工作，全面部署今年的各项工作。刚才，来山同志作了一个全面的工作报告，回顾总结了试验区去年乃至从 2007 年获批以来的工作，并对下一步工作进行了全面部署。今天上午，我们举行了芙蓉大道，红易大道通车典礼，对试验区建设进行了实地参观考察，看了非常高兴，沿途的群众喜气洋洋，像过盛大的节日。这充分说明，无论是基础设施建设，还是长株潭城市群"两型社会"综合配套改革试验，符合人民群众的利益。长株潭办、长株潭三市和"3＋5"另外五个城市，以及省直有关部门都提交了书面材料，都很有特色。春贤同志还要作重要讲话，大家要认真学习，抓好落实。这里，我先讲三个方面的意见，有感而发，不成系统，讲讲重点。

一　要认真全面总结长株潭试验区改革建设方面的工作和经验

试验区建设自获批以来已经取得明显成效，总结起来，主要有这样几个方面的特点。

一是全省上下形成了高度统一的认识，凝聚了共识。试验区获批以后，我们坚持按照党中央国务院的决策部署和要求，一直把推进长株潭城市群"两型社会"试验区建设，当作湖南实现科学发展、又好又快发展和可持续发展的重大历史机遇和重大历史使命。省委、省政府，试验区各级党委、政府及有关部门迅速启动相关工作。经过这几年的实践，尤其是经过 2009 年试验区改革和建设的实质性推进，全省上下对推进"两型社会"建设思想高度统一,"两型社会"的理念日益深入人心,成为全社会共识,奠定了我们开展试验区工作的重要思想基础。广大干部群众倍加珍惜来之不易的历史机遇,主动谋事、积极干事、努力成事,全身心投入试验区改革发展,大胆探索、勇于创新、迎难而上,为各项工作的顺利开展提供了强大的支持,形成了推动试验区建设的强大工作合力。

二是制订了科学规划,明确了建设目标。坚持按照国家要求,准确把握湖南经济社会发展的阶段性特征,围绕把长株潭城市群建设成为全国"两型社会"建设的示范区,全国重要的新型工业化、新型城市化、新农村建设的引领区,湖南经济发展的核心增长极,具有国际品质的现代化生态型城市群这一目标,在深入调研、充分借鉴国内外成功做法和城市群发展经验,集中社会各界智慧和力量的基础上,以国务院批准的改革方案和长株潭规划为总的框架,顺利完成了试验区建设的顶层设计,制定出台了12个改革方案和17个专项规划。规划的制定,确保了试验区建设一个是科学推进,一个是有序推进,而且是在高起点上推进。现在回过头来看,国务院批准的改革方案和长株潭规划的制定都是高起点的,不仅具有世界眼光,而且具有超前性。据此制定的12个改革方案和17个专项规划也具有前瞻性和国际眼光。实践证明,一是符合实际,二是切实可行。

三是各项改革全面启动,并取得实质性突破。长株潭"两型社会"试验区建设,按照党中央国务院提出的要求,就是先行先试,为全国探索一条路子,提供经验,尤其是在改革方面要先行先试。按照这个要求,这几年我们进行了一些探索,也迈出了实质性步伐。围绕先行先试出思路、想对策,注重选准突破口,在重大项目、重大改革方面大胆实践、大胆创新、大胆突破,形成示范带动效应。例如,在资源节约方面,我们在长沙推行的土地集约模式,包括新河三角洲土地的集约开发、武广客运专线黎托新火车站土地的集约节约模式,受到国土资源部和建设部的充分肯定,越来越引起国内外的关注。上海世博会之前,上海市政府还专门派顾问团到长沙来考察这方面的做法。在环境治理方面,也有一个很大的突破,国家给予我们一项重大政策,就是株洲清水塘34平方公里的土地改变用途,建立循环经济区。另外,在土地管理、投融资、城乡统筹、行政审批等方面,以机制体制创新为突破口,初步在重点领域和关键环节形成特色和亮点。在工作机制和模式上,我们坚持把规划引导、示范带动和重点突破有机结合,坚持省统筹、市为主和市场化有机结合,注重利用示范区建设形成可供借鉴的经验模式,注重充分调动省、市和部门多方面的积极性、主动性和创造性。

四是试验区建设大力推进,迈出实质性步伐。突出的是基础设施建设,我们在大力推进"交通同网、能源同体、信息同享、生态同建、环境同治"的"新五同"方面取得了实质性的进展。如交通同网,今天开通的芙蓉大道、红易大道,将三个市连为了一体，是"一个城市了"。前一段时间国内媒体采访我们长沙市民，问"你是不是长沙人，同时又是长株潭人？"他回答是"长沙人，也是长株潭人"。这是不得了的效应。再如，去年我们在全国率先实现三市通信升位并网，在国内外产生了巨大反响，形成了巨大的经济效益和社会效应，几大电信运营商开始的时候付出了较高的成本，但最后经济效益都很好。不仅人民群众获得了实惠，更重要的是国内外投资商非常看好。在金融方面也有实质性突破，在长沙的银行等金融机构到株洲、湘潭设机构，视为同城设机构，叫金融同城，这既是一个很大的进展，也是一个很大的政策。再如，环境同治方面，实施湘江流域综合治理取得实质性进展，实施城镇污水治理三年行动计划取得重大成效。去年污水处理厂的建设，无论是新建处理厂的个数，还是新建管网的总里程，在全国都是名列第一；污水处理率由全国倒数第几位变成去年名列前茅，这是一个很大的成绩。不仅对实施湘江的综合治理可以发挥重大作用，而且对完成"十一五"削减COD的目标也将发挥至关重要作用。可以这么说，如果没有城镇生活污水治理这三年行动计划的实施，我们要完成"十一五"COD减排这个目标是不可能的。同时湘江重金属治理也已经开始启动，国家发改委、环保部正在加紧推进。还有就是长沙市大河西先导区以及云龙、昭山、天易、滨湖示范区建设，都取得了实质性进展、迈出了很大步伐；高新技术产业和战略性新兴产业，这几年取得了长足发展，包括先进制造、电子信息、新能源、新材料、生物医药还有生产性服务业以及生活性服务业都有了大的提升。

五是长株潭城市群的综合效应充分显现，辐射带动能力增强。长株潭城市群按照世界银行的评估，在全球是十分难得的城市群资源。经过获批为试验区两年多来的改革建设，现在城市群的综合效应得到了进一步的显现。最近一些大的企业陆续落户长株潭，看好的就是长株潭城市群的综合效应，看好的就是长株潭三市巨大的市场、优美的环境和现代物流的发展基础。从长远来看，长株潭城市群的综合效应怎么估计都不过分，而且会越来越大，会越来越显现出长株潭试验区这块金字招牌的含金量。综合效应首先体现在带动效应大，试验区已成为我省实现富民强省的重要载体和发展平台，长株潭核心增长极地位进一步提升，综合承载能力和辐射带动能力进一步增强，放大效应初步显现。2009年，长株潭三市实现GDP 5506.7亿元，增长14.5%，占全省的42.6%，比上年提高1.7个百分点；"3+5"地区生产总值达到10347.5亿元，增长14.1%。试验区产业结构进一步优化，目前三市三次产业结构为6.8∶51.6∶41.6，呈现"二、三、一"结构，先进制造、电子信息、新能源、新材料、生物医药等战略性新兴产业快速发展，已成为推进全省新型工业化的新引擎。其次体现在政策效应大，长株潭是国务院批准的六个试验区之一，以试验区为平台争取国家的支持，争取国家各部委的支持非常有利。去年经国家批准，长株潭城市群进入了全国七大综合性高技术产业基地行列。到目前为止，我们已与 30 个部委开展合作共建，与 30 多个部委达成合作意向。再就是聚集效应大，在市场经济条件下，企业、企业家都是按市场规律办事的，哪个地方有潜力，哪个地方市场空间大，哪个地方发展环境好，企业就会往哪里去发展。对外招商引资方面也是如此，外商看好的就是市场空间和发展潜力。所有这些都说明，试验区建设有利于提高长株潭城市群的知名度，增强长株潭的聚焦效应和品牌效应。而且随着试验区建设的不断推进，这种集聚效应越来越显现出来，更多的吸引国内外的目光、国内外的客商，更多的集聚国内外的资金，更多的整合国内外资源。

二 要进一步提高和深化推进长株潭试验区建设的认识

一要以加快发展方式转变推进"两型社会"建设。今年 2 月上旬，党中央举办了省部级主要领导干部专题研讨班，胡锦涛总书记在专题研讨班上强调，"综合判断国际国内经济形势，转变经济发展方式已刻不容缓。我们必须见事早、行动快、积极应对，为我国加快转变经济发展方式、保持经济平稳较快发展增添推动力"。加快转变发展方式、调整经济结构，关键是要不断增加紧迫感和责任感，在"加快"上下功夫、见实效。党的十七大报告明确提出，要着力把握发展规律、创新发展理念、转变发展方式、破解发展难题，提高发展质量和效益，实现又好又快发展。强调必须把建设资源节约型、环境友好型社会放在工业化、现代化发展战略的突出位置。结合学习党的十七大报告，学习省部级主要领导干部专题研讨班精神，尤其是学习胡锦涛总书记、温家宝总理和习近平副主席、李克强副总理的重要讲话精神，我的体会，转变发展方式与建设"两型社会"在精神内涵、本质要求上是一致的，推行资源节约、环境友好说到底其实质就是发展方式、发展模式的转变，建设"两型社会"就是转变发展方式的方向和目标。以发展方式的转变推进"两型社会"建设，通过转变发展方式来构建"两型社会"。各级各部门要进一步增强紧迫感、责任感和机遇意识，把党中央、国务院的重大决策部署落到实处。特别是要看到，我们在党中央国务院的亲切关怀下，争取到了试验区建设的机遇，表明我们已经站在一个新的"制高点"上。当前，全党大力抓转变发展方式，这对我们来讲是一个历史性机遇，我们要立足试验区建设平台，加快转变发展方式。一方面，要以长株潭城市群"两型社会"试验区为空间和载体，从产业发展、体制机制、基础设施、生态环境等方面掀起一场发展方式的变革，切实把长株潭打造成我省转变发展方式的示范区、引领区和爆发区；另一方面，要以转变发展方式为途径和支撑，加快推进"两型社会"建设，在新一轮竞争中把握主动权。

二要进一步用好国家赋予的先行先试政策。在国家批复的方案当中，先行先试是无价之宝。无论是转变发展方式、还是建设"两型社会"，无论是实施"一化三基"战略、还是推进经济结构战略性调整，我们就是要通过深化改革，用好、用足先行先试这一政策，来加快发展，推动发展方式的转变。更重要的是，也只有在先行先试中，才能找到破解制约科学发展的路子，解决制约科学发展的各种难题，探索建立符合科学发展观要求、保障科学发展的体制机制。

三要努力把长株潭及"3＋5"城市群打造成全省经济社会发展的重要引擎。现在有个趋势越来越明显，就是在经济全球化背景下，国与国之间的竞争越来越激烈，区域之间的竞争同样异常激烈。在激烈的国际竞争和区域竞争当中，在全球化分工这样一个格局当中，一个地区的发展，必须培育形成核心增长极，发挥重要的引擎作用。从湖南来讲，怎样实现科学发展，怎样提升综合竞争力和核心竞争力，尤其是满足全省人民又好又快发展的新期待，重要的方面就是要把长株潭及"3＋5"城市群建设好，打造成全省经济发展的重要引擎。这两年，长株潭在全省的地位和带动作用越来越明显。去年，全省生产总值增长13.6％，长株潭三市增长14.5％，这一方面说明长株潭的引领作用越来越大，同时也说明长株潭及"3＋5"的潜力还很大。只有把长株潭及"3＋5"城市群建设好，才能对全省的发展起到巨大的带动作用，增强我省的长远竞争力。特别是在加快转变发展方式、推进"两型社会"建设中，长株潭三市要争当表率、争当示范、争先引领，在转方式调结构上先行一步，在发展"两型产业"上形成经验，在培育发展战略性新兴产业上探索模式。要围绕着力做大总量，坚持把长期发展目标和短期增长目标结合起来，把保持经济平稳较快发展和调整经济结构、转变经济发展方式、建设"两型社会"有机统一起来，坚定不移调结构，脚踏实地促转型，在加快发展中上水平、增后劲、可持续。

三 要切实抓好长株潭试验区建设的重点工作

今年试验区的各项工作，已经有了全面部署，各级各有关部门一定要明确目标，突出重点，狠抓落实，全力推进。

一要严格执行规划。在试验区建设过程当中，对经国务院批复的方案和区域规划，还有省里制定出台的各项专项规划，一定要严格遵守。省人大常委会通过的长株潭城市群规划条例，为试验区建设提供了法律保障。对这些都要贯穿到试验区改革建设的全过程，严格遵守，严格实施。我们制定的规划是具有国际水准的，尤其是对昭山这个绿心的保护，执行规划必须十分严格，有关部门要加强监督检查。同时还要根据发展的需要，进一步完善相关规划。今天正式通车的芙蓉大道、红易大道，辐射带动效应非常大，一是三个城市真正实现融城了，半个小时通行，半个小时到达；二是两条城市道路沿线就是非常漂亮的景观带，土地、房产等都升值了，沿途群众财产性收入增加了。但也带来一个新问题，肯定有很多企业和个人"盯着"沿线土地，稍有不慎，可能出现乱占、乱建的现象。这就需要把两条大道沿线进一步规划和管护好，一定要严格防止乱建房子。该控制的一定要坚决控制，决不能把美丽的风景破坏了。

二要进一步加强基础设施建设。今年，试验区一个大的基础设施项目就是长株潭三市城轨，要全力推进，力争在年中正式启动。湘江风光带建设要进一步加大力度，确保取得重大进展。同时要加快骨干路网、港口站场等重点工程建设，加快形成城市群共建共享的综合基础设施框架体系。

三要大力发展"两型产业"。长株潭的产业发展水平，集中反映了全省的产业发展水平。长株潭产业水平的提升，将直接带动全省产业发展上档次、上台阶。目前，省里有关部门正按照省委、省政府的要求，抓紧调研发展战略性新兴产业，着手制定这方面的规划，国家也在研究制定发展战略性新兴产业的规划，我们一定要认真做好调研等有关工作，积极抢抓这方面的机遇，这对湖南转变发展方式、建设"两型社会"、提升核心竞争力等，都具有十分重大的意义。要发挥长株潭城市群的带动效应，特别重要的是产业带动。要进一步加快发展具有优势的先进制造业，尤其是长株潭三市的先进制造业要加快发展。要把改造传统产业、培育战略性新兴产业、发展园区经济、增强自主创新能力作为提升产业发展水平的重中之重，重点支持机械、有色、食品等千亿产业提高精深加工水平和附加值，推动工程机械、有色金属材料等产业上规模、强品牌、增效益，大力发展新能源、新材料、生物医药、电子信息、新能源汽车、航空航天等战略性新兴产业。要突出抓好长株潭"3＋5"城市群国家综合性高新技术产业基地园区建设，积极支持长沙高新区向全国高新区十强迈进，发展提升长沙经开区、浏阳生物园、株洲高新区、湘潭高新区。要大力发展生产性服务业，重点培育现代物流、文化创意、金融保险、信息咨询和会展等服务业。大力发展循环经济、低碳经济、绿色经济，推行有利于节约资源、保护环境的生产生活方式和消费模式。同时还要大力发展提升生活性服务业，包括湘菜餐饮、教育、医疗卫生等，都要全力推进。我经常举爱尔眼科的例子，爱尔眼科医院原先并不很起眼，但最近几年发展很快，去年在创业板上市融资9个亿，规划要在长株潭之间建一所全国最好的、一流的眼科综合医院，聘请国内外一流的眼科专家，将来就有可能成为南中国区的眼科医疗中心。下一步，湖南还有很多服务业都可以打造成区域服务中心，并辐射到周边几个省份。机场也是这样，像江西宜春、萍乡的同志，现在他们坐飞机都是到长沙机场。这说明，只要我们把基础设施建设得更好，把服务业发展更好，不但能辐射全省，还能辐射周边省份，这样长株潭城市群的区域中心地位就能够从多方面显现出来。

四要切实加强环境保护。生态是湖南最大的优势。在推进试验区建设中，一定要像爱惜眼睛一样保护好我们的环境。当时确定要保护好昭山这一绿心地带的时候，省委省政府决心很大，明确昭山绿心地带谁都不能随便动。从发展的角度来看，湖南的生态环境优势非常明显，现在成了我们招商引资一个很大的亮点。下一步，在环境治理当中，还要结合新农村建设，把沿公路、铁路两边及城市周边的环境进一步整治好。

五要加大城乡统筹力度。湖南省是农业大省，"三农"工作必须常抓不懈。长株潭作为全省经济实力最强的地区，有条件也有责任在破解"三农"、统筹城乡发展方面为全省探索出可供借鉴的路子。长株潭三市及 3 + 5 城市群，现在有些小城镇建设搞得不错，新农村建设也搞得不错，下一步就是要继续抓一些示范。既要抓"两型社会"建设示范，抓循环经济示范，也要抓城乡统筹示范，特别是抓一些乡镇和村作为示范，探索积累经验。现在三市在这个方面已经有一些规划，长株潭办要加强协调和服务。在城乡统筹中，要把破解城乡二元体制放在首位，以新型农村社会养老保险试点、新型农村合作医疗制度建设、户籍制度改革等为突破口，加快建立完善农村社会保障体系。当前，要完善落实促进农民工在城镇落户的政策措施，统筹引导农业人口到城镇就业和定居，鼓励有稳定职业和收入的农民工及其子女转为城镇户口，纳入城镇社会公共服务体系。要坚持"工业反哺农业，城市支持农村"，把壮大工业与提升农业结合起来，把增加城镇人口与转移农民结合起来，把城市建设与社会主义新农村建设结合起来，大力发展现代农业，着力促进农民增收，加快完善城乡一体的基础设施和公共服务体系，从整体上改变农村落后面貌，形成以城带乡、以乡促城、城乡互动的发展格局。

六要积极抓好示范区建设。对长沙市大河西先导区以及云龙、昭山、天易、滨湖示范区建设，要进一步加大推进力度。有的要进一步细化规划，明确措施，力争在发展循环经济、加强生态建设、发展"两型"产业等方面，尤其是在体制机制改革方面，要大力推进、大胆试验，探索路子、积累经验，尽快发挥示范带动作用。

七要深化改革扩大开放。着力构建鼓励改革、支持改革、宽容改革的良好氛围。改革一定要有实质性的举措，每年都要选几个突破口和突破重点。要围绕资源节约、环境保护、产业优化、科技创新、土地管理、投融资、对外开放、财税、城乡统筹、行政管理等十大改革，针对"两型社会"建设进程中的深层次矛盾和问题，大力破除阻碍试验区建设的体制障碍，不断探索形成新的体制机制，尤其是要在重点领域和关键环节率先取得突破，努力打造一批可在全国示范的亮点和模式。同时，要进一步扩大开放。试验区建设，是开放的试验，要取得更大的成效，就必须有更大范围、更高层次、更宽领域的开放。长沙大河西先导区的梅溪湖，包括株洲、湘潭乃至益阳等市的开发区都要有整体对外开放合作的考虑，在这方面积极探索。要学习借鉴新加坡苏州工业园、天津滨海新区中新生态城的建设经验，充分利用国内外的资金来推动示范区建设。要进一步加强与中央和各大国际媒体的深度合作，积极宣传推介试验区改革建设的新经验、新模式、新做法，扩大湖南在全国乃至世界的影响，形成试验区的示范聚焦效应。要进一步深化部省合作，倍加珍惜部省合作的良好局面，对于已经开展部省共建的项目，相关部门要认真履行好义务，创造部省合作的"湖南模式"，争取国家重大改革和建设项目在试验区率先布局、先行先试，争取国家部委提供更多的支持；对于改革中形成的经验和成果、出现的问题和困难、呈现的典型和特色，要进行深入细致地总结、提炼，及时上报，争取国家部委对湖南工作的进一步指导和支持。要加强与各试验区的交流、沟通和合作，通过互相学习，互相借鉴，完善思路和措施，实现共享资源、共同发展、共生崛起。要扩大与央企、国际金融机构、外国政府、跨国公司及财团等机构的合作，加强与气候组织等国际组织的沟通交流，引进国内外先进的节能、环保等技术和资金，积极探索中外合作建设"两型社会"新模式，推进长株潭城市群"两型社会"取得新进展，迈上新台阶。

八要大力搭建推进试验区建设的各类平台。平台建设是试验区建设的重要基础性工作。各级各部门要把平台建设摆在更加突出的位置，为加快推进试验区建设提供支撑。一是要加快完善政策平台。主要是加大政策执行力度，确保政策措施真正发挥作用，取得实效。要加强政策衔接，密切跟踪国家"两型社会"建设的政策动向，争取国家在重大改革事项、重大项目和政策方面给予湖南更多的支持。特别是目前一些部委在调研，湖南还可以做很多工作，争取国家更多的政策支持。二是要大力构建投融资平台。在国家目前已批准的产业投资基金中，湖南获批3家，这无疑为推进试验区建设构造了良好的融资平台。下一步，要继续运用市场化手段，打造一系列的投融资平台，充分挖掘金融市场潜力，拓宽融资渠道，筹集"两型"重点建设所需资金。要进一步降低行业准入门槛，引导民间资金投入"两型社会"建设。要鼓励、支持符合条件的企业上市融资。要积极争取金融机构的支持，大力引进外资银行、股份制商业银行、私募基金，加快组建区域性商业银行，建立省级城市群金融平台，引导更多的战略投资者、更多的资金投向试验区建设。三是要积极搭建项目平台。即以项目开发、项目建设为切入点，依托和运用项目来吸引各方面的资金，带动整合各方面的资源，集中投入试验区各项建设。对于跨区域、跨城市的项目，可以由省统筹，相关各方建立协调工作机制，实行全程跟踪、全程服务。四是要加快其他各类平台建设。当前重点是要抓紧建立城乡统一的土地交易平台，推进耕地省内跨区域占补平衡、城乡建设用地增减挂钩，建立节约集约用地考评制度和激励约束机制。建立"两型"产业发展平台，包括推进国家综合性高技术产业基地建设，加快建设梅溪湖、洋湖垸等产业功能区。建立覆盖主要产业的公共科技创新平台，包括建设混合动力汽车、光伏、风电等产业技术创新联盟，搭建一批专业化的公共技术研发平台和推广服务平台，积极参与重点领域和行业低碳国际标准的制定等。

九要重视加强对长株潭城市群的整体宣传。目前，长株潭城市群的整体效应在不断放大，在很大程度上得益于两年多来充分利用各种媒体积极开展对外宣传。下一步无论是招商引资还是做旅游推介，都要进一步加大对长株潭城市群的整体宣传，加强对外整体推介，包括形象的推介。实践证明，这比只推介一个市的吸引力要大得多。客商看好的也是长株潭这样一个整体市场，看好的是整体的综合实力。希望长株潭办在这方面加强策划，加紧调研，加大力度。

十要加强协调形成合力。两年多来，长株潭试验区建设已取得较大成效，成绩有目共睹。但与国家的要求相比，与长株潭试验区上升为国家区域发展战略相比，与兄弟省市区的试验区相比，与完成第一阶段建设目标任务相比，我们还有一定差距，必须进一步增强紧迫感、责任感。各级各部门一定要发扬敢为人先、勇于担当的精神，以时不我待、只争朝夕的紧迫感和责任感，进一步形成工作合力，共同推进试验区建设。按照省委省政府的要求，试验区协调领导小组的主要职责就是抓协调、搞统筹，同时要充分调动各市的积极性，依靠各市来共同推动示范区建设。长株潭办的主要任务就是抓规划协调和服务，搞好政策衔接，争取国家各部委的支持，统筹好需要省里面做的工作，包括基础设施建设、产业规划和城市群建设等。省直各部门要结合本部门的职责、本部门的工作，深入研究怎样服务长株潭试验区建设。要完善部门之间共推"两型社会"建设的联动机制，在制定政策、出台措施时主动沟通、相互支持，共同把试验区建设工作做细做实，真正做到一个项目一个项目的抓落实，一项工作一项工作的来推动，一个矛盾一个矛盾的来化解，不断推进长株潭"两型社会"试验区建设取得新的更大进展，迈上新的更高台阶，既为全省实现科学发展、加快富民强省做出更大贡献，也为全国加快转变发展方式、建设"两型社会"进行积极探索，做出湖南应有的贡献。

湖南省人民政府关于
《长株潭城市群"两型社会"建设综合
配套改革试验区环境保护体制机制
改革专项方案》的批复

湘政函〔2010〕113号

省环境保护厅：

省人民政府同意你厅制定的《长株潭城市群"两型社会"建设综合配套改革试验区环境保护体制机制改革专项方案》，请会同相关地方和部门认真组织实施。

附：长株潭城市群"两型社会"建设综合配套改革试验区环境保护体制机制改革专项方案

湖南省人民政府

2010 年 4 月 26 日

长株潭城市群"两型社会"建设综合配套改革
试验区环境保护体制机制改革专项方案

为做好长株潭城市群资源节约型和环境友好型社会建设综合配套改革试点，在重点领域和关键环节率先突破，形成"两型"社会建设的体制机制，促进经济社会发展与人口、资源环境相协调，打造长株潭城市群发展新模式，制定本方案。

一　指导思想

以邓小平理论和"三个代表"重要思想为指导，深入贯彻落实科学发展观，积极推进生态文明建设，根据资源节约型和环境友好型社会建设的要求，从长株潭城市群实际出发，坚持生产发展、生活富裕、生态良好的文明发展道路，用改革的办法解决发展中的资源环境问题，推进体制创新、机制创新、技术创新和管理创新，加快环境保护历史性转变，加快经济发展方式转变，力求速度和结构质量效益相统一、经济发展与人口资源环境相协调，实现长株潭城市群经济社会又好又快与可持续发展。

二 基本原则

坚持改革创新、先行先试；坚持全面统筹、协调发展；坚持统一规划、同步治理；坚持因地制宜、区域特色；坚持政府引导、市场推动。

三 改革目标

实现资源低消耗高利用、低污染高效益，减少自然资源系统进入社会经济系统的物质流强度、能量流通强度，实现社会经济发展所消耗的物质减量化；将生产和消费活动规制在生态环境承载力、环境容量限度内，通过对生产、流通、分配、消费全过程的有效监控，降低社会经济系统对生态环境系统的不利影响。

用三年左右时间，基本理顺长株潭城市群的环境管理、监察、监测管理体系，基本形成长株潭城市群环境优化、经济增长的体制机制框架，基本形成环境保护市场化机制框架，基本建立领导干部的环境资源问责制度，基本建立长株潭城市群环境同治协调机制，基本建立形成环境保护管理公众参与和社会监督机制框架。

到2020年，资源节约型和环境友好型社会建设的政策法规体系基本完善，监督管理体制高效运行，循环经济全面发展，自然资源得到有效保护和合理利用；产业结构和空间布局科学合理，经济社会发展步入节约、清洁、安全、持续的良性发展轨道，长株潭城市群环境友好型社会建设取得示范性成效。

四 主要任务

（一）创建一个体制：建立完善统一协调、高效负责的环境保护行政体制

目标：建立决策、执行、监督相协调，责、权、利相匹配的环境保护行政体制，实现长株潭城市群"生态同建、污染同治、执法统一"。

任务：用大环保的理念，理顺环境保护执法监督管理体系，建立完善责、权、利相统一的环境保护综合部门，减少部门之间行政摩擦、行政扯皮，解决环境保护执法多头，执法重叠的问题；以提高行政效率、降低行政成本为宗旨，构建省、市、县（区）

三级环境保护行政领导和执法监督体制，形成合力，减少区域之间利益摩擦、相互扯皮，解决执法标准不一、执法力度不一的问题。

（二）建立三大体系：建立先进的环境监测预警体系、完备的环境执法监督体系、完善的环境友好型社会法规政策和标准体系

1. 建立先进的环境监测预警体系

整合环保系统资源和社会资源，依托省、市、县三级环境监测站，建设环境质量监测、污染源监测、应急监测和核与辐射环境监测相统一，常规监测与自动在线监控相统一的功能监测机构，解决环境监测监控功能分散、数出多门、重复建设、资源共享度低等问题，实现"体制顺畅、数据准确、方法科学、管理规范、网络健全、传输及时、人员精干"的要求，做到全面反映生态环境质量状况和变化趋势，及时跟踪污染物排放的变化情况，准确预警和及时响应各类环境突发事件，满足长株潭城市群"两型社会"建设的需要。建立环境质量报告和发布制度，及时发布各类环境监测信息。

2. 建立完备的环境执法监督体系

突破环境执法障碍，强化执法效能，形成程序规范、监管有力的环境监察机制。完善排污申报登记制度，全面实施排污许可证制度，逐步实现依证监管、持证排污、按证交费。全面掌握危险化学品使用单位、一类污染物产生排放单位等可能突发环境风险的企业情况，建立"黑名单"。在环境监测机构健全环境监测网络，实现实时监控的基础上，建立统一领导、分级管理、功能全面、反应灵敏、运转高效的环境应急综合指挥系统。对违反环境影响评价和"三同时"制度的建设项目和超标排污企业，由环境保护行政主管部门责令停止建设或停产。把环境诚信记录纳入商业、外贸、金融机构等综合诚信体系之中，使企业的环境行为接受社会监督。

3. 探索建立环境友好型社会法规政策标准体系

在遵循国家法律法规基本原则的前提下，因地制宜，改革创新，围绕生产、流通、分配、消费经济发展全过程，在产业准入退出、污染治理、循环经济、生态补偿、环境标识、价格、税收、贸易、设备折旧、政府采购等方面，探索试验有利于环境友好型社会建设的地方法规、政策和标准，并在试验中总结、提高、完善。

（三）健全五大机制

1. 探索建立环境优化经济增长机制

以守住"四条底线"、加快经济结构由"三高一低"型向环境友好型转变为主线，促进经济又好又快发展。根据资源禀赋和环境容量，将国土划分为优化开发、重点开发、限制开发和禁止开发区，以此为依据制定区域产业发展规划，实施有区别的环境政策，优化产业布局。以环境承载力为依据，把主要污染物排放总量控制在环境容量以内，实行严格的环境准入和退出政策，规范"区域限批"、"企业限批"措施。禁止建设高能耗、高物耗、高污染的项目，限制现有"三高"产业外延扩张，鼓励发展资源能源消耗低、环境污染少的高效益产业，大力发展第三产业，实现增产不增污或增产减污。综合运用技术、经济、法律和必要的行政手段，做好污染企业的取缔、关停、淘汰、并转等退出工作，为发展腾出环境容量。大力发展循环经济，抓好循环经济企业和循环经济产业园的示范和推广，推动产业形成循环链条，完善再生资源回收利用和安全处置体系，促进生产方式转变。做大做强环保产业，大力发展环保制造业、环保服务业，建设环保产业大省，使环保产业成为我省新的经济增长点。发展低碳经济，大力推广核能、太阳能、生物质能、风能等低碳新能源，倡导低碳生活，开展低碳消费、低碳社区、低碳产业试点。

2. 建立和完善环境保护市场化机制

改变以往主要用行政手段保护环境，更多地运用经济手段、通过市场化机制解决环境问题。创新环境经济政策，开展湘江流域生态补偿、排污权交易和环境污染责任险试点。完善政府、企业和社会多元化的环境保护投融资机制，建立污染治理市场化运营机制，实现谁污染谁治理，谁排污谁付费，谁破坏谁恢复，谁受益谁补偿，谁治污谁得利，解决"违法成本低、守法成本高"的问题。制定鼓励政策和优惠政策，吸引国内外企业、金融机构和民间资本投入到环境保护事业中来。盘活现有环境基础设施和企业治污设施存量，以资本为纽带，培育环保设施建设与运营体系，培育一批守信用、懂技术、会管理的专业化污染治理服务企业，提高治理设施的利用效率运行质量，实现污染治理的市场化。发行湘江流域综合治理项目收益债券，创新投融资模式。建立和完善绿色采购制度，各级政府机关带头实行绿色采购，引导社会公众积极参与绿色采购。

3. 探索建立环境资源问责机制

发挥绩效考核的导向作用和推动作用，引导领导干部树立科学的发展观和正确的政绩观。将资源消耗强度和污染排放强度纳入发展评价体系，纳入领导班子、领导干部政绩考核的重要内容，健全评价考核指标体系。对资源环境主要指标实行目标管理，定期进行考核，公布考核结果。领导班子、领导干部实绩考核实行资源环境一票否决，对资源环境工作做出突出贡献的单位和个人给予表彰和奖励。建立资源环境问责制，对因决策失误造成重大资源浪费和环境事故、严重干扰正常资源环境执法的领导干部和公职人员，严肃追究责任。

4. 建立完善长株潭城市群环境同治协调机制

编制长株潭城市群环境同治规划，以湘江污染防治为中心，以重金属污染防治为重点，建立长株潭城市群环境同治机制。做到"五个统一协调"：制定统一协调的产业准入退出政策，把好新建项目环境准入关，做好技术落后、污染严重、浪费资源企业的取缔、关闭、淘汰等退出工作；制定统一协调的治污目标，突出湘江保护，重点抓好辖区内超标污染物、特征污染物、城镇生活污水和生活垃圾治理；制定统一协调的环境功能区划，以保护上下游饮用水源安全为最高标准，优化排污总量分配与组合，解决区域之间环境功能不衔接、不协调的问题；建立统一协调的环保联动机制，区域之间统一执法标准、执法程序和执法力度，共同遏制区域内污染转移和违法排污，实现环境政务公开和信息资源共享；建设统一协调的环保共享设施，不重复投资建设。

5. 建立完善公众参与和社会监督机制

建立公众参与环保的知情、表达、监督及诉讼机制。完善环境信息平台，及时发布环境政务信息，推进环境政务公开。稳步推进企业环境行为信息公开，鼓励和引导公众和社会团体有序地参与环境保护。建立完善环保决策听证制度、环保信访制度、公众参与环保监督机制和制度，建立完善公众参与环境保护影响评价有效性的评价体系。健全环保举报奖励制度，保障"12369"电话等举报渠道畅通。加强环境宣传和生态文化建设，提高全社会的资源环境保护意识，倡导绿色消费方式。

五　保障措施

（一）加强组织领导

省环境保护厅成立长株潭城市群"两型"社会建设综合配套改革试验区环境保护体制改革领导小组，全面负责改革试验工作。对改革的进展情况和改革中遇到的重大问题，领导小组及时向省人民政府、省长株潭城市群综合配套改革试验区领导协调委员会办公室报告。建立由环境保护部和省政府之间的部省合作机制，研究"两型"社会建设中环境保护重大问题，总结经验，指导改革试验工作。

（二）明确职责分工

改革方案由省环境保护厅牵头实施，省直相关部门、长株潭城市群各市人民政府共同参与，改革任务分解落实到相关部门、相关市，省市联动，各负其责。长株潭三市作为改革实验主体，相应制定具体的实施方案，负责组织实施。周边五个城市要围绕"两型"社会建设改革试验的主要内容，结合本地实际，选择重点领域和关键环节，主动改革，大胆试验，做好与长株潭的衔接互动。加大部门协调，形成改革合力，共同推进改革。建立考核制度，定期对改革任务完成情况进行考核。

（三）加大环保投入

完善环保投入机制，各级财政要把环境保护投入作为各级财政支出的重点内容，视财力状况逐年加大环保资金投入力度，建立环保投入的长效机制。积极争取国家对长株潭城市群"两型社会"建设环保工作的支持。推动形成全社会的多元化环保投入格局，拓宽环保投融资渠道，鼓励企业增加环保投入，积极引导外资和社会资金参加环保建设。

（四）加强法规政策保障

切实加强环境立法，制定《洞庭湖保护条例》，修订《湖南省湘江流域水污染防治条例》和《湖南省机动车排气污染防治办法》。根据改革方案出台湘江流域生态补偿、排污权交易等相关配套措施，统一试验区内产业准入退出政策、执法标准，逐步完善试验区污染物排放标准体系。

湖南省长株潭"两型社会"建设改革试验区领导协调委员会办公室关于印发《关于广泛开展"两型社会"建设示范单位创建活动的意见》的通知

湘两型综合〔2010〕27号

长沙市、株洲市、湘潭市、衡阳市、岳阳市、常德市、益阳市、娄底市人民政府,省直和中央在湘有关单位:

根据省主要领导指示,我办制定了《关于广泛开展"两型社会"建设示范单位创建活动的意见》,现印发,请认真组织实施。

湖南省长株潭"两型社会"建设

改革试验区领导协调委员会办公室

2010年6月3日

关于广泛开展"两型社会"建设示范单位创建活动的意见

为加快推进"两型社会"建设,在全社会推广普及"两型"理念,倡导"两型"的生产、生活和行为方式,现就在"3+5"城市群开展"两型社会"建设示范单位创建活动,提出如下意见。

一　深刻认识开展"两型"示范单位创建活动的重要意义

自长株潭城市群获批国家"两型社会"建设综合配套改革试验区以来,各市、各部门积极主动开展"两型社会"建设示范单位创建活动，推动"两型社会"建设进机关、进企业、进学校、进家庭，为试验区改革建设取得实质性进展发挥了十分重要的促进作用。

开展"两型社会"建设示范单位创建活动，构建"两型社会"建设标准体系，是建设"两型社会"试验区的基础性工作；是践行科学发展观，率先转变发展方式的重要举措；是形成政府推动、社会参与、全民行动的"两型社会"建设格局的重要载体；是营造节约资源、保护环境的浓厚氛围，促进全社会树立"两型"理念、执行"两型"规划、创新和推广运用"两型"技术、产品的有效形式。各地区、各单位和广大干部群众要充分认识开展"两型社会"建设示范单位创建活动的重要意义，积极投身建设"两型社会"的伟大实践，把省委、省政府关于推进长株潭城市群综合配套改革、建设"两型社会"、加快转变发展方式的要求和部署，变成创建"两型社会"建设示范单位的具体实践，共同打造长株潭城市群"两型社会"建设的生动局面。

二　明确开展"两型"示范单位创建活动的指导思想、目标和原则

指导思想：以邓小平理论和"三个代表"重要思想为指导，深入贯彻落实科学发展观，按照"两型社会"建设要求，以节能、节地、节水、节材、资源综合利用和保护生态环境为重点，以宣传教育、体制机制创新、标准规范、设施建设、技术进步为手段，通过各具特色的示范创建，带动全社会各个层面形成与"两型社会"建设要求相适应的思想观念、行为方式和长效机制，率先实现发展方式的转变。

目标：用1~2年时间，形成全民参与"两型"创建活动的氛围，各地区、各行业涌现一批"两型"示范创建单位，初步探索"两型"创建的基本经验和方法；用5年左右时间，全面推进"两型"示范单位创建，促进"3＋5"城市群"两型社会"建设水平登上一个大台阶，力争到2015年，形成一批示范作用较强的示范单位，形成相对成熟的"两型"示范创建模式、办法、标准和管理体系，有效促进发展方式转变，为全国"两型社会"建设提供有借鉴意义的现实范例。

原则：一是把解放思想作为创建活动的动力源泉；二是把树立"两型"理念，建立"两型"生产、生活、消费方式作为创建活动的主攻方向；三是把充分发挥各级各单位和广大干部群众的积极性和创造性作为重要的工作方法；四是把建立完善体制机制作为创建活动的核心内容。

三 重点落实开展"两型"示范单位创建活动的主要任务

（一）创建"两型"示范机关

把创建"两型"示范机关作为促进各机关带头树立"两型"理念、转变行为方式、转变工作作风的重要途径，全面提高科学决策力、行政执行力、社会公信力，全面提高推进和服务"两型社会"建设的能力和水平。

创建"两型"示范机关，要以改革创新精神、"两型社会"要求推进各项工作，突出简政放权，积极转变政府职能，探索创新机关工作流程、工作规则和行为规范，提高行政效能。要突出作风建设，依法执政、依法行政，以培植实干精神和狠抓各项工作落实为重点，增强执行力，着力提升机关服务"两型社会"建设的水平和质量。要突出文化建设，坚持以人为本，培养机关讲奉献、讲团结、讲纪律、讲廉洁的精神风貌。要突出"绿色办公"，加强财务和后勤管理，努力降低成本，建立节电、节水、节材等方面的制度，建设节约型机关。

（二）创建"两型"示范园区

把创建"两型"示范园区作为转变经济发展方式、强化"两型"产业支撑的重要载体，打造试验区经济发展的增长极。

创建"两型"示范园区，要突出产业集群发展，按照产业链延伸耦合的要求，科学规划，促进产业集聚和合理布局，积极发展高新技术产业和特色产业，建设基地型园区。要突出基础设施共建共享，积极倡导建设和使用多层标准型厂房，节约集约利用土地资源，提高投资强度，建设集约型园区。要突出自主创新，提高科研经费在生产支出中的比重，提高产品的技术含量，建设创新型园区。要突出发展循环经济、低碳经济，加快推进园区生态化再造，全面实行清洁生产，科学设定环境、能耗准入门槛，建设循环型园区。要突出环保设施建设，完善污染治理设施，加强对生产过程的污染控制、监督、管理，建设环境友好型园区。要突出对外开放，积极承接国内外产业转移，大力引进战略投资者，建设开放型园区。要突出体制机制创新，建立精简高效的园区管理机构和方便快捷的政务运作体制，建设效能型园区。

（三）创建"两型"示范企业

把创建"两型"示范企业作为加快结构调整、转变经济发展方式的重要环节，不断提高企业自主创新能力，提高企业节能减排降耗水平，强化企业社会责任感，努力夯实"两型社会"建设的产业基础。

创建"两型"示范企业，要突出节能减排降耗，积极淘汰落后工艺、设备和产品，节能、节水、节电、节材，减少资源浪费。要突出产品结构调整，提高技术含量、附加值水平，整体提高企业对地区经济社会发展的贡献度。要突出企业技术进步，加快企业信息化步伐，提高"高、精、尖"技术产品的市场份额，增强核心竞争力。要突出以人为本，注重提高员工素质，培育"两型"文化，注入"两型"生产经营，不断强化企业的社会责任感。

（四）创建"两型"示范学校

把创建"两型"示范学校作为宣传"两型"理念、树立"两型"意识、建设"两型"文化的摇篮，把各类学校建设成为"两型"知识、文化、理念的传播教育阵地。

创建"两型"示范学校，要突出树立"两型"理念，将节约环保贯穿于学校管理、教育教学全过程，提升师生个人素质，提高学校环境质量，提高学校品位。要突出基础教育阶段的"两型"教育，把节能环保作为中小学校的重要教学内容，列入课程计划，强化青少年"两型社会"建设思想观念、价值取向和与之相适应的行为方式。要突出教育与实践相结合，开展形式多样的"两型"主题实践活动和志愿者活动，挖掘学校"两型"教育的生长点，强化意识培养和行为方式训练。

（五）创建"两型"示范小城镇

把创建"两型"示范小城镇作为加快城镇化进程，提高城镇品位的重要途径，形成以点带面、全面推进的城镇发展格局，促进农村富余劳动力转移和农民增收。

创建"两型"示范小城镇，要突出规划引领，贯穿"主题鲜明、功能完善、品质高端、生态文化"的建设理念，体现时代特点、生态特点、文化内涵，坚持城镇建设与资源节约、环境保护相协调。要突出以城带乡，促进城镇基础设施和公共服务向农村延伸，促进城镇资源向农村转移，逐步形成以社会福利、便民便利和就业服务为重点的生活服务圈，成为吸引农民进城的集聚点。要突出特色兴镇，重点培育工业强镇、宜居小镇、宜游小镇、宜商小镇。要突出城镇管理现代化、社区化，建立科学管理长效机制，开展环境卫生、交通秩序、治安秩序等专项整治行动。

（六）创建"两型"示范村庄

把创建"两型"示范村庄作为社会主义新农村建设的重要组成部分，积极引导广大农村因地制宜、创新发展路径，改善人居环境，提高农民生活质量。

创建"两型"示范村庄，要突出发展现代农业，培育龙头企业，以工促农，加快发展农民专业合作组织，不断提升农业产业化水平，提高农业综合效益，加快农民致富步伐。要突出城乡一体化规划、建设，积极探索以城带乡的有效途径，加快推进农村土地综合整治，加强农村基础设施建设，发展农村教育、卫生、文化、体育等各项社会事业，提高农村社会保障和服务水平。要突出体制机制创新，推动农村土地承包经营权流转，深化林权改革，整合财政性支农资金，推进镇村同治。要突出农村环境保护，以农业面污染治理为重点，广泛开展农村环境综合治理，减少农药、化肥施用量，抓好秸秆等农业剩余物综合利用，推广户用沼气、太阳能等清洁能源应用。加大"三清五改"工作力度，推广清洁、文明、健康、环保的生活方式。要突出发挥农民主体作用，推进村民自治，促进村务公开和民主管理。

（七）创建"两型"示范社区

把创建"两型"示范社区作为加快基层组织建设、构建和谐社会的重要组成部分，积极引导广大城镇社区结合自身情况，探索社区管理的新模式、新路径。

创建"两型"社区，要突出社区基础设施建设，按照"两型"建设标准，建设生态和环保设施，植树造绿，优化社区环境。要突出社区功能建设，以人为本，服务居民，努力把社区建设成管理有序、服务完善、文明祥和的社会生活共同体。积极探索社区工作准入制度、社区民政助理员制度和"依托社区、购买服务"等方式，进一步理顺社区工作机制，建立社区单位、企业参与"两型"社区建设的考核、评估、表彰制度。要突出节能环保，坚持正面引导，有序有效推动以节能降耗环保为重点的主题活动，推进社区垃圾分类处理、太阳能热水器进家庭、建筑节能、建立废旧电池回收箱等，增强居民环保节能意识培养"两型"生活方式和行为习惯，提高幸福指数，促进人居和谐。

（八）创建"两型"示范家庭

把创建"两型"示范家庭作为树立"两型"理念，重塑文明健康生活方式的重要途径，积极引导以家庭为单位，从身边做起，从一点一滴的小事做起，做"两型社会"建设的先行者和受益者。

创建"两型"示范家庭，要突出"两型"家庭文化建设，在广大家庭成员中积极开展"两型社会"建设的宣传教育，增强节约资源和保护环境的责任感和紧迫感，提高资源节约和环境保护的能力。要突出推行"两型"的生活方式，积极开展"使用节水器具、实行一水多用，使用节能电器、清洁能源，使用无磷洗衣粉，使用菜篮子、布袋子，拒绝过度包装，实行垃圾分类"等活动。要突出倡导绿色文明消费方式，引导合理消费，反对盲目消费、过度消费，强化对绿色产品的认同，鼓励绿色装修，增强生态保护意识，打造"绿色庭院"，鼓励"绿色出行"。

（九）创建"两型"示范门店

把创建"两型"示范门店作为推广使用"两型"技术和产品、树立绿色消费理念、促进"两型"消费的重要载体，积极引导各类门店增强"两型"意识，建立"两型"经营方式，培育一批辐射范围大、竞争力强、富有特色的"两型社会"示范门店。

创建"两型"示范门店，要突出规范经营，积极推进工商监管、经营者自律、社会监督"三位一体"的长效监管体系建设，不以次充好，不掺杂使假，不经销"三无"商品和假冒伪劣商品，培育放心消费的环境。要突出"两型"的经营方式，门店装修提倡使用节能环保技术和产品，节电、节水、节材，保持整体门店美观、大方、整洁，为消费者提供秩序良好、服务优质、环境舒适的消费场所。要突出倡导绿色消费，鼓励经营符合"两型"要求的节能环保产品，使用符合环保要求的产品包装，减少一次性用品的使用。要突出文明服务，积极引导顾客进行绿色消费、理性消费，杜绝奢侈浪费。

（十）创建"两型"示范建筑

把创建"两型"示范建筑作为推广"两型"理念、技术、工艺、材料，促进节能环保的重要途径，积极引导各类建筑科学设计、"两型"建设、智能管理，充分展示建筑与人文、科技、生态环境的和谐统一。

创建"两型"示范建筑，要突出科学设计，注重"两型"文化理念的融入，合理规划住宅、道路、停车、公共绿地等项目用地，提高土地使用效率，采用科学、实用、新型的建筑体系，提高建筑容积率和建筑使用年限。要突出"两型"建设，积极推广建筑节能，减少噪音、粉尘，推广使用"两型"技术、工艺和产品，积极采用无公害的建筑材料，减少对环境的影响。积极采用中水回用技术、雨水收集系统，选用节水型洁具，提高水资源的循环利用；积极采用与建筑一体化的太阳能热水系统、照明系统、地热能系统、新风系统，提高可再生能源利用率；积极采用高效、环保、节能的空调系统，减少对大气臭氧层的破坏；积极采用垃圾分类处理和回收利用，提高资源的再生利用、减少污染。要突出智能管理，应用屋面绿化技术、智能系统控制技术，采用降噪、阻燃的建筑材料和室内装饰材料，创造健康、舒适、节约、智能的工作生活环境。

四 加强对"两型"示范单位创建活动的领导协调

（一）加强组织领导

省里成立相应机构，组织协调"两型"创建活动的各项工作。各市、省直各相关部门要加强对活动的组织领导，确保创建工作有序推进。各市、省直各相关部门开展"两型"示范单位创建活动的情况纳入年度绩效考评。

（二）明确工作责任

省两型办和省直各相关部门联合推进创建工作。省两型办负责面上的组织指导，负责"两型"创建示范单位的认定和奖励、推介。省直各相关部门负责相关"两型"示范创建工作的具体组织。其中，省直机关工委、省直机关事务管理局牵头负责试验区"两型"示范机关创建工作（包括省直机关、中央在湘单位）；省发改委牵头负责"两型"示范园区创建工作；省经信委、省国资委牵头负责"两型"示范企业创建工作（包括省属企业、中央在湘企业，其中省国资委负责所监管企业的"两型"示范创建工作）；省教育厅牵头负责"两型"示范学校创建工作；省住建厅牵头负责"两型"示范小城镇、"两型"示范建筑创建工作；省农办牵头负责"两型"示范村庄创建工作；省民政厅牵头负责"两型"示范社区创建工作；省妇联牵头负责"两型"示范家庭创建工作；省工商局牵头负责"两型"示范门店创建工作。鼓励在上述十大创建活动之外，开展其他类型创建活动。省直各相关部门要根据本意见，抓紧制订实施方案，总结形成创建标准、指标体系，启动各行业创建活动并加强组织、协调和指导。

（三）实行分级创建

各市政府负责在本市范围内组织开展"两型"示范创建活动，并向省直牵头部门推荐参加省级"两型"示范创建的单位。省直相关部门通过查阅申报材料、现场考察、网上公示等形式，提出省级"两型"示范创建候选单位，由省两型办统一组织认定和命名工作。

（四）开展评价鼓励

各市、省直各相关部门要加强对创建活动的综合考评。省两型办将适时组织对"两型"示范创建活动优秀组织单位和个人给予表彰奖励。省级"两型"示范单位实行动态管理，定期复核，不符合者撤销称号。

（五）加强舆论引导

各级各单位要广泛发动，引导广大干部群众深刻认识示范单位创建活动的重要意义，切实增强投身创建活动的自觉性。要加强典型的培育和推介，集中抓出创建成效，形成创建特色。加大宣传力度，广泛宣传开展创建活动的好经验、好做法，努力营造浓厚的创建氛围。

在中共湖南省委常委专题会议上的讲话

周　强

2010 年 6 月 8 日

今天的会议开得很好。刚才，守盛同志讲了四点意见，克保等省领导都做了很好的讲话。上午，七个部门的负责同志就转变经济发展方式作了专题汇报。这七个专题材料，是在分管副省长的直接带领下，经过广泛深入调查研究形成的，体现了我省到目前为止对转方式的认识水平，是一个阶段性的认识成果。今天会议的主题，就是加快经济发展方式转变、推进"两型社会"建设。确定这个主题，一方面，是为了深入贯彻落实科学发展观，贯彻落实党的十七大、中央省部级主要领导干部专题研讨班和胡锦涛总书记、温家宝总理、习近平副主席、李克强副总理等中央领导同志关于加快经济发展方式转变、推进"两型社会"建设的一系列重要指示精神和工作部署；另一方面，是为了总结改革开放以来，特别是这些年来我省改革发展的经验，在新的起点上进一步深化认识，结合湖南实际，发挥湖南优势，加快经济发展方式转变、推进"两型社会"建设，抢抓新一轮发展机遇，推动我省经济社会又好又快发展，争做科学发展的排头兵。

中央对转变经济发展方式一直十分重视。十五大报告提出经济增长方式的转变；十六大报告提出全面建设小康社会的奋斗目标，强调走出一条科技含量高、经济效益好、资源消耗低、环境污染少、人力资源优势得到充分发挥的新型工业化路子；十七大报告提出"五化"（工业化、信息化、城镇化、市场化、国际化），提出加快经济发展方式转变、建设"两型社会"。这些重要论述都是一脉相承的，都说明了建设"两型社会"是加快经济发展和加快经济发展方式转变的重要目标。我省贯彻落实中央精神，省八次党代会提出"三化"，省九次党代会提出"一化三基"。党中央、国务院批准我省长株潭试验区，主题就是"两型社会"，"两型社会"是试验区改革建设的目标。我们要在这些年发展的基础之上，继续推进"一化三基"，加快经济发展方式转变，推进"两型社会"建设。这是我省贯彻落实科学发展观，站在新的起点上，抢抓新的历史发展机遇，抢占新一轮发展制高点的重大措施。

当前我省发展面临着全球化深入推进的大背景，面临着全国加快经济发展方式转变、大力发展战略性新兴产业、推动传统产业改造升级的背景。在这样一个背景下，湖南的发展不可能关起门来，必须以世界眼光、战略思维来谋划、来推进。加快经济发展方式转变，推进"两型社会"建设，都要从具体事情做起，从具体项目抓起。我们经常讲洞庭湖区纸厂关停的例子，还有城镇污水处理设施建设三年行动计划，这都是节能减排的措施。三年行动计划，实事求是地回过头看，当时困难是很大的。2006 年我省城镇生活污水处理率为 18%，全国倒数第二。环保部讲了，按照这样一个水平，我省"十一五"时期根本不可能完成 COD 减排任务，将成为全国唯一一个完不成 COD 减排任务的省份。所以，当时我们分析这个形势，决定背水一战，借钱投资，投了 100 多个亿，当然中央财政也投入了巨大的资金。三年下来，效果很明显，前四年 COD 减排 5.2%，今年完全可能减排 4.8%，实现减排目标。刚才守盛同志也讲了，减排如果完不成任务，就会影响到"十二五"中央对我省项目的审批，影响我省"十二五"的发展。更重要的是行动计划带动了巨大投资，去年我们污水处理厂建设全国第一。"两型社会"建设需要投资，节能减排需要投资，关键是钱往哪里投，不是往"两高"项目投，而是往资源节约型、环境友好型项目投。还有，城镇化建设是调结构、转方式的重要环节。城镇化对投资的拉动，对消费的拉动，都是极其巨大的。湖南推进城镇化的潜力巨大，面临着历史性机遇，要进一步加大力度。总的看，加快转变经济发展方式、推进"两型社会"建设是经济领域的一场深刻变革，既是当前湖南经济社会发展的紧迫任务，更是提升湖南长远竞争力的关键所在。我赞成很多同志讲的，我们这些年的发展，特别是扩大投资，关键是抓住了冰灾之后的机遇，抓住了应对国际金融危机扩内需的机遇。当前转变经济发展方式，对我们又是重大的历史机遇，当然也是很大的挑战，对我们重化工业比重比较高的产业结构来讲是一个挑战。但反过来讲，我们勇敢面对这个挑战，抓住这个机遇，对湖南未来的发展、未来竞争力的提升将会是一个巨大的推动。所以，我们以加快经济发展方式转变、推进"两型社会"建设来促进发展，是真正体现科学发展观要求的发展，是实现速度、质量和效益相统一的发展，是又好又快、更好更快的发展。

这次座谈会上，大家都讲了很好的意见。这是一次高层次的研讨，一个集思广益、民主决策的环节。这次会议后，我们还要进一步听取意见，尽快形成省委、省政府加快经济发展方式转变、推进"两型社会"建设的决定。借这个机会，我强调四点意见。

一　关于这次座谈会

这次座谈会，主题集中，讨论深入，很有收获。我看有三个特点：一是准备充分。

前段时间，七位副省长牵头，组织相关部门，围绕我省转变经济发展方式的重大问题，开展了认真深入的调研，形成了七大专题调研材料。七位副省长带着调研组下了很大的功夫。守盛同志和其他几位省领导都做了充分的准备，讲得很好。二是内容全面。大家的发言，涉及经济结构战略性调整、工业经济结构调整、提高自主创新能力、转变农业发展方式、提高城镇化建设水平、加强环境保护和生态建设、加快转变外贸发展方式、加快"两型社会"建设等内容，基本涵盖了转变经济发展方式的各个方面，抓住了重点。三是思考深入。大家的发言，总结成绩实事求是，尤其是对湖南经济发展的现状、面临的挑战、资源环境的制约、结构性的矛盾，分析得十分透彻。我们分析这些问题，是为了更好地重视和解决这些问题，更好地前进，更好地实现又好又快发展。应该说，通过座谈会，大家进一步认清了形势，提高了认识，增强了紧迫感，明确了思路和重点。刚才有的领导同志讲得非常好，转变经济发展方式既是着眼当前又是着眼长远，既是发达地区的任务又是欠发达地区的任务，我们转方式既是应对当前国际金融危机的重大举措，也是后金融危机时代推动湖南又好又快发展的重大举措，这些观点都很好。会后，请省委办公厅、省政府办公厅将大家的发言和七个专题调研材料，汇编成册，很好地利用这次专题调研成果。请省委政策研究室将大家的意见吸收到省委、省政府加快经济发展方式转变、推进"两型社会"建设的决定中。

二 近年来我省转变经济发展方式取得了明显成效

近些年，特别是省九次党代会以来，我省认真贯彻落实科学发展观，大力推进"一化三基"战略，对转变经济发展方式、推动又好又快发展进行了认真有益的探索。一是大力实施新型工业化战略，加快传统产业技术改造、培育壮大高技术产业、积极发展生产性服务业，促进工业化与信息化的融合，以新型工业化带动新型城镇化与农业现代化。我省的传统支柱产业，经过改造提升，进一步做大做强。比如"两烟"，目前湖南中烟公司已经是全国第二，单个纳税企业全国第一，去年销售收入达442亿元，税利360亿元，未来五年销售收入将达到1900亿元。前段时间，省政府常务会议就专门研究怎么支持"两烟"问题。还有浏阳烟花，这些年提升非常快。由此可见，传统优势产业非常重要。我们加快转方式，与改造提升传统产业、发展传统产业，是完全一致的，就是要实现速度、质量、效益的统一。二是坚持创新驱动，推进自主创新。实施重大科技专项，健全创新体系，建设创新型湖南。三是突出"两型社会"建设，开展长株潭城市群"两型社会"试点，发展"两型产业"，推进节能减排，实施湘江流域水污染综合整治和全省城镇污水处理设施建设三年行动计划，全面加强生态建设。四是注重统筹协调发展，促进长株潭"3＋5"城市群优先发展，加快湘南开放开发、湘西地区开发，推进城乡公共服务均等化，促进城乡一体化发展。五是坚持以人为本、民生为先，着力保障和改善民生，推进教育强省、文化强省建设，大力发展社会事业。特别是在应对国际金融危机过程中，坚持创造性地贯彻落实党中央、国务院的一系列决策部署，既着眼当前渡难关，又谋划长远增后劲，把保增长与扩内需、调结构、促就业、强基础结合起来，大力推动科学发展上水平。去年底省委经济工作会议和今年全省"两会"，我们又提出"转方式、调结构、抓改革、强基础、惠民生，实现又好又快发展"的总要求。这些战略措施的实施，在实践中产生了很好的效果，全省呈现出发展速度加快，发展质量提升，经济结构优化，经济效益改善，发展的科学性、协调性、可持续性明显增强的良好势头，转变经济发展方式取得了初步成效。加快经济发展方式转变，要坚持省九次党代会以来形成的经过实践证明行之有效的思路和措施，也就是坚持"一化三基"战略，进一步加大推进力度，力争取得更大成效。

三　我省加快经济发展方式转变十分紧迫、更为重要

我省推进经济发展方式转变取得的成效还是初步的，离科学发展的要求还有较大差距。加快经济发展方式转变刻不容缓、任务繁重。刚才，大家在发言中，对影响和制约我省又好又快发展的很多问题都有深入分析。比如，我省产业结构不优，规模还不够大，严重影响经济总量的扩大与质量的提升。三次产业中，一产业比重偏高，二产业比重仍然偏低，三产业发展还不够快；产业内部结构不合理，低技术含量、低附加值的产品多，高加工度、高附加值的产品少；工业规模化和集中度偏低，散、小、差现象依然普遍。比如，我省自主创新能力、产业竞争力有待进一步加强。技术进步对经济增长的贡献率不高，全省研究与试验发展经费投入不足，很多产业缺少核心技术和自主知识产权。比如，资源环境压力持续增大，发展难以持续的问题日益突出。我省资源禀赋不足，人均资源占有量较低，资源利用率不高，结构性与历史积累的污染交织在一起，治理难度大。还有发展不平衡、不协调，收入差距扩大，民生问题突出，既影响经济发展又影响社会稳定。这些问题，都要通过转变经济发展方式，通过科学发展、建设"两型社会"来解决。

四　加快经济发展方式转变，推进"两型社会"建设

这些年来，我们结合湖南实际，着力加强"两型社会"建设，长株潭城市群于2007年12月正式获批国家"两型社会"建设综合配套改革试验区，我们在试验区建设

上已经迈出了实质性的步伐。全面贯彻落实科学发展观，深入学习把握中央关于转变经济发展方式的精神，认真总结我省转方式的工作实践，特别是结合我省省情和发展阶段性特征，我们可以得出一个基本结论：转变经济发展方式与建设"两型社会"在本质要求、精神实质上是一致的，建设"两型社会"，实质上就是发展方式的转变。转变经济发展方式是建设"两型社会"的必然要求和必由之路，"两型社会"是转变经济发展方式的方向和目标，两者有机统一于科学发展之中。

立足于湖南省情和发展的阶段性特征，立足于发挥我省的比较优势和现实基础，我们要以建设"两型社会"作为我省加快经济发展方式转变的方向和目标，以发展方式的转变推进"两型社会"建设，以"两新"促"两型"，以"四化"带"两型"。"两新"促"两型"，就是以新型工业化、新型城镇化促进"两型社会"建设。"四化"带"两型"，就是通过推进新型工业化、新型城镇化、农业现代化、信息化，带动"两型社会"建设。加快推进"四化"，对湖南很重要。新型工业化、新型城镇化我们这几年一直在推进，需要继续加大力度。在年初的中央省部级主要领导干部专题研讨班上，李克强副总理反复强调，城镇化是未来影响中国、影响世界的一个重大课题、一个重大机遇。农业是湖南的优势，推进农业现代化是加快我省经济发展方式转变的重大任务，也是湖南最大的特点。信息化是当今世界经济社会发展的大趋势。我们正处在信息化加速发展的时代，信息化水平已成为衡量一个国家和地区综合实力、经济竞争力和现代化程度的重要指标。我们要缩小同东部的差距，改造提升传统产业，转变经济发展方式，建设"两型社会"，必须着力抓好信息化。十七大报告提出"五化"，从湖南的情况来讲，市场化主要是推进改革，通过改革来进一步推动市场化进程。国际化主要是扩大开放，通过扩大开放来推动国际化进程。我省经济外贸依存度不到8%，必须进一步扩大对外开放，提高外向度。

推进"两型社会"建设，我省生态良好，有优势、有基础；长株潭试验区是国家级试验区，有牌子、有影响，这是重大的机遇，现在大家的认识都高度一致；试验区建设取得了实质进展，有实践、有经验。我们已经赢得了先机，站在了一个新的"制高点"上，但也面临许多新的挑战。同时我们也要看到，当前区域之间的竞争异常激烈。湖南的发展，必须立足于国内、国际竞争激烈这样一个现实，立足我们的现实基础，找准我们的制高点，发挥我们的比较优势，增强紧迫感和责任感，抢抓机遇，用好长株潭"3＋5"城市群"两型社会"综合配套改革试验区的机遇，走出一条有湖南特色的路子。

加快经济发展方式转变，推进"两型社会"建设，在总体要求上要重点把握以下几点：

一是坚持"两型"引领。以建设资源节约型、环境友好型社会为目标、方向，引导生产力布局、经济结构、体制机制、基础设施、社会结构、生态环境等方面的深刻变革，促进经济发展方式转变，走生产发展、生活富裕、生态良好的文明发展道路，实现经济社会可持续发展。

二是坚持"两新"主导。以推进新型工业化、新型城镇化为主导战略，以"两新"促"两型"，"四化"带"两型"，加快形成"两型"产业体系、技术体系和城镇化格局，把资源节约、环境友好落实到新型工业化和新型城镇化上，走出一条有别于传统模式的工业化、城镇化新路。

三是坚持创新驱动。坚定不移地走创新型湖南发展路子，把增强自主创新能力作为加快经济发展方式转变和"两型社会"建设的中心环节，大力推进科技进步和体制机制创新，大力实施人才强省战略，加快科技成果向现实生产力转化，加快培养创新型人才，全面提升劳动者素质，提高资源利用效率，消除阻碍经济发展方式转变和制约"两型社会"建设的体制机制障碍，增强促进转方式的动力和活力。

四是坚持人本发展。坚持发展依靠人民、发展为了人民、发展成果由人民共享，尊重人民主体地位，发挥人民首创精神，重视人民福祉，着力保障和改善民生，大力发展社会事业，扩大公共服务，完善社会管理，维护社会公平正义，促进人的全面发展，让人民群众劳动得更加体面，生活得更有尊严。

五是坚持在发展中转变，以转变促发展。立足湖南阶段性特征，以新型工业化推动结构调整，加快传统产业改造升级，促进信息化与工业化融合，推动军民融合式发展，大力发展战略性新兴产业和现代服务业。进一步扩大开放，加快产业国际化步伐，提升湖南对外开放度，提高湖南核心竞争力和长远竞争力。

当前和今后一个时期加快经济发展方式转变，推进"两型社会"建设，要认真研究和解决十个方面的问题。

（一）加快长株潭"两型社会"试验区改革建设，使之成为全省转变经济发展方式的示范区、引领区

长株潭试验区既是金字招牌，也是我们的一份重大责任。要把加快试验区建设作为全省转变经济发展方式、建设"两型社会"的重要抓手，作为全省经济社会发展的强大引擎，务必在"加快"上下功夫、在"率先"上见成效，充分利用好先行先试政策，大胆试验，率先突破，为全省、全国探索新路子、积累新经验。

（二）加快推进新型工业化，构建具有湖南特色的现代产业体系

要大力发展战略性新兴产业，加快改造提升传统产业，承接沿海产业转移，大力发展生产性服务业，加强园区建设，尤其是要培植壮大龙头产业。一个地区、一个国家发

展的竞争力，往往体现在具有竞争力的大企业上。我们这些年发展一个很重要的经验，就是有一批企业快速发展，像中联重科、三一重工、华菱集团、五矿湖南有色以及岳阳巴陵石化和长岭炼化、株洲电力机车和南车时代等企业，极大地提升了湖南的经济竞争力，对推动我省新型工业化、"两型社会"建设，实现经济又好又快发展，发挥了巨大的作用。对一些战略性新兴产业，如新能源、电动汽车、电子商务、风力发电等，一定要抢抓机遇，加快发展，尽快做大。机遇稍纵即逝，过了这一两年机遇就没了。大家一定要有忧患意识，有紧迫感。

（三）大力推进新型城镇化，以新型城镇化促进城乡区域协调发展

这是一个大课题，要进一步做专门研究。"十二五"期间，我们要从湖南实际出发，进一步研究政策，加快推进城镇化步伐。要着力抓好大城市、中心城市、城市群，尤其是县城、边界城镇、中心镇的建设，加大统筹城乡发展力度，促进城乡区域协调发展。

（四）加快发展现代农业，促进农业发展方式转变

要发展高效农业，推进农业产业化，培植农业产业化的龙头企业。进一步加强粮食生产能力建设，加强农业基础设施建设，推进新农村建设。目前环保部正在开展农村环境整治工程，这也是我们"两型社会"建设的重要内容。我们要抓住这个机遇，加强农村环境整治，大力发展"两型"农业。

（五）着力扩大有效需求，努力形成投资、消费、出口协调拉动格局

进一步发挥投资对经济增长、经济发展方式转变和建设"两型社会"的支撑作用，通过优化投资结构来改善产业结构，培育新的经济增长点，推进"两型社会"建设。在扩大有效投资的同时，要高度重视扩大消费和出口需求。要把扩大消费和促进消费方式转变结合起来，正确引导消费结构升级，倡导适度消费、文明消费，反对铺张消费、奢侈消费，养成合理消费、绿色消费习惯，推动形成有利于节约能源资源和保护生态环境的健康文明消费模式。

（六）大力推进自主创新，增强转变经济发展方式和建设"两型社会"的科技支撑能力

要大力推进科技创新，提高企业自主创新能力，加强产学研紧密结合，加快科技成果的转化。大力实施人才强省战略，加快培养和引进一大批高技能创新人才、创新团队和知识型企业家队伍。

（七）加强生态文明建设，打造"绿色湖南"

生态优美是湖南最大的优势、最大的竞争力、最大的吸引力。我们这一代人，既要承担起发展的责任，又要保护好湖南的绿水青山，给我们的后代留下可持续发展的环境。随着"一化三基"的推进、基础设施的改善，湖南的生态环境越来越吸引国内外的投资者。我们一方面抓发展方式转变，一方面抓生态文明建设，将会有效促进我省的可持续发展。要大力加强节能减排工作，认真抓好环境整治。要总结洞庭湖治理的经验，采取有效措施深入推进湘江重金属污染治理。

（八）着力改善民生和发展社会事业，推动经济社会协调发展

要随着经济的发展，不断提高城乡居民收入水平，改善人民生活。同时要通过经济发展方式的转变和"两型社会"建设推动社会建设和社会结构的转变，形成一个"橄榄型"的社会结构，也就是全面小康生活的人占大多数，富人是少数，贫困的人是少数。这是我们所追求的，也是一个重大的课题。要千方百计扩大就业，建立低收入居民生活补贴与低收入居民基本生活费用价格指数的联动机制，切实解决好民生突出问题。要加快教育强省、文化强省和社会保障体系建设，满足人民群众日益增长的公共服务和公共产品需求。

（九）深入推进改革开放，形成有利于加快经济发展方式转变和"两型社会"建设的体制机制

要扎实推进系列改革，尤其是要抓好省直管县财政体制改革、林权制度改革等重大改革。要改革干部评价考核体系，坚持正确的政绩观，完善绩效考评机制。要进一步扩大开放，加强与央企对接，加强与中央部委共建，加强与兄弟省市共建，加强与泛珠三角、长三角和中部地区等区域合作。积极推动走出去、引进来，欢迎全球的投资者、全国的投资者到湖南来投资。

（十）全面推进依法治省，为经济发展方式转变和"两型社会"建设提供法治保障

人大要加强地方立法工作，加强执法监督检查。各级行政机关要坚持依法行政，司法机关要坚持公正司法。要适应新形势、新情况，不断探索完善矛盾纠纷排查调解机制，推进社会管理创新，推进社会生活、经济生活、行政管理的法治化。

最后，我还要着重强调，全省上下要保持目前好的发展势头。转变经济发展方式一定要有紧迫感和责任感，要在"加快"上下功夫，在"转变"上见成效。经济发展方

式转变慢不得、等不起，不容彷徨，不容观望，机遇稍纵即逝。比如转方式、调结构、自主创新、改造提升传统产业、发展新兴产业，中央都有很多政策工具在起作用，包括资金、信贷。全省上下要像在应对国际金融危机中抢抓中央扩内需的机遇一样，抢抓当前转方式、调结构的重大历史性机遇，以只争朝夕的紧迫感，发扬改革创新和"敢为人先"的精神，迎难而上，奋发有为，加快转变经济发展方式，着力推进"两型社会"建设，为加快富民强省、推动经济社会又好又快发展做出新的贡献。

在中共湖南省委常委专题会议上的讲话

徐守盛

2010 年 6 月 8 日

刚才，大家就如何加快推进湖南转方式、调结构，谈了很好的意见，听后深受启发。下面，谈些认识。

到湖南工作后的这几天，我到湘潭九华示范区吉利汽车生产基地、全创科技有限公司以及湘电集团、湘钢等公司考察调研，上门看望了我省几位老同志，到省人大、省政协、省军区、国防科大简短座谈，听取了省政府办公厅、省政府研究室、省发改委、省国土资源厅、省政府法制办等部门领导的简要汇报。结合所看的一些资料，以及对我省情况的一些初步了解，从加快我省转方式调结构来看，有四点比较深刻的感受。

一是湖南加快转方式调结构的条件具备、潜力很大。中央关于转方式调结构的要求，完全符合湖南实际，湖南的经济发展自身也具有转方式调结构的内在需要。省九次党代会以来，我省进入发展的快车道，经济总量迈入万亿元俱乐部，三次产业不断优化，钢铁、有色、工程机械、生物医药等重点支柱产业规模扩大、市场份额提高，特别是广大人民群众从改革发展中得到实惠，生活质量和水平上升。这使得我们转方式调结构的回旋余地增大，各方面的承受能力也大大增强。在这样的发展阶段，我们在转方式调结构方面先行一步、快进一步，就有可能谋得未来发展的更大主动权，促进湖南经济社会发展迈上更高台阶。

二是湖南转方式调结构的时机十分紧迫、任务艰巨。我省面临加快发展和转方式调结构的"两难选择"，一方面要保持快速发展，另一方面，节能减排的压力很大，转方式调结构的担子很重，必须在加快发展的过程实现科学发展、结构优化。从内部看，湖南正处于加快发展的历史阶段，工业、农业、第三产业都在加速发展，人民群众对生存、生活环境品质的改善，以及对我们工作的要求更高，期望值更大。我们既要加快发展，不断做大总量、做大规模，为转方式调结构拓展更大的空间，又要更加重视提高发展的质量和效益，使结构更优、效益更大、环境更好、人民群众得到更多实惠。这需要我们慎重对待这个"两难选择",创新发展思路,实现二者的统一,特别是必须谨慎看待传统产业的发展。产业发展有其自身规律,传统产业退出市场还言之过早。一定要明确,有市场、有效益的产业,人民群众能从中得实惠的产业,都是我们要发展的产业,要做好方方面面的工作,加快技术改造、促进产业升级,使之得到更好的发展。从外部看,全国都在加快转方式调结构的步伐,特别是沿海地区经过国际金融危机的洗礼,运用市场手段,借力发力,已先行一步。沿海省份起点高,无论是经济总量、财政实力,还是产业发展规模、层次、水平都占据优势,与国际市场高度接轨,对外部市场反应灵敏。相较而言,我省转方式调结构显得尤为迫切,任务尤为繁重,必须迅速行动,务求实效。

三是湖南人民转方式调结构的决心很大、寄予厚望。我省转方式调结构的内在动力很强,人民群众对我们充满信心。这几天,我所看到的、接触到的干部群众、企业家、产业工人等,精神状态很好,干劲很足,都高度评价我省九次党代会以来取得的巨大发展成绩,非常看好我省未来的经济社会发展。譬如,湘电集团就对通过增强自主创新能力、占领更大市场充满信心,企业的成长性也很好。我们就是要抓住当前这个心齐气顺的大好时机,逐个分析和破解发展中遇到的困难和问题,乘势而上,力争在转方式调结构的新一轮竞争中,不掉队、不落伍。

四是湖南转方式调结构重在改革开放、创新体制机制和求真务实。转方式调结构必须依靠改革创新、求真务实的双重驱动,以改革创新精神和实实在在的行动着力推进。三十多年的改革开放经验表明,思想解放的程度,直接决定经济社会发展程度;改革开放的深度和广度,直接决定我们转方式调结构的成效。我省改革开放有优势、有条件,要进一步发挥长株潭"两型社会"综合配套改革试验区的重要平台作用,利用好"泛珠"、中部论坛等区域经济合作载体,广泛吸引资源和生产要素服务我省转方式调结构。与此同时,我们要脚踏实地,把想到的、做到的,以更有力的举措在面上推行,以求真务实的工作作风,保障转方式调结构的进行。

根据以上初步认识,我考虑,当前我省转方式调结构,要特别注意四个方面。

一要保持一定的投资规模和速度。今年我省投资在去年高位基础上有所回调。1～4月,全省完成全社会固定资产投资1838.97亿元,增长24.3%,增速比1～3月回落4个百分点,比去年同期回落18.4个百分点。其中,城镇投资1664.26亿元,增长25.5%,增速比1～3月回落8.6个百分点,比去年同期回落13.9个百分点。经国家统计局核定,在全国排位由去年底的第4位下滑到第25位,低于全国平均速度5.5个百分点。我省经济外向度不高,消费拉动力还有待进一步增强,说到底,仍然是投资拉动型经济,必须保持合理的投资速度、规模和力度。我省经济总量,自2006年以来保持12%以上的增长速度,也正是得益于保持一定的投资强度。2006～2009年,我省全社会固定资产投资年均增长 31.6%，2009 年投资对经济增长的贡献率达 64.7%。

扩大有效投资，是我省实现又好又快发展的基础，没有投资就没有发展，没有投资就没有人民群众生活的改善。抓住了投资就抓住了我省发展的关键。必须把扩大投资与转方式调结构有机结合起来，充分发挥投资在转方式调结构中的引导、促进、保障作用，以投资结构的调整促进经济结构调整、带动发展方式转变。

一是高度关注宏观经济形势。要密切跟踪、准确领会、认真贯彻国家调控政策，加强投资运行监测分析，相关部门尽量把工作做在前头，增强工作预见性、针对性和主动性，尽快扭转投资增幅下滑态势，完成全年投资目标任务。同时要加强与国家部委沟通衔接，积极争取国家理解和支持，确保我省新增中央投资不低于去年水平。

二是拓宽融资渠道。认真贯彻落实 5 月 13 日国务院发布的鼓励民间投资文件精神，尽快出台我省实施意见，激发民间投资的积极性。要充分发挥财政性资金的引导作用，积极促进银企银政合作，确保银行新增贷款维持合理水平。要不断扩大招商引资，加大内引外联的工作力度，广泛吸引世界范围内的资金、要素服务我省转方式调结构。

三是优化投资结构。着力加大对战略性新兴产业、自主创新、中小企业、农业农村、民生事业、贫困地区等领域的投资力度。四是强化项目保障。没有项目作为载体，一切无从谈起。切实抓好重点项目和重点工程建设，做到重点项目重点抓、重点项目重点管、重点项目重点保障，做好项目协调服务，尽快形成工作量。认真抓好项目前期工作，有序、高效做好项目报批，依法　保护征地拆迁户的利益，着力优化施工环境，确保工程质量和安全。

二要狠抓重点产业、行业的节能减排。没有青山绿水，金山银山又有什么用。这是"皮之不存，毛将焉附"的问题。节能减排是硬指标、硬任务，必须完成。我省重化工业比重大，工业结构"重型化"特征比较明显，控制高能耗、高污染、高排放产业的发展，就是转方式调结构的实际行动。目前，全省能源消耗总量已突破 1 亿吨标煤，工业能耗占全社会消费总量的 70.3%，其中重工业耗能占全部工业耗能的 90.6%，占全社会的 63.7%。今年一季度，全省万元 GDP 能耗同比上升 1.33%。有色、建材、造纸、石化行业用电量分别增长 70.4%、26.9%、58%、22.9%。这表明，我省工业结构"重型化"问题，既影响节能减排目标任务的完成，又是我省转方式调结构的主要战场。

要充分利用转方式调结构形成的倒逼机制，进一步加大节能减排工作力度，确保全面完成"十一五"节能降耗目标任务。主要是"四抓"：一抓技术支撑，大力推动自主创新，加快采用先进适用技术、设备、工艺和高新技术，推进产业结构的升级，降低全社会能耗水平。二抓重点项目，严控高污染、高能耗、高排放行业盲目扩张，加大落后产能淘汰力度，推进 224 个工业污染减排项目的实施。三抓循环经济，推进矿产资源、固体废弃物资源综合利用以及再生资源、水资源的循环利用，推进煤矿瓦斯的综合治理和利用，严格水资源管理，全面推行清洁生产。四抓健全体制机制，灵活运用市场、行政、法律手段，建立完善推进节能减排的价格及补偿机制、责任追究机制等。

三要促进房地产业健康发展。房地产业是一个关联度极高的行业，与上下游60多个行业密切相关，是不可置疑的"支柱产业"。这一点，对中部地区尤其是经济处于加速发展的地区尤为重要。自去年底以来，国家出台了一系列抑制房价过快上涨势头的政策措施，主要是针对部分城市特别是一线城市房价上涨过快，并不是否认房地产业的支柱作用。从我省来看，2009年全省GDP居全国第十位，城镇人均可支配收入居全国13位，而房价只排在全国第22位，应该说，房价还在合理的区间，有利于我们吸引更多的大集团、大企业来湘，有利于发展总部经济，拓展更大发展空间。总体来看，全省住房需求以城市化推进带来的刚性需求和城市居民的改善型需求为主，基本上没有出现过度炒作的问题。

在转方式调结构中，我们必须高度重视房地产业健康发展，要切实贯彻落实国务院关于促进房地产市场健康发展的政策措施。一定要明确政府主要是保障低收入群体、社保群体、工薪阶层的基本住房需求，对高收入群体的特殊住房需求，应由市场解决。一是加快保障性住房建设，推进国有工矿和城市棚户区改造，满足低收入家庭的基本住房需求。二是切实加强房地产市场调控，科学合理地制定城乡规划，增加普通商品住宅用地的供应，改善土地招拍挂方式，抑制地价非理性上涨；执行差别化的利率和税收政策，抑制投资投机需求，遏制投机炒作。三是不断强化市场监管，严厉打击房地产市场各种违法违规行为。四是把发展房地产业与新型城镇化紧密结合起来，科学布局居住、购物、休闲等功能，促进城市特色、城市景观、城市功能的有机统一。

四要高度重视提高农业的比较效益。近年来，我省农业产业化进程不断加快，农业农村发展取得显著成就。但受农资价格上升（如种子上涨9.4%，农用机油上涨16.9%）、农产品价格下降（如生猪下降10.2%，猪肉下降9.7%）等因素影响，农业生产比较效益不断下降，不仅使农民增收的压力加大（今年一季度，农民一产业的现金收入同比下降4.3%），也给我们带来不小的压力。

农业是立国之本，只能加强，不能削弱。要从转变农业发展方式，调整农业种养结构入手，加快发展现代农业，提高农业的比较效益。一是加大农业结构调整力度。主要是种植结构、养殖结构、内部产业结构。种植方面，要确保守住粮食总产570亿斤左右和基本农田4900万亩左右这两条"底线"，扶持特色农业发展，将特色优势转化为产业优势、经济优势；养殖方面，要巩固生猪大省的地位，利用粤港澳鲜活农产品供应基地的优势，发展特种养殖和精深加工，提高附加值；产业结构方面，要与新型工业化、现代服务业紧密对接，抓深加工和多层次增值，抓创品牌和上规模，提高农产品的产出率、优质率、加工转化率和市场占有率，加快发展生态休闲农业，打造各具特色的生态休闲农业品牌。二是加强农业基础设施建设和改善农业装备、技术条件。三是加大推进农业规模化、集约化经营的力度，积极稳妥推进农村土地流转，实现农业发展方式从传统农业的小规模、粗放经营向适度规模和集约化经营转变。四是加快发展劳务经济，根据转移就业需求层次变化，加大专业劳务人才的培养力度，提高农民转产转岗能力；创造条件支持农民工返乡创业，为现代农业发展注入新的活力。

同志们，加快经济发展方式转变，是深入贯彻落实科学发展观的重要目标和战略举措。我们要充分发挥比较优势，更新发展观念，提高发展质量，真正在"加快"上下功夫，在"转变"上动真格，在"发展"上见成效，促进我省经济又好又快发展。

湖南省长株潭"两型社会"建设改革试验区领导协调委员会办公室关于发布长株潭城市群改革试验区"两型社会"建设"两型"产业分类、"两型"企业等六个试行标准的通知

湘两型改革〔2010〕30 号

长沙、株洲、湘潭、衡阳、岳阳、常德、益阳、娄底市两型办（发改委）及五区十八片管委会：

建立科学的标准体系，以标准规范、保障和促进资源节约和环境友好，是实现"两型"社会建设标准化、规范化和科学化的现实途径和有效抓手，有利于在制度和机制层面确保长株潭试验区"两型"社会建设高起点、大手笔、全方位推进。为此，我办组织专门力量，拟定了"两型"产业分类、"两型"企业、"两型"园区、"两型"县、"两型"镇、"两型"农村等 6 个标准。根据省领导的指示，拟先在试验区发布试行，待条件成熟再通过相关程序正式纳入湖南省地方标准，力争在全国率先形成示范效应。

现将《"两型"产业分类标准（试行）》《"两型"企业建设标准（试行）》《"两型"园区建设标准（试行）》《"两型"县建设标准（试行）》《"两型"镇建设标准（试行）》《"两型"农村标准（试行）》等 6 个文件印发给你们，请遵照试行。试行中出现的问题以及你们的意见和建议请及时反馈给我们。

附件：

1. "两型"产业分类标准（试行）

2. "两型"企业建设标准（试行）

3. "两型"园区建设标准（试行）

4. "两型"县建设标准（试行）

5. "两型"镇建设标准（试行）

6. "两型"农村标准（试行）

2010 年 7 月 21 日

附件

"两型"产业分类、"两型"企业建设等六个标准（试行）①

一 "两型"产业分类标准（试行）

表 1 产业"两型化"发展评价指标

一级指标	序号	二级指标	计量单位	方向性	权重
资源节约	1	单位 GDP 能耗	吨标准煤/万元	逆指标	
	2	单位工业增加值用水量	立方米/万元	逆指标	
	3	工业用地效率	万元/公顷	正指标	
	4	工业固体废弃物综合利用率	%	正指标	
环境友好	5	单位工业增加值二氧化硫排放量	吨/亿元	逆指标	
	6	单位工业增加值化学需氧量排放量	吨/亿元	逆指标	
	7	单位工业增加值固体废物产生量	吨/万元	逆指标	
产业构成	8	"两型"产业增加值占 GDP 比重	%	正指标	
	9	高新技术产业增加值占 GDP 比重	%	正指标	
	10	第三产业增加值占 GDP 比重	%	正指标	
	11	原材料工业增加值占工业增加值比重	%	逆指标	
创新能力	12	工业企业科技活动人员占年平均从业人员比重	%	正指标	
	13	工业企业新产品销售收入占全部销售收入比重	%	正指标	
	14	R&D 经费支出占 GDP 比重	%	正指标	

注：考虑到未来低碳经济的发展，碳排放指标即单位 GDP 的碳排放强度有必要考虑列入，但目前由于国家暂时没有发布碳排放统一计算方法，故需要等到数据具备再进行调整。

① 此件收入本书时有删节。

表2　"两型"技术与产品认定指标

项目	序号	指标	单位	指标值或要求
	1	满足行业取水定额国家标准要求*	—	参照国家质检总局、国标委 2005 年 1 月 1 日发布实施的行业取水定额国家标准（GB18916.1-6）
	2	满足单位产品能耗定额国家标准要求*	—	参照国家质检总局、国标委 2008 年 2 月 3 日发布的《产品单位产量能源消耗定额编制通则》（GB12723-2008）
	3	满足国家能效技术标准要求*	—	参照已经颁布实施的相关国家能效标准，例如：国家质检总局、国家标准委 2008 年 4 月 1 日发布的《计算机显示器能效限定值及能效等级》（GB21520-2008）等
资源节约	4	万元生产总值综合能耗	吨标准煤/万元	逆指标，国内同行业领先水平或使用前相比降低 20% 以上
	5	万元生产总值新鲜水耗	吨/万元	同上
	6	万元生产总值土地消耗	公顷/万元	同上
	7	能源产出率	—	正指标，国内同行业领先水平或使用前相比提高 20% 以上
	8	主要矿产资源产出率	万元/吨	同上
	9	工业废水再生率	%	同上
	10	工业固体废物综合利用率	%	同上
	11	再生资源回收利用率	%	同上
	12	满足污染物排放国家标准要求*	—	参照国家环境保护部发布的国家污染物排放标准公告（〔2008〕26 号）
	13	满足噪音国家标准要求*	—	参照国家环保部、质检总局联合发布的关于发布的《工业企业厂界环境噪声排放标准》、《社会生活环境噪声排放标准》两项国家污染物排放标准的公告（〔2008〕44 号）
	14	满足核辐射与电磁辐射环境保护国家标准要求*	—	参照国家环保部于 2009 年 4 月 23 日颁布实施的《核辐射与电磁辐射环境保护标准目录》
环境友好	15	工业废水排放量	立方米	逆指标，国内同行业领先水平或使用前相比降低 20% 以上
	16	工业固体废弃物排放量	吨	同上
	17	COD 排放量	毫克/升	同上
	18	二氧化硫排放量	毫克/立方米	同上
	19	工业废水排放达标率	%	正指标，国内同行业领先水平或使用前相比提高 20% 以上
	20	危险废物集中处置率	%	100%

续表

项目	序号	指标	单位	指标值或要求
经济绩效	21	成本费用利润率	%	正指标，国内同行业领先水平或使用与前相比提高20%以上
	22	生产成本降低率	%	同上
	23	产品的市场占有情况*	—	能够符合社会消费需求，处于同类产品的国际或国内领先水平
	24	技术对经济发展贡献情况*	—	增加产品的技术含量，提高产品附加值，加大技术对经济发展的贡献
	25	通过相关部门技术鉴定或产品质量认证*	—	如通过国家节能产品认证、节水产品认证或环保产品认证或CQC标志认证，CCC标志认证以及ISO9000系列标准认证和ISO14000系列标准认证等
创新应用	26	符合国家重点支持高新技术和产品认定*	—	参照《关于编制〈中国高新技术产品指导目录 2009〉（国家发改委〔2005〕40号）的通知》、〈国家重点支持的高新技术领域〉（国科发火〔2008〕61号）
	27	技术和产品升级换代情况*	—	参照《国家明令淘汰用能设备、产品目录》，淘汰高耗能、高污染的设备、产品、产品工艺，并及时运用先进节能减排技术替代传统技术，实现技术升级
	28	技术或产品专利授权量	件	至少包含1件发明专利或2件实用新型专利或3件外观设计或软件著作权或集成电路布图设计
	29	专利技术转化率	%	≥70%

注：带 * 为定性指标。

二 "两型" 企业建设标准（试行）

表 1 "两型" 企业建设指标

项目	序号	指标	单位	指标值或要求	指标来源
资源节约	1	万元工业总产值能耗	吨标准煤/万元	逆指标，国内同行业领先水平	《节能减排综合性工作方案》（国发〔2007〕15号）
	2	工业用水重复利用率	%	正指标，国内同行业领先水平	《节能减排综合性工作方案》（国发〔2007〕15号）

湖南省长株潭"两型社会"建设改革试验区领导协调委员会办公室关于发布长株潭城市群改革试验区"两型社会"建设"两型"产业分类、"两型"企业等六个试行标准的通知

续表

项目	序号	指标	单位	指标值或要求	指标来源
资源节约	3	工业固体废物综合利用率	%	正指标，国内同行业领先水平	《节能减排综合性工作方案》（国发[2007]15号）
	4	资源管理体系	—	明确的资源节约目标和考核体系，完善的资源节约管理体系，周详的应急预案	《湖南省单位GDP能耗考核体系实施方案》（湘政发[2008]11号）
	5	实施节能技术进步和节能技改	—	安排节能研发专项资金并逐年增加，实施并完成年度节能技改计划	《湖南省单位GDP能耗考核体系实施方案》（湘政发[2008]11号）
环境友好	6	万元工业总产值COD排放量	千克/万元	逆指标，国内同行业领先水平	《创建"国家环境友好企业"实施方案（试行）》（环发[2003]92号）
	7	万元工业总产值SO_2排放量	千克/万元	逆指标，国内同行业领先水平	《创建"国家环境友好企业"实施方案（试行）》（环发[2003]92号）
	8	万元工业总产值固体废弃物排放量	吨/万元	逆指标，国内同行业领先水平	《创建"国家环境友好企业"实施方案（试行）》（环发[2003]92号）
	9	危险废物处理处置率	%	达到100%	《全国危险废物和医疗废物处置设施建设规划》（环发[2004]16号）
	10	企业厂界噪声	分贝	逆指标，国内同行业领先水平	《工业企业厂界环境噪声排放标准》（GB 12348-2008）
	11	放射性生物质污染处理率	%	达到100%	《全国危险废物和医疗废物处置设施建设规划》（环发[2004]16号）
	12	环境管理体系	—	按照ISO14001建立并有效运行环境管理体系，环境管理手册、程序文件及作业文件齐备	《创建"国家环境友好企业"实施方案（试行）》（环发[2003]92号）
企业绩效	13	净资产产收益率	%	正指标，国内同行业领先水平	《企业绩效评价标准值2008》，国务院国资委绩效统计评价局
	14	总资产报酬率	%	正指标，国内同行业领先水平	《企业绩效评价标准值2008》，国务院国资委绩效统计评价局
	15	销售增长率	%	正指标，国内同行业领先水平	《企业绩效评价标准值2008》，国务院国资委绩效统计评价局

续表

项目	序号	指标	单位	指标值或要求	指标来源
企业绩效	16	员工社会保险覆盖率	%	正指标，国内同行业领先水平	《中国企业社会责任报告编写指南（CASS-CSR1.0）》，关于印发《关于中央企业履行社会责任的指导意见》的通知（国资发研究〔2008〕1号）
	17	纳税总额	万元	正指标，国内同行业领先水平	同上
创新能力	18	R&D经费占销售收入的比重	%	正指标，国内同行业领先水平	《关于开展第二批创新型企业评价工作的通知》，国科办政〔2009〕1号
	19	百名研究开发人员发明专利授权量	个/百人	正指标，国内同行业领先水平	《关于开展第二批创新型企业评价工作的通知》，国科办政〔2009〕1号
	20	新产品销售收入占总销售收入比重	%	正指标，国内同行业领先水平	《关于开展第二批创新型企业评价工作的通知》，国科办政〔2009〕1号
	21	科技人员占从业人员比重	%	正指标，国内同行业领先水平	《关于开展第二批创新型企业评价工作的通知》，国科办政〔2009〕1号
	22	研发体系建设	—	建立完善的研发机构并拥有创新团队，开展产学研合作	《关于开展第二批创新型企业评价工作的通知》，国科办政〔2009〕1号

三 "两型" 园区建设标准（试行）

表 1 "两型" 园区建设指标

项目	序号	指标	单位	指标值或要求	2020年预期值
资源节约	1	单位工业增加值综合能耗	吨标准煤/万元	≤0.5	≤0.25
	2	单位工业增加值新鲜水耗	立方米/万元	≤9	≤4
	3	单位工业用地工业产值	亿元/平方千米	≥40	≥150
	4	主要矿产资源产出率	万元/吨	≥6.2	≥15

续表

项目	序号	指标	单位	指标值或要求	2020 年预期值
资源节约	5	工业用水重复利用率		≥75%	≥95%
	6	工业固体废物综合利用率		≥85%	≥95%
	7	资源消耗标准执行		（1）企业单位产品能耗满足额定国家标准要求；（2）使用用能产品和设备满足国家能效标准 GB18916 的要求；（3）园区内特定行业使用符合国家水定额国家标准取水定额的要求；（4）区内企业没有使用国家明令淘汰的高耗低效设备和器具；（5）工业项目建设用地符合国家规定的"建设用地定额标准"。	
环境友好	8	单位工业增加值 COD 排放量	千克/万元	≤1	≤0.3
	9	单位工业增加值二氧化硫排放量	千克/万元	≤1	≤0.3
	10	单位工业增加值固废产生量	吨/万元	≤0.1	≤0.05
	11	工业废水排达标率		100%	100%
	12	危险废物处理处置率		100%	100%
	13	生活污水集中处置率		≥85%	100%
	14	生活垃圾无害化处理率		100%	100%
	15	污染物排放标准执行		污染物排放满足相关国家标准	
创新能力	16	R&D 占 GDP 的比重		≥2.5%	≥5%
	17	高新技术产品（服务）收入占企业总收入的比例		≥70%	≥90%
	18	科技活动人员占从业人员比例		≥10%	≥40%
	19	每万人专利授权量	项/万人	≥50	≥100
经济发展	20	"两型"企业销售收入占全部企业销售收入比		≥50%（未开展认定前不作要求）	≥85%
	21	人均工业增加值	万元/人	≥15	≥50
	22	园区工业增加值增速		≥20%	≥20%

续表

项目	序号	指标	单位	指标值或要求	2020 年预期值
园区建设与管理	23	园区管理		（1）"两型"园区发展规划通过相关部门评审；（2）招商引资政策体现"两型"化导向；（3）投融资、财税等政策有利于"两型"产业的发展；（4）制定了开展资源节约工作年度实施方案；（5）建立了资源节约工作责任制和利益约束的日常管理制度；（6）建立了适用的资源节约的环境监管制度；（7）具备完善的环境监管制度；（8）定期编写园区环境报告书。	
	24	基础设施		（1）建立了各项固体废物的分类收集及转运系统；（2）建立了污水集中处理设施；（3）建立了完善的信息平台，包括园区生产生活基础设施建设综合评价，包括园区的社会治安、文化、教育、卫生、居住、三产业等；（5）公众对园区生态环境的综合评价。	

四 "两型"县建设标准（试行）

表 1 "两型"县建设定性指标

指标类型	指标名称	衡量标准	说明
资源节约	1. 低碳技术引进	是	约束性指标
	2. 新能源利用与节能状况 *	好	
	3. 商品包装度	达标	
	4. 低碳生活方式推广力度 *	高	
环境友好	5. 环保激励政策 *	有	参考性指标
	6. 碳交易项目参与 *	有	
	7. 生物多样性 *	好	
	8. 重大污染安全事故	无	

续表

指标类型	指标名称	衡量标准	说明
社会和谐	9. "美化、绿化、数字化"水平*	高	约束性指标
特色与创新	10. "两型"社会建设改革规划*	合理	参考性指标
	11. "两型"社会建设特色与创新	多	
	12. "两型"社会建设 R&D 支出*	增加	参考性指标

注: 加 * 号的为原创指标。

表 2 "两型"县建设定量指标

指标类型		指标名称	基准值	说明
资源节约	资源消耗	1. 单位 GDP 产出能耗	≤0.95 吨标煤/万元	约束性指标
		2. 单位规模工业增加值能耗	≤1.2 吨标准煤/万元	参考性指标
		3. 单位 GDP 电耗	≤900 千瓦时/万元	
		4. 单位 GDP 产出用水量	≤200 立方米/万元	参考性指标
		5. 人均日生活用水量	≤150 升/人	
	资源产出	6. 建设用地产出率	≥180 万元/公顷	
	资源综合利用	7. 工业固体废物综合利用率	≥90%	约束性指标
		8. 农业资源综合利用		
		农作物秸秆综合利用率	≥95%	
		规模化畜禽养场粪便综合利用率	≥90%	
		农业灌溉用水有效利用系数	≥55%	
		9. 城市污水再生利用率	≥10%	参考性指标
		10. 工业用水重复利用率	≥80%	

353

续表

指标类型		指标名称	基准值	说明
环境友好	生态环境	11. 绿化率水平		约束性指标
		城镇建成区绿化覆盖率	≥40%	
		城镇人均公共绿地面积	≥10.0平方米/人	
		森林(绿地)覆盖率	≥60%	
	民生环境	12. 新建绿色社区占比*	≥60%	约束性指标
		13. LED灯饰普及率*	≥45%	参考性指标
		14. 城镇生活污水处理率	≥60%	
		15. 城镇生活垃圾无害化处理率	≥85%	约束性指标
		16. 环境质量综合指数	≥90分	
	污染控制	17. 化肥施用强度(折纯)	<200千克/公顷	参考性指标
		18. 清洁能源普及率	≥55%	
		19. 主要污染物排放强度		参考性指标
		二氧化硫(SO₂)	<3.5千克/万元	
		化学需氧量(COD)	<4.5千克/万元	
		20. 环境污染治理投资占GDP比重	≥2.0%	参考性指标
社会和谐	生活状态	21. 居民人均收入		约束性指标
		城镇居民人均可支配收入	≥10000元/人·年	
		农村居民人均纯收入	≥6500元/人·年	
		22. 恩格尔系数		参考性指标
		城镇恩格尔系数	≤36%	
		农村恩格尔系数	≤40%	
		23. 城镇登记失业率	≤4.0%	
	民生建设	24. 民生质量		约束性指标
		每万人拥有公共交通工具数	≥14标台/万人	
		每万人金融机构网点个数	≥1个/万人	
		每万人拥有体育场馆数	≥2个/万人	
		每万人拥有卫生技术人员数	≥39.0人/万人	
	生活方式	25. 人均碳排放*	≤2.8吨/人·年	约束性指标
		26. 公共交通分担率	≥20%	参考性指标

续表

指标类型		指标名称	基准值	说明
经济发展	经济结构	27. "两型"产值占比*	≥50%	约束性指标
		28. 高新技术产业增加值占GDP比重	≥18%	参考性指标
		29. 无公害、绿色、有机农产品基地比例	≥60%	

注: 加*号的为原创指标。

五 "两型"镇建设标准(试行)

表1 "两型"镇建设标准定性指标

指标类型	指标名称	衡量标准	说明
资源节约	1. 低碳技术引进	有	约束性指标
	2. 绿色建筑材料使用	有	
	3. 绿色出行*	有	
环境友好	4. 环保激励政策*	有	
	5. "美化、绿化、数字化"水平*	有	
	6. 重大污染安全事故	无	参考性指标
	7. 地表水环境质量	达标	
社会和谐	8. 企业社会责任感*	有	约束性指标
特色与创新	9. 镇"两型"社会建设改革规划	有	

注: 加*号的为原创指标。

表 2 "两型"镇建设标准定量指标

指标类型		指标名称	基准值	说明
资源节约	资源消耗	1. 单位产值能耗（标准煤）	≤1吨/万元	约束性指标
		2. 单位产值用水量	≤250立方米/万元	参考性指标
		3. LED灯饰普及率*	≥40%	
	资源产出	4. 建设用地产出率	≥100万元/亩	约束性指标
	资源综合利用	5. 清洁能源普及率	≥50%	
		6. 农业资源综合利用率 农作物秸秆综合利用率	≥95%	参考性指标
		规模化畜禽养殖场粪便综合利用率	≥90%	参考性指标
		7. 工业固体废物综合利用率	≥85%	参考性指标
环境友好	生态环境	8. 绿化率 城镇建成区绿化覆盖率*	≥45%	约束性指标
		城镇道路绿化普及率	≥95%	
	民生环境	9. 生活垃圾无害化处理率	≥80%	参考性指标
		10. 生活污水集中处理率	≥70%	
	污染控制	11. 主要污染物减排率* 化学需氧量（COD）减排率	≥2%	约束性指标
		二氧化硫（SO$_2$）减排率	≥2%	
社会和谐	生活状况	12. 基本社会保障覆盖率	≥85%	约束性指标
		13. 居民人均收入 城镇居民人均可支配收入	≥10000元/年	参考性指标
		农村居民人均纯收入	≥6000元/年	
		14. 恩格尔系数	≤38%	

续表

指标类型		指标名称	基准值	说明
社会和谐	民生建设	15. 文明基础设施拥有量*		约束性指标
		图书馆	≥1 个/万人	
		文化站	≥1 个/万人	
		健身中心	≥1 个/万人	
		绿色网吧	≥1 个/万人	
		活动中心	≥1 个/万人	
		影剧院	≥1 个/万人	
		金融机构网点	≥3 个/万人	
		医疗机构	≥1 个/万人	
	生活方式	16. 绿色食品标准化生产基地个数*	≥1 个/万人	参考性指标
		17. 人均碳排放*	≤1.2 吨/年	约束性指标
		18. 城镇居民人均使用塑料袋数	≤200 个/年	参考性指标
经济发展	经济结构	19. "两型"产值增长率*	≥20%	约束性指标

注：加 * 号的为原创指标。

六 "两型"农村建设标准（试行）

表 1 "两型"农村定性指标

指标类型	指标名称	衡量标准	说明
资源节约	1. 农业低碳技术引进*	是	约束性指标
	2. 农业灌溉水有效利用	高	
环境友好	3. 农地保护	好	
	4. 地表水环境质量	达标	
	5. 集约化畜禽养殖场污染物排放	达标	
	6. 农田土壤有机质含量	逐年上升	参考性指标
社会和谐	7. 文化娱乐活动	丰富	
	8. 村民对环境状况满意度	高	
经济发展	9. 生态农业*	有	约束性指标
	10. 村级公路硬化	是	参考性指标

注：加*号表示原创指标。

表 2 "两型"农村建设定量指标

指标类型	指标名称	标准值	说明
资源利用	1. 可再生能源综合利用*		约束性指标
	农作物秸秆综合利用率	≥90%	
	规模化畜禽养殖废弃物综合利用率	≥90%	
	太阳能普及率	≥60%	
资源保护	2. 常用耕地面积变动幅度	≥0	参考性指标

续表

指标类型		指标名称	标准值	说明
环境友好	生态环境	3. 人均碳汇量*	≥23 吨/人·年	约束性指标
		4. 森林（绿地）覆盖率	≥60%	
		5. 安全饮用水户数占比	≥100%	
	民生环境	6. 垃圾集中收集清理		参考性指标
		垃圾集中收集站个数	≥1 个聚居点	
		垃圾集中转运站个数	≥1 个/村	
		7. "三改"覆盖率	≥95%	
	污染控制	8. 化肥施用强度（折纯）	<200 千克/公顷	约束性指标
		9. 主要农产品农药残留合格率	≥90%	参考性指标
社会和谐	生活状态	10. 农村居民人均纯收入	≥6500 元/人	
		11. 新型合作医疗参合率	≥100%	
	民生建设	12. 民生设施覆盖*		约束性指标
		农家书屋个数	≥1 个	
		文体活动室个数	≥1 个	
		医疗保健室个数	≥1 个	
		便民服务室个数	≥1 个	
		警务室个数	≥1 个	
		便民超市个数	≥2 个	
经济发展	经济结构	13. 无公害（绿色、有机农产品基地比例	≥60%	约束性指标

注：加 * 号表示原创指标。

中共湖南省委、湖南省人民政府
关于加快经济发展方式转变
推进"两型社会"建设的决定

湘发〔2010〕13 号

为深入贯彻党的"十七大"、十七届三中四中全会精神和中央关于加快转变经济发展方式的重大战略部署，大力推进我省"两型社会"建设，全面开创湖南科学发展、富民强省新局面，特作如下决定。

一 加快经济发展方式转变、推进"两型社会"建设的
重大意义、总体要求和主要目标

（一）重大意义

自省第九次党代会以来，全省上下认真贯彻落实科学发展观，大力推进"一化三基"，全省经济社会发展取得了重大成就，经济实力跃上了新台阶，改革开放实现了新突破，经济发展方式转变取得了初步成效。但是，我省经济社会发展的基础仍然薄弱，人均水平偏低，经济发展方式仍然粗放，资源环境对经济社会发展的制约日益突出，加快经济发展和加快转变经济发展方式的任务都十分繁重。面对国际金融危机带来的国际环境的重大变化和国内竞相发展的竞争态势，我省要抢抓新机遇、开创新局面，必须加快经济发展方式转变、推进"两型社会"建设。这既是贯彻落实中央转变经济发展方式一系列重大部署的要求，又是立足湖南实际推动经济社会又好又快发展的需要；既是解决当前突出矛盾的紧迫任务，又是抢占新一轮发展制高点、提升湖南长远竞争力的关键所在。

（二）总体思路

坚持以邓小平理论和"三个代表"重要思想为指导，深入贯彻落实科学发展观，继续实施"一化三基"战略，以建设"两型社会"作为加快经济发展方式转变的方向和目标，以新型工业化、新型城镇化、农业现代化、信息化为基本途径，以结构调整、自主创新、节能环保、民生改善和制度建设为着力点，加快经济结构由不合理、不协调向协调发展转变，经济增长由外延扩张向内涵提升转变，资源利用由粗放向节约集约转变，城乡发展由二元结构向一体化发展转变，努力实现优化发展、创新发展、绿色发展、人本发展，率先建成资源节约型、环境友好型社会，争做科学发展排头兵。

（三）基本原则

——坚持以人为本。从人民群众的根本利益出发谋发展、促发展，尊重人民主体地位，着力保障和改善民生，让发展成果惠及全体人民，维护社会公平正义，不断提高人民生活质量，促进人的全面发展，充分发挥人民群众的积极性、创造性，激发全社会的创造活力。

——坚持又好又快。始终把发展作为第一要务，把加快发展与加快转变有机结合起来，处理好当前和长远、速度和效益的关系，既坚定不移加快发展步伐，又坚定不移转变发展方式，坚持在发展中转变，以转变促发展，实现速度、结构、质量、效益相统一。

——坚持"两型"引领。把资源节约、环境友好的要求贯彻到社会生产、建设、流通和消费的各个领域，落实到经济社会发展的各个方面，形成节约能源资源和保护生态环境的思想观念、产业结构、生产方式、生活方式和体制机制，促进人口资源环境与经济社会相协调，走生产发展、生活富裕、资源高效利用、生态环境良好的文明发展道路，实现经济社会可持续发展。

——坚持"四化"带动。通过大力推进新型工业化、新型城镇化、农业现代化和信息化，促进发展方式转变，带动"两型社会"建设，走出一条符合湖南实际的转型发展之路。

——坚持改革创新。进一步解放思想，把体制机制改革作为重要保障，把自主创新作为中心环节，深化重点领域和关键环节的改革，构建有利于发展方式转变和"两型社会"建设的体制机制，大力推进科技进步和技术创新，着力建设创新型湖南，不断增强发展的动力与活力。

——坚持分类指导。一切从实际出发，尊重发展规律，把加强宏观指导、统筹协调与充分发挥各地的积极性、创造性结合起来，鼓励各地从本地实际出发，因地制宜，大胆探索，创造性开展工作。

（四）主要目标

力争到 2015 年，基本形成现代产业体系、可持续发展体系、科技创新体系、民生保障体系和制度支撑体系。其中，三次产业结构比重调整为 9.5∶50∶40.5，高新技术产业增加值占工业增加值的比重提高到 35% 以上，全省单位 GDP 能耗和二氧化碳排放明显下降，全社会研究与开发投入占 GDP 的比重达到 2% 以上，城镇化率达到 50% 以上，财政收入超过 3000 亿元，城镇居民人均可支配收入、农民人均纯收入分别超过 26000元和 8500 元。

二 加快推进长株潭"两型社会"试验区改革建设

（一）深入推进试验区综合配套改革

按照试验区改革建设的总体部署，认真组织实施第二阶段的改革建设，充分利用先行先试政策，着力在示范区和工业园区建设、"两型"产业、城乡统筹、节能减排、生态保护、"两型"生活方式、综合基础设施建设等方面率先突破，创新体制机制，把试验区建设成为全省转变经济发展方式的示范区、引领区，打造成全省经济社会发展的重要引擎，并以此带动全省"两型社会"建设。

（二）实施试验区第二阶段重点工程

重点实施好"八大工程"：实施"两型"产业振兴工程，构建特色突出、结构优化的"两型"产业体系；实施基础设施建设工程，打造以轨道交通为核心的综合交通体系，形成"布局合理、功能完备、特色鲜明、承载力强"的城市基础设施体系；实施节能减排全覆盖工程，建立健全节能减排的考核评价体系、行业标准体系、用能标准和设计规范体系；实施湘江流域综合治理工程，以保护饮用水源安全为主要目标，以重金属污染治理为重点，加快推进湘江流域环境综合整治，建设美丽繁荣的湘江生态经济带；实施示范区建设推进工程，在大河西、云龙、昭山、天易、滨湖等五大示范区率先取得突破；实施城乡统筹示范工程，统筹城乡建设用地、就业、养老、医疗、最低生活保障制度和社会救助体系；实施长株潭公交一体化工程，实现三市公交出行同城同享；实施三网融合工程，实现三市电信网、广播电视网和互联网三网融合。

三　加快推进新型工业化

推进新型工业化是转变经济发展方式、建设"两型社会"的重要途径，也是调整优化产业结构的首要任务。

（一）培育发展战略性新兴产业

重点发展先进装备制造、新材料、文化创意、生物、新能源、信息和节能环保七大战略性新兴产业。制定实施战略性新兴产业发展规划，加强战略性新兴产业技术标准体系建设。坚持政府主导、市场运作，整合市场资源，搭建创新平台，加大政策支持力度，创造良好发展环境。到 2015 年，全省战略性新兴产业主营业务收入达到 20000 亿元，增加值占 GDP 的比重超过 20%。

（二）改造提升传统优势产业

用先进适用技术改造提升传统产业，着力培育大企业、大产业、大集群、大园区、大品牌，推动传统优势产业高端化、集群化和品牌化发展。认真实施"9＋3"产业调整振兴规划，积极推进产业整合型并购重组，重点实施"四千工程"，培育壮大机械、有色等 10 个千亿级产业；形成华菱集团、五矿有色等 10 个千亿级企业或企业集团；发展长沙汽车及零部件、岳阳石油化工等 10 个千亿级产业集群；建设长沙高新区、长沙经开区等 10 个千亿级产业园区。加快发展资本、技术和知识密集型产业，扶持发展劳动密集型产业，构建多元化、多层次的产业结构。在发展环境、财政支持、融资等方面采取扶持措施，大力支持中小企业发展，引导鼓励中小企业走"专精特新"发展路子，为大企业集团协作配套。

（三）加快推进自主创新

充分发挥政府的主导作用，建立健全科技投入稳定增长机制。强化企业在技术创新中的主体地位，引导和支持各种创新要素向企业集聚，大力提升企业创新能力。大力培育自主知识产权和自主品牌，加快建设各类科技企业孵化器，培育一批集研发、设计、制造于一体的科技骨干企业。力争到 2015 年，全省大中企业研发投入占主营业务收入比例达到 3%，高新技术企业达到 5% 以上。选择具有一定优势和基础的关键领域，实施省部战略合作，鼓励和支持各级政府、企业与高等院校、科研院所共建产学研基地。建立军民结合的新的科技管理体制，实现军用产品与民用产品研制生产的协调，促进军民科技各环节的有机融合。突出核心技术原始创新，集中实施一批重大科技专项和工程，着力突破一批产业共性关键技术和配套技术。加快建设一批国家级、省级重点实验室、工程实验室、工程（技术）研究中心、博士后科研流动站和企业技术中心等科技创新平台。重点建立一批技术创新基地、科研成果转化基地和产业孵化基地。创建国家创新科技园区。

四 加快推进新型城镇化

把推进新型城镇化作为经济结构调整的战略重点和破除城乡二元结构的根本途径。切实转变城市发展方式，走资源节约、环境友好、经济高效、社会和谐、大中小城市和小城镇协调发展、城乡互促共进的新型城镇化道路。

（一）推进大中小城市和小城镇协调发展

按照"布局集中、功能紧凑、发展集约、生态友好、合理分工"的要求，加强城镇发展的科学规划，加速形成以城市群为主体形态，以特大城市为依托，大中小城市和小城镇协调发展的新型城镇体系。着力打造长株潭城市群核心增长极，提高经济首位度和辐射带动能力。加快中小市和小城镇提质扩容。做大做强区域中心城市，扶持发展省际边界地区中心城市和边贸城镇，突出支持一批发展潜力大、区位条件优越的县（市）发展成为中等城市和区域中心城市，打造一批全国"百强县"，建设一批高品质、功能型、特色型的精品小城镇。

（二）全面提高城市综合承载能力

鼓励和引导民营资本进入市政公用设施建设领域，加快城市市政基础设施和社会事业基础设施建设，增加城市公共产品供给，提升城市公共服务功能；完善城市综合交通体系，优先发展城市公共交通；加强城市绿地保护和建设，推广绿色建筑和绿色基础设施建设。加强城市历史文化资源保护，提升城市文化内涵。加快城镇住宅建设，建立住房市场供应与政府保障房供应相结合的供应体系，加大普通商品房供给力度，加快中小城市房地产市场发展，促进房地产业的健康稳定发展。大力推进保障性住房建设，加大城市和国有工矿棚户区改造力度，改善城市居民居住条件。

（三）统筹城乡发展

以加快新型城镇化带动城乡协调发展。协调推进城镇化和新农村建设，加快转变城乡"二元"结构，形成以工补农、以城带乡、城乡一体化发展新格局。大力推进城乡规划、产业布局、基础设施建设、公共服务的一体化。加强城乡规划的管理和协调，加快实现城乡规划全覆盖，形成比较完善的城乡规划编制体系和城乡一体的空间规划管制体系。统筹城乡产业发展，引导城市资金、技术、人才、管理等生产要素向农村合理流动。统筹城乡基础设施建设，推动城市道路、供水、污水垃圾处理、园林绿化等基础设施向农村延伸。加快推进城乡公共服务一体化，逐步使城乡居民均等享有医疗、教育、文化、卫生等基本公共服务。深化户籍制度改革，放宽城镇户籍限制，使在城镇稳定就业和居住的农民有序转变为城镇居民。有计划有步骤地解决好农民工在城镇的就业和生活问题，逐步实现农民工在劳动报酬、子女就学、公共卫生、住房租购以及社会保障方面与城镇居民享有同等待遇。

五　加快推进农业现代化

以确保粮食安全、增加农民收入、实现可持续发展为目标，以推进农业规模化、集约化、产业化、生态化为重点，加快农业发展方式转变，全面提高农业现代化水平。

（一）加快发展现代农业

运用现代科技和先进生产方式改造提升传统农业。加强产粮大县、商品粮基地建设，主要依靠复种扩面、技术推广、改良土壤、机械作业、良种良法、防灾保产等手段提高粮食综合生产能力，确保粮食总产稳定在 600 亿斤以上。重点改造提升水稻、畜禽、水果、茶叶、油料、蔬菜、水产、棉麻、竹木、中药材等十大支柱产业。加强农业科技创新和技术推广体系建设，大力推进农业机械化，提高农业技术装备水平。深化农村经营制度改革，促进农村土地承包经营权流转。积极推进农业基地化标准化生产，规模化集约化经营，推行"公司 + 基地 + 农户"、"期货 + 订单"的经营模式。加快完善农业生产、经营、流通等服务体系，积极培育发展农民专业合作组织。改善农村金融服务，发展农村信用担保和农村小额贷款，加快建立农村保险体系。推进农业结构战略性调整，发展生态农业，推广农业清洁生产技术，扩大绿色、有机、无公害等生态农产品生产。大力发展特色农业、休闲农业、城市农业和外向型农业。

（二）大力发展农产品加工业

坚持用新型工业化带动农业现代化，围绕产业链建设，大力发展农产品加工业，提升农业产业化经营水平。重点培育一批起点高、规模大、带动能力强的农产品加工龙头企业，引导龙头企业与合作社、农户有效对接。扶持发展农产品加工园区，推动农产品加工走园区化、集群化发展路子。加强品牌建设，打造一批在全国有竞争力的知名品牌和驰名商标。力争到 2015 年全省农产品加工销售收入达到 7000 亿元以上，农产品加工转化率达到 50％以上。

（三）促进农村劳动力转移就业

坚持把促进农村劳动力转移就业作为增加农民收入和富裕农民的重要途径。大力发展壮大县域经济，鼓励发展劳动密集型企业，大力承接产业转移，加快发展城乡服务业，促进农村劳动力就地就近转移。加强就业指导和服务，扩大劳务输出，大力发展劳务经济，合理引导农村劳动力有序转移就业。实施农民创业促进工程，建设一批农民创业基地和创业园，在信贷、税收、用地等方面实行优惠措施，扶持农民工返乡创业带就业。加强农村劳动力技能培训，健全农民工职业教育和技能培训体系，继续实施"百万农民培训计划"和"阳光工程"，提高农村劳动力素质和就业能力。

（四）全面提高乡村规划建设水平

以规划为龙头，以村庄整治建设为重点，以农民集中居住为导向，推进社会主义新农村建设。切实加强乡村布局规划，按照"适度集聚、节约土地、有利生产、方便生活"的原则，科学合理确定乡村居民点的布局和数量，到2012年底全面完成全省乡村布局规划编制工作。以乡村布局规划为依据，采取鼓励政策措施，推动农村新建改建住房按乡村布局规划进行。抓好村容村貌治理和乡镇集市的环境整治，建设一批农村生活污水、垃圾处理设施。探索"村收集、镇转运、县处理"的垃圾集中处理办法，逐步实行城乡垃圾集中处理。引导乡村工业合理布局、规模发展、集中治污。着力解决乡村饮水困难，让农村居民喝上干净的水。推广使用太阳能、风能、生物质能，因地制宜发展农村沼气，建立农村清洁能源体系。

六　加快推进信息化

推进信息化，建设"数字湖南"，是转方式、调结构的重要抓手，是提升我省综合实力、经济竞争力和现代化水平的重要支撑。

（一）大力发展电子信息产业

按照产业化发展、市场化推动、国际化运作的思路，扶持信息产业龙头企业和重点产业园区。重点发展软件和信息服务业、信息网络经济、消费类终端、新型显示器件等信息产业集群，形成完整的产业链。突出加强与IT大企业的交流合作，推动国际知名电子企业来湘合作发展信息产业。加快发展电子商务、信息服务外包、三网融合增值服务、数字内容、物流信息服务等新型信息服务业，构建现代信息服务业体系。打造全国一流的移动电子商务核心平台，建设移动电子商务产业园和中国移动电子商务产品创新基地两大园区，努力实现技术、商业模式、社会协作机制三大创新。

（二）提升信息化支撑能力

大力发展宽带传输网，提高宽带接入网的覆盖率。加快推进村村通宽带工程，努力提高乡（镇）村互联网接入能力。积极发展下一代网络技术。推进软件产业基地国际通信基础设施建设。加快湖南超算中心建设，大力发展云计算。加快建设下一代互联网技术试验与应用创新基地、物联网研发和成果转化基地、下一代互联网设备与软件研发试验基地，加快建设智能电网，推进物联网产业发展布局。

（三）推动信息化与工业化融合

加强长株潭和 11 个省级"两化融合"试验区建设，推动装备制造等 11 个传统行业信息化改造。大力实施企业信息化"登高计划"，推进设计研发信息化、生产过程智能化、生产装备数字化、经营管理网络化。加强节能减排的信息产品研发。到 2015 年全省信息化和工业化"融合综合指数"由目前的 0.4 提高到 0.7。

（四）提高全社会信息化水平

加快人口、法人单位、地理空间等国家基础信息库建设，拓展相关应用服务。加快推进"呼叫中心"、"数据中心"和"灾备中心"等信息服务中心建设，完善服务平台。推进三网融合，加强网络统筹规划和共建共享。积极推进农村信息化，加强涉农信息资源整合，以村综合信息服务站建设为内容，打造服务"三农"的综合信息平台，实施农村信息化管理"零公里"基础建设等十大农村农业信息化重点工程。加快建立电子政务公共服务体系，逐步实现政府网上办公、无纸化会议和行政许可项目在线办理。整合资源，形成全面覆盖、高效灵敏的社会管理信息网络和社区信息化网络服务平台。

七　加快发展第三产业

加快发展第三产业，逐步提高第三产业在三次产业结构中的比重，是调整产业结构、转变经济发展方式的一个重要着力点，也是扩大就业、改善民生、促进消费的重要举措。

（一）大力发展生产性服务业

重点发展金融、物流、会展、创意设计、科技服务、信息服务等生产性服务业，到 2015 年生产性服务业占服务业比重提高到 50%。大力发展银行业、保险业、信托业、证券业和租赁业，支持和鼓励中央金融机构在湘发挥更大作用，培育壮大地方银行和信用社，探索建立省属金融控股公司，大力引进外部金融机构，加快推进金融创新，健全和完善资本市场体系，充分利用证券市场，发展各类基金，探索设立场外交易市场（OTC）。改善金融业发展环境，提高金融服务业发展水平，努力打造区域性金融中心。

（二）全面提升生活性服务业

加快发展市政公用事业、房地产和物业服务、社区服务、娱乐休闲、家政服务、养老托幼服务，提升城市综合服务功能。加快提升商贸流通业，完善业态结构和网点布局，突出发展大型一体化综合购物中心，培育大型高级商贸市场群，推进连锁化农村超市建设。做大做强餐饮业，加快湘菜产业发展。充分发挥旅游、医疗卫生、休闲娱乐、餐饮等生活性服务业的优势，增强其对周边省份的吸引力和辐射力。进一步完善促进第三产业发展的政策，逐步实现国家鼓励类服务业用电、用水、用气、用热与工业基本同价。

（三）加快发展文化产业

深入推进文化体制改革，认真落实文化产业发展规划，实施重大文化产业项目带动战略。重点培育现代演艺、数字媒体、手机动漫、手机购物、媒体零售、网络游戏等新兴文化业态。发展壮大现代传媒、新闻出版、动漫、文化娱乐业，着力培育新型文化市场主体和健全各类文化市场，促进文化产业与相关产业融合发展，进一步塑造湖南文化品牌。扶持湖南广电、中南传媒、华强集团等跨行业、跨地区、跨媒体文化产业集团。加快文化"走出去"步伐，提高文化产业竞争力，力争全省文化产业增加值保持年均20%以上的增速。

（四）加快发展旅游业

整合旅游资源，加强旅游景点及配套设施建设，大力推进旅游产品向观光休闲复合型转变，旅游产业向规模与质量并重转变，旅游品牌向国际旅游目的地转变，提升旅游产业竞争力。实施旅游精品战略，着力打造一批精品旅游线路。加强旅游宣传推介，提升旅游营销能力，提高旅游服务水平。推动文化与旅游产业的融合渗透，丰富旅游文化内涵。加强旅游产品开发，构建多层次的旅游发展格局，大力发展红色旅游、文化旅游、生态旅游、乡村旅游、休闲度假旅游。把张家界建设成为世界旅游精品。

八　促进区域协调发展

按照优化提升"3＋5"城市群、加速崛起湘南、扶持发展大湘西的要求，优化空间布局，发挥区域比较优势，促进区域协调发展。制定全省主体功能区规划，合理确定主体功能区定位，实行分类管理的区域政策。

（一）优化提升"3＋5"城市群

统筹规划"3＋5"城市群的空间格局和目标定位，统一规划跨区域的资源开发、产业布局、设施配套、市场体系等重大问题。打破行政体制障碍，创新合作机制，优化资源配置。大力推进城际铁路、机场、长株潭组合港和岳阳港等现代交通网络建设，大力发展先进制造业和高新技术产业，大力推动人口、产业、技术、资本和市场的聚集和融合，放大同城效应。加快长沙、株洲、湘潭、衡阳等老工业基地振兴。力争今后五年，"3＋5"城市群经济总量占全省85％以上，城镇化率达到65％，把"3＋5"城市群打造成中部乃至全国重要的经济增长极和现代化生态城市群。

（二）加快湘南开放崛起步伐

重点对接粤港澳和北部湾国际区域经济合作区，提升合作层次和水平，抓住机遇大力承接产业转移。加快建设综合交通体系，大力发展加工贸易和现代农业，加强生态保护，把湘南打造成全省对外开放的引领区、产业承接的先导区和新的经济增长极。

（三）加大大湘西开发扶持力度

着力改善大湘西基础设施条件，加快发展优势特色产业，加强生态建设和环境保护，发展生态绿色旅游和民族文化旅游，把大湘西建设成全国重要的生态文化旅游经济带和面向西部的区域商贸物流中心。加大扶贫开发力度，加强对少数民族地区、库区水淹区、边远山区、林区的扶持。继续将湘西自治州作为全省扶贫攻坚主战场，加强重大项目和优惠政策支持。推进武陵山区（湘西）土家族苗族文化生态保护试验区建设。

九　促进投资、消费、出口协调拉动经济增长

（一）保持投资合理稳定增长

进一步保持投资对经济增长的支撑作用，增强投资对结构调整、扩大就业、改善民

生、促进消费的带动能力。进一步优化投资结构，积极引导资金投向自主创新、环境保护、改善民生和新农村建设等重点领域。深入实施重大项目带动战略，规划实施一大批事关全省经济社会全局和长远发展的重大基础设施项目、重大产业项目和重大民生项目。

（二）增强消费对经济增长的拉动力

扩大住房、汽车消费，加快培育文化、旅游、健身、节庆等消费热点。鼓励发展市场主导、金融机构和工商企业共同参与的消费信贷。支持建设和发展面向农村市场的流通基础设施和物流配送中心，落实家电、汽车、摩托车、建材下乡和以旧换新等政策。规范流通秩序，营造便利、安全、放心的消费环境。把扩大消费和促进消费方式转变结合起来，正确引导消费结构升级，提倡文明消费、适度消费，反对铺张浪费和奢侈消费。大力倡导节约环保、低碳排放的"两型"生活方式和消费模式。

（三）在扩大外贸规模的同时转变外贸发展方式

继续扩大外贸规模，做大做强装备制造、汽车及零部件、生物医药、电子信息、农产品、烟花爆竹、陶瓷、湘绣等出口拳头产品，强化出口品牌和基地建设，推进贸易便利化，优化外贸市场结构和出口商品结构，重点扩大以承接服务外包为主的服务贸易出口，大力促进加工贸易转型升级。

十 加快推进生态文明建设

（一）加大节能减排力度

以实施节能减排在线监测管理为突破口，深入开展"万家企业节能行动"，逐步推广合同能源管理，提高重点用能企业能源管理水平。积极促进建筑、交通、商业、民用等领域的节能推广。加强清洁生产、低碳技术等节能减排新技术、新装备的研发、引进和应用。强化固定资产投资项目节能评估审查和环境影响评价，严格控制新建高耗能、高污染项目，把环评审批和环保"三同时"制度作为企业登记成立的前置条件。加大淘汰落后产能的力度，实行环境污染末位淘汰，每年淘汰关闭一批严重排污设施和落后生产工艺、设备。

（二）突出抓好重点区域、领域的环境治理

着力抓好6个国家级和24个省级循环经济试点，积极探索排污权、碳排放权有偿使用和交易试点，大力开发和应用低碳技术，把长株潭建设成循环经济城市群。加强水资源管理，加快城镇污水处理设施和生活垃圾无害化处理设施建设。推进城市生活垃圾分类收集和综合利用。按照洞庭湖综合治理规划和方案，统筹推进水利配套、生态修复、控源截污等工程，保持湖区水域面积，提高湖区水体质量。加大对湘、资、沅、澧等重点流域环境综合治理，加强两岸生态和涉江基础设施建设，建立健全流域性污染联防联治机制，突出重大污染区域整治。

（三）加强生态建设

在全社会培育弘扬生态文明理念，发展绿色产业，倡导绿色消费，推动绿色发展，建设"绿色湖南"。继续实施生态林工程，扎实抓好天然林保护、退耕还林、植树造林，统筹推进城乡绿化，提高森林碳汇功能。加强自然保护区建设，加大对生态风景名胜区、饮用水源、生态敏感区的保护力度。研究建立生态补偿标准体系和生态环境共建共享的长效机制。以环保、生态、绿色为主题，开展"宜居城市"、"宜居城镇"、"宜居村庄"创建活动，在全省建设一批生产发展、生活富裕、生态良好、文化繁荣、社会和谐、人民群众充满幸福感的宜居城市、城镇和村庄，使湖南成为中部乃至全国最适宜居住的地区。

十一　切实改善民生和发展社会事业

（一）千方百计增加居民收入

调整收入分配结构，提高最低工资标准和低收入群体收入，实施以中低收入者为重点的增收计划，努力培育"橄榄型"社会结构。建立健全企业职工工资正常增长机制和支付保障机制，促进企业职工工资特别是一线职工工资合理增长。建立低收入居民生活补贴与低收入居民基本生活费用价格指数的联动机制。

（二）推进就业、医疗卫生和社会保障等民生工程

加大社会建设力度，改革公共服务体制机制，推进基本公共服务均等化。实施更加积极的就业政策，推进"全民创业"计划，引导和促进中小企业、非公有制经济、劳动密集型企业和各种服务业加快发展，创造更多就业岗位。大力开发公益性岗位，完善就业援助制度，落实大学生就业扶持政策，帮扶就业困难群体。启动实施"创业扶持计划"，以创业带动就业。认真落实医药卫生体制改革实施方案，巩固完善基本医疗保障制度，稳步推进基本药物制度建设，健全城乡医疗卫生服务体系，稳妥推进公立医院

改革试点，扶持和促进中医药事业发展。加快完善城乡社会保障体系，巩固城乡低保应保尽保成果，积极扩大社会保险覆盖面，积极推进新型农村社会养老保险试点。加快农村危房改造，改善农村居民居住条件。做好社会救助、社会福利、优抚安置、安全生产和救灾应急等工作，稳定提高社会保障水平。

（三）进一步实施教育强省、文化强省和人才强省战略

全面推进素质教育，深入实施义务教育均衡发展、职业教育基础能力建设等专项重点计划。加快普及高中阶段教育，大力发展职业教育，全面提高高等教育质量和创新能力。加强城乡职业技能教育培训，积极推进学习型社会建设。统筹人口数量、素质、结构均衡发展，促进人口与经济社会资源环境相协调，充分发挥人力资源丰富的优势，把人口压力转化为人力资源、人才资源。加快公共文化服务体系建设，积极实施重大文化惠民工程，全面完成广播电视村村通、文化信息资源共享、乡镇综合文化站、农村电影放映、农家书屋等项目建设任务。统筹抓好各类人才队伍建设，突出抓好创新型人才、实用型人才培养，形成多元的人才培养机制。建立健全人才激励机制，为培养人才、吸引人才、留住人才搭建平台。认真组织实施科技领军人才培养计划、引进海外高层次创新创业人才"百人计划"、芙蓉学者计划、高技能人才振兴工程等。为人才成才提供良好服务，在全社会营造关心人才、爱护人才、尊重人才的浓厚氛围。把长株潭打造成湖南人才高地，努力造就新的湖湘人才群，不断开创湖南人才辈出的新局面。

十二 强化保障措施和优化发展环境

良好的发展环境是核心竞争力，也是加快经济发展方式转变、建设"两型社会"的前提和保障。要通过进一步加强基础设施建设，改善发展的硬环境；通过深化改革开放，优化发展的软环境。

（一）加强基础设施建设

按照适度超前、功能完备、布局合理、环境友好、高效可靠的要求，着力构建基础支撑体系。加快建设以武广、沪昆高铁、"3＋5"城市群城际铁路为重点的现代化综合立体交通体系，加快车站、机场、港口配套设施建设，促进公交、地铁等城市交通与高铁、城际铁路、高速公路、机场无缝对接。加快内河航运基础设施建设，提升内河航运在综合运输体系中的作用。加强农田水利基本建设，提升水利设施保障能力。加强农村公路建设，完善农村公路路网，五年内实现所有具备条件的建制村通水泥（沥青）路。

（二）推进重点领域和关键环节的改革

深化财税体制改革，推进省直管县（市）财政体制和扩权强县改革。整合相关的财政资金，加大对创新体系和发展"两型"产业的支持力度。按照国家税制改革的部署，推进和落实资源税、环境税、房地产税、车船税等税制改革。推进资源性产品价格改革。深化投融资体制改革。进一步拓宽融资渠道，争取地方政府债券发行额度，支持企业通过境内外上市、再融资、发行公司债券、短期融资券、中期票据等扩大直接融资，推动高新技术园区企业进入代办股份转让系统挂牌交易。做大融资担保机构，建立完善担保体系。制定鼓励和引导民间投资的实施意见，拓宽民间投资的领域和范围，为民间投资创造良好环境。建立规范的各类投融资平台，防范财政金融风险。发展私募股权投资，设立各类创业风险投资基金。推进林权制度改革，建立健全林权交易平台，促进林地经营权和林木所有权依法自愿有偿流转。深化土地管理体制改革，完善土地储备制度，实行差别化供地政策。创新土地市场机制，探索建立城乡统一的土地市场体系，强化对城乡土地市场的统一监管。有条件的地方推行农民宅基地换城镇住房、承包地换社保工作。大力发展非公有制经济，制定非公有制经济"十二五"发展规划，扫除制约非公有制经济发展的思想障碍，清理废止限制非公有制经济发展的歧视法规和政策，在市场准入、监督管理和政策扶持上一视同仁，依法保护非公有制经济的合法权益。

（三）加快建设服务型政府

推进政企、政资、政事、政府与中介组织分开，更好地发挥市场在资源配置中的基础性作用，更好地发挥公民和社会组织在社会事务管理中的作用。加快政府职能向创造良好发展环境、提供优质公共服务、维护社会公平正义转变，更好地履行经济调节、市场监管、社会管理和公共服务职能。不断扩大公共服务，逐步形成惠及全民、公平公正、水平适度、可持续发展的公共服务体系。继续深化行政管理体制和行政审批制度改革，精简和规范行政审批事项，制定《湖南省政府服务规定》，不断提高行政效率和公共服务水平。

（四）加强社会信用建设

以法制为基础，信用制度为核心，以健全信贷、纳税、合同履约、产品质量的信用记录为重点，推进社会信用体系建设。广泛开展信用宣传教育，大力普及信用知识，增强全社会信用意识。加强诚信政府建设，提高政府公信力，以政府信用带动社会信用。加强企业信用建设，加快建立企业信用自律机制和信用风险防范机制，促进企业守法经营、诚信经营。加强个人信用建设，教育引导公民把诚实守信作为基本行为准则，自觉遵守职业道德和社会公德。积极培育和发展信用服务机构，加强信用服务市场监管，建立健全守信激励、失信惩戒制度。

（五）进一步扩大对外开放，提高湖南国际化水平

加强外资投向引导，扩大战略性新兴产业、现代服务业、现代农业利用外资规模。积极承接资本密集型和技术密集型产业，建设一批承接产业转移的基地和园区。努力培育打造一批省级国际服务外包示范区和具有国际资质的服务外包骨干企业。大力引进战略投资者，积极引进世界500强企业、港澳台大型企业、中央企业和大型民营企业，吸引更多的跨国公司区域总部、营运中心、研发中心等落户湖南。积极实施"走出去"战略，扩大境外资源合作开发，开展跨国并购、境外工程承包和劳务合作。着力培育具有全球视野、立足全球市场、配置全球资源的本土跨国公司，形成以境外工业园区为平台的"走出去"新格局。鼓励高等学校、科研院所加强对外交流与合作。支持长沙市建设区域性国际化城市。抓住中国—东盟自由贸易区建立的历史性机遇，拓展和深化与东盟各国的经贸合作，将永州建成对接东盟的桥头堡。加强与央企对接和部委共建。加强与泛珠三角、北部湾经济区、长三角和中部地区等区域合作，实现共生发展、共生崛起。

十三 加强和改进党的领导，狠抓工作落实

加快经济发展方式转变、推进"两型社会"建设，必须以改革创新精神加强和改进党的领导，充分发挥党的领导核心作用，狠抓各项工作落实。

（一）提高领导科学发展的能力和水平

各级领导干部要加强学习，开拓国际视野，提高战略思维、创新思维、辩证思维能力。各级党委、政府要进一步提高对加快经济发展方式转变、推进"两型社会"建设的认识，不断解放思想，树立科学发展理念，切实以科学发展观统领各项工作。围绕科学发展选准干部、配强班子、聚集人才、建设队伍，从干部和人才上为深入贯彻落实科学发展观、加快经济发展方式转变提供有力保证。加强和改进新形势下党的基层组织建设和党员队伍建设，把组织优势转化为科学发展优势。坚持开拓创新，积极探索新思路、新办法，总结新经验，不断提高对发展规律的认识，不断提高运用科学发展观解决实际问题的能力和水平。充分发挥各级人大、政协在加快经济发展方式转变、推进"两型社会"建设中的重要作用。健全宣传舆论引导机制，形成加快经济发展方式转变、推进"两型社会"建设的良好氛围。

（二）建设法治湖南

以依法执政为核心，依法行政和公正司法为重点，推进法治湖南建设，不断提高全省经济生活、政治生活、文化生活和社会生活各个领域的法治化水平。探索完善坚持党的领导、人民当家做主和依法治国有机统一的运行机制和有效实现形式，提高各级党委依法执政能力和水平。完善省委领导地方立法的工作制度，围绕加快经济发展方式转变、推动"两型社会"建设，着力加强促进经济结构调整、保障人权和改善民生、发展社会事业、加强资源节约和环境保护、推进自主创新和科技进步、促进政府职能转变、维护社会公平正义等方面的地方立法，从法制上保证省委重大战略部署的贯彻实施。加强执法监督检查，确保法律全面正确实施。完善重大事项决策制度，实行依法决策、科学决策和民主决策。积极推进党务、政务公开。全面推进依法行政，加快建设法治政府。深化司法体制和工作机制改革，促进公正廉洁司法，提高司法公信力。加强对知识产权保护、节能减排和环境保护、劳动者合法权益保护、消费者合法权益保护、投资者合法权益保护、失地农民和被拆迁人合法权益保护等领域的各类纠纷案件的办理，依法保障、引导、支持有利于加快经济发展方式转变、推进"两型社会"建设的经济活动和经济行为，营造公开、公平、公正、可预期的法治环境。加强法制宣传教育，树立社会主义法治理念，提高公民的法律素质。加强司法救助和法律援助，加大对困难弱势群体的司法保护力度。

（三）推动社会管理创新

完善公共治理结构，积极培育和发展各类社会组织，加快构建党委领导、政府负责、社会协同、公众参与的社会管理新格局，建立政府行政功能和社会自治功能互补、政府管理力量和社会调节力量互动的社会管理网络。推进基层社会管理体制改革，理顺政府与城乡自治组织和社会组织的关系。完善社区管理体制，探索"社区管理社会化"，推行村（居）事务准入制度，构建社区资源共享机制和社区综合治理机制。创新治安管理与城市管理、市场管理、行业管理等有机结合的新模式。创新流动人口、社会组织和虚拟社会管理。抓好综治信访维稳中心工作机制建设，推进人民调解与司法调解、行政调解、综治工作、信访工作的紧密结合，建立化解矛盾纠纷新机制。

（四）健全完善促进科学发展的考核评价体系

研究构建新型工业化、新型城镇化、农业现代化、信息化和"两型社会"建设指标体系，把加快经济发展方式转变、推进"两型社会"建设的目标和要求具体化，转化为可考评的指标，并纳入各级领导班子和领导干部考核评价体系的重要内容。完善考评内容，既注重考评速度和规模，更注重考评质量效益、结构优化、自主创新、资源节约环境保护、就业和民生改善等指标。进一步改善考评方法，实行分类指导，探索建立分区域、分不同类型不同层次考核对象的差别化绩效考核评价体系。科学运用考评结果，坚持把考评结果运用到干部选拔使用、培养教育、管理监督等各个环节。

（五）切实转变干部作风

各级党委、政府和领导干部要以只争朝夕的紧迫感，发扬改革创新和敢为人先的精神，求真务实，真抓实干，抓好加快经济发展方式转变、推进"两型社会"建设各项工作的落实。以创先争优活动为载体，充分发挥基层党组织和广大党员在推动经济发展方式转变、建设"两型社会"中的战斗堡垒和先锋模范作用。坚持一心为民、勤政廉洁；克服官僚主义、形式主义；反对铺张浪费，预防和惩治腐败。建立健全抓落实的责任制，把各项工作分解落实到部门、到单位、到责任人。加强督促检查，及时发现问题，改进工作。

各地各部门要根据本决定精神，制定具体实施办法和配套措施，并认真组织落实。

中共湖南省委

湖南省人民政府

2010 年 8 月 12 日

湖南省人民政府关于《长株潭城市群"两型社会"建设综合配套改革试验区劳动保障体制改革专项方案》的批复

湘政函〔2010〕218 号

省人力资源和社会保障厅：

省人民政府同意你厅制定的《长株潭城市群"两型"社会建设综合配套改革试验区劳动保障体制改革专项方案》，请会同相关地方和部门认真组织实施。

湖南省人民政府

2010 年 8 月 12 日

长株潭城市群"两型社会"建设综合配套改革试验区劳动保障体制改革专项方案

根据长株潭城市群"两型"社会建设综合配套改革试验总体方案，为深入推进劳动保障体制改革，促进劳动保障事业稳定、协调、持续发展，结合长沙市、株洲市、湘潭市三市（以下简称三市）劳动保障工作实际，制定本方案。

一 总体目标

（一）率先实现城乡就业比较充分

统筹城乡就业，完善积极的就业政策体系，健全市场化的人力资源配置机制和就业援助机制。2010 年，三市新增城镇就业 18 万人，城镇登记失业率控制在 4.5% 以内；

新增农村劳动力转移就业 16 万人。2010 年三市基本实现城区比较充分就业，2015 年基本实现周边县市区比较充分就业，2020 年基本实现城乡充分就业。

（二）率先实现人人享有社会保障

扩大社会保险覆盖范围，2015 年三市城镇基本养老保险、基本医疗保险、失业保险、工伤保险、生育保险覆盖率达到 100%；按照国家统一部署启动新型农村社会养老保险制度试点，2020 年覆盖率达到 100%；按照国家统一部署建立城镇无业老年人养老保障制度，将城镇无保障老人全部纳入养老生活保障范围。全面落实被征地农民就业培训和社会保障办法，完善相关配套政策，确保被征地农民生活水平不降低、长远生计有保障。2015 年，实现基本医疗保障城乡全覆盖；实现城乡统一的医保制度。城乡居民最低生活保障制度实现动态管理下的应保尽保。

（三）率先实现人人学有一技之长

健全面向市场、覆盖城乡的职业技能培训体系，尽快建立起与建设"两型"社会、发展"两型"产业相适应，数量充足、专业齐全、素质优良、结构合理的人力资源强区。2010 至 2015 年，三市每年组织各类职业技能培训 40 万人以上。2015 年前，使 90% 以上的第一产业从业人员掌握现代农业技术，95% 以上的第二、三产业从业人员经过职业教育培训并具有相应的职业资格。到 2020 年，每年培养高技能人才 2.5 万人，高技能人才占技术工人的比重达到 30%，人力资源优势得到进一步显现。

（四）率先实现人人享有权益保障

全面推行劳动合同制度，2009 年劳动合同动态签订率达到 98% 以上。全面推行集体合同集体协商制度，2015 年实现区域内所有企业全覆盖。工资收入分配秩序逐步规范，行业收入差距缩小，企业职工工资正常增长机制和工资支付保障制度基本建立，普通职工工资水平逐步增长。劳动标准比较健全，劳动者利益诉求和表达机制的渠道畅通。劳动保障法律法规实施机制健全，劳动争议得到及时妥善处理，劳动关系调整机制全面形成。

（五）率先实现人人享有优质服务

劳动保障行政管理、公共就业服务、社会保障经办服务、劳动保障监察执法与争议仲裁等管理服务体系健全、人员素质较高。劳动保障管理服务效率和社会化、信息化程度大幅度提高。

2010 年，基本建立起推进试点的工作机制和工作体系；2015 年，主要指标取得突

破性进展；2020 年，形成与"两型"社会建设相适应、城乡一体化的就业和社会保障
制度及运行机制，各项指标全面完成。

二　政策措施

（一）健全完善覆盖城乡的平等就业制度

1. 实行城乡一体的就业规划

把扩大就业摆在经济社会发展更加突出的位置，纳入国民经济和社会发展规划。完
善和落实就业工作目标责任制度，把扩大城镇就业、降低城镇失业率、促进被征地农民
就业、促进农村富余劳动力转移就业作为统筹城乡就业的重要内容，纳入政府绩效考核
指标体系，同步实施，统一考核。

2. 实施城乡一体的就业政策

实行促进就业的产业政策。坚持在经济发展中培育就业增长点，在大力发展高新技
术产业的同时，注重发展有比较优势的劳动密集型产业和生产性服务业，支持和引导非
公有制经济和中小企业发展，实现发展经济和扩大就业的良性互动。

实行促进就业的财政政策。市、县市区两级全部建立就业资金预算制度，根据就业
状况和工作目标，在财政预算中足额安排就业专项资金用于促进就业工作。

实行促进就业的税收政策。对符合规定条件的企业和人员依法给予税收优惠，鼓励
企业增加就业岗位，扶持失业人员和残疾人就业。登记失业人员和残疾人等符合规定条
件的人员，凡从事个体经营（除建筑业、娱乐业以及销售不动产、转让土地使用权、
广告业、房屋中介、桑拿、按摩、网吧、氧吧等）的，自其在工商部门首次注册登记
之日起 3 年内免收管理类、登记类和证照类等有关行政事业性收费。

实行促进就业的金融政策。鼓励金融机构改进金融服务，创新金融产品，加强与中
小企业融资担保机构合作，增强中小企业融资实力，提高其吸纳就业的能力；根据国家
和省内有关政策要求，对自主创业人员包括高校毕业生等群体积极给予小额信贷扶持。
加强中小企业信用担保体系建设，拓宽中小企业的融资渠道，有效解决中小企业融资难
的问题。

3. 实施城乡一体的创业政策

完善支持创业的政策体系。从产业政策、税收政策、金融政策、财政政策等方面构
建支持创业政策体系，进一步放宽市场准入限制，允许各类创业主体平等进入国家法律
法规未禁止的各行业和领域，降低创业成本，增加融资渠道，鼓励、扶持更多的劳动者
自主创业。

完善支持创业的服务体系。健全完善包括信息服务、产业导向、创业培训、创业辅导、企业孵化、融资担保、市场开拓等创业服务体系，搭建创业服务平台，推进创业基地建设，形成市、县、街道三级创业指导服务体系。

全面加大创业培训力度。培育创业主体，提高创业能力，培养一支懂政策、有技能、善经营的创业队伍。加强创业观念教育，广泛宣传创业典型，交流创业经验，大力弘扬创业精神，在全社会形成尊重创业、支持创业的良好氛围。

4. 健全城乡一体的就业服务体系

大力发展人力资源市场。重点打造省本级和三市本级人力资源市场，引导各区、县建设各具特色的人力资源市场，形成统一开放、竞争有序的人力资源市场体系。加强与"两型"社会建设相适应的人力资源需求预测，积极形成政府、企业、社会共同加大人力资本投入的新机制，以人力资源的发展代替自然资源的过度开发。加强人力资源市场信息化及相关基础设施建设，到 2010 年末，实现三市人力资源市场与所有街道（乡镇）、社区网络互联互通、信息共享。

健全公共就业服务网络。完善覆盖城乡劳动者的就业管理服务组织体系，到 2010 年，建成市、县市区、街道（乡镇）、社区（行政村）四级就业服务工作网络。将公共就业服务资金足额列入财政预算。全面建立免费的公共就业服务制度，为城乡劳动者提供有效服务。

健全城乡一体的就业登记和失业登记制度。科学制定城乡劳动者就业、失业界定标准，免费为城乡劳动者办理就业登记和失业登记。登记失业人员凭登记证享受公共就业服务和就业扶持政策。

5. 健全城乡统筹的就业援助制度

积极帮助和扶持有就业愿望和就业能力，且积极求职的就业困难人员实现就业。继续巩固城镇零就业家庭就业援助成果，实现动态清零。启动实施"农村贫困家庭转移就业援助工程"，通过组织三市农村贫困户每户一人参加技能培训，并有组织地转移就业，实现"技能培训一人，转移就业一人，帮助脱贫一户"的目标。到 2015 年，全面消除现有农村贫困户。

（二）健全完善覆盖城乡的社会保障体系

1. 扩大社会保险覆盖面

以非公有制经济从业人员、个体工商户和灵活就业人员为重点，分行业分人群开展扩面工作。强化扩面措施，加大宣传和执法力度，实现城镇从业人员基本养老保险、基本医疗保险、失业保险、工伤保险、生育保险全覆盖。

2.完善农民工社会保险制度

坚持分类指导、稳步推进的原则，建立适合农民工特点的社会保障办法。认真落实《工伤保险条例》，大力推进建筑施工、餐饮服务、商贸流通、休闲娱乐等行业农民工参保，到2010年，依法将农民工全部纳入工伤保险范围。完善农民工参加城镇职工大病统筹的政策与办法，使进城务工农民与城镇职工享有平等的基本医疗保障。按照《失业保险条例》规定，进一步推动农民工参加失业保险工作。

3.落实被征地农民社会保障制度

建立被征地农民社会保障机制，采取分段社会保险和社会救助体系相结合的模式，解决被征地农民养老和医疗保障问题，确保被征地农民现有生活水平不下降、长远生计有保障。完善城市规划区内被征地农民养老生活保障制度、被征地农民社会保障资金的筹集办法和渠道。养老生活保障费用实行个人缴费、集体缴费和政府出资的筹集方式，待遇按不低于当时当地最低生活保障标准确定。引导城市规划区内符合条件的被征地农民参加城镇企业职工基本养老保险制度，政府和集体给予一定年限（不少于5年）的基本养老保险补贴。组织城市规划区内的被征地农民按不同年龄段参加现行城镇居民医疗保险或城镇职工基本医疗保险，城市规划区外的被征地农民参加新型农村合作医疗，集体和政府给予一定年限缴费补助。2010年前，长沙、株洲、湘潭三市都要制定被征地农民社会保障实施办法，三市的保障项目和保障水平基本平衡，确保每一个被征地农民即征即保，应保尽保。

4.建立健全新型农村社会养老保险制度

采取个人缴费、集体补助、财政补贴相结合的筹资方式，建立"低费率、广覆盖、能接续、可持续"的新型农村社会养老保险制度。根据国家统一部署，在三市分别选择若干个县市区开展新农保试点，并逐步推开。用5年左右的时间，在三市区域内逐步实施新型农村社会养老保险制度。

5.建立城镇无业老年人养老保障制度

按照国家统一部署，建立城镇无业老年人养老保障制度，逐步解决城镇无保障老年居民养老保障问题。

6.完善城乡衔接的社会保险制度

完善参保人员社会保险关系转移、衔接的政策措施。研究解决城镇各类群体之间社会保险制度设计、政策衔接中存在的问题，实现不同群体之间社会保障制度政策的有效衔接，探索解决人员流动时社会保险关系接续问题的有效办法。探索完善城镇职工基本医疗保险、城镇居民基本医疗保险和新型农村合作医疗的转移和接续制度。积极推进基本医疗保险城乡统筹，探索整合城镇居民基本医疗保险和新型农村合作医疗制度、统一医保管理机构的有效办法，解决医保制度城乡二元分割、标准多样、待遇不一的问题。按照国家的统一部署，推进机关、事业单位养老保险制度改革，实现机关、事业单位与企业养老保险制度的合理衔接。落实税收优惠等政策，鼓励有条件的企业、事业单位建立企业年金、职业年金，形成基本养老保险、企业（职业）年金和个人储蓄养老保险相结合的多层次养老保险体系。

7. 完善社会保障待遇正常调整机制

按照国务院的统一部署，根据经济发展水平、工资增长情况和财政、基金承受能力，逐步提高社会保险待遇水平。适时调整提高企业退休人员养老金待遇水平。医疗保险保障能力显著增强，到 2020 年，三市实现城乡医保住院、门诊医疗和健康保健全面统筹保障。健全工伤补偿、预防和康复三位一体的工伤保障体系。实现生育保险计生项目内全额保障。

8. 加强社会保险基金征缴和监督管理

以非公有制经济、城镇个体工商户和灵活就业人员为重点，加大扩面征缴力度，全面推行五险（养老保险、医疗保险、工伤保险、生育保险、失业保险）统一征缴模式，提高征管服务效率，方便单位和个人参保缴费。建立多元化的社会保障筹资渠道，强化征收管理。探索建立保险基金征缴激励机制，实行缴费与待遇、征缴与奖励挂钩，确保应收尽收。提高社会保险统筹层次，不断增强统筹调剂的能力。医疗、失业、工伤、生育保险在实现规范的市级统筹的基础上，逐步实现省级统筹。加强社会保险基金监督管理，完善监管体系，健全监管制度，加强对外稽核、反欺诈和对内监控，确保基金安全，实现保值增值。

（三）健全完善覆盖城乡的职业教育培训制度

1. 建立覆盖城乡的职业技能培训体系

按照"培训主体多元化、城乡培训一体化、技能培训终身化"的原则，结合区域经济和产业发展趋势，整合资源，对职业教育培训和技能鉴定机构进行合理规划和布局，构建以公共培训机构为主导，以用人单位为主体，以各类职业院校、技工院校、就业训练中心、企业职工培训中心和民办职业培训机构等为依托的就业前培训、在职培训、再就业培训和创业培训多元化的技能人才培养和职业技能鉴定体系。在充分整合现有资源的基础上，到 2015 年，在三市重点建设 6 所技师学院、15 所高级技工学校、1个省级高技能人才培训鉴定示范基地、35 个高技能人才培训基地、30 所示范性高等职业技术学院、100 所中等职业学校、200 所乡镇农校、50 个重点实习实训基地，力争高技能人才培养规模大幅度提高，满足"两型"社会建设的需要。

2. 完善技能人才培养机制

县级以上人民政府应定期组织制定并实施职业教育发展和职业技能开发计划，统筹协调、鼓励支持本地职业教育培训事业的发展。建立公共财政投入职业教育和培训的长效机制，政府、社会、个人合理负担培训费用。依托人力资源市场，建立高技能人才供需信息定期发布制度，引导职业教育培训的专业设置、课程改革。完善校企合作培养高技能人才制度，将学校培养、企业培训、名师带徒、岗位实践成才有机结合和有效衔接，通过技术攻关、技术创新、工艺流程改革、课题研究、职业技能竞赛、技能交流活动和岗位技能培训，推动高技能人才队伍建设。健全以职业能力为导向，以工作业绩为重点，注重职业道德和职业知识水平的高技能人才评价机制，加强职业技能鉴定工作。

3. 推动行业企业建立和完善现代企业职工培训制度

结合建立现代企业制度，将职工培训纳入企业发展总体规划，督促企业加大对生产、服务一线技能劳动者，特别是高技能人才培训工作的经费投入，按职工工资总额的1.5%～2.5%的标准足额提取职工教育经费，重点保证高技能人才培养。县以上人民政府要安排专项经费，用于本地经济社会发展急需的高技能人才培训。到2015年，规模以上企业都应建立职工培训机构。企业应组织所有在岗员工每年接受不少于10天或五年一次性45天以上技能提升培训。通过强化岗位技能培训，不断提升技能人才综合素质，实现人力资源的有效开发和科学配置。

4. 加强农村劳动力转移就业技能培训

建立健全包括农村贫困家庭"扶贫技能培训计划"、"农村劳动力技能就业计划"等在内的农村劳动力转移培训体系，2010～2015年，将长株潭综合配套改革试验区有就业愿望的外出务工的农民工和被征地农民全面轮训一次。完善职业培训和技能鉴定补贴办法。对进城务工的农村劳动者参加职业技能培训和创业培训，按规定给予职业培训补贴；进城务工劳动者通过初次职业技能鉴定，取得职业资格证书的，给予一次性职业技能鉴定补贴；对有劳动能力和就业愿望的被征地农民提供免费技能培训和技能鉴定，使农村富余劳动力普遍享有接受职业技能培训的机会。

5. 突出城镇特殊群体的技能培训

依托各类职业教育培训机构，大力组织开展对城镇失业人员、关闭破产独立工矿区分流安置人员、城镇退役军人的职业技能培训和创业培训，落实培训资金，制订专门培训计划，开展订单式培训，确保培训效果。到2015年，使所有有就业愿望的就业困难群体都能接受一次有政府补贴的技能培训和技能鉴定。引导大学毕业生转变就业观念，依托大中专院校，积极组织对大学生的职业技能培训和创业培训，不断提高大学生的就业能力和创业能力。

（四）健全完善覆盖城乡的劳动关系调整协调机制

1. 完善劳动用工管理制度

贯彻实施《劳动合同法》，大力推行劳动合同制度，做到至2010年前，全部用人单位都与劳动者签订劳动合同，实现全面规范的劳动合同管理。建立规范的劳动用工备案制度和统一的劳动用工信息数据库，逐步实现劳动合同网络化管理和对劳动关系运行的宏观动态监管。推进劳动标准体系建设，加强劳动标准的制定和修订工作，严格落实国家特殊工时审批制度、法定假期休假和带薪休假制度。完善劳动关系协调机制，在2010年前，三市各县（市、区）全部建立劳动关系三方协调机制，在2015年率先建立"规范有序、公平合理、互利共赢、和谐稳定"的新型劳动关系。

2. 完善企业工资收入分配宏观调控制度

进一步完善最低工资标准、工资指导线、劳动力市场指导价位和人工成本信息指导等宏观指导制度，逐步健全适应现代企业制度需要的工资收入分配宏观调控体系。根据经济发展、消费价格指数等因素变化，适时调整最低工资标准，实行统一的最低工资标准体系。积极推进企业工资集体谈判协商制度建设，到2015年，覆盖区域内各类企业，使工资集体协商成为决定企业工资分配的主要形式。进一步完善企业职工工资正常增长机制和支付保障机制，从制度机制上杜绝拖欠和克扣工资的现象。逐步缩小行业企业工资收入差距，让城乡劳动者共享经济发展成果。

3. 完善劳动争议仲裁制度

认真贯彻实施《劳动争议调解仲裁法》，全面推进劳动争议仲裁机构实体化和仲裁员队伍的专业化、职业化建设，提高仲裁质量和效率。2010年前，三市各县市区要切实加强劳动争议仲裁机构建设，建立规范的劳动争议仲裁处理制度，制定劳动争议仲裁机构组织规则、办案规则，建立简便、灵活、高效、快捷的劳动争议处理新机制。

4. 完善覆盖城乡的劳动保障监察体系

进一步健全市、县两级劳动保障监察执法机构，建立劳动保障监察协管员制度，构建大信访格局，建立群体性事件预警机制和应急机制。加大劳动保障监察执法力度，积极推进网格化、网络化监察执法工作，畅通投诉举报渠道，及时查处举报投诉案件和城乡各类违反劳动保障法律法规、侵害劳动者权益的行为。

三　保障措施

（一）加强组织领导和监督考核

为加强对三市劳动保障体制机制创新工作的领导，成立由省人力资源和社会保障厅牵头、三市劳动保障部门参加的三市劳动保障体制改革领导小组，具体推进实施改革的各项工作，加强对试点工作的监督考核，保证完善改革试点工作任务。

（二）落实试点工作资金和工作经费

三市本级和各县市区根据劳动保障体制机制改革试点工作的需要，进一步调整财政支出结构，加大对就业、社会保障和劳动维权的资金投入。中央和省就业补助资金和社会保险补助资金的分配下拨，与各市、县市区试点工作资金筹集使用情况、优惠政策落实情况及工作实效挂钩，给予倾斜支持。

（三）加强劳动保障系统能力建设

按照建设"两型"社会要求，切实转变行政职能，加强劳动保障行政管理、经办服务、就业服务、监察执法、劳动仲裁队伍建设，提高依法行政、科学发展的能力。严格按照国家人力资源和社会保障部、中央机构编制委员会办公室人社部发〔2009〕116号、人社部发〔2010〕22号文件和省有关规定，完善公共就业服务体系。要充实乡镇劳动保障工作人员力量，建立社区劳动保障服务窗口，安排相应人员或采取政府购买形式从事劳动保障服务工作。

（四）加快金保工程建设步伐

三市率先建成符合国家标准的数据中心机房，实现各项业务数据的集中管理。加快劳动保障业务专网建设步伐，2015 年前实现三市 100% 的经办服务机构、95% 以上的街道社区、60% 以上的乡镇全部纳入劳动保障业务专网。加强应用系统建设，推进各业务领域的信息化管理，提高基金监管水平和宏观决策支持能力，普遍开展以网上经办、12333 电话咨询服务、社区信息平台为主要内容的公共信息服务。稳妥推进社会保障卡的发行和运用，到 2015 年，实现三市之间通过社会保障卡办理各项劳动保障业务。

湖南省人民政府关于《长株潭城市群"两型社会"建设综合配套改革试验区产业发展体制改革专项方案》的批复

湘政函〔2011〕57号

省经济和信息化委员会：

省人民政府同意你委制定的《长株潭城市群"两型社会"建设综合配套改革试验区产业发展体制改革专项方案》，请会同相关地方和部门认真组织实施。

湖南省人民政府

2011年3月18日

长株潭城市群"两型社会"建设综合配套改革试验区产业发展体制改革专项方案

根据省人民政府《关于印发〈长株潭城市群资源节约型和环境友好型社会建设综合配套改革试验总体方案〉的通知》（湘政发〔2009〕4号）文件精神，结合长株潭城市群"两型社会"建设综合配套改革试验区产业发展实际，制定本方案。

一 指导思想

以科学发展观为指导，按照产业分类管理的原则，创新产业发展体制，推进科技创新、产业聚集、结构优化，提高资源综合利用水平，减少污染物排放，形成以传统优势产业为基础、战略性新兴产业为先导的产业新格局，走出一条有别于传统模式的工业化发展新路。

二　基本思路

以体制创新为主线，以"两型"产业发展为切入点，运用两个手段（市场和计划），紧扣三个层面（产业组织、产业运行机制、产业管理方式），统筹五个关系（区域间关系、城乡间关系、城市间关系、产业间关系、产业与环境间关系），创新五个机制（产业导向机制、产业集聚机制、产业融合与创新机制、产业协同机制、产业治理机制），实现六大推进（产业集群化、发展方式集约化、产业创新持续化、区域产业协同化、外向协作开放化、产业治理多元化）。

三　主要目标

充分发挥和强化市场机制的基础性作用和宏观调控的引导作用，进一步提高产业发展环境的市场化程度，创新有利于提高资源配置效率、优化产业结构的体制机制，初步形成资源节约型和环境友好型产业发展的政策支持体系，为大力发展"两型"产业提供有力的体制与制度保障。到 2015 年，初步形成产业空间布局合理、区域分工明确、资源配置效率较高的产业发展新格局，拓宽长株潭城市群产业发展空间，奠定建设"两型社会"的产业支撑基础。到 2020 年，建立起有利于建设"两型社会"的产业支撑体系，产业结构合理，战略性新兴产业增加值占规模工业增加值的比重超过30%。

四　主要任务

在产业组织与产业结构方面，重点培育"两型"产业、战略性新兴产业和绿色产业，提升"两型"产业、战略性新兴产业和绿色产业在长株潭城市群产业结构中的比重，达到优化产业结构的目的；在产业运行机制方面，重点推进长株潭城市群产业融合与产业创新，强化产业协同效应，以集聚发展方式优化产业布局，实现区域与三次产业的联动；在产业管理方式方面，坚持市场运作与政府适度干预相结合，重点建设长株潭城市群产业共同治理机制。

（一）以培育"两型"产业为切入点，建立"两型"产业发展导向机制，实现产业结构的优化与升级

1. 做好产业发展规划，依法、理性引导产业升级

加强对"两型"产业发展的战略性研究，确定包括"两高一资"企业退出机制在

内的"两型"产业发展思路。做好产业布局规划，围绕"两型"产业龙头企业的打造，积极培植产业链，立足于产业链竞争模式建立"两型"产业竞争优势。

2. 建立支撑"两型"产业发展的政策导向机制

建立促进"两型"产业发展的激励机制，通过投资、财税、政府采购、节能环保标识等手段，支持节能环保等"两型"产业发展。建立限制高能耗高污染行业的约束机制，严把市场准入门槛，将能耗作为固定资产投资项目审核的强制性门槛，有效抑制高耗能、高污染、低附加值产业的盲目发展。建立以"两型"产业发展为导向的资源配置机制，整合各类产业发展资金，加大对"两型"产业的扶持力度，推进信贷资金向"两型"产业倾斜，制定支持"两型"产业发展的差异化产业政策。

（二）以技术创新为突破口，健全产业融合与创新机制，推进产业发展方式的转变

1. 加强产学研的互动，突出节能、环保技术的研发与应用

进一步强化企业在创新主体中的核心地位，着力培育和提升"两型"产业的科技支撑能力。加快建立产学研战略联盟，组建"两型"产业共性技术研究平台。引导长株潭城市群高校、科研机构面向市场、面向企业，推进科研院所加快转制，逐步形成产权多元化、经营专业化发展体系，引导科研人员面向企业转化科技成果，支持高校科研机构联合企业共建国家级和省级科技创新平台，鼓励有条件的科研院所进入重点产业、行业开展技术创新项目攻关研究。大力发展中介服务体系，支持有条件的科研院所转为科技中介服务机构，推动科技中介服务向技术集成、产品设计、工艺配套以及指导企业建立治理结构、完善经营机制等服务领域拓展。大力推进节能减排科技支撑行动，突出节能、环保技术的研发，组建一批国家工程实验室和国家重点实验室，积极推动以企业为主体、产学研相结合的节能减排技术创新与科技成果转化体系建设。加大科技成果转化尤其是中间试验的投入力度，积极拓展融资渠道，引导金融部门为科技成果转化提供贷款融资服务。

2. 以产业融合为平台，促进现代服务业的发展

大力发展生产性现代服务业，以"综合物流园区—专业物流中心—物流直达配送结点"为模式发展现代物流业，逐步把长株潭城市群建设成为我国连接东西、沟通南北的现代物流基地。以长沙为核心，大力发展金融业，打造全省乃至中部地区的金融中心，吸引国内外银行、保险、证券、信托、基金等各类金融机构落户长株潭城市群，大力发展具有市场和资源优势的专业化金融服务机构。加快发展科技服务业，推进科研和技术服务机构的专业化、社会化、市场化进程。积极发展商务服务业，引进国内外知名的会计、法律、咨询、评估等中介企业，促进一批中介服务机构向集团化方向发展。加

快发展信息服务业，以电信网、计算机网、有线电视网"三网"融合为依托，以软件和信息系统集成为重点，做强信息技术服务业。建立促进文化创意产业发展的新机制，把长株潭城市群打造成为全国文化创意产业发展高地。

3. 整合产业创新的多维模式，加快产业创新体系的构建

依托长株潭城市群科教优势和长株潭城市群的五个国家级高新区（开发区）、长株潭城市群综合性国家高技术产业基地、长株潭国家高新技术产业带，建立基于研发产业集群的组织创新体系，构建以人才为支撑、以企业为主体、产学研相结合的研发产业集群，建立设施完备的孵化基地和配套的风险投资机制，形成项目、研究、资金、归口四位一体的研发产业循环体系和动态组织层次网络。构建以"两型"产业、高新技术产业为支撑和生产性现代服务业为重点的结构创新体系，形成以产业可持续发展为目标的技术创新体系。

4. 转换产业开发和发展模式，促进经济发展方式转变

立足于新型工业化和新型城镇化带动战略，突出节能、环保技术的产业化应用，突出"两型"产业的优先发展战略，突出"两型社会"的建设目标，实现长株潭城市群经济发展方式从粗放型、城乡分离型向集约型、包容性增长的城乡结合模式转变，从高消耗、高污染、生存型向资源节约型、环境友好型转变。

（三）以整合区域资源为核心，建立城市群产业协同机制，促进产业开放与协作

1. 合理确立长株潭城市群的城市功能与产业定位

着力提升长株潭城市群的集聚与辐射功能，形成"3＋5"城市功能区。"3"包括长沙、株洲、湘潭三个城市组团，打造城市群的核心增长极，形成先进装备及高技术产业基地和综合交通物流中心，并高起点、高标准地把长沙建设为具有国际化品位的城市群形象窗口城市，以文化、休闲、商贸、科教、金融、信息、都市工业为主的功能区。"5"包括环洞庭湖的岳阳、常德、益阳和湘中的娄底、湘南的衡阳，打造城市群次级城市中心和经济发展腹地，形成农产品生产供应基地、能源原材料基地、先进装备及高技术产业配套基地。

2. 立足核心企业与产业配套，推进产业协同发展

按照"总体规划引领、产业创新主导、机制创新支撑"的思路，培育打造核心企业，加强产业配套，促进技术融合、产品与业务融合和市场融合，推进长株潭城市群产业协同发展。

3. 强化产业的纵向与横向联系，促进产业的关联与互动

积极鼓励和推动城市群产业间战略联盟的制度创新，在相关联的产业之间构建多种

形式的股权式、契约式的战略联盟关系，强化长株潭城市群产业间的纵向与横向联系，为产业创新提供优良的信息交流机制，加强产业间的关联。

4.建设产业科技支撑平台体系，实现资源共享

以高等院校、重点实验室为载体的科学研究平台，形成一批具有自主知识产权的重大科技成果，增强原始性创新能力。以企业技术中心、工程实验室、工程技术中心、工业设计平台等为重点，实施产业技术研发平台专项，加强产业关键技术和核心技术的研发。以生产力促进中心、科技成果转化基地、科技企业孵化器、留学人员创业园为重点，实施科技成果转化平台重大专项，增强科技成果转化能力。建立以技术产权交易所、科技风险投资机构、技术检测与评价机构、科技中介服务机构为主体的科技创新服务平台，提高科技产业化服务能力。建立以大型科学仪器设备、科学数据系统、网络科技环境、技术标准体系等为主要内容的公共科技基础平台，加强科技信息资源的增值开发与共享服务，为各类科技创新机构和科技创新人才提供有效的公共科技资源服务。

5.融入全球价值链体系，促进产业国际化发展

加强与世界一流的跨国公司合资合作，吸引资金和先进技术，吸引跨国公司在长株潭城市群内设立研发中心、采购中心、管理中心。鼓励有条件的企业集团到国外投资，积极参与国际竞争，推进产业发展融入更大区域乃至全球产业价值链。

（四）以优化产业空间布局为目标，建立产业集聚发展机制，推进产业集群的培育和发展

1.制定工业布局规划，创新产业空间布局

结合长株潭城市群各自功能与产业定位特点，加快编制城市群工业布局规划。在不同的城市功能区之间，制定并完善跨城市、跨功能区、跨部门之间的产业转移政策、财政分配政策和生态补偿政策等区域协调政策体系来规范和协调区域利益分配，优化产业空间布局，推进产业集聚发展。

2.运用产业升级、调整和转移等手段，推动"两型"产业发展

对实现技术升级、产业调整达标的企业给予相应的财政和税收优惠政策，对规定期限内仍然不能通过技术升级和产业调整达标的企业或产业给予一定的限制，依法对企业或产业进行合并重组或实施整体退出。

3.以产业园区为载体，构建现代产业体系

以产业园区为载体，大力发展"两型"产业，建立资源节约型、环境友好型的现代产业体系。

（五）以构建服务型政府为动力，建立产业综合治理机制，创新产业发展
环境

1. 完善产业治理机制

成立以城市群政府产业政策合作为基础的产业治理平台，建立长株潭城市群产业治理机制。形成长株潭城市群产业一致经营、利害均沾的经济共治环境，打破城市群之间因行政区划导致的行政壁垒及行政壁垒导致的经济壁垒，形成一种合力协议方式的解决机制，最终形成长株潭城市群的产业治理共管机制，突破现行条块管理体制的限制，在国土资源、建设、环保、水利、科技等各个职能领域推行产业的区域性管理。

2. 坚持市场运作与政府的适度干预相结合

加快政府职能转变，建设服务型政府。按照建设责任政府、服务政府、法治政府、廉洁政府的要求，着力推进政企分开、政资分开、政事分开、政社分开，将政府的主要职能切实转变到经济调节、市场监管、社会管理和公共服务上来。合理设定经济调节目标，进一步健全经济调节体系，进一步减少和规范行政审批，加强战略规划和预测预警，更多运用经济和法律手段调节经济运行。

五 保障措施

一是建立协调机制，形成改革合力，共同推进改革。

二是建立监督机制，检查改革进展情况，落实各项改革任务，推动改革工作顺利进行。

三是建立考评机制，定期开展方案实施评估工作，检查实施效果及各项政策措施落实情况。

湖南省长株潭"两型社会"建设
改革试验区领导协调委员会办公室
关于发布长株潭城市群改革试验区
"两型社会"建设"两型"机关、
"两型"学校等第二批试行标准的通知

湘两型改革〔2011〕11 号

长沙、株洲、湘潭、衡阳、岳阳、常德、益阳、娄底市两型办（发改委）及五区十八片管委会：

为贯彻省委省政府《关于加快经济发展方式转变，推进"两型社会"建设的决定》（湘发〔2010〕13 号）精神，落实"四化两型"战略，建立科学合理的标准体系，以标准规范、保障和促进"两型社会"建设，我办继发布试行"两型"产业分类、"两型"企业、"两型"园区、"两型"县、"两型"镇、"两型"农村等第一批标准后，又组织专门力量，编制了"两型"机关、"两型"家庭、"两型"学校、"两型"医院、"两型"社区、"两型"村庄等第二批标准，决定先在试验区发布试行。

现将《"两型"机关建设标准（试行)》《"两型"家庭建设标准（试行)》《"两型"学校建设标准（试行)》《"两型"医院标准（试行)》《"两型"社区建设标准（试行)》《"两型"村庄建设标准（试行)》等 6 个文件印发给你们，请遵照试行。试行中出现的问题以及你们的意见和建议请及时反馈给我办。

附件：

1."两型"机关建设标准（试行）

2."两型"家庭建设标准（试行）

3."两型"学校建设标准（试行）

4. "两型"医院建设标准（试行）

8. "两型"社区建设标准（试行）

6. "两型"村庄建设标准（试行）

2011 年 6 月 7 日

附件

"两型"机关、"两型"学校等六个建设标准(试行)①

一 "两型"机关建设标准(试行)

表1 "两型"机关建设定性指标

分系统	子系统	指标	指标值要求	指标来源	备注
资源节约	资源消耗	1. 节能管理	有年度节能目标、实施方案和考核方案	《公共机构节能条例》(国务院令第531号)	全部通过为合格
			有专职的节能机构和人员		
		2. 节能设施	使用节水器具	《长沙市城市节约用水规划》《节水型产品技术条件与管理通则》(GB/T 18870-2002)	全部通过为合格
			使用能效2级以上(包括2级)的节能型办公电器	能效标识参见《中华人民共和国实行能源效率标识的产品目录》	
			使用绿色照明设备	高效节能照明设备参见《高效节能照明产品与技术采样本选型目录》	
			机关食堂使用节能灶具	GB 16410-2007《家用燃气灶具》、《环境标志产品技术要求·燃气灶具》(HJ/T 311-2006)	
		3. 建筑节能	新建建筑设计、施工节能完全达标	《公共建筑节能设计标准》(GB 50189-2006)《湖南省建设事业第"十二"个五年规划》	全部通过为合格
			既有建筑的围护结构节能改造完成		

---

① 此件收入本书时有删节。

续表

分系统	子系统	指标	指标值要求	指标来源	备注
资源节约	综合利用	4. 综合利用机制	有资源综合利用制度		全部通过为合格
			有资源综合利用相关设施,如循环用水设施等	《关于加强政府机构节约资源工作的通知》(发改环资〔2006〕285号)	
			废旧办公用品回收利用 非特殊公文用纸双面使用		
		5. 垃圾分类处理	有垃圾分类处理的相关设施	《城市生活垃圾分类及其评价标准》(GJ/T 102 – 2004)	全部通过为合格
			使用垃圾分类处理的相关设施		
环境友好	排放控制	6. 废水、气达标排放	有废水、废气达标处理相关设施	《污水综合排放标准》(GB 8978)、《饮食业油烟排放标准》(GWPB 5 – 2000)、《锅炉大气污染物排放标准》(GB 13271)	全部通过为合格
			使用废水、废气达标处理相关设施		
		7. 使用清洁能源	全部加热设备都使用清洁能源,有条件的机关使用太阳能、风能、生物质能、地热能等新能源		有条件的机关适用
	机关环境	8. 环境卫生	机关干净整洁	《公共场所卫生管理条例实施细则》,卫生部	全部通过为合格
			食堂卫生达标	《餐饮业和集体用餐配送单位卫生规范》,卫生部	
			空气质量达标	《室内空气质量标准》(GB/T 18883 – 2002)	
两型文化	宣传教育	9. "两型"机关创建综合方案	有"两型"机关建设领导机构	《全国资源节约型和环境友好型社会建设综合配套改革试验区体制机制创新研究》(发改经体〔2007〕3428号)	全部通过为合格
			有"两型"知识培训		
机关和谐	服务效能	10. 内控机制	重大决策符合相关规定	《公共机构节能条例》(国务院令第531号)	全部通过为合格
			公共投资项目决策后期跟踪审计	《湖南省行政程序规定》(湖南省人民政府令第222号) 审计署《政府投资项目审计规定》	
			有决策纠错机制	《全面推进依法行政实施纲要》(国发〔2004〕24号)、《湖南省行政程序规定》(湖南省人民政府令第222号)	

395

续表

分系统	子系统	指标	指标值要求	指标来源	备注
机关和谐	服务效能	11. 服务质量	无因行政（服务）不当引起的行政投诉、行政复议和上访	《中华人民共和国宪法》	全部通过为合格
	综合治理	12. 违法违纪情况	无刑事违法犯罪	《中华人民共和国宪法》《中华人民共和国人口与计划生育法》	一票否决
			无违反计划生育事件		
			无社会治安事件	《湖南省社会治安综合治理条例》	

表2 "两型"机关建设定量指标

分系统	子系统	指标	指标值要求	指标来源	备注
资源节约	资源消耗	1. 单位综合电耗	≤41（千瓦·时/平方米）	《湖南省地方标准——行政机关单位综合能耗、电耗定额及计算方法》（DB43）	机关单位综合电耗修正系数原则上不能超过1.5
		2. 月人均用水量	1350升/人·月	湖南省质量技术监督局《湖南省用水定额标准》	
		3. 人均办公面积及装修合格率	100%	《国家计委关于印发党政机关办公用房建设标准的通知》（计投资[1999]2250号）	
		4. 无纸化办公率	100%	《我国电子政务建设指导意见》（中央办公厅[2002]17号）	
	经费管理	5. 经费预算控制率	≤100%	《关于加强政府机构节约资源工作的通知》（发改环资[2006]284号）	预算经费包括办公经费、会议经费、公务经费，公务接待、公务培训
环境友好	排放控制	6. 噪声控制	55（昼间）45（夜间）LAeq/dB	《城市区域环境噪声标准》（GB 3096-82）	
	机关环境	7. 办公场所禁烟率	100%	卫生部《公共场所卫生管理条例实施细则》	
		8. 可绿化场地绿化率	100%	《湖南省国民经济和社会发展第十二个"五年"规划》	

续表

分系统	子系统	指标	指标值要求	指标来源	备注
环境友好	政府采购	9. 绿色采购率	≥90%	财政部与国家环保总局《节能产品政府采购实施意见》、财政部与国家发展改革委《财政部 国家发展改革委关于印发〈节能产品政府采购实施意见〉的通知》	绿色采购产品参见《环境标志产品政府采购清单》
两型文化	宣传教育	10. 机关职工"两型"知识普及率	100%		
	职工参与	11. 机关职工"两型"家庭创建率	≥80%		

二 "两型"家庭建设标准（试行）

表1 "两型"家庭建设定性指标

分系统	子系统	指标	指标值要求	指标来源	备注
资源节约	资源消耗	1. 使用节能型器具	使用节水器具	《长沙市城市节约用水规划》、《节水型产品技术条件与管理通则》（GB/T 18870－2002）	全部通过为合格
			使用能效2级以上（包括2级）的节能型家用电器	能效标识参见《中华人民共和国实行能源效率标识的产品目录》	
			使用绿色照明设备	高效节能照明设备参见《高效节能照明产品与技术样本选型目录》	
			使用节能灶具	《家用燃气灶具》（GB 16410－2007）、《环境标志产品技术要求·燃气灶具》（HJ/T 311－2006）	
	综合利用	2. 废旧物品回收利用	能修旧利废的物品都修旧利废	国务院《中国21世纪议程》	
		3. 使用循环用水设备	有	《长沙市城市节约用水规划》	循环用水设备可以是自制简单设备

续表

分系统	子系统	指标	指标值要求	指标来源	备注
环境友好	排放控制	4. 垃圾分类处理	有垃圾分类处理的相关设施	《城市生活垃圾分类及其评价标准》(GJJ/T 102 - 2004)	全部通过为合格
			使用垃圾分类处理的相关设施		
		5. 废水排放达标	生活污水排放符合市政排水相关规定		
		6. 使用清洁能源	全部加热设备都使用清洁能源，有条件的家庭使用太阳能、风能、生物质能、地热能等新能源		
	家居环境	7. 户内外卫生	家居及楼道干净整洁，无卫生死角；厕所无害化处理	全国妇联等19部委《关于深入持久开展"五好文明家庭"创建活动的联合通知》	农村家庭厕所需达到湖南省人大常委会《湖南省农村初级卫生保健条例》，GB 7959 - 87《粪便无害化卫生标准》
		8. 绿色家装	家装产品符合《环境标志产品政府采购清单》		
环境友好	消费方式	9. 绿色消费理念	秉持勤俭节约理念，拒绝过度包装和奢侈消费	国务院办公厅《国务院办公厅关于限制生产销售使用塑料购物袋的通知》	全部通过为合格
			自觉执行限塑令，自带购物袋或菜篮子等		
			不使用不可降解和不可回收的一次性生活		
	出行方式	10. 绿色出行	尽量采取步行、自行车、公共交通出行	标准参见国家发改委《乘用车燃料消耗量限值》	全部通过为合格
			家用车燃料消耗达标		
两型文化	两型知识	11. 参与"两型"知识培训	自觉学习"两型"知识，且积极参与有组织的"两型"知识培训		

续表

分系统	子系统	指标	指标值要求	指标来源	备注
家庭和谐	内部和谐	12. 夫妻和谐	夫妻互相尊重，互相容忍，和谐美满。	全国妇联等19部委《关于深入持久开展"五好文明家庭"创建活动的联合通知》	已婚家庭适用
		13. 尊老爱幼	尊敬长辈，善待老人；爱护孩子，科学培育	全国妇联等19部委《关于深入持久开展"五好文明家庭"创建活动的联合通知》	

表 2 "两型"家庭建设定量指标

分系统	子系统	指标	指标值要求	指标来源	备注
资源节约	资源消耗	1. 月人均用水量	4800升/人·月	湖南省质量技术监督局《湖南省用水定额标准》	
		2. 月户均用电量	6~9月分别为80度/户·月，其他月份为60度/户·月	《湖南省节约用电实施细则》（湘政办发[1987]37号）	
		3. 月户均用气量	20立方米	中国城市燃气学会调查小组	全部使用燃气加热设备家庭适用
	费用核算	4. 室内采暖和制冷温度设置	夏季空调温度设置≥26℃，冬季空调温度设置≤18℃	《公共建筑节能设计标准》（GB 50189-2005）	使用空调家庭适用
		5. 家庭支出核算次数	≥1次/户·月	《公共机构节能条例》（参考国务院令第531号）	
		6. 家庭支出预算控制	≤100%	《公共机构节能条例》（参考国务院令第531号）	
环境友好	排放控制	7. 噪声控制	60（昼间）50（夜间）LAeq/dB	《城市区域环境噪声标准》（GB 3096-82）	
	家居环境	8. 养花护绿	绿色植物种植≥1盆	全国妇联等19部委《关于深入持久开展"五好文明家庭"创建活动的联合通知》	
环境友好	消费方式	9. 无磷洗涤用品使用率	100%	《衣料用洗涤剂耗水量和节水性能评估标准》、《洗涤用品安全技术规范》	

续表

分系统	子系统	指标	指标值要求	指标来源	备注
两型文化	两型知识	10."两型"知识普及率	100%		评价标准:高、中、低
	活动参与	11."两型"建设活动参与率	100%		
家庭和谐	内部和谐	12.幸福指数	高		
	邻里关系	13.邻里争吵次数	0次/人	全国妇联等19部委《关于深入持久开展"五好文明家庭"创建活动的通知》	
	法纪行为	14.违法违纪次数	0次/人	《中华人民共和国宪法》《中华人民共和国民法》《中华人民共和国刑法》《湖南省人口与计划生育法》《湖南省社会治安综合治理条例》	一票否决

三 "两型"学校建设标准（试行）

表1 "两型"学校建设标准

项目	序号	指标	单位	指标值或要求	指标来源
资源节约	1	建筑设计		新建学校建筑设计、施工和运营管理应符合《民用建筑节能条例》的有关要求;鼓励对不符合民用建筑节能强制性标准的既有学校建筑进行建筑节能改造。	《民用建筑节能条例》
	2	节能灯具使用率	%	节能灯具普及率达到100%,且照明良好,光线充足,采用节能型照明控制系统,采用太阳能、地热能、风能等可再生能源可作为学校能源使用的补充。	《民用建筑节能条例》

续表

项目	序号	指标	单位	指标值或要求	指标来源
资源节约	3	公共建筑采光	W/m^2	室内采光设计应满足现行国家标准《建筑采光设计标准》的要求；室内采光系数或窗墙比满足当地光气候区要求。合理采用天窗、光导镜、反光板、光导管等自然采光强化和调控措施。照明功率密度值≤11 W/m^2（美术教室为18 W/m^2）	《建筑采光设计标准》（GB/T 50033－2001）《建筑照明设计标准》（GB/T 50034－2001）《公共建筑节能设计标准》（DB22/T436－2006）
	4	公共建筑空气调节与采暖	℃	空气调节与采暖系统的冷、热（热）水机组中设置的冷、热源宜采用集中供热、换热设备。机组或设备的选择应根据建筑规模、使用特征，结合当地能源结构及其价格政策、环保规定等确定。有条件的学校可结合建筑条件及当地资源条件采用地源、地表水源、污水源热泵及地热技术。设有中央空调的公共建筑，夏季空调系统温度设置办公室≥26℃，大堂、过厅等采暖温差≤10℃；冬季不宜采用空调系统进行冬季采暖，办公室温度设置≥18℃，大堂、过厅温度设置≤16℃。宜设热水集中采暖系统，办公室集中采暖温度设置≤16℃。	《公共建筑节能设计标准》（GB 50189－2005）《公共建筑节能设计标准》（DB22/T436－2006）《普通高校综合能耗、综合电耗定额及计算方法》（DB43/T611－2011）《民用建筑节能条例》
	5	节约用水	升/人·日	学校内公共建筑尽应尽可能采取日生活用水定额制，中小学为15～35升/人·日，高等学校为35～40升/人·日。感应式节水阀使用率100%；水阀和卫生洁具等用水器具100%达到《节水型产品技术条件与管理通则》所要求的标准；绿化浇灌采用喷灌、微灌等方式，合理安排绿化灌溉次数及用水量；学生宿舍区建筑面积5万平方米以上的，应当建设和使用中水利用和雨水利用设施；加强用水设备改造和巡查维护，做到无"跑冒滴漏"和长流水等浪费现象。	《民用建筑节水标准》（导则）（DB14/T501－2008）《节水型产品技术条件与管理通则》
	6	锅炉热效率	%	燃煤（Ⅱ类烟煤）蒸汽、热水锅炉额定热效率≥78%；燃油燃气蒸汽、热水锅炉额定热效率≥89%。	《公共建筑节能设计标准》（GB 50189－2005）
环境友好	7	办公自动化		推进无纸化办公，推广使用办公自动化系统，尽量使用电子邮件系统；利用信息系统进行授课、作业、考试、阅览、宣传等，部分用教科书实现循环使用。	

续表

项目	序号	指标	单位	指标值或要求	指标来源
环境友好	8	垃圾与生活污水处理	%	实行垃圾分类收集、处理;设置相对固定的收集容器,并建有完善的防渗漏、防流失、防扬散、防雨淋等暂存场所;生活污水集中处置率100%。	《学校卫生监督综合评价》(GB/T 18205-2000)《污水综合排放标准》(GB8978)
	9	空气质量		室外空气质量符合《环境空气质量标准》(GB 3095-1996)要求(其中锅炉大气污染物排放符合 GB13271《锅炉大气污染物排放标准》要求);室内空气质量符合 GB/T18883《室内空气质量标准》的要求。	《环境空气质量标准》(GB 3095-1996)《锅炉大气污染物排放标准》(GB 13271)《室内空气质量标准》(GB/T 18883-2002)
	10	噪音标准	dB	白天≤50 dB,夜间≤40 dB。	《城市区域环境噪声标准》(GB 3096-93)
	11	废弃物及危险化学药品处理		固体废弃物分为危险固体废弃物和一般固体废弃物,其中:危险固体废弃物的处理应符合《固体废物污染环境防治法》的相关规定。一般固体废弃物的处理应优先考虑资源的再利用,可回收的废弃物由各单位安排人员整理,再转卖给生活垃圾收集部门;不可回收的废弃物与生活垃圾统一运送到垃圾场处理。危险化学药品的管理和处置符合《危险化学品安全管理条例》的规定。	《固体废物污染环境防治法》《危险化学品安全管理条例》
	12	饮食安全		提供的粮食、素材、水产、肉禽蛋奶等达到卫生和防疫部门卫生许可要求的采购并有相应的证明文件;餐具可循环使用率达100%;生活饮用水质量符合《生活饮用水卫生标准》(GB 5749-2006)。	《学校卫生监督综合评价》(GB/T 18205-2000)《生活饮用水卫生标准》(GB 5749-2006)《高等学校节约型校园建设管理与技术导则》(试行)》

续表

项目	序号	指标	单位	指标值或要求	指标来源
环境友好	13	校园绿化	%	校园绿化率100%，绿化覆盖率≥30%；绿化树木生长良好，修剪保护到位；鼓励对办公和教学场所进行室内绿化。	《高等学校节约型校园建设管理与技术导则（试行）》
	14	师生人数比	%	小学：城市为1∶19，县镇为1∶23；初中：城市为1∶13.5，农村为1∶18；高中：城市为1∶12.5，县镇为1∶13，农村为1∶13.5；高等学校根据学校性质及规模参照《高等学校人员编制的试行办法》执行。	《高等学校人员编制的试行办法》《关于制定中小学教职工编制标准的意见》
办学绩效	15	绿色升学率	%	小学：100%；初中：100%；高中：≥80%	
	16	就业率	%	≥85%	《湖南省普通高等学校毕业生就业率统计、监测和公布办法》
	17	社会影响力		为社会培养输送各类优秀人才，享有良好的社会声誉。	
	18	组织建设		成立"两型"学校领导小组，负责全校两型工作领导、决策。校内各单位也要成立相应的小组，负责本单位工作。措施的制定和落实。	
	19	制度建设		建立自查自纠制度，经常性开展检查活动，及时制止浪费行为；建立评比奖惩制度，将"两型"学校建设工作纳入绩效考核范围；建立健全基础设施，公共服务设施的管理和管护制度。	
	20	事故发生率	起/年	特别重大事故、重大事故，较大事故发生率为0起/年，轻微事故发生率≤1起/年。	
"两型"教育及管理	21	课程与讲座		将"两型"理念与知识纳入学生思想政治理论课的范畴，聘请具有专业知识和实践经验的专家、学者及管理人员授课，增加学生的相关专业知识，每学期"两型"教育专题讲座不少于2次。	
	22	科研与实践		组织开展校园资源节约利用和环境保护等促进"两型"学校建设的科学研究，与"两型"相关的研究成果占总成果的比重达到同类学校先进水平；将研究成果应用于"两型"学校建设实践，建设示范项目，总结经验，积极推广。	
	23	媒体宣传		通过校园报刊、广播、影视、网络等媒体，开展形式多样的"两型"学校创建活动，倡导良好的节约风气，形成建设"两型"学校的舆论氛围，每月"两型"主题宣传活动应不少于1次。	

注：指标15仅适用于中、小学；指标16、22仅适用于高等学校。

四 "两型"医院建设标准（试行）

表1 "两型"医院建设标准

项目	序号	指标	单位	指标值或要求	指标来源
资源节约	1	单位综合能耗	千克标准煤/平方米	达到同级别医院先进值（三级≤40，二级≤15，一级≤10）	《医疗机构综合能耗、综合电耗定额及计算方法》
	2	单位综合电耗	千瓦时/平方米	达到同级别医院先进值（三级≤120，二级≤60，一级≤30）	《医疗机构综合能耗、综合电耗定额及计算方法》
	3	能源制度	—	建立能源统计和分析工作制度，能耗定额考核制度及奖惩办法，有分析报告，考核奖惩记录。按部门（科室）或楼宇、楼层系统安装水、电、汽计量表，按耗能设备分类建立计量表台账。	
	4	节能措施	—	积极采取节水、节电等能措施。安装节水装置，采用中水系统并运行良好；灯具总数50%以上采用高效、节能的新光源，且照明良好，光线充足，采用节能型照明控制系统，采用智能型能源照明，采用太阳能、地热能、风能等可再生能源和技术作为医院能源的补充。提倡无纸化办公，尽量减少纸张使用，落实使用再生纸或纸张双面使用等措施。	
环境友好	5	污水排放	—	连续三次各取样500毫升进行检验，不得检出肠道致病菌和结核杆菌；总大肠菌群数每升不得大于500个；综合医疗结构污水排放执行排放标准时，宜采用二级处理+消毒工艺或采用二级深度采理+消毒工艺。	《医疗机构水污染物排放标准》（GB 18466－2005）
	6	污泥排放	—	蛔虫卵死亡率大于95%；粪大肠菌值不大于10^{-2}，每10克污泥（原检样中），不得检出肠道致病菌和结核杆菌	《医疗机构水污染物排放标准》（GB 18466－2005）
	7	空气洁净	—	ICU，CCU空气净化洁净度应达到10万级以上标准	《太原市绿色医院考核评定细则》
	8	噪音控制	dB	白天不高于50，夜间不高于40	《城市区域环境噪声标准》（GB 3096－93）
	9	制度建设	—	建立医院废气、废水、废物、噪声、辐射及病原质微生物管理制度和污染防治操作规程，并认真组织实施。	《太原市绿色医院考核评定细则》

续表

项目	序号	指标	单位	指标值或要求	指标来源
环境友好	10	监测率	次	医院污水的监测,应符合下列要求:余氯:连续式消毒,每日至少监测一次,间歇式消毒,每次排放之前监测;总大肠菌群数:每两周至少监测一次;传染病和结核病医院,应根据需要增测致病菌。	《医疗机构水污染物排放标准》(GB 18466-2005)
	11	垃圾处理	—	实施医疗垃圾、生活垃圾分类收集、处置;对固定的收集容器,并建立有完善的防渗漏、防流失、防扬散、防雨淋的暂存场所。	
	12	绿化覆盖率	%	绿化覆盖率达到30%	《太原市绿色医院考核评定细则》
	13	医疗废弃物管理	—	医疗废弃物与生活垃圾分别独立收集;医疗废弃物的暂存场所必须有完善的防渗透、防扬散、防流失、防雨淋的条件;医疗废弃物交由有特种垃圾处理部门实行无害化集中处理,保存3年;医疗废物、危险废物实行全过程管理并实行无害化处理。(市区送废物处置中心处理)。有专门容器进行包装并设置有危险废物标签。一次性医疗器械使用后应消毒毁形。	国务院令(第380号)《医疗废物管理条例》、中华人民共和国卫生部令(第36号)《医疗卫生机构医疗废物管理办法》、南宁市"绿色环保医院"评估标准
医务质量与效率	14	病床使用率	%	85%~93%	《三级综合医院评审标准》
	15	病房危重病人抢救成功率	%	综合医院≥84%	《四川省综合医院评审标准纲要》
	16	医院治愈率	%	高于同级别医院平均值	《中国卫生统计年鉴》
	17	处方合格率	%	处方合格率三级医院≥95%,二级医院≥90%,社区卫生中心/站≥85%	《四川省综合医院评审标准纲要》
	18	发药出门差错率	%	三级医院≤1/10000;二级医院≤2/10000,社区卫生中心/站≤2.5/10000	《四川省综合医院评审标准纲要》
	19	急救物品完好率	%	100%	《四川省综合医院评审标准纲要》
	20	医患关系	—	年医疗纠纷数:三级医院≤15起,二、一级医院≤5例	《中华医院管理学会调查数据》

续表

项目	序号	指标	单位	指标值或要求	指标来源
务质量与效率	21	人出院诊断符合率	%	综合医院≥95%，社区卫生中心/站≥90%	《中国卫生统计年鉴》
	22	大型医疗设备检查阳性率	%	三级≤70%，二级及以下≤60%	《四川省综合医院评审标准》
	23	诊疗服务人性化程度及流程优化程度	一	医务人员在诊疗活动中能坚持以救死扶伤的人道主义精神给予病患人性化服务和人文关怀，医疗机构年患者满意率在90%以上；建立综合医疗诊疗平台，实行预约、挂号、检查、诊断、用药、反馈的全过程电子信息化，缩短就诊流程的等待时间和复杂程度，积极建设和参与使用远程医疗诊断平台。	中华医院管理学会有关研究
	24	30种常见疾病人均住院医药费用	元	低于同期同级别医院平均值	《中国卫生统计年鉴》
管理素质与发展潜力	25	医疗质量管理	一	建立院、科两级完善的医疗质量管理组织，医疗质量管理职能部门组织实施全面医疗质量管理、指导、监督、检查、考核和评价医疗质量管理工作，加强医疗技术管理。	《医院管理评价指南（2008版）》卫医发〔2008〕27号
	26	应急管理	一	有突发公共卫生事件、灾害事件等应急预案并组织演练；承担突发事件紧急医疗救援任务；及时、妥善处理医院突发事件。	《医院管理评价指南（2008版）》卫医发〔2008〕27号
	27	医生的职称构成	%	高于同级别医院平均值（综合医院：正高≥5.7，副高≥33.2，师级/助理≥32.7；社区卫生中心/站：正高≥7.4，中级≥33.8，师级≥38.9）	《中国卫生统计年鉴》
	28	护士的职称构成	%	高于同级别医院平均值（综合医院：副高≥2.1，中级≥27.9，师级/助理≥30.5，士级≥34.1；社区卫生中心/站≥副高≥0.7，中级≥23.7，师级/助理≥23.7，士级≥34.5）	《中国卫生统计年鉴》
	29	卫生技术人员"三基"考核合格率（基础理论、基本知识、基本技能）	%	100%	

五 "两型"社区建设标准（试行）

表 1 "两型"社区建设定性指标

指标类型	指标名称	考核依据	衡量标准	备注
资源节约	1. 低碳生活方式推广度*	宣传节水、节电、节能知识 宣传绿色低碳的低碳生活方式	有	全部达到为合格
	2. 新能源技术应用	公共区域采用太阳能供电	是	达到为合格
	3. 节约用水	公共区域全部安装感应式节水阀 有生活污水资源化处理设备	是	全部达到为合格
环境友好	4. 社区环境整洁	绿化程度高 垃圾分类收集处理 输电线、通讯线等各线路划分美观 无露天烧烤等现象	是	达到三项（含）以上为合格
	5. 环保公众参与机制	定期发布环境公报、公告 专门设备接受居民关于环境问题的反馈	有	全部达到为合格
	6. 环保激励机制	定期组织具有"两型家庭"特色的评选活动	有	达到为合格
	7. 居民"两型"意识	自觉使用清洁能源 自觉使用环保型日常用品① 绿色出行	是	达到两项（含）以上为合格
社会和谐	8. 社区服务网络	文体类基础设施② 停车场等民基础设施 便民基础设施③	有	达到两项（含）以上为合格
	9. 人文关怀*	有固定的志愿者队伍 幸福感较强	是	全部达到为合格
	10. 社区治安	入室盗窃等刑事案件极少发生 灾害事故极少发生 打架斗殴等现象极少出现	是	达到两项（含）以上为合格

注：加＊号的为原创指标。
① 环保型日常用品是指非一次性的环保型商品，如可重复使用的菜篮子、布袋子。
② 文体类基础设施主要包括图书阅览室、文体活动室、健身活动场所、绿色网吧等。
③ 便民基础设施主要是指便利店、菜市场、理发店、医疗站等满足居民日常生活需要的设施。

表 2 "两型"社区建设定量指标

指标类型		指标名称	基准值	说明
资源节约	资源消耗	1. 室温控制	夏天：≥26℃ 冬天：≤20℃	结束性指标
		2. LED灯普及率	住户：≥60 公共区域：100%	参考性指标
	资源综合利用	3. 节能空调使用比例	≥50%	
		4. 废弃电器电子产品回收处理点	≥1个	
环境友好	生态环境	5. 绿化率	≥38%	约束性指标
	民生环境	6. 居民对社区环境的满意率	≥90%	
	污染控制	7. 噪声控制	昼间：≤55dB 夜间：≤45dB	
		8. 清洁能源普及率	≥95%	
		9. 油烟净化装置安装率	新建餐饮单位：100% 已营业餐饮单位：≥80%	
		10. 保洁员	≥1个	参考性指标
社会和谐	生活方式	11. "两型家庭"创建率	≥50%	约束性指标
	生活状态	12. 社区登记失业率	≤3.5%	参考性指标

注：约束性指标是政府在公共服务和涉及公共利益领域对有关领域提出的工作要求，而参考性指标是指用来参考但不属于政府文件中的要求。

六 "两型"村庄建设标准（试行）

表 1 "两型"村庄建设定性指标

指标类型	指标名称	考核依据	衡量标准	备注
资源节约	1. 节约用水	支干渠道进行节水改造	是	达到两项（含）以上为合格
		喷灌滴灌技术推广应用		
		供水入户提倡一水多用		
	2. 节约用地	土地整治（整理、开发、复垦）	是	达到两项（含）以上为合格
		村庄科学布局		
	3. 节约用电	家用电器绿色节能	是	达到为合格
环境友好	4. 面源污染控制	测土配方科学施肥①	是	达到两项（含）以上为合格
		指导农民科学使用高效、低毒、低残留农药		
		畜禽养殖三区划分		
	5. 村容整洁	无"脏乱臭"现象	是	达到两项（含）以上为合格
		组级道路全部硬化		
		农户庭院绿化率高		
	6. 民生环境	无假冒伪劣产品	是	达到三项（含）以上为合格
		生产、销售各环节严控食品安全		
		安全饮用水入户		
	7. 环保宣传	节能路灯设施建设	是	达到为合格
		印发宣传手册，有宣传栏、标语等设施		

续表

指标类型	指标名称	考核依据	衡量标准	备注
社会和谐	8. 乡风文明	"四提倡"、"树三德"、"刹三风"②		
		创建"两型家庭"、"星级文明户"等活动	是	达到两项（含）以上为合格
		课堂、家庭、社会教育三结合营染文明之风		
	9. 人文关怀*	文化娱乐活动丰富	是	全部达到为合格
		幸福感较强		

注：加＊号的为原创指标。

①测土配方是根据仪器测量检测土壤所需矿物质从而因需施肥。

②"四提倡"（提倡助人为乐、尊老爱幼、遵纪守法、喜事新办和丧事简办）、"刹三风"（刹赌博风、大操大办风、封建迷信风）、"树三德"（树社会公德、家庭美德、个人道德）。

表2 "两型"村庄建设定量指标

指标类型		指标名称	标准值	说明
资源节约	资源利用	1. 农业资源综合利用率		约束性指标
		农作物秸秆综合利用率	≥95%	
		畜禽养殖废弃物综合利用率	≥95%	
		林业资源综合利用率	≥70%	
		2. 土地流转集约经营率*	≥50%	参考性指标
	资源消耗	3. 沼气池、太阳能利用率	≥60%	
	民生环境	4. "三改"覆盖率	≥95%	约束性指标
		户用卫生厕所普及率	≥70%	
		5. 生活垃圾定点存放清运率	≥90%	参考性指标
环境友好	污染控制	6. 土壤养分、重金属、农药残留合格率*	≥90%	约束性指标
		7. 农业废弃物回收		参考性指标
		农膜回收利用率	≥65%	
		农药瓶、化肥内包装回收率	≥95%	
		8. 无公害、绿色和有机农业总产值占比	≥30%	约束性指标

续表

指标类型		指标名称	标准值	说明
社会和谐	民生建设	9. 民生设施覆盖	≥1 个组合	参考性指标
		10. 社会保障覆盖*		约束性指标
		新型农村社会养老保险参保率	≥95%	
		新型农村合作医疗保险参保率	≥95%	
		11. 有线电视入户率	≥50%	参考性指标
	文化建设	12. 文化中心户*	≥1 个/村	

注：加＊号的为原创指标，约束性指标是政府在公共服务和涉及公共利益领域对有关部门提出的工作
要求，而参考性指标是指用来参考但不属于政府文件中的要求。
①土壤养分、重金属、农残含量均可用仪器快速检测，操作简便。
②农家书屋个数≥1个聚居点，文体活动室个数≥1个聚居点，医疗保健室个数≥1个聚居点，
便民超市个数≥1个聚居点，儿童游乐设施≥1个/村庄。

在全省"两型社会"建设推进大会上的讲话

周　强

2011 年 8 月 4 日

这次全省"两型社会"建设推进大会，是在长株潭试验区改革建设进入关键时期召开的一次重要会议。省委、省政府高度重视长株潭城市群"两型社会"综合配套改革试验区建设和全省"两型社会"建设，昨天召开省委常委会专题研究部署了相关重大事项，并决定成立试验区管委会，此前试验区工委已经成立，试验区工委和管委会作为省委省政府的派出机构和协调机构，将进一步加强试验区建设的领导力量和组织保障。这次会议的主要任务是，认真总结试验区第一阶段工作，安排部署试验区第二阶段改革建设，进一步提高认识、激发活力，加大工作推进力度，以试验区改革建设为龙头带动，全面推进全省"两型社会"建设，努力开创长株潭城市群"两型社会"综合配套改革试验区和全省"两型社会"建设新局面。刚才，守盛省长讲了很好的意见，要求很明确，肇雄同志作了全面系统的工作报告，我都完全同意。请大家认真抓好贯彻落实。

长株潭"两型社会"试验区获批 3 年多来，全省各级各部门认真贯彻中央决策部署，按照国家批复的试验区改革总体方案和城市群区域规划要求，扎实推进试验区的规划、建设、改革、管理等各项工作，高起点、高标准完成了试验区顶层设计，布局和建设了一批重大基础设施和产业项目，启动和推进了十项重大改革，加大了生态环境建设力度，建立健全了组织领导、政策支持和工作推进体系，圆满完成了试验区改革建设第一阶段的目标任务，实现了重大突破，取得了重大成就，产生了重大影响。通过长株潭试验区改革建设和促进带动，环长株潭城市群"两型社会"建设取得新进展，"两型"农村、"两型"园区、"两型"产业建设亮点纷呈，对接长株潭、建设"两型社会"的积极性、主动性进一步增强，思路更加明确，措施更加具体。全省"两型社会"理念日益深入人心，社会共识广泛形成，"四化两型"建设全面推进，转方式调结构步伐明显加快，各级干部领导和推动科学发展的能力不断增强。通过3年多的改革建设，长株潭试验区越来越成为湖南一张靓丽的名片，越来越成为国内外广泛关注的焦点，越来越成为全省科学发展的重要引擎，越来越成为我省争取国家政策支持、吸引人才和资金的重要平台，也为我省转方式调结构积累了宝贵经验，提供了重要示范。这些成绩的取得，是党中央、国务院高度重视、亲切关怀的结果，是国家各部委、中央企业大力支持的结果，是长株潭三市及环长株潭城市群各市开拓进取、真抓实干的结果，是省直各部门和全省各市州统筹协调、通力配合的结果，也是社会各界共同参与、积极支持的结果。长株潭城市群"两型社会"综合配套改革试验区领导小组及其办公室做了大量工作，取得了明显的成效。开展长株潭试验区改革建设的这3年，是全省发展最好最快的时期之一。2008年我省GDP过万亿元，今年我省GDP将接近两万亿元，到明年可确保过两万亿元，从一万亿元到两万亿元将只用四年时间。这三年也是全省生态环境建设成效最显著、城乡环境质量最优良的时期之一。节能环保指标全面达标，全省空气质量优良率、"四水"和洞庭湖水质达标率等重要指标全面提升。经济实现又好又快发展，生态环境建设不断加强，这正是科学发展观在我省的生动体现。实践充分证明，中央设立长株潭"两型社会"建设综合配套改革试验区的决策是完全正确的；试验区建设是湖南发展的重大历史机遇，是湖南抢占制高点、争创新优势，提高长远竞争力和核心竞争力的有力抓手和重要平台；建设"两型社会"不仅不会影响经济发展，而且可以提高经济质量，是实现又好又快发展的科学路径。全省干部群众普遍认为，长株潭"两型社会"综合配套改革试验区建设完全符合中央精神和湖南实际，强有力地带动和促进了全省的发展，"两型社会"建设的引领作用充分显现。

关于下一步的工作，守盛、肇雄同志讲得很全面、很明确。这里，我强调三点意见。

一 适应新形势新要求，进一步增强加快推进 "两型社会"建设的责任感和紧迫感

长株潭试验区第一阶段任务的顺利完成，标志着全省"两型社会"建设已进入纵深推进的新阶段。立足新的起点，适应新形势新任务，我们必须进一步统一思想，提高认识，切实增强加快试验区建设、推进全省"两型社会"建设的责任感和紧迫感。

（一）这是贯彻中央决策部署和中央领导重要指示精神的具体体现

建设"两型社会"，是党中央、国务院审时度势做出的重大战略决策。党的十六届五中全会首次提和创新，加快建设资源节约型、环境友好型社会。在前不久召开的中央

水利工作会议上，胡锦涛总书记指出，水利改革发展是转变经济发展方式和建设资源节约型、环境友好型社会的迫切需要。国家设立长株潭城市群"两型社会"建设综合配套改革试验区，就是希望我们积极探索"两型社会"建设路径，加快经济发展方式转变，走出一条有别于传统工业化和城镇化的科学发展之路。今年以来，温家宝、贾庆林、习近平、贺国强、刘延东、李源潮、张德江等中央领导同志到湖南视察指导，"两型社会"建设都是其关注的重点，都对长株潭试验区改革建设给予了充分肯定，要求我们建设资源节约型、环境友好型社会，把建设"两型社会"确定为国民经济和社会发展的一项战略任务。党的十七大把建设"两型社会"放在工业化、现代化发展战略的突出位置，强调要走生产发展、生活富裕、生态良好的文明发展道路。党的十七届五中全会明确提出把建设资源集约型、环境友好型社会作为加快转变经济发展方式的重要着力点。国家"十二五"规划首次把"两型社会"建设单独成篇进行部署，在规划的24 项具体指标中，资源环境指标有 8 项，占到 1/3。胡锦涛总书记在"七一"重要讲话中强调三个"加快"，即加快经济结构战略性调整，加快科技进步，紧紧抓住长株潭试验区建设这个龙头，把建设"两型社会"作为实现科学发展的突破口和着力点，作为加快转变经济发展方式的主攻方向和战略目标，努力推动湖南经济又好又快发展，为全国"两型社会"建设探索经验、做出示范。我们要认真贯彻落实中央决策部署和中央领导同志的重要指示精神，扎实做好试验区改革建设各项工作，全面推进"两型社会"建设，完成好中央赋予湖南的重大使命，决不辜负中央领导同志的殷切期望。

（二）这是顺应当今国内外发展趋势、抢占新一轮发展制高点的必然选择

从国际看，国际金融危机以来，全球经济结构正经历深度调整，特别是随着全球气候变化和资源短缺的日益加剧，世界范围内经济增长方式、人类生活方式和消费方式正面临着全新的变革，节约资源能源、保护生态环境、实现绿色发展日益成为全球的共识，低碳技术、绿色经济将成为推动世界经济可持续增长的新引擎。美国推出了绿色能源环境气候一体化的振兴经济计划，欧盟实施"绿色发展战略"，日本等国也迅速跟进，都试图在新一轮的发展中抢占先机，占领国际经济竞争制高点和国际道义制高点。从国内看，近几年国家着眼于东中西部地区协调发展，设立了一批综合配套改革试验区，批复了一系列区域发展规划。各区域都紧密结合实际，力争在相关领域率先突破，赢得先机，领先一步，抢占制高点，呈现出你追我赶、不甘落后的强劲发展态势。对湖南来讲，长株潭试验区建设及全省"两型社会"建设就是我们参与新一轮竞争的重要抓手。把这张牌打好了，我们才能抢占制高点，把握主动权。这几年我们争取到的一系列重大政策支持，包括长株潭通信一体化、"三网融合"试点、"两化融合"示范区、"十城千辆"节能与新能源汽车示范推广应用基地等，都得益于此。我们一定要顺应国

内外发展趋势，加快长株潭试验区建设和全省"两型社会"建设，在新一轮发展中赢得湖南的优势，赢得湖南的地位。

（三）这是全面推进"四化两型"建设的重大举措

全面推进"四化两型"建设、加快建设"四个湖南"，这是我省当前和今后一个时期发展的基本方略。在"四化两型"建设中，"两型"引领"四化"，"四化"推动"两型"，两者相辅相成、相互促进。加快"两型社会"建设是全面推进"四化两型"建设的必然要求，是发挥湖南生态优势、破解能源资源和环境瓶颈制约、推进可持续发展、增强发展竞争力和吸引力的重要举措。湖南目前正处于加快"四化"建设的重要时期，发展不够和发展不优的矛盾并存，面临加快发展和优化发展的双重任务，这个省情决定了我们将在较长时期内面临着能源、资源和环境的瓶颈制约。比如电力问题，高峰时段缺口达到20%，这种紧张局面在短期内难以改变。破解这个难题既要从供给侧下功夫，通过买煤买电、加快电源点建设等多种手段增强电力供应，也要从需求侧着手，狠抓节能降耗，倡导"两型"用电。节能降耗的潜力很大，要提倡全社会走"两型"的路子，广泛推广工业节能、建筑节能、生活节能，通过生产方式和消费模式的深刻变革节能挖潜。只有这样，才能满足全省经济社会发展，尤其是人民群众的生活需要。充分利用能源资源和环境约束形成的倒逼机制，加快经济结构调整和发展方式转变，构建有利于资源节约、环境友好的生产方式、消费模式和产业体系，是湖南发展的战略选择。我们一定要从推进"四化两型"建设，加快科学发展、富民强省的战略高度，把"两型社会"建设摆在更加重要的位置，下更大的决心、采取更强有力的措施，着力在"加快"上下功夫，在"率先"上见成效。

（四）这是全面完成试验区改革建设目标任务的迫切需要

目前长株潭试验区已经进入改革建设纵深推进的第二阶段。根据改革总体方案和区域规划，这一阶段的主要目标任务是，要在资源节约、环境友好、产业优化、科技创新和土地管理等体制改革方面取得显著成效，形成比较完善的"两型社会"建设制度保障体系和新型工业化、农业现代化、新型城镇化、信息化促进机制，基本完成城市群基础设施建设和重点环保综合治理项目，初步形成资源节约和环境保护的产业结构、增长方式和消费模式，同时在单位地区生产总值能耗、高新技术产业增加值占GDP的比重、城镇化率等具体指标上也要有明确的要求。要按期圆满完成第二阶段各项目标任务，任务很重、要求很高、时间很紧。长株潭试验区改革建设能否顺利实现既定的目标，第二阶段是重中之重，十分关键。必须再鼓劲、再动员，以背水一战的勇气攻坚克难，一项一项地推进各项改革建设任务，力争取得更大成果，更好地发挥龙头带动作用，真正为全省及全国"两型社会"建设探索路子、积累经验、做出示范。

二 着力抓重点、抓关键，加快推进试验区改革建设和全省"两型社会"建设

未来五年，是长株潭试验区改革建设的关键时期，也是全省"两型社会"建设全面推进的时期。要按照中央要求和省委、省政府的决策部署，着力抓好重点领域和关键环节，进一步加大工作力度，深入推进长株潭试验区改革建设和全省"两型社会"建设。

（一）更加注重转方式调结构，加快构建"两型"产业体系

发展"两型"产业是建设"两型社会"的物质基础和重要支撑。要突出主题主线，加快推进转方式调结构，着力构建"两型"产业体系。要大力推进新型工业化，加大自主创新力度，着力突破制约战略性新兴产业发展的关键技术、核心技术和共性技术，大力培育和发展战略性新兴产业，提升产业竞争力，促进战略性新兴产业实现规模扩张和集聚集群发展。要以技术改造为重要途径，广泛运用先进适用技术改造提升传统产业，深度推进"两化"融合，促进传统产业向"两型"化、高端化、品牌化发展。要大力推进农业现代化，加强农业先进技术研发、推广和服务，大力发展现代农业，稳定粮食生产，提高农业规模化、集约化、产业化水平。要大力推进信息化建设，统筹信息技术创新、应用和管理，推动信息产业发展，推进"三网融合"，运用现代信息技术和科技手段推动现代服务业发展，充分利用好长沙国家超算中心等重大成果，为"数字湖南"建设提供支撑。要着力做大做强文化、旅游等优势产业，加快发展物流、金融、信息服务等生产性服务业。力争通过几年的努力，基本构建起科技含量高、环境污染少、资源消耗低、综合效益高的"两型"产业体系。

（二）更加注重改革开放，大力推进体制机制创新

改革开放是"两型社会"建设的根本动力。无论是转方式、调结构，还是建设"两型社会"，都要通过深化改革开放，创新体制机制来实现和保障。当前，试验区改革建设已进入纵深推进阶段，更要下大力气推进改革开放。改革要重点在深化和拓展上下功夫。既要注重点上的突破，更要注重面上的推广；既要注重解决问题本身，更要注重解决引发问题的体制等深层次矛盾和问题。要认真总结已有的经验，用足用好中央赋予的先行先试的权利，把改革创新作为试验区建设的关键环节，在新的起点上大胆地

改、大胆地试,深化重点领域和关键环节改革,着力在资源环境、土地管理、财税、投融资、行政管理改革等方面取得新突破,在改革创新上积累经验、提供示范。开放要重点在提升和创新上下功夫。要进一步提升经济开放水平,抢抓新一轮产业转移重大机遇和发展良机,更加注重招商引资。要提升全社会开放度,在扩大经济领域开放的同时,扩大社会各领域的开放。要创新开放机制与方式,积极探索和推进整体开发、委托开发、直接托管、共建园区等开放合作新模式,加强与国内外各类投资主体的合作,积极利用 BT、BOT 等多种形式破解资金紧张的难题。要继续深化改革扩大开放,进一步解放思想,转变观念,大胆创新,敞开大门,欢迎国内外投资者到湖南来发展。

(三)更加注重节能环保,大力推进生态环境建设

环境友好是"两型社会"的本质特征和内在要求。当前,环境问题越来越被人们所关注,不仅是重大的发展问题,还是重大的民生问题。长株潭作为"两型社会"试验区,湖南作为长株潭试验区所在地,人民群众、社会各界对生态环保的要求更高、期望更高,必须下大气力抓出成效。要把生态环境建设摆在更加突出的位置,加大节能减排和生态环境建设力度,切实走出一条生产发展、生活富裕、资源高效利用、生态环境良好的绿色发展道路。要大力推进节能减排。大力实施节能减排全覆盖工程,以推广节能减排在线监管为突破口,以实现技术节能和管理节能为重点,抓好工业、建筑、交通运输等重点领域的节能减排,提高资源能源的综合利用效率,切实降低综合能耗。要强力推进环境保护。加快城镇污水管网、垃圾处理设施的规划和建设,推广污水处理回用,加快重点流域水污染治理、大气污染治理、重点地区重金属污染治理和农村环境综合整治,控制农村面源污染。要宣传推广好攸县等农村环保工作的典型,大力推进农村环境整治和保护。要强力推进生态建设。加强重点生态功能区保护和管理,着力推进重大生态修复工程,大力开展植树造林,提高森林碳汇功能,实现生态资源的永续利用,加快建设绿色湖南。要完善主体功能区规划,完善法规政策体系、绩效考核办法和利益补偿机制,引导各地按照主体功能区定位推进发展。环长株潭城市群及全省"两型社会"建设,一项重要任务、一个显著标志就是保护好"一心"、"一脉"、"一肾"。"一心"、"一脉"、"一肾"没有保护好,湖南的"两型社会"建设就没有说服力。"一心"就是昭山生态绿心。要严格按照规划,保护好昭山绿心,保护绿心的湿地、山林、水面、河谷等生态系统。"一脉"就是湘江。湘江流经全省 8 个市,流域人口与经济总量占到全省的近 60% 和 76%,把湘江治理好,具有全局性的重大意义。无论是上游还是下游、干流还是支流,都要切实负起应尽之责,共同保护湘江。我们要看到,明年长沙湘江航电枢纽建成后,长株潭城市群将成为一个库区城市群,这是在全国、全世界都很独特的城市资源。湘江之美,到时将会更加大气磅礴。如果我们把湘江保护和污染治理

好了，就有可能成为"东方莱茵河"。但如果环境治理不到位，继续向湘江倾泻污水，那湘江就可能成为一江臭水。所以，环保的任务更加繁重，形势更加严峻，对我们搞好湘江污染治理、生态建设和环境保护提出了新的更高要求。要把重金属污染治理作为突破口、把产业转型作为主攻方向、把湘江生态经济带建设作为重要支撑、把统一规划和立法作为重要保障，以强有力举措推进湘江流域综合治理。湘江重金属污染治理得到了国务院的高度重视和国家有关部委的大力支持，是国家批复的唯一一个针对一个流域的重金属治理规划，相关各市州和省直有关部门一定要高度负责地搞好衔接、抓好落实。湘江流域目前正在制定综合规划以及旅游等专项规划，要在规划引领下加快建设。要把湘江风光带建设好，一期规划160公里，目前长株潭三市已建成100多公里，还将在一期规划基础上达到260多公里，同时沿湘江规划一批古镇、名镇。随着一批标志性建筑和重大项目建成、一批古镇名镇的布局建设，湘江两岸未来将发生巨大的变化，将成为湖南一道靓丽的风景线，极大提升长株潭三市和全省的竞争力，极大改善城乡居民的生活环境。"一肾"就是洞庭湖。洞庭湖治理在全国引起广泛关注，这几年环湖各市采取有效措施，收到了明显成效。要进一步巩固洞庭湖污染治理成果，调整环湖产业结构，加强生态修复，保洞庭湖一湖清水。未来五到十年是我省水利建设的重大机遇期，要紧紧抓住和用好这个机遇期，切实加强水利、航道等基础设施建设，把"四水"和洞庭湖治理好。

（四）更加注重统筹兼顾，大力推进城乡区域协调发展

城乡区域协调发展是"两型社会"建设的重要内容和目标。要充分发挥和扩大"两型社会"建设的政策效应，以试验区改革建设带动环长株潭城市群发展，优化提升环长株潭城市群发展水平。要加快推进新型城镇化，在做大做强中心城市的同时，切实抓好县城的扩容提质，规划建设一批具有地域特色和产业集聚力的小城镇，引导更多的农村人口向城镇转移。要大力推进城乡一体化，加大新农村建设力度，探索建立城乡规划、城乡基础设施、城乡产业发展、城乡公共服务、城乡要素市场、城乡社会管理一体化的体制机制，以制度保证推动城乡共同发展，逐步缩小城乡差距。要实施差异化发展战略，通过政策支持和体制机制创新，积极支持湘南地区建设得更好、幸福指数更高。要始终坚持发展依靠人民、发展为了人民、发展成果由人民共享，把以人为本、执政为民的要求贯穿于"两型社会"建设全过程，以"两型社会"建设的实际成效造福于民。要牢牢扭住经济建设这个中心不动摇，坚持科学发展、加快发展，提升发展的质量和效益，为保障和改善民生、提高城乡居民收入奠定坚实基础。要认真贯彻落实《保障和改善民生实施纲要》，着力抓好就业、社会保障、基本公共服务等重点民生工作，加快构建覆盖城乡、比较完善、更高水平的社会保障体系，不断提升公共服务水平。要顺应

人民群众过上更加美好生活的新期待，不得更好、幸福指数更高。要始终坚持发展依靠人民、发展为了人民、发展成果由人民共享，把以人为本、执政为民的要求贯穿于"两型社会"建设全过程，以"两型社会"建设的实际成效造福于民。要牢牢扭住经济建设这个中心不动摇，坚持科学发展、加快发展，提升发展的质量和效益，为保障和改善民生、提高城乡居民收入奠定坚实基础。要认真贯彻落实《保障和改善民生实施纲要》，着力抓好就业、社会保障、基本公共服务等重点民生工作，加快构建覆盖城乡、比较完善、更高水平的社会保障体系为突破口，以实现技术节能和管理节能为重点，抓好工业、建筑、交通运输等重点断为民生工作注入新的内涵，更加注重抓好生态环境建设，抓好食品药品安全，抓好安全生产和社会治安综合治理，更加注重维护社会公平，努力创造更加安心、舒心、放心的生活环境。

（五）更加注重示范引领，以试验区建设带动全省"两型社会"建设

坚持示范引领是"两型社会"建设的一条重要经验。要充分发挥长株潭试验区的引领带动作用，为全省"两型社会"建设提供示范。对长株潭试验区创造的、实践证明行之有效的好思路、好做法和好经验，省直各有关部门要及时加以总结、完善和推广，扩展到环长株潭城市群及全省，推动全省"两型社会"建设。长株潭试验区工委和管委会要充分发挥职能，推动全省"两型社会"建设。全省各地在学习借鉴长株潭试验区经验做法的同时，要善于从本地实际出发，围绕"两型社会"建设目标，积极探索，勇于创新，形成自己的特色，形成互相学习、优势互补、共同提高的良好局面。

三　进一步加强组织领导，强化保障措施

建设"两型社会"是一项庞大的系统工程，又是一项开创性的事业，必须要以强有力的举措来保障和推进。

（一）要进一步解放思想、转变观念

各级领导干部一定要深入学习领会胡锦涛总书记"七一"重要讲话精神，切实增强责任感和忧患意识，抢抓机遇而不可丧失机遇，开拓创新而不可因循守旧。机遇稍纵即逝，湖南加快发展、科学发展，等不起、慢不得，一定要抢抓机遇，坚持科学发展、好字当头、又好又快，坚持聚精会神搞建设，一心一意谋发展。"两型社会"建设本身就是一次发展理念的更新，发展方式的转变。可以说，没有思想的大解放，就没有长株潭试验区的成功获批，就没有试验区今天的阶段性成果。"两型社会"建设推进越深入，越要解放思想，更新观念，与时俱进。要牢固树立抓"两型社会"建设就是抓发

展的理念，把"两型社会"建设作为科学发展观的生动实践和有力抓手，坚定不移地加以推进。要牢固树立生态文明理念，走绿色发展、可持续发展道路。要发扬敢为人先、敢闯敢试的精神，不等不靠，不观望不徘徊，勇于担当，大胆改革创新，义无反顾前行。改革创新总会有坎坷，难免有失误。要支持创新，宽容失败，鼓励先行者，敬重改革者，在全社会营造良好的改革创新氛围。

（二）要坚持以科学规划为引领

要把规划置于"两型社会"建设的综合性、全局性、基础性工作来抓。试验区要进一步完善和提升各项专项规划，实现规划的全覆盖，其他各市州要加快制定"两型社会"建设发展总体规划和相关专项规划。要加强各规划间、各区域间的规划对接，特别是环长株潭城市群各城市间规划要有效对接。在这方面，试验区工委和管委会要积极发挥作用，加强统筹协调，做好服务工作。要强化规划的权威性，规划一经确定就要刚性管理、严格执行，做到一张蓝图绘到底，真正以规划指导建设。

（三）要进一步完善体制机制和政策法规体系

要进一步坚持和完善"省统筹、市为主、市场化"的领导体制和推进机制。为充分发挥省统筹的作用，加快推进试验区改革建设，省委、省政府成立了长株潭试验区党工委和管委会。设立试验区党工委和管委会，不是要取代三市和省直部门的职能，主要是加强对试验区建设的统筹、协调、管理、监督和服务。全省各级各部门特别是长株潭三市，要立足全局、服从大局，支持试验区党工委和管委会工作。要进一步加强部门间的协调沟通，尤其是在制定政策、出台措施时要主动沟通、相互支持，形成部门之间共同推进"两型社会"建设的联动机制。要加大政策支持力度，着力围绕"两型"产业、"两型"城市、"两型"农业、生态环保建设、体制机制创新、社会管理等方面，抓紧研究出台支持"两型社会"改革建设的相关政策。要认真贯彻《法治湖南建设纲要》，加强地方立法、执法和监督工作，为推动试验区建设和全省"两型社会"建设提供有力的法治保障。

（四）要进一步加大宣传教育力度

这是加快试验区改革建设和全省"两型社会"建设的一项重要的基础性工作。要广泛、系统、深入地总结试验区改革建设三年来取得的重大成果和成功经验，为试验区第二阶段建设和全省"两型社会"建设提供有益指导和借鉴。比如长沙新河三角洲"人车分流"节地模式、黎托片区武广新城立体开发节约集约用地模式、株洲清水塘34.4平方公里的土地变性，都得到了国家有关部委的高度肯定，在全国引起了广泛关注。对这些好的做法和经验，要认真总结、加以推广。要加大环长株潭城市群"两型社会"试验区建设的整体推介和宣传力度，着力打造海内外知名的"两型模式"示范品牌，进一步发挥好试验区的品牌效应。我们引进的很多项目都得益于这个品牌效应，特别是在引进世界500强等战略投资者方面，起到了重要作用。要积极争取中央以及国家各部委的政策支持，继续做好对接央企工作，抓好已签订协议的落实，同时继续利用好这个平台，用足用好先行先试政策，争取国内外资源更多的集聚。要大力宣传"两型"理念与知识，生动、深入地做好宣传工作，让"两型社会"建设落实到每个单位、每个家庭，使"两型"理念更加深入人心，成为每个公民的自觉行动。

同志们，"两型社会"试验区建设是国家赋予我们的重大历史使命，是发展所需、责任所在、人心所向。我们一定要认清形势、抢抓机遇，创新进取、真抓实干，加快推进长株潭试验区建设和全省"两型社会"建设，抢占制高点，提升竞争力，推动湖南在新的起点上科学发展、又好又快发展。

在全省"两型社会"建设推进大会上的讲话

徐守盛

2011 年 8 月 4 日

同志们：

这次大会，是以长株潭试验区推动"四化两型"建设向纵深发展的重要会议，目的是总结前段"两型社会"建设经验，全面部署当前和下阶段工作，为我省"十二五"乃至更长时期的可持续发展奠定坚实基础。刚才，肇雄同志深入总结了试验区第一阶段改革建设情况，并对第二阶段的工作做出全面部署安排。等会，周强同志将发表重要讲话，就全省"两型社会"建设，做出全面部署。大家要认真学习，深刻领会，结合各自发展实际，狠抓落实。

2007 年 12 月，国家批准设立长株潭试验区，我省从此获得了加快发展的重要战略支点。三年多来，我们把试验区作为富民强省、科学发展的重要载体，作为促进和带动全省改革创新的巨大平台，取得有目共睹的成效，得到党和国家领导人的充分肯定。概括起来，主要有三个方面。一是探索了一条符合湖南实际的发展路子。我们切实担当起国家赋予的先行先试责任，以解放思想为先导，统筹推进试验区改革建设各项工作。在充分总结第一阶段经验的基础上，深化提升"一化三基"战略，明确提出建设"四化两型"。这是全省上下形成的共识，更是全省广大人民群众的共同期盼。二是构建了一个吸引各类改革创新要素的巨大平台。我们大力推行试点示范，开展基础设施建设债券融资，一批重大工程、重大项目得到国家大力支持；国内外投资者纷纷看好长株潭发展前景，世界银行评估长株潭"是中国中部地区最具爆发力的区域"。可以说，经过第一阶段的改革建设，长株潭的承载能力进一步增强，开放发展的活力进一步凸显。三是打造了一个带动和引领全省科学发展的强力引擎。2010 年，长株潭经济总量占全省的41.9%，环长株潭城市群八市地区生产总值达 12558.8 亿元，占全省的 78.3%，核心增长极的辐射带动效应充分显现。

今天，我们召开全省"两型社会"建设推进大会，就是要进一步发挥长株潭核心增长极的辐射带动作用，促进全省协调同步推进"两型社会"建设。下面，我谈四点意见。

一 "两型社会"建设要充分发挥规划的统领作用

规划是推进"两型社会"建设的"龙头"，是统领和协调全省上下建设"两型社会"的纲领。纲举才能目张，才能统领全局。各地要牢牢树立规划意识，从长远和全局出发，将"两型"理念和要求贯彻到经济社会发展规划之中，坚决维护规划的严肃性、权威性，不能因班子换届和领导人变更而影响"两型社会"建设总体规划的实施。

（一）对照"两型"要求审视规划

目前，各地的"十二五"规划都已开始实施。这些规划，对未来五年的发展思路、奋斗目标和实现路径，已分部门、分产业、分领域进行细化、量化，都是经过科学论证，集中了各方智慧，体现了科学发展的内在要求，也符合当地发展实际。以"两型"要求审视规划，并不是将现有的规划推倒重来，而是要在实施过程中，用"两型"标准检验规划的实施效果，看发展思路是否融入了转型发展、创新发展、科学发展的要求，看实际效果是否体现人民群众共享发展成果，看项目开发是否兼顾经济效益、生态效益和社会效益，看要素配置是否体现资源节约、环境友好。

（二）突出"两型"理念完善规划

规划必须遵循发展规律，要有前瞻性，管长远、管全局，一次性规划到位，一管若干年，体现以人为本。具体把握三点：第一，要遵循发展规律。包括自然规律、经济规律和社会主义市场规律等。遵循自然规律，就是要充分了解当地的水、土、地形、气候、物产资源等自然因素，有针对性地选准项目和产业。遵循经济规律，就是要讲究投入产出、讲效益，有多大财力就办多大的事，决不能搞"形象工程"，决不能不切实际。遵循社会主义市场规律，就是要尊重供求关系，充分利用市场机制办事，发挥市场配置资源的基础性作用。比如，我省很多地方生态脆弱，一旦破坏，就很难恢复。编制和完善规划时，就要把生态环境保护建设放在首位，发展符合生态保护要求、切合当地资源特色的产业。第二，要坚持创新发展、和谐发展、可持续发展。要在促进科技与经济融合、构建科技创新体系、提高科技成果转化率上下功夫。要更加注重发展低碳经济、循环经济，在节地、节材、节水、节能、环保等方面，制定操作性强的规划。比如城市规划，要科学测算人口、土地、粮食、产业、就业、城市基础设施承载能力等因素，统筹安排土地、水资源和生产力布局，杜绝贪大求洋、盲目扩张。第三，要体现以人为本。任何规划都要以实现好、维护好、发展好人民群众的根本利益为出发点和落脚点。规划的编制完善，既要让群众眼前利益得到保障，又要确保长远生计不受影响，让群众长久得到实惠。

（三）着眼"两型"目标加快实施规划

规划是为了实施，要一点一点抓落实。第一，要坚持分步实施。长株潭以及全省各地的规划，作为"十二五"规划，起码要管五年。我们在实施的时候，就要围绕规划确定的目标，制定具体计划，分步组织实施。比如，建设试验区规划的"八大工程"，从现在开始，就要将建设任务落实到年度、明确到相关单位、任务到具体市县，加强督促考核，一步一步落实。第二，要区分轻重缓急。规划要有前瞻性，必须分步实施。凡事都应有轻重缓急、眼前长远之分，期望五年甚至一年内，就将几十年都没有办成的事一口气做成，是不现实的，也是不可能的。事实证明，急功近利、急于求成，往往只能顾及短期效应，无法支撑长远发展。据我所知，各地的"十二五"目标都很宏伟，项目很多，要办的事情就更多，这些都反映出各地加快发展的积极性，也是全省人民求好、求快、求富的迫切愿望。我们不能就因此"眉毛胡子一把抓"，要理性思维、切合实际，决不能不顾实际地铺摊子、上项目。必须坚持量力而行，量入为出，根据本地的财政状况和发展实际，抓住影响和制约发展的重大问题，抓住群众反映强烈、要求迫切的重要工作，集中力量办好几件大事。这样踏踏实实地干，才能真正体现科学发展观的应有之义。第三，要强化协调配合。规划即法，一经制定，就要强化协同，一以贯之、一抓到底。要切实提高规划执行力，以规划来整合资源、统一步调。

各地在上项目、搞建设时，要将"两型"建设和区域规划要求作为重要标准，搭建规划管理协调平台，建立区域性重大项目的联合审批和规划否决机制，实行严格监督、目录管理和审批把关。还有一项十分重要的规划，就是县以下的乡村建设规划。对此，我认为有四句话的要求，即层次分明、重点突出、城乡统筹、科学发展。这里，我说明一下"层次分明"。这就是在县或者区，要做好三个层次的规划。首先，要对县城，也就是城关镇进行规划。要结合新一轮城镇化和城乡发展趋势，测算未来几年能增加多少人口，要扩容多大面积，主导产业是什么等等，在此基础上科学修编城关镇规划。第二，要对县城以下的中心镇进行规划。上一轮乡镇机构改革中，许多地方已经撤乡并镇。现在就是要根据城关镇的服务半径，做好中心镇规划，使中心镇的建设和县城遥相呼应，烘托县城。第三，要做好乡村统筹联动的规划。全省有四万多个村，水、路、电、通讯等服务都必须到行政村。如果没有规划，想怎么建就怎么建，是不行的。比如，有些山头上，只住了少数几户人家，如果修路通电，提供其他公共服务，成本就会很高。要科学修编规划，严格按规划实施，确保新一轮的建设真正符合科学发展、统筹城乡的要求。再如，教育规划布局的调整问题。现在一个行政村都有一所小学，但有的学校一个班只有几个学生，既造成了资源浪费，又给配置师资力量带来困难，必须给予适当调整，否则很有可能带来新的问题。又如，农村的宅基地问题。一些老百姓建了新房后，旧的宅基地并没有收回，致使一户人家同时占有几个宅基地。这也是浪费有限的土地资源。这都需要我们脚踏实地一步一步向前推进。只有这样，"两型社会"建设的基础才能更加扎实，才能渗透到千家万户，才会有群众基础。这些方面，长株潭三市要走在前面，千方百计做好引导工作。

二 "两型社会"建设要始终突出项目带动

根据中科院最近公布的《中国科学发展报告2011》，湖南省GDP质量排名全国第22位，与总量的排名相差12位。这说明，我省这种投资拉动型经济的投入产出比还不是太高，项目的质量和效益整体水平比较低。必须在提高项目开发质量上下功夫，按照建设"两型社会"的要求，结合本地区发展的阶段性、区域性特征，选准项目、建好项目。

（一）认真梳理、充分利用各项政策、各个渠道的资金，加大"两型"项目推进力度

目前，国家出台了很多政策措施，为不同地方建设"两型社会"提供了支持和条件。全国31个省、市、自治区，每一个地方国家都有支持的政策措施。如，前一段时间云南就下发了一个文件，要建成面向东南亚的桥头堡，要在云南建设若干个和东盟对接的商贸基地和开发基地。我们要"捷足先登"，主动和"桥头堡"对接，发展开放型经济。再如，在国家级园区发展高新技术产业，就可以同时到国家发改委和科技部争取支持，其中用于国防的，还可到国家国防科工局申请资金。关键是要将国家资金配套的要求搞清楚，并选准呈报的项目。目前，我省各市州已获得一些国家级"牌子"，国家可给予各有侧重的支持政策。例如，株洲市是全国可再生能源建筑应用示范城市、国家数字化城市管理试点城市、全国地市级高等职业教育综合改革试点城市、全国公立医院改革试点城市等，分别可以从财政部、住建部、教育部、卫生部等部委争取试点资金。各地一定要认识到，不能争来"牌子"就"万事大吉"。一方面，"牌子"就是责任，国家对我们都有相应的资金配套等要求，要算好自己的进出账；另一方面，要全面加强与国家相关部委的对接，深入了解、科学测算不同政策可以给予的项目、资金支持，确定符合中央要求的项目。各地要对可享有的各项政策资金支持，作一次全面梳理，做足

整合的功夫，为"两型"社会建设提供强有力的支撑。现在国家制定的一些政策，到了基层执行起来难度很大，尤其是地方资金配套不上去。这就需要整合资金，但整合又可造成专款不能专用，究竟应该怎么办？我想可以搞一些局部试点，只要能促进生产力的发展，只要是有利于老百姓的事，只要不乱来，就可以试着干。国家的政策设计上是科学的，也照顾到方方面面，但是在一些特殊区域，特别是财政严重入不敷出的区域，我们可以做一些试点。比如廉租房的产权处置，究竟怎样比较妥当？究竟怎样才能调动各方面筹措资金的积极性，就可以在局部地区试点。

（二）着眼长远，合理确定项目实施的节奏和力度

我在回顾我省发展历史时，切实感受到，历届省委省政府结合湖南基础差、底子薄的实际，坚持"握紧拳头保重点，集中力量办大事"，建成了一批事关长远、带动全局的大工程、大项目，为我省这些年的发展奠定了坚实基础。加快推进"两型社会"建设，同样要突出重点、聚集优势、集中攻关。项目、资金都不能"撒胡椒面"，不能把有限的资金用来盲目铺摊子、扩规模，只图统计数字好看。要坚持更高的"两型"标准，根据规划和现实条件，合理确定项目实施的节奏和力度。如在城乡统筹方面，要合理确定试点村组，集中资金办几件利长远、惠民生的实事。再如，通村公路的建设，与其让一些地方路通了质量不高，钱花了群众不满意，不如适当收缩建设里程，以更高质量、更长使用时间服务好"三农"。要建设就必须建设到位，干一件成一件，干一件像一件。比如罗马，有条街道铺的石头还是清代从湖南进口的，当时是什么样子现在还是什么样子。而我们现在有些道路，还没有走一两年就要重来，造成资源浪费，这是不符合"两型"要求的。今后，要按照建设"两型社会"对项目实施的要求，更加注重资源能源的集约高效利用和环境保护，更加注重项目的后期管理和持续使用，确保质量优良、安全可靠、群众满意，经得起历史、实践和人民群众的检验。

（三）积极支持市场主体参与项目建设

"两型社会"建设，政府固然是主导，但必须发挥好市场主体作用，善于运用市场机制调动要素资源。例如，今后五年全省预计完成10万亿元投资，其中环长株潭城市群就达7万亿元，在经济形势复杂、不确定因素增多、信贷规模受到控制的情况下，我们怎么办？还是得从市场、从社会多方筹措资金，运用多元化手段拓宽融资渠道。第一，要鼓励民间资本参与项目建设。至今年6月底，全省金融机构本外币贷款余额同比少增76亿元，许多项目特别是续建项目的资金紧张。这就要开发有效益、有市场、有前景的项目，让民间资本积极参与，保障建设资金的需要。第二，要鼓励资本与科技结合。我省在自主创新领域有自己独特的优势，但应用科研成果转化率不高。2010年只

达到 80%，尤其本土转化率只有 67%。这些成果必须走向市场，与资本结合，才能发挥作用。有关部门要在这方面认真研究，出台具体措施，支持资本与科研技术的融合发展。第三，要为市场主体提供服务。主要是政策与信息两个方面。要在提高市场准入门槛的基础上，鼓励各类市场主体进入"两型"产业，让其享有"国民待遇"。要加强信息服务，及时根据国家政策调整产业发展目录并定期公布，让各类投资者找到投资机会。

三 长株潭要真正成为全省"两型社会"建设的龙头

长株潭聚集全省 65% 的大中型企业、90% 的科研人员和 80% 的科研成果，理应率先发展，在探索"两型社会"建设路子、产业发展、转型创新发展、城乡统筹、城市建设与管理等方面迈出实质性步伐，形成溢出效应，真正成为辐射带动全省的动力策源地。也就是要为全省面上的推进"两型社会"建设提供实际案例和典型经验。

（一）为全省"两型社会"建设探路子

试验区最大的优势是先行先试，肩负的重任也是探索形成经验。要贯彻国家批准我省设立试验区的文件精神，按照"两型"要求，加快改革步伐，重点突破，率先形成有利于资源节约、环境友好的体制机制。当前的关键，就是要在资源节约、环境友好、社会管理、城市建设、市场运作等方面出经验、出模式。这些都是改革的方面，刚才肇雄书记都讲了，我都完全同意。在长株潭改革的方面，三个市要进一步解放思想，加大力度。首先，农村的改革最现实的问题，是土地流转，以及住宅基地的整治，结合我前面讲的规划，这样我们才能节约集约用地，才能把有限的资源"套"出来，才能解决我们自己的用地指标及若干问题，同时让老百姓从中得到实惠。第二个改革，同志们清楚，我们是全国水利改革试点，昨天省委常委会讨论研究了，我们有五个方面的改革，而且这五个方面的讨论都得到国家的认可。就是水资源管理体制改革、水利投融资体制改革、水利工程建设与管理改革、基层水利服务体系改革、水价改革，这五个方面要在长株潭先行先试，这就是改革。其次，在工业方面的改革，60% ~ 70% 的大中型企业集中在长株潭地区，工业企业改革如何进一步完善、配套、深化，完善，建立起现代法人制度。当然，我不是说把"两型社会"作为一个筐，什么都往里面装。但"两型社会"建设的落脚点就科学发展，这是应有之义。还有，我们的三产，当然陈肇雄书记已经讲了，全国很多地方已经启动了，我们今年一定要启动，就是探索排污权和碳排放权有效结合，有偿使用。请环保、财政部门等相关部门商量，不行，就先拿一笔资金启动试点。比如，长沙市探索形成了五种新型节地模式，其中新河三角洲模式开发强度提高40%，武广客运南站模式节地率达40%。我们要立足这一基础，作进一步探索，形成集约节约用地降耗的"湖南模式"。我们只有大胆试和闯，才能创出经验和路子来。

（二）为转型创新发展当先锋

长株潭产业发展有基础、有优势，具备转型创新发展的条件。湘江水污染整治三年行动计划取得初步成效，重金属污染专项治理得到国家支持，变性污染土地34.4平方公里，重金属削减率达50%以上。特别是，长株潭已成为全国首批六个综合性高技术产业基地之一。2010年三市第二产业增加值占全省的比重达50.3%，工业化率达57.3%，高新技术产业增加值占GDP的比重达到17.4%。可以说，第一阶段的建设已为转型创新发展打下较好基础。下一步，在转方式方面，要增强自主创新能力，率先推动产学研联合创新。在促进科技与经济融合、构建产学研用体系、提高科技成果转化率等方面下功夫，尽快突破一批核心关键技术，形成一批具有自主知识产权的科技成果和科技企业。比如，我省的工程机械首屈一指，但底盘、重卡、液压装置还是制约着我们的发展，完全可以有重点地把这些引进来，在长株潭区域引进消化吸收。在产业发展方面，要率先建立现代产业体系。推动传统产业向研发、设计、品牌、服务等增值环节延伸，向高新化、集约化、清洁化和循环化方向发展；进一步明确三市战略性新兴产业的发展重点，从项目、政策、资金等方面加强引导和支持，有选择、有重点、有分工地发展，形成规模和集群效应。在保障和改善民生方面，要率先探索有利于城乡居民增收的利益分配机制，形成可持续保障和改善民生的长效机制。

（三）为城乡统筹发展做样板

早几天，我在望城调研时说过，要在全省培育出更多城乡统筹发展的示范点，这个点可以是村，可以是乡，如果能扩大到一个区乃至一个市，那就更好，这样就能对全省起到示范和带动作用。我认为，无论是村、乡，还是县、市的示范点，首先应该在长株潭地区产生。而且这些示范点上的经验是可复制借鉴的，是可持续的，是城乡居民可受惠的。第一，要认真总结经验。近年来，长株潭三市在城乡统筹发展方面做了大量卓有成效的工作，取得一系列突破性进展，涌现出一批示范村。比如，宁乡县关山村、望城区光明村，还有株洲高塘村、湘潭韶山村，就是典型代表。下一步，就是要在面上推广，实现由点到面的突破。第二，要做好城乡接合部建设管理这篇大文章。城乡接合部，不仅是城市和乡村的对接点，还是社会管理的重点和难点，非法地沟油作坊、违章建筑和刑事治安案件等大多集中在这些区域，是最容易出问题、出乱子的地方。各级各部门必须痛下决心、协同作战，大力开展专项整治，推动城市文明、现代理念向农村扩展，促进城乡接合部健康、有序发展。第三，要在农民工市民化方面迈出实质性步伐。很多农村居民都工作、生活在城市，为城市建设和发展做出了重要贡献。但是，在就医、就学、社保、住房等方面还与城市居民有很大差别。长株潭流动人口最多，这个问题最为现实。必须加快体制机制创新，努力构建城乡居民平等享受基本公共服务的长效机制，让制度的阳光普照每一位城乡居民，送到每一位应该享受的城乡居民的心坎上。

（四）为全省城市建设和管理作示范

建设"两型"城市，长株潭要做到"软硬结合""内外兼修""上下并重"。"软硬结合"，就是要建设良好的"硬"环境和"软"环境。现在，长株潭以交通网络为代表的基础设施加快完善，长株潭半小时、环长株潭八市90分钟通勤圈正在加快建设。最关键的是要在管理、维护上，探索出管用、有效的经验，比如交通，城市越大，拥堵越厉害，市民出行很不方便，期待政府早日解决这个问题。"两型"城市应更便捷民生，更方便市民衣食住行，才符合"两型"要求。"内外兼修"，就是要在塑造城市外在形象的同时，更加注重城市品格的培育。我省14个市州都有上千年的历史，都应有自身独特的城市品貌。长株潭的历史人文积淀更加深厚，要探索在现代条件下，焕发古城新貌、新风的城市建设路子。"上下并重"，就是要同等重视城市地面建设与地下设施的建设。城市地下设施建设相对落后，难以满足现代城市发展的需要，也必然造成重复建设和浪费。现在有些地方的城市建设，就是反复"挖坑"，症结就在于缺乏统筹和长远的考虑。长株潭，特别是长沙，望城县改区后，城市发展空间已拓展将近一倍，一定要为长远计、为子孙谋，确保地上、地下同步规划建设，满足长远发展的需要。

四 "两型社会"建设是推动全省科学发展的重大系统工程

实现资源节约、环境友好，是全省全方位概念，必须多方协同、区域联动、综合施策，增强工作的整体性、协调性和针对性。

（一）加强组织领导

"两型社会"建设是各市州、各部门、122个县市区的共同事业。省级层面，要从战略和全局高度加强谋划，统筹协调重大决策制定、重大利益调整、重要资源配置、重大项目部署等方面的工作。市州层面，要担负"两型社会"建设主体责任，充分发挥主观能动性和创造性，立足长远，服从大局，优势互补，形成合力。例如，对于跨区域、跨市州的项目，可以在"省统筹"的前提下，建立协调各方的联动工作机制，实现共同开发、共同建设、共同受益。省直各部门要立足自身职能职责，谋大局、抓大事，主动做好政策引导、项目申报、平台搭建、标准制定、示范创建、宣传教育等工作。长株潭三市要积极主动，全力以赴支持长株潭试验区管委会开展组织协调和管理工作。

（二）强化区域协同

建设"两型社会"，我们已基本明确长株潭、环长株潭五市、其他六市的总体格局。这样一项重大系统工程，不可能一蹴而就，各地必须牢固树立"一盘棋"思想，立足自身发展基础，找准"两型"建设定位。尤其要结合国家主体功能区划分和我省区域发展"三大块"思路，把"两型社会"建设与区域协调发展、城乡统筹发展有机结合起来，形成核心辐射、区域联动、整体推进的格局。核心辐射，前面讲了，就是要发挥长株潭的"龙头"作用，增强其核心增长极功能和辐射带动能力。区域联动，就是各区域要明确自身的发展方向和重点，不能一哄而上，而要有重点、有步骤、有层次地上。例如，发展战略性新兴产业，长株潭已具备一定实力和优势，其他地区有的有一定基础，但大部分只是解决"有"和"无"的问题，不能盲目攀比、跟风而上，要脚踏实地把现有产业发展好，做好提质升级文章。整体推进，就是要在全省铺开，决不能因为发展任务重，就回避"两型"的要求。科学发展，就是要求资源节约和环境友好，二者是统一的。只是各地条件不同、基础不一，可以有所侧重。关键是要制定出实事求是的降耗标准，既保持一定的发展速度，又确保"两型社会"建设每年都取得新的进步。

（三）强化能源等要素保障

发展越快，资源环境瓶颈制约就越突出。我省经济发展势头强劲，城乡居民电力需求增加，我们面临的电力紧张，不是迎峰度夏、迎峰度冬，而是迎峰度全年。例如，"十一五"期间，我省在完成节能减排任务的前提下，全社会用电量年均增长11.7%。这就要求我们在建设"两型社会"时，科学测算资金、土地、能源、环境、人才等要素，把构建强有力的保障体系，作为一项系统工程来抓。就能源来说，第一，积极发展新能源。目前我省水火电装机比为42∶58，水能资源开发已超过90%，水电基本无潜力可挖。接下来的重点，应该放在核能、风能、生物质能等方面。要对全省作通盘考虑，根据各区域发展需要，科学布局能源点建设，使新能源成为我省能源保障体系中的重要一环。第二，保障电煤供应。"十一五"期间，我省每年外调电煤在1100～1700万吨之间。可以想见，将来用电量增加，电煤用量也会随之增加。这就要从挖掘省内产能、省外调煤和增强运力三个方面着力，做出长远安排，确保电煤持续稳定供应。电煤任务要分解到市州，确保电煤供应。第三，扩大省外购电。这是一条最有效的保障路子。各有关部门要加强与有关国家部委和省份沟通衔接，提高省外送电能力。第四，引导全社会节能。强化节约意识，出台鼓励节能的政策措施，大力发展绿色建筑，依法推进建筑节能、交通节能，引导商业和民用节能，让节能成为习惯、成为自觉行动，从源头上降低能耗总量。

（四）营造良好氛围

前不久，我到地市调研，就感受到自行车"绿色出行"等方式，既能方便群众，更能让群众践行"两型"生活方式。要通过一些有效途径，机关干部带头做起，让群众自觉体验"两型"，让群众意识到"两型"就在身边，就在每个人的一举一动上。只有如此，"两型"才会深入人心，家喻户晓，才能成为推动科学发展、转型发展、创新发展的原动力。

同志们，胡锦涛总书记指出："在当代中国，坚持发展是硬道理的本质要求就是坚持科学发展。"建设"两型社会"是我省学习实践科学发展观的实际行动，我们一定要坚定信心，开拓进取，求真务实，为实现科学跨越、富民强省努力奋斗。

在全省"两型社会"建设推进大会上的讲话

陈肇雄

2011 年 8 月 4 日

同志们:

这次全省"两型社会"建设推进大会,是省委、省政府决定召开的一次重要会议。会议的主要任务是总结长株潭试验区第一阶段改革建设的工作成绩,分析面临的形势和任务,进一步统一思想、明确目标,研究部署新时期全省"两型社会"建设工作。稍后,周强书记、守盛省长将作重要讲话,大家一定要认真学习领会,切实抓好贯彻落实。下面,根据会议安排,我先讲四点意见。

一 充分肯定三年来试验区改革建设取得的突出成绩

长株潭试验区获批三年多来,在省委、省政府的正确领导下,在省"两型社会"建设领导协调委员会及办公室的推动下,在全省各级各部门,特别是环长株潭城市群的艰苦努力下,试验区第一阶段改革建设工作取得了突出成绩,为试验区第二阶段改革发展打下了坚实的基础。

(一)建设规划体系基本形成

一是突出规划引领。加强顶层设计,高起点编制了长株潭城市群"两型社会"综合配套改革总体方案和区域规划,以及 10 个专项改革方案、14 个专项规划、18 个示范片区规划、87 个市域规划,构建了全方位、多层次的建设规划体系,明确了"两型社会"建设的行动路线图。二是强化规划管理。省人大出台了"一条例一决定",加强区域规划编制、实施和监督管理,初步建立了试验区空间动态管理系统,为"两型社会"规划的实施提供了法制保障。三是狠抓规划落地。探索实现经济社会发展规划、城市总体规划、土地利用总体规划和融资规划"四规合一"的有效途径，编制了一批市、县改革建设实施方案和各类下位规划，以及生态绿心地区总体规划、水资源开发利用、城镇生活垃圾无害化处理等专项方案，把"两型社会"建设目标任务细化成具体可操作的实施方案、政策措施和建设项目。

（二）重大工程建设顺利推进

一是全面启动了示范片区建设。大河西、云龙、昭山、天易、滨湖五大示范区18个示范片区建设进展顺利，正在成为环长株潭地区新的经济增长点。二是加快推进了基础设施建设。武广高铁建成通车，黄花机场扩建工程竣工投用，芙蓉大道、红易大道、长株高速等一批跨区域重大项目顺利建成，长株潭三市通信并网升位、统一区号成功实现，城际铁路长株潭线开工建设，三网融合试点有序推进，试验区改革发展基础进一步夯实。三是切实加强了生态环境建设。湘江流域综合治理取得实质性进展，湘江水污染整治和全省城镇污水治理三年行动计划取得明显成效，湘江风光带建设世行项目顺利推进。长沙社区环境综合整治工程荣获联合国"人居环境良好范例奖"，株洲由全国十大重污染城市转变为生态宜居城市，湘潭通过"三整四化"跻身国家园林城市行列。

（三）重点领域改革取得实质进展

以项目化管理方式全面推进十大体制机制创新，在重点领域和关键环节的改革上取得了实质性进展。一是建立了资源节约价格杠杆调节机制。实行绿色电价，试行分质供水和阶梯式水价，出台民用建筑节能条例，实施大型公共建筑节能监控和改造。二是积极探索环境保护的市场化运作机制。实施环境污染责任强制性保险试点，对流域内51个市县实行省级财政生态补偿，创造了农村环保自治模式和"户分类、村收集、乡中转、县处理"的垃圾分类处理模式。三是建立了土地管理考核评价体系。将园区土地使用效率纳入新型工业化考核指标体系，制定了市州政府土地管理和耕地保护责任目标考核办法，建立了城乡统一的土地流转交易市场。四是积极创新城乡统筹发展模式。加快统筹城乡规划，大力推进城乡基础设施对接，促进城乡公共服务均等化，保障失地农民利益，形成了"两转变一纳入""两退出两获得一保留""四变三集中"等模式。

（四）产业"两型化"发展成效显现

加速推进新型工业化，着力推进传统产业高新化、"两型"产业规模化、特色优势产业集群化发展，"两型"产业发展步伐不断加快，工业经济呈现出"规模扩大、效益提升、结构优化、后劲增强"的良好发展态势。一是培育了一批骨干企业和优势产业。

大企业、大产业、大园区、大集群战略成效明显,中联重科、南车时代、湘电集团等优势企业实力不断增强,工程机械、轨道交通、新能源等优势产业规模迅速壮大。二是引进实施了一批重大产业项目。着力扩大央企对接和承接产业转移,大力引进战略投资者,大飞机起落架、千亿轨道交通设备等一批重大产业项目相继开工建设,试验区要素集聚效应日益凸显,发展后劲明显增强。三是突破了一批关键共性技术。突出提升自主创新能力,突破了新能源汽车、轨道交通高速机车交流技术、大型盾构设备研制及产业化、5兆瓦海上风力发电机组等一批关键核心技术,推广了一批示范效应明显的"两型"技术和产品,科技进步对经济增长的贡献率进一步提升。

（五）科学有效的推进机制初步建立

一是确立了"省统筹、市为主、市场化"的推进机制。成立了高规格的领导协调委员会,建立了专门研究试验区工作的会议机制、联席会议制度;组建了试验区投融资平台,确立了市场化的改革建设推进机制。二是完善了政策和标准体系。制定出台了财政扶持、产业引导等一系列配套政策措施,率先编制了"两型社会"建设评价指标体系,出台了"两型"产业等标准,制定了绿色建筑评价等地方技术标准,建立了节能减排标准体系。三是加强了部省共建合作关系。与39个部委、74户中央企业建立了合作关系,在试验区布局实施了50多项改革试点,形成了国家部委聚焦试验区改革的新局面。试验区先后被列为全国新型工业化产业示范基地、"两化"融合试验区、综合性高技术产业基地和三网融合试点地区等,搭建了试验区改革发展的重要平台。四是形成了全民参与的浓厚氛围。切实加强舆论引导,积极推进科学评价考核,广泛宣传"两型"知识,大力倡导"两型"消费理念,营造了"两型社会"建设的浓厚氛围。

二 科学把握"两型社会"建设面临的难得机遇

"两型社会"建设本质上是发展理念的创新、发展方式的转变,是实现经济社会现代化的重要途径。推进"两型社会"建设是科学发展观在湖南的具体实践,是破解湖南发展资源环境瓶颈,实现可持续发展的客观需要;是形成政策洼地、加快经济社会发展,实现后发赶超的客观需要;是优化美化生存环境,切实改善民生的客观需要。当前,湖南"两型社会"建设正面临难得的发展机遇。

一是全球性的经济结构调整为"两型社会"建设提供了良好的外部环境。面对全球气候变化和资源环境瓶颈的制约,世界范围内经济增长方式、人类生活和消费方式正面临一次全新的变革,节约资源能源、保护生态环境、发展低碳和绿色经济已经成为全球的共识和竞争的焦点,国际经济格局正在发生重大变革。我省人才优势突出,科教基础在全国和中部六省排位靠前,有能力抢抓变革机遇加快经济社会发展。当前,长株潭试验区已经显现出人才聚集效应,有利于我们发挥科教优势,吸引更多的高新技术、高端人才和先进管理经验,加快推进"两型社会"建设。

二是国家加快实施区域协调发展战略为"两型社会"建设提供了有力的政策支持。"十二五"期间,国家将着力实施区域协调发展总体战略和主体功能区战略,加快构筑经济优势互补、主体功能定位清晰、国土空间高效利用、人与自然和谐相处的区域协调发展格局,为中西部地区后发赶超提供了有力的政策支持。充分利用"两型社会"建设先行先试的政策优势,有利于形成政策洼地,促进经济社会科学跨越发展,在中部地区率先崛起。

三是经济社会的快速发展为"两型社会"建设提供了坚实的基础支撑。经过改革开放 30 多年来的快速发展,特别是近年来的科学跨越发展,我省经济社会发展已进入加速发展阶段,经济总量已经突破万亿元大关,连续三年跻身全国前十位。综合经济实力的显著增强,以及试验区获批三年多来取得的重大工作进展,为加快推进"两型社会"建设提供了有力的基础支撑。

四是"四化两型"战略为"两型社会"建设提供了科学的目标指引。顺应国内外发展大势,立足湖南发展的阶段性特征,落实科学发展要求,加快发展方式转变,省委、省政府做出了推进"四化两型"的战略抉择。坚持"两型"引领、"四化"带动,理清了新型工业化、新型城镇化、农业现代化和信息化与"两型社会"建设的内在联系,为加快"两型社会"建设明确了方向和目标。

五是人民群众的热切期盼为"两型社会"建设提供了强大的发展动力。进入新的历史时期,人民群众求发展、求富裕、求和谐的愿望日益强烈,喝上干净水、呼吸上清洁空气、吃上放心食物的要求更为迫切。试验区建设三年多来,广大人民群众对"两型社会"建设逐步形成了共识,充满着热切的期盼,为加快"两型社会"建设凝聚了强大的发展动力。

三 突出综合配套改革,努力实现"两型社会"建设与
经济社会融合互动发展

"两型社会"建设是一项探索性很强的复杂工程,涉及经济社会发展的各个方面,需要各级各相关方面从不同的工作领域、不同的工作层次共同努力、合力推进。目前,我省"两型社会"建设已经进入纵深推进阶段,加快推进"两型社会"建设还有许多深层次的问题需要研究,许多深层次的工作需要探索,许多深层次的体制机制障碍需要

突破。"两型社会"建设第二阶段推进工作将继续按照国务院批复的总体要求，即努力实现"三个率先"、形成"四个示范"、探索"十大体制机制创新"、走出"六条新路子"，以及 2010 年 8 月省委、省政府《关于加快经济发展方式转变，推进"两型社会"建设的决定》精神，坚持以综合配套改革为突破口，实现"两型社会"建设与经济社会融合互动发展，加快走出一条综合试验、统筹推进的新路子，务实推进新阶段"两型社会"建设各项工作。

（一）把建设"两型社会"与构建现代产业体系结合起来

构建现代产业体系，既是"两型社会"建设的重要支撑，也是"两型社会"建设的先导力量。要加快构建符合"两型"要求的现代产业体系，促进经济结构由低端向高端转型、发展方式由粗放向集约转变。一是推进传统产业高新化发展。大力促进信息化与工业化深度融合，广泛应用先进适用技术、信息技术和"两型"技术改造提升传统产业，增强新产品开发能力和品牌创建能力，促进传统产业的"两型"化发展。以推进农业现代化为目标，大力发展节约型农业、生态型农业、效益型农业和科技型农业，加快转变农业发展方式。二是推进战略性新兴产业规模化发展。围绕先进装备制造、节能环保、电子信息等战略性新兴产业，突破一批先进适用新技术、新产品、新工艺；培育一批成长性好、科技含量高、竞争能力强的"两型"产业龙头企业；建设一批创新能力强、创业环境优、特色突出、集聚发展的"两型"产业基地；加快形成先导性、支柱性"两型"产业，使之成为带动经济结构调整和发展方式转变的先导力量，成为支撑"两型社会"建设的持久动力。三是推进现代服务业集约化发展。坚持生产性服务业和生活性服务业发展并重，拓展新领域、发展新业态、培育新热点，推进规模化、集约化、品牌化、网络化经营，加快壮大现代服务业产业规模，提高现代服务业发展水平。

（二）把建设"两型社会"与统筹城乡区域发展结合起来

促进城乡、区域良性互动和协调发展，是转方式、建"两型"的重要工作之一。一是突出区域协调发展。按照实施"四化两型"战略要求，全面加快推进长株潭"两型社会"建设核心试验区的步伐，高度重视环长株潭 5 个城市的"两型社会"建设工作，统筹兼顾湘南地区、湘西地区的"两型社会"建设工作。二是突出城乡统筹发展。坚持以建设"两型"城镇为载体，把新农村建设纳入"两型社会"建设总体规划，促进资源在城乡之间优化配置、人才在城乡之间合理流动、产业在城乡之间有序转移，完善农村基础设施建设，提高农村公共服务水平，加快形成城乡一体发展的长效机制，推进广大农村地区的"两型社会"建设。三是突出优化"两型"产业布局结构。要立足发挥区位交通、特色资源、产业基础、科教人才等比较优势,大力实施差异化发展战略,科学规划和确定区域"两型"产业发展方向,着力培育区域特色优势,以发展特色"两型"产业培植区域竞争优势,以优化"两型"产业布局结构带动区域经济互动发展。

（三）把建设"两型社会"与加强生态文明建设结合起来

生态资源丰富、生态环境良好,是湖南最大的优势、最大的财富、最大的潜力,也是推进"两型社会"建设的良好条件和重要基础。一是突出生态资源保护。坚持保护优先和自然恢复为主,继续实施重大生态修复工程和生态林工程,加大对生态风景名胜区、饮用水源、生态敏感区的保护力度,统筹推进城乡绿化,提高森林碳汇功能,实现生态资源的永续利用。二是加强生态环境治理。全面加强节能减排工作,积极推广节能减排新技术新产品,抓好工业、建筑、交通运输等重点领域节能。强化固定资产投资项目节能评估审查和影响评价,探索排污权、碳排放权有偿使用和交易试点。重点抓好湘江流域重金属污染治理。切实加大落后产能淘汰工作力度,坚决关闭影响生态文明建设的严重排污设施和落后生产工艺设备。三是提升生态文明水平。"两型社会"是一种以人与自然和谐共生为特征的发展方式和文明形态。要宣传普及"两型"发展理念,加快形成"两型"消费模式,大力培育"两型"文化,积极倡导健康、文明、科学的现代生活方式,提升全社会的生态保护意识和文明素养,为"两型社会"建设创造良好的社会氛围。

（四）把建设"两型社会"与推进改革创新结合起来

"两型社会"建设本身是一项开创性的事业,必须以先行先试的改革精神来推进,需要有体制机制的全面创新和科学技术的全面进步作保障。要突出创新驱动,坚持把建设"两型社会"与建设创新型湖南结合起来,着力推进重点领域和关键环节改革,大力开展关键和核心技术攻关,激活"两型社会"建设的内生动力。一是进一步加大体制机制创新力度。支持先行先试,纵深推进各项改革试验,率先在体制机制上实现突破、创造经验,发挥示范效应,带动整体推进。以推进"十大领域"改革为重点,突出解决资源节约、环境保护、城乡统筹、产业发展、基础设施建设、行政管理等方面的问题,加快健全土地、资本、劳动力、技术、信息等要素市场,着力构建有利于"两型社会"建设的体制机制。二是进一步加快自主创新步伐。坚持把增强自主创新能力作为"两型社会"建设的中心环节,以企业为主体、以市场为导向,加强产学研合作,大力推进自主创新、集成创新和引进消化吸收再创新,努力在重点领域、关键环节和核心技术上取得突破,掌握一批重要的自主知识产权和核心技术。加快完善技术创新体系、知识创新体系、区域创新体系和创新服务体系，多渠道、多层次搭建公共技术服务平台，支持建设一批高水平的科技创业、创新示范和高新技术产业发展基地。三是进一步加强创新型人才培养。时代的发展已将区域竞争的核心由物质资本转向人才资源。"两型社会"建设是一项宏伟的事业，需要宏大的创新型人才队伍作支撑。要进一步完善人才政策措施，加强创新团队建设，切实加大对创新型人才的引进、培养和使用力度，为"两型社会"建设提供有力的人才保障和智力支持。四是进一步创新优化社会管理。要加快社会管理体制机制改革，完善公共治理结构，健全矛盾调处和利益协调机制，建立重大工程项目建设和重大政策制定的社会稳定风险评估机制，加强社会信用体系建设，着力创新优化社会管理，在维护社会稳定、促进社会和谐前提下加快推进"两型社会"建设。

（五）把建设"两型社会"与扩大内外开放结合起来

"两型社会"建设不是孤立的、封闭的，而是联系的、开放的，既要最大限度的发挥自身优势、激发内生动力，又要统筹利用好国际国内两种资源、两个市场。一是拓展开放空间。加强国际经贸交流与合作，统筹对内对外开放，深化央企对接，强化部省共建，加强与泛珠三角、长三角和中部地区等的区域合作，构建全方位多层次的对外开放新格局，加快推进"两型社会"建设。二是提升开放水平。创新招商引资模式，加强外资投向引导，扩大"两型社会"建设利用外资规模。加强与国内外大公司、大集团和高等院校、科研机构的对接合作，吸引国内外资金、技术、人才等资源要素和先进经验，在更广范围、更宽领域、更高层次上加快"两型社会"建设。三是打造开放合作平台。加快长株潭试验区全国新型工业化产业示范基地、"两化"融合试验区、综合性高技术产业基地和三网融合试点地区建设，推动各类产业园区的绿色化、集约化、"两型"化发展。

（六）把建设"两型社会"与切实改善民生结合起来

建设"两型社会"是经济社会领域的一场深刻变革，必然带来利益格局的调整，必须坚持发展依靠人民、发展为了人民、发展成果由人民共享。一是加快推进以改善民生为重点的社会建设，大力推进扩大就业、医疗卫生和社会保障等民生工程。二是加快构建城乡居民收入增长、劳动报酬增长与经济增长相协调的长效机制。三是建立完善体现特色、比较完整、覆盖城乡、可持续的基本公共服务体系。确保"两型社会"建设为民、富民、惠民目标的实现，让广大人民群众最大限度地享受改革发展带来的实惠。

四 强化推进措施,加快工程建设,开创 "两型社会"建设工作新局面

全省"两型社会"建设推进大会的召开标志着我省"两型社会"建设已经进入了一个新的发展阶段。各级各部门要进一步把思想统一到省委、省政府的决策部署和周强书记、守盛省长将作的重要讲话精神上来,努力创新发展理念,转变发展方式,强化推进措施,加快工程建设,立足新的起点,扎实推进"两型社会"建设工作。

(一)突出强化"六项工作"

纵深推进"两型社会"建设,需要各级各相关方面从不同工作角度,着力强化"两型社会"建设的重点工作。

一是强化规划体系建设。按照试验区改革建设总体要求,积极借鉴国内外先进经验,加快完成环长株潭城市群跨区域、跨行业和重点地区等规划的编制,积极推进市、县改革实施方案和各类专项规划、下位规划的编制,逐步形成全覆盖的规划体系。突出抓好城市群规划与各市规划、总体规划与专项规划的对接,科学指导和统筹推进"两型社会"建设。抓好"一条例一决定"的贯彻落实,严格长株潭生态绿心等重点地区及区域性项目的规划管理,协调推动相关规划的实施,增强规划的约束力。

二是强化体制机制创新。加强对国家战略性新兴产业、区域发展等政策措施的研究和对接,争取更多的政策支持。以法治湖南建设为契机,结合试验区改革实际,瞄准现实问题加强研究,制定完善土地利用、产业发展、投融资、资源环境等方面的配套政策,加快形成保障有力的政策法规体系。加快研究制订长株潭"两型社会"试验区促进条例等相关地方性法规,从法制层面为"两型社会"建设提供更加有力的保障。

三是强化重点项目管理。坚持以大项目带动大发展,深入实施重大项目带动战略,在"两型"产业发展、基础设施建设、示范片区建设、湘江流域综合治理、节能减排、城乡统筹、三网融合等领域加快组织实施一批重点项目。开展"招商选资",根据"两型"要求开发和建设项目,对已经建成的和正在实施的项目要切实评估项目实施效果。提高准入门槛、投资强度和投入产出比。协调推进"两型"重大项目特别是跨区域"两型"重大项目的实施。

四是强化示范创建推广。科学确定重点示范创建领域,集中支持建设一批"两型"示范工程,在生产、生活、消费等领域全面发挥示范效应和带动作用。大力实施"两型社会"建设样板工程、"两型"技术产品推广工程、"两型"示范单位创建工程,围绕新型工业化、新型城镇化、新农村建设,深入开展"两型"示范创建活动,带动形

成"两型"生产方式、"两型"消费模式、"两型"生态环境。

五是强化外引内联服务。着力落实与国家部委和中央企业的已签协议，推动签署一批新的省部、央企合作共建协议，完善和细化合作内容，将合作共建任务落实到具体的项目和资金。进一步扩大与央企、国际金融机构、外国政府、跨国公司和国际财团的合作。加快组建长株潭"两型"产业投资基金及其管理公司，搭建市场化融资平台以及试验区国际国内交流合作平台，充分利用国际国内两个市场、两种资源推进"两型社会"建设。

六是强化宣传教育普及。将"两型"宣传教育纳入宣教工作整体部署，发挥我省作为传媒大省、媒体资源丰富的优势，采取媒体报道、课题研究、专题活动等多种形式，加大对"两型社会"建设理念、决策部署、重大意义、中心任务、重点工作等多方面的宣传报道，形成全方位、多层面的宣传教育格局，在全社会营造共建共享的浓厚氛围。

（二）加快建设"八大工程"

"八大工程"是长株潭试验区第二阶段的重点工程，涵盖了试验区"两型社会"建设的主要领域，是对第二阶段目标任务的项目化、具体化部署。各级各相关方面要进一步明确责任、落实措施，扎实推进"八大工程"建设。

一是实施"两型"产业振兴工程。把实施"两型"产业振兴工程作为构建现代产业体系的重要抓手，加快用高新技术、先进设备和现代工艺改造优化传统产业，加快发展新能源、新材料、生物医药、节能环保、文化创意等战略性新兴产业，重点提升长沙、株洲、湘潭、益阳高新区和岳阳、常德、宁乡经开区等国家级园区发展水平，带动产业结构优化升级和发展方式加快转变。

二是实施基础设施建设工程。按照"一体规划、突出两型、统筹协调、适度超前"的要求，加强交通、水利、能源、生态、信息和城市设施建设，构建布局合理、功能完备、安全高效、集约利用、统筹协调的现代化基础设施体系。加快推进"七纵七横"核心区城际干道网、"二环六射"高速公路网和"一纵两横半环"城际铁路网，以及高铁、机场、港口、河道建设，着力构建便捷、安全、高效的综合交通体系。加大城镇基础设施建设力度，增强城镇产业和要素承载功能，形成"布局合理、功能完备、特色鲜明、承载力强"的城市基础设施体系。

三是实施节能减排全覆盖工程。以节能减排在线管理为突破口，深入开展"万家企业节能行动"，逐步推广合同能源管理，促进建筑、交通、商业、民用等领域的节能推广，在全国率先形成节能减排考核评价、行业标准、用能标准和设计规范等系统管理的体制机制。积极探索排污权、碳排放权有偿使用和交易试点，着力推动节能减排的标准化、信息化、市场化。

四是实施湘江流域综合治理工程。积极构建湘江、洞庭湖为主体的区域生态环境安全体系，建立区域协调统一的环境保护联动机制、洞庭湖区和湘江生物入侵预警预防机制、湘江治理问责机制。坚持以保护饮用水源安全为主要目标，实施湘江流域水污染综合整治新的行动计划，推进重金属污染治理、流域截污治污、城市洁净、农村环境污染治理、生态建设等工程建设，加大生态补偿力度和环保执法力度，促进两岸生态修复。

五是实施示范区建设推进工程。坚持以体制机制创新、基础设施建设、产业布局优化和发展为重点，推行部省共建、省市共建、省企共建、中外共建等模式，进一步加快五大示范区十八个示范片区建设步伐，努力把示范区打造成为加快经济发展方式转变的示范区、引领区和新的核心增长极。

六是实施城乡统筹示范工程。加快实现城乡规划全覆盖，协调城乡产业布局，统筹城乡建设用地，推动城市道路、供水、污水和垃圾处理、园林绿化等基础设施向农村延伸，统筹城乡就业、养老、医疗、最低生活保障制度和社会救助体系，加快土地流转和户籍制度改革，促进农民向市民转变，以"两型"村镇建设带动新农村建设。

七是实施综合交通运输一体化工程。加快长株潭三市城际公交一体化运营、公共交通资源共享、城乡公交一体化、同城公用事业缴费一卡通及干道站场等建设，实现三市公交出行同城同享。加快长株潭城际铁路、核心区城际干道等重大项目建设，建设完善的公共交通枢纽。

八是实施三网融合和数字湖南建设工程。抢抓长株潭城市群入列国家首批三网融合试点地区的机遇，大力发展新型通信信息产业，形成初具规模的"三网融合"全业务产业链，加快智能电网、物联网、云计算应用、"两化融合"、地理信息系统、智慧城市发展步伐，推动湖南进入发展智慧经济的前沿高地。

（三）切实做好基础工作

"八大工程"既是试验区改革建设纵深推进的重点工程，也是"两型社会"建设的先导工程。各级各相关方面务必进一步细化措施、扎实工作，确保各项建设任务真正落到实处。

一要编制工程实施方案。按照"八大工程"建设要求，各有关方面要结合自身实际，按要求编制工程建设实施方案，把"八大工程"建设的有关内容，作为部省合作的重点，加强与中央对口部委信息对接、政策对接、项目对接和资金对接。同时，还要加强与市县的工作对接，形成纵向到底、横向到边、上下联动、协同配合、齐抓共管的工作格局。

二要突出工程项目化管理。按照工程项目化的要求，把"八大工程"细化分解，全面落实到具体项目。要加强项目储备，建立"八大工程"项目库，对入库项目优先给予支持。建立高效协调的项目建设服务体系，形成项目推进的统筹、协调、服务机制，促进项目推进、管理的有序化和规范化。

三要加强工程市场化运作。推进"八大工程"建设，市场化运作至关重要。要面向国内外市场，开发、策划、包装一批起点高、成长性好的"两型"项目。要引导推进市场化投融资，创新市场化运作方式和项目化管理模式，积极运用产业投资基金、创业投资基金等工具，加强财政性专项资金引导，撬动国内外资金投入项目建设。

四要加大工程组织实施力度。坚持把"八大工程"作为"两型社会"建设的工作重点，实施严格的目标责任管理。对列入"八大工程"的项目，实行重点调度、重点服务，确保取得实质性成效。

同志们，"两型社会"建设使命光荣，责任重大，任务艰巨。我们一定要严格按照省委、省政府的决策部署要求，认真落实周强书记、守盛省长本次会议重要讲话精神，进一步增强责任感、紧迫感和使命感，开拓进取，真抓实干，攻坚克难，奋力开创"两型社会"建设新局面，为推进"四化两型"、加快富民强省做出新的更大贡献，向全省人民交出一份满意的答卷！

湖南省人民政府
关于《长株潭城市群生态绿心地区
总体规划（2010～2030年）》的批复

湘政函〔2011〕195号

省长株潭"两型社会"建设改革试验区领导协调委员会办公室：

你办《关于批准〈长株潭城市群生态绿心地区总体规划（2010～2030年）〉》的请示（湘两型〔2011〕9号）收悉。经研究，同意《长株潭城市群生态绿心地区总体规划（2010～2030年）》，请会同有关地方和部门认真组织实施。

湖南省人民政府
2011年8月8日

长株潭城市群生态绿心地区总体规划（2010～2030年）[*]

一　总则

（一）规划背景：为了落实《长株潭城市群资源节约型和环境友好型社会建设综合配套改革试验总体方案》和《长株潭城市群区域规划（2008～2020年）》的规划内容，科学引导长株潭城市群生态绿心地区生态保护、利用与建设，有效发挥生态绿核保护和创新发展窗口的双重作用，大力促进持续、快速、健康发展，全面建设"两型社会"。

（二）规划期限：近期：2010～2015 年；中期：2016～2020 年；远期：2021～2030年。

（三）规划范围：本规划范围基本为长沙、株洲和湘潭三市的交汇地区，北至长沙绕城线及浏阳河，西至长潭高速西线，东至浏阳柏加镇，南至湘潭县梅林桥镇，共有洞井镇、坪塘镇、暮云镇、跳马乡、柏加镇、仙庾镇、龙头铺镇、云田乡、马家河镇、群丰镇、昭山乡、易家湾镇、荷塘乡、双马镇、易俗河镇、梅林桥镇 16 个乡镇，1 个示范区（九华示范区），清水塘街道办事处、铜塘湾街道办事处、井龙街道办事处、栗雨街道办事处 4 个街道办事处。其中昭山乡、易家湾镇为全覆盖，其余均为部分覆盖；具体按照 1∶10000 地形图参照现状图明显地物和规划主要交通道路划定。

本规划区面积约为 522.87km²。其中，长沙 305.69km²，占 58.46%；株洲 82.36km²，占 15.74%；湘潭 134.82km²，占 25.80%。

二　发展战略规划

（一）发展目标：建设成为"生态文明样板区、湖湘文化展示区、"两型社会"创新窗口、城乡统筹试验平台"，最终打造成具有国际品质的都市绿心。

（二）功能定位：生态绿心地区的功能定位为：长株潭公共生态服务客厅、城市群生态空间建设样板、生态资本创新利用示范窗口。

（三）生态资源保护利用，水资源保护利用，风景名胜资源保护与利用。

（四）生态结构：以山脉水系为骨架、森林绿地为主体、农田和湿地为支撑、防护林和溪渠为纽带，构建"一心四带 多廊道 多斑块"的网状生态空间结构。

（五）生态功能区划：生态绿心地区生态功能区划包括两类四区，即以生态保育为目标的丘陵生态涵养功能区和河流生态涵养功能区，以生态控制为目标的丘陵农田生态控制功能区和河城镇生态控制功能区。

（六）生态服务功能：生态绿心地区主要提供生物多样性保护、水源涵养、土壤保持、水源保护、固碳释氧、调节气候等生态服务功能。完善本地区生态系统，保障城市群生态安全，促进产业生态转型，营造生态景观，弘扬生态文化。

（七）生态空间管制：划分为禁止开发区、严格限制开发区、一般限制开发区、建设协调区。

（八）建设规模：用地规模控制，规划至 2015 年，总建设用地规模控制在 53.62km² 以内。规划至 2020 年，总建设用地规模控制在 69.65km² 以内。规划至 2030 年，总建设用地规模控制在 80.92km² 以内。

（九）人口规模：规划至 2015 年，总人口规模 33 万人；规划至 2020 年，总人口规模 44 万人；规划至 2030 年，总人口规模 55 万人。

三　总体布局

（一）聚落体系规划：

聚落体系构成：通过交通引导、空间整合、居民点兼并重组，生态绿心地区规划形成生态城—生态镇—功能组团—乡村中心社区—乡村一般社区五个等次。

总体结构：在遵循生态优先理念、满足生态安全格局的前提下，实施周边式、组团状空间布局，规划形成"一心、四带、六团、多点"的空间整体结构。

层次结构：规划形成生态绿心地区—生态组团—生态社区—生态单元的有机组合的生态空间层次。

（二）土地利用规划

建设用地布局：总建设用地规模 80.92km^2，其中各功能组团的城市建设用地规模 55.71km^2，农村居民点建设规模 8.85km^2；风景名胜区和森林公园的服务用地 4km^2，其他区域对外交通用地 12.36km^2。

四　产业发展与布局规划

（一）发展目标与定位：构建以生态服务产业为主导，文化创意、体育休闲、生态旅游产业充分发展，现代农业与现代服务业相互支撑，高新技术产业和生态宜居房地产业为补充，产业结构优化，发展方式集约，资源利用节约的绿色产业体系，建设成为国家"两型"产业示范区。

（二）产业体系构建

主导产业：生态旅游业、文化创意业、休闲业。

支柱产业：现代服务业、高新技术产业和现代农业。

适度发展产业：生态宜居房地产业。

（三）产业总体布局：结合空间战略与产业布局指引，主要沿着生态绿心地区周边，呈组团状，规划形成"一心、两带、六团、多点"的总体空间布局结构。具体包括生态旅游核心区、湘江生态经济带、浏阳河生态经济带、暮云低碳科技园、昭山生态经济区、洞井—跳马体育休闲区、柏加园艺博览区、五一仙休养度假区、清水塘生态旅游镇等。

五　综合交通规划

发展目标：坚持公交优先、整合联动、因地制宜、两型示范原则，确立外联内拓的交通发展战略导引，整合内外交通网络和设施，统筹城乡交通设施建设，实现各种交通方式高效衔接，逐步形成轨道交通和高速公路为主、城镇主干道为辅，与生态旅游、游憩康体、休闲度假等功能相适应的环境友好、公平有序、安全便捷、低碳高效、舒适环保的区域一体化绿色综合交通体系。

六　基础设施规划

包括给水工程、排水工程、电力工程、燃气工程、电信工程、环卫工程建设目标和主要任务。

七　综合防灾减灾规划

包括公共安全规划、防洪排涝规划、排涝规划、防震规划、消防规划、人防规划、地质灾害防治规划、水土保持规划建设目标和主要任务。

八　环境保护规划

（一）环境保护规划目标：严格控制工业及农业面源污染，全面提升生态绿心地区环境质量。规划实现污水全部处理后达标排放，垃圾进行无害化、资源化处置，使环境、经济、社会协调发展，城乡环境清新、优美、安静与适宜。生态绿心地区污水处理率、垃圾处理率、烟尘有效控制率、固体废弃物处理率和环境噪声达标率均为100%。

（二）环境保护分区目标

生态绿心地区环境功能区划分和环境目标

功能分区	环境空气目标（级）	声环境目标	
		昼（dB）	夜（dB）
城镇建设区	二	55	45
公园及风景名胜区	一	50	40
交通干道两侧区	二	70	55
农田及林地区	一	50	40

（三）水环境保护和水污染防治、大气环境保护、声环境保护、固体废弃物污染防治目标和措施。

（四）资源循环利用：包括区域循环利用、内外循环利用、内部循环利用、循环经济建设目标。

九　生态建设规划

（一）建设目标：以保护自然生态本底为基础，以生态建设和生态修复为重点，以构建结构合理的复合生态系统为目标，大力推进森林生态、生态农业、生态村镇和生态廊道建设，将生态绿心地区打造成为具有国际品质的都市绿心。至远期规划期末（2030年），生态绿心地区森林覆盖率达到55%，其中生态公益林面积占生态绿心地区森林面积40%以上。

（二）生态基础设施建设：包括森林生态建设、生态农业建设、生态廊道建设、生态节点修复等。

（三）组团绿地系统规划

规划目标：近期（2015年）生态绿心地区内各功能组团达到国家生态园林城市水平，远期（2030年）将各组团建设成具有国际影响的生态文明旅游城镇。

指标体系：

生态绿心地区功能组团绿地系统指标体系

序号	指标	标准值
1	综合物种指数	≥0.8
2	本地植物指数	≥0.8
3	建成区道路广场用地中透水面积的比例（%）	≥50
4	建成区绿化覆盖率（%）	≥45
6	建成区绿地率（%）	≥38
6	建成区绿地率（%）	≥38

十　城乡统筹与新农村建设规划

（一）发展策略：一是贯彻城市支持农村、工业反哺农业、少取多予放活方针，按照生产发展、生活宽裕、乡风文明、村容整洁、管理民主的要求，协调推进新农村建设和城乡协调发展。二是坚持产业一体化、基础设施建设一体化、生态环境建设一体化、公用事业建设一体化、居民点一体化、户籍社保一体化、政策一体化原则，大力推进城乡一体化，促进城乡统筹发展。三是强化产业支撑，优化城乡产业布局，提升城镇服务功能和辐射带动能力。四是加快城镇化进程，以新型城镇化和信息化促进新型工业化、带动农业产业化，提升农业竞争力和农产品知名度。

（二）新农村建设模式：包括产业组织模式、空间组织模式、社会组织模式。

十一　公共服务设施规划

（一）规划目标：遵循三市统筹共建、政府主导与市场主导相结合、基本公共服务城乡共享与就近配置原则，统筹生态绿心地区城乡公共服务资源，延伸公共服务范围，建立和完善农村公共服务设施体系和公共服务体系、提高农村公共服务水平，建设功能完善、生态低碳、高效便利的社会事业和公共服务一体化设施体系。

（二）公共服务设施建设：具体包括行政办公、商业金融、文化教育、科研与科技推广、医疗卫生、体育以及社会福利等设施建设。

十二　历史文化保护规划

（一）规划目标：采取保护与发展并举、系统保护与重点保护相结合原则，抢救历史文化遗产，继承和彰显湖湘特色和传统文化，促进城乡精神文明、物质文明和生态文明建设。

（二）历史文化保护任务：包括文物保护单位保护、其他历史遗存保护、风景名胜区保护和非物质文化遗产传承。

十三　空间分区管理

（一）管制分区：按照生态空间管制分区以及生态保护与建设要求，规划将生态绿心地区划分为禁止开发区、限制开发区和建设协调区，对不同分区实施不同的空间管制。

（二）分区管理措施：一是禁止开发区采取整治外迁为主策略。实行土地流转，推进农业现代化、规模化和生态化发展。二是限制开发区采取产业调整、创新利用策略，大力发展设施农业、都市农庄、主题公园、休闲度假、体育健康、生态养生等无污染、碳零排放绿色产业。三是划定禁止开发区和限制开发区外侧 800～1000 米区域作为缓冲区，严禁一切开发建设活动。四是建设协调区采取转型提升策略，引导城镇化发展，释放本地发展的诉求，解决大部分居民的居住、生活和就业难题；提升地区政府财政收入，开展高标准的生态建设。五是对于区域内的发展平衡，规划采取单元平衡的策略。

十四　近期建设规划

（一）近期建设规模：规划至 2015 年，建设用地规模 53.62 平方米，人口规模 33 万人，人均建设用地 149 平方米。其中，城镇人口规模 23 万人，各功能组团建设用地规模 20.67 平方米，人均建设用地 121 平方米；农村人口规模 10 万人，乡村社区建设用地规模 21 平方米，人均建设用地 210 平方米。

（二）近期重点功能组团：重点规划昭山生态经济区、洞井—跳马体育休闲区、柏加园艺博览区和暮云低碳科技园。其中，暮云低碳科技园注重在现有基础上进行转型、提质与改造；其他 3 个组团基本上属于新建。

（三）重点生态园区（带）：重点规划建设长沙生态动物园、昭山风景名胜区、红旗水库森林公园、五云峰森林公园、石燕湖森林公园、湘江风光带暮云—昭山段。

（四）近期重点建设项目：规划重点建设项目包括道路交通，公共设施，市政工程、生态建设、资源开发与环境保护、城市轻轨六大类 38 项。

十五　数字绿心规划

（一）总体目标：加快推进"三网融合"，规划期末三网覆盖率达到 98％，实现生态绿心地区信息服务进村入户。

（二）数字基础设施建设：加强信息网络基础设施建设，构建网络通信平台、数据交换平台和基础地理空间信息共享平台。

十六　"两型社会"建设

建设目标：建设资源节约、环境友好、经济发展、社会和谐的都市生态绿心，努力实现人与人和谐共存、人与经济活动和谐共存、人与环境和谐共存，能复制、能实行、能推广。

湖南省人民政府
关于《长株潭城市群"两型社会"建设综合
配套改革试验区基础设施共建共享及
体制机制改革专项方案》的批复

湘政函〔2011〕250 号

省发改委，省住房和城乡建设厅：

省人民政府同意你们制定的《长株潭城市群"两型社会"建设综合配套改革试验区基础设施共建共享及体制机制改革专项方案》，请会同相关地方和部门认真组织实施。

湖南省人民政府

2011 年 10 月 14 日

长株潭城市群"两型社会"建设综合配套改革试验
区基础设施共建共享及体制机制改革专项方案

基础设施是经济社会发展的保障。在长株潭城市群区域内实施基础设施的合理布局和共建共享，对于实现资源优化配置、节约高效具有重要意义。共建共享体制机制是长株潭城市群实现基础设施共建共享的基本条件。进一步突破行政区划约束，解放思想，大胆创新体制机制，推进长株潭城市群基础设施共建共享是落实科学发展观，适应"两型社会"建设要求的重要举措。根据省政府办公厅湘政办明电〔2007〕225 号文件精神，制定本方案。

一　改革目标和原则

（一）改革目标

以邓小平理论和"三个代表"重要思想为指导，全面落实科学发展观，紧紧抓住
国家促进中部崛起的政策机遇，围绕建设资源节约型和环境友好型城市群发展目标，进
一步解放思想、深化改革、扩大开放，力争经过10年的努力，不断消除各种体制机制
障碍。通过体制机制改革，统筹规划、合理布局的机制基本建立；统一高效、精简科学
的管理体制基本健全；共建共享利益协调机制基本形成；有利于资源节约和环境保护，
有利于基础设施持续发展的价费机制基本完善；能够满足基础设施建设需求的多元化投
融资机制基本建立。

（二）改革原则

一是服务发展原则。以有利于提升区域核心竞争力和环境竞争力、有利于促进基础
设施体系从基本适应转向适度超前，从数量扩张转向量与质并重，从为经济发展配套服
务转向引导促进经济发展转变为目标，推进改革。

二是资源节约原则。以有利于减少对水土等自然资源占用、有利于建设过程成本费
用控制、基础设施管理和维护成本降低为目标，推进改革。

三是环境友好原则。以有利于进一步增强基础设施对可持续发展能力的支撑作用，
减少基础设施建设对生态环境造成的负效应、有利于建设生态园林城市群为目标，推进
改革。

四是城乡统筹原则。以有利于加强农村地区基础设施的建设和完善、有利于网络化
的城乡基础设施规划和布局、有利于城乡各类基础设施项目在"点、线、面"上有机
结合为目标，推进改革。

五是先行先试原则。以充分发挥各市、各职能部门作用为工作手段，大胆创新、先
行先试，推进改革。

二　主要内容

（一）五大改革

以实现共建共享为目标，以推进"交通同网、能源同体、信息同享、生态同建、

环境同治"为重点，针对基础设施规划、建设、管理、运营等环节中具有全局性、紧迫性、突出性的体制机制矛盾，重点推进规划体制、管理体制、共建共享机制、融资机制和价费机制等五大改革。

1. 规划体制改革

按照统一、分级、协调、高效原则，在不削弱现有三市和省直有关部门规划职能的前提下，理顺各级各类基础设施规划部门之间、基础设施各专项规划和城乡建设规划之间，以及规划编制、审核、修正和实施过程各环节、各方面的管理关系，形成统一协调、分级有序、保障有力的规划管理组织机构体系。对于重大框架性、统领性规划，实行统一管理体制，对于具体性、个体性较强的规划，实行分级管理体制。

按照科学化、民主化、法制化要求，建立健全规划运行机制。建立规划协商编制机制，对各类基础设施规划编制进行协商编制；建立规划联合审核机制，对各类基础设施规划进行联合审核；建立规划执行监管机制，定期对规划执行情况进行检查监督，对未能依法执行规划的，提请有权机关进行责任追究；建立执行部门信息反馈制度，明确其权责、反馈渠道和方式；建立规划修编制度，确需对规划进行修改调整的，修编部门应充分论证修改调整理由，在按规划管理办法审议通过后，按照法定程序进行修改调整。

制定长株潭城市群基础设施规划编制管理办法，对长株潭城市群各类基础设施规划的地位、性质、体系、内容、功能、时间、编制程序、编制主体、审批、颁布、实施、评估、调整以及各规划之间的关系等做出明确规定。各类共建共享规划应报请省人民政府批准，运用法律手段保障规划的执行和实施，提高规划的权威性和约束力。

2. 管理体制改革

按照"小政府，大社会"的发展要求，推进基础设施领域政企、政资、政事、事企、政府与中介机构分开，转变政府职能，从根本上改革不合理的政府管理模式，逐步实现政府角色由基础设施的直接提供者转向促进者。确需政府投资提供的公益项目与服务，以政府有偿委托为主进行市场化运作。

按照精简、统一、效能和决策、执行、监督相协调的要求，以"同一管理对象的同一事项交由一个部门管理，同一性质的不同事项交由一个机构协调处理"为原则，科学规范基础设施领域行政管理部门职能，理顺分工，推进政府机构改革，实现机构职责的科学化、规范化和法定化。

按照现代企业制度要求，分类改造基础设施公用企业，建立富有活力的、符合现代企业制度要求的企业经营机制。按照分类改革原则，改革公用事业单位管理体制。除非营利的公益性单位仍保留事业单位体制外，对其他公用事业单位根据其职能和赢利性质分别改革为政府部门、企业和市场中介组织，或予以撤销。

以有利于促进经济一体化、提高管理效率、调动各方积极性为目标，打破行政区划限制，积极探索以经济区域为对象的管理新体制，率先在基础设施领域实现行政管理一体化。

3. 共建共享机制改革

建立基础设施建设统筹机制，实现基础设施项目建设中的城乡、部门、行业、地区统筹。根据各类基础设施项目的不同经济社会属性和行政隶属关系，以遵循国家相关法律法规为基础，以利益机制为纽带，以统一协调管理为保证，构建互惠互利、互助互赢的共建共享机制，形成持续稳定的共建共享关系。在具有收费机制的区际性经营性和准经营性基础设施领域，创造条件，积极推进经营主体一体化，以市场一体化经营机制推进共建共享。经营性项目建立合理的财税分成机制；准经营性项目建立合理的财政补贴分摊机制，促使经营主体获得行业平均利润率；在不具有收费机制的区际性非经营性基础设施领域和其他难以市场化经营的领域，积极探索"分建、共享、分管"和"共建、共享、共管"相结合的多元化机制。

在大型科学仪器、数字资源、教育设施、医疗设备、文化体育设施等资源性基础设施领域，积极打破地域、行业和单位界限，建立规划统筹化、建设一体化、资源社会化的建设和使用制度，并建立投资者受益、使用者付费和管理者获补偿的利益共享机制。

4. 融资机制改革

积极构建基础设施多元化投融资主体结构。积极鼓励和引导非公有资本和各类社会资本以独资、合资、合作、联营、项目融资等国家允许的方式投资基础设施产业，构建以市场为主，政府为辅的多元化投融资主体结构。对部分收费不能弥补其建设运营成本的项目采取财政补贴或权益补偿等方式提高其可经营性。建立基础设施项目周边土地溢价征收机制，对基础设施项目进行外部性溢价补偿融资。

在风险可控前提下，支持基础设施企业开展多样化融资。鼓励和支持有条件的基础设施企业进入资本市场直接融资，通过上市融资、企业债券、中期票据、短期融资券、保险资金、项目融资、融资租赁、资产重组、股权置换、资产证券化等方式筹措发展资金。鼓励金融机构开发基础设施金融产品，开展集合融资。建立长株潭基础设施产业投资基金。

构建灵活高效、可持续的基础设施公共融资机制。完善财政投入保证机制，保证公益性基础设施投入增长与财政增长成正比上升。建立三市城市群基础设施统一的财政投融资平台，用于长株潭城市群间基础设施共建共享。完善公共融资机制，争取政策开展长株潭市政债券融资。

5. 价费机制改革

以市场调节为主导，市场调节和政府调控相结合，建立和完善公用事业价格形成机制，对自然垄断、技术垄断和行政性垄断公用事业业务，根据"公平合理、切实可行"

的要求，建立有政府、企业、消费者共同参加的价格协调机制，实行政府定价或者政府指导价，并充分尊重市场调节的主导，发挥市场调节价格的基础性作用。

以有利于促进资源节约和环境保护，有利于提高社会分配效率，有利于提高企业效益和经营效率为目标，统筹兼顾，形成能够反映资源稀缺程度、资源成长、资源枯竭后退出成本和环境治理成本的价格体系。对国家限制发展的高耗能、高污染企业，依法实行约束型的价格政策。以推进城乡统筹、三市统筹为目标，建立价格统一、管理统一的公用产品和服务价格体系。

积极创新价格监管方式，加强对公用事业产品和服务价格及成本的有效监管，尤其是要加强对垄断行业的价格监管，强化成本约束，促进公平竞争。

（二）六大领域建设

1. 交通建设

（1）以长株潭交通基础设施一体化为发展目标，着力打造三市立体交通体系。区内交通网络，以高速环线、长株潭"3＋5"城际铁路、湘江防洪景观道路、三市过江通道等为重点，按照城市道路标准修建长株潭城际间道路，实现与三市城市道路无缝连接，建设快速便捷，充分满足三市人员出行和物流需求的交通网络；对外交通网络，以武广客运专线、沪昆客运专线、京珠高速东线、潭衡西线、湘江干流航道、国省干线公路和铁路提级、长沙航电综合枢纽、长沙霞凝港区、黄花机场扩建等为重点，建设以长株潭城市群为中心，辐射岳阳、常德、益阳、娄底、衡阳等周边城市的一小时交通圈层，全面打通接受珠三角、长三角辐射，并辐射全省和国家中西部地区的通道；公共客运交通，加快构建由快速路网、主干路网、配套路网和公共枢纽站场等组成的城市交通基本格局。

（2）积极探索有利于共建共享的建设机制和运营机制。对城市群轨道交通、一体化公共交通、湘江干流航道建设等难以区分责任边界的项目，建立跨区域经济实体或事业实体，采取股份制形式或事业单位制进行统一建设和运营。对湘江防洪景观道路、高速环线、国省干线公路等易于区分责任边界的项目，根据实际情况建立"分建、共享、分管"和"共建、共享、共管"相结合的投资建设和运营机制。

（3）建立和完善有利于共建共享的政策机制。对准经营性项目，每年由三市财政按一定比例出资进行补贴，促使其市场化运行；非经营性项目按照项目建设的公共责任分别进行财政投入；经营性项目建立合理的财税分成机制。

（4）积极探索有利于共建共享的跨市管理机制。突破现行条块管理体制的制约，依托现有交通监管机构，成立新的区际公共交通监管协调机构，推进城市群智能交通和公交一卡通工程，统一运营服务规范和标准，实现三市区际公共交通运营一体化管理。

（5）统一三市区际、市内交通价费。对三市往返公交车辆，一律享受城市公交价费优惠减免政策，统一实行公交票价。规范涉及三市交通运输的驾驶员培训、车辆维修、照牌制作、港运装卸和站务服务等收费，统一明确价格（收费）标准。

2.电网建设

（1）建设满足长株潭经济社会需求发展的智能坚强电网。协调城乡电网发展，加强跨区送电项目和500千伏电网建设，完善长株潭主网架，加强跨区送电项目和500千伏电网。基本完成农村中低压配电网改造，提高电网供电能力和供电质量，促进城乡一体化。

（2）建立电网建设和国民经济社会发展、城市建设、国土利用等之间的规划协调机制，实现各类规划共建共享，确保变电站建设用地和电力线路走廊及电缆通道用地需求，促进电网规划根据发展需要滚动调整。

（3）积极改善电网建设环境。为电网建设的报建、征地、拆迁等工作开辟绿色通道，简化手续，提高办理速度。建立电网公司与城建、交通等职能部门协调机制，积极解决电网建设过程中出现的各种问题。

（4）加大实施峰谷分时、丰枯和季节性电价力度，扩大实行范围。加强价格调节与导向功能，实施有利于烟气脱硫的电价政策，对淘汰、限制类项目和高耗能企业，实施差别电价政策，对能耗超过国家和省规定的单位产品能耗标准的企业和产品，实施惩罚性电价政策。以保障公平、提高效率、增进企业竞争力为原则，逐步调整销售电价分类结构，减少各类用户电价交叉补贴。鼓励可再生能源发电以及利用余热余压、煤矸石和城市垃圾发电，实行分类电价政策。

3.信息化建设

（1）着力推进三市统一信息平台建设，实现信息网络同享。大力推进国民经济信息化，积极推进电子政务、社会信用、文化信息资源等公共系统互联互通和资源共享，加强信息数据标准化建设。加强信息技术教育，提高国民信息技术应用能力。积极推进通信网、有线电视网和计算机网络"三网融合"，加强网络安全建设，推进长株潭互联网交换中心建设，推进城市安防电子监控设施建设，加大社区、农村信息化建设力度，支持开展城域无线网络试点。

（2）积极探索行业管理体制改革。省通信管理局、省广播电影电视局和省经信委协调合作，共同推进信息领域的资源共建共享工作。由省通信管理局牵头组织，大力推进基础电信企业在通信基础设施建设、使用与维护方面的共建共享。

（3）积极推进三市广电资源融合，以市场化手段加快三市广电网络资产融合和集中运营。

（4）构建各电信运营商通信管道资源统一规划、统一建设、集约利用机制，探索以主导运营商为主体的管道资源建设运营模式。加强城市建设与电信管道建设的规划协调。积极推进住宅小区通信信息布线的资源共享，方便用户使用，避免重复建设。

4. 生态建设

（1）积极建设国家生态园林城市群。到 2020 年，城市建成区人均公园绿地面积、绿地率、绿化覆盖率、综合物种指数和本地植物指数、核心区森林覆盖率、退化土地恢复率、生态园区土地国有化率、交通附属设施绿化美化合格率、江河两岸宜绿化地段绿化率等指标达到规划目标。

（2）制定长株潭生态保护建设规划，且与城市群区域规划、土地利用规划相衔接。

（3）积极探索统一的生态建设管理体制。对分散在三市各职能部门的核心区郊野林业、水土保持、城市绿化、城市园林、风景名胜区、生态廊道、铁路公路及水系绿化等生态建设管理职能进行整合，形成职能统一、层级有序、精简有效的管理体制。清理和废止不符合生态建设发展要求的法规和政策，探索建立和完善生态建设专业技术服务和执法监管机制，为核心区生态建设提供专业技术支撑和服务，加强湿地和生态公益林保护。

（4）推进生态专用基地建设。以生态园区为重点，通过设立自然保护区、风景名胜区、森林公园等多种形式，切实加大对昭山绿心等特殊生态用地的保护力度，建设生态专用基地。对生态专用基地内的林业用地，除国家和省批准的交通、能源、水利、军事等重大工程项目建设外，任何部门不得办理林地占用、农用地转用等审批手续，任何单位和个人不得改变其用途，用于非林业建设。

（5）建立多元化生态建设投融资机制。通过加大公共财政投入、建立生态建设专项基金、提高生态收费标准、拓宽城市绿化收费渠道、提取生态廊道建设费、加强资源费征收、健全生态环境破坏经济赔偿制度、加强社会融资、发展生态旅游等方式，保证生态建设资金需要。

（6）完善生态公益林地补偿机制。以林地潜在经济价值为参照，建立覆盖全部生态公益林的、森林生态效益补偿标准普遍提高的差别补偿制度。建立和完善公益林保护管理协议制度，促进森林绿地和生态环境保护。

（7）严格实行城镇绿线绿章管理制度，制定实施城市异地绿化补偿收费办法，推进城市园林绿化发展。

5. 城镇建设

（1）积极推进城镇给排水、燃气、公共管沟、生活垃圾处理、城镇防洪等设施建设，建立和完善市政公用事业财政投入和补贴机制。加强现有水厂及供水管网改造提质、备用水源和湘江水环境治理等项目建设，提高水质性缺水应急能力。加强城镇污水集中处理厂、污水管网、工业废水处理工程的建设和运营监管，在有条件的乡镇和较大规模的乡镇建设污水处理工程，保证城镇污水集中处理率、污染物去除率和工业废水达标排放率达到规划目标；加强高中压调压站、储配站、燃气管网、汽车加气站等项目建设；统一规划建设地下公共管沟；加强垃圾转运设施、大型综合处理设施、现有设施改造、农村垃圾收集处理等项目建设，启动长株潭城市群固体废弃物综合处理和综合利用产业园区建设。

（2）推行水务一体化建设。有效整合三市防洪、排涝、蓄水、供水、节水、污水处理及回用等设施和资源，实现三市涉水事务的统一、系统、综合管理。

（3）建设清洁、环保、安全、可靠的燃气供应体系。整合三市燃气资源及配送体系，形成一体化的燃气资源配送、储备体系以及一体化的燃气科研和安全保障机制。

（4）创造条件推进垃圾处理市场化，新建项目试点实行特许经营，现有垃圾处理设施运营进行市场化改革试点。按照收集与处置环节分开独立运营原则，改革垃圾处理设施运营机制。

（5）积极实行城市土地整体开发制度。对旧城改造和新区建设，建立和推行区块地段整体征收、整体规划、整体建设的土地开发制度。

（6）推进水资源、污水处理和垃圾处理收费制度改革。加快推行阶梯式计量水价等有利于节水的计价制度，对国家产业政策明确的限制类、淘汰类高耗水企业实施惩罚性水价，制定支持再生水、雨水开发利用的价格政策，合理确定各类用水的水资源费标准，加大征收管理力度，在审核供水企业运营成本、强化成本约束基础上，合理调整城市供水价格，认真落实全省统一的污水处理费征收标准；按照"污染者付费"原则，推进垃圾处理收费制度建设，促进生活垃圾处理设施项目的市场化运作，探索以价格机制引导可回收和不可回收垃圾的分类收集。

（7）推进以水土保持为主的生态清洁小流域综合治理工作，实现区域水质水环境良好目标。加强城乡开发建设水土保护监督预防，形成三市统一的监管体系。

6.社会事业建设

（1）以全民共建共享、基本公共服务均等化为目标，建立适应发展需要的社会性基础设施服务体系。教育和科技，加强综合性中小学实践教育基地、职业教育实习实训基地、职业教育顶岗实习基地、综合性农民工和城镇再就业培训基地、高等教育实践教学基地、科技成果转化共享平台、科技资源共享平台、高校数字资源共享平台等设施建设；卫生，加强医疗废弃物处理中心、公共卫生服务信息平台等设施建设；文化体育，加强城乡社区、新建住宅小区、沿江风光带、公园等区域文化体育配套设施建设；广播电视，推进三市有线电视网络融合、综合性无线发射基地、移动媒体广播、下一代广播电视网络、手机电视试验平台、影视节目生产基地等项目建设。

（2）建立三市大型科学仪器、数字资源、教育设施、医疗设备、体育设施等资源性基础设施统筹规划建设制度，实施统一规划、统一建设，实现集约利用和共同发展，防止重复建设。

（3）建立健全资源性设施共享机制。以财政资金全额出资或部分出资的，以"共建、共享、托管"为主要模式，由建设单位进行托管，使用单位向托管单位支付一定的管理费用，部分出资的增付一定的设备折旧费；以建设单位资金全额出资的，以"分建、共享、分管"为主要模式，使用单位向托管单位支付一定的管理费用和设备折旧费；通过财政共享服务奖励基金等方式建立共享奖励机制。

（4）建立和完善企业、医院等企事业单位学生顶岗实习制度。支持和鼓励三市企业、医院等企事业单位接纳高等院校学生顶岗实习。对接纳学生顶岗实习的企事业单位给予一定的补贴。

（5）改革职业院校人才培养模式，建立三市职业院校同类专业相对统一的评价标准，探索建立三市职业院校同类专业课程互通互选机制。

（6）进一步完善财政保障机制，逐步实现新农合与城镇居民医保在筹资标准、补偿政策和保障水平上的统一。在三市推行同级医疗机构诊疗结果认同。

（7）建立和完善三市突发公共卫生事件应急统一处置机制，实现在省级卫生行政部门统一协调下的三市公共卫生资源的统一调度。

（8）建立三市大型体育赛事共办机制。依托三市现有体育场馆设施，以长株潭城市群为统一品牌合作开展各类大型体育赛事，实现体育资源优势互补，提高资源利用效率。

（9）积极探索三市广电行政管理体制改革。按照"存量不变、增量集约"的发展思路，将分散在三市广电部门的一体化建设相关管理职能合并进行统一管理，实现统一规划、共同投入、集中管理。

（10）扩大电视领域对外开放，根据国家相关规定，鼓励具备条件的民间资本、境外资本进入广电一体化市场。

（11）建立三市大型文化节会、赛事、活动的共办互动机制。充分发挥三市现有的文化资源优势，依托各地大型文化场馆设施和文化队伍，围绕春节等传统节日和国庆等重大节庆广泛开展丰富多彩的文化活动。共同承接举办具有区域特色、国际影响的大型文化赛事、节会，不断提升城市群文化魅力，扩大区域影响力，提高国际知名度。

三　配套措施

（一）强化组织保障

1. 完善省长株潭"两型社会"试验区建设管理委员会职能，强化其统筹、组织、协调、服务等职能配置。

2. 创新长株潭三市党政联席会议交流合作机制。联席会议要立足高远，弱化行政区概念，形成全方位、多层次联动的交流合作机制，不断创新相互合作与协作的形式和方法。着重解决合作中的具体、重大问题，特别是如何创新体制机制，制定具有前瞻性、切合实际的政策和目标，在引导合理分工、建设跨区域的基础设施、加快社会事业发展等方面，真正起到指导作用。三市部门之间及与省直相应部门联动，大力推进三市社团组织之间、专家学者之间和新闻媒体之间的联动，形成多层共进的推进机制。

（二）完善法规政策

全面落实《湖南省长株潭城市群区域规划条例》《湘江长株潭段生态经济带开发建设保护办法》等。严格执行《湖南省水功能区划》及《湖南省湘江流域水污染防治条例》。控制排污总量，建立湘江长株潭段横断面控制标准，加强湘江流域一级生活饮用水地表水源保护。依据《物权法》，对基础设施如地下管网的产权，进行明晰界定。出台相关规定，针对长株潭三市生活垃圾的清扫、收运、处理和处置各环节进行规范。加强生态建设立法。制定《长株潭城市群城市绿化管理条例》《长株潭城市群全民义务植树条例》等生态建设法规。

（三）优化经济环境

1. 大力改善投资环境。对长株潭城市群基础设施项目，提前开展前期工作，优先布局建设项目，优先安排建设资金，对重大建设项目，适时纳入省级重点工程项目管理，优先争取进入国家规划和项目计划。对符合条件的项目，开通绿色通道，快速审批，属省批准的建设用地，对经审查合格或补正补充完备的用地报件，省国土资源厅要在正式受理后 15 个工作日内形成审核意见。长株潭三市市场要素、产品和服务自由流动，各类市场主体平等对待。

2. 着力扩大对外开放。鼓励国外资本参与长株潭城市群的基础设施建设，允许外商依照有关规定投资电信、广播电视和中介机构，支持外资企业参与国有企业和其他所有制企业的嫁接、改造和重组，加大长株潭城市群一体化项目利用国外贷款的力度，积极做好世行贷款湖南长株潭城市发展项目第二期的工作。

3. 统一长株潭城市群招商引资、土地、价费、产业、环境保护等方面的政策。

加快"两型社会"建设，走出一条
具有湖南特色的转型发展路子

周　强

2011 年 10 月

　　2007 年 12 月，湖南长株潭城市群获批为国家资源节约型、环境友好型社会建设综合配套改革试验区，湖南干部群众深受鼓舞，也深感沉甸甸的责任，开始了"两型社会"建设的积极探索。2010 年 2 月，中央举办省部级主要领导干部深入贯彻落实科学发展观、加快经济发展方式转变专题研讨班，进一步明确了加快经济发展方式转变的指导原则、目标任务和具体要求。在深入调查研究的基础上，省委召开工作会议，明确充分抓住长株潭城市群"两型社会"综合配套改革试验区建设的重大机遇，把建设"两型社会"作为加快经济发展方式转变的目标和着力点，把转变经济发展方式与"两型社会"建设有机结合起来，大力推进新型工业化、农业现代化、新型城镇化和信息化，加快建设创新型湖南、数字湖南、绿色湖南、法治湖南，力争率先建成资源节约型、环境友好型社会，着力走出一条符合湖南实际、具有湖南特色的转型发展路子。

　　2011 年是"十二五"开局之年，是长株潭试验区建设第二阶段全面推进之年，也是加快转变经济发展方式的关键一年。在谋划全年的工作时，我思考最多的是如何落实中央要求，立足新起点，顺应新形势，布局和推进试验区第二阶段改革建设，并带动全省"两型社会"建设，推动转变经济发展方式取得实质进展。为此，最近一段时间，我和有关同志采取多种方式，深入到长株潭城市群和环长株潭城市群调研。两个多月时间调研了县市区 31 个，企业近 100 家，村组、社区 50 多个。通过现场走访、召开座谈会，听取干部群众意见和建议，感到受益匪浅、收获很大。特别是基层干部群众的创新创造、真知灼见，让我既感到建设"两型社会"的强烈责任，也对长株潭试验区和全省"两型社会"建设充满了信心。

一 推进"两型社会"建设，必须加快调整和优化产业结构

湖南获批"两型社会"试验区之初，不少同志对我讲到一些担忧，一个重要方面就是湖南的产业结构与"两型社会"的要求不适应，转型难度大。这种担心是有道理的。湖南是传统的农业大省，工业实力不强，工业结构中重化工业比重偏大。建设"两型社会"，面临的一个突出问题就是推进产业转型升级。

在重化工业占主导地位的产业格局下，推进"两型社会"建设，必须坚持走新型工业化道路，把"两型"理念注入产业发展的每一个环节。近些年来，在"两型社会"理念引领下，全省各地加强政策引导，加大技术改造和自主创新力度，着力推进传统产业"两型化"、"两型"产业规模化、特色优势产业集群化发展。2010 年全省三次产业结构由 2007 年的 17.6：42.7：39.7 调整为 13.8：46.2：40.0，工业对经济增长贡献率达到 56.1%。"十一五"期间，全省高新技术产业增加值占全省 GDP 比重提高 5.7 个百分点，六大高耗能行业增加值占规模工业的比重下降 7.4 个百分点。全省形成了机械、有色等 10 个年主营业务收入过千亿的产业。先进装备制造、新材料、文化创意、生物、新能源、信息和节能环保等战略性新兴产业初具规模。中联重科、三一重工、湘电集团等一批优势企业通过科技创新迅速做大做强，成为湖南先进制造业的突出代表。长株潭城市群被列为全国新型工业化产业示范基地、工业化和信息化两化深度融合试验区、综合性高技术产业基地和"三网融合"试点地区。

加快传统优势产业升级转型，是发展"两型"产业最快捷、最现实的一条路子。株冶集团是一家老国有大型企业，也是湖南"有色金属之乡"的标志性企业。调研时该企业负责人给我讲，近年来企业通过技术创新和技术改造，成功采用全球成熟、先进的湿法炼锌等技术，大力发展循环经济，铅锌产品深加工率由 2005 年的 54.44% 提高到 74.24%，有价金属综合回收率由 73% 提高到 83% 以上。五年间，企业在铅锌生产规模达到 60 万吨、营业收入突破 100 亿元，分别增长 42.8% 和 83.4% 的情况下，外排废水总量减少 90%、外排重金属污染物减少 95%，废气二氧化硫减排约 60%。在企业我们看到，经处理的废水可以直接放养金鱼。昔日的能耗大户、排污大户正向"绿色企业"迈进。实践证明，通过技术改造，传统优势产业完全可以实现"两型化"发展。

发展"两型"产业，既要"就地取材"，改造提升传统产业；也要"跳起摘桃"，大力培育发展战略性新兴产业。南车株洲研究所有限公司 2010 年主营业务收入达到 140 多亿元，比 2005 年增长近 10 倍。企业不仅在轨道交通这一核心领域成功研制 380A 型新一代高速动车组，成为世界运营速度最快、科技含量最高的高速列车，而且自主研发生产的电动汽车占据了全国五分之一的市场份额。中电 48 所建成拥有完全自主知识

产权的太阳能电池示范生产线，在短短三年时间里，创造了湖南光伏产业从无到有、从小到大的奇迹，年销售收入从 2007 年 1 亿元上升到去年 50 亿元。湖南科教人才资源丰富，在发展战略性新兴产业方面具有比较优势，部分领域和行业目前已经走在前列，发展战略性新兴产业的潜力和空间巨大。

通过调研，我更加深刻地体会到，建设"两型社会"，是一场经济发展方式的深刻变革。无论从湖南省情实际和发展阶段性特征看，还是从这些年湖南发展的实践看，建设"两型社会"，必须加快转方式调结构，加快推进新型工业化、农业现代化、新型城镇化和信息化，改造提升传统产业，加快发展战略性新兴产业，大力发展生产性服务业。尽管产业结构的优化调整要有一个过程，不可能一蹴而就，但通过近几年的实践，各地在实践中尝到了甜头，思想认识更加一致了，信心也更加充足了。相信通过几年的坚持不懈努力，完全能够基本构建起科技含量高、环境污染小、资源消耗低、综合效益明显的"两型"产业体系。

二　整治环境污染，必须下决心、动真格

"两型社会"最直观的感受就是环境好、无污染。污染整治是"两型社会"建设的一项基础性工作，也是在调研中干部群众反映较多的问题之一。

湘江流经湖南 14 各市州中的 8 个，是湖南的"母亲河"。近现代以来，随着工业化、城镇化加快发展，湘江水质警报频频拉响。"50 年代淘米洗菜，60 年代洗衣灌溉，70 年代水质变坏"。在与株洲清水塘的居民座谈时，大家用这一顺口溜描述过去的环境污染状况。湘江污染，已成为湖南发展的"沉重翅膀"。不少干部群众曾对我讲，湘江清澈之日，就是湖南"两型社会"建成之时。

"湘江水污染问题，表现在水中，根子在岸上，本质是发展方式粗放"，调研座谈中，基层的同志的这句话让我深受触动。要还湘江一江清水，就必须改变长期以来的粗放发展模式。株洲清水塘地区是国家"一五"、"二五"期间重点投资建设的老工业基地，聚集了 152 家规模以上冶炼、化工、建材企业，工业结构性污染严重，一度成为湘江流域主要的重金属污染源之一。2008 年以来，株洲市不惜牺牲清水塘地区每年 30 多亿元工业产值、3 亿元税收，实施"炸烟囱、吃废渣、净污水、变土壤、美环境"等举措，关停污染企业 123 家，淘汰落后产能企业 79 家，工业废水实现 100% 达标排放，曾经"污名"远播的清水塘开始"变清了"。长沙坪塘镇是一个以水泥、化工为主的老工业区，每年排放大量废水、二氧化硫、氮氧化物及粉尘，严重影响长沙湘江水质和空气质量。过去由于这些企业一直是镇里财税收入主要来源，此前几次整治，效果却不明显。2009 年，长沙市痛下决心，彻底关停 13 家污染企业，关闭整顿 26 家非煤矿山企

业,斩断污染源。

污染整治需要痛下决心,打破行政壁垒,实行上下游同治、干支流同治、城乡同治。2008 年起,我们借鉴欧洲莱茵河治理经验,提出把湘江建设成"东方莱茵河",启动了湘江流域水污染综合整治三年行动计划,彻底打破行政区划和部门的"楚河汉界",把上游城市的市长对进入下游的水质安全负责作为一条刚性措施,实行目标管理,严格执行"一票否决"。湘江重金属污染初步得到遏制,干流断面水质达标率比2007 年提高了 20%。调研中,听到很多群众高兴地说,"现在水更清了,天更蓝了,地更绿了,空气更清新了"。

污染治理是一项复杂的系统工程,在利用行政手段的同时,还需要充分借力市场的作用。2007 年底,全省城镇生活污水处理率排当时全国倒数第三位。如果污水处理率不达标,湖南就可能完不成"十一五"节能减排任务。从 2008 年起,全省上下背水一战,实施城镇污水处理设施三年行动计划,放开污水处理投资领域,广泛采取 BOT、TOT、委托运营等模式建设,三年共新建 119 个污水处理厂,每个县城都建有一个以上污水处理厂,全省城镇生活污水处理率由 19.94% 提高到 72%。各地还利用先行先试权,探索建立排污权交易制度。长沙市环境资源交易所所长刘中向我介绍:"以前企业污水排多排少一个样,现在排污多了要交费,少排污的话,节省下来的排污指标可以拿到市场上卖钱,企业排污治污的积极性明显提高"。

污染治理是难事。近些年的实践让我体会到,在这件事上必须下决心、动真格。开展长株潭试验区"两型社会"改革建设的这几年,是全省经济发展最好最快的时期之一,也是全省节能环保、污染整治成效最为显著的时期之一。全省"十一五"节能减排指标全面完成,14 个市州空气质量全部达到国家二级标准,湘资沅澧"四水"和洞庭湖水质达标率全面提升。长沙社区环境综合整治工程获联合国"人居环境良好范例奖",株洲由全国十大重污染城市转变为生态宜居城市,湘潭跻身国家园林城市行列。

三 保护生态环境,必须建立合理的利益调节机制

良好的生态环境是"两型社会"建设的本质要求和重要标志。湖南自然生态良好,林地和湿地面积达 1.94 亿亩,占全省面积的 61.05%,森林覆盖率达 57.13%。这是湖南最大的财富和优势。

昭山位于长株潭三市交汇处,是大自然赋予长株潭城市群的一块"绿宝石",是长株潭城市群的公共客厅。2007 年长株潭获批"两型社会"试验区后,省委、省政府迅速把以昭山为核心的长株潭城市群生态绿心保护提上重要议事日程,省委常委会多次专题研究,并集体到现场调研,提出严格控制绿心地区开发建设。针对过去规划落后、开

发秩序混乱、建设层次低等问题，从加强和提升规划入手，把以昭山为核心的长株潭三市结合部522.9平方公里森林绿地规划为长株潭城市群生态绿心，将生态绿心划为禁止开发区、限制开发区、控制建设区，其中禁止开发区和限制开发区占到总面积的89%。省人大为此启动地方立法，出台了关于昭山生态绿心保护的条例。

同许多地方一样，昭山生态绿心保护中也面临着诸多难题。在昭山一带实地调研中，当地干部群众向我反映最多的问题有三个：一个是经济发展与生态保护的问题。在昭山示范区座谈时，乡镇干部说："一江之隔的九华经济开发区、一山之隔的暮云镇开发建设得红红火火，而昭山冷冷清清。长株潭城市呼吸新鲜空气，由我们昭山买单不公平。"另一个是生态保护与农民利益保护的问题。昭山示范区负责同志介绍，所辖的15个村中，有7个村在禁止开发区内，村民人均年收入6000元左右，与全区1.1万元的平均水平差距很大。村民群众向我反映，生态公益林每亩每年只补偿10元，标准太低，"一亩林地还不到一根竹子的价钱"。在禁止开发区的百合村，村干部告诉我，村里有杉木林1100多亩，过去一年伐木收入一般有五六万元，多的时候达二十多万元，这些钱支付山林补栽和维护费用后，还可搞些村里的基础设施建设。划为禁止开发区后，不仅山上的树不能砍，每年还需支付1400元山林管护费。再一个是生态保护与地方干部政绩考核的问题。一边是要加强生态保护，一边是要发展经济、增加GDP。一些干部担心招商引资、工业、GDP等方面的数字不好看，考核起来受到影响。

保护与开发的难题，核心是利益调节问题。"如果保护的不如开发的，那还有谁去保护呢？"老百姓朴素实在的话，让我深刻认识到，建立科学合理的利益补偿机制是解决生态保护与群众利益保护矛盾的"钥匙"，必须完善和落实主体功能区规划，建立健全生态补偿机制，让当地群众切实得到生态保护和建设带来的实惠。同时，完善干部政绩考核办法，把生态环境保护和生态环境质量作为重要考核指标，在禁止开发区实行有区别的干部政绩考核机制，引导各地按照主体功能区定位推进发展。

绿水青山，就是金山银山；金山银山，不如绿水青山。良好的生态环境也是一种竞争力，而且是最大的竞争力。在资源环境约束趋紧的背景下，区域间的竞争已不仅仅是以经济实力为主体的较量，环境正日益成为影响区域竞争力最为重要的因素之一，并广泛地渗透到经济社会发展中。调研中，我一再叮嘱基层同志，一定要像保护眼睛一样，保护生态环境；宁可牺牲一些项目，也不能牺牲我们的青山绿水。

四　破除发展中的瓶颈制约，必须切实推进改革创新

当前，湖南正处于工业化、城镇化加快发展的重要时期，对能源资源等要素的需

求日益增大。这就决定了我们在未来较长一段时期内，经济社会发展都将面临较为突出的能源资源和环境瓶颈制约。"破除发展瓶颈制约，根本出路在改革创新"。国家设立长株潭城市群改革试验区，就是希望我们按照"两型社会"建设的要求，大胆先行先试，全面推进各个领域的改革，探索形成有利于能源资源节约和生态环境保护的体制机制。

土地是财富之母、民生之本，是重要的不可再生资源。一方面，在工业化、城镇化快速推进过程中，建设用地需求量越来越大；另一方面，湖南是农业大省，是全国粮食净调出省份之一，承担着为国家粮食安全做贡献的重要任务。创新土地管理机制，提升集约节约用地水平，迫在眉睫。莲花镇立马村是长沙市岳麓区边远乡村，我们去调研时，田间一片忙碌景象。镇上同志告诉我，近年来全镇通过农用地整理、村庄整理、废弃地整理、土地复垦等措施，新增耕地 70 多公顷，新增建设用地 114 公顷，通过"公司＋合作社＋农户"的产业模式，推进土地流转，引进现代农业项目，农民除获得土地租金、劳动酬金，还享受利息和股金收益，年收入大幅增加。

长沙新河三角洲是一片老城区。此次我去调研时，这里已矗立起许多长沙市的地标性建筑。据了解，长沙市在城市化改造过程中，根据其四周高、中间低的特点，实行"人车分流"开发模式，依地形地势在原地面海拔 38 米平台层建成步行街和非机动车交通系统，在 38 米以下至 32 米以上架空两层，在 32 米标高建成机动车交通系统，配套以立体绿化系统。与平面开发方案比，总建筑面积由原来可利用的 300 万平方米增加至 600 万平方米，相当于节约土地 58.62 公顷，绿地率由 30% 提高到 50%，土地开发强度提高了 40%。新河三角洲节地模式，受到了国土资源部和住房与城乡建设部的肯定和推介。

有的同志曾经担心，搞"两型社会"建设需要投入，钱从哪里来？从近几年实践看，"两型社会"建设是一块含金量很高的金字招牌，成为吸引国内外金融机构进驻湖南的强大磁场。近些年来，渤海银行、北京银行、浦发银行及汇丰、花旗、新韩等国内外知名银行纷纷落户湖南。解决钱从哪里来的问题，同样离不开改革创新。长株潭试验区在搭建融资平台、创新融资手段、拓宽融资渠道、丰富融资产品等方面进行了系列创新。2010 年 10 月，通过引进华融资产管理公司作为战略投资者，整合省内 5 家城市商业银行和信用社，成立了省级区域性股份制商业银行华融湘江银行。到今年 9 月底，短短一年时间，华融湘江银行总资产达到 938 亿元，比成立时增加了 567 亿元，展现了新银行、新机制、新发展的蓬勃活力与良好形象。

推进"两型社会"建设，关键在改革，成败也在改革。近几年，我们把改革创新作为长株潭试验区建设的核心主题，积极先行先试，重点开展了资源节约、环境保护、土地管理、城乡统筹等十项改革，普遍取得显著成效，一些重点领域和关键环节的改革取得了新的突破。当前，长株潭试验区改革建设已进入纵深推进阶段，必须以更大力气推进改革创新，深化重点领域和关键环节改革，着力在资源环境、土地管理、财税、投融资、行政管理改革等方面取得新突破，加快构建符合"两型社会"建设要求的体制机制。

中共湖南省委、湖南省人民政府《关于加快长株潭试验区改革，建设全面推进全省"两型社会"建设的实施意见》

湘发〔2011〕15 号

2011 年 11 月 16 日

为深入贯彻党的十七大和十七届三中、四中、五中、六中全会精神，全面落实《中共湖南省委湖南省人民政府关于加快经济发展方式转变推进"两型社会"建设的决定》（湘发〔2010〕13 号），现就加快长株潭试验区改革建设，全面推进全省"两型社会"建设，提出如下实施意见。

一　充分认识重大意义

加快长株潭试验区改革建设，全面推进全省"两型社会"建设，是贯彻中央决策部署，走有别于传统工业化和城镇化科学发展之路的具体体现；是顺应当今国内外发展趋势，实现绿色发展，抢占新一轮发展制高点的必然选择；是全面推进"四化两型"建设，破解能源资源和生态环境瓶颈制约，构建"两型"生产方式、消费模式和产业体系的战略举措；是为全省及全国"两型社会"建设探索路径、积累经验、做出示范的迫切需要。

长株潭"两型社会"建设试验区获批以来，全省各级各部门认真贯彻中央决策部署，按照国家批复的试验区改革总体方案和城市群区域规划要求，坚持以发展引改革，以改革促发展，扎实推进试验区的规划、建设、改革、管理等各项工作，高起点、高标准完成了试验区顶层设计，布局和建设了一批重大基础设施和产业项目，启动和推进了十项重大改革，加大了生态环境建设力度，建立健全了组织领导、政策支持和工作推进体系，圆满完成了试验区改革建设第一阶段的目标任务，长株潭试验区越来越成为湖南一张闪亮的名片、国内外广泛关注的焦点、全省科学发展的重要引擎，成为全省争取国家支持、吸引生产要素的重要平台，带动和促进了环长株潭城市群、湘南地区及湘西地区的发展，为全省转方式、调结构积累了宝贵经验，为全省"四化两型"建设凝聚了强大的发展动力、提供了坚实的基础支撑。全省各级党委、政府必须不断适应新形势、新任务、新要求，进一步增强责任感和紧迫感，不断解放思想，狠抓工作落实，加快推进长株潭试验区改革建设和全省"两型社会"建设。

二 进一步明确指导思想和工作目标

（一）指导思想

深入贯彻落实科学发展观，以"两型"为发展目标，以"四化"为实践途径，以综合配套改革为突破口，更加注重转方式调结构，更加注重改革开放，更加注重节能环保，更加注重城乡区域统筹，更加注重改善民生，更加注重示范引领，以"八大工程"为载体，努力实现"两型社会"建设与经济社会融合互动发展，走出一条综合试验、统筹推进的新路子，务实推进新阶段长株潭试验区改革建设和全省"两型社会"建设。

（二）主要目标

长株潭试验区各项改革纵深推进，在资源节约、环境友好、产业优化、科技创新和土地管理等体制改革方面取得显著成效，基本形成比较完善的"两型社会"建设制度保障体系和新型工业化、农业现代化、新型城镇化、信息化的促进机制。环长株潭城市群基础设施保障水平全面增强，科技进步对经济发展的贡献率大幅上升，初步形成节约资源和保护环境的产业结构、增长方式和消费模式。到 2015 年，长株潭试验区单位地区生产总值能耗比 2007 年降低 35%，城市空气质量达标率为 93% 以上，饮用水源达标率为 98%，化学需氧量、二氧化硫排放量分别比 2007 年削减 23%、12%，城镇化率达到 70%；环长株潭城市群人均地区生产总值达到 4.8 万元，资源环境主要指标达到全国先进水平，城镇化率高于 55%，初步成为具有湖湘特色、国际影响的现代化生态型城市群。全省三次产业结构由 2010 年的 14.7∶46∶39.3 调整为 2015 年的 9.5∶48.5∶42，单位地区生产总值能耗和二氧化碳排放量相对 2010 年下降 16% 和 17%，主要污染物排放进一步下降，森林覆盖率稳定在 57% 以上。

三 加快构建"两型"产业体系

（一）推动"两型"产业发展

积极实施"两型"产业振兴工程，着力构建科技含量高、资源消耗低、环境污染少、综合效益高的"两型"产业体系。推进传统产业高新化发展。支持钢铁、有色、石化、建材等原材料工业，轻纺、食品等消费品工业，工程机械、轨道交通等装备制造业，广泛应用先进适用"两型"技术进行改造提升，增强新产品开发能力和品牌创新能力，着力向研发、设计、品牌、服务等增值环节延伸，向高新化、集约化、清洁化和循环化方向发展。加强长株潭国家和省级"两化"融合试验区建设，实施企业信息化"登高计划"，推进物联网、云计算等新技术的研发应用，制定物联网产业发展规划和实施方案，积极创建长株潭国家级物联网新型工业化产业示范基地。建设数字湖南地理信息空间系统。

以推进农业现代化为目标，加快转变农业发展方式，大力发展节约型农业、生态型农业、效益型农业和科技型农业，组织实施《全国新增 1000 亿斤粮食生产能力规划（2009～2020 年）》，建设省会城市"菜篮子"产品重点县。建设现代农业示范区，支持长沙县、浏阳现代农业科技产业园、屈原管理区国家现代农业示范区建设，争创一批国家现代农业示范区。

推进先进装备制造、新材料、文化创意、生物、新能源、信息、节能环保等战略性新兴产业规模化发展，建立技术创新、投融资服务、共性技术服务支撑平台，突破一批先进适用新技术、新产品、新工艺，培育一批成长性好、科技含量高、竞争能力强的"两型"产业龙头型、科技型、创新型企业，建设一批创新能力强、创业环境优、特色突出、集聚发展的"两型"产业基地，加快形成先导性、支柱性"两型"产业，成为带动经济结构调整和发展方式转变的先导力量。突出发展壮大生产性服务业，扩大提升生活性服务业，拓展新领域、发展新业态，推进规模化、集约化、品牌化、网络化经营，加快现代物流业、金融服务业、信息服务业等生产性服务业以及金融商务、服务外包、总部经济、会展经济等业态发展，建设一批在中部具有区域优势的现代物流中心。

（二）加快自主创新步伐

坚持把加强自主创新作为"两型社会"建设的中心环节，以企业为主体、市场为导向、重大创新平台为支撑，加强产学研用结合，大力推进原始创新、集成创新和引进消化吸收再创新，努力在"两型社会"建设重点领域、关键环节和核心技术上取得突破。搭建重大科技支撑、技术研发、科技资源共享和区域创新服务等科技创新平台，突出亚欧水资源研究和利用中心、中科院湖南技术转移中心等平台建设，加快完善技术创新体系、知识创新体系、区域创新体系和创新服务体系，依托重点园区、高校、科研院所和企业，加强国家和省部级实验室、企业研发中心、工程技术研究中心、博士后工作站建设，组建混合动力汽车、光伏、风电等产业技术创新联盟，建设一批科研成果转化和产业培育基地、科技企业孵化器。对接国家重大科技专项，组织实施电动汽车电池、新药创制等重大科技专项，把握"两型"技术创新需求，集中实施重大攻关项目，形成一批"两型"技术成果，推广转化为高端产品。加快国家综合性高技术产业基地建设，支持一批高水平的科技创业、创新示范和高新技术产业发展基地建设，建立创新激励和成果保护机制，鼓励企业和科研人员以技术、专利、商标等非货币资本参与分配，进一步加强创新型人才的引进、培养和使用，完善人才政策，加强创新团队建设。到2015年，长株潭试验区国家级创新平台达50个左右，省部级科技创新平台达300个，科技进步对经济增长的贡献率超过55%，每万人口发明专利拥有量达1.6件。

（三）优化产业发展布局

立足发挥区位交通、特色资源、产业基础、科教人才等比较优势，大力实施差异化发展战略，科学规划和确定区域"两型"产业发展方向，以发展特色"两型"产业培植区域产业竞争优势。着力将长株潭城市群建设成为全国重要的先进装备制造业基地、电子信息等高技术产业基地、文化创意产业基地、建筑节能与绿色建筑示范基地、国内知名的旅游目的地、可再生能源建筑应用示范推广重点区域、中部重要的现代服务业中心；将岳阳建设成为中南地区重要的石化工业基地和区域物流中心；将常德建设成为全省重要的农产品生产、加工和先进制造业配套基地；将衡阳建设成为全省综合制造产业基地、区域性物流中心和现代服务业示范城市；将益阳建设成为全省新能源基地和长株潭产业拓展承接基地、特色农产品加工基地；将娄底建设成为全省重要的能源原材料供应及先进制造业配套基地和区域性物流中心。重点建设长株潭工程机械、汽车及电动汽车产业基地，长沙、株洲航空航天产业园，株洲、湘潭轨道交通产业基地，着力将现代装备制造业打造成主营业务收入过万亿的巨型产业。突出长沙、株洲、湘潭、益阳高新区，岳阳、常德、宁乡经开区，以及长沙国家生物产业基地等国家级园区发展，加快提升省级开发区发展水平，加快形成以长株潭为核心，以岳阳—长株潭—衡阳、长株潭—益阳—常德、长株潭—娄底等三条产业经济带为骨架，以多点分布的重要开发园区为载体的产业梯度发展格局。到2015年，环长株潭城市群"两型"产业增加值占城市群GDP的比重达70%左右，基本形成与城市群资源环境相适应的新型产业体系和产业发展布局。

四　大力推进体制机制创新

（一）建立健全资源环境管理体制机制

强化资源环境综合管理，完善主体功能区规划，建立健全绩效考核、利益补偿机制。逐步推广资源有偿使用制度，推进节约水、电、煤、油、气等资源性产品的价格激励机制改革，逐步实施居民用水、电阶梯价格和非居民超定额用水、电累进加价制度，完善污水处理和生活垃圾处理收费制度。推进湘江等流域综合治理机制创新，建立以出入境水质状况为依据的生态补偿标准体系，形成流域上下游地区政府基于水量分配和水质控制的合作机制。推动实施"绿色信贷"、"绿色贸易"和"绿色保险"等环保措施，建立生态保护重点地区的森林生态效益区域补偿机制。建立排污权交易制度和省级排污权交易中心。建立新能源更新价格机制，理顺石油、煤炭、电力等传统能源与太阳能、天然气、沼气等新能源的价格比价关系。推进资源环境执法体制改革，探索建立环境公益诉讼制度。建立健全资源环境管理等领域的公众参与机制。

（二）推进土地管理体制机制创新

坚持以创新节约集约用地的体制机制为重点，建立工业园区和工业用地预申请制度，强化土地使用投入产出的门槛约束机制和检查机制，探索产业用地租售并举的多元化供应方式。创新土地利用规划和计划管理模式，探索节约集约用地的新型城市化发展模式，健全土地和矿产资源节约集约利用考评指标体系，实施差别化供用地政策，推进征用地制度、国土资源有偿使用制度改革。深化农村土地管理改革，探索建立市场化的农村土地使用权流转制度，实行耕地和基本农田保护有偿调剂、跨区域统筹制度，创新新增耕地指标的交易方式和平台。规范城乡建设用地增减挂钩，探索城乡共享土地增值收益的办法和机制。探索省内跨区耕地占补平衡机制。推进农村集体建设用地流转、宅基地确权、土地担保质押、户籍改革、农民变市民、城市和农村建立统一的土地流转市场等改革。探索改革农村产权制度，开展农村土地、山林、宅基地、住房等各类产权确权工作。推进农村土地整理复垦和整治，拓展新的用地空间。

（三）创新财税与投融资体制机制

完善财政转移支付制度，深入推进财政"省直管县"改革，探索建立横向财政转移支付制度。深化财税体制改革，探索开展环保税试点，改革资源税制度。探索建立城市群财税利益协调机制，重点消除城市群在统筹基础设施、产业布局、城乡建设、生态环境保护等方面的体制障碍。推进投资体制改革，规范发展政府融资平台，完善和规范融资性担保体系。加强市场化运作，建立促进"两型社会"建设的要素价格体系，壮大"两型社会"建设投融资平台，优先支持"两型"企业直接融资，积极扩大企业债券、中期票据、私募股权融资规模，鼓励和吸引各类社会资本、银信资金投入。注重培育上市后备资源，推动更多企业在境内外上市融资。促进金融改革与创新，设立区域性国有金融控股集团，建立 OTC 市场，争取环长株潭城市群国家级高新技术产业园区进入"新三板"扩大试点范围。发挥各类投资银行、投资基金和产业基金的作用，组建"两型"产业投资基金，发展创业投资基金、私募股权基金、小额贷款公司、村镇银行、担保公司、信托公司等，积极争取股份制商业银行和保险公司等金融机构在长株潭布局区域性中心，创建金融租赁公司、消费信贷公司，打造区域性金融中心。大力推进知识产权质押贷款试点工作。

（四）深化行政管理体制改革

深化行政审批制度改革，进一步规范精简行政审批事项，优化审批流程，深化集中审批、并联审批和网上审批，提高审批效能。不断完善"两型社会"建设重大事项集体决策、专家论证、社会参与相结合的决策机制，增强公共政策制定的透明度和公众参与度。全面贯彻实施《湖南省政府服务规定》，突出政府职能转变，加大政务主动公开力度，编制和完善"两型社会"建设信息公开指南和目录，重点推进"两型社会"建设的规划编制、重大项目建设等领域的公开。探索建立"两型社会"建设公共服务平台和办事服务平台，提高服务的便捷性和时效性。

（五）提升对外开放与合作水平

着力构建全方位、多层次的对外开放新格局。拓展开放空间。加强国际经贸交流与合作，统筹对内对外开放，深化央企对接，强化部省共建，加强与东盟、泛珠三角、台湾、长三角以及长江沿线、高铁沿线等区域合作，全面落实已经签署的部省合作和省际战略合作框架协议，加强基础设施、产业、市场对接。引导企业有序开展境外投资，扩大能源资源开发利用和环境治理合作。提升全社会开放度，在扩大经济领域开放的同时，扩大社会各领域的开放，构建全方位多层次的对外开放新格局。提升开放水平。加强外资投向引导，扩大"两型社会"建设利用外资规模。更加注重招商选资，积极抢抓承接产业转移的机遇，着力引进战略投资者和高端产业。加强与国内外大公司、大集团和高等院校、科研机构的对接合作，引进国内外资金、技术、人才等资源要素和先进经验。创新开放机制。加快转变外贸增长方式，培育省级国际服务外包示范区和具有国际资质的服务外包骨干企业，支持城市群保税加工业和保税物流业发展，加强口岸大通

关建设，加快电子口岸实体平台建设，提升湖南国际电子商务平台功能。建立"两型
社会"统一招商平台和协调机制。积极探索推进整体开发、委托开发、直接托管、共
建园区等合作，通过 BOT 等形式，吸引国内外各类投资主体进入。转变外贸发展方式，
优化进出口市场结构和产品结构，扩大传统优势产品、高新技术产品和高附加值产品出
口，着力培育具有国际竞争力的主导产业、外贸企业和出口品牌，鼓励进口关键设备、
技术和重要资源。到 2015 年，形成 3~5 个年销售收入过 100 亿美元的本土跨国公司。

五　切实加强资源节约利用和生态环境保护

（一）加强资源节约

大力推广农民集中居住、农用地规模集约经营、城市土地立体开发、存量建设用地盘
活有效利用等节地模式。贯彻实施《中共中央国务院关于加快水利改革发展的决定》和
我省的实施意见，推进节水型社会建设，着力培育水权交易市场，实行区域总量控制和定
额管理相结合的用水管理制度。加快矿产资源整合，健全矿产资源开采"三率"考核体
系。提高资源综合回收利用率，支持工业和建筑废弃物利用、可再生能源规模化利用。大
力发展循环经济，重点支持汨罗国家城市矿产示范基地、长沙（浏阳、宁乡）国家再制造
示范基地建设，积极引导企业、园区、区域形成效益显著、特色鲜明的循环经济发展模式。

（二）突出节能减排

健全完善节能减排激励约束机制和监督管理机制，着力推动节能减排的标准化、信
息化、市场化。实施节能减排全覆盖工程，以推广节能减排在线监管为突破口，以技术
节能和管理节能为重点，以标准指引、价格引导等为支撑，运用合同能源管理等方式实
施一批节能减排示范项目，实施"万家企业节能行动"，突出抓好工业节能"511"工
程。推进建筑节能、交通节能，引导商业和民用节能，推广绿色建筑示范工程和可再生
能源建筑应用，加强办公建筑和大型公共建筑用能管理，推进公共建筑和新建建筑节能
监管体系建设，逐步开展既有建筑节能改造，打造清洁节能交通体系，推广新能源公
交，科学规划公交路网结构，推广宾馆酒店新型智能节电管理改造等做法。重点实施产
业节能等工程，大力开展能效水平对标达标活动，切实降低综合能耗。加快降碳、低碳
和碳捕捉技术研发。建立健全政策法规、考核评价、行业标准、技术服务、投融资服务
和执法监督体系，严格执行固定资产投资项目能评制度，积极开展节能量交易和碳交易
试点。积极培育节能服务公司和节能服务市场。抓好长沙国家节能减排财政政策综合示
范工作，支持株洲、湘潭积极申报国家节能减排示范城市。

（三）加大环境保护

按环境容量调整工业布局，严格新建项目的环境准入制度，切实加大落后产能淘汰力度。强化城市环境保护，加强自来水水源监测和污染源监管，加强城镇污水管网、污水处理厂和生活垃圾无害化处置设施建设和管理，推广污水处理回用，到 2015 年，全省设市城市污水处理率达 90% 以上、生活垃圾无害化处理率达 100%。加大扬尘治理、机动车尾气污染防治、城市噪声污染控制等力度。加强农村环境保护，扎实推进农村环境连片整治，全面推广长沙县等地农村环保的经验，推进养殖场污染综合治理，加强集中供水和分散式生活污水、生活垃圾收集处理等工程建设。合理布点垃圾收集处理项目，积极推广先进适用的垃圾分类收集、运输、处理方式。

（四）强化生态建设

坚持保护优先和自然恢复为主，加快建设绿色湖南，重点实施"一心（长株潭绿心）、一脉（湘江）、一肾（洞庭湖）"保护工程。通过专门立法，加强长株潭绿心保护，建立生态补偿机制，进一步明确补偿的标准、规模、范围，严格按照规划划分禁止开发区、限制开发区、控制开发区，对区域内湿地、山林、水面、河谷等生态系统进行保护和修复。加强湘江流域综合治理，以控制沿江地区项目准入和开发强度为重点，着力实施《湘江流域重金属污染治理实施方案》以及水污染综合整治新的行动计划，以湘江流域坪塘、清水塘、竹埠港、水口山等工业区治污为重点，实施重金属污染治理、流域截污治污、城市洁净、农村面源污染治理、生态修复等工程；以长沙月亮岛、株洲空洲岛、衡阳东洲岛等提质为重点，推进湘江生态经济带建设。巩固洞庭湖污染治理成果，调整环湖产业结构，加快洞庭湖保护立法步伐，落实《洞庭湖国家级生态功能保护区建设规划》。在全省加强重点生态功能区保护和管理，着力抓好封山育林、退耕还林、退田还湖等生态环境修复工程和生态林工程建设，提高森林碳汇功能，加大对生态风景名胜区、饮用水源、生态敏感区的保护，以生态创建带动城乡绿化，构建区域生态环境安全体系、区域环境保护联动机制、生物入侵预警预防机制、"四水"流域治理问责机制。

六　促进城乡区域协调发展

（一）推进区域协调发展

按照"四化两型"战略的要求，充分发挥和扩大"两型社会"建设的政策效应，

加快推进长株潭试验区建设步伐，辐射带动环长株潭城市群和全省发展。环长株潭五市
要在产业发展、跨区域重大基础设施建设、要素市场平台搭建、示范区建设等领域，加
强与长株潭地区的对接与合作，推进"两型社会"改革建设。统筹兼顾湘南地区、湘
西地区"两型社会"建设工作，制定"两型社会"建设实施方案和总体规划。按照
"两型"要求，立足本地基础，湘南地区着力建设承接产业转移示范区，湘西武陵山区
突出集中连片扶贫开发，不断缩小区域发展差距，实现共同繁荣发展。

（二）推进城乡统筹建设

坚持以建设"两型"城镇为载体，把社会主义新农村建设纳入"两型社会"建设
总体规划，推进城乡在"两型社会"建设中共同发展。突出体制机制创新，总结推广
各地好的经验做法，加快建立城乡规划、城乡基础设施、城乡产业发展、城乡公共服
务、城乡要素市场、城乡社会管理一体化的制度保障。突出"两型"城乡规划建设，
构建市、县城、中心镇、乡、村层次清楚的城乡规划体系，在做大做强中心城市的同
时，切实抓好县城的扩容提质，规划建设一批特色小城镇，加大社会主义新农村建设力
度，按照资源节约、环境友好的要求推进交通、供水、污水处理、垃圾处理、可再生能
源利用等基础设施建设。推动城市资本、技术与农村资源相结合，广泛开展"万企联
村、共同发展"活动，提升城镇产业聚集功能。突出产业支撑，提升城镇产业聚集功
能，增强以工补农、以城带乡的能力，构建合理的城乡产业分工体系。突出城乡接合部
建设管理，大力开展专项整治，推动城市文明、现代理念向农村扩展，促进城乡接合部
健康有序发展。重点推进攸县、韶山市、冷水江市、汉寿县、嘉禾县等城乡一体化示范
县建设。

（三）推进综合交通体系建设

按照"一体规划、突出两型、统筹协调、适度超前"的要求，着力打造以轨道交
通为主轴、以水能充分利用为重点、以公路和其他交通方式为支撑、各种交通网络无缝
衔接的"两型"综合立体交通网。加快高速铁路建设，力争沪昆客运专线湖南段如期
建成通车，推动构建长沙高铁枢纽，启动长沙—福州（厦门）客运专线前期研究。完
成湘桂、娄邵、石长等铁路扩能工程，新建怀邵衡、黔张常、常岳九、岳吉、荆岳铁
路，构建铁路骨干网，启动靖永郴、桂郴赣、安张衡铁路前期工作。加快推进环长株潭
城市群760公里城际轨道交通线建设，建成长株潭线、长益常线、长浏线，适时启动长
岳线、株衡线、潭娄线项目前期工作。

大力推进环长株潭城市群交通一体化，加快核心区城际干道网、高速公路网建设，
实现城市群内相邻市之间全部以高速公路连接，所有县市区30分钟内上高速公路，相

邻县市区之间全部以二级以上公路连接，提升公路网络的内联外达功能。利用既有道路，规划建设长株潭三市内环线。推进湘江长沙综合枢纽和湘江2000吨级航道建设工程，打造以长江、湘江和沅水为主通道的航运体系，加快岳阳、长株潭、常德、衡阳等港口规模化、专业化建设。重点启动黄花机场飞行区东扩工程，把黄花机场加快打造成为区域性国际航空枢纽机场；推进衡阳、岳阳机场建设和常德桃花源机场扩建工程，适时启动株洲和娄底通用机场建设。

（四）推进能源、水利、通信等设施建设

按照"两型"要求，着力增强能源保障能力。依托岳阳、长株潭管道枢纽，构建覆盖城市群中等规模以上城市的油气运输管道网络体系。重点支持分布式能源系统建设，科学发展核能、风能、生物质能等。加快智能电网建设，以长沙特高压交流枢纽站和湘潭直流枢纽站为依托，打造500千伏双环网。加快新一轮农村电网升级改造工程，5年内基本建成安全可靠、节能环保的新型农村电网。推进户用沼气建设，推广太阳能、地源热能建筑一体化应用。加快建设安全水利、民生水利、生态水利。加强水土流失治理，突出农田水利、中小河流和山洪地质灾害治理、水资源配置工程等重点薄弱环节建设，加快农村安全饮水、病险水库和水闸除险加固、大型灌区和泵站改造等民生工程建设，重点推进洞庭湖治理、涔天河水库扩建等工程建设，抢抓湖南省作为全国水利改革综合试点省的机遇，加快推进全省水利改革，力争用3年左右时间，逐步建立完善的水资源管理体制机制、稳定多元和持续增长的水利投入机制、科学有效的水利工程建设管理体制、服务高效的基层水利服务体系。加快长株潭"三网融合"试点，建设新一代移动通信、下一代互联网、数字电视等信息网络设施，率先建成高速信息城域网。加快国家超算长沙中心、"呼叫中心"、"数据中心"等信息平台建设。推进物联网、云计算等新技术的研发应用。逐步完善政务、企业、电子商务、经济与科技、社会公共服务等一体化信息服务系统。加强国际通信网络设施建设。

七　着力改善民生

（一）推动社会事业发展

认真贯彻落实《湖南省保障和改善民生实施纲要（2011～2015年）》，加快推进以改善民生为重点的社会建设，大力推进扩大就业、医疗卫生、文化和社会保障等民生工程，建立比较完整、覆盖城乡、可持续的基本公共服务体系。实施促进就业的财政、税收、金融、外贸等政策，推进创业型城市建设，完善人力资源市场体系，统筹做好城镇新生劳动力就业、农村富余劳动力转移就业和失业人员再就业，"十二五"期间，力争城镇登记失业率控制在 5% 以内，全省城镇净增就业人数 300 万人以上，新增农村劳动力转移就业 300 万人以上。深化医疗卫生体制改革，积极稳妥推进公立医院改革，优化配置医疗卫生资源，实现城乡居民人人享有优质的基本医疗卫生服务，建立统筹城乡、保障基本医疗、满足多层次需要的医疗保障体系。推进以养老保险为重点的社会保障体系建设，发展普惠型老年社会福利事业。完善住房保障体系建设，大力推进保障性住房建设。加快国家教育综合改革示范区建设，完善人力资源市场体系，健全完善覆盖城乡的职业教育培训制度和"9+2"免费教育培训制度。加大公共文化服务体系、服务工程建设，重点深化公益性文化事业单位改革，推进经营性文化事业单位转企改制。深化户籍制度改革，有序放宽户籍限制，实施进城农民工安居乐业工程。"十二五"期间，全省累计实现 500 万农村人口市民化。建立完善被征地农民社会保障制度，规范被征地农民社会保障资金管理。

（二）创新优化社会管理

切实加强和完善社会管理格局，强化党委、政府社会管理职能，强化各类企事业单位社会管理和服务职责，引导各类社会组织、人民团体和广大群众参与社会管理。加快社会管理体制机制改革，完善公共治理结构，健全矛盾调处、诉求表达、权益保障和利益协调机制，加强社会矛盾源头治理。建立健全重大工程项目建设和重大政策制定的社会稳定风险评估机制。加强基层社会管理和服务体系建设，健全新型社区管理和服务体制，探索"社区管理社会化"，推行村（居）事务准入制度，构建社区资源共享机制和社区综合治理机制，积极稳妥推进村改社区工作。积极构建公共安全体系，健全食品药品安全监管机制和安全生产监管体制，完善社会治安防控体系，完善应急管理体制。创新治安管理与城市管理、市场管理、行业管理等有机结合的新模式。创新流动人口、社会组织和虚拟社会管理。抓好综治信访维稳中心工作机制建设，推进人民调解与司法调解、行政调解、综治工作、信访工作的紧密结合，建立化解矛盾纠纷新机制。

八　突出示范引领

（一）推动示范区改革发展

坚持以"两型"为主题，以体制机制创新、基础设施建设、产业布局优化和发展为重点，推行部省共建、省市共建、市企共建、中外共建等模式，大力推进大河西、云龙、昭山、天易、滨湖五大示范区和郴资桂示范带等建设，努力把示范区打造成为加快经济发展方式转变的引领区和新的核心增长极。着力构建"两型"主导产业。坚决淘汰高能耗、高排放、高污染的项目和产业，严格把好产业和企业准入"门槛"，率先形成以"两型"产业为核心，高新技术产业和优势传统产业相互促进的示范区现代新型产业体系。力争到2015年，每个示范区形成"两型"主导产业。大力推进基础设施建设。按照基础先行、功能配套、资源共享、集约高效的原则，加紧建设一批道路、供水排水、能源供应、信息传输、污水垃圾处理、标准厂房等基础设施项目。推广运用"两型"理念、技术、产品，打造"两型"基础设施建设集中展示区。加强环境保护和整治。重点推进大河西先导区坪塘生态修复和污染治理工程，提升岳麓山、柳叶湖等景区的生态旅游和服务功能；推进云龙示范区清水塘地区战略性改造；切实保护昭山示范区"绿心"资源，打造国际水平的生态经济区和高端服务区；加快建设天易示范区株洲湘潭两市的绿色空间隔离廊道；加快实施滨湖示范区松洋湖生态治理工程。创新示范区工作机制。建立益阳鱼形山等"两型"特色区域中心建设的综合协调机制，发挥示范带动作用。全面推进示范区统计工作，建立示范区总体统筹调度、目标任务和风险评估、工作纠偏和年度考核评价等机制。

（二）实施"两型"示范创建工程

开展以"两型"产业发展、城乡建设、生态文明建设、改革创新、对外开放、民生发展等为重点的"两型"示范工程建设，以及以"两型"生产、生活、消费等为重点的"两型"示范单位创建活动，在新型工业化、农业现代化、新型城镇化、信息化建设中全面体现"两型"要求，通过规划设计创新、政策支持、项目建设、宣传教育等综合手段，率先形成好的思路、机制和做法，加强总结推广，带动全省"两型社会"建设。到2015年，形成200个左右示范作用较强的示范单位以及100个"两型"建设模式。开展"两型"技术产品示范推广活动，搭建示范推广平台，出台"两型"技术产品推广目录，积极研究开发和遴选一批"两型"技术产品在试验区乃至全省推广。组织开展"两型"技术产品进万家活动。探索建立面向"两型"技术产品的区域性和全国性中心市场。

（三）推进"两型"评价指标体系和标准化建设

建立完善"两型社会"建设评价指标，逐步形成"两型社会"建设的统计体系，及时发布相关数据和评价指数。加快建立发展规划、项目建设"两型性"审查和认定制度。依托"两型"示范创建工程等工作，逐步形成"两型"建设标准，纳入湖南省地方标准系列。积极开展"两型"企业、"两型"技术产品等认证工作，建立标识认证

体系。探索建立领导干部资源环境离任审计制度和企业"两型"审计制度，以及"两
型"工作报告和实绩评估制度。

九　强化和完善保障措施

（一）进一步加强组织领导

坚持和完善"省统筹、市为主、市场化"的领导体制和推进机制，长株潭试验区
党工委和管委会要强化职能和手段，突出加强对试验区改革建设的统筹、组织、协调、
督查、服务。各市州担负"两型社会"建设主体责任，要进一步完善工作机制，充分
发挥主观能动性和创造性，涉及"两型社会"建设的重大事项，应积极主动加强与长
株潭试验区党工委、管委会及有关部门的对接。省直各部门要立足自身职能职责，主动
做好政策引导、项目申报、平台搭建、标准制定、示范创建、宣传教育等工作，加强协
调沟通，形成共同推进"两型社会"建设的联动机制。建立对各市州、各部门主要负
责人"两型社会"建设重点工作完成情况的述职评价制度。建立科学的"两型社会"
绩效考评机制，明确问责主体，落实责任追究制度，把加快经济发展方式转变、推进
"两型社会"建设的目标和要求具体化，转化为可考评的指标，并纳入各级领导班子和
领导干部考核评价体系，加强督查落实。

（二）发挥规划统领作用

把规划作为"两型社会"建设的综合性、全局性、基础性工作。完善和提升各专
项规划，实现规划的全覆盖，按照主体功能区规划的要求，推进经济社会发展规划、土
地利用规划、城市总体规划、投融资规划"四规统一"，编制湘江科学发展规划、水府
庙水库流域保护规划等跨区域重大规划，推进城市群区域规划、长株潭绿心地区总体规
划、综合交通体系规划、系统性融资规划、生态建设规划等专项规划实施。加快制定各
市州"两型社会"建设发展总体规划和相关专项规划，完成环长株潭城市群八市总体
规划修编，出台示范片区总体规划及控制性详细规划和改革建设实施方案。加强各规划
间、各区域间的对接，突出环长株潭城市群规划的整体性，完善八市规划局长联席会议
制度。强化规划的权威性，突出抓好《湖南省长株潭城市群区域规划条例》《湖南省人
大常委会关于保障和促进长株潭城市群"两型社会"建设综合配套改革试验区工作的
决定》的贯彻落实，出台《湖南省长株潭城市群区域规划条例实施细则》。建立项目规
划审核、重大规划衔接、规划动态管理和规划否决等制度，强化规划执法，严肃查处违
规行为。

（三）强化政策法规支持

省直各部门要围绕"两型"产业发展、"两型"城市建设、"两型"农业、城乡统筹、生态建设、社会管理等重点领域，从激励"两型"、约束"非两型"的角度，抓紧研究出台相关政策措施。尽快出台支持试验区改革建设尤其是示范片区的支持政策，制定完善土地利用、产业发展、投融资、资源环境、招商引资、简政放权等方面的配套政策，加快形成保障有力的政策体系。加大省级财政支持力度，从 2012 年起将"两型社会"建设专项资金列入财政预算。省各类财政专项资金都要适当向"两型社会"建设集中投放。鼓励地方设立相应专项资金。建立完善政府"两型"采购制度，加大对"两型"产品、技术、产业、标准等发展和推广的引导支持力度。认真贯彻《法治湖南建设纲要》，颁布实施《长株潭生态绿心保护条例》，适时制定出台《长株潭城市群"两型社会"综合配套改革试验促进条例》，加强执法和监督工作，为推动试验区建设和全省"两型社会"建设提供法治保障。

（四）加大宣传教育力度

出台"两型社会"建设宣传教育纲要，拓展宣传渠道，采取媒体报道、课题研究、专题活动、形象展示等多种形式，加强"两型社会"建设宣传报道，将"两型"教育纳入各级党委中心组学习内容和干部培训机构教学计划，纳入基础教育、职业教育和在职教育体系，扎实做好长株潭"两型社会"展览馆提升工作，形成全方位、多层面的宣传教育格局，在全社会营造共建共享的浓厚氛围。

附件：

加快长株潭试验区改革建设，全面推进全省"两型社会"建设重点工作责任分工

一 加快构建"两型"产业体系

（一） 推动 "两型" 产业发展

——推进传统产业高新化发展，支持钢铁、有色、石化、建材等原材料工业，轻纺、食品等消费品工业，工程机械、轨道交通等装备制造业应用先进适用"两型"技

术进行改造提升。（省经信委、省发改委、省国资委、省科技厅、相关市州政府等负责）

——加强长株潭国家级和省级"两化"融合试验区建设，实施企业信息化"登高计划"，推进物联网、云计算等新技术的研发应用，制定物联网产业发展规划和实施方案，积极创建长株潭国家级物联网新型工业化产业示范基地。（省经信委、省国资委、省科技厅、省商务厅、相关市州政府等负责）

——建设数字湖南地理信息空间系统。（省国土资源厅牵头）

——组织实施《全国新增1000亿斤粮食生产能力规划（2009~2020年）》，建设省会城市"菜篮子"产品重点县。建设现代农业示范区，支持长沙县、浏阳现代农业科技产业园、屈原管理区国家现代农业示范区建设，争创一批国家现代农业示范区。（省农业厅牵头）

——推进先进装备制造、新材料、文化创意、生物、新能源、信息、节能环保等战略性新兴产业规模化发展，建立技术创新、投融资服务、共性技术服务支撑平台，加快形成先导性、支柱性"两型"产业，成为带动经济结构调整和发展方式转变的先导力量。（省经信委牵头）

——加快现代物流业、金融服务业、信息服务业等生产性服务业以及金融商务、服务外包、总部经济、会展经济等业态发展，建设一批在中部具有区域优势的现代物流中心。（省发改委、省经信委、省商务厅、省交通运输厅、省政府金融办、相关市州政府等负责）

（二）加快自主创新步伐

——搭建重大科技支撑、技术研发、科技资源共享和区域创新服务等科技创新平台，突出亚欧水资源研究和利用中心、中科院湖南技术转移中心等平台建设，加强国家和省部级重点实验室、企业研发中心、工程技术研究中心、博士后工作站建设，组建混合动力汽车、光伏、风电等产业技术创新联盟，建设一批科研成果转化和产业培育基地、科技企业孵化器。（省科技厅、省发改委、省经信委、省教育厅等负责）

——对接国家重大科技专项，组织实施电动汽车电池、新药创制等重大科技专项，把握"两型"技术创新需求，集中实施重大攻关项目，形成一批"两型"技术成果，推广转化为高端产品。（省科技厅牵头）

——加快国家综合性高技术产业基地建设，支持一批高水平的科技创业、创新示范和高新技术产业发展基地建设，建立创新激励和成果保护机制，鼓励企业和科研人员以技术、专利、商标等非货币资本参与分配，进一步加强创新型人才的引进、培养和使用，完善人才政策。（省发改委、省科技厅、省经信委、省人力资源和社会保障厅等负责）

（三）优化产业发展布局

——着力将长株潭城市群建设成为全国重要的先进装备制造业基地、电子信息等高技术产业基地、文化创意产业基地、建筑节能与绿色建筑示范基地、国内知名的旅游目的地、可再生能源建筑应用示范推广重点区域、中部重要的现代服务业中心；将岳阳建设成为中南地区重要的石化工业基地和区域物流中心；将常德建设成为全省重要的农产品生产、加工和先进制造业配套基地；将衡阳打造成为全省综合制造产业基地、区域性物流中心和现代服务业示范城市；将益阳建设成为全省新能源基地和长株潭产业拓展承接基地、特色农产品加工基地；将娄底建设成为全省重要的能源原材料供应及先进制造业配套基地和区域性物流中心。重点建设长株潭工程机械、汽车及电动汽车产业基地，长沙、株洲航空航天产业园，株洲、湘潭轨道交通产业基地，着力将现代装备制造业打造成主营业务收入过万亿元的巨型产业。（省发改委、省经信委、省商务厅、省旅游局、省交通运输厅、省农业厅、相关市政府等负责）

——突出长沙、株洲、湘潭、益阳高新区和岳阳、常德、宁乡经开区，以及长沙国家生物产业基地等国家级园区的发展，加快提升省级开发区发展水平，加快形成以长株潭为核心，以岳阳—长株潭—衡阳、长株潭—益阳—常德、长株潭—娄底等三条产业经济带为骨架，以多点分布的重要开发园区为载体的产业梯度发展格局。（省发改委、省科技厅、相关市州政府等负责）

二 大力推进体制机制创新

（一）建立健全资源环境管理体制机制

——强化资源环境综合管理，完善主体功能区规划，建立健全绩效考核、利益补偿机制。（省发改委、省绩效办、省财政厅等负责）

——逐步推广资源有偿使用制度，推进节约水、电、煤、油、气等资源性产品的价格激励机制改革，逐步实施居民用水、电阶梯价格和非居民超定额用水、电累进加价制度，完善污水处理和生活垃圾处理收费制度。（省物价局、省发改委、省住房和城乡建设厅、省水利厅、省经信委、湖南电监办等负责）

——推进湘江等流域综合治理机制创新，建立以出入境水质状况为依据的生态补偿标准体系，形成流域上下游地区政府基于水量分配和水质控制的合作机制。（省环保厅、省水利厅、省财政厅等负责）

——推动实施"绿色信贷""绿色贸易"和"绿色保险"等环保措施，建立生态保护重点地区的森林生态效益区域补偿机制，建立排污权交易制度。（省财政厅、省环保厅、省商务厅、省物价局、人民银行长沙中心支行、湖南银监局、湖南保监局等负责）

（二）推进土地管理体制机制创新

——建立工业园区和工业用地预申请制度，强化土地使用投入产出的门槛约束机制和检查机制，探索产业用地租售并举的多元化供应方式。创新土地利用规划和计划管理模式，探索节约集约用地的新型城市化发展模式，健全土地和矿产资源节约集约利用考评指标体系，实施差别化供用地政策，推进征用地制度、国土资源有偿使用制度改革。（省国土资源厅、各市州政府等负责）

——深化农村土地管理改革，探索建立市场化的农村土地使用权流转制度，实行耕地和基本农田保护有偿调剂、跨区域统筹制度，创新新增耕地指标的交易方式和平台。规范城乡建设用地增减挂钩，探索城乡共享土地增值收益的办法和机制。探索省内跨区耕地占补平衡机制。推进农村集体建设用地流转、宅基地确权、土地担保质押、户籍改革、农民变市民、城市和农村建立统一的土地流转市场等改革。探索改革农村产权制度，开展农村土地、山林、宅基地、住房等各类产权确权工作。推进农村土地整理复垦和整治，拓展新的用地空间。（省农办、省国土资源厅、各市州政府等负责）

（三）创新财税与投融资体制机制

——完善财政转移支付制度，深入推进财政"省直管县"改革，探索建立横向财政转移支付制度。（省财政厅牵头）

——深化财税体制改革，探索开展环保税试点，改革资源税制度。探索建立城市群财税利益协调机制，重点消除城市群在统筹基础设施、产业布局、城乡建设、生态环境保护等方面的体制障碍。（省财政厅、省国税局、省地税局等负责）

——推进投资体制改革，规范发展政府融资平台，完善和规范融资性担保体系。加强市场化运作，建立促进"两型社会"建设的要素价格体系，壮大"两型社会"建设投融资平台，优先支持"两型"企业直接融资，积极扩大企业债券、中期票据、私募股权融资规模，鼓励和吸引各类社会资本、银信资金投入。（省发改委牵头）

——促进金融改革与创新，设立区域性国有金融控股集团，建立 OTC 市场，争取环长株潭城市群国家级高新技术产业园区进入"新三板"扩大试点范围。发挥各类投资银行、投资基金和产业基金的作用，组建"两型"产业投资基金，发展创业投资基金、私募股权基金、小额贷款公司、村镇银行、担保公司、信托公司等，积极争取股份制商业银行和保险公司等金融机构在长株潭布局区域性中心，创建金融租赁公司、消费信贷公司，打造区域性金融中心。大力推进知识产权质押贷款试点工作。（省政府金融办、湖南银监局、省发改委、人民银行长沙中心支行等负责）

（四）深化行政管理体制改革

——深化行政审批制度改革，进一步规范精简行政审批事项，优化审批流程，深化集中审批、并联审批和网上审批，提高审批效能。（省审改办牵头）

——全面贯彻实施《湖南省政府服务规定》，突出政府职能转变，加大政务主动公开力度，编制和完善"两型社会"建设信息公开指南和目录，重点推进"两型社会"建设的规划编制、重大项目建设等领域的公开。探索建立"两型社会"建设公共服务平台和办事服务平台，提高服务的便捷性和时效性。（省政务公开办、省政府法制办、相关市州政府等负责）

（五）提升对外开放与合作水平

——加强与东盟、泛珠三角、台湾地区、长三角以及长江沿线、高铁沿线等区域合作，全面落实已经签署的部省合作和省际战略合作框架协议，加强基础设施、产业、市场对接。引进国内外资金、技术、人才等资源要素和先进经验。（省发改委、省商务厅、省国资委、省科技厅、省人力资源和社会保障厅、省经协办、省台办、省贸促会等负责）

——加快转变外贸增长方式，培育省级国际服务外包示范区和具有国际资质的服务外包骨干企业，支持城市群保税加工业和保税物流业发展，加强口岸大通关建设，加快电子口岸实体平台建设，提升湖南国际电子商务平台功能。（省商务厅、省政府口岸办、长沙海关、湖南出入境检验检疫局等负责）

——注重招商选资，着力引进战略投资者和高端产业。建立"两型社会"统一招商平台和协调机制。积极探索推进整体开发、委托开发、直接托管、共建园区等合作，通过 BOT 等形式，吸引国内外各类投资主体进入。（省商务厅、省经协办、省贸促会、相关市州政府等负责）

三　切实加强资源节约利用和生态环境保护

（一）加强资源节约

——推广农民集中居住、农用地规模集约经营、城市土地立体开发、存量建设用地盘活有效利用等节地模式。（省国土资源厅、省农办、相关市州政府等负责）

——贯彻实施《中共中央国务院关于加快水利改革发展的决定》和我省的实施意见，推进节水型社会建设，着力培育水权交易市场，实行区域总量控制和定额管理相结合的用水管理制度。（省水利厅、省物价局等负责）

——加快矿产资源整合，健全矿产资源开采"三率"考核体系。（省国土资源厅牵头）

——支持工业和建筑废弃物利用。（省经信委、省住房和城乡建设厅等负责）

——大力发展循环经济，重点支持汨罗国家城市矿产示范基地、长沙（浏阳、宁乡）国家再制造示范基地建设，积极引导企业、园区、区域形成效益显著、特色鲜明的循环经济发展模式。（省发改委、相关市州政府等负责）

（二）突出节能减排

——健全完善节能减排激励约束机制和监督管理机制，着力推动节能减排的标准化、信息化、市场化。实施节能减排全覆盖工程，以推广节能减排在线监管为突破口，以技术节能和管理节能为重点，以标准指引、价格引导等为支撑，运用合同能源管理等方式实施一批节能减排示范项目，实施"万家企业节能行动"，突出抓好工业节能"511"工程。推进建筑节能、交通节能，引导商业和民用节能，推广绿色建筑示范工程和可再生能源建筑应用，加强办公建筑和大型公共建筑用能管理，推进公共建筑和新建建筑节能监管体系建设，逐步开展既有建筑节能改造，打造清洁节能交通体系，推广新能源公交，推广宾馆酒店新型智能节电管理改造等做法。重点实施产业节能等工程，大力开展能效水平对标达标活动，切实降低综合能耗。（省发改委、省经信委、省国资委、省住房和城乡建设厅、省交通运输厅、省旅游局、省环保厅、省商务厅等负责）

——加快降碳、低碳和碳捕捉技术研发。（省科技厅牵头）

——建立健全政策法规、考核评价、行业标准、技术服务、投融资服务和执法监督体系，严格执行固定资产投资项目能评制度，积极开展节能量交易和碳交易试点。（省发改委、省经信委、省财政厅、省环保厅、省住房和城乡建设厅、省机关事务管理局、湖南质监局、各市州政府等负责）

——积极培育节能服务公司和节能服务市场。抓好长沙国家节能减排财政政策综合示范工作，支持株洲、湘潭积极申报国家节能减排示范城市。（省财政厅、省发改委、相关市政府等负责）

（三）加大环境保护

——按环境容量调整工业布局，严格新建项目的环境准入制度，切实加大落后产能淘汰力度。（省环保厅、省经信委、各市政府等负责）

——强化城市环境保护，加强自来水水源监测和污染源监管，加快城镇污水管网、污水处理厂和生活垃圾无害化处置设施建设和管理，推广污水处理回用。（省住房和城乡建设厅、省发改委、省环保厅、省水利厅等负责）

——加大扬尘治理、机动车尾气污染防治、城市噪声污染控制等力度。加强农村环境保护，扎实推进农村环境连片整治，全面推广长沙县、攸县等地农村环保的经验，推进养殖场污染综合治理，加强集中供水和分散式生活污水、生活垃圾收集处理等工程建设。合理布点垃圾收集处理项目，积极推广先进适用的垃圾分类收集、运输、处理方式。（省环保厅、省农办、省发改委、省住房和城乡建设厅、各市州政府等负责）

（四）强化生态建设

——重点实施"一心（长株潭绿心）、一脉（湘江）、一肾（洞庭湖）"保护工程。加强长株潭绿心保护，严格按照规划划分禁止开发区、限制开发区、控制开发区，对区域内湿地、山林、水面、河谷等生态系统进行保护和修复。（相关市政府、省林业厅、省住房和城乡建设厅、省环保厅、省财政厅、省政府法制办等负责）

——实施《湘江流域重金属污染治理实施方案》以及水污染综合整治新的行动计划，以湘江流域坪塘、清水塘、竹埠港、水口山等工业区治污为重点，实施重金属污染治理、流域截污治污、城市洁净、农村面源污染治理、生态修复等工程；推进湘江生态经济带建设。加快洞庭湖保护立法步伐，落实《洞庭湖国家级生态功能保护区建设规划》。（省发改委、省环保厅、省财政厅、省经信委、省住房和城乡建设厅、省农业厅、省水利厅、省国资委、省有色金属管理局、相关市政府等负责）

——抓好封山育林、退耕还林、退田还湖等生态环境修复工程和生态林工程建设，构建区域生态环境安全体系、区域环境保护联动机制、生物入侵预警预防机制、"四水"流域治理问责机制。（省林业厅、省环保厅、省水利厅、各市州政府等负责）

四 促进城乡区域协调发展

（一）推进区域协调发展

——加快推进长株潭试验区建设步伐。环长株潭五市要在产业发展、跨区域重大基础设施建设、要素市场平台搭建、示范区建设等领域，加强与长株潭地区的对接与合作，推进"两型社会"改革建设。统筹兼顾湘南、湘西地区"两型社会"建设，制定"两型社会"建设实施方案和总体规划。湘南地区着力建设承接产业转移示范区，湘西武陵山区突出集中连片扶贫开发。（省长株潭试验区管委会牵头）

（二）推进城乡统筹建设

——建立城乡规划、城乡基础设施、城乡产业发展、城乡公共服务、城乡要素市场、城乡社会管理一体化的制度保障。（省农办牵头）

——构建市、县城、中心镇、乡、村层次清楚的城乡规划体系，抓好县城扩容提质，规划建设特色城镇，加大社会主义新农村建设力度，按照资源节约、环境友好的要求推进交通、供水、污水处理、垃圾处理、可再生能源利用等基础设施建设。推动城市资本、技术与农村资源相结合，广泛开展"万企联村、共同发展"活动，提升城镇产业聚集功能。（省住房和城乡建设厅、省农办、省交通运输厅、省委统战部、省工商联、各市州政府等负责）

——突出城乡接合部建设管理，大力开展专项整治，推动城市文明、现代理念向农村扩展，促进城乡接合部健康有序发展。推进攸县、韶山市、冷水江市、汉寿县、嘉禾县等城乡一体化示范县建设。（省住房和城乡建设厅、省农办、相关市州政府等负责）

（三）推进综合交通体系建设

——加快高速铁路建设，力争沪昆客运专线湖南段如期建成通车，推动构建长沙高铁枢纽，启动长沙—福州（厦门）客运专线前期研究。完成湘桂、娄邵、石长等铁路扩能工程，新建怀邵衡、黔张常、常岳九、岳吉、荆岳铁路，构建铁路骨干网，启动靖永郴、桂郴赣、安张衡铁路前期工作。加快推进环长株潭城市群760公里城际轨道交通线建设，建成长株潭线、长益常线、长浏线，适时启动长岳线、株衡线、潭娄线项目前期工作。（省发改委、省财政厅、省重点办、相关市州政府等负责）

——大力推进环长株潭城市群交通一体化，加快核心区城际干道网、高速公路网建设，实现城市群内相邻市之间全部以高速公路连接，所有县市区30分钟内上高速公路，相邻县市区之间全部以二级以上公路连接，提升公路网络的内联外达功能。利用既有道路，规划建设长株潭三市内环线。（相关市政府、省交通运输厅、省重点办等负责）

——推进湘江长沙综合枢纽和湘江2000吨级航道建设工程，打造以长江、湘江和沅水为主通道的航运体系，加快岳阳、长株潭、常德、衡阳等港口规模化、专业化建设。（省交通运输厅、省重点办、相关市政府等负责）

——启动黄花机场飞行区东扩工程，把黄花机场加快打造成为区域性国际航空枢纽机场。推进衡阳、岳阳机场建设和常德桃花源机场扩建工程，适时启动株洲和娄底通用机场建设。（省机场管理集团、省重点办、相关市政府等负责）

（四）推进能源、水利、通信等设施建设

——依托岳阳、长株潭管道枢纽，构建覆盖城市群中等规模以上城市的油气运输管道网络体系。支持分布式能源系统建设，科学发展核能、风能、生物质能等。加快智能电网建设，以长沙特高压交流枢纽站和湘潭直流枢纽站为依托，打造 500 千伏双环网，加快新一轮农村电网升级改造工程。推进户用沼气建设，推广太阳能、地源热能建筑一体化应用。（省发改委、省经信委、省电力公司、省农办、相关市州政府等负责）

——突出农田水利、中小河流和山洪地质灾害治理、水资源配置工程等重点薄弱环节，加快农村安全饮水、病险水库和水闸除险加固、大型灌区和泵站改造等民生工程建设，重点推进洞庭湖治理、涔天河水库扩建等工程建设。（省水利厅、相关市州政府等负责）

——加快长株潭"三网融合"试点，建设新一代移动通信、下一代互联网、数字电视等信息网络设施，率先建成高速信息城域网。加快国家超算长沙中心、"呼叫中心"、"数据中心"等信息平台建设。推进物联网、云计算等新技术的研发应用。逐步完善政务、企业、电子商务、经济与科技、社会公共服务等一体化信息服务系统。加强国际通信网络设施建设。（省通信管理局、省广电局、省经信委、省发改委、省重点办、省科技厅、省商务厅等负责）

五 着力改善民生

（一）推动社会事业发展

——实施促进就业的财政、税收、金融、外贸等政策，推进创业型城市建设，完善人力资源市场体系，统筹做好城镇新生劳动力就业、农村富余劳动力转移就业和失业人员再就业。（省人力资源和社会保障厅、省财政厅、各市州政府等负责）

——深化医疗卫生体制改革，积极稳妥推进公立医院改革。建立统筹城乡、保障基本医疗、满足多层次需要的医疗保障体系。推进以养老保险为重点的社会保障体系建设，发展普惠型老年社会福利事业。（省发改委、省卫生厅、省人力资源和社会保障厅、各市州政府等负责）

——完善住房保障体系建设，大力推进保障性住房建设。加快国家教育综合改革示范区建设，完善人力资源市场体系，健全完善覆盖城乡的职业教育培训制度和"9＋2"免费教育培训制度。加大公共文化服务体系、服务工程建设，重点深化公益性文化事业单位改革，推进经营性文化事业单位转企改制。深化户籍制度改革，有序放宽户籍限制，实施进城农民工安居乐业工程。建立完善被征地农民社会保障制度，规范被征地农民社会保障资金管理。（省住房和城乡建设厅、省人力资源和社会保障厅、省教育厅、省委宣传部、省文化厅、省公安厅、各市州政府等负责）

（二）创新优化社会管理

——强化各类企事业单位社会管理和服务职责，引导各类社会组织、人民团体和广大群众参与社会管理。（省民政厅、省公安厅等负责）

——加快社会管理体制机制改革，完善公共治理结构，健全矛盾调处、诉求表达、权益保障和利益协调机制，加强社会矛盾源头治理。建立重大工程项目建设和重大政策制定的社会稳定风险评估机制。（省综治办、省公安厅、省人民检察院、省高级人民法院、省司法厅、各市州政府等负责）

——加强基层社会管理和服务体系建设，健全新型社区管理和服务体制，探索"社区管理社会化"，推行村（居）事务准入制度，构建社区资源共享机制和社区综合治理机制，积极稳妥推进村改社区工作。（省民政厅、省公安厅、省财政厅、各市州政府等负责）

——积极构建公共安全体系，健全食品药品安全监管机制和安全生产监管体制，完善社会治安防控体系，完善应急管理体制。（省安监局、省食品药品监督管理局、省质监局、省卫生厅、省公安厅等负责）

——创新治安管理与城市管理、市场管理、行业管理等有机结合的新模式。创新流动人口、社会组织和虚拟社会管理。抓好综治信访维稳中心工作机制建设，推进人民调解与司法调解、行政调解、综治工作、信访工作的紧密结合，建立化解矛盾纠纷新机制。（省住房和城乡建设厅、省公安厅、省司法厅、省综治办、省信访局、各市州政府等负责）

六　突出示范引领

（一）推动示范区改革发展

——淘汰高能耗、高排放、高污染的项目和产业，把好产业和企业准入"门槛"，每个示范区形成"两型"主导产业。（相关市州政府等负责）

——推广运用"两型"理念、技术、产品，打造"两型"基础设施建设集中展示区。（省发改委、省交通运输厅、省住房和城乡建设厅、相关市州政府等负责）

——加强环境整治，重点推进大河西先导区坪塘生态修复和污染治理工程，提升岳麓山、常德柳叶湖等景区的生态旅游和服务功能；推进云龙示范区清水塘地区战略性改造；切实保护昭山示范区"绿心"资源，打造国际水平的生态经济区和高端服务区；加快建设天易示范区株洲湘潭两市的绿色空间隔离廊道；加快实施滨湖示范区松洋湖生态治理工程。（相关市政府负责）

——创新工作机制。建立益阳鱼形山等"两型"特色区域中心建设的综合协调机制，发挥示范带动作用。全面推进示范区统计工作，建立示范区总体统筹调度、目标任务和风险评估、工作纠偏和年度考评等机制。（省长株潭试验区管委会、省统计局、相关市政府等负责）

（二）实施"两型"示范创建工程

——开展以"两型"产业发展、城乡建设、生态文明建设、改革创新、对外开放、民生发展等为重点的"两型"示范工程建设，以及以"两型"生产、生活、消费等为重点的"两型"示范单位创建活动，在新型工业化、农业现代化、新型城镇化、信息化建设中全面体现"两型"要求，通过规划设计创新、政策支持、项目建设、宣传教育等综合手段，率先形成好的思路、机制和做法，加强总结推广，带动全省"两型社会"建设。（省长株潭试验区管委会牵头）

——开展"两型"技术产品示范推广活动，搭建示范推广平台，出台"两型"技术产品推广目录，积极研究开发和遴选一批"两型"技术产品在试验区乃至全省推广。组织开展"两型"技术产品进万家活动。探索建立面向"两型"技术产品的区域性和全国性中心市场。（省科技厅、省发改委、省经信委、省环保厅、省商务厅、省国税局、省地税局、各市州政府等负责）

（三）推进"两型"评价指标体系和标准化建设

——建立完善"两型社会"建设评价指标，逐步形成"两型社会"建设的统计体系，及时发布相关数据和评价指数。加快建立发展规划、项目建设"两型性"审查和认定制度。（省统计局、省长株潭试验区管委会等负责）

——逐步形成"两型"标准，纳入湖南省地方标准系列。（省质监局、省长株潭试验区管委会等负责）

——积极开展"两型"企业、"两型"技术产品等认证工作，建立标识认证体系。（省经信委、省科技厅、省住房和城乡建设厅、省质监局等负责）

——探索建立领导干部资源环境离任审计制度和企业"两型"审计制度。（省审计厅负责）

七　强化和完善保障措施

（一）进一步加强组织领导

——建立对各市州、各部门主要负责人"两型社会"建设重点工作完成情况的述职评价制度。建立科学的"两型社会"绩效考评机制，明确问责主体，落实责任追究制度，把加快经济发展方式转变、推进"两型社会"建设的目标和要求具体化，转化为可考评的指标，并纳入各级领导班子和领导干部考核评价体系，加强督查落实。（省委组织部、省人力资源和社会保障厅、省绩效办、省监察厅、省委督查室、省政府督查室等负责）

（二）发挥规划统领作用

——完善和提升各专项规划，推进经济社会发展规划、土地利用规划、城市总体规划、投融资规划"四规统一"。编制湘江科学发展规划、水府庙水库流域保护规划等跨区域重大规划。（省发改委、省经信委、省国土资源厅、省住房和城乡建设厅等负责）

——推进城市群区域规划、长株潭绿心地区总体规划、综合交通体系规划、系统性融资规划、生态建设规划等专项规划实施。（省长株潭试验区管委会、省发改委、省环保厅、省交通运输厅、国家开发银行湖南省分行、省林业厅、省国土资源厅、省水利厅、省住房和城乡建设厅、省旅游局等负责）

——制定各市州"两型社会"建设发展总体规划和相关专项规划，完成环长株潭城市群八市总体规划修编，出台示范片区总体规划及控制性详细规划和改革建设实施方案。（各市州政府负责）

——加强各规划间、各区域间的对接，完善八市规划局长联席会议制度。（省长株潭试验区管委会、省住房和城乡建设厅等负责）

——抓好《湖南省长株潭城市群区域规划条例》《湖南省人大常委会关于保障和促进长株潭城市群"两型社会"建设综合配套改革试验区工作的决定》的贯彻落实，出台《湖南省长株潭城市群区域规划条例实施细则》。建立项目规划审核、重大规划衔接、规划动态管理和规划否决等制度，强化规划执法，严肃查处违规行为。（省政府法制办、省长株潭试验区管委会、各市政府等负责）

（三）强化政策法规支持

——围绕"两型"产业发展、"两型"城市建设、"两型"农业、城乡统筹、生态建设、社会管理等重点领域，从激励"两型"、约束"非两型"的角度，抓紧研究出台相关政策措施。尽快出台支持试验区改革建设尤其是示范片区的支持政策，制定完善土地利用、产业发展、投融资、资源环境、招商引资、简政放权等方面的配套政策，加快形成保障有力的政策体系。加大省级财政支持力度，从2012年起将"两型社会"建设专项资金列入财政预算。省各类财政专项资金都要适当向"两型社会"建设集中投放。鼓励地方设立相应专项资金。（省长株潭试验区管委会、省发改委、省财政厅、各市州政府等负责）

——建立完善政府"两型"采购制度，加大对"两型"产品、技术、产业、标准等发展和推广的引导支持力度。（省财政厅、省长株潭试验区管委会等负责）

——认真贯彻《法治湖南建设纲要》，颁布实施《长株潭生态绿心保护条例》，适时制定出台《长株潭城市群"两型社会"综合配套改革试验促进条例》，加强执法和监督工作，为推动试验区建设和全省"两型社会"建设提供法治保障。（省政府法制办、省长株潭试验区管委会等负责）

（四）加大宣传教育力度

——出台"两型社会"建设宣传教育纲要，加强"两型社会"建设宣传报道。（省委宣传部、省长株潭试验区管委会、省教育厅、省广电局、各市州政府等负责）

——将"两型"教育纳入各级党委中心组学习内容和干部培训机构教学计划，纳入基础教育、职业教育和在职教育体系。（省委组织部、省委党校、省教育厅和各市州党委、政府等负责）

——扎实做好长株潭"两型社会"展览馆提升工作。

湖南省人民政府
关于支持长株潭城市群"两型社会"
示范区改革建设的若干意见

湘政发〔2012〕12 号

各市州、县市区人民政府，省政府各厅委、各直属机构：

为加快推进长株潭城市群"两型社会"示范区改革建设，省人民政府决定，在长株潭城市群设立大河西、云龙、昭山、天易、滨湖"两型社会"示范区（以下简称"示范区"）。根据《国务院关于长株潭城市群资源节约型和环境友好型社会建设综合配套改革试验总体方案的批复》（国函〔2008〕123 号）精神，现就支持长株潭城市群"两型社会"示范区改革建设提出以下意见。

一 政策支持的区域

长株潭城市群"两型社会"示范区政策支持范围包括示范区范围内的十八个片区，具体是长沙大河西先导片区、长沙金霞片区、益阳东部新区、常德德山片区、湘潭易家湾－昭山片区、湘潭九华片区、娄底水府片区、株洲云龙片区、株洲清水塘片区、株洲天元片区、湘潭易俗河片区、衡阳白沙片区、长沙县安青片区、望城区铜丁片区、湘阴县界头铺片区、汨罗市新市片区、屈原营田片区和岳阳城陵矶片区。经省人民政府批准的新示范片区自批准时起比照享受该政策。

二 产业支持政策

（一）项目布局向示范区倾斜

全省重大基础设施项目和重大产业项目，优先在示范区布局，优先列入省重点建设工程。对示范区重大项目，省直有关部门要帮助示范区积极争取国家资金支持，省、市财政按要求安排相应配套资金。

（二）支持示范区产业结构优化升级

编制两型产业分类指导目录、两型技术目录、两型产品目录和示范区产业退出名录，明确鼓励发展产业、限制发展产业和退出产业，鼓励两型技术、两型产品的开发和应用。对列入退出产业类别、达不到强制性能效标准和环保标准的现有项目，分阶段列入示范区产业退出名录。支持示范区产业结构调整，鼓励发展战略性新型产业。

（三）支持发展低碳经济

编制低碳经济发展规划。支持示范区开展低碳建设改革试点，发展绿色碳基金，开发以减少碳排放为目的的衍生交易。

（四）加大资金支持力度

对示范区符合政策性资金投向的产业项目，优先申报中央预算内（国债）投资，省、市各类财政性产业发展（建设）资金优先安排。示范区重大前期项目，优先列入省前期项目工作计划。示范区经认定的重点两型产业项目，优先列入全省国民经济和社会发展总体规划、专项规划和重大项目计划，优先申报国际金融组织和外国政府贷款。鼓励市、县两级政府设立长株潭城市群"两型社会"示范区重大产业项目奖励资金，对落户示范区并经认定的两型重大产业项目给予支持。

（五）加大就业服务力度

对组织岗位技能培训的单位按有关规定给予培训补贴。各级公共就业服务机构要建立专门服务窗口，为示范区企业和劳动者提供免费的就业服务。

三 财税支持政策

（一）加大财政支持力度

省财政根据财力状况，逐步加大对长株潭城市群"两型社会"示范区改革建设的投入，重点用于支持示范区改革试验、规划编制、生态环境保护、两型产业发展和基础设施建设。省财政预算安排的其他资金要优先投向示范区，重点支持示范区两型产业、重大基础设施和重大社会公益设施项目。

（二）加大税收支持力度

2012～2015 年，示范区内符合国家减按 15% 税率及"三免三减半"税收优惠政策的企业，严格落实相关优惠政策。

（三）非税收入优惠

示范区经认定的两型重点改革建设项目符合国家与省相关规定的，给予建设、农林水等非税收入优惠。

四　土地支持政策

（一）依法依规支持示范区土地利用规划修编

在示范区实行土地规划许可制度和规划实施中期评估制度，建立与"两型社会"建设发展相适应的规划修编工作机制。

（二）保障示范区用地指标

在符合土地利用规划和产业政策的前提下，优先保障示范区用地计划。对于重大基础设施和重点工程建设项目，允许示范区以单独或批次方式报批用地。

（三）鼓励示范区开展城镇建设用地增加与农村建设用地减少相挂钩试点

优先安排示范区增减挂钩项目，其增减挂钩建设用地指标优先用于示范区建设。

（四）支持示范区农村土地综合整治

整合涉农资金，集中连片实行综合整治，盘活农村存量建设用地，增加有效耕地面积，优化农村人居环境。

（五）实行耕地保护跨区域统筹

在确保省内耕地总量动态平衡的前提下，对示范区确实无法在本行政区内做到占补平衡、先补后占的，其占用耕地在省内实行易地占补平衡。

（六）支持示范区改革土地出让机制

示范区内工业项目用地符合省国土资源厅《关于印发〈湖南省优先发展产业（工

业项目用地）目录〉和〈湖南省农林牧渔业产品初加工项目目录〉的通知》要求的，其出让底价在不低于项目实际土地取得成本、土地前期开发成本和按规定应当收取的相关费用之和的前提下，可按不低于所在土地等别相应的工业用地出让最低价标准的70%执行。省建立示范区用地预申请制度。

（七）支持重金属污染土地的综合治理

研究出台支持重金属污染土地综合治理的有关优惠政策，优先保证被征地农民补偿安置并落实社会保障。有关规费经批准后可根据开发利用进度，按有关规定缴纳。

（八）支持示范区开展农村集体建设用地流转

支持示范区开展农村土地确权登记颁证和集体建设用地基准地价试点，按照同地、同权、同价的原则，构建与国有土地权能、权益相协调的集体土地产权制度。支持示范区依法开展集体建设用地使用权有偿使用和流转。支持建立宅基地有偿退出机制，推进农村集中居住点建设。

（九）促进示范区节约集约用地

开展示范区及所属各类开发园区节约集约用地考核评价工作，考核评价结果作为开发园区扩区升级及用地审批的重要依据，成绩显著的，优先扩区升级并优先保障建设项目用地。

五　投融资支持政策

（一）支持示范区编制融资规划

示范区融资规划要与国民经济发展规划、城乡规划、国土规划紧密结合。鼓励示范区在融资规划的指导下，采取多元化、市场化的融资手段和渠道，将政府资源与市场资源有机地结合，将公益性项目与经营性项目打捆运作或按照经营性项目的模式进行市场化运作。

（二）支持示范区两型企业直接融资

对符合两型标准并经认定的两型企业，支持优先上市融资，或通过兼并、收购等形式重组上市、借壳上市。支持两型企业通过发行短期融资券、中期票据、企业债、增发配股等形式直接融资。鼓励示范区内的两型中小企业集合发行债券。

（三）鼓励示范区金融机构推行绿色金融决策机制

把环境因素纳入贷款、投资和风险评价体系，引导企业走两型发展之路。对有良好环保记录的企业提供优惠贷款；对用于改善环境污染问题的企业贷款项目予以支持。鼓励创新绿色证券产品、绿色保险产品、绿色债券产品、绿色基金产品、绿色信托产品等绿色金融产品与工具。各级各有关部门要综合运用多种政策手段，支持信贷资金退出不利于调结构、转方式的行业企业，鼓励信贷资金投入风险较大或者回收期较长且有利于产业结构转型升级的新兴产业和企业；引导和鼓励信贷担保公司加大对调结构、转方式的支持力度，降低信贷投入风险。

（四）支持示范区建设金融后援基地

建立省级城市群金融控股集团。允许示范区在金融机构总部及相关机构设置上给予土地、财税等方面的支持。支持国内外各类金融机构在示范区设立分支机构、总行（总部）、后台服务基地吸引各类金融后援中心落户示范区，逐步将长沙金融后援基地政策向示范区延伸。

（五）鼓励金融市场创新

支持示范区推进场外交易市场建设，建设长株潭城市群联合产权交易机构，设立大宗优势产品交易所。支持金融机构创新金融产品和服务，推行银团贷款和俱乐部贷款模式，提高企业融资和抗风险能力；对银团贷款等贷款方式，减少审贷环节，提高审贷效率。支持示范区创设中小银行机构和法人保险机构。允许符合条件的农村信用社、农村合作银行改组为农村商业银行；鼓励示范区开展科技与金融结合试点，设立具有投资功能的科技银行。支持示范区发展信托、租赁等非银行金融机构业务。支持示范区发展各种类型的创业投资基金。推动区域性股权交易、信贷产品转让、碳交易等市场建设，加快城市商业银行走出湖南，推动上市。

（六）支持示范区加快农村金融体制创新

加大对设立村镇银行、小额贷款公司、农村资金互助社试点的支持力度，对经中国银监会和湖南省人民政府批准设立、达到监管要求且年度贷款平均余额实现同比增长的村镇银行等新型农村金融机构（村镇银行存贷比大于50%），自2012年至2015年，按年度贷款平均余额的1%给予补贴；对县域内金融机构自2012年起，年度涉农贷款平均余额同比增幅超过15%，且贷款质量符合规定条件的，对增量部分按1%给予奖励。鼓励邮政储蓄银行等金融机构在农村开展小额贷款业务，深化农村信用社产权制度改革。

（七）鼓励创新项目投融资和建设模式

在不改变原项目投资规模和建设内容的情况下，允许将示范区内的国家级、省级项目投资资金的一定比例整合注入特定平台资本金，通过平台的杠杆作用，放大资金规模，用于支持示范区改革建设。每年在示范区确定若干两型园区、两型企业、两型村庄等主题试验区域，对重点地区统一规划、统一建设。鼓励探索各类项目融资方式及资产证券化方式，引导保险资金、社保基金、信托基金等参与示范区建设，鼓励运用排污权交易、碳交易等新型方式融资。

六　人才科技支持政策

（一）支持人才费用计入成本核算

示范区用人单位引进高层次人才所需的购房补贴、安家费、科研启动经费可以列入成本核算。

（二）支持引进海外智力和高层次人才

鼓励示范区用人单位引进海外智力和高层次人才，并积极落实人才引进相关优惠政策。大力引进国外先进技术、管理经验和优良品种。携带科技成果到示范区从事产品开发与生产的留学人员，享受相关优惠政策。有针对性地加大对各类人才出国（境）培训力度。

（三）建立高端人才创业奖励机制

国家两院院士、国家级及省级人才工程专家、博士生导师、博士后等高端人才，在示范区领办或创办企业，所从事项目符合省两型标准并经认定，达到国内先进水平，且该项目年新增税收 100 万元以上的，享受相关优惠政策。

（四）鼓励科技人员的技术成果参与转化项目投资

科技人员技术成果价值占注册资本比例最高可达 70%，合作各方另有约定的从其约定。成果持有单位最高可以从技术转让（入股）所得的净收入（股权）中提取 70% 的比例奖励科技成果完成人。属企业自主开发的技术成果作为股权投资，成果完成人根据成果价值占注册资本的比例，前三年享有不低于 30% 的股权收益，后三年享有不低于 20% 的股权收益。

（五）鼓励企业建立高水平技术研究平台

对新创建为国家级、省级工程（技术）研究中心、重点实验室、企业技术中心、博士后科研流动（工作）的企业按有关规定给予奖励。

七　行政支持政策

（一）明确示范区法律地位

提请省人大审议《湖南省长株潭城市群资源节约型和环境友好型社会建设综合配套改革试验区条例》，尽快明确示范区行政与社会管理过程中的法律地位和行政职级，赋予示范区区域托管权限，将行政管理权限分期分批授予示范区。

（二）鼓励开展部省合作

建立部省合作推进机制。设立部省合作奖励资金，对完成部省合作重点工作计划成绩突出的部门和单位予以奖励，所需资金在"两型社会"建设专项资金中列支。

（三）出台两型标准扶持政策

研究出台并完善两型标准，制定相关扶持政策；对符合两型标准且通过认证的，给予相应政策扶持和奖励。

湖南省人民政府

2012 年 4 月 24 日

湖南省人民政府
关于印发《湖南省长株潭城市群
区域规划条例实施细则 》的通知

湘政发〔2012〕29 号

各市州人民政府，省政府各厅委、各直属机构：

现将《湖南省长株潭城市群区域规划条例实施细则》印发给你们，请认真组织实施。

湖南省人民政府

2012 年 8 月 16 日

湖南省长株潭城市群区域规划条例实施细则

第一条 根据《湖南省长株潭城市群区域规划条例》（以下简称《条例》），制定本实施细则。

第二条 长株潭城市群区域规划的编制、实施和监督管理适用《条例》和本实施细则。

第三条 长株潭城市群区域由长株潭城市群规划范围和协调规划范围组成。规划范围为长沙、株洲、湘潭三市行政区域。协调规划范围为与长株潭三市经济社会紧密联系的岳阳、常德、益阳、娄底、衡阳的部分地区。

第四条 《长株潭城市群区域规划（2008～2020 年)》（以下简称区域规划）是长株潭城市群区域经济和社会协调发展的综合性规划，是该区域经济和社会发展的总纲，统筹指导区域经济、社会建设工作。

第五条 长株潭城市群区域专项规划，包括城市群土地利用规划、综合交通体系规划、环境同治规划、水利建设规划、生态建设规划、信息同享规划、工业布局规划、文化产业发展规划、旅游业发展规划、循环经济规划、城镇体系规划、核心地区空间开发与布局规划、核心区建设管制规划等。长株潭城市群市域规划，包括长沙、株洲、湘潭、岳阳、常德、益阳、娄底、衡阳八市的国民经济和社会发展规划、城市（乡镇）规划、土地利用总体规划、交通规划等。长株潭城市群专项规划和市域规划的制定，应当以区域规划为依据。

第六条 省长株潭城市群资源节约型和环境友好型社会建设改革试验区领导小组协调机构（以下简称省"两型社会"建设试验区领导协调机构）负责组织、协调区域规划的编制、实施和监督管理工作。

第七条 长株潭城市群区域内长沙、株洲、湘潭、岳阳、常德、益阳、娄底、衡阳市人民政府负责区域规划在本行政区域内的实施，具体职责是：

（一）根据区域规划编制、调整市域规划；

（二）组织编制资源节约型和环境友好型社会建设示范区规划；

（三）根据有关法律法规的要求对辖区内的禁止开发区、限制开发区进行管理；

（四）对辖区内具有区域性重大影响的建设项目的确定和用地规划提出审查意见；

（五）负责本行政区域内资源开发利用和生态环境保护；

（六）在职责范围内决定本行政区域内区域规划实施的其他事项。

第八条 省直相关部门按照职责分工，依据区域规划，负责组织、协调专项规划编制、实施和监督管理的相关工作。

省国土资源厅负责城市群土地利用规划、城市群国土规划，省发改委负责城市群综合交通规划、城市群循环经济规划、城市群现代物流规划，省环保厅负责城市群环境同治规划，省住房和城乡建设厅负责城市群城镇体系规划和核心区建设管制规划，省水利厅负责城市群水利建设规划，省旅游局负责城市群旅游业发展规划，省经信委负责城市群信息同享规划、城市群工业布局规划，省林业厅负责城市群生态建设规划，省农业厅负责城市群农业发展规划，其他有关部门按照职责分别负责有关专项规划。

第九条 区域规划的主要内容为：

（一）资源节约型和环境友好型社会的发展目标与总体空间结构；

（二）主要城镇的功能定位和规模；

（三）主要产业集聚区的布局；

（四）生态建设以及自然资源、人文资源的保护和开发利用；

（五）禁止开发区、限制开发区、重点开发区的区域管制；

（六）资源节约型和环境友好型社会建设示范区布局与定位；

（七）区域性交通、能源、环境保护、公共服务等领域的发展规划；

（八）规划实施的时序和保障措施；

（九）其他需要统筹、协调的事项。

第十条　区域规划由省人民政府组织专家评审，征求社会各界意见，提请省人民代表大会常务委员会审议后，报国务院批准。

第十一条　出现下列情况，可对区域规划进行修编：

（一）重要战略机遇期的发展需要；

（二）国家、省有关政策的要求；

（三）国家、省重要工程设施建设的需要；

（四）城市发展条件发生重大变化；

（五）行政区划发生重大调整；

（六）确需修编的其他情况。

出现以上情况后，由省"两型社会"建设试验区领导协调工作机构报请省人民政府决定是否修编。省人民政府决定修编的，按照本实施细则第十条规定的程序组织修编。

第十二条　出现下列情况，可对区域规划进行局部调整：

（一）因重大专项、国家计划中的重大项目，中央财政资助的重大能源、交通建设项目和产业化项目以及国家重大基础设施建设中的项目等情形导致长株潭城市群总体空间结构或者重要设施布局发生重大变更；

（二）长株潭城市群区域内的市人民政府或者省人民政府有关行政主管部门认为需要对区域规划中不涉及禁止开发区的事项进行局部调整；

（三）确需进行局部调整的其他情况。

出现上述情况，省"两型社会"建设试验区领导协调工作机构认为确需调整的，由省"两型社会"建设试验区领导协调工作机构拟订调整草案，报省人民政府批准，并报省人民代表大会常务委员会备案。

第十三条　长株潭城市群核心区内下列区域为禁止开发区：

（一）核心生态保护区。即长沙、株洲、湘潭三是结合部的城际生态隔离带、保护区；

（二）核心生态保护区以外相对集中连片的基本农田，各类保护区，重点公益林区，坡度25度以上的高丘山地，重要湿地，泄洪区、蓄洪区、滞洪区等区域；

（三）法律法规和省人民政府规定禁止开发的其他区域。

禁止开发区的具体范围根据《长株潭城市群核心区空间开发与布局规划》和《长株潭城市群生态绿心地区总体规划》划定。

第十四条　核心生态保护区内可建项目包括：

（一）生态建设：主要是指对受人为活动干扰和破坏的生态系统进行生态恢复和重建；

（二）景观保护建设：是以自然景观保护、生态环境保护和生态系统结构和功能恢复为内容的保护性建设；

（三）土地整理：是指通过采取各种措施，对田、水、路、林、村综合整治，提高耕地质量，增加有效耕地面积，改善农业生态条件和生态环境的行为。包含土地整理、土地复垦和土地开发三项内容；

（四）必要的公共设施建设：是指核心生态保护区内过境的铁路、公路、城际快速道路等区域性重大基础设施，必要的历史文物、人文资源的保护建设，以及区域内保障生产、生活所必需的防火通道、防洪堤坝、供水（气、电）、港口、码头及航道管理等公共设施。

第十五条 省人民政府有关部门根据各自职责拟定核心生态保护区利益补偿制度，报省人民政府同意后执行。

第十六条 长株潭核心区禁止开发区以外的下列区域为限制开发区：

（一）湘江及其主要支流（渌江、涓水、涟水、靳江河、浏阳河、捞刀河、沩水、沺水、耒水、蒸水等）两岸河堤背水坡脚向外水平延伸100米以内范围；

（二）前项规定范围以外的各类宜农土地，坡度在15~25度之间的丘陵山区，生态脆弱区等；

（三）法律法规和省人民政府规定限制开发的其他区域。

限制开发区的具体范围根据《长株潭城市群核心区空间开发与布局规划》和《长株潭城市群生态绿心地区总体规划》划定。

第十七条 限制开发区内坚持保护优先，适度开发的原则，可以发展生态农业、休闲旅游。可建项目包括：

（一）禁止开发区内允许建设的四类项目；

（二）生态农业：是指在保护、改善农业生态环境的前提下，能获得较高的经济效益、生态效益和社会效益的现代农业；

（三）旅游休闲设施建设：主要包括生态旅游、体育休闲、休闲度假、园艺博览等相关设施建设；

（四）村镇建设：主要包括村镇危房改造、村镇公益事业建设及基础设施建设项目等。在限制开发区内进行村镇建设，应当以加强城乡统筹、提高土地集约化利用为原则，提倡采取新技术、新工艺、新材料、新结构，提高建设水平。

第十八条 禁止开发区、限制开发区等空间管治区域的范围划定方案由省"两型社会"建设试验区领导协调工作机构根据有关法律法规和区域规划起草，经书面征求有关市人民政府和省人民政府有关行政主管部门意见修改完善后，报省人民政府批准。空间管治区域划定后向社会公布，长株潭三市人民政府根据相关规划在核心生态保护区埋设界碑等保护标志。

空间管治区域调整按本条第一款规定的程序进行。

第十九条 空间管治区域划定后，所在地市人民政府应当根据《条例》和区域规划制定相应管理规定，并报省"两型社会"建设试验区领导协调工作机构备案。其中，禁止开发区、限制开发区的管理规定包括：允许的项目类型、项目选址、初步设计、开发强度等控制要求。管理规定应当明确实施管理的主体及其职责、工作规则和程序。

第二十条 在《条例》实施前，禁止开发区内已经批准的在建、未建项目，符合《条例》和本实施细则要求的，可以续建；不符合《条例》和本实施细则要求的，应当按规定程序调整后续建；无法调整的，应当立即停止建设，并依法依规接受处理。

第二十一条 《条例》所称具有区域性重大影响的建设项目是指对本区域国民经济和社会发展有重大影响的、对区域环境和城市群空间布局有重大影响的建设项目，包括跨市域的建设项目、单一市域范围内具有区域重大影响的建设项目。

跨市域的建设项目是指建设项目的空间范围跨越长株潭城市群中两个或两个以上市行政区域的项目。

单一市域范围内具有区域重大影响的建设项目是指项目的建设范围全部位于长株潭城市群某个城市适于范围内，但项目的兴建对整个城市群区域空间结构或者相邻城市行政区域造成显著影响的项目。

本实施细则第十四条规定可以在禁止开发区域内兴建的建设项目视同具有区域性影响的建设项目进行管理。

第二十二条 以下建设项目应纳入长株潭城市群区域内具有区域性重大影响的建设项目目录：

（一）交通

1. 高速公路、核心区内二级以上公路或城际干道；

2. 机场的新建、改建与扩建；

3. 铁路及铁路枢纽站的新建、改建与扩建；

4. 城际铁路及站场的新建、改建与扩建；

5. 千吨级以上港口码头和航电枢纽工程；

6. 一级公路主枢纽客、货运站场新建、改建与扩建。

（二）生态环保

1. 日处理5万吨以上的污水处理厂、日处理400吨以上的城市垃圾处理场和危险废弃物、医疗垃圾等处理项目、垃圾焚烧发电项目；

2. 污泥集中处理工程。

（三）能源

1. 核电、火电工程；

2. 500 千伏以上的送变电建设工程；

3. 城际输气、输油管网及配套设施工程。

（四）城建

1. 城市、城际轨道交通；

2. 日供水 10 万吨以上的供水工程；

3.《湖南省湘江长沙株洲湘潭段生态经济带建设保护办法》（湖南省人民政府令第 176 号）规定的湘江长株潭段生态经济带范围内，影响水源、岸线资源、洲岛的各类建设工程；

4. 长株潭城市群核心区内，占地面积 500 亩以上或建筑面积 100 万平方米以上的房地产项目。

（五）产业

1. 新上冶炼、化工、建材项目；

2. 在清水塘、坪塘、竹埠港等地区新建的各类工业项目；

3. 示范片区内新设产业园区；

4. 占地 120 万平方米以上的物流园区、占地 30 万平方米以上的物流中心。

（六）社会事业

1. 6 万座以上的体育场，1 万座以上的体育馆，建筑面积 10 万平方米以上的会展中心、区域性公共文化服务场所等对长株潭城市群协调发展有重大影响的公共设施；

2. 高等院校新建、扩建建筑面积 100 万平方米以上工程以及具有区域影响的其他学校建设工程。

（七）国家以及省政府要求纳入目录的其他项目。

第二十三条 对列入具有区域性重大影响建设项目目录的项目，或者按照本实施细则第十四条规定可以兴建的建设项目，城乡规划主管部门在批准其选址前，应当征求省"两型社会"建设试验区领导协调工作机构的意见。对省"两型社会"建设试验区领导协调工作机构提出异议的，应当协调一致后方可办理有关手续；经协调后仍存在异议的，应报省两型试验区领导协调机构组织协调，仍无法达成一致意见的，报省人民政府决定。省、市发展和改革、经信、国土资源、住房和城乡建设、环境保护、交通运输、水利、林业等主管部门对有区域性重大影响的建设项目进行审批，应当将审批结果抄送同级"两型社会"建设试验区领导协调工作机构。

第二十四条 对列入具有区域性重大影响建设项目目录的项目，或者按照本实施细则第十四条规定可以兴建的建设项目，建设单位应填写《区域性重大影响建设项目选址意见书申请表》，连同相关材料，报当地城乡规划主管部门审查。

对市及市以下城乡规划部门审批的具有区域性重大影响的建设项目，由当地城乡规划主管部门将相关材料和初审意见提交市"两型社会"建设领导协调工作机构出具初步意见后，提交省"两型社会"建设试验区领导协调工作机构出具是否符合区域规划的意见。

需要省城乡规划主管部门审批的具有区域性重大影响的建设项目，由市城乡规划主管部门和市"两型社会"建设试验区领导协调工作机构共同提交相关材料，送省城乡规划主管部门审查。省城乡规划主管部门应当就项目是否符合区域规划征求省"两型社会"建设试验区领导协调工作机构意见。

第二十五条 征求省"两型社会"建设试验区领导协调工作机构对区域性重大影响建设项目选址意见应当提交的材料包括：

（一）建设项目选址申请；

（二）项目可行性研究报告（项目申请报告）；

（三）建设项目基本情况材料以及有关部门初步审查意见；

（四）拟选址地点的现状地形图（1∶500～1∶2000）及电子文件，并标出拟选范围；

（五）项目区位示意图、总平面图（1∶500～1∶2000）；

（六）市"两型社会"建设试验区领导协调工作机构的初审书面意见；

（七）其他材料（经现场踏勘、材料审查后认为需要补充的相关材料）。

第二十六条 具有区域性重大影响的建设项目，未按本实施细则第二十四条规定办理规划选址的，相关部门不得批准建设，项目建设单位不得擅自兴建。

第二十七条 长株潭城市群区域范围内县级以上人民政府国土资源行政主管部门应当按照区域规划和土地利用总体规划加强核心区的土地管理。

对城市群核心区用地，必须制定具体的用地计划，搞好土地调控，推进节约用地、集约用地。

第二十八条 核心区内禁止开发区建设项目和具有区域性重大影响的建设项目违反区域规划供地的，由省"两型社会"建设试验区领导协调工作机构提请省人民政府责令纠正。

第二十九条 在长株潭城市群范围内进行开发、建设活动，不得违反区域规划的规定，并接受当地人民政府及其有关部门和省"两型社会"建设试验区领导协调工作机构的监督管理。

第三十条 省"两型社会"建设试验区领导协调工作机构应当依据《条例》和区

域规划的规定，对区域规划实施情况进行监管，并根据监督检查情况向省有关部门和长株潭城市群各市人民政府出具监督检查意见。

第三十一条 省有关部门和长株潭城市群各市人民政府收到监督检查意见后，应当在二十个工作日内向省"两型社会"建设试验区领导协调工作机构反馈意见。对存在争议的事项，可提请省"两型社会"建设试验区领导协调工作机构协调解决。

第三十二条 建立长株潭城市群八市规划局长联席会议工作机制，联席会议由省"两型社会"建设试验区领导协调工作机构会同省住房和城乡建设厅、省国土资源厅召集，负责统筹规划、协调长株潭城市群区域内城乡规划的重大事项和重要工作。

第三十三条 长株潭城市群各市人民政府、省直相关部门应当将实施区域规划纳入日常工作，区域规划实施情况每年要向省人民政府报告，并抄送省"两型社会"建设试验区领导协调工作机构。长株潭城市群各市人民政府实施区域规划的情况纳入年度绩效考核内容。

省人民政府和有关市人民政府应当每年就区域规划的实施情况向同级人民代表大会常务委员会报告。

长株潭城市群各市人民政府要对有关县市人民政府及市直相关部门每年就实施区域规划的情况，向市人民政府报告，并抄送市"两型社会"建设试验区领导协调工作机构。

第三十四条 省"两型社会"建设试验区领导协调工作机构协调省直相关部门以及长株潭城市群各市人民政府做好区域规划动态监控信息系统建设。省直相关部门和有关市人民政府应当及时提供各项基础数据、图形资料，调整完善各自的信息系统，并为城市群动态监控系统提供接口。

第三十五条 鼓励公民、法人和其他组织向省"两型社会"建设试验区领导协调工作机构举报违反《条例》及区域规划的行为。对违反《条例》和区域规划的重大案件处理结果，省"两型社会"建设试验区领导协调工作机构应当向社会公布。

第三十六条 本实施细则自发布之日起施行。

湖南省第十一届人民代表大会常务委员会
关于通过《湖南省湘江保护条例》的公告

第 75 号

《湖南省湘江保护条例》于 2012 年 9 月 27 日经湖南省第十一届人民代表大会常务委员会第三十一次会议通过，现予公布，自 2013 年 4 月 1 日起施行。

湖南省第十一届人民代表大会常务委员会

2012 年 9 月 27 日

湖南省湘江保护条例

第一章　总则

第一条　为了加强湘江保护，保障湘江流域生活、生产和生态用水安全，推进资源节约型和环境友好型社会建设，根据国家有关法律、行政法规，结合湘江流域实际，制定本条例。

第二条　本省湘江流域水资源管理与保护、水污染防治、水域岸线保护、生态保护以及涉及湘江保护的其他活动，适用本条例。

本条例所称湘江流域是指本省境内降雨汇入湘江的区域，东至罗霄山脉、南至南岭山脉、西至湘资两水分水线、北至洞庭湖濠河口，包括长沙、湘潭、株洲、衡阳、郴州、永州、娄底、邵阳、益阳、岳阳市全部或者部分区域，具体范围按照湘江流域规划确定。

本条例所称湘江干流是指上起永州市零陵区老埠头、下至岳阳市湘阴县濠河口河段。

本条例所称主要支流是指流域面积超过一千平方公里的一级支流，包括紫溪河、潇水、芦洪江、祁水、白水、宜水、春陵水、蒸水、耒水、洣水、渌水、涓水、涟水、浏阳河、捞刀河和沩水。

第三条 湘江保护遵循保护优先、统筹规划、综合治理、合理利用的原则；实行政府主导、公众参与、分工负责、协调配合的机制；实现保证水量、优化水质、改善生态、畅通航道的目标。

第四条 省人民政府应当将湘江保护纳入国民经济和社会发展计划，负责对湘江保护实行统一领导，组织制定湘江保护的综合规划和相关专业规划，调整经济结构，合理进行产业布局，建立并落实湘江保护目标责任年度考核制度和行政责任追究制度，督促有关部门和下级人民政府依法履行湘江保护职责。

湘江流域设区的市、县（市、区）人民政府应当将湘江保护纳入国民经济和社会发展计划，根据省人民政府组织制定的湘江保护综合规划和相关专业规划，制定本行政区域内湘江保护具体方案，统筹、协调本行政区域内湘江保护事务，对本行政区域内湘江保护工作负责，具体组织落实湘江保护目标责任年度考核制度和行政责任追究制度。

湘江流域乡镇人民政府、街道办事处应当协助上级人民政府及其有关部门做好本辖区内湘江保护的有关具体工作。

第五条 省人民政府设立湘江保护协调委员会，统筹协调湘江保护中的重大事项。

湘江保护协调委员会由省人民政府有关部门、湘江流域设区的市人民政府组成，由省人民政府主要负责人担任湘江保护协调委员会主要负责人，履行以下职责：

（一）组织协调湘江保护的综合规划和相关专业规划的制定与实施；

（二）研究、制定湘江保护年度工作计划和措施；

（三）组织有关部门开展湘江保护联合执法；

（四）组织协调湘江保护综合评价考核；

（五）协调处理湘江保护中部门之间、地区之间的重大争议；

（六）需要统筹协调的其他重大事项。

湘江保护协调委员会的日常工作由省人民政府水行政主管部门负责。

第六条 湘江流域县级以上人民政府水利、环境保护、交通运输、发展和改革、国土资源、林业、农业、畜牧水产等有关部门应当按照各自职责，做好本行政区域内湘江保护的有关工作。

第七条 湘江流域设区的市、县（市、区）人民政府之间可以采取签订合作协议、举行联席会议、联合管理、信息共享等方式，开展湘江保护事务的跨行政区域合作；湘江保护事务涉及政府多个部门的，可以建立由相关事务的主管部门牵头、有关部门参加的部门联席会议，协调处理湘江保护的有关工作。

第八条 县级以上人民政府及其有关部门应当组织、引导、支持企业事业单位、社会组织、基层群众性自治组织、志愿者等社会力量，参与湘江保护。

湘江保护中的重大决策事项，应当采取听证会、论证会、座谈会、协商会等方式广泛听取社会公众和专家学者的意见。

第九条 省人民政府、湘江流域设区的市和湘江干流沿岸县（市、区）人民政府应当定期向同级人大常委会报告湘江保护工作情况，湘江流域其他县（市、区）人民政府应当根据同级人大常委会的要求报告湘江保护工作情况。

第十条 对湘江流域县级以上人民政府及其有关部门的湘江保护工作情况进行年度考核，考核情况应当纳入湘江流域各级人民政府绩效评估和各级人民政府主要负责人考核评价的重要内容，并向社会公布。

第十一条 任何单位和个人有权对妨害湘江保护的行为进行检举和控告。

县级以上人民政府应当对在湘江保护工作中做出显著成绩的单位和个人给予表彰奖励。

第二章 水资源管理与保护

第十二条 建立健全湘江流域用水总量控制、用水效率控制和水功能区限制纳污等水资源管理与保护制度。

第十三条 湘江流域水量分配方案由省人民政府水行政主管部门会同湘江流域设区的市人民政府编制，经省人民政府批准后实施。

第十四条 湘江流域县级以上人民政府编制国民经济和社会发展计划、城市总体规划及重大建设项目布局，应当进行水资源论证，编制水资源论证报告。

湘江流域新建、改建、扩建建设项目需要直接取用水资源的，建设单位应当编制建设项目水资源论证报告，并依法办理取水许可手续。

第十五条 对取用水总量已达到或者超过控制指标的地区，县级以上人民政府水行政主管部门应当暂停审批建设项目新增取水；对取用水总量接近控制指标的地区，县级以上人民政府水行政主管部门应当限制审批建设项目新增取水。

第十六条 湘江流域实行水量统一调度。湘江流域县级以上人民政府水行政主管部门应当根据湘江流域水量分配方案和年度预测来水量，在征求相关部门意见的基础上，制定湘江年度水量分配方案和调度方案，实行水量统一调度。

湘江干流和主要支流以及东江、双牌、涔天河、欧阳海、水府庙水库等大型水工程，由省人民政府水行政主管部门实施水量调度；其他支流和水工程水量调度，由有关设区的市、县（市、区）人民政府水行政主管部门按照管理权限实施。

第十七条 湘江流域依法应当安装取水计量设施的取水单位和个人，应当保证计量设施的正常运行。未安装计量设施或者不能保证计量设施正常运行的，按照取水设计的最大取水量计算取水量并征收水资源费。

第十八条 湘江流域县级以上人民政府及其水利、经济和信息化、住房和城乡建设、农业等部门应当建立健全节水投入保障和激励机制，加强节水定额管理，引导用水单位和个人对雨水资源进行综合利用，提高用水效率，推进节水型社会建设。

第十九条 湘江流域新建、改建、扩建建设项目，应当制定节水方案，配套建设节水设施。节水设施应当与主体工程同时设计、同时施工、同时投入使用。

第二十条 湘江流域用水单位应当加快实施节水技术改造，加强节水管理，逐步淘汰落后、耗水量高的用水工艺、设备和产品。

鼓励和引导农业生产经营者转变生产方式，采取措施发展高效节水型农业，加大农业灌区节水改造力度，提高农业用水效率。

第二十一条 省人民政府水行政主管部门应当会同相关部门和湘江流域设区的市人民政府核定湘江流域内各水功能区纳污容量，并向省人民政府环境保护行政主管部门提出限制排污总量意见，作为水污染防治和节能减排工作的依据。

第二十二条 对湘江流域排污量超出水功能区限制排污总量的地区，县级以上人民政府水行政主管部门应当暂停审批建设项目新增取水和排污口（渠）。

第二十三条 省人民政府应当依法划定湘江流域饮用水水源保护区，并及时向社会公布名录。饮用水水源保护区分为一级保护区和二级保护区；必要时，可以在饮用水水源保护区外围划定一定的区域作为准保护区。

第二十四条 禁止在湘江流域饮用水水源一级保护区内设置排污口（渠），禁止新建、改建、扩建与供水设施和保护水源无关的建设项目；已经设置排污口（渠）、建成与供水设施和保护水源无关的建设项目，县级以上人民政府应当在省人民政府规定期限内组织拆除或者关闭。

禁止在湘江流域饮用水水源一级保护区内从事网箱养殖、旅游、游泳、垂钓或者其他可能污染饮用水水体的活动。

第二十五条 禁止在湘江流域饮用水水源二级保护区内设置排污口（渠），禁止新建、改建、扩建排放污染物的建设项目；已经设置排污口（渠）、建成排放污染物的建设项目，县级以上人民政府应当在省人民政府规定期限内组织拆除或者关闭。

第二十六条 湘江流域县级人民政府根据水环境保护的需要，可以规定在饮用水水源保护区内，采取禁止或者限制使用含磷洗涤剂、化肥、农药以及限制种植养殖等措施。

第二十七条 省人民政府应当组织水利、环境保护、住房和城乡建设等部门制定湘江流域供水安全应急预案。湘江流域设区的市、县（市、区）人民政府应当根据湘江流域供水安全应急预案，制定本行政区域供水安全应急预案，规划建设应急饮用水水源地。湘江流域供水单位应当根据本行政区域供水安全应急预案，制定相应的应急工作方案。

湘江流域县级以上人民政府环境保护行政主管部门应当会同水行政主管部门制定湘江流域水污染事故和枯水期风险防范应急预案。

第二十八条 省人民政府水行政主管部门应当组织有关部门划定湘江流域地下水禁止开采区和限制开采区，经湘江保护协调委员会审核，报省人民政府批准后公布。

湘江流域县级人民政府应当有计划地关闭城市公共供水区域范围内的自备水井。

第二十九条 湘江流域县级人民政府应当加强小流域治理，防止水土流失，组织对本行政区域内小型水库和山塘的保护、整治、清淤，增加水源涵养和水量调蓄，改善农业灌溉条件和小流域水环境。

第三十条 湘江流域县级以上人民政府水利、环境保护、卫生、城镇供水管理等部门应当建立健全水资源、水环境、城镇供水监测网络，按照国家规定的技术标准和规范，重点监测湘江流域设区的市和县（市、区）行政区域交界断面、湘江河道控制断面、重要水功能区和重要排污口（渠）的水质、水污染状况，并定期公布监测结果。

湘江流域县级人民政府应当在饮用水水源一级保护区内设置水质、水量自动监测设施，组织对饮用水水源、供水设施以及居民用水点的水质进行实时监测；在枯水期或者发生重大水污染事故等特殊时期，应当增加监测次数和监测点，及时掌握水质状况。

第三章 水污染防治

第三十一条 建立健全湘江流域重点水污染物

第三十二条 排放总量控制、排污许可、水污染物排放监测和水环境质量监测等水环境保护制度。对湘江流域内化学需氧量、氨氮、石油类、汞、镉、铅、砷、铬、锑等重点水污染物排放实行总量控制。

省人民政府应当根据湘江流域水环境容量和环境保护目标，制定重点水污染物排放总量控制计划，将重点水污染物排放总量控制指标分解落实到湘江流域设区的市、县（市、区）人民政府；设区的市、县（市、区）人民政府应当将重点水污染物排放总量控制指标分解落实到排污单位，核定其重点水污染物排放总量、浓度控制指标以及年度削减计划。

第三十三条　新建、改建、扩建建设项目，建设单位应当组织进行建设项目环境影响评价，并将环境影响评价文件依法报环境保护行政主管部门审批。

第三十四条　对有下列情形之一的地区，湘江流域县级以上人民政府环境保护行政主管部门应当暂停新增水污染物排放的建设项目环境影响评价审批：

（一）水功能区水质未达到规定标准的；

（二）跨行政区域河流交界断面水质未达到控制目标的；

（三）超过排污总量控制指标的；

（四）未按照规定时间淘汰严重污染水环境的落后工艺和设备的；

（五）未完成重点水污染物排放总量年度控制计划的。

第三十五条　湘江流域需要配套建设水污染防治设施的建设项目，建设单位应当按照省人民政府的规定缴纳保证金。水污染防治设施应当与主体工程同时设计、同时施工、同时投入使用，并保持正常运行；未经环境保护行政主管部门批准，不得拆除或者闲置。

第三十六条　省人民政府环境保护行政主管部门应当确定湘江流域重点排污单位名单，并向社会公布。

省人民政府环境保护行政主管部门应当将未完成重点水污染物排放总量控制指标的设区的市、县（市、区）人民政府向社会公布；湘江流域设区的市、县（市、区）人民政府环境保护行政主管部门应当将未完成重点水污染物排放总量控制指标的排污单位向社会公布。

第三十七条　排污单位应当对原料使用、资源消耗、资源综合利用、污染物产生与处置等进行分析论证，优先采用资源利用率高和污染物产生量少的清洁生产技术、工艺和设备。

重点排污单位应当安装水污染物排放自动监测设备，与所在地设区的市、县（市、区）人民政府环境保护行政主管部门的监控设备联网，保证监测设备正常运行，保存原始监测记录。

第三十八条　直接或者间接向湘江流域水体排放污染物的企业、事业单位和个体工商户，应当依法向县级以上人民政府环境保护行政主管部门申请排污许可证并达标排放。

禁止无排污许可证或者违反排污许可规定排放污染物。

第三十九条　湘江流域县级以上人民政府应当合理规划建设城镇污水管网，实现雨水和污水分流。湘江流域城镇生活污水应当纳入污水管网进行集中处理，不得直接向水体排放。

湘江流域县级以上人民政府规划建设城镇污水集中处理设施，应当同时配套建设除磷脱氮设施，并对处理污水产生的污泥进行无害化处理或者资源化利用。

第四十条　湘江流域县级以上人民政府农业、林业等部门，应当指导农业生产者科学、合理地施用化肥，鼓励使用高效、低毒、低残留的有机农药，减少化肥和农药使用量。

湘江流域县级人民政府应当逐步为本行政区域内的农村居民点配备污水、垃圾收集设施，并对收集的污水、垃圾进行集中处理和资源化利用。

第四十一条　湘江流域县级以上人民政府畜牧水产行政主管部门应当加强湘江流域水产养殖管理，合理确定养殖规模，推广水产生态养殖。

湘江流域养殖场应当配套建设废弃物利用设施，对养殖废弃物进行资源化循环利用。未经养殖废弃物利用设施处理达标的畜禽养殖污水，不得向水体排放。

第四十二条　禁止在湘江干流和一、二级支流水域上经营餐饮业。

第四十三条　在湘江流域通航水域航行的船舶应当具备合法有效地防止水域环境污染证书，配备污水、废油、垃圾等污染物、废弃物收集设施。禁止向水体排放、弃置船舶污染物和废弃物。

第四十四条　鼓励湘江流域重点排污单位购买环境污染责任保险或者缴纳环境污染治理保证金，防范环境污染风险。

湘江流域涉重金属等环境污染高风险企业应当按照国家有关规定购买环境污染责任保险。

第四十五条　建立健全湘江流域上下游水体行政区域交界断面水质交接责任和补偿机制。上游地区未完成重点水污染物排放总量削减和控制计划、行政区域交界断面水质未达到阶段水质目标的，应当对下游地区予以补偿；上游地区完成重点水污染物排放总量削减和控制计划、行政区域交界断面水质达到阶段水质目标的，下游地区应当对上游地区予以补偿。补偿通过财政转移支付方式或者有关地方人民政府协商确定的其他方式支付。

第四十六条　县级以上人民政府环境保护行政主管部门应当建立企业环境行为信用评级体系，建立本行政区域内企业的环境行为信息动态数据库，并与金融机构实现信息共享。

第四十七条　省人民政府应当组织发展和改革、经济和信息化、环境保护、有色金属工业等部门，编制湘江流域产业发展规划。

在湘江干流两岸各二十公里范围内不得新建化学制浆、造纸、制革和外排水污染物涉及重金属的项目。

湘江流域县级以上人民政府应当严格执行湘江流域产业发展规划，逐步淘汰不符合规划的产业项目。

第四十八条　湘江流域县级以上人民政府应当按照统筹规划、防治结合、综合治理的原则，加强化工、有色金属、造纸、制革、采矿等行业污染治理，确保湘江流域污染源得到全面治理和控制。

第四十九条　湘江流域县级以上人民政府及其有关部门应当推进涉重金属企业向工业园区集中，加强对工业园区企业共性污染物的处理，确保工业园区污染物达标排放。

第五十条　湘江流域设区的市、县（市、区）人民政府应当依法关闭非法设立或者不符合国家产业政策的涉重金属企业。湘江流域县级以上人民政府环境保护行政主管部门应当责令不能稳定达标排放的涉重金属企业限期治理；逾期未治理且未稳定达标排放的，由设区的市、县（市、区）人民政府依法关闭。

湘江流域县级以上人民政府及其环境保护等有关部门应当组织开展重金属固体废物、重金属污染土壤、重金属污染水面底泥治理，并实施环境修复，逐步治理历史遗留重金属污染。

第四章　水域和岸线保护

第五十一条　省人民政府水行政主管部门应当会同交通运输等部门编制湘江干流和跨设区的市通航支流的岸线利用规划，报省人民政府批准；其他支流的岸线利用规划由设区的市人民政府水行政主管部门会同有关部门编制，报本级人民政府批准。

湘江流域设区的市、县（市、区）人民政府应当组织水利、交通运输等部门，根据湘江岸线利用规划，依法划定本行政区域河道岸线，保护和合理开发利用湘江河道岸线资源。

第五十二条　省人民政府交通运输行政主管部门应当组织编制湘江港口岸线利用规划，报省人民政府批准实施。

湘江流域设区的市、县（市、区）人民政府应当加强湘江流域港口岸线资源保护和开发利用，优质港口岸线保证优先建设港口设施。

第五十三条　省人民政府交通运输行政主管部门应当根据湘江航道发展规划，实施湘江航道系统治理，改善湘江通航条件。

县级以上人民政府交通运输行政主管部门应当加强湘江航道养护，保障湘江航道畅通。任何单位和个人不得侵占、破坏航道和航道设施。

湘江航道发生堵塞时，航道管理机构应当及时采取应急抢通措施。

第五十四条　在湘江干流及通航支流水域上新建工程项目和其他设施，建设单位应当进行航道影响评估，并向有关航道管理机构提交评估报告。

在湘江流域通航水域进行施工、作业的单位，施工、作业完成后，应当及时清除遗留物，并由航道管理机构验收认可。

第五十五条　湘江流域建设项目占用水域的，建设单位应当编制占用水域影响评价报告，报有管辖权的水行政主管部门批准。

第五十六条　在湘江流域河道管理范围内的建设项目，建设单位应当将工程建设方案报有管辖权的河道主管机关审查同意后，方可按照建设程序履行报批手续。

第五十七条　湘江流域县级人民政府应当组织有关单位对本行政区域内湘江干流和主要支流的漂浮物、有害藻类等进行打捞，并进行无害化处理。

第五十八条　湘江流域县级以上人民政府应当加强对河道采砂管理工作的组织领导，组织有关部门编制河道采砂规划。

湘江流域县级以上人民政府水行政主管部门对本行政区域内河道采砂实行统一管理和监督，根据河道采砂规划、河势稳定和堤防安全要求，确定禁采区和禁采期，并予以公告，国土资源、交通运输等部门做好相关工作。

第五十九条　湘江流域从事河道采砂活动的单位和个人应当申请河道采砂许可证，并按照河道采砂许可证的规定进行开采。

禁止伪造、涂改或者买卖、出租、出借或者以其他方式转让河道采砂许可证。

第六十条　湘江高等级航道枢纽船闸业主单位应当按照国家和交通行业标准，维护船闸设备正常运转，保障船闸通行安全和效率。

建立湘江干流枢纽船闸联合调度机制。湘江干流枢纽船闸联合调度应当服从湘江防汛抗旱的统一调度。

第六十一条　湘江航道上航行的船舶应当遵守湘江航道等级限制规定。禁止船舶吃水高于航道实际水深使用航道。

第五章　生态保护

第六十二条　湘江流域县级以上人民政府应当加强植树造林，加大退耕还林、封山育林工作力度，提高森林覆盖率，调整树种结构和林分结构，增强森林水源涵养能力。

第六十三条　禁止在湘江流域国家级、省级公益林地开垦、采石、采砂、取土。

禁止占用湘江流域水源涵养林区域内的林地；因公共利益确需占用的，应当依法办理相关审批手续。

第六十四条　严格控制开垦或者占用湘江流域内湿地；因公共利益确需占用的，应当在同一地区或者其他生态环境类似的地方通过新建、再建及恢复修补湿地等措施弥补湿地资源的损失。

第六十五条　在湘江干流新建、改建、扩建拦河工程，建设单位应当建造过鱼设施，环境保护行政主管部门在审批环境影响评价时，应当征求畜牧水产行政主管部门的意见。过鱼设施应当与拦河工程同时设计、同时施工、同时投入使用。

湘江干流每年4月1日至6月30日为禁渔期。

第六十六条 湘江流域县级以上人民政府有关部门应当进行湘江水生生物物种资源调查和监测，并建立健全预警机制和紧急救护体系，开展水生生物增殖放流，加强珍稀濒危水生生物保护。

第六十七条 开发利用水资源应当维持河流合理流量和湖泊、水库以及地下水的合理水位。因开发利用水资源对河段造成影响的，应当采取措施，保护和修复水生生态系统。

第六十八条 省人民政府应当组织有关部门和湘江流域设区的市人民政府建立湘江流域生态补偿机制，对为修复和改善湘江生态系统受到直接利益损失的单位和个人给予适当补偿。

第六章　法律责任

第六十九条 湘江流域县级以上人民政府、有关部门及其工作人员违反本条例规定，有下列行为之一的，对直接负责的主管人员和其他直接责任人员依法给予处分；构成犯罪的，依法追究刑事责任：

（一）不履行供水安全监测、报告、预警职责，或者发生供水安全事故后不及时采取应急措施的；

（二）不履行水污染物排放总量削减、控制职责，或者不依法责令拆除、关闭违法设施的；

（三）不执行取水总量控制制度的；

（四）不履行水资源调度职责的；

（五）不履行水功能区、排污口（渠）管理职责的；

（六）不履行监测职责或者发布虚假监测信息的；

（七）不履行本条例规定的其他职责，玩忽职守、滥用职权、徇私舞弊的。

第七十条 违反本条例第四十二条规定，在湘江干流和一、二级支流水域上经营餐饮业的，责令停业；拒不停业的，由县级以上人民政府组织环境保护、水利等部门没收专门用于经营餐饮业的设施、工具等财物，可以并处二万元以上十万元以下的罚款。

第七十一条 违反本条例第五十六条规定，建设单位未将工程建设方案报有管辖权的河道主管机关批准的，由河道主管机关责令改正，限期补办有关手续；逾期不补办或者补办未经批准的，责令限期拆除、恢复原状；当事人在法定期限内不申请行政复议或者行政诉讼，逾期不拆除或者不恢复原状的，代行拆除、恢复原状，所需费用由建设单位承担，可以并处一万元以上十万元以下的罚款。

第七十二条 违反本条例第五十九条规定，未办理河道采砂许可证，擅自在湘江流域从事河道采砂活动的，由县级以上人民政府水行政主管部门责令停止违法行为，没收违法所得和非法采砂机具，可以并处十万元以上三十万元以下的罚款。

违反本条例第五十八条、第五十九条规定，持有河道采砂许可证、但在禁采区和禁采期采砂或者不按照河道采砂许可证规定采砂的，由县级以上人民政府水行政主管部门依照前款规定处罚，并吊销河道采砂许可证。

第七十三条 违反本条例第六十条规定，湘江高等级航道枢纽船闸业主单位因维护不力，造成船闸设备不能正常运转、影响通航的，由航道管理机构责令限期改正；逾期不改正的，可以并处一万元以上五万元以下的罚款。

第七十四条 违反本条例第六十一条规定，湘江航道上航行的船舶超过航道等级限制或者船舶吃水高于航道实际水深使用航道的，航道管理机构应当责令停止航行，限期改正；逾期不改正的，由航道管理机构暂扣船舶，可以并处一万元以下的罚款。

第七十五条 违反本条例其他规定，有关法律法规规定处罚的，从其规定。

第七章　附则

第七十六条 省人民政府应当就湘江流域产业发展规划、生态补偿制度、湘江保护目标责任年度考核制度等及时制定具体实施办法。

第七十七条 本条例自 2013 年 4 月 1 日起施行。

湖南省长株潭"两型社会"建设改革试验区领导协调委员会办公室关于发布环长株潭城市群"两型社会"试验区"两型"城市、"两型"建筑、"两型"交通、"两型"旅游景区等第三批试行标准的通知

湘两型改革〔2012〕10号

长沙、株洲、湘潭、衡阳、岳阳、常德、益阳、娄底市两型办，及各示范片区管委会：

为贯彻省委省政府《关于加快长株潭试验区改革建设，全面推进全省"两型社会"建设的实施意见》（湘发〔2011〕15号）精神，落实"四化两型"战略，建立科学合理的标准体系，以标准规范、保障和促进"两型社会"建设，我办继发布试行第一批、第二批共12个"两型"标准后，又组织专门力量，编制了"两型"城市、"两型"建筑、"两型"交通、"两型"旅游景区等第三批标准，决定先在试验区发布试行。

现将《"两型"城市建设标准（试行）》《"两型"建筑建设标准（试行）》《"两型"交通建设标准（试行）》《"两型"旅游景区建设标准（试行）》等4个文件印发给你们，请遵照试行。试行中出现的问题以及你们的意见和建议请及时反馈给我办。

附件：

1、"两型"城市建设标准（试行）

2、"两型"建筑建设标准（试行）

3、"两型"交通建设标准（试行）

4、"两型"旅游景区建设标准（试行）

2012年10月30日

附件

"两型"城市、"两型"建筑、"两型"交通、"两型"旅游景区建设标准（试行）①

一 "两型"城市建设标准（试行）

表1 "两型"城市定性指标

指标名称	考核依据	衡量标准	备注
1. 城市规划	城市空间布局合理	是	达到两项（含）以上为合格
	居住区周围商业、文娱、医疗卫生设施配套齐全		
	城市自然、人文景观特色鲜明		
2. 交通运输	轨道交通及快速公共交通系统优先发展	是	达到三项（含）以上为合格
	绿色出行		
	交通无缝对接		
	自行车慢道系统建设		
3. 基础设施	城市路网结构完善*	是	达到三项（含）以上为合格
	"生命线工程"**完好		
	排污设施统筹优化		
	垃圾分类处理设施齐全		
4. 民生建设	房价与居民收入匹配*	是	达到两项（含）以上为合格
	外来务工人员保障体系建设		
	居民幸福感较强		
5. 绿色消费	节水节能产品普遍推广	是	全部达到为合格
	一次性用品、过度包装产品减少使用		
6. 城市管理	城市基础设施智能化、信息化*	是	达到两项（含）以上为合格
	社会管理信息化平台构建		
	公共安全体系加强完善		

注：加*的为原创指标。

**"生命线工程"是指对社会生活、生产有重大影响的交通、通信、供水、排水、供电等工程系统。

---

① 此件收入本书时有删节。

湖南省长株潭"两型社会"建设改革试验区领导协调委员会办公室关于发布环长株潭城市群"两型社会"试验区"两型"城市、"两型"建筑、"两型"交通、"两型"旅游景区等第三批试行标准的通知

表2 "两型"城市定量指标

指标类型	指标名称	基准值	说明
土地资源	1. 单位 GDP 建设用地消耗降低率	≥6%	参考性指标
	2. 地下空间开发比例	≥2%	
交通运输	3. 城市公共交通分担率	>35%	
	4. 城市交通无拥堵日比重	≥80%	
市政设施	5. 城市污水处理再生利用率	≥10%	约束性指标
	6. 城市生活垃圾资源化率	≥35%	
	7. 绿色建筑比例	≥30%	
居住环境	8. 环境噪声达标区覆盖率	≥95%	参考性指标
	9. 空气污染指数小于等于 100 的天数	≥340 天/年	
	10. 城市规划建成区绿化覆盖率	≥45%	
	11. PM2.5 日均浓度值	≤40 微克/立方米	
民生建设	12. 城市居民人均可支配收入	≥20000 元	约束性指标
	13. 普通商品住房、廉租房、经济适用房占本市住宅总量的比例	≥70%	
	14. 民生设施覆盖 每万人拥有医疗床位数 每万人拥有体育场地数	≥60 张 ≥3 个	参考性指标
产业转型	15. 第三产业占比	≥45%	约束性指标
	16. 高新技术产业增加值占 GDP 比重	≥18%	
	17. 战略性新兴产业产值增长率	≥20%	
	18. 万元 GDP 能耗降低率	≥4.5%	

注：约束性指标是政府在公共服务和涉及公共利益领域对有关部门提出的工作要求，而参考指标是指用来参考但不属于政府文件中的要求。

二 "两型"建筑建设标准（试行）

表1 "两型"建筑建设定性、定量指标

阶段	项目	基本要求	说明
设计建设期	场地选择	1. 场地建设不破坏本地区文物、历史建筑、风景名胜、自然水系、湿地、基本农田、森林和其他保护区。	约束性指标
		2. 对住区用地的地质与水文状况做出分析,用地位于洪水水位之上（或有可靠的城市防洪设施）,充分考虑到地震、台风、泥石流、滑坡等自然灾害的应对措施。	约束性指标
		3. 合理改造利用建设用地范围内现有的永久性建筑。	参考性指标
		4. 选址和住区出入口的设置方便居民,充分利用公共交通网络。住宅区出入口到达公共交通站点的步行距离不超过 500 米。	参考性指标

续表

阶段	项目	基本要求	说明
设计建设期	资源节约与利用	1. 生活饮用水、生活杂用水、再生水参照《饮用净水水质标准》CJ94-1999 等标准中的要求进行分质供水。	约束性指标
		2. 制定住区水量平衡方案、小区水系统优化设计方案以及雨水及其它水源水系统规划。	参考性指标
		3. 建筑设计节能、围护设计节能、照明系统节能设计、空调系统节能设计参照《湖南省居住建筑节能设计标准》DBJ43/001-2004、《湖南省公共建筑节能设计标准》DBJ43/003-2010 中的要求。	约束性指标
		4. 充分利用太阳能、地热能等可再生能源,可再生能源的使用占建筑总能耗的比例大于10%。	参考性指标
		5. 对可再利用的旧建筑材料进行分类处理。	约束性指标
		6. 可再循环材料使用重量占所用建筑材料总重量的10%以上。	参考性指标
		7. 土建与装修一体化设计施工,不破坏和拆除已有的建筑构件及设施。	参考性指标
		8. 住宅区全装修比例不低于总户数的30%。	参考性指标
		9. 采用地下停车、立体停车方式等增加停车设施,地下停车位数量不少于总停车位数量的65%。	参考性指标
	环境质量	1. 废弃物及建筑垃圾处理参照相关标准。	约束性指标
		2. 住区的绿地率不低于30%,人均公共绿地面积不低于1m²;屋顶绿化面积占屋顶可绿化总面积的比例达到50%。	约束性指标
		3. 设置相对固定的收集容器,实行垃圾分类收集、处置;生活污水集中处置率100%。	约束性指标
		4. 施工噪音符合《建筑施工场界噪声限值》GB 12523-1990 中的要求。	约束性指标
		5. 施工场地夜间作业时所使用的强照明灯光和电焊操作等所产生的眩光应设置相应的遮蔽措施,避免对周围住户造成影响。	约束性指标
		6. 卧室、起居室(厅)、书房、厨房设置外窗,房间的采光系数不低于现行国家标准 GB/T 50033《建筑采光设计标准》的规定。	约束性指标
		7. 居住空间能自然通风,通风开口面积不小于该房间地板面积的8%。	约束性指标
		8. 对建筑围护结构采取有效的隔声、减噪措施。	约束性指标
运营维护期	两型管理	1. 在运行阶段对住宅水、电、燃气、采暖或空调等进行分户计量。	约束性指标
		2. 物业管理部门通过 ISO 14001 环境管理体系认证。	参考性指标
		3. 住区内开展形式多样的"两型"宣传活动,每年度"两型"主题宣传活动应不小于1次。	参考性指标
	资源节约与利用	1. 住区内绿化浇灌采用喷灌、微灌等高效方式或雨水排放选用兼具渗透和排放两种功能的渗透性雨水排放方式,合理安排绿化的灌溉次数及用水量;景观用水不采用市政供水和自备地下水井供水。	参考性指标
		2. 鼓励采用非传统水源,非传统水源利用率不小于10%。	参考性指标
		3. 合理利用雨水资源,雨水利用工程符合 GB 50400《建筑与小区雨水利用工程技术规范》的规定。	约束性指标

湖南省长株潭"两型社会"建设改革试验区领导协调委员会办公室关于发布环长株潭城市群"两型社会"试验区"两型"城市、"两型"建筑、"两型"交通、"两型"旅游景区等第三批试行标准的通知

续表

阶段	项目	基本要求	说明
运营维护期	资源节约与利用	4. 节能灯具普及率达到100%。	约束性指标
		5. 夏季空调系统室内温度设置不低于26℃,冬季不高于20℃。	约束性指标
		6. 建筑装饰优先选用可再循环使用材料。	参考性指标
	环境质量	1. 住区环境噪声符合现行国家标准。	约束性指标
		2. 室外空气质量符合《环境空气质量标准》GB 3095 – 1996 中的要求。	约束性指标
		3. 室内声音环境满足的要求相关标准要求。	约束性指标
		4. 室内空气质量、机械通风系统的空气入口设置、所用室内装饰装修材料等符合相关标准的要求。	约束性指标
		5. 建筑室内采光系数值、建筑室内照明符合相关标准的要求。	约束性指标
拆除期	材料回收利用	1. 将建筑施工、旧建筑拆除和场地清理时产生的固体废弃物分类处理,并将其中可再利用的材料、可再循环材料回收和再利用。	约束性指标
	环境质量	1. 建筑拆除过程中采取有效措施防止灰尘和大气污染。	约束性指标
		2. 施工现场的建筑垃圾应集中、分类堆放,及时清运。	约束性指标

三 "两型"交通建设标准(试行)

表1 "两型"交通建设标准定性指标

项目	序号	指标	指标值要求	指标来源	备注
资源节约	1	客运运力监管	有完善的客运运力监管制度,对实载率低于70%的客运线路不新增运力	交通运输部《公路水路交通节能中长期规划纲要》	约束性指标
	2	城市绿色低碳交通体系	有免费公共自行车交通系统	交通运输部《公路水路交通节能中长期规划纲要》	参考性指标,全部通过为合格
			推广快速公交系统		
	3	营运车船燃料消耗准入与退出	有完善营运车船燃料消耗准入与退出制度,且严格执行	交通运输部《公路水路交通节能中长期规划纲要》	约束性指标
	4	"两型"交通建设	有"两型"交通建设领导小组	交通运输部《公路水路交通节能中长期规划纲要》等	参考性指标,全部通过为合格
			有健全的交通行业节能规划和监管体系		
			有完善的交通节能环保激励政策		
环境友好	5	车辆废气排放	轻型车符合国Ⅳ阶段标准,重型车用汽油发动机符合国Ⅲ阶段标准	GB 18352. 2 – 2005《轻型汽车污染物排放限值及测量方法》(中国Ⅲ、Ⅳ阶段),GB 14762 – 2008《重型车用汽油发动机与汽车排气污染物排放限值及测量方法》(中国Ⅲ、Ⅳ阶段)	约束性指标

续表

项目	序号	指标	指标值要求	指标来源	备注
环境友好	6	清洁能源、环保材料利用	服务区、港口及道路照明系统使用太阳能等清洁能源	参照中华人民共和国交通部令2003年第5号《交通建设项目环境保护管理办法》	约束性指标,全部通过为合格
			交通设施采用环保材料		
	7	公共交通垃圾处理	有公共垃圾集中处理场所	GJJ/T 102 - 2004《城市生活垃圾分类及其评价标准》	参考性指标,全部通过为合格
			有、并使用垃圾分类处理设施		
	8	资源循环利用	服务区、港口有专门的使用水循环设备	参照国发〔2007〕15号《节能减排综合性工作方案》	参考性指标
交通便捷	9	智能公交建设	城市公交车辆监控、综合调度智能化	参照《福建省城市公共交通"十二五"专项规划》	参考性指标,全部通过为合格
			IC卡、手机刷卡收费结算	参照《福建省城市公共交通"十二五"专项规划》	
			中心城市公交IC卡互联互通	参照《福建省城市公共交通"十二五"专项规划》	
	10	站、场、码头建设	公共交通站、场、码头建设规范并能满足需求	参照住房和城乡建设部《城市道路公共交通站、场、厂工程设计规范》CJJ/T 15 - 20	约束性指标,全部通过为合格
			停靠点有雨棚、座椅等人性化的基础设施		
交通安全	11	安全通道建设	建成区非快速道路(不含隧道)全线设置非机动车道	《中华人民共和国道路交通安全法实施条例》	约束性指标,全部通过为合格
			学校及大型社区出口处设有人行横道,并配套红绿灯		
			建成区非快速道路(不含隧道)全线设置人行道		
	12	安全设施建设	交通标志牌、线规范、明晰;红绿灯设置合理、有效	GB 5768 - 86《道路交通标志和标线》;《中华人民共和国道路交通安全法实施条例》	约束性指标
			隔离带、防撞墙(墩、柱)等安全设施齐全、规范、	《中华人民共和国道路交通安全法》	

四 "两型"旅游景区建设标准(试行)

"两型"旅游景区建设评分表

指标序号	项 目	工作要求与评定标准	类型	各项分值	推荐得分	评定得分
		"两型"规划		75		
1	规划编制	成立规划编制领导小组,成员分工明确	□	5		
2	制定有专门的旅游总体规划	有专门编制单位和规划成果	□	5		

续表

指标序号	项　目	工作要求与评定标准	类型	各项分值	推荐得分	评定得分
3	规划内容	"两型"景区建设总体目标、功能和布局、旅游资源评价、生态环境影响评价、环境保护规划、"两型"交通规划、"两型"服务和管理规划、节约和集约用地规划、社区协调规划	□	20		
4	旅游总体规划审批	按规定程序报批	□	5		
5	规划实施有效性	包括土地利用、功能布局、游览项目与设施安排等	□	40		
	"两型"设施			375		
6	公路设计标准	符合国家《公路路线设计规范》(JTJ 011-94)和《公路环境保护设计规范》(JTJ/T 006-98)的要求	□	5		
7	旅游交通设计原则	贯彻"安全、美观、舒适、和谐"的理念,充分尊重自然,合理利用原有线路,加强水土保护,避免破坏生态环境	□	5		
8	道路走向	道路建设中尽可能地利用山形、河流走向	□	5		
9	交通建设	建设中应尽量减少山体开挖和对植被的破坏	□	10		
10	道路材料利用	充分利用开挖后的土石方,用土方填路基,山石砌挡墙,碎石铺路面,泥土造良田等,做到资源的再利用	□	10		
11	绿化要求	80%以上的路段应进行绿化,且绿化带的宽度各不小于5米,计10分;70%以上的路段应进行绿化,且绿化带的宽度各不小于3米,计8分;60%以上的路段应进行绿化,且绿化带的宽度各不小于1米,计6分		10		
12	乡土植物	沿线绿化以乡土植物为主,且所占比例在70%以上	□	5		
13	景观恢复	公路沿线绿化能有效地起到边坡绿化和防护作用,尽量恢复到原来青山绿水的面貌	□	5		
14	景观营造	沿线风景秀丽的重点路段进行合理化改造,并能在具备条件的路段,结合原有地形地貌,因地制宜地设置标志性建筑和观景平台,及时引导游客欣赏风景	□	5		
15	停车	沿路停车区选址,应满足方便游客休息和欣赏风景的要求	□	5		

指标序号	项 目	工作要求与评定标准	类型	各项分值	推荐得分	评定得分
16	功能区划	公路休息区功能分区明确,包括停车区、休闲区、建筑功能区等,且布局合理	□	5		
17	旅游需求	公路休息区内能提供沿线旅游信息、人文历史介绍、交通常识、科普知识等信息和生态厕所、休息椅、饮水设施、垃圾桶等服务设施	□	5		
18	能源计量	按使用部门或功能区域安装水、电、气计量仪表。其中,电力系统的动力用电和照明用电分别计量	□	6		
19	重点设备关照	主要用能设备单独安装计量仪表	□	6		
20	能耗登记	每天定时监测用能情况,登记台账	□	6		
21	能耗目标管理	建立水、电、气等能耗目标并按部门分解	□	6		
22	节能措施	各用能部门建立节能操作规范	□	6		
23	能耗责任制	员工用能设立消耗定额及责任制	□	5		
24	能源统计	每月进行能源统计对比分析,并制定改进措施	□	6		
25	执行国家标准	主要场所室内温度按国家规范控制	□	6		
26	节能产品使用	积极采用节能标志产品	□	6		
27	新材料使用	采用半导体照明系统	□	6		
28	环境设计	采用自动通风系统,达到营业面积的50%以上	□	6		
29	能源回收	排风、制冷和排气设备安装热回收系统	□	6		
30	设备检查	定期对用能设备巡查、检修,提高用能效率	□	6		
31	水网管理	定期对水网进行漏损检测	□	6		
32	水系统	采用中水系统且运行良好	□	6		
33	节能操作	使用动态感应器、自动控制系统和节能灯等有效管理能源	□	10		
34	给水设施	以地下管道方式为主进行,不露明渠,以确保用水清洁,美化水塔以与环境协调	□	10		
35	排水设施	通畅、集中	□	5		
36	供电设施布设	多数地区以大电网为主,有条件的地区大电网与区内小水电相结合	□	5		
37	高压电线塔	选择合适地点,不严重影响生态环境与景观质量	□	5		
38	变电站	不影响生态环境与景观质量	□	5		
39	电线杆	主要游憩区取消架空电线与电线杆,采取地下电缆方式	□	5		

续表

指标序号	项 目	工作要求与评定标准	类型	各项分值	推荐得分	评定得分
40	住宿设施布局	尽量集中布局,注意隐蔽性。	□	10		
41	住宿设施结构	符合绿色饭店或绿色客房的相关要求	□	15		
42	住宿设施品种结构丰富	酒店、公寓、野营地、汽车营地等公共住宿设施配套	□	10		
43	住宿设施档次结构齐全	以中档住宿设施为主	□	10		
44	住宿设施体量	与周围环境相协调	□	10		
45	住宿设施设计	采用符合当地民族特色与民居特色的外观设计	□	6		
46	住宿设施外立面装修	不使用白瓷砖外立面装修,努力形成单体特色	□	5		
47	住宿设施原材料	以当地原材料为主,全面利用可再生原料	□	5		
48	物品使用	制定有效的措施控制一次性物品使用	□	5		
49	住宿设施节水	推广节水设施与技术	□	5		
50	餐饮设施布局与要求	餐饮场所数量和布局合理,餐饮卫生符合 GB 16153 的要求;生活饮用水质量符合 GB 5749 的规定	□	10		
51	节约利用	节约食品原料和成品	□	10		
52	绿色采购	建立原料采购识别制度,保留相关记录	□	10		
53	一次性餐具	不使用不可降解的一次性餐具	□	10		
54	餐饮设施外观与景观环境相协调	注重民族特色与民居特色,购物场所不破坏主要景观,不妨碍旅客游览,不与旅客抢占道路和观景空间;购物场所建筑造型、色彩、材质与景观环境相协调	□	10		
55	餐饮产品	以本地产品为主	□	5		
56	餐饮质量	鼓励创造本地精品,杜绝假冒伪劣	□	5		
57	购物场所管理	加强对购物场所的管理,明码标价、环境整洁,秩序良好,无围追兜售,强卖强买现象。发现一处视情况扣分。	□	5		
58	商品经营从业人员管理	有统一管理措施和手段,包括质量管理、价格管理、计量管理、位置管理、售后服务管理,每项 2 分	□	10		
59	旅游纪念品	具有本旅游区(点)的特色,每种 2 分;具有本地区特色的,每种得 2 分。本项最多得 10 分	□	10		
加分指标	公路建设资源节约	公路建设能做到就地取材,多使用本土材料	√	20		
负分指标	严重违反规划	区内有违反规划的大型建设项目或破坏环境的项目	×	-20		

指标序号	项 目	工作要求与评定标准	类型	各项分值	推荐得分	评定得分
加分指标	可再生能源使用	利用太阳能、风能、波能等可再生能源：a. 可再生能源使用量占总用量的 60% 以上，计 15 分；b. 可再生能源使用量占总用量的 40% 以上，计 10 分；c. 可再生能源使用量占总用量的 25% 以上，计 5 分		15		
加分指标	创造品牌化系列宴席		√	15		
加分指标	开发系列化食品		√	15		
负分指标	污水处理	未建设污水处理设施，污水随意排放	×	−20		
负分指标	不良娱乐项目	娱乐活动影响或损害当地生态环境或有黄、赌、毒案件发生	×	−20		
负分指标	动植物保护	有捕食野生动物和采食珍稀植物现象	×	−20		
	"两型"管理			200		
60	垃圾清扫	垃圾日产日清，流动清扫，及时清运和统一处理	□	5		
61	垃圾管理	对垃圾按照"可回收垃圾、不可回收垃圾、有害垃圾"进行分类回收、分类管理。	□	5		
62	垃圾处理	垃圾处理场及垃圾集中场地应远离旅游景区	□	5		
63	污水处理	建设核心景区和服务区的污水处理设施建设	□	5		
64	办公数字化	节约办公用品，推进无纸化办公	□	5		
65	办公产品使用	逐步淘汰高耗能办公设备，设备采购优先选用节能产品	□	5		
66	办公节水	具有专人负责和专项资金投入的节水方案，出水口有节水提示标志，节水设备得当	□	10		
67	办公能源管理	制定水、电、纸张、车辆年度使用计划，通过控制空调温度，利用自然光照明，加强计算机电源管理，采用节能灯具与有效控制，节约生产、办公区用电	□	10		
68	公共信息图形符号设置	标识的内容、位置与范围，按 GB/T 10001 − 2002T 和 LB/T 013 − 2011 实施	□	10		

续表

指标序号	项　目	工作要求与评定标准	类型	各项分值	推荐得分	评定得分
69	在停车场、出入口、主要路口、厕所、餐饮设施等位置，合理设置公共信息图形符号	有明显不足的，每一处扣1分	□	5		
70	图形符号规范	符合相应标准，发现一处不规范扣1分	□	5		
71	标示标牌材质与造型	包括当地材料和特色设计等，计10分，使用普通木板及纸板、塑料板等酌减	□	10		
72	标示标牌制作	无脱落、无毛刺、无腐蚀等并有艺术性的，得10分；其余酌减	□	10		
73	资源建档管理	对各类景观建档管理	□	5		
74	生物监控管理	对濒危物种、植被、景观等实施监测	□	5		
75	环境突发事件应急预案	环境突发事故应急预案得当，记录内容详实	□	5		
76	绿化美化	环境整洁，厕所清洁干净，垃圾箱与环境协调，日产日清	□	15		
77	一次性产品使用	旅游区(点)内的旅游纪念品减少过度包装和一次性用品的使用	□	5		
78	文物保护	采取有效措施，全面保护文物古迹的真实性和完整性	□	5		
79	员工培训制度、机构、人员、经费明确、落实	每一项不落实，扣2分	□	10		
80	管理人员全面培训	查看年度计划及实施记录	□	5		
81	服务人员全面培训	查看年度计划及实施记录	□	5		
82	培训效果	抽样检查员工，考查其业务，回答流利、正确、全面计10分，回答基本正确计5分	□	10		
83	安全管理	建设切实可行的旅游应急事件处理机制，加强旅游安全管理	□	10		
84	社区宣传	定期通过报刊、杂志、广播、电视等宣传平台解释区域旅游发展中的需要，通报情况。每一种宣传方式为2分	□	10		
85	教育宣传	把"两型"旅游业作为区域学校教育的组成部分	□	5		
86	社区会议	定期或不定期举办社区会议或社区代表会议，沟通管理者、经营者与社区居民的信息，通过面对面的讨论达到协调一致	□	5		
87	创造机会	通过各种渠道和方式，为当地群众创造就业机会和发展机会，使旅游发展与居民利益协作一致	□	10		

指标序号	项　目	工作要求与评定标准	类型	各项分值	推荐得分	评定得分
加分指标	电子门票	提高电子门票使用比例,减少纸质门票	√	10		
加分指标	通过 ISO 9000 质量保证体系认证	通过认证并获得认证证书的,得 10 分;已与专门咨询机构签约,并已缴纳咨询费用,已开始进行相关培训的,得 5 分	√	20		
加分指标	通过 ISO 14000 环境管理体系认证	通过认证并获得认证证书的,得 10 分;已与专门咨询机构签约,并已缴纳咨询费用,已开始进行相关培训的,得 5 分	√	20		
加分指标	旅游管理信息化	建立较为完善的旅游旅游景区信息化管理体系,建设数字化旅游景区	√	15		
负分指标	区内使用造成严重破坏环境或游览气氛的设施、设备或材料	包括产生高噪音或有毒有害气体、漏油漏气的车辆、船舶等	×	−20		
	"两型"游憩			150		
88	游客"两型"文化宣传方式	小册子、电视、多媒体、提示牌等,每一种方式得 5 分。	□	20		
89	游客"两型"文化宣传内容	科学、准确、生动	□	10		
90	旅游者行为守则	针对旅游区特点编制旅游者行为守则	□	10		
91	鼓励旅游者主动收集垃圾	有制度、有组织	□	5		
92	约束并惩罚破坏环境行为	有制度、有措施	□	5		
93	组织并引导旅游者开展其他建设环境行为	方式多、参与性强、实际效果好	□	10		
94	游客引导	引导游客按照规定线路游览,建立实时监控设施	□	10		
95	游客容量控制	建立游客容量控制制度,动态控制游客数量	□	5		
96	低碳旅游宣传方式	通过示范引导、悬挂标语、发放宣传资料等方式宣传低碳旅游知识	□	20		
97	低碳旅游参与活动	开辟游客参与型的植树造林场所	□	5		
98	特色交通方式和工具:索道	符合旅游规划,按照生态质量优先原则设置	□	10		
99	特色交通方式和工具:电瓶车或电瓶船	含液化气车船	□	20		
100	交通标识	在主要游步道或游览线路分叉路口,均设置引导标识(包括箭头和指示牌)。每处主要交叉路口设置不足或设置不正确的,扣分	□	20		
加分项目	游客"两型"文化宣传组织	成立旅游者志愿服务组织	√	20		

湖南省长株潭"两型社会"建设改革试验区领导协调委员会办公室关于发布环长株潭城市群"两型社会"试验区"两型"城市、"两型"建筑、"两型"交通、"两型"旅游景区等第三批试行标准的通知

续表

指标序号	项目	工作要求与评定标准	类型	各项分值	推荐得分	评定得分
加分项目	低碳旅游创新宣传	积极采用创新性方式宣传低碳旅游知识	√	15		
加分项目	低碳旅游交易平台	建设低碳旅游、碳汇旅游交易平台	√	10		
加分项目	特色交通方式和工具:栈道	为保护生态环境,搭架悬空人行栈道、生态步道	√	10		
加分项目	其他特色交通工具	包括能反映旅游区(点)文化特色或环保特色的便民交通工具,如骑马、人工抬轿、雪地摩托等,每种3分	√	15		
分数合计				800		
自评分数						
实得分数						

表2 "两型"交通建设标准定量指标表

项目	序号	指标	单位	指标值要求	指标来源	备注
资源节约	1	交通行业综合能耗	吨标准煤/万元	逆指标,国内同行业领先水平,或比建设前降低20%以上	国发〔2007〕15号《节能减排综合性工作方案》	约束性指标
	2	公路货运里程利用率	%	≥66	交通运输部《公路水路交通节能中长期规划纲要》	约束性指标
	3	内河船舶载重利用率	%	≥65	交通运输部《公路水路交通节能中长期规划纲要》	约束性指标
	4	公共交通出行分担率	%	100万~300万人口城市:公共交通出行分担率不低于18%;100万以下人口城市:公共交通出行分担率10%以上	参照《福建省城市公共交通"十二五"专项规划》	参考性指标
	5	节能型车、船占比	%	≥60	参照交通运输部《公路水路交通节能中长期规划纲要》提出	约束性指标
环境友好	6	营运客车替代燃料比重	%	≥4	交通运输部《公路水路交通节能中长期规划纲要》	参考性指标
	7	交通噪声	分贝	昼间≤70分贝晚间≤55分贝	GB 3096－93《中华人民共和国国家标准城市区域环境噪声标准》	约束性指标

环境友好	8	交通振动	分贝	公路沿线:昼间≤75,晚间≤72;铁路沿线:昼间≤80,晚间≤80	GB 10070-88《城市区域环境振动标准》	约束性指标
	9	公共交通禁烟率	%	100	世界卫生组织《烟草控制框架公约》	约束性指标
	10	道路绿化率	%	100	参照国务院《关于开展全民义务植树的实施办法》	参考性指标
交通便捷	11	万人拥有公共交通工具数	标台/万人	≥15	2008年该指标的全国平均值为11.13标台/万人,湖南省平均值为10.89标台/万人,长株潭三市平均值为12.73标台/万人	约束性指标
	12	公共交通换乘距离	米	≤100	参照重庆市标准	约束性指标
	13	年交通拥堵平均指数	—	<4	参照北京市标准。交通指数取值范围为0~10,分为五级。其中0~2,2~4,4~6,6~8,8~10分别对应"畅通"、"基本畅通"、"轻度拥堵"、"中度拥堵"、"严重拥堵"五个级别,数值越高表明交通拥堵状况越严重	约束性指标
	14	公路出行信息服务系统覆盖率	%	≥65	交通运输部《公路水路交通节能中长期规划纲要》	参考性指标
	15	公共电子不停车收费系统覆盖率	%	≥45	交通运输部《公路水路交通节能中长期规划纲要》	参考性指标
	16	公共交通覆盖率	%	100万~300万人口城市:建成区公交站点300米覆盖率不低于75%;100万以下人口城市:建成区公交站点300米覆盖率不低于70%;农村:村村通公交	参照《福建省城市公共交通"十二五"专项规划》	约束性指标
	17	停车位供给比	—	1.15~1.3:1以上	国际停车位配建通行标准	约束性指标
交通安全	18	重大及以上交通事故下降率	%	≥20	在参考北京市2011年重大、特大交通事故为零的基础上,根据湖南2011年城市平均重大交通事故统计数据测算	约束性指标
	19	路面铺装率	%	≥70	交通运输部《公路水路交通节能中长期规划纲要》	参考性指标

湖南省第十一届人民代表大会常务委员会
关于通过《湖南省长株潭城市群
生态绿心地区保护条例》的公告

第 80 号

《湖南省长株潭城市群生态绿心地区保护条例》于 2012 年 11 月 30 日经湖南省第十一届人民代表大会常务委员会第三十二次会议通过，现予公布，自 2013 年 3 月 1 日起施行。

湖南省第十一届人民代表大会常务委员会

2012 年 11 月 30 日

湖南省长株潭城市群生态绿心地区保护条例

第一章 总则

第一条 为了保护长株潭城市群生态绿心地区，发挥生态绿心地区的生态屏障和生态服务功能，建设资源节约型和环境友好型社会，根据有关法律、行政法规的规定，结合本省实际，制定本条例。

第二条 长株潭城市群生态绿心地区的规划、保护和监督管理，适用本条例。

本条例所称长株潭城市群生态绿心地区（以下简称生态绿心地区），是指长沙、株洲、湘潭三市之间的城际生态隔离、保护区域。其具体范围由《长株潭城市群生态绿心地区总体规划》（以下简称生态绿心地区总体规划）确定。

第三条 生态绿心地区保护遵循科学规划、生态优先、严格保护的原则。

第四条　省人民政府统一领导生态绿心地区保护工作，统筹处理生态绿心地区保护工作中的重大问题。

省长株潭城市群资源节约型和环境友好型社会建设改革试验区领导协调工作机构（以下简称省"两型社会"建设试验区领导协调工作机构）具体负责生态绿心地区保护工作的统筹、组织、协调、督查和服务。

省人民政府林业主管部门负责生态绿心地区的林业建设和保护工作。

省人民政府发展和改革、经济和信息化、财政、国土资源、环境保护、住房和城乡建设、水行政、农业等部门按照各自职责，负责生态绿心地区保护的有关工作。

长沙市、株洲市、湘潭市和涉及生态绿心地区的县（市、区）人民政府具体实施本行政区域内生态绿心地区的保护工作。

第五条　省人民政府和长沙市、株洲市、湘潭市人民政府应当将生态绿心地区保护工作纳入政府绩效评估考核的范畴；涉及生态绿心地区的县（市、区）人民政府应当按照生态绿心地区保护的要求，对有关乡镇人民政府制定专门的考核评价指标体系。

第六条　县级以上人民政府及有关部门应当开展生态文明宣传教育，利用广播、电视、报刊、网络等媒体，宣传生态绿心地区保护的重要性，提高全社会生态文明意识。

第二章　规划与空间管制

第七条　生态绿心地区总体规划是依据《长株潭城市群区域规划》制定的生态绿心地区的综合性规划。涉及生态绿心地区的专项规划和城乡规划、土地利用总体规划等市域规划，应当与生态绿心地区总体规划相衔接。

第八条　生态绿心地区总体规划由省人民政府制定，其草案由省"两型社会"建设试验区领导协调工作机构拟定。

省"两型社会"建设试验区领导协调工作机构拟订生态绿心地区总体规划草案或者修改草案时，应当征求长沙市、株洲市、湘潭市人民政府和其他有关方面意见，进行实地调查，组织专家评审。省人民政府在通过生态绿心地区总体规划前，应当将草案提请省人民代表大会常务委员会审议，并对审议意见进行研究处理。

生态绿心地区总体规划颁布实施后，除因国家重大建设项目等确需修改的外，不得进行修改。

生态绿心地区总体规划制定或者修改后，省人民政府应当报省人民代表大会常务委员会备案。

第九条　长沙市、株洲市和湘潭市人民政府根据生态绿心地区总体规划的要求和实际需要制定片区规划，经省"两型社会"建设试验区领导协调工作机构组织省人民政府有关部门审核后，报省人民政府批准，并由省人民政府报省人民代表大会常务委员会备案。

第十条　生态绿心地区控制性详细规划由长沙市、株洲市和湘潭市人民政府组织编制，报省人民政府住房和城乡规划主管部门审批；省人民政府住房和城乡规划主管部门审批前，应当征求省"两型社会"建设试验区领导协调工作机构的意见。

第十一条　生态绿心地区分为禁止开发区、限制开发区和控制建设区，各区具体范围依照生态绿心地区总体规划确定。

省"两型社会"建设试验区领导协调工作机构应当根据生态绿心地区总体规划，确定生态绿心地区以及禁止开发区、限制开发区、控制建设区的具体界线，并向社会公告。

长沙市、株洲市和湘潭市人民政府应当在禁止开发区、限制开发区设立保护标志。保护标志的样式和设立要求，由省"两型社会"建设试验区领导协调工作机构统一规定。

禁止损坏或者擅自移动生态绿心地区保护标志。

第十二条　在生态绿心地区禁止开发区内，除生态建设、景观保护建设、必要的公共设施建设和当地农村居民住宅建设外，不得进行其他项目建设。

在限制开发区内，除前款规定可以进行的建设以及土地整理、村镇建设和适当的旅游休闲设施建设外，不得进行其他项目建设。

在控制建设区内，禁止工业和其他可能造成环境污染的建设项目，逐步退出现有工业项目。

第十三条　对生态绿心地区控制建设区和生态绿心地区周边一定范围内的土地，省人民政府国土资源主管部门确定土地基准地价和当地人民政府确定土地出让底价时，应当将生态条件作为依据之一。

对前款规定范围内的开发建设项目，当地人民政府可以收取生态效益补偿费，具体办法由省人民政府制定。

第十四条　除当地农村居民住宅建设外，本条例第十二条第一款、第二款规定可以兴建的建设项目和控制建设区内的重大建设项目的建设单位，应当向当地县级人民政府相关部门提出申请，由相关部门提出初审意见后，按照下列规定办理相关审批手续：

（一）省"两型社会"建设试验区领导协调工作机构出具建设项目准入意见书；

（二）需要占用、征收、征用林地或者占用、开垦湿地的，经省人民政府林业主管部门审查同意；

（三）建设项目的立项、规划选址、用地审批、环境影响评价、防洪影响评价、取水许可和水土保持方案审批、节能评估等分别由省人民政府有关部门办理；

（四）省人民政府住房和城乡建设主管部门核发建设用地规划许可证、建设工程规划许可证、乡村建设规划许可证。

前款规定的省人民政府有关部门和单位应当沟通协调，提高工作效率；对建设项目有关事项许可后，应当进行跟踪监督。

第十五条 生态绿心地区控制建设区内重大建设项目的具体范围，由省"两型社会"建设试验区领导协调工作机构组织协调省人民政府有关部门和长沙市、株洲市、湘潭市人民政府确定，并报省人民政府批准。

第十六条 省"两型社会"建设试验区领导协调工作机构应当组织协调长沙市、株洲市、湘潭市人民政府和省人民政府有关部门，对生态绿心地区总体规划实施后审批的建设项目进行清理；对不符合生态绿心地区总体规划的建设项目，应当依法处理。

第三章　生态保护

第十七条 省人民政府和长沙市、株洲市、湘潭市以及涉及生态绿心地区的县（市、区）人民政府，应当将生态绿心地区保护工作纳入政府目标管理，建立生态绿心地区保护目标责任制，市、县、乡三级人民政府逐年逐级签订生态绿心地区保护目标责任状。

长沙市、株洲市、湘潭市和涉及生态绿心地区的县（市、区）人民政府，应当根据生态绿心地区总体规划制定具体的保护工作方案，并督促落实。

第十八条 省人民政府林业主管部门应当指导督促长沙市、株洲市、湘潭市和涉及生态绿心地区的县（市、区）人民政府林业主管部门，按照生态绿心地区总体规划的要求，严格保护生态绿心地区的林地、林木、湿地和野生动植物资源。

第十九条 在生态绿心地区全面实施植树造林、封山育林，扩大公益林面积，提高生态绿心地区森林覆盖率和绿化覆盖率；逐步进行林相调整、林分改造，加快生态修复提质，提升生态绿心地区生态服务功能。

第二十条 在生态绿心地区内除林相调整、抚育更新外不得采伐林木。因林相调整、抚育更新需要采伐的，应当经省人民政府林业主管部门或者其他主管部门审查同意后，依法取得林木采伐许可证。禁止在生态绿心地区进行砍伐作业。

禁止在生态绿心地区毁林开垦或者毁林采石、采砂、采土。

在森林防火期，生态绿心地区的森林防火区内禁止野外用火。

第二十一条 省人民政府国土资源主管部门应当指导督促长沙市、株洲市、湘潭市和涉及生态绿心地区的县（市、区）人民政府国土资源主管部门，加强对生态绿心地区城乡土地利用的管理，严格建设项目用地审批，优化土地利用结构，节约集约利用土地，提高土地综合利用效率。

禁止在生态绿心地区开采矿产资源。对在生态绿心地区内已经设立的采矿权，省人民政府国土资源主管部门应当组织有关部门予以清理，并依法处理。

第二十二条 省人民政府水行政主管部门应当指导督促长沙市、株洲市、湘潭市和涉及生态绿心地区的县（市、区）人民政府水行政主管部门，严格保护生态绿心地区的水资源。

生态绿心地区的建设项目应当执行国家水土流失防治一级标准，实行严格的水土保持方案审批和水土保持设施验收制度。

禁止在生态绿心地区侵占、填堵（埋）河道、湖泊和水库。

禁止在生态绿心地区河道内采砂。

禁止在生态绿心地区经营水上餐饮。

第二十三条 省人民政府环境保护主管部门应当指导督促长沙市、株洲市、湘潭市和涉及生态绿心地区的县（市、区）人民政府环境保护主管部门，严格实施生态绿心地区污染物排放总量控制，加强对污染的治理。

第二十四条 省人民政府农业主管部门应当指导督促长沙市、株洲市、湘潭市和涉及生态绿心地区的县（市、区）人民政府农业主管部门，对生态绿心地区养殖业结构进行调整；推广使用高效、安全的有机农药和无公害防治技术；引导科学施肥，鼓励使用有机肥，减少化肥使用量。

禁止在生态绿心地区使用高毒、剧毒、高残留农药。

第二十五条 省人民政府住房和城乡建设、环境保护、农业、卫生等部门应当指导督促长沙市、株洲市、湘潭市和涉及生态绿心地区的县（市、区）人民政府相关部门，加强生态绿心地区城乡生活垃圾无害化处理设施、生活污水管网系统、农村社区小型污水处理设施建设，推行分类收集、集中处理生活垃圾，实现污水达标排放或者就地回用。

第二十六条 在生态绿心地区葬坟不得破坏林地和生态环境，不得用水泥、石材等修建永久性墓冢。

第二十七条 鼓励企业事业单位、社会组织、志愿者、生态绿心地区基层群众性自治组织以及居民参与生态绿心地区的保护。

对破坏生态绿心地区生态资源的行为，任何单位和个人有权向有关部门举报。

第四章　保障措施

第二十八条 省人民政府应当组织长沙市、株洲市、湘潭市人民政府建立生态绿心地区生态效益补偿机制。

省人民政府应当在本条例实施后及时制定生态绿心地区生态补偿的具体办法。

第二十九条 生态绿心地区生态补偿资金，主要来源如下：

（一）根据法律法规规定设立的生态保护、补偿方面的资金；

（二）省人民政府和长沙市、株洲市、湘潭市人民政府安排的财政性资金；

（三）从本条例第十三条第一款规定区域内土地出让收入中安排的资金；

（四）根据本条例第十三条第二款规定收取的生态效益补偿费；

（五）社会捐赠；

（六）其他资金。

生态补偿资金用于生态绿心地区生态环境保护、生态修复提质和与生态绿心地区生态环境保护有关的民生保障、移民安置、乡镇财力补助以及企业搬迁的适当补助等，任何单位和个人不得侵占、截留、挪用。

第三十条 省人民政府和长沙市、株洲市、湘潭市人民政府，应当加大对生态绿心地区的扶持，优先安排生态绿心地区生态建设工程和公益性基础设施建设项目。

第三十一条 长沙市、株洲市、湘潭市和涉及生态绿心地区的县（市、区）人民政府，应当支持在生态绿心地区禁止开发区发展花卉苗木等生态种植产业，支持在限制开发区发展生态农业、旅游休闲产业，提高生态绿心地区生态综合效益和居民收入水平。

第三十二条 长沙市、株洲市、湘潭市和涉及生态绿心地区的县（市、区）人民政府，应当加大对生态绿心地区居民就业培训的力度，促进适龄劳动力充分就业。

第三十三条 长沙市、株洲市和湘潭市人民政府应当加大对生态绿心地区的农村社会保障资金投入，逐步建立生态绿心地区城乡一体化社会保障制度，全面推行养老、医疗和最低生活保障等制度。

第三十四条 长沙市、株洲市、湘潭市和涉及生态绿心地区的县（市、区）人民政府，应当加强生态绿心地区乡村清洁能源建设，推广使用沼气以及其他新能源；省人民政府主管农村能源工作的部门应当在项目、资金等方面给予支持。

第三十五条 省人民政府和长沙市、株洲市、湘潭市人民政府，应当定期向本级人民代表大会常务委员会报告生态绿心地区的保护情况。

第三十六条 省人民政府应当制定生态绿心地区总体规划实施督察制度，建立生态绿心地区总体规划实施监控信息系统，加强对有关部门和下级人民政府履行生态绿心地区保护职责的监督检查。省"两型社会"建设试验区领导协调工作机构负责有关具体工作。

第三十七条 省"两型社会"建设试验区领导协调工作机构应当通过政府门户网

站，及时发布生态绿心地区保护工作的政务信息，接受社会公众的监督。

长沙市、株洲市、湘潭市人民政府和省人民政府有关部门应当及时将生态绿心地区保护工作的政务信息报送省"两型社会"建设试验区领导协调工作机构。

第五章　法律责任

第三十八条　有下列情形之一的，由上级领导机关或者公务员主管部门对负有责任的领导人员和直接责任人员给予记过或者记大过的处分；造成严重后果的，给予降级或者撤职的处分：

（一）违反生态绿心地区总体规划审批建设项目的；

（二）违反本条例规定的权限审批建设项目的；

（三）违反本条例规定，批准在生态绿心地区采伐林木，批准开采矿产资源，批准填堵（埋）河道、湖泊、水库，批准河道采砂，批准经营水上餐饮等破坏生态环境的活动的；

（四）违反本条例规定，侵占、截留、挪用生态补偿资金的；

（五）对违反本条例的行为不及时查处或者查处不力的；

（六）其他不履行本条例规定的生态绿心地区保护职责的。

违反本条例规定许可在生态绿心地区进行本条例禁止的项目建设或者经营活动的，由省"两型社会"建设试验区领导协调工作机构提请省人民政府依法撤销该项行政许可。

第三十九条　违反本条例规定，在生态绿心地区开垦、采石、采砂、采土，导致森林、林木受到毁坏的，由所在地县级以上人民政府林业主管部门责令停止违法行为，补种毁坏株数三倍的树木，可以处毁坏林木价值三倍以上五倍以下的罚款。

违反本条例规定，在森林防火期内，在生态绿心地区的森林防火区野外用火的，由所在地县级以上人民政府林业主管部门责令停止违法行为，对个人处一千元以上三千元以下的罚款，对单位处二万元以上五万元以下的罚款；造成森林火灾的，并责令补种烧毁株数三倍的树木。

第四十条　违反本条例规定，擅自在生态绿心地区从事本条例禁止的建设活动的，由所在地县级以上人民政府城乡规划主管部门责令停止违法行为、限期拆除违法建（构）筑物或者其他设施、恢复原状，可以并处建设工程造价百分之十以下的罚款。

第四十一条　违反本条例规定，擅自在生态绿心地区开采矿产资源的，由所在地县级以上人民政府国土资源主管部门责令停止违法行为，没收采出的矿产品和违法所得，可以并处违法所得百分之五十以下的罚款。

第四十二条　违反本条例规定，在生态绿心地区河道内采砂的，由所在地县级以上人民政府水行政主管部门责令停止违法行为，限期恢复原状，处十万元以上三十万元以下的罚款。

第四十三条　违反本条例规定，擅自在生态绿心地区经营水上餐饮的，由所在地县级以上人民政府环境保护、水行政等有关部门责令停止营业；对拒不停止营业的，没收专门用于经营水上餐饮的设施、设备、工具等财物，并处二万元以上十万元以下的罚款。

第四十四条　违反本条例规定，在生态绿心地区使用高毒、剧毒、高残留农药的，由所在地县级以上人民政府农业主管部门给予警告，责令停止违法行为；造成农业环境污染事故的，处三万元以下的罚款。

第四十五条　对生态绿心地区其他违反生态保护方面法律法规的行为，由所在地县级以上人民政府有关部门在法律法规规定的处罚幅度内从重处罚。

第六章　附则

第四十六条　本条例自 2013 年 3 月 1 日起施行。

湖南省人民政府
批转省两型办等单位《关于在长株潭
"两型社会"建设综合配套改革试验区
推广清洁低碳技术的实施方案》的通知

湘政发〔2012〕41 号

各市州、县市区人民政府，省政府各厅委、各直属机构：

现将省两型办、省发改委、省科技厅、省经信委、省环保厅、省住房和城乡建设厅、省交通运输厅、省农办《关于在长株潭"两型社会"建设综合配套改革试验区推广清洁低碳技术的实施方案》批转给你们，请认真组织实施。

科技创新是解决能源资源、生态环境、自然灾害、人口健康等全球性问题的重要途径，是经济社会发展的主要驱动力。推广清洁低碳技术，有利于促进长株潭"两型社会"综合配套改革试验区第二阶段建设，有利于全面完成"十二五"资源环境领域的约束性指标任务，有利于转方式、调结构、扩内需、稳增长，有利于改善城乡人居环境，提高人民生活质量。各级各有关部门要充分认识推广清洁低碳技术的重要意义，明确工作目标和责任，按照责任分工，制定落实相关配套政策，切实履行职能，加强协调配合，加大支持力度，共同推进清洁低碳技术推广工作。

湖南省人民政府

2012 年 12 月 5 日

关于在长株潭"两型社会"建设综合配套改革试验区推广清洁低碳技术的实施方案

为充分发挥科技创新对"两型社会"建设的促进作用，根据国家有关政策和我省实际，现就"十二五"期间在长株潭城市群资源节约型和环境友好型社会建设综合配套改革试验区（包括长沙市、株洲市、湘潭市、衡阳市、益阳市、常德市、岳阳市、娄底市以及参照执行试验区政策的郴州市，以下将上述9市统称为"长株潭试验区"）推广清洁低碳技术，制定如下实施方案。

一　总体思路

（一）指导思想

以邓小平理论、"三个代表"重要思想和科学发展观为指导，认真贯彻落实省委、省政府"四化两型"战略部署，针对全省能源资源节约和环境保护中的突出问题，以节能减排为重点，以示范创建为平台，以体制创新为保障，按照"政府主导、市场运作、分类推进、项目落实、突出实效"的思路，集中推广一批先进适用、具有示范带动作用的清洁低碳技术。

（二）基本原则

一是坚持全面统筹与突出重点相结合。全面统筹行政资源和社会资源，搭建技术推广公共服务平台，积极推广各类清洁低碳技术。重点突破资源分散、信息不对称等瓶颈问题，选择重点行业、重点单位集中推广一批重点清洁低碳技术。

二是坚持政府主导与市场运作相结合。明确长株潭试验区有关市人民政府和省直相关单位的工作职责和目标，加强统筹协调，形成工作合力。坚持强化服务，健全法制，落实政策，建立健全技术推广的激励和约束机制。充分发挥市场机制作用，促进技术、资金、人才等资源合理优化配置。形成"政府为主导、企业为主体、市场有效驱动、全社会共同参与"的清洁低碳技术推广工作格局。

三是坚持协同创新与改革创新相结合。围绕技术推广中所遇到的技术、机制等瓶颈问题，利用改革和科技协同创新手段，建立政产学研用结合和清洁低碳技术推广的长效机制，为技术推广提供强有力的保障。

四是坚持技术推广与落实项目相结合。改进技术推广方式，坚持以项目实施为核心，以项目落地作为评价技术推广成效的标准。

二　重点任务和目标

（一）新能源发电技术推广

根据各类新能源的资源潜力、技术状况和市场需求情况，重点推广风能、生物质能、太阳能等新能源发电技术。到 2015 年，规划建设 130 万千瓦左右的风电场、50 万千瓦左右的生物质发电厂、120 万千瓦左右的太阳能光伏发电项目，提高新能源电力装机比重。

（二）"城市矿产"再利用技术推广

重点推广废旧电冰箱无害化处理及资源回收、废旧电器的机械破碎与分选、报废汽车车身整体破碎与废钢加工一体化等技术。到 2015 年，实现"城市矿产"资源加工利用量 400 万吨，加工比例 60% 以上，形成年处理废旧家电、报废办公设备 300 万台（套），拆解报废汽车 10 万辆的能力，形成年产再生有色金属 200 万吨，再生钢 20 万吨，再生塑料 60 万吨，再生橡胶 20 万吨，再生纸、碳素、电线电缆等其他材料 40 万吨的生产能力，提高"城市矿产"资源利用效率，促进共生及伴生资源利用和固体废物综合利用。

（三）重金属污染治理技术推广

重点推广有色金属冶炼废水分质回用集成、电化学深度处理、重金属废渣资源化再利用等技术。推进重点企业实施清洁生产，加强有色金属冶炼废水分质回用，并有针对性地实施一批电化学深度处理技术重点项目，减少重金属废水的产生和排放，实现重金属污染物排放量削减 20% 以上。同时，以资源化的途径加快推进重金属废渣的处理，到 2015 年，逐步消除历史遗留重金属废渣的环境安全隐患。

（四）脱硫脱硝技术推广

重点推广水泥行业脱硝、钢铁烧结脱硫、燃煤电厂脱硝等技术。到 2013 年底，所有新型干法水泥生产线建成脱硝设施；到 2014 年底，所有钢铁企业烧结机和烧结球团全部建成脱硫设施，35 吨以上燃煤锅炉全部建成烟气脱硫设施；到 2015 年底，所有燃煤机组烟气建成脱硝设施。长株潭试验区二氧化硫、氮氧化物排放量较 2010 年分别削减 10%；酸雨、灰霾和光化学烟雾污染得到有效控制，空气质量明显改善。

（五）工业锅（窑）炉节能技术推广

重点推广高低混合流速循环流化床锅炉、火电机组热电联供、水泥行业综合节能等技术。到 2015 年，工业锅（窑）炉能源利用效率明显提高，形成年节能能力 300 万吨标准煤；水泥行业电机风机全部完成变频改造，形成年节能能力 30 万吨标准煤。

（六）绿色建筑技术推广

重点推广绿色建造、建筑围护结构热工节能、可再生能源建筑一体化等技术。2012～2013 年，推进 37 个建筑节能与绿色建筑创建计划项目建设。2014 年起，长株潭试验区内政府投资的公益性公共建筑和保障性住房全面执行绿色建筑标准。到 2015 年，实施绿色建筑创建计划项目 100 个以上，其中房地产项目 60 个以上。

（七）餐厨废弃物资源化利用和无害化处理技术推广

重点推广餐厨垃圾生物处理技术。在长株潭试验区率先启动餐厨垃圾无害化、资源化利用试点工作，到 2015 年，长株潭试验区新增餐厨垃圾处理规模 1690 吨/日。

（八）污泥垃圾焚烧技术推广

重点推广生活垃圾污泥焚烧发电、水泥窑协同处理垃圾污泥、污泥深度脱水等技术。到 2015 年，长株潭试验区内有条件的市建成污泥集中处理处置设施，新建污泥处理处置规模 15.24 万吨（干泥）/年。鼓励有条件的市、县市区采用焚烧发电处理技术或以焚烧为主的综合处理工艺、先进水泥窑协同处置技术解决生活垃圾处理问题。

（九）城市公共客运行业清洁能源、节能与新能源汽车推广

长株潭三市城区公交、出租车全部实现清洁、新能源化，新建加气站 24 个，充电站 2 座、充电桩 110 个。重点推广油电混合、压缩和液化天然气、纯电动公交车和出租车。纯电动车充电站（桩）建设与城市发展规划统筹考虑，充电站建设由慢充改为快充模式，完善已建充电站（桩）。以长沙、株洲、湘潭三市为示范，逐步扩展至其他城市、城镇。

（十）沼气化推动农村畜禽污染治理和资源化利用技术推广

重点推广大中型沼气利用工程、沼液沼渣利用与处置、有机肥生产等技术，新建 300 个大中型沼气工程和 5～8 个超大型沼气工程，提质改造 100 个大型沼气工程。力争到 2015 年底，实现农村可再生能源资源利用率比"十一五"末提高 50%。

三　工作措施

（一）加强组织领导

省两型办牵头负责长株潭试验区清洁低碳技术推广工作中组织协调和督查服务，建立目标责任、考核、通报制度，加强督查督办。省科技厅负责组织技术攻关、平台搭建、国际合作等工作。试验区各市政府作为清洁低碳技术推广实施的责任主体，要做好组织协调工作。各示范区（示范带）要成为清洁低碳技术集成应用的先行区。

（二）加大政策引导

各级各有关部门要切实落实现有对清洁低碳技术的各项优惠政策。对企业从事符合条件的环境保护、节能节水项目的所得，自项目取得第一笔生产经营收入所属纳税年度起，第一年至第三年免征企业所得税，第四年至第六年减半征收企业所得税。对符合条件的资源综合利用产品及劳务按照国家税法规定落实增值税优惠政策。加大用地支持力度，对于国家支持的清洁低碳技术推广项目要优先保障用地。电网企业全额收购电网覆盖范围内可再生能源并网发电项目的上网电量，并提供上网服务。充分利用部省合作平台，探索清洁低碳技术推广项目打捆模式，积极争取国家专项资金支持。对清洁低碳技术推广项目在项目立项、规划设计、招投标、施工许可、计量检测等方面予以重点支持，优先纳入重大项目；对运行效果好、具有示范意义的项目通过实施贷款贴息、以奖代补等方式予以支持。加大政府绿色采购力度，完善强制采购和优先采购制度，财政性投资项目应积极推广使用清洁低碳技术（产品），引导社会绿色消费。组建专业技术推广联盟，组织"清洁低碳专家企业行"，举办技术需求对接会、银企对接会等活动，开展清洁低碳技术（产品）认证和目录发布，为高效利用清洁低碳技术提供智力支撑。提高高耗能、高排放行业贷款门槛，将企业环境违法信息纳入人民银行企业征信系统和银监会信息披露系统，与企业信用等级评定、贷款及证券融资联动，限制环保不达标的企业上市或再融资。

（三）多渠道筹措资金

建立多层次、多渠道、多元化的投融资机制，为技术推广项目提供资金支持。通过财政补贴、贷款贴息、BT等手段，吸收社会、企业资本参与清洁低碳技术推广项目建设。充分利用合同能源管理、合同环境服务管理、特许经营等市场机制，推进清洁低碳技术推广工作，发展节能减排设备、新能源汽车等领域的融资租赁。选择资质条件较好的清洁低碳技术推广重点企业，开展非公开发行企业债券试点。金融机构要全面落实绿色信贷政策，开展合同能源管理、合同环境服务管理、BOT、特许经营等未来收益权质押业务（保理），开发配套的新型金融产品。

（四）加强科技创新

科技部门每年安排一定的专项经费支持清洁低碳技术的研发及推广示范，加大对行业领头企业和重点项目的支持，以领头企业和重点项目为依托，组织技术研发专项，突破重金属污染治理、光伏热电转化等一批重大清洁低碳关键技术。利用亚欧水资源研究和利用中心、中国科学院湖南技术转移中心等平台积极开展国际科技合作。通过产学研结合加快清洁低碳科技成果转化，鼓励首次示范应用，鼓励提升现有清洁低碳技术的科技水平。

（五）加强监管与宣传

严肃查处资源环境领域的各类违法违规行为，促进清洁低碳技术推广。通过电视、报纸、网络等媒体和建立科普基地等形式，推介清洁低碳技术，宣传先进应用典型，解读技术推广政策措施，动员和引导各类企业和广大群众积极参与，大力倡导绿色低碳生活，推动形成健康文明的生产生活方式。

湖南省人民政府关于《长株潭城市群"两型社会"建设综合配套改革试验区资源节约体制改革专项方案》的批复

湘政函〔2013〕17 号

省发改委：

你委《关于呈报〈长株潭城市群"两型社会"建设综合配套改革试验区资源节约体制改革专项方案（送审稿）〉的请示》（湘发改〔2012〕370 号）收悉。经研究，原则同意该专项方案，请会同有关单位认真组织实施。

湖南省人民政府

2013 年 1 月 14 日

长株潭城市群"两型社会"建设综合配套改革试验区资源节约体制改革专项方案

根据《长株潭城市群资源节约型和环境友好型社会建设综合配套改革试验总体方案》，结合长株潭城市群"两型社会"建设综合配套改革试验区实际，制定本方案。

一 指导思想

以科学发展观为指导，以体制改革和机制创新为动力，以结构调整为主线，以"减量化、再利用、资源化"为路径，探索建立和完善有利于资源节约集约利用的体制和机制，努力转变经济发展方式，提高资源综合利用率，形成有利于资源节约的生产方式和生活方式，推动长株潭城市群经济沿着科技含量高、经济效益好、资源消耗低、环境污染少、人力资源优势得到充分发挥的新型工业化发展道路发展，促进区域经济全面协调可持续发展。通过试验区资源节约体制改革，为全省以及全国"两型社会"建设探索发展模式，积累改革经验。

二　基本原则

（一）坚持依法推动制度改革

在法不禁止、法不明确、法不规定的范围和环节进行资源节约制度创新，确保改革不违背法律法规的规定；在资源节约制度改革的重点环节通过地方立法来调整关系、完善机制，推动资源节约的法制化。

（二）坚持改革推动资源节约

在资源利用的重点领域和重点环节进行制度改革，推动社会各界自觉节约资源，高效利用资源，避免浪费资源。

（三）坚持改革推动经济发展

通过制度改革提高资源配置效率，推动资源综合利用和梯级利用，发展循环经济和低碳经济，促进长株潭城市群经济可持续发展。

三　主要目标

到 2015 年，在长株潭城市群初步建立起促进资源节约的政策支撑体系、考核评价体系、技术创新体系、节能监察体系，实现资源节约工作的制度化、规范化；创建一批具有较强示范带动效应的资源节约型城镇、园区、社区、学校、乡村、企业和政府机构，基本实现长株潭城市群建设资源节约型社会工作由线到面推进。长株潭三市资源节约指标与 2010 年相比：单位 GDP 能耗下降 17% 左右，规模工业单位增加值能耗下降 20% 左右，新建民用建筑实施节能 50% 的设计标准，市政照明综合节电率达 40%，农村户用沼气池普及率提高 3%，太阳能热水器推广使用率提高 10%，省柴节煤炉灶更新改造率提高 15%，工业固体废弃物综合利用率提高 5%，万元 GDP 用水量、万元工业增加值用水量分别下降 30%，城镇污水处理再生利用率达到 10%，规模工业用水重复利用率提高到 90% 以上。

到 2020 年，实现生产方式从高消耗、高污染、低效益的传统线性经济向低消耗、低排放、高效益的循环经济转变；实现消费方式向适度消费的绿色消费转变；实现长株潭地区资源供给与资源消耗总量的动态平衡；实现思想观念从改造自然的盲目发展观向尊重自然、利用自然的可持续发展观转变。推进长株潭地区发展成为资源利用效率居国内领先水平，物质文明、精神文明和生态文明同步发展，全国"两型社会"建设的示范区。

四 主要任务

（一）推进节能体制改革

1. 提高市场准入门槛，严格控制新建高耗能项目，控制高耗能行业产能过快增长。严格执行固定资产投资项目节能评估审查制度，根据有关规定将节能评估审查作为项目审批、核准或开工建设的前置条件，完善新开工项目管理部门联动机制和项目审批问责制。建立新上项目与地方节能减排指标完成进度挂钩、与淘汰落后产能相结合的机制。

2. 根据国家产业政策，进一步完善淘汰落后产能退出机制。对长株潭地区安排淘汰或转产的，根据国家调整落后产能奖励政策，积极组织项目申报，争取国家资金重点支持，促进落后生产能力加快退出市场。

3. 加强对长株潭城市群外商投资指导，鼓励外商投资节能领域，严格限制投资高能耗高排放项目，促进外商投资产业结构升级。

4. 制定鼓励政策，加快推进电力需求侧管理，推进供电系统节能。在长株潭城市群继续落实差别电价政策，推进企业节电。推行电力峰谷分时电价办法，实现管理节电。进一步完善长株潭地区城镇居民生活用电阶梯电价政策，推进党政机关、事业单位办公用电、营业场所等非居民用电试行阶梯价格工作，控制党政机关、事业单位和楼堂馆所用电过快增长。加大媒体宣传力度，引导全社会节约用电。

5. 制定鼓励政策，优先发展城市公共交通，加快城市快速公交和轨道交通建设，大力推进节能与新能源公共交通，大力推进步行道和自行车道建设，加强综合性交通换乘枢纽配套。严格执行营运车辆燃料消耗量限值标准，依法对"黄标车"实行限行。制定鼓励措施，推进替代能源汽车产业化。运用先进科技手段提高运输组织管理水平，促进各种运输方式的协调和有效衔接。稳步推进智能化交通工程建设，提高科学组织交通的能力，减少交通延误。

6. 加快推进实施一批重大节能工程，国家和省有关节能项目资金重点支持长株潭城市群节能项目。

7. 强化重点用能企业管理制度，促进重点用能企业落实目标责任，编制节能规划，完善用能计量和能源统计，开展用能设备检测和能效对标，落实能源审计和能源利用状况报告及公告制度，积极开展能源管理师试点工作。推动用能企业加大结构调整技术改造力度，提高节能管理水平。

8. 完善建筑节能管理制度。建立健全覆盖房屋建筑立项、规划、建设、运行、改造、拆除全寿命周期管理以及建筑节能技术、工艺、材料和设备管理的制度，研究制定加强新（改、扩）建建筑贯彻执行节能强制性标准、绿色建筑示范和推广、可再生能源建筑应用示范和推广、建筑能耗统计和监管、既有建筑节能改造等方面的专项管理制度。加快推进政府投资新建的公益性公共建筑和保障性住房执行绿色建筑标准。

9. 推进城市绿色照明。以长株潭城市群为试点，率先开展市政绿色照明改造工程，以保证照明质量和照度标准为前提，推广应用先进绿色照明技术，逐步建立健全市政绿色照明相关的政策规范、技术标准、产品评价、认证体系及废旧照明产品回收再利用体系。

10. 制定激励政策，规范和培育节能服务市场，吸收和利用社会资本，积极鼓励和扶持节能服务企业开展合同能源管理，在全面落实国家有关扶持政策的基础上，长株潭城市群进一步加大财政、金融等政策支持力度，优化合同能源管理发展环境，进一步壮大节能服务产业。

11. 稳步推进公共机构节能，发挥公共机构在节能方面的示范和表率作用，率先在公共机构推广应用节能新技术和新产品，政府采购应优先选择节能型产品。加强公共机构能源计量监测、审计工作。鼓励采取合同能源管理方式推进长株潭城市群既有公共机构建筑和大型公共建筑实行节能改造。

（二）推进新能源和可再生能源开发利用体制改革

1. 制定鼓励和扶持政策，大力发展可再生能源，推进风能、太阳能、浅层地源热能、水电、生物质能等新能源和可再生能源的开发利用，尽可能减少使用一次性能源。进一步加大太阳能、风能、小水电等农村小型能源利用工程建设。积极推广户用秸秆生物质能转化利用工程。全面开展绿色能源、清洁能源示范。

2. 制定鼓励和扶持政策，大力发展清洁能源，推进实施生物燃料乙醇及车用乙醇汽油发展，开发非粮生物燃料乙醇试点项目，实施生物化工、生物质气化和生物质能固体成型燃料等一批具有突破性带动作用的示范项目；抓紧开展生物柴油基础性研究和前期准备工作；推进煤炭液化、煤基醇醚和燃烃代油大型台套示范工程和技术储备；推进煤炭洗选加工等清洁高效利用。

（三）推进水资源利用体制改革

1. 进一步推进污水处理行业市场化改革，建立规范的政府监督、市场竞争及财政补贴机制，进一步优化投资环境，降低社会资本进入城镇污水处理领域的门槛，制定鼓励政策，推动城镇污水处理产业化。

2. 加大长株潭城市群市区排水设施建设投入，落实排水专项规划，加快排水体制改革，逐步实行雨污分流，提高污水处理设施运营效率，降低处理成本。

3. 合理调整城市供水价格，适当提高城市污水处理费征收标准，促进水质改善。合理确定再生水价格，改革水价计价方式，完善居民生活用水阶梯水价制度，促进节约生活用水。加强取水水源管理和监督，完善计量管理办法，规范水资源费的征收程序，推进工业企业节约用水，鼓励中水回用。完善农业水费计收办法。

（四）推进原材料节约体制改革

1. 加大《湖南省新型墙体材料推广应用条例》的执法力度，加大新型墙体材料专项基金征收力度，推进城市禁止使用实心黏土砖，确保长株潭城市群县级以上城市如期完成国家规定的"禁实"目标。推动新型墙体材料和利废建材产业化示范。

2. 严格矿产资源开发准入条件，规范矿产资源开发秩序。制定鼓励矿产资源规模化、集约化开发经营的政策。

3. 建立单位产品包装耗材限额制度，制定产品包装和耗材的地方标准，限制和防止过度包装，提倡适度包装和节约包装。

4. 加快技术攻关，推进替代原材料的研发，建立资源节约型原材料推广应用机制。

（五）深化资源综合利用体制改革

1. 健全资源综合利用认定管理制度，规范认定工作程序，跟踪优惠政策落实情况，提高行政效能，加大长株潭城市群资源综合利用税收优惠政策落实的监督力度，破除地方保护，充分利用国家资源综合利用税收优惠政策，在落实水泥、森林工业、墙材资源综合利用税收优惠政策的基础上，工作重点逐步向化工、有色等行业推移。

2. 建立大宗生活废弃物专营制度，明确大宗生活废弃物去向，提高大宗生活废弃物资源综合利用的效益。加大市场监管力度，防止潲水油、废机油等通过非法渠道再次流入生活和生产领域，保障人民群众的身体健康。

3. 建立废弃物生产者责任制度，明确在经济技术可行的条件下，企业必须在生产和服务项目投入运行后，对生产和服务过程中产生的废物自行回收利用或者提供、转让给有条件的其他企业和个人利用，不得废弃性堆放或污染性排放。通过明确生产者责任，调整废弃物产生者与利用者之间的利益关系。

（六）推进再生资源回收利用体制改革

制定地方鼓励回收利用再生资源的财政优惠政策，促进可再生资源的回收利用。研究制定推进再生资源规模化经营的市场准入机制。建立城镇居民垃圾分类管理和回收制度，形成相关的约束机制。

（七）推进清洁生产体制改革

加大强制性清洁生产审核执行力度，研究制订激励扶持政策，促进企业自愿组织开展审核。在建材、火电、钢铁、有色、化工、机械、养殖、餐饮酒店等行业和工业园区推行清洁生产试点示范工作，建立清洁生产标识制度。

（八）推进节能环保产业发展体制改革

根据国家公布的节能环保产业设备（产品）目录，全面落实购置节能环保设备税收优惠政策，鼓励扶持发展节能环保产业，为建设"两型社会"提供适用技术和设备。

（九）建立绿色消费评价与监督制度

建立适度消费和绿色消费奖励制度，全面创建资源节约型机关、资源节约型企业、资源节约型学校、资源节约型社区、资源节约型家庭活动，定期接受社会的评价与监督，营造资源节约氛围，提高全社会的资源节约意识，促使节约资源逐步成为人民群众的生活价值取向和生存方式。

五　保障措施

（一）建立改革协调机制

建立长株潭城市群"两型社会"建设综合配套改革试验区资源节约体制改革协调机制，由省长株潭两型办牵头，定期研究资源节约体制改革有关事项，研究制定资源节约的有关政策，协调专项方案实施过程中遇到的重大问题。省直有关部门以及长株潭三市政府，结合各自职责，配合做好专项方案实施等工作。

（二）强化部门职责

省长株潭两型办统筹、协调长株潭城市群资源节约改革工作；省发改委负责全省节能等工作的综合协调；省经信委、省住房城乡建设厅、省国土资源厅、省交通运输厅、省农业厅、省林业厅、省水利厅、省农办、省物价局、省机关事务管理局等部门根据工作职能分别负责相关领域的资源节约工作。

（三）加大财政支持力度

省、市两级政府把节能减排作为公共财政支出的重点，进一步加大对节能工作的支持力度。把节能重点项目列入国民经济和社会发展规划与年度计划。省财政节能专项资金适当向长株潭地区节能项目倾斜，重视资源节约效果，完善资金拨付程序，实行以奖代补。市级财政也要设立节能专项资金。

（四）健全科技支撑机制

制订长株潭地区资源节约关键技术、共性技术攻关项目指南和重大科技成果推广指南，引导社会人才资源和资金进入资源节约与环境友好型的科技攻关和开发领域。省科技重大专项资金适当向资源节约科技攻关项目倾斜。

（五）建立目标考核机制

把资源节约目标任务纳入长株潭城市群经济社会发展综合评价和年度考核体系之中，并在资源节约考核指标体系中，提高单位 GDP 能耗指标和能源消费总量指标的权重。

（六）培育金融服务体系

加强长株潭城市群中小企业融资性担保体系建设，拓宽中小企业资源节约技改项目融资渠道，支持资源节约项目融资。为长株潭城市群有股权融资意向的企业及各类投资者积极搭建交易平台，为投资者提供退出渠道。重点选择一批资源节约型企业申请发行长株潭中小企业集合式债券。

（七）完善政策标准体系

有计划、有步骤地制定节能、节水、节材、清洁生产等方面的政策标准，促进长株潭城市群建设"两型社会"步入法制化、规范化轨道。

湖南省人民政府办公厅
关于印发《湖南省长株潭"两型社会"试验区建设管理委员会主要职责、内设机构和人员编制规定》的通知

湘政办发〔2013〕17号

各市州人民政府,省政府各厅委、各直属机构:

《湖南省长株潭"两型社会"试验区建设管理委员会主要职责、内设机构和人员编制规定》已经省机构编制委员会审核,省人民政府批准,现予印发。

湖南省人民政府办公厅
2013年2月23日

湖南省长株潭"两型社会"试验区建设管理委员会主要职责、内设机构和人员编制规定

根据《国家发展改革委关于批准武汉城市圈和长株潭城市群为全国资源节约型和环境友好型社会建设综合配套改革试验区的通知》(发改经体〔2007〕3428号),省委决定,湖南省长株潭"两型社会"建设改革试验区领导协调委员会办公室更名为湖南省长株潭"两型社会"试验区建设管理委员会,为省政府专门负责统筹、协调和指导长株潭城市群"两型社会"试验区改革建设各项工作的正厅级行政机构。

一　职责调整

（一）划入原省长株潭"两型社会"建设改革试验区领导协调委员会办公室的职责。

（二）增加对衡阳市、岳阳市、常德市、益阳市、娄底市"两型社会"建设进行统筹、协调和指导的职责。

（三）增加协同有关部门开展两型性评价工作，会同有关部门推动两型标准体系和技术规范体系建设，推进市场化运作的职责。

（四）加强对"两型社会"建设和环长株潭城市群改革发展的宣传教育、对外交流合作、部省合作共建等进行统筹协调的职责。

二　主要职责

（一）协调落实省委、省政府关于长株潭城市群"两型社会"建设的重大决策，研究提出长株潭城市群"两型社会"综合配套改革试验区改革建设的目标、政策措施；拟订有关地方性法规、规章草案；协调推进全省"两型社会"建设工作。

（二）对"两型社会"建设中的重大问题进行调查研究，协同有关部门推进"两型社会"体制机制创新；按照长株潭城市群试验区综合配套改革总体方案，统筹长株潭城市群改革试验工作，指导改革试点，推进长株潭城市群"两型社会"建设综合配套改革。

（三）会同有关部门编制全省"两型社会"建设发展战略、中长期规划和长株潭城市群"两型社会"改革发展区域规划并对规划实施情况进行监测和评估；协同有关部门指导协调相关专项规划、市域规划的编制和实施；对长株潭城市群"两型社会"试验区范围内各类空间管制区域的划定进行指导、协调；参与长株潭城市群试验区范围内重大影响项目的规划管理。

（四）会同有关部门指导协调长株潭城市群土地、水、能源等资源的开发利用以及生态建设和环境治理；统筹协调长株潭生态绿心及湘江生态经济带的环境保护和生态建设，协同有关部门建立水、森林、矿产资源等生态补偿机制。

（五）协同省直有关部门审查长株潭城市群相关重大基础设施和重大产业项目；协同有关部门筹集、安排"两型社会"建设资金。

（六）组织长株潭城市群"两型社会"系列创建活动，协同有关行业主管部门组织实施两型示范创建工程；协同有关部门建立两型产业的准入、退出和提升机制，加强两型技术、产品和模式等的开发、认证、推广,建立两型标准体系和技术规范体系,并做好以上技术、产品和模式的推荐工作。

(七)会同有关部门建立"两型社会"建设监管工作机制、评价体系和工作督办检查制度;协同有关部门开展"两型社会"建设法律法规执法监督检查,参与重大环保危机事件处理,指导督办落实"两型社会"建设的政策措施;会同有关部门建立发展规划、建设项目的两型性评价制度。

(八)会同有关方面建立两型宣传教育机制和社会参与机制,协调组织长株潭试验区改革建设信息发布和宣传推介。

(九)协调有关方面加强与国家部委、中央企业合作共建长株潭试验区的对接工作;会同有关方面促进"两型社会"建设国际国内交流与合作;组织开展"两型社会"建设和长株潭城市群发展重大问题的决策咨询和理论研究。

(十)承办省委、省政府交办的其他事项。

三 内设机构

根据上述职责,湖南省长株潭"两型社会"试验区建设管理委员会设6个内设机构:

(一)办公室

综合协调机关政务和日常工作;负责文电、会务、档案、机要、保密等机关日常运转工作以及提案建议办理、政务公开、信息化建设等工作;承担机关和直属单位的计划财务、资产管理、后勤服务等工作,指导直属单位的计划财务、资产管理等工作;负责机关和直属单位的干部人事、机构编制、劳动工资、社会保险等工作。

(二)规划处

会同有关部门编制全省"两型社会"建设发展战略、中长期规划、长株潭城市群"两型社会"改革发展区域规划和绿心地区总体规划;协同有关部门指导协调相关专项规划、市域规划的编制和实施;对长株潭城市群"两型社会"试验区范围内各类空间管制区域的划定进行指导、协调,并对空间管制区域进行动态监控;协调建立长株潭城市群区域规划省级会商工作机制;参与长株潭城市群试验区范围内重大影响项目的规划管理;会同有关部门建立发展规划的两型性评价制度。

(三)改革处

研究提出长株潭城市群"两型社会"综合配套改革试验区改革建设的目标、政策措施；拟订有关地方性法规、规章草案；会同有关部门推动两型标准体系和技术规范体系建设，推进市场化运作；承担依法行政的有关工作；指导长株潭城市群试验区改革试点工作，协调改革试验重大问题；协调有关部门研究建立两型产业准入、退出、提升机制及流域、森林、矿产资源等生态补偿机制；承办组织开展"两型社会建设"和长株潭城市群发展的重大问题决策咨询和理论研究的相关事宜。

（四）发展处（世界银行贷款长株潭城市发展项目办公室）

协调建立建设项目的两型性评价制度的相关事宜，指导协调两型示范区改革建设；协同省直有关部门审查长株潭城市群相关重大基础设施和重大产业项目；协同有关部门筹集、安排"两型社会"建设资金；承担世界银行贷款长株潭城市发展项目办公室的日常工作。

（五）督查评价处

会同有关部门建立"两型社会"建设监管工作机制、评价体系和工作督办检查制度；对全省"两型社会"建设发展战略、中长期规划和长株潭城市群"两型社会"改革发展区域规划和重大项目的实施情况进行监测和评估；协调做好开展"两型社会"建设法律法规执法监督检查的相关工作，参与重大环保危机事件处理的相关事宜。

（六）宣教联络处

承担"两型社会"建设的宣传教育、国际国内交流合作等工作；会同有关方面建立两型宣传教育机制和社会参与机制，协调组织长株潭试验区改革建设信息发布和宣传推介；拟订与中央国家部委、中央企业合作共建长株潭城市群试验区的计划；组织开展"两型社会"系列创建活动，协同有关行业主管部门组织实施两型示范创建工程，加强两型技术、产品和模式等开发、认证、推广，并做好以上技术、产品和模式的推荐工作。

机关党委负责机关和直属单位的党群工作。

纪检监察机构按有关规定设置。

四　人员编制和领导职数

省长株潭"两型社会"试验区建设管理委员会机关行政编制为40名。其中：主任1名（由省委、省政府有关领导同志兼任），常务副主任1名（正厅长级），副主任3名，纪检组长1名；正处级领导职数8名（含机关党委专职副书记、纪检监察负责人各

1 名），副处级领导职数 6 名。

纪检（监察）机构人员行政编制在机关行政编制总额内单列。

五　其他事项

（一）省长株潭"两型社会"试验区建设管理委员会与各相关市的关系

省长株潭"两型社会"试验区建设管理委员会负责按照省委、省政府的要求，统筹协调长株潭城市群"两型社会"建设改革发展中的相关重大问题，协调落实省委、省政府关于长株潭"两型社会"建设的重大决策；各相关市承担"两型社会"建设的主体责任，建立与省长株潭"两型社会"试验区建设管理委员会的工作机制。

（二）省长株潭"两型社会"试验区建设管理委员会与省直有关部门的关系

省长株潭"两型社会"试验区建设管理委员会建立协调机制，以部门联席会议制度等方式统筹协调"两型社会"建设发展的总体工作和重大事项；各有关部门按其职能负责相关工作，省长株潭"两型社会"试验区建设管理委员会会同有关方面督促落实。

六　附则

本规定由湖南省机构编制委员会办公室负责解释，其调整由湖南省机构编制委员会办公室按规定程序办理。

在全省"两型社会"建设工作会议上的讲话[*]

徐守盛

2013 年 7 月 12 日

党的十八大把生态文明建设纳入中国特色社会主义事业"五位一体"的总体布局，把"两型社会"建设作为全面建成小康社会的重要目标，这标志着"两型社会"建设进入了新的阶段。我们要认真贯彻落实党的十八大和省第十次党代会精神，立足新的起点，加快推进"两型社会"建设，加快实现全省人民的"两型梦"，努力建设更加美丽富饶的湖南，努力走在全国"两型社会"建设前列。

一 进一步增强推进"两型社会"建设的责任感和紧迫感

这是贯彻落实"十八大"以来中央关于生态文明建设、"两型社会"建设新要求新部署的必然要求。党的十八大明确提出，要大力推进生态文明建设，努力建设美丽中国，实现中华民族永续发展。5 月 24 日中央政治局就大力推进生态文明建设进行第六次集体学习，习近平总书记发表重要讲话，提出了明确要求。李克强总理在去年年底全国综合配套改革试点工作座谈会上要求我们对改革试点情况进行总结，进一步推进改革发展工作。今年，国家发改委将会同有关部门对开展改革试验三年以上的国家综合配套改革试验区进行总结评估，对工作推进不力的试验区要明确改进意见，对连续两年无实质性改革进展的将考虑摘牌退出。我们一定要增强紧迫感和责任感，把"两型社会"建设这面旗帜高高举起来，真正让长株潭试验区这张靓丽的名片亮起来，努力为全国的"两型社会"建设作出湖南应有的贡献。

这是湖南赢得"两型社会"建设优势、如期实现阶段性目标任务的现实需要。现在全国都在搞"两型社会"建设，"一花独放"成了"百花争妍"，"单兵突进"成了

---

* 此件为徐守盛在全省"两型社会"建设工作会议上的讲话摘要。

"你追我赶"。这既为我们学习借鉴外省先进经验提供了重要机遇，也给我们提出了新的挑战和竞争压力。不进则退、慢进也是退，稍有松懈，就可能是"起了个早床，赶了个晚集"。同时，对照试验区第二阶段目标任务，我们要到2015年实现既定目标，任务还很重。这就要求我们上下一条心、左右一股劲，加快推进"两型社会"建设，努力抢占制高点，力争取得更大成绩。

这是提升全省人民生活品质、全面建成小康社会的内在要求。现在，人民群众对环境质量的要求越来越高，环保意识越来越强。生态环境的好坏，直接关系全省人民群众生活质量，关系社会和谐稳定和全面建成小康社会的进程。实事求是讲，目前我们的环境状况离人民群众的要求还有很大差距。必须加快建设天蓝地绿水净的美丽湖南，让老百姓呼吸上新鲜空气、喝上干净水、吃上放心食品。如果把生态环境污染了再去治理，付出的代价更大，我们不能吃子孙饭、断子孙路，不能做违反自然规律和经济发展规律的事。

二 准确把握"两型社会"建设的总体要求

要准确把握"两型社会"建设的内涵。我们建设"两型社会"就是要实现经济发展可持续，生态环境更优美，人民生活高品质。这就要求我们在发展中要给自然留下更多修复空间，给农业留下更多良田，给子孙后代留下更多发展资源，努力让产业结构变"轻"、发展模式变"绿"、经济质量变"优"，实现"绿水青山"与"金山银山"相得益彰。

要准确把握"两型社会"建设的指导思想。就是坚持以邓小平理论、"三个代表"重要思想、科学发展观为指导，全面贯彻党的十八大和省第十次党代会精神，全面推进"四化两型"建设，着力推动转型发展、创新发展、统筹发展、可持续发展、和谐安全发展，促进经济总量、发展质量、人均均量"三量齐升"，为实现"小康梦"、"两型梦"、"崛起梦"做贡献，加快形成节约资源和保护环境的政策制度、空间格局、产业结构、生产方式、生活方式。

要准确把握"两型社会"建设的实践路径。总的来说，就是要推动"两个转变"，即转变经济发展方式、转变人们的生活方式。转变经济发展方式，就是从根本上扭转传统粗放型的发展方式，促进发展质量、发展效益和发展水平的协调推进。转变人们的生活方式，就是倡导和推行绿色低碳的生活方式和消费模式。

要准确把握"两型社会"建设的几大关系。一是发展与保护的关系。要牢固树立保护生态环境就是保护生产力、改善生态环境就是发展生产力的理念，不能将发展与保护对立起来、割裂开来。二是两型与转型的关系。要把"两型社会"建设作为转型发展的重要引擎和抓手，贯穿到经济社会发展各个领域和全过程，在发展中转型、在转型中发展。三是重点与全盘的关系。重点抓好"一点一面一区一载体"，"一点"就是长株潭核心区建设，"一面"就是抓好绿色湖南建设这个面，"一区"就是加快实施主体功能区战略，"一载体"就是抓好清洁低碳技术推广应用这个载体，以此带动全省"两型社会"建设。四是政府与市场的关系。既要充分发挥市场在资源配置中的基础性作用，又要发挥政府的管理、服务等职能。

三　突出抓好"两型社会"建设工作重点

突出抓改革创新。当前，在全面推进和深化各项改革的同时，重点抓好"三大改革"。一是"营改增"试点。要按照国务院部署，把"营改增"作为调整产业结构，推动现代服务业加快发展的重大机遇，认真抓好抓实。二是行政审批制度改革。重点在"放"字上做文章，既要放开，打破"玻璃门"、"弹簧门"，让一切生产要素自由流动；又要放权，减少行政审批，切实在完善市场经济体制和改革行政管理体制上取得新进展。三是深化资源性产品价格改革。凡是能通过市场竞争形成的价格，都要由市场发挥基础性作用；暂不具备条件的，也要探索采取模拟市场定价方法，更好地反映市场供求关系。

突出抓科技支撑。要把科技创新贯穿于"两型社会"建设的各个领域，以科技创新促进产业转型升级、破解污染治理难题、推动绿色低碳出行方式。要深化科技体制改革，强化企业创新主体地位，加强科技创新平台建设，大力培养和造就创新型人才，推动经济发展向创新驱动转变。要加大科技成果推广应用，大力推广清洁低碳技术。

突出抓项目建设。一是严格执行规划。把规划作为项目建设的"总纲领"和"总遵循"，项目的布局和建设要符合规划要求，下位规划要符合上位规划、专项规划要对接总体规划、市州地区规划要落实全省的顶层设计。要建立规划管理协调平台和区域性重大项目的联合审批与规划否决机制，实行严格监督和审批把关。二是严格坚持两型标准。把两型理念贯穿项目建设全过程，按照两型标准推进项目建设，大力推进十大环保工程、十大标志性工程和试验区八大工程。三是严格把好两型审批关。无论是引进、开发项目，还是争取项目，都要严格项目准入，严把技术水平关、资源能源消耗关、环境保护关，坚决杜绝高耗能高污染项目。

突出抓两型示范创建。要持之以恒抓好示范创建，使"两型"实践在全省蔚然成风。一是要提质。着力打造两型示范"升级版"，不能简单地认为一个单位的绿化搞得好、卫生搞得好就算是"两型"。示范创建单位不能搞"一评定终身"，要有淘汰退出机制。二是要集成。把这些年省内好的做法、国内外先进经验进行集成，着力培育打造一批两型生产方式、生活方式的集中展示区。三是要见效。就是要通过示范创建，解决一些实实在在的问题，让老百姓得到实惠。四是要带头。各级机关单位、领导干部要带头践行"两型"。

突出抓省部合作协议对接落实。各相关部门要对省部合作协议落实情况进行一次全面梳理和评价，对是否落实了，落实了多少，落实效果如何，没落实的原因，都要清清楚楚、明明白白。要明确专人抓好对接落实，加大汇报对接力度，争取国家部委给我们更大支持、帮助以及具体指导。

四　更好地发挥长株潭试验区的示范引领作用

要争当改革创新的示范引领。按照两型要求，进一步加大改革力度，率先形成有利于资源节约、环境友好的体制机制。要继续推进资源性产品价格和环保收费改革，开展污染物排放权交易、生态补偿等改革试点。要大力推进"三个集中"改革试点，推动土地向大户集中、居民向社区集中、企业向园区集中。要加快生态环境保护改革，包括市场化减排、多污染物协同控制、多污染源综合治理以及区域间环境治理联动合作机制等改革。

要争当产业转型升级的示范引领。进一步转变发展观念、创新发展模式、提高发展质量，率先打造经济"升级版"。加快转方式调结构，以信息化带动工业化，以服务业提升制造业，推动产业向高端化、高新化转型，构建现代产业体系。要探索产业分工协作、利益共享机制，促进协同发展、特色发展，形成规模和集群效应。要增强自主创新能力，大力推进科技创新、管理创新和制度创新，加快区域技术创新体系建设。要大力发展开放型经济，提升开放层次和水平。

要争当生态环境保护的示范引领。严格环境准入，加快利用先进技术改造高耗能高污染的行业和企业，坚决淘汰落后产能。要大力发展循环经济，形成低投入、低排放、能循环、高产出生产方式。要严格落实节能减排目标责任制，确保完成节能减排硬性指标。要加大水、土、气等突出环境问题的治理力度，抓好重点领域和重点地区的污染治理。要加强生态保护与建设，努力建设宜居城市、生态村镇。

要争当统筹城乡发展的示范引领。坚持统筹城乡发展，促进基础设施、产业发展、公共服务、生态环境等城乡统一协调发展，率先实现城乡融合的一体化发展格局。要加快农民市民化进程，下大力气解决进城农民在就业、住房、社保、医疗卫生、子女教育等方面的突出问题，逐步实现基本公共服务由户籍人口向常住人口全覆盖。要坚持"先行先试、非禁即试"理念，着力打开阻碍要素流动的制度"闸门"，促进各类要素在城乡之间有序自由流动。

要争当城市规划、建设和管理的示范引领。坚持以人为本,加快推进新型城镇化。要科学规划城市,严格规划管理和监督,坚持一张好的蓝图干到底。要坚持高标准建设城市,真正做到经得起各种检验、让人民群众满意。要坚持高效能管理城市,推进城市法治化管理,加快智慧城市建设,提升市民文明素质。要努力探索城市经营新路子,着力破解"人往哪里去、钱从哪里来、土地怎么用、城镇如何管"等问题,走集约、智能、绿色、低碳的新型城镇化路子,为全省创造可资借鉴的经验。

五 强化"两型社会"建设的保障措施

要加强统筹协调。各级各部门要以高度的责任感,找准位置,认真履职,积极作为。省两型工委、管委会要切实担负起统筹、协调、指导、服务的职能。省直各部门要立足自身职能职责,主动做好政策引导、项目申报、平台搭建、标准制定、示范创建、宣传教育等工作。各市州要担负主体责任,充分发挥主观能动性和创造性。全省上下要按照"省统筹、市为主、市场化"原则,落实省委、省政府的统一部署,形成工作合力。

要注重分类指导。各地要从实际出发,因地制宜,找准着力点和突破口,把"两型社会"建设与区域协调发展结合起来。长株潭地区要用好两型试验区这个平台,率先创造"五位一体"的新经验。湘南地区要加大承接产业转移力度,努力打造全省新的经济增长极。洞庭湖生态经济区要加快建设湖南长江经济带,建设生态农业、生态工业示范园和生态旅游示范区。湘西地区要继续加大扶贫攻坚力度。

要加大投入力度。要加大财政投入,省里将逐步增加"两型社会"建设专项引导资金,各地也要相应加大投入力度。要加大资金整合力度,对相关部门的一些资金可进行适度整合,用于对"两型社会"建设试点示范实行奖补。要积极向上争取资金支持。要注重发挥市场机制作用,动员社会资金投入"两型社会"建设,促进投资主体多元化、投资方式多样化。

要强化法制保障。要加快地方生态环境立法,强化执法监督检查,确保相关法律法规和规划的全面正确实施,加大对破坏和污染环境行为的惩处力度,真正让企业和个人不敢污染、不能污染。要加强制度建设,建立国土空间开发保护制度,实行最严格的耕地保护制度、环境保护制度。

要严格考核评估。不能简单地以 GDP 增长论英雄,要把资源消耗、环境损害、生态效益纳入经济社会发展评价体系,建立完善目标体系、考核办法、奖惩机制。要强化制度执行,加强监督检查,严格责任追究,对那些不顾生态环境盲目决策、造成严重后果的人,要依法依纪追究责任。

在全省"两型社会"建设工作会议上的讲话[*]

杜家毫

2013 年 7 月 12 日

2007 年以来,我省以两型为引领,以长株潭试验区辐射带动全省"两型社会"建设取得明显成效。一是"四小企业"的关闭整治力度加大,解决了一批群众反映强烈的环保问题。二是产业结构调整力度加大,发展了一批新能源、新材料等绿色环保产业,提高了资源循环利用水平。三是节能减排力度加大,淘汰了一批高耗能、高物耗、高排放的落后产能,湘江流域重金属污染治理纳入我国大江大河治理规划。四是全社会参与建设的力度加大,人民群众环保意识不断增强,形成了许多好做法,也积累了很多好经验。

我省"两型社会"建设任务仍然很重。完成这项长期任务,必须在抓落实上下功夫,从一件件具体的事情做起,从一个个具体的项目抓起,让人民群众切身感受到"两型社会"建设带来的变化和实惠。

一 以"水更清"为重点,抓好三湘四水的水环境治理

从古到今,一提到湖南,就会想起八百里洞庭,就会想到纵横交织的水乡图景。可以说,水既养育了湖湘人民,也是湖南最明显的地理特征。我们建设"两型社会",首先就要围绕让人民群众喝上干净水、放心水,抓好水环境治理,做好水这篇文章。

要进一步加强污染源治理。主要是抓好两个方面。第一,抓好点源污染防治。据统计,我省化工、电力、造纸、黑色金属冶炼加工业和煤炭采掘业等五个行业的废水排放量占全省总量的 61.7%。这些点源污染散布全省,仅矿山就有 6400 多座。必须严格控制、加强治理,该关闭的坚决关闭,该治理的坚决治理到位。第二,抓好面源污染防

---

  * 此件为杜家毫在全省"两型社会"建设工作会议上的讲话摘要。

治。城镇要抓好"两治",即垃圾治理、污水治理,减少生活污水、垃圾的污染。农村要抓好农药、化肥及畜禽养殖的面源污染,提高低毒低残留农药、化肥的施用率,推广规模化养殖,集中处理畜禽养殖污染。

要充分发挥环保设施的作用。我省已实现县以上城镇污水处理设施全覆盖。下一步,一方面要确保污水的收集和处置,抓好污水管网配套建设,加大老旧破损管网检测、修补、更换力度,杜绝污水直排。另一方面要加强监管,加大对企业偷排的打击力度,确保污水处理等环保设施正常运转。

要加强对新建项目的环保前置审核。对不符合国家产业政策和相关规划要求的、选址不合理达不到功能区划要求的、不符合清洁生产要求的、污染物排放不达标的,要从严控制,防止今后关闭治理成本高于现在建设成本的现象重现。

要严格落实责任。把让人民群众喝上干净水,作为政府的第一任务,纳入重要议事日程,争取用两年时间解决全省农村饮水安全问题。没有水,一切无从谈起。要把这项任务作为县乡村领导的主要职责,狠抓落实到位。省市政府要加强领导、强化问责,与县乡村共同努力。要建立可操作性的奖惩考核机制,对投入不到位、水污染隐患严重、水污染状况长期得不到有效改善的地方,要严肃追责。这个任务,需要省、市推动,但必须落实到县、乡、村。应该把让人民群众喝上干净水,作为检验工作成效的重要标准。

二 以"山更绿"为重点,保护好山清水秀的良好生态环境

近年来,我省大力推进绿色湖南建设,在植树造林、退耕还林、公益林保护和林业生态建设等方面做了大量工作,积累了许多好的经验和做法。我们要继续坚持,大力推广。

要大力植树造林和发展林下经济。紧紧抓住国家加大中西部地区生态文明建设投入的机遇,争取国家在退耕还林、造林、生态公益林、森林抚育等补贴方面,给予我省更多支持。建立支持绿色湖南建设的财政投入体系,深化林权制度改革,拓宽投融资渠道,积极开发绿色信贷、绿色保险、绿色证券等金融产品,通过贷款贴息、林地流转、林权抵押贷款等方式,引导和鼓励更多社会资本参与绿色湖南建设。

要严控山体开发。严格落实国家主体功能区划分要求,加大对重要水源涵养区、饮用水源区和水土流失重点预防保护区等山体的保护力度。严格林木采伐管理,继续实施"林木采伐指标入村到户工程",确保我省1.94亿亩林地数量不减少、质量不降低。

要加强山体修复。强力推进山体修复、环境整治等工作,对于经过批准、确需开挖山体的建设项目,要同步推进山体修复工作,最大限度减少和消除裸露山体。认真摸清

全省目前"开天坑"、"剃光头"等情况，及时采取措施加以解决。加快实施一批地质灾害防治工程和矿山地质环境治理工程，全面推进全省"矿山复绿"行动，着力解决矿山地质环境突出问题，切实遏制石漠化势头。

要加强探矿、采矿、选矿管理。有计划地压缩探矿、采矿指标，严格控制计划外采矿。坚持一手抓矿产资源整合，一手抓矿权源头控制，按国家部署有计划关停年产9万吨以下的小煤矿，切实解决矿产资源开发小、散、杂、乱等问题，着力解决一批矿山污染的突出问题。

三　以"气更净"为重点，切实抓好节能减排工作

6月14日，国务院常务会议专题研究大气污染防治工作，出台了十条措施。我们要结合实际，狠抓落实。

要加强大气污染源头治理。关键是加快推进重点行业脱硫脱硝工作。一方面，要督促火电、水泥、钢铁、石化、有色等行业企业，按要求建设和完善脱硫脱硝装置。另一方面，要强化对设施运行的监管，切实解决部分企业建而不用的问题。要加大对各类生产、生活用烟囱和异味气体排放的整治力度。

要进一步研究汽车尾气排放治理问题。这方面，有关部门和长株潭已进行了很好的探索。要认真总结借鉴省内外好做法、好经验，研究制定切合我省实际、针对性和操作性较强的汽车尾气排放治理措施。尤其是长株潭地区，机动车辆多，要结合长株潭大气污染联防联控工程，严格执行国家机动车排放标准，探索和积累治理经验。

要把万元GDP能耗作为衡量经济发展质量的重要指标。根据"十二五"规划，我省万元GDP能耗2015年要比2010年下降16%。这是一个约束性指标。新上项目要强化节能环保指标约束，对能评、环评，一是要从严要求，二是要加强服务、加快回复。各地要对照"十二五"目标和年度任务表，找出差距和努力方向，确保完成这一硬任务。

四　以科技创新为重点，奠定"两型社会"建设的产业基础

发展环保产业是新型工业化的重要方面。要充分利用我省的科技创新优势，既立足当前抓传统产业改造升级，又着眼长远抓战略性新兴产业和现代服务业培育发展，为"两型社会"建设奠定产业基础。

要加强科研攻关和成果运用。大力发展企业研发中心，着力推进大型企业研发中心落户湖南，支持湖南企业与产业技术发达地区加强合作。积极支持科研院所的环保科技

攻关，提高环保产业整体水平。通过政府采购等形式，选择在一批园区、社区、机关集成运用我省最先进的环保节能技术，集中展示我省"两型社会"建设成果。

要进一步完善支持环保产业发展的政策措施。环保产业潜力很大、前景广阔，必须加大支持力度。目前，我省先进装备制造、电子信息、新能源、新材料、生物医药、节能环保、文化创意等七大战略性新兴产业，既符合两型要求，又有一定的发展基础。要全面梳理、认真总结已有支持政策，并根据最新发展情况，在充分征求各方面意见的基础上，出台更有针对性、操作性的政策。

要引导绿色消费。大力倡导两型文化，着力宣传两型理念，使绿色消费成为每个单位、每个家庭、每个公民的自觉意识。制定促进绿色消费的政策，继续制定强制使用节能环保产品和规范资源合理利用的相关规定，从制度层面促进两型要求的落实。政府要发挥示范作用，带头使用节能设备、环保材料，采购环保节能产品，真正成为绿色消费的倡导者、先行者。

长株潭试验区和全省"两型社会"建设已进入关键时期。我们一定要按照中央要求和省委决策部署，凝心聚力，真抓实干，开拓创新，以实际行动实现绿色湖南的美好前景。

中国人民银行、国家发展和改革委员会、财政部、中国银行业监督管理委员会、中国证券监督管理委员会、中国保险监督管理委员会等关于印发《长株潭城市群金融改革发展专项方案》的通知

银发〔2013〕241 号

湖南省人民政府：

《长株潭城市群金融改革发展专项方案》已经国务院同意，现予以印发，请认真贯彻执行。

2013 年 9 月 18 日

长株潭城市群金融改革发展专项方案

为发挥金融对长株潭城市群资源节约型和环境友好型社会（以下称"两型"社会）建设的支持作用，根据《国务院关于长株潭城市群资源节约型和环境友好型社会建设综合配套改革试验总体方案的批复》（国函〔2008〕123 号）精神，制定本方案。

一　总体要求

（一）指导思想

以邓小平理论、"三个代表"重要思想、科学发展观为指导，围绕加快转变发展方

式，紧扣长株潭城市群"两型"社会建设主题，深化金融改革开放，整合区域金融资源，完善金融体制机制，着力推动金融产业发展，为"两型"社会建设提供有力的金融支撑。

（二）基本原则

坚持金融服务与金融发展相协调。根据"两型"社会建设重点内容，合理布局和规划金融产业，加速金融资源集聚，提升金融服务水平，做大做强金融产业。

坚持全面发展与突出重点相结合。围绕"两型"社会建设产业特征，全面推进金融改革创新，积极发展具有"两型"特色的金融业，大力支持实体经济发展。

坚持改革创新与防范风险相统一。积极发展适合"两型"社会的金融组织、金融产品、金融服务，提高金融市场发展的深度和广度。加强金融风险预警机制建设，提高金融调控和金融监管能力，严厉打击金融领域的违法犯罪活动。

（三）建设目标

通过 10 年左右的努力，率先形成服务"两型"社会建设的金融支撑体系，基本形成门类齐全、功能互补、具有区域特色的现代金融市场体系，全面增强长株潭城市群金融聚合能力、辐射能力和综合服务能力，为金融业促进"两型"社会建设探索路径。

二 主要任务

（一）完善金融机构体系

丰富银行业金融机构体系。支持地方商业银行逐步成长为立足本地、服务本地经济发展、具有较强核心竞争力和品牌价值的现代商业银行。在符合监管政策的条件下，支持银行业金融机构在长株潭城市群设立分支机构，鼓励符合条件的境内外银行业金融机构投资入股地方银行业金融机构。创造条件，组建全省性控股集团，统一经营管理省属国有金融股权。

发展证券期货类机构。引导证券公司在完善风险控制体系基础上，依法合规拓展经营范围。支持符合条件的证券公司按国家政策参与证券场外市场交易业务。支持期货公司改革重组、做大做强，鼓励和支持有实力、经营规范的战略投资者通过增资扩股、兼并重组等方式，对期货业依法合规进行整合。

鼓励有条件的地区建立中小微企业信用担保基金和区域性再担保机构。稳妥发展小额贷款公司，鼓励信托公司、金融租赁公司等提供优质高效的信托和融资租赁业务。

（二）推动金融产品和服务方式创新

支持开展银团贷款。鼓励开发、创新各类风险投资产品和组合，以及支持城乡一体化建设的债券类、股权类等金融产品。支持各类产业和科技园区以租赁、股权托管等方式开展建设和经营。

开展碳金融试点。鼓励先行开展资源环境金融创新。积极推进碳金融相关研究，创造开展碳排放交易的条件。在控制碳排放总量的基础上，探索利用碳排放权交易等市场机制，控制温室气体排放。

积极创新支付环境。在金融集成电路卡推广和移动业务发展等领域先行先试，支持金融集成电路卡在公共交通、园区管理、公共事业管理以及小额支付等公共服务领域的一卡通用。大力推广非现金支付工具，特别是电子支付工具。推动金融系统参与"三网融合"试点，按照风险可控原则，推进网上银行、智能银行、"全天候"（24小时营业）银行建设。创新贷款和结算方式，积极探索开展各种移动金融业务。

（三）建立多层次金融市场体系

推动多层次资本市场体系建设。探索建立场外交易市场。支持符合条件的企业在证券场外市场转让交易或在创业板、中小板和主板市场发行上市。研究开展发行项目收益债等新品种债券试点。积极推进符合条件的企业利用期货市场进行套期保值、管理风险。支持湖南省联合产权交易所等产权交易机构依法合规开展业务，规范发展矿业权、水权和林权等产权交易，引导农村土地承包经营权有序流转。

稳妥发展票据业务。鼓励和支持符合条件的中小金融机构参加全国同业拆借市场交易，拓展票据业务，增强票据市场辐射能力。

推动优质企业开展直接融资。抓好上市后备资源培育工作，加大企业直接融资力度。支持符合条件的企业发行企业（公司）债。引导上市公司完善治理结构，推动资产重组，推行市值管理制度，提升企业价值。

（四）加快保险业改革创新

推动设立各类保险机构。研究设立覆盖农业、高危行业、环境等领域的保险机构。鼓励国内外优质保险经营机构和保险中介机构在长株潭城市群设立分支机构。在符合监管政策的前提下，重点吸引国内外保险机构的区域性财务中心、票据中心、研发中心、信息中心、数据中心、灾备中心、客服中心、培训中心、审计中心等"后台"机构进驻。积极引进再保险主体。支持具备条件的保险专业中介公司组建保险专业中介集团公司。

开展保险业改革创新。支持保险业重大改革创新措施在长株潭城市群先行先试。大力发展与社会保障体系相适应的商业保险，支持社会保障体系建设。支持发展环境污染责任保险，根据环境风险评估情况，制定合理的保险费率标准，利用费率杠杆机制促进企业加强环境风险管理。

（五）深化农村金融改革

完善农村金融市场。推动农村中小金融机构改革发展，进一步深化农村信用社改革，推进产权改革，增强资本实力，完善法人治理；支持新型农村金融机构发展，按照面向"三农"、质量为先原则，稳步培育发展村镇银行。推动小型金融机构探索建立适应农村经济发展的经营模式。充分发挥中国农业银行、中国农业发展银行和中国邮政储蓄银行的金融服务功能，鼓励和促进农村储蓄资金回补"三农"。

加强农村金融产品和服务方式创新。支持农业保险经办机构建立健全农业保险基层服务网络，与农业担保、农产品物流贸易、期货交割等形成配套完善的业务链条。扩大农村抵押担保范围，加强涉农信贷与涉农保险合作。鼓励农产品生产经营企业开展套期保值业务。加快银行卡助农取款、便民缴费等支付渠道建设。加大对种养大户发展规模农业、生态农业的金融服务力度；加大对农民合作社的支持力度。加强金融政策与财政、土地等政策的协调配合，综合运用各种政策工具，拓宽涉农信贷资金来源渠道。

（六）加大对"两型"社会建设的金融支持

健全"绿色信贷"机制，加大对符合"两型"社会要求的企业贷款扶持，优先满足企业节能减排技术改造及循环化改造的贷款需求。

支持基础设施共建共享机制建设。加强对以综合运输体系为重点的基础设施建设和以现代能源产业为重点的基础产业建设的金融支持。拓宽基础设施建设融资渠道，吸引私募股权投资，探索新型公私合作伙伴关系。开展以化解地方政府性债务风险为目标的金融改革试点，有效化解政府融资平台风险。依法合规发展小城镇和新农村建设投资公司，促进城乡结合地区的城镇化建设。

围绕具有比较优势和发展潜力的战略性新兴产业，重点加大对先进装备制造、新材料、文化创意、生物、新能源、信息、节能环保等七大领域的金融支持。从上市和发行企业（公司）债券、贷款授信等方面，对国家、省级循环经济试点示范企业和园区给予支持。引导金融机构结合自身业务范围和所在区域产业转移、退出和限制的有关政策，制定详细的授信指引、风险清单和相关信贷管理要求。

（七）优化金融生态环境

深入推进社会信用体系建设。继续开展湖南省金融安全区创建活动。加强信用立法与信用制度建设，建立健全社会信用奖惩联动机制。加快推动将资源、环保、纳税、合同履约、产品质量等信用信息纳入湖南省信用信息系统，促进信息交换、共享和联网。充分发挥人民银行金融信用信息基础数据库的作用，依法提供信用信息服务。推进中小企业和农村信用体系建设。培育、扶持有市场竞争力和产品公信度的信用服务机构。加大信用宣传力度，增强全社会信用意识。加强对民间金融活动的监管和风险防范，严厉打击非法集资。

推进金融街区建设。吸引各类金融机构和信用评级、资产评估、融资担保、投资咨询、会计审计、税务、法律服务、IT信息等与金融有关的中介服务机构在长株潭城市群设立法人机构、区域总部和分支机构。鼓励和引导金融机构在长株潭城市群设立金融后援基地，建设金融机构聚集的金融街区。

加强金融信息化建设。以中国人民银行、湖南省联合开展的金融服务创新综合试点为依托，以金融业综合统计等平台为手段，推进安全高效的支付清算服务、准确全面的统计信息服务、贴近百姓的现金服务、安全快捷的国库服务、功能完善的征信服务、运转高效的反洗钱服务、方便灵活的外汇管理服务等"七个服务"。

推进金融同城建设。统筹规划区域金融的空间格局和目标定位，统一规划金融资源开发、金融设施配套、金融市场开拓和金融政策，推动金融同城建设，形成聚合金融模式。

优化企业融资环境。开展创业富民金融工程，支持对大中专毕业生、复员军人、城乡失业人员发放创业贷款、给予财政贴息，推动创业带动就业。扩大中小微型企业发展专项资金规模，完善担保体系，加大对中小微创业型企业和新兴领域创业的资金支持。

三　保障措施

（一）建立金融协调合作机制

湖南省成立长株潭城市群金融协调服务领导小组，加强与金融管理和监管部门派出机构及金融机构信息交流，对金融业改革发展实行统一规划、指导和协调，强化金融监管和风险防范，维护金融稳定和金融秩序。

中国人民银行、国家发展和改革委员会、财政部、中国银行业监督管理委员会、中国证券监督管理委员会、中国保险监督管理委员会等关于印发《长株潭城市群金融改革发展专项方案》的通知

（二）完善金融发展政策措施

深入研究长株潭城市群金融发展状况，建立健全金融创新激励、金融预警、金融风险防范化解、金融行业风险补偿等配套机制，在土地和城市规划、人才及家属安置等方面制定优惠政策，吸引外来机构落户，支持企业上市融资，促进产业基金与创业投资基金发展。

（三）提升金融从业人员素质

利用保险职业学院等院校聚集优势，建设金融人才培训基地。加强对金融从业人员的培训，加大金融机构对外交流合作力度，提高从业人员综合素质。鼓励金融机构引进国内外高级金融人才担任中、高层管理职务，提升经营管理水平。推进金融知识的教育和普及，加强对公务员队伍的金融知识培训，深化社会各方面对金融市场规律的认识，进一步强化风险意识，为金融改革发展创造良好的环境。

湖南省人民政府办公厅
关于印发《湖南省湘江污染防治第一个"三年行动计划"实施方案》的通知

湘政办发〔2013〕68 号

各市州、县市区人民政府，省政府各厅委、各直属机构：

《湖南省湘江污染防治第一个"三年行动计划"实施方案》已经省人民政府同意，现印发给你们，请认真组织实施。

附件：

1. 湖南省湘江污染防治第一个"三年行动计划"实施方案
2. 湘江污染防治第一个"三年行动计划"部门责任分工表（略）。

湖南省人民政府办公厅

2013 年 11 月 15 日

湖南省湘江污染防治第一个"三年行动计划"实施方案

湘江是湖南人民的母亲河，其环境状况与全省人民的幸福生活息息相关。湘江的流域面积、人口和经济总量分别占全省的 40%、65% 和 80%，承载着近 5000 万人口的生产生活用水以及纳污、灌溉、航运等功能，在全省经济社会发展中的作用举足轻重。多年来，我省高度重视湘江的污染防治。但由于工业、农业、生活和历史遗留污染长期叠加，水污染形势仍然严峻。加强湘江污染防治事关流域内居民饮水安全和经济社会可持续发展，省人民政府决定将湘江污染防治作为"一号重点工程"，连续实施三个"三年行动计划"（2013～2021 年）。为推进湘江污染防治工作，特制定本实施方案。

一　指导思想

以邓小平理论、"三个代表"重要思想、科学发展观和党的十八大精神为指导，牢固树立"既要金山银山，又要绿水青山；若毁绿水青山，宁弃金山银山"的理念，根据水环境承载力优化经济社会发展布局，以水环境保护促进经济发展方式转变，以污染综合防治工程提升水环境质量，以政策机制创新提高环境管理水平，全面推进湘江保护和治理。

二　基本原则

（一）以人为本，民生优先

把水质达标、确保饮用水安全摆在优先位置，努力解决关系民生的重大水环境问题，满足人民群众"喝上干净水，享受水环境"的迫切要求，切实维护人民群众身体健康和环境权益。

（二）保护优先，协调发展

按照水资源和水环境承载力，对不同区域、不同环境功能区实施差别化的环境政策，因地制宜，分类指导，保护优先。科学统筹区域与流域、发展与保护、远期与近期、局部与全局、供水与排水的关系，充分发挥环境保护的引领和倒逼作用，促进经济社会与资源环境协调发展。

（三）控新治旧，综合整治

严格环境准入条件，严控新增污染源和污染物的排放，不欠新账，多还旧账。按照"流域—控制区—控制单元"三级分区体系推行水环境精细化管理，以污染物排放总量控制为抓手，采取控源、治理、修复、风险防控等综合措施，强化工业、农业、生活源协同控制，持续改善水环境质量。

（四）政府主导，共同参与

各级政府严格履行环境保护监管职责，明确目标，配套政策，加大投入，强化措施；各有关部门加强联动协作，齐抓共管；按照"谁污染，谁治理"的原则，促进企业切实履行环境保护主体责任；广泛动员社会力量参与，鼓励社会资金投入，共同保护和治理湘江。

三 总体目标和基本步骤

（一）总体目标

通过实施三个"三年行动计划"，到 2021 年，确保湘江干流及主要支流水质达到Ⅲ类或优于Ⅲ类标准，城镇集中式饮用水源保护区水质达到Ⅱ类或优于Ⅱ类标准，确保湘江流域水环境质量不断提高，重污染区域和流域环境质量持续改善，饮用水源高标准稳定达标，生态系统逐步恢复，在强化保护和发展的良性互动中逐步构建湘江经济繁荣、水体清澈、生态平衡、人水和谐的格局，实现"江水清、两岸绿、城乡美"的美好愿景。

（二）整体部署

按照"远近结合，分步实施"的原则，区分轻重缓急，按三年一个周期开展三轮治理行动。

第一个"三年行动计划"（2013~2015年）。以"堵源头"为主要任务。加强城镇环保基础设施建设，减少沿江县城及以上城市、重点建制镇生活污水污染；深化有色、化工等重点行业工业企业污染治理，削减重金属等污染物排放总量；推进矿山、尾矿库、渣场专项整治，严控污染扩散；完成集中式饮用水水源地污染整治，确保群众饮水安全。同时，有效控制规模化畜禽养殖、网箱养殖污染，加强河道采砂、水上餐饮、运输船舶和港口码头污染防治。通过第一个"三年行动计划"，到2015年，确保流域企业污水稳定达标排放，涉重金属企业数量和重金属污染物排放量比2008年下降50%，局部地区水质恶化趋势得到彻底遏制，全流域水质实现初步好转。

第二个"三年行动计划"（2016~2018年）。"治"与"调"并举。推进工业企业污染深度治理，并对沿江一般城镇和自然村的生活污水实施有效处理，进一步削减污染物排放总量；开展农业面源污染治理，减少农药、化肥使用量，逐步实现江边退耕还林、还绿，提高岸边生态水平和环境自净能力；推进历史遗留污染治理，化解区域环境安全隐患；加大产业结构调整力度，实施老工业基地整体搬迁和重化工企业的结构调整，大力发展高新技术产业和生产性服务业，使产业结构逐步优化。

第三个"三年行动计划"（2019~2021年）。巩固和提高。围绕"天更蓝、山更绿、水更清"进一步实施综合措施，推进产业优化升级，两岸城乡环保基础设施进一步完善，深化土壤污染治理和生态修复，使"两型社会"建设、绿色湖南建设的主要指标值在湘江流域得到全面提升。

四 第一个"三年行动计划"期间（2013～2015年）的主要工作任务

（一）大力推进重点行业工业企业污染防治

1. 调整产业结构和布局。依法关停小化工、小冶炼、小造纸、小电镀、小皮革等高污染、高能耗企业，对于潜在环境危害风险大、升级改造困难的企业，在2015年前逐步依法淘汰。严格控制敏感区域高污染高风险行业环境准入，湘江干流两岸各20公里范围内不得新建化学制浆、造纸、制革和外排水污染物涉及重金属的项目，鼓励发展低污染、无污染、节水和资源综合利用项目。按照"一区一策"的原则，扎实推进株洲清水塘、衡阳水口山、郴州三十六湾、湘潭竹埠港和娄底锡矿山等重点区域污染集中整治。

2. 推进清洁生产。根据环保部环发〔2010〕54号规定，将重有色金属矿（含伴生矿）采选业、重有色金属冶炼业、含铅蓄电池业、皮革及其制品业、化学原料及化学制品制造业五个重金属污染防治重点防控行业，以及钢铁、水泥、平板玻璃、煤化工、多晶硅、电解铝、造船七个产能过剩主要行业，作为实施清洁生产审核的重点。积极落实清洁生产中、高废技术改造方案，提高企业技术装备水平，从源头上减少污染物产生。鼓励企业推行自愿性清洁生产审核。加大矿山采选、冶炼、化工等重污染行业企业污染治理力度，鼓励企业在稳定达标排放的基础上进行深度治理，提高工业用水循环利用率。

3. 推进有色、化工等重点行业企业进入专业工业园区发展，2015年底前，工业园区必须配套建设集中污水处理设施等环境基础设施，并逐步提高园区污水集中处理规模和排放标准，逾期未能建成污水处理设施或污水处理设施出水不达标的工业园区，暂停审批新、扩、改建设项目。

4. 加强重点污染源监管，全面实行排污许可证、环境污染责任保险和企业环境行为信用等级评价管理制度，积极推行绿色信贷政策。对超标、超总量排放水污染物的排污企业进行限期治理；对逾期未完成限期治理任务的企业依法取缔关闭。对申请上市环保核查前一年内发生过严重环境违法行为的企业，环保部门不予受理其核查申请。2013年年底前，全面推进重点行业企业环境信息公开。

（二）大力推进城镇污水收集处理设施建设

1. 加强城镇污水处理厂配套管网建设和排污口截污、雨污分流改造工作，系统提高城镇污水收集能力和处理效率。到 2015 年底前，湘江流域县级市和县城新增污水管网 3240 公里，重点建制镇新增污水管网 1189 公里。

2. 推进城镇污水处理设施建设和升级改造，到 2015 年底前，湘江流域县以上城镇新增污水处理能力达到 212.5 万吨/日，污水处理率达到 88% 以上；建制镇污水处理率达到 20% 以上。到 2014 年底前，长株潭三市市区等重点区域污水处理设施排放标准执行《城镇污水处理厂污染物排放标准》（GB 18918 – 2002）一级 A 标。

3、推进城镇污水处理厂污泥安全处置和污水再生利用。到 2015 年底前，脱水污泥无害化处理处置率达到 50%。积极稳妥发展再生水用户，扩大再生水利用范围。

（三）加强规模化畜禽养殖、网箱养殖污染防治

1. 加大规模化畜禽养殖污染治理力度。各市人民政府依法划定规模化畜禽养殖禁养区、限养区、适养区；2014 年底前，湘江长沙综合枢纽库区湘江干流两岸 1 公里范围和城镇集中式饮用水水源陆域保护区内的畜禽养殖企业全部退出或搬迁；2015 年底前，湘江长沙综合枢纽库区以外湘江干流两岸 500 米范围内的畜禽养殖企业全部退出或搬迁，其中 2014 年完成任务总数的 40%；新、改、扩畜禽养殖建设项目必须严格执行环境影响评价和"三同时"（污染治理设施与生产设施同时设计、同时建设、同时运行）制度；现有规模化畜禽养殖企业须建设和完善废弃物综合利用和污染治理设施，确保污染物达标排放，2015 年底前，规模化畜禽养殖污染处理达标率达到 75%。

2. 科学合理确定网箱养殖规模和布局，严格控制网箱养殖面积，湘江长沙综合枢纽工程库区、一级饮用水源保护区等其他环境敏感区域禁止网箱养殖，已有的必须在 2014 年年底前全部退出。

（四）加强尾矿库、渣场环境安全隐患整治

1. 开展尾矿库专项整治行动，加强尾矿库排水污染治理，对存在安全隐患的尾矿库，采取加固或闭库处理等措施，消除环境安全隐患，并逐步恢复堆存库区的生态。分类处理沿江沿河两岸含重金属危险固废等严重危害环境的固体废物，对有利用价值的固体废物，推进综合利用，逐步消化堆存量；对难以资源化利用且危害大的固体废物，采取多种方式进行安全处置，阻断其污染扩散途径。

2. 加快对湘江两岸 59 座由于历史原因形成的老生活垃圾填埋场进行升级改造、转场或封场处理。重点加大渗滤液收集处理力度，严格控制污染物排放。

（五）全面加强饮用水水源地环境保护

1. 加强集中式饮用水水源地环境保护。在城镇集中式饮用水水源保护区内，禁止设置排污口，2014 年底前，依法拆除或关闭饮用水水源保护区的排污口及与供水设施和保护水源无关的建设项目；对城镇集中式饮用水水源地加强监控和风险评估，2014年年底前，县级及以上人民政府要建立饮用水水源污染应急体系；2014 年年底前，完成 500 人以上的农村集中式饮用水水源地保护区划定和调整工作，在保护区设置界碑、开展水质监测，及时取缔工业和生活排污口、规范畜禽和水产养殖行为。

2. 全面完成湘江长沙综合枢纽库区清污工程。在 2014 年 10 月大坝正式蓄水前，全面完成库区水污染治理任务，健全库区水环境安全管理机制，确保蓄水安全。

3. 强化水质良好湖泊治理和环境保护。突出抓好东江湖、水府庙水库、铁山水库等水质较好湖库的环境保护工作，通过对湖库纳雨区工业污染、生活污染和农业面源污染治理，减少入湖库污染物，改善湖库水质，确保水质稳定达到水功能区环境质量标准。

4. 开展河道综合整治。全面取缔湘江干流和一、二级支流以及其他环境敏感水域的水上餐饮，禁止沿岸餐饮业向水体直接排污。严格监管水上危险化学品运输，禁止船舶向水体排放含油废水等污染物和倾倒垃圾，严禁港口码头生产生活废水直排。从严控制河道采砂，2014 年底前，全面取缔湘江长沙综合枢纽库区等环境敏感水域范围内的采砂作业。

五　保障措施

（一）加强组织领导

各级各有关部门要提高认识，加强组织领导，切实做好湘江污染防治工作。湘江重金属污染治理委员会负责组织和监督指导全省湘江污染防治工作。湘江流域各市、县市区也要成立相应的组织领导机构，把湘江污染防治作为"一把手"工程，纳入本地区经济社会发展规划，由政府"一把手"负总责。省政府有关部门根据责任分工要制定相应的技术标准和管理规定。

（二）落实责任分工

流域各市、县市区人民政府为方案实施的责任主体。流域八市人民政府要制订实施方案，将目标任务分解落实到辖区内县市区，定期召开专题调度会，检查各项工作任务的落实情况，分析水环境质量状况，解决工作中的难点和重点问题，重点推进市本级项目的实施。各县市区全面负责落实本行政区域内污染治理具体工作任务，负责落实配套资金和治理项目建设，确保各项目标任务按期完成。各级纪检监察机关要加大行政问责和责任追究力度。省直有关部门按照职责分工对水污染整治工作进行指导、监督检查和推动落实。

（三）创新政策机制

1. 加强环保硬约束监督管理

严格环境准入，加强投资项目审批管理，未通过环境影响评价审批的项目一律不准开工建设。对未通过环评审查的项目，有关部门不得审批、核准，不得供应土地，不得批准开工建设，不得发放生产许可证、安全生产许可证、排污许可证，金融机构不得提供任何形式的新增授信支持，有关单位不得供电、供水。

2. 建立环境保护责任终身追究制度

进一步落实各级政府和企业环境保护的法定责任，建立环境保护工作档案，对因不按程序审批项目，盲目决策，以牺牲环境为代价引进污染项目以及弄虚作假编制环评文件，违规承接环保治理工程或工程质量不符合要求等行为导致环境污染事故的，实施环保责任终身追究。

3. 完善督查督办和联合执法机制

加强部门联合执法，不定期开展水污染源的巡查，对典型水污染问题，进行督查督办。按照《最高人民法院 最高人民检察院关于办理环境污染刑事案件适用法律若干问题的解释》（法释〔2013〕15 号）规定，对环境违法行为依法进行严厉打击，对涉嫌构成犯罪的，依法移送司法机关。

4. 开展排污权交易和企业环境信用等级评价

将排污权交易试点范围由长株潭三市工业企业扩展到湘江流域所有工业企业，对企业环境行为进行综合评价，并与企业税收减免、金融信贷、项目审批、资金安排等优惠和支持政策全面挂钩。

5. 落实差别化水价

运用经济杠杆促进水资源节约利用，加大水资源费、污水处理费的征收力度，实行差别水价，适当拉大高耗水、高污染行业与其他行业用水的差价，遏制限制类和淘汰类行业盲目发展。

6. 推进流域生态补偿试点

在湘江流域内建立和完善跨市、县市区断面考核和赔偿补偿机制，建立上游对下游超标排污和环境责任事故赔偿的责任机制。

（四）加大资金投入

加快建立"政府引导，地方为主，市场运作，社会参与"的多元化筹资机制，合理界定政府与市场的责任。充分调动全社会特别是企业对水环境治理投入的积极性，拓宽融资渠道，建立政府、企业、社会多元化投入机制；大力争取国家资金支持，省和市、县市区财政加大对湘江流域环境保护的投入力度，建立完善湘江污染防治资金投入保障机制，有效整合城市建设、环保、农业、节能减排、水利建设、淘汰落后产能、新农村建设等方面的资金。

（五）加大考核力度

省政府将湘江污染防治工作任务逐年分解下达到湘江流域各市、县市区人民政府和省直相关部门，由湘江重金属污染治理委员会办公室组织考核。建立激励与约束并举的水环境保护工作目标责任制，按照考核办法，对完成任务好的，予以奖励；对完成任务差、环境质量持续恶化、出现水污染事故的，予以"黄牌警告""一票否决"。

（六）加强能力建设

进一步完善水环境质量监测体系，增加、调整优化省控、市控监测断面，加强城镇集中式饮用水水源、市际跨界水体监测断面（点位）的自动监测能力建设；建立沿江、沿河排污口数据库，加强重点排污口及重点企业污水处理设施的监管；实行环境应急分级、动态和全过程管理，妥善处置突发环境事件。

（七）强化科技支撑

积极鼓励和支持水污染防治重点实验室平台建设，引进国内外先进的水污染治理技术，提升湘江流域水污染防治的科技水平。大力推进重金属污染治理、污水污泥资源化利用工艺和设备技术创新，加强指导，抓好先进适用技术的开发、示范和推广培训工作。建立健全专家委员会工作机制，为湘江污染防治工作决策提供支持。

（八）推动公众参与

建立水环境信息共享与公开制度，加快省、市环境信息公开平台建设，及时发布区域水环境质量信息。加强环境宣传与教育，通过电视、网络等多种形式，提高全民生态文明素养，推动公众践行文明、节约、绿色的消费方式和生活习惯。建立完善部门与公众良性互动机制，畅通环境信访平台和环保热线，及时解决热点难点问题。大力倡导"保护湘江，人人有责"的理念，充分发挥环保志愿者的积极作用，由省文明委牵头，每年聘请 200 名环保志愿者参与湘江保护的宣传示范和监督工作。切实维护公众环境知情权、参与权和监督权，建立举报奖励制度，鼓励群众积极检举污染环境和破坏生态的行为。

第四编
多个试点示范的
一体化

国务院
关于同意支持长株潭国家高新区
建设国家自主创新示范区的批复

国函〔2014〕164 号

科技部、湖南省人民政府：

《科技部湖南省人民政府关于支持长株潭国家高新区建设国家自主创新示范区的请示》（国科发高〔2014〕266 号）收悉。现批复如下。

一、同意支持长沙、株洲、湘潭 3 个国家高新技术产业开发区建设国家自主创新示范区，区域范围为国务院有关部门公布的开发区审核公告确定的四至范围。要坚持以邓小平理论、"三个代表"重要思想、科学发展观为指导，深入贯彻党的"十八大"和十八届二中、三中、四中全会精神，按照党中央、国务院决策部署，全面实施创新驱动发展战略，充分发挥长株潭地区科教资源集聚和体制机制灵活的优势，积极开展激励创新政策先行先试，激发各类创新主体活力，推进科技成果转移转化，加快创新型城市群建设，努力把长株潭国家自主创新示范区建设成为创新驱动发展引领区、科技体制改革先行区、军民融合创新示范区、中西部地区发展新的增长极。

二、同意长株潭国家高新区享有国家自主创新示范区相关政策，同时结合自身特点，积极开展科技体制改革和机制创新，在科研院所转制、科技成果转化、军民融合发展、科技金融、文化科技融合、人才引进、绿色发展等方面先行先试。

三、同意成立由科技部牵头的部际协调小组，协调各部门在职责范围内支持长株潭国家自主创新示范区建设，落实相关政策措施，研究解决发展中的重大问题。国务院有关部门、湖南省人民政府要结合各自职能，在重大项目安排、政策先行先试、体制机制创新等方面给予积极支持，建立协同推进机制，搭建创新合作的联动平台，集成推进长株潭国家自主创新示范区建设。

国务院

2014 年 12 月 11 日

湖南省财政厅、湖南省环境保护厅、湖南省水利厅关于印发《湖南省湘江流域生态补偿（水质水量奖罚）暂行办法》的通知

湘财建〔2014〕133号

2014年12月24日

长沙、株洲、湘潭、衡阳、邵阳、郴州、永州、娄底市财政局、环保局、水利局，相关县市区财政局、环保局、水利局：

经省政府同意，现将《湖南省湘江流域生态补偿（水质水量奖罚）暂行办法》（以下简称《暂行办法》）印发你们，请遵照执行，并就有关事项通知如下：

一、本《暂行办法》依托的《湘江流域断面水质水量监测考核办法》由省环保厅会同省水利厅另行制定，监测考核工作由省环保厅、省水利厅分别组织实施。省环保厅、省水利厅每季度将监测考核结果报送省政府，并通报相关市、县政府。

二、湘江流域生态补偿将综合考虑各地水质、水量及污染物通量等因素，《暂行办法》采用的基础数据由相关职能部门提供，并将根据每年的数据采集情况适时调整。

三、《湘江流域断面水质水量监测考核办法》所涉及的水量数据仅作为本《暂行办法》的资金分配依据，不作为省政府对地方政府水资源管理考核的依据。

四、各地环保、水利部门要相互配合，不断加强本地区水质、水文监测能力，充分发挥已有水质水文监测设施、队伍和水资源相关资料的作用，避免重复建设。

附件：

湖南省湘江流域生态补偿（水质水量奖罚）暂行办法

湖南省湘江流域生态补偿
（水质水量奖罚）暂行办法

为强化湘江流域各级政府生态保护责任，加强水污染防治工作，改善湘江流域水环境质量，特制订本办法。

一　政策依据

根据《中华人民共和国环境保护法》《中华人民共和国水污染防治法》《中华人民共和国水法》《中华人民共和国水土保持法》《湖南省湘江保护条例》《绿色湖南建设纲要》及《湘江流域生态环境保护规划》等法律法规和规定。

二　基本原则

在对湘江流域上游水源地区给予重点生态功能区转移支付财力补偿的基础上，遵循"按绩效奖罚"的原则，对湘江流域跨市、县断面进行水质、水量目标考核奖罚。污染越重，处罚越多，保护越好，奖励越多。

三　考核范围

湘江流域生态补偿（水质水量奖罚）范围为湘江干流及舂陵水、渌水、耒水、洣水、蒸水、涟水、潇水等流域面积超过 5000 平方公里及流域长度超过 150 公里的一级支流流经的市和县市区，其中，县级行政单位需满足以下条件之一：

（一）湘江干流沿岸；

（二）境内一级支流长度 20 公里以上；

（三）境内一级支流流域面积 500 平方公里以上；

（四）跨界水质经常出现超标的上游县。

按照上述原则，确定纳入考核范围的行政单位及考核级次为：

序号	市县	负责考核工作级次	备注	序号	市县	负责考核工作级次	备注
1	永州市	省级	考核市与市间交界断面	4	江华县	市级	湘江干流
2	东安县	市级	湘江西源	5	道县	市级	湘江干流
3	蓝山县	市级	湘江干流、舂陵水	6	双牌县	市级	湘江干流

续表

序号	市县	负责考核工作级次	备注	序号	市县	负责考核工作级次	备注
7	祁阳县	市级	湘江干流	26	醴陵市	市级	渌水
8	新田县	市级	春陵水	27	株洲县	市级	渌水、湘江干流
9	郴州市	省级	考核市与市间交界断面	28	攸县	市级	渌水、洣水
10	安仁县	市级	洣水	29	炎陵县	市级	洣水
11	永兴县	市级	洣水、耒水	30	茶陵县	市级	洣水
12	桂东县	市级	耒水	31	湘潭市	省级	考核市与市间交界断面
13	汝城县	市级	耒水	32	湘乡市	市级	涟水
14	资兴市	市级	耒水	33	湘潭县	市级	涟水
15	嘉禾县	市级	春陵水	34	湘潭县	市级	湘江干流
16	桂阳县	市级	春陵水	35	长沙市	省级	考核市与市间交界断面
17	衡阳市	省级	考核市与市间交界断面	36	浏阳市	市级	渌水、浏阳河
18	衡阳县	市级	蒸水、湘江干流	37	长沙县	市级	浏阳河、湘江干流
19	衡南县	市级	蒸水、耒水湘江干流	38	邵阳市	省级	考核市与市间交界断面
20	常宁市	市级	春陵水、湘江干流	39	新邵县	市级	涟水
21	耒阳市	市级	春陵水、耒水	40	邵东县	市级	蒸水
22	衡东县	市级	洣水、湘江干流	41	娄底市	省级	考核市与市间交界断面
23	祁东县	市级	湘江干流	42	涟源市	市级	涟水
24	衡山县	市级	湘江干流	43	双峰县	市级	涟水
25	株洲市	省级	考核市与市间交界断面				

四 奖罚办法

根据跨市、县湘江流域断面水质、水量监测考核结果（根据省环保厅会同省水利厅另行制定的《湘江流域断面水质水量监测考核办法》考核），对流域所在的市县进行奖罚，分水质目标考核奖罚、水质动态考核、最小流量限制三部分。具体为：

（一）考核对象

水质考核污染因子分主要考核因子和辅助考核因子两类。主要考核因子为化学需氧量、氨氮、总磷、砷、镉、铅 6 种。辅助考核因子为 pH 值、溶解氧、高锰酸盐指数、五日生化需氧量、总氮、铜、锌、氟化物、硒、汞、六价铬、氰化物、挥发酚、石油类、阴离子表面活性剂、硫化物等 16 种。

考核因子根据水质变化情况和实际需要进行调整。

（二）奖励办法

1. 水质目标考核奖励。某地所有出境考核断面全部考核因子达到 Ⅱ 类标准的，给予适当奖励；全部考核因子达到 Ⅰ 类标准的，给予重点奖励。

2. 水质动态考核奖励。某地所有出境断面平均水质比所有入境断面平均水质每提高一个类别，给予适当奖励。

上述奖励每月计算一次，逐月累加。

（三）处罚办法

1. 水质目标考核处罚。某地出境断面主要考核因子低于 Ⅲ 类标准的，实施目标考核处罚。具体分为以下三种情况：

当某地出境断面主要考核因子为 Ⅳ 类时，超标不到 0.2 倍的，扣缴基本处罚额；超标超过 0.2 倍的，每增加 0.2 倍，扣缴金额翻倍递增。

当某地出境断面主要考核因子为 Ⅴ 类时，超标不到 0.2 倍的，扣缴金额为基本处罚额×2；超标超过 0.2 倍的，每增加 0.2 倍，扣缴金额翻倍递增。

当某地出境断面主要考核因子劣于 Ⅴ 类时，超标不到 0.2 倍的，扣缴金额为基本处罚额×3；超标超过 0.2 倍的，每增加 0.2 倍，扣缴金额翻倍递增。

2. 水质动态考核处罚。某地出境断面水质比入境断面水质每下降一个类别，给予适当处罚。

各主要考核因子单独计算超标扣缴金额，各断面的超标扣缴资金为五项主要考核因子超标处罚资金之和。

上述处罚每月计算一次，逐月累加。

（四）最小流量限制

根据我省核准的市、县交界断面最小流量，某地所有出境考核断面水量必须全部满足最小流量且相应水功能区水质达标，否则视对下游的影响程度核减考核奖励直至取消。

（五）数据确定

1. 水质类别按照《地表水环境质量标准》（GB 3838－2002）规定划分。

2. 最小流量标准由省水利厅根据省政府批准的各河流控制断面最小流量标准公布。

3. 各市湘江流域生态补偿奖罚标准由省财政厅根据当年生态补偿资金规模和相关断面水质监测结果确定；各县生态补偿奖罚标准由各市确定。

（六）工作组织

省组织对永州、衡阳、株洲、湘潭、长沙、郴州（含东江湖）、邵阳、娄底 8 市的考核，根据考核结果将生态补偿资金测算分配到各市，并按全市生态奖罚资金的一定比例核定市本级及所辖区生态奖罚资金额度。各市参照本办法制定对辖区内各县的水质水量考核生态补偿办法并实施考核，在省确定的生态补偿资金额度内，根据考核结果提出到县的资金分配方案报省财政厅，省财政厅会同省环保厅、省水利厅审定后，省财政厅将生态奖罚资金直接下达至市、县两级。

（七）资金拨付

生态补偿资金以年为单位进行结算。

各地湘江流域生态效益补偿额合计为正数的，省财政将生态补偿资金通过转移支付安排市县；合计为负数的，省财政在办理年度结算时予以扣缴。

（八）其他

湘江一级支流断面的水质考核奖罚标准为湘江干流的一半。

因不可抗力原因造成的阶段性水质超标，在一定期限内不执行水质超标惩罚。

根据水量监测数据，考核断面特枯月份不计算考核。

某地没有入境水断面时，为便于奖罚计算，入境断面水质设定为Ⅲ类水。

五　资金使用管理

1. 考核奖励资金

获得考核奖励资金的市县要切实增强生态环境保护意识，将补偿资金统筹用于湘江流域水污染防治（含监管能力建设及运营）、水资源管理、水资源节约、饮用水源地保护、水土保持、生态保护、新能源和清洁能源利用、城镇垃圾污水处理设施建设及运营、安全饮水等生态保护与环境治理支出，资金使用要突出重点、减少重复投入（建设）。不得将资金用于经常性支出，不得安排部门工作经费，更不得用于形象工程、政绩工程、楼堂馆所建设及小汽车购置。

考核奖罚资金测算分配完成后，省财政厅将核定的奖励资金额度通知相关市县。各市县应在收到省财政厅通知补助额度的 15 个工作日内，将资金使用方案（包括资金具体投向、项目基本情况、筹资渠道、预计进度、预期效果等）上报省财政厅。经审核符合条件后，省财政厅再批复下达资金。同时，各市县应于每年 10 月前将上年度资金使用绩效评估报告上报省财政厅。

2. 考核处罚资金

水质目标考核处罚资金由省财政统筹安排，作为水环境治理和水资源保护专项资金，用于湘江流域重点污染地区的污染治理、环境保护（含监管能力建设及运营）、水生态文明建设、水生态修复等。资金根据污染程度、国土面积、流域长度等因素，按因素法测算分配。

市县应在收到省财政厅通知补助额度的 15 个工作日内，按照省级环保专项资金和水资源管理与保护项目的申报程序及要求，向省财政厅、省环保厅、省水利厅报送水污染治理和水资源保护项目。省财政厅会同省环保厅、省水利厅组织专家对市县申报项目进行审核后再下达资金。市县要严格按照省核定的项目和额度安排使用资金，并在规定的时间内完成省确定的项目建设任务（具体任务由省环保厅、水利厅制定）。

六　其他

各市县应根据我省环境保护和水污染防治、水资源保护相关规划，制定本地区水环境保护年度计划和工作方案，并采取有效措施，确保本行政区域内水环境质量达到相关规划及《湖南省实行最严格水资源管理制度考核办法》的要求。

省财政厅对生态补偿资金安排使用情况进行监督检查。省环保厅、省水利厅等相关职能部门将对湘江流域相关市县生态环境和水资源保护工作进行检查督导，检查结果作为全省环保、水利目标考核的重要内容。

对获得水环境治理和水资源保护专项资金后连续三个月水质仍不达标的地区，或出现重大污染事故（含毁林等重大生态事故），或水污染防治执法不严、整改措施不落实、限期整治不完成的地区，省将采取项目限批、诫勉谈话、"一票否决"以及扣减生态补偿资金等制约措施；对人为调整考核断面采样监测数据、干扰考核工作的，全额扣减当年生态补偿奖励资金，并视情况取消以后 1~5 年享受生态补偿奖励资金资格。

湘江流域水质水量目标考核生态补偿机制从 2014 年 1 月 1 日起执行，2015 年生态奖罚资金按照 2014 年湘江流域水质水量监测数据进行考核分配，依此类推，以后年度生态奖罚资金按上年度水质水量监测数据进行考核分配。

2014 年 12 月 24 日

湖南省人民政府
关于印发《长株潭城市群区域规划
（2008～2020）》（2014年调整）的通知

湘政发〔2015〕9号

各市州人民政府，省政府各厅委、各直属机构：

现将《长株潭城市群区域规划（2008～2020）》（2014年调整）印发给你们，请认真组织实施。

湖南省人民政府

2015年2月16日

长株潭城市群区域规划（2008～2020）^①
（2014年调整）

调整说明

2008年经国务院批准实施的《长株潭城市群区域规划（2008～2020年）》（以下简称08版区域规划），对长株潭城市群社会经济发展起到了重要的指导作用。但在近五年的规划实施中，也出现了一些问题，比如：城市群一体化进展滞缓，"两型"发展的转型压力大，中心城市交通枢纽地位仍然偏低，发展与保护的矛盾依旧突出，资源紧缺与利用低效并存。尤其是绿心的创新发展未得到充分体现，加大了绿心保护的困难；示范区作为两型发展的重要载体，却面临政策空心化和两型主题淡化等弊病。

同时，08版区域规划的实施也正面临新的形势与背景：一是中国日益提升生态文

---

① 此件收入本书时有删节。

明建设的地位，强调发展模式转型，湖南省也相应提出了"三量齐升"的战略和"小康—两型—崛起"的"三湘梦"，这将有力促进长株潭两型试验实现借力突围；二是中国突出城市群战略，强调城市间的协同、分工，而长株潭属于先天的组合城市格局，具备多中心、网络化发展的客观优势；三是十八届三中全会中央全面深化改革的精神，将进一步激活长株潭的创新精神；四是2013年国家提出"长江中游城市群"和依托长江建设中国经济新支撑带的区域纵深发展战略，这对处于"东部和中西部过渡带、长江和沿海开放经济带结合部"的长株潭带来了重大机遇。

因此，08版区域规划批复实施以后，长株潭城市群社会经济发展面临许多新情况、新问题，需要及时对区域规划中不适应的内容进行补充、完善和修正，保证区域规划的前瞻性和可操作性，充分体现区域规划在城市群发展中的统领作用。按照湖南省政府的要求，长株潭两型委组织开展了本次区域规划调整工作。

本次规划调整基本延续了08版区域规划的空间层次和结构，进一步强化了空间协调的措施。并重点从四个方面对08版区域规划进行了调整和深化：一是结合国家与湖南战略要求，进一步完善目标指标；二是结合长株潭的不足与优势，进一步优化战略路径；三是结合政府职责并口地方需求，进一步强化行动工程；四是结合改革导向和关键弊端，进一步注重机制创新。

调整后的区域规划成果包括文本、图集、说明书和专题报告。文本中带下划线部分为修改后的内容，楷体字部分为新增内容。

第一章 总 则

第一节 发展基础

长株潭城市群位于京广经济带、泛珠三角经济区、长江经济带的结合部，具备建设区域性中心城市群、影响和辐射四方的区位优势。长株潭城市群内部结构紧凑、区位条件优越，自然资源丰富，生态环境良好，历史文化特色鲜明，是国家不可多得的城市群资源。

2007年，长株潭城市群被国家确定为"两型"社会建设综合配套改革试验区，这是国家实施"中部崛起"战略的重大举措，是国家在新时期赋予长株潭城市群的重要历史使命，也是长株潭城市群进入国家重大战略布局，实现又好又快发展的新机遇。

自08版区域规划实施以来，长株潭城市群在社会经济发展和改革创新探索两方面都取得了令人瞩目的成就。目前，长株潭城市群社会经济发展取得了长足进步，生态环境保护治理成效显著，基础设施建设进展明显，体制机制创新取得一定的突破，两型示范区成为带动全局发展的有效抓手。

但是，长株潭城市群发展也面临急迫的部分问题。城市群一体化进程相对滞缓，经济发展转型仍然艰难，中心城市的枢纽地位偏低，发展与保护的矛盾依旧突出，资源紧缺与利用低效并存。这些问题制约了长株潭城市群的进一步提升，也是长株潭城市群未来发展必须突破的"瓶颈"。

专栏 1　长株潭城市群概况

长株潭城市群是以长沙、株洲、湘潭三市为依托，辐射周边岳阳、常德、益阳、衡阳、娄底五市的区域，总面积 9.68 万平方公里，人口 4077 万，分别占全省的 45.7% 和 61%。2013 年，城市群实现 GDP 19656.81 亿元，占全省 76.9%。其中，作为城市群核心的长株潭三市，沿湘江呈"品"字形分布，两两相距不足 40 公里，既有绿色带隔离，又有高速路网连接，是不可多得的优质城市群资源。长株潭三市总面积 2.8 万平方公里，人口 1396 万，分别占全省 13.3% 和 20.9%，2013 年实现 GDP 10545.62 亿元，占省 41.3%，并且集中了全省 3/4 的研发人员、80% 的科技成果。

长株潭城市群区域内盆地与丘陵间错、城镇与乡村交织，形成独特的空间组合；良好的山体、水域、绿心生态开敞区，构成独特的生态本底，农业科技、市场体系、物质装备和基础设施等基础条件较好。与京广、浙赣、湘黔京广等铁路干线交汇，与京港澳 G4、二广 G55、杭瑞 G56、沪昆 G60、泉南 G72 等国家高速及 G106、G107、G207、G319、G320、G322、G353 等七条国道贯通，水运内联湘资沅澧涟及洞庭湖、外达长江，民航 2013 年黄花国际机场旅客吞吐量达到 1600 万人次，在中部排名第一位。湖南多年推进长株潭经济一体化，是"中国第一个自觉进行区域经济一体化实验的案例"。

第二节　战略意义

长株潭城市群正处于工业化中期阶段，兼具东部发达地区和中西部地区的发展特征。加快长株潭城市群发展，既关系到湖南自身发展，也是落实国家中部崛起战略的需要，是促进东中西区域协调发展的重要实践。积极推进资源节约型和环境友好型社会建设综合配套改革试验，加快长株潭城市群率先发展，能够为全国探索资源节约和环境友好的体制机制提供示范，为中部欠发达地区推进新型工业化、新型城镇化积累经验，为全国探索区域协调发展新模式做贡献。

第三节 指导思想和原则

一 指导思想

高举中国特色社会主义伟大旗帜，以邓小平理论、"三个代表"重要思想、科学发展观为指导，全面贯彻党的"十八大"和十八届三中全会精神，进一步解放思想，锐意改革，加快转变经济发展方式，促进经济社会发展与人口资源环境相协调，切实走出一条有别于传统模式的工业化、城镇化发展新路，全面提升城市群综合实力和竞争力，带动实现富民强省、科学跨越，为全国科学发展提供示范，积累经验。

二 发展原则

——坚持以人为本、改革创新。以改革为动力，通过体制机制和观念创新，形成促进又好又快发展、增进人民福祉的制度优势，带动全省科学跨越发展。

——坚持全面统筹、协调发展。实施优势优先，兼顾周边地区，辐射带动全省，实现城乡统筹、优势互补、资源共享、互利共赢。

——坚持因地制宜、强化两型。按照两型发展要求，加快推进新型工业化、新型城镇化，构建优势突出、特色鲜明的产业体系，布局合理、集约发展的城镇体系。创新流域治理、生态网络建设、有序开发机制，展现湖南山水、生态、经济、文化特色。

——坚持政府引导、市场推动。加强省级统筹协调，充分发挥各市在改革建设中的主体作用。强化规划、政策等的科学引导，发挥市场配置资源的决定性作用，促进生产要素自由流动。

第四节 规划范围和期限

一 规划范围

长沙、株洲、湘潭、衡阳、岳阳、常德、益阳、娄底八市行政辖区，约9.68万平方公里。

本次规划分为三个空间层次：

第一层次为城市群核心区，涵盖长沙、株洲、湘潭市区，浏阳市、醴陵市、韶山市、湘乡市、宁乡县、长沙县、株洲县、湘潭县、赫山区、云溪区、湘阴县、汨罗市、屈原管理区的一部分，总面积9211.03平方公里。是本次规划的重点区域。

专栏2　长株潭城市群核心区面积一览表

单位：平方千米

地　区	面积	地　区	面积
长沙市区	1917.63	湘潭县	675.04
株洲市区	863.12	湘乡市	308.20
湘潭市区	657.40	韶山市	155.80
长沙县	1218.8	赫山区	228.50
浏阳市	681.78	湘阴县	378.64
宁乡县	825.48	汨罗市	204.00
株洲县	274.97	云溪区	23.68
醴陵市	725.80	屈原管理区	72.19
合　计：9211.03			

第二层次为功能拓展区，包括核心区以外的长沙、株洲、湘潭三市市域，益阳市的资阳区、赫山区、桃江县，娄底市区和双峰县，岳阳的湘阴县和汨罗市，面积20911平方公里。

第三层次为外围协作区，位于长沙、株洲、湘潭、衡阳、岳阳、常德、益阳、娄底八市行政辖区范围内，核心区与功能拓展区以外的地区，面积约6.67万平方公里。

二　规划期限

近期2013～2015年；

远期2016～2020年；

远景2020年以后。

第五节　规划强制性内容

一、区域内必须控制开发的区域。包括：风景名胜区、自然保护区、森林公园、湿地公园、公益林区、退耕还林地区、湿地、水源保护区、基本农田保护区、生态敏感区、维护生态系统完整性的生态廊道和绿地，其他禁止开发、限制开发地区。

二、区域性重大基础设施的布局。包括：高速公路、干线公路、铁路、港口、机场、区域性电厂和高压输电网、天然气门站与主干管、防洪、滞洪、水利枢纽、区域引水等工程。

三、涉及相邻城市的重大基础设施布局。包括：城市取水口、城市污水排放口、城市垃圾处理场等。

四、规划期限内城市建设用地的发展规模、方向等。

本规划强制性内容是对区域规划实施进行监督管理的基本依据。对违反本规划强制性内容的地区和单位，要公开曝光，依法追究直接责任人和相关领导的责任。

第二章　城市群发展战略目标

第一节　战略定位

长株潭城市群的战略定位是：全国"两型"社会建设的示范区，中部崛起的重要增长极，全省新型城镇化、新型工业化和新农村建设的引领区，具有国际品质的现代化生态型城市群。

长株潭城市群的功能目标是：全国城市群协同发展的先行区，全国生态文明建设的样板区，长江经济带承东启西的支撑区，内陆开放与自主创新的先导区，全省率先迈向基本现代化的引领区。

第二节　战略重点

长株潭城市群总体发展战略为：建设"两型"社会、实现科学跨越。战略重点是：

——坚持核心带动，促进跨越发展。加强城市群核心区的规划建设，作为建设"两型"社会的基础平台、区域发展重点和一体化建设的空间载体，大力推进综合配套改革方案的实施，实现优势地区率先发展，带动长株潭城市群和全省跨越式发展。

——加快产业"两型化"，推进新型工业化。发挥科技创新的先导示范作用，依靠产业结构调整、自主创新和信息化，加快新型工业化进程，重点发展先进制造业、高新技术产业和现代服务业，提升基础工业，发展现代农业。

——强化生态格局和湘江治理，塑造高品质生态环境。以"南治水为主、北治气为主"为原则，突出湘江综合治理。以"强化生态特色，彰显湖湘魅力"为原则，合理利用长株潭三市结合部的空间开放式绿心、湘江生态带等生态区域，打造人与自然和谐相处、布局合理、生态良好、环境优美、适宜人居的生态环境。

——发展社会事业，推动城乡和谐。促进社会就业更加充分，构建更加合理的收入分配和社会保障体系，大力推进教育、文化、卫生、体育等社会事业发展。建立以工促农、以城带乡的长效机制，加快绿色低碳小城镇建设，改善乡村地区生活环境，推进乡村产业发展和劳动力转移，建设社会主义新农村。

——坚持集约发展，促进能源资源节约利用。构建城镇紧凑发展的空间结构，推动土地、水、能源等资源集约节约利用，加快开发利用太阳能、浅层地能、风能、生物质能等新能源。

　　——建设综合交通体系，提高城乡运行效率。<u>以一体化交通网络、公共交通体系和智能交通建设为重点，优先城际轨道、城际快速道路建设，</u>将城市交通体系向乡村地区延伸，协调城乡空间资源开发。

　　——提升存量空间、创新增量空间，推进空间高效利用。整合现有工业园区，建立产业退出机制，淘汰"两高"、"五小"企业。加快旧城和城中村改造，整合乡村居民点。探索土地、能源、水资源节约和生态建设、环境保护、城乡统筹发展的新模式，形成符合"两型"社会要求的新型城乡空间形态。

第三节　发展目标

　　近期目标。到 2015 年，试验区建设纵深推进，资源节约、环境友好的体制机制改革取得显著成效，产业转型和城市群一体化发展取得明显进展，两型化的产业结构、增长方式和消费模式初步形成，创新和开放能力有所提升，在全省率先实现全面小康。长株潭三市的人均 GDP 达到 9 万元，城镇化水平达到 67%；带动长株潭城市群的人均GDP 达到 6 万元，城镇化水平达到 55%。

　　远期目标。到 2020 年，"两型"社会建设综合配套改革主要任务基本完成，资源节约、环境友好的体制机制基本形成，新型工业化、新型城镇化和城市群一体化发展模

专栏 3　长株潭三市及长株潭城市群发展指标

社会经济发展指标表

序号	社会经济发展指标	单位	2013 年现状		2015 年目标		2020 年目标	
			长株潭三市	长株潭城市群	长株潭三市	长株潭城市群	长株潭三市	长株潭城市群
1	人口占全省比重	%	20.9	60.9	22	64	25	65
2	GDP 占全省比重	%	41.3	76.9	45	80	47	85
3	人均 GDP	万元	7.6	4.8	9	6	14	9
4	高新技术产业增加值占GDP 比重	%	21.9	17.6	25	20	35	25
5	服务业增加值占 GDP 比重	%	38.0	36.7	42	40	50	45
6	进出口贸易额占 GDP 比重	%	8.6	6.1	10	8	16	12
7	R&D 经费支出占 GDP 比重	%	1.53	1.2	1.8	1.5	2.5	2.0
8	城市基础设施占固定资产投资比重	%	6.2	7.0	7.5	9	9	12
9	城镇化水平	%	64.5	52.4	67	55	72	62
10	城乡收入比		2.0	2.2	1.8	2.0	1.6	1.8

两型发展指标表

分类	两型发展指标	指标参数		年变化值
		2020 年目标值		
		长株潭三市	外围五市	
资源节约	人均城乡建设用地	<150 平方米/人		年下降 >3%
	地均工业增加值	>30 亿元/平方公里	>15 亿元/平方公里	年增长 >5%
	单位 GDP 耗水	<40 立方米/万元	<80 立方米/万元	年下降 >4%
	单位 GDP 能耗	<0.5 吨标煤/万元	<0.7 吨标煤/万元	年下降 >4%
环境友好	森林资源蓄积量增长率	>2%	>3%	
	城市空气质量达到二级标准天数比例	>75%	>85%	
	地表水好于Ⅲ类水质比例	>90%	>95%	
	重金属污染事故/事件	0		
社会经济与生态建设	绿色 GDP 占 GDP 比值	>90%		
	环保投入占 GDP 比重	>2.5%		年增长 >10%
	城市公共交通出行分担率（全方式）	>30%	>25%	年增长 >10%
	新建绿色建筑比重	>30%		年增长 >10%

注：社会经济发展指标为针对区域的指导性指标，两型发展指标为针对各市县的控制性指标。

式基本建立，创新能力和开放水平在中西部位居前列，经济社会发展与人口、资源、环境协调发展的格局基本形成，在全省率先向基本现代化迈进。长株潭三市的人均 GDP 达到 14 万元，城镇化水平 72% 以上；带动长株潭城市群的人均 GDP 达到 9 万元，城镇化水平达到 62%。

第三章　城市群核心区发展战略和空间规划

第一节　核心区空间发展战略

一　资源重组，核心区高度一体化

强化长株潭三市功能协作互补和设施共建共享，构建强大的核心区，发挥集聚效应，提高辐射能力，有效带动城市群发展。要共同坚守生态底线，共同维系低成本运行，引导优质公共资源在更大范围进行疏解，一般制造业、低端服务业等尽量尊重市场选择，减少政府干预，促进核心区功能布局优化和有机重组。

二 东优西进，增强区域核心竞争力

优化湘江以东的长沙、株洲、湘潭城区，依托机场、高铁等开放性基础设施，重点布局现代服务业，依托现有制造业基础，大力发展高端制造业。在湘江西岸整合科技创新资源，构筑长株潭城市群科技创新中心。

三 提北强南，促进区域整体发展

综合提升北部长沙的综合性区域职能：建设全国领先的新兴产业园区、科技创新园区和服务区域的中央商务区，发展港口—铁路、公路货运园区和空港—高铁客运新区，与岳阳临港经济和循环经济联动发展。增强南部株洲、湘潭的经济地位和专业性区域职能：推动株洲产业转型升级，完善工业型城市职能，建设面向全国的综合物流中心；增强湘潭面向湖南西南部的辐射带动职能和湘潭制造业优势，突出新能源装备及低碳产业发展，建设面向全国的制造业中心和面向湖南城乡腹地的综合服务中心。

四 连城带乡，加强城乡一体化建设

加强城际道路连接，促进相向发展。加强长沙与株洲、长沙与湘潭间的南北干道，整合提升株洲与湘潭的东西连接道路，打通连接三市的内环路，增加连接三市的外环路。城市道路向乡村延伸，改善小城镇的通外道路，加强城乡经济联系，促进城乡互动发展。

五 治江保绿，提高生态安全保障

治理湘江流域污染，突出株洲清水塘、湘潭下摄司和竹埠港地区的污染治理和产业提升；加强岳麓山、昭山、法华山、金霞山等滨江区的山水景观建设，打造风光秀美的湘江风光带；保护好生态环境，建设维护绕城生态带、生态廊道、绿楔、绿心、公共绿地等生态系统，防止土地空间过度开发、城镇空间过度连绵，提高生态安全保障。

第二节 核心区发展规模

一 人口规模

2015年总人口1100万～1150万人，城镇人口880万人左右；
2020年总人口1200万～1300万人，城镇人口1020万人左右；
2030年总人口1600万人以上，城镇人口1400万人以上。

二 城镇建设用地规模

2015年城镇用地规模达到880平方千米左右；

2020 年城镇用地规模达到 1000 平方千米左右；

2030 年城镇用地规模达到 1350 平方千米左右。

第三节　核心区空间功能分区

立足集约发展，合理划分禁止开发地区、限制开发地区、优化开发地区、重点开发地区四类功能区。

一　禁止开发地区

包括饮用水水源保护地、自然保护区、森林公园、湿地公园、重点公益林区、坡度25 度以上的高丘山地、著名风景区、泄洪区、滞洪区、重要湿地、土地利用总体规划中划定的基本农田保护区等。主要分布在核心区西部、北部山地丘陵集中区、湘江及其主要支流水体、绿心地区高丘山地等。作为构筑生态安全屏障、维护城市群空间结构的国土空间，加强强制性保护，禁止不符合主体功能定位的各类开发建设。

二　限制开发地区

包括基本农田保护区以外的各类宜农土地、坡度在 15~25 度之间丘陵山地、生态脆弱地区等。资源环境承载力较弱，关系城市群整体生态安全格局，分布在城市群组团之间，呈斑块状分布的区域。坚持保护优先、适度开发、点状发展，优先保护自然生态，适量发展休闲旅游，逐步治理或恢复已破坏的山体植被、水系。

三　重点开发地区

包括长沙开福区新港街道、秀峰街道、青竹湖街道、捞刀河街道、黄花、黄兴、榔梨、含浦、坪塘、雷锋、白箬铺、夏铎铺、乔口、靖港、新康、格塘、丁字湾街道、书堂山街道、高岭塘街道、喻家坡街道、白沙洲街道、大泽湖街道、月亮岛街道、金山桥街道、黄金园街道、永安、大瑶、洞阳、北盛、铜官、莲花、金州、花明楼、道林、菁华铺地区，株洲市的天元、云龙、白井、南洲、黄泥坳地区，湘潭河东、湘乡、韶山、雨湖新区、杨河工业新区、易俗河、九华、楠湖新城，益阳沧水铺，岳阳界头铺等。资源环境承载力较强，经济和人口集聚条件较好。完善基础设施，促进产业集群发展，成为支撑全省经济发展、人口集聚的重要空间载体和城市群发展的主要增量空间。

四　优化开发地区

包括三市建成区及湘潭、宁乡、浏阳、株洲、长沙县城现状建成区。国土开发密度较高、资源环境承载力开始减弱，调整、置换城市产业职能，对现有过度集中的功能进行疏导，加快老城区的旧城改造。

在实际建设中，按照符合功能定位和土地集约节约利用的原则，通过土地投资强度分级分类控制等手段进行空间管治，科学安排生产、生活、生态空间。

第四节　核心区生态系统

一　建设目标

突出生态特色，综合运用区域生态补偿等机制，着力构筑环境友好型产业体系、生态型城镇体系、基础设施体系，建设生态经济城市群。

二　系统结构

以山脉、水系为骨架，以山、林、江、田、湖等为要素，综合自然、历史、人文等的空间分布，构建"一心、一带、多廊道、多斑块"的网状生态结构，形成多层次、多功能、复合型区域生态网络。有效保护并合理利用长沙、株洲、湘潭三市相向地带，发挥城市群"绿心"的功能。治理和建设湘江及其沿岸，构建生态良性循环、景观环境优美的湘江生态带。利用湘江支流、区内山体和丘陵，串联城镇绿化隔离带、农田等，形成网络状生态廊道。加上主要交通干道和铁路两侧的绿化带建设及山水廊道的构筑，促进生态"斑块"间、"斑块"与"种源"间的生态联系，维护区域生态系统的稳定和健康。

三　生态建设

1. 规划建设大昭山、法华山、岳麓山等森林公园、城市公园、风景名胜区40处，其中新建34处、扩建2处、续建4处，总面积24622公顷，林地面积15194公顷；新建谷山自然保护区、团头湖湿地白鹭保护区等自然保护区、湿地保护区11处，总面积24721公顷，林地面积13094公顷。

2. 江河风光带建设。沿核心区内湘江干流、主要支流浏阳河、捞刀河、靳江河、沩水、渌江、涓水、涟水防洪堤，建设沿江生态绿地。

3. 湿地保护与恢复。湘江干流及其一级支流警戒水位200米以内地区目前尚未开发的江段，主要湖泊、水库、重要山塘警戒水位200米以内地区，以及江中的大中型岛、滩、洲（包括湘江干流7个永久性生态保护洲岛：傅家州、洪家洲、蔡家洲、冯家洲、鱼尾洲、鹅洲、甄皮洲等）。

4. 主要交通干道两侧建设绿化隔离带，并参照国家道路建设相关规范和要求合理确定绿化隔离带宽度。

第五节　核心区空间发展结构

注重集约化、生态型和开放式开发，形成"一心双轴双带"的空间结构。

一心，即三市结合部的绿心地区，是"两型"社会建设的窗口。充分利用绿心地区的良好生态，在保护好生态基底、发挥生态屏障功能的前提下，创新城乡建设模式，科学提升绿心价值，构筑面向区域的高附加值公共服务平台，将绿心地区从三市"边缘"地带，建设成为城市群的重要功能区、联结三市的功能纽带。

双轴，包括长株东线服务轴、湘江服务轴，是城市和产业一体化建设的综合廊道。前者连接长沙东部新城和株洲市区及长沙县和株洲县等外围片区，依托空港、高铁和高速公路等对外交通设施，重点发展中央商务、先进制造业、空港物流等高端产业，支撑长株潭扩大开放和向外辐射。后者连接长沙和湘潭两市区及北部的霞凝港、湘阴县城、汨罗市和南部的湘潭县城等外围片区，依托沿湘江分布的高校、科研机构和高新技术产业区，建设具有生态绿谷、景观项链和经济走廊三大功能的创新发展轴。

双带，包括北部综合发展带、南部优化发展带，是依托城镇的产业拓展走廊。前者连接长沙市区和空港—高铁新城及益阳沧水铺镇和浏阳市等，综合发展先进制造、高新技术和现代服务等产业，成为长株潭向湘西北辐射、拓展发展腹地的重要轴线。后者连接株洲和湘潭及其周边城镇，向东延至醴陵，向西延至湘乡，加强基础产业优化和先进制造业发展，成为长株潭向湘中辐射的重要轴线，使长株潭未来发展有更大范围的协作区域。

第六节　核心区城市职能结构

一　区域性职能中心

先进制造业中心。包括以星沙先进制造业园区、黄花临空产业园、浏阳经开区、浏阳制造产业基地为主体的长沙东岸先进制造业中心，以长沙高新区、宁乡经开区、金州新区、望城经开区为主体的长沙西岸先进制造业中心，以株洲高新区、田心、金山、航空产业园为主体的株洲南部先进制造业中心，以湘潭高新区、湘潭九华经开区等为主的湘潭临江先进制造业中心。

科技文化中心。以长沙国家软件基地、长沙国家生物产业基地、金鹰文化产业园、中南国家数字出版基地、长沙天心文化产业园、长沙国家广告产业园、麓谷国家动漫游戏产业振兴基地、湘台文化创意园、沙坪湘绣文化产业园、后湖国际艺术区、长沙浏阳河文化产业园、"隆平·种业硅谷"产业园、岳麓科技产业园、湘江昭山文化产业中心、湘潭农业科技产业园为主体的文化创意、科技研发中心。

物流中心。以长沙金霞保税物流园、长沙空港保税物流园、株洲市石峰物流园、株洲铁路枢纽站、湘潭综合保税区和宁乡大河西农产品物流园为中心，以金霞、空港、清水塘、九华、荷塘、雨湖地区为主体，发展物流、产品加工、生产服务等多项功能。以湘潭综合保税区、长沙空港保税物流园为中心，发展国际中转、配送、采购、转口贸易和出口加工等多项功能，打造外贸出口加工服务中心。

技术创新中心。以长沙岳麓山大学城、麓谷高新技术开发区、长沙经济开发区、浏阳经济开发区、株洲高新区、湘潭大学城和湘潭高新技术开发区为中心，以电子信息、生物、新材料、新能源和民用航空航天等高新技术研发应用为主导功能。

二 地方性职能中心

生产性服务中心。以长沙东岸长株潭CBD、株洲河西核心组团新塘片区、湘潭西岸九华高铁及综合保税区为中心，包含主城区的商务、金融、信息、物流等多项功能。

生活性服务中心。以长沙东岸、株洲河东核心组团、湘潭东岸岳塘新城区为中心，包含商贸、娱乐休闲等多项功能。

生态休闲中心。以绿心、九华滨江地区和昭山地区为基础，包含郊野休闲、主题游乐、休养度假等功能。

度假休闲中心。以韶山风景区、株洲空灵岸、大京风景区为基础，包含度假休闲、观光、娱乐等功能。

城乡统筹服务中心。以株洲市荷塘区、南洲、白关、石亭和韶山以西地区为中心，包含面向农业地区的技术与信息服务、大型农副产品加工与集散等多项功能。

第七节　核心区创新发展区域

一 创新发展绿心

本区域创新发展主题为生态资本利用。探索生态环境积极保护的新方式，把绿心地区作为长株潭"空间整合关键、功能提升依托、三市联系纽带"，定位为"功能多元的绿色共享空间"。重点保护绿心地区的生态结构，控制开发方向与模式，适当增加休闲游憩、康体养生、生态农业旅游、教育科研、创意文化等功能。通过引进高端项目，树立生态品牌，突出创新、兼顾民生发展，成为利用生态资本的示范窗口。强化两型委在绿心地区规划实施与管理中的作用。对于历史遗留问题，应由两型委牵头、会同省直相关部门进行项目梳理，并对不合理的项目提出"督查整改"意见，同时强化对重大项目的事前了解与督查。促进两型委机构职能由"统筹协调"向"督查管理"方向转变。

二　创新发展长沙湘江新区

本区域创新发展主题为生态文明建设，发展商业商务、金融服务、生态旅游等服务产业，提升城市品质和公共服务配套，形成功能完善、生态宜居的城市新中心。在科技创新要素与丘岗自然地形的耦合中，探索产业和空间的新形态。有效利用丘陵地形自然景观，科技研发、生态居住、城乡服务等各类建设用地呈"岛块"状分布于山岭、田园之间，形成功能完善、环境良好、城乡相融的"第三空间"形态。充分利用望城、宁乡、益阳独特的自然资源和环境优势，大力发展生态、休闲、文化旅游等高端第三产业。

三　创新发展长沙东部

本区域创新发展主题为加快对外开放。依托空港、高铁等重要区域交通设施和自贸区的触媒效应，提高长株潭的经济外向度，构建更加开放的发展格局。提倡基于公共交通优先的紧凑城市发展模式，进行土地集约高效开发。以高新技术产业、高端制造业为主导，大力发展金融、商务、商贸、物流等产业，承担大区域生产性服务职能。

四　创新发展株洲南部

本区域创新发展主题为旅游城镇化。利用湘江和历史文化资源，大力发展旅游产业，探索传统工业化带动以外的城镇化模式。通过旅游及相关服务业发展，提供非农就业岗位，促进非农人口的就地转化。通过旅游吸引力建设，提升城市品牌与城市服务产业发展空间。依托地方旅游资源，推进特色旅游小城镇建设。围绕农业旅游产业链，以乡村观光休闲度假功能为主导，建设旅游综合社区。

五　创新发展湘潭西部

本区域创新发展主题为新型城镇化。在城市与乡村两种经济形态的交接部，积极探索城镇化的新途径。以农产品加工和贸易物流为主导，高科技农业、休闲农业、农产品商贸加工等相结合，提高农业盈利水平，优化农村居民点布局，统筹城乡基础设施，通过城乡联动带动城镇化。规划杨河地区为湘潭产业发展拓展区，加快推进高端装备和低碳产业发展，大力发展低碳经济，承接产业转移，形成就业集中点，构建低碳环保、城乡一体的公共交通体系，使中心社区、镇与城市生产要素联系便捷，形成"产城融合、低碳发展、城乡统筹"的新型城镇化空间组织模式。

第八节　湘江整治与提升转型

一、建立城市群循环经济发展模式，着力推动清水塘、下摄司和竹埠港等地区转型。依托国家循环经济试点，推进下摄司地区产业、园区的循环化改造；并积极争取国家支持，推进清水塘老工业区和竹埠港化工园区的整体搬迁改造。关停污染企业，盘活城市存量建设用地，加强对受污染农用地的综合整治。发展新型工业，促进产业升级和能源结构优化。加强技术创新，解决制约环境治理的关键技术难题。

二、改造长沙解放垸、黄兴北路、南湖、滨水新城、株洲河东、湘潭河西老城区、湘潭河东老工矿区等片区，提升沿江城市品质。实行"退二进三"，增强服务功能。保护和利用人文景点和历史街区风貌，重塑城市个性。改造城中村和棚户区，加强市容市貌和环境整治。优先发展公共交通，推广节能环保建筑，营造宜居家园。

三、建设长沙综合枢纽工程，提升水运能力和湘江水环境质量。推进长沙综合枢纽工程，强化湘江航道开发和航运码头建设，提升航运能力，使衡阳以下航道提高到三级及以上标准。将涟水等支流纳入湘江综合治理，加强生态环境保护，以控制沿江地区项目准入和开发强度为重点，加强水系、水域环境污染联防联治和流域生态修复，不断改善湘江水环境。

四、建设月亮岛—鹅羊山、岳麓山—橘子洲、九华—昭山、金霞山—法华山、空洲岛—空灵岸五个生态景观区，丰富湘江生态景观。强化湘江两岸自然地理空间的生态功能，丰富湘江两岸生态景观内容，建设湘江沿江防洪景观道路，形成集"生态、文化、居住、景观"于一体的湘江生态经济带。

第九节　核心区城乡功能布局

长株潭城市群核心区分为七类功能分区。

一　综合功能区

包括长沙、株洲、湘潭三市市区，长沙县、浏阳市、湘乡市、韶山市、株洲县、湘潭县城、云龙、天易、九华、坪塘、高星组团、长沙城北等城市中心区、县城和新城区。积极发展现代服务业，优化工业园区，调整产业结构，节约资源，改善环境，新城建设和旧城提质改造必须符合"两型"社会建设要求。

二 产业园区

指独立于城市市区之外重点发展先进制造业、科技产业、临空临港产业园区。先进制造业园区包括星沙、望城、金州、九华、<u>湘乡、韶山、楠湖新城、鹤岭</u>、田心等经开区（产业园）。科技产业园区包括<u>长</u>沙高新区、株洲高新区、湘潭高新区。临空产业园区包括黄花、云龙临空产业园。临港物流产业园区指金霞物流园、石峰物流园、九华物流园。

三 CBD地区

长沙市东部的浏阳河地区。围绕高铁长沙站建设，综合考虑轨道交通枢纽布局，重点发展综合管理、流通贸易、金融服务、<u>商务休闲</u>等现代服务业功能，加强生产性和生活性服务业集聚，建成以现代服务业为龙头的中央商务区和区域性服务中心，带动长株潭三市发展，面向湖南乃至中南地区服务。

四 科教创新区

株洲职教园、岳麓山和湘潭大学城、<u>金州湖南省大学科技产业园</u>。完善基础设施，整合科教资源，重点发展文化教育与科技研发。

五 绿心创新发展区

长株潭三市结合部。在保护生态基底、发挥生态屏障的前提下，发展生态旅游、休闲度假、会展博览及商务娱乐等功能。

六 生态保育区

包括呈斑块状的高丘山地、自然保护区、风景名胜区、森林公园和湿地等生态敏感区。禁止进行有损生态环境的各种活动。

七 高品质乡村地区

包括特色丘陵区和沿水系分布的高产农业区。集中发展生态农业，推动农业产业化和乡村现代化。建设生态小镇和新农村社区，改善基础设施，提升公共服务。

第十节 乡村地区发展

根据地理特征和农业生产条件，围绕提高农业综合生产能力和农村现代化水平，进行乡村发展分区。

一　农业高产复合发展区

以长沙北部生态产业园、望城国家农业科技园、宁乡现代农业示范区、乔口镇和湘潭涟水—泉塘高科技高新农业园为中心，形成以水稻、蔬菜和特色农产品种植、水产畜牧养殖综合发展的农业高产地区。利用靖港、姜畲、云湖桥等重点镇的产业与交通优势，发展农产品深加工业，建立多层级农产品市场体系。

二　生态保育适度发展区

以捞刀河高新农业园为中心，形成以烟叶、蘑菇、茶叶等种植和水产养殖综合发展的生态农业地区，利用重点镇发展农产品深加工，适当发展休闲农业。

三　产业综合配套发展区

以长沙河西、长沙现代农业综合配套改革试验区、姜畲—泉塘生态产业园为中心，推广现代农业技术；以夏铎铺、石亭、沧水铺、袁家铺、杨嘉桥、河口、回龙铺等镇为中心，建设乡镇工业园，为城市产业配套。发展与本地矿产资源条件匹配的低污染加工业、与本地农业生产匹配的农产品深加工业。

四　城乡休闲产业协同发展区

以浏阳河生态经济示范区、望城大众垸、梅林桥片区、宁乡朱良桥乡、绿心生态产业园、河口生态产业园、金霞生态产业园、云峰湖—空灵岸生态产业园、仙庚岭—婆仙岭—大京休闲产业园为中心，大力发展乡村休闲产业，推广跳马、暮云、云田、昭山和柏加的花木产业、蔬菜和水果种植产业，科技农业种植与休闲旅游结合发展。

第四章　城市群区域统筹发展战略

第一节　总体发展思路

一　培育外围极点，促进功能圈轴拓展

扩容长株潭核心区，引导中心职能在更大范围的重组互补。依托交通线路、区域型基础设施廊道，强化长—岳、长—衡、长—益—常、长—娄4条发展轴线。提升岳阳、衡阳、常德、益阳、娄底等次区域中心城市，实现生产要素的均衡布局。以外围次区域中心城市为纽带，突出建设岳阳城陵矶和衡阳白沙两大地区，强化湖南省四大板块之间，以及长株潭与珠三角、长江中游城市群之间的联系与协作，扩大长株潭对外开放水平。重点扶持具有交通区位优势、有发展潜力的节点小城市发展。

二 生态优先、传承文化，彰显地域特色

在尊重生态本底的基础上，积极推广低冲击开发模式；以特色服务为导向，体现两型发展要求，构建旅游服务、农产品加工、商贸物流等多样化的现代服务业为引擎的新型城镇化模式。尊重自然山水条件进行空间开发，塑造多姿多彩的城市风貌。彰显湖湘文化，从城市形象特色、城市景观设计、文化旅游产业等方面体现城市人文魅力。充分挖掘和展现次级地域文化特色，建设富有地域文化特色的旅游小城镇群。构建区域绿道网，有机串联景点和特色城镇，促进文化和旅游发展的一体化。

三 以人为本、城乡互动，共享城镇化红利

促进城乡资源要素自由流动组合，提升城市和乡村的发展活力。对城市地区，注重产城融合与包容增长，强化现代服务和制造升级，注重城市更新和集约发展，保障弱势群体利益；对乡村地区，注重人与自然的融合与乡土特色的保持，建立健全生态补偿机制，加快推进农业现代化，传承发扬地方乡土文脉，推进城镇公共服务、基础设施、社会保障向农村地区的延伸覆盖；对城郊地区，注重城乡融合与创新发展，允许农村集体经营性建设用地出让、租赁、入股，加强规划管理和土地用途管制。制定相关政策措施保障城镇居民提高生活品质、进城务工人员共享公平待遇、农村居民融入现代文明，保障城乡居民平等享有城镇化、现代化发展带来的收益。

第二节　城镇体系结构规划

一 空间结构规划

形成"一核三带，一环五楔"的空间构架。

一核：指长株潭城市群核心区。通过功能重组，实现高端功能集聚和传统产业职能的疏解。通过统筹城乡空间、构建生态网络、整合城市空间、整理基础设施、综合治理环境污染来促进核心区的一体化发展。

三带：岳阳—长株潭—衡阳城镇产业聚合发展带。是长株潭城市群对外联通带动湖南发展最重要的城镇产业聚合发展带。进一步扩大南北向综合交通走廊的优势，聚合高新技术产业、先进制造业、现代服务业。

长株潭—益阳—常德城镇产业聚合发展带。是长株潭向西辐射带动湘西北地区发展的城镇产业聚合发展带。引导城市群制造业沿长沙—益阳—常德快速路带状布局，打造西线工业走廊。

长株潭—娄底城镇产业聚合发展带。是长株潭向西辐射带动湘中地区，进而带动湘西南地区发展的城镇产业聚合发展带。大力发展先进装备制造、新材料、电动汽车及钢铁上下游产业，重点提升沿线湘潭、湘乡、娄底、冷水江等城镇的能源原材料工业。

一环：指长株潭城市群的城镇功能联系环。主要依托高速公路和城际轨道，贯通与长株潭核心区关系紧密的湘阴、汨罗、平江、浏阳、醴陵、攸县、衡山、湘乡、韶山、宁乡等重点城镇，强化城镇之间的联系，引导功能协调互补，加快融入长株潭核心一体化发展。

五楔：指洞庭湖生态区、雪峰山生态区、罗霄山生态区、湘东生态区、湘西农业生态区五大区域生态绿楔。发挥其生态效应、农业生产功能，统筹城乡发展，成为长株潭城市群的重要支撑。

二 等级结构规划

长株潭城市群城镇等级结构规划如下表所示：

长株潭城市群城镇等级结构规划一览表（2020）

规模等级	人口规模(人)	数量(个)	城镇名称
一级城市	>500万	1	长沙
二级城市	100万~300万	6	株洲、湘潭、衡阳、岳阳、常德、益阳
三级城市	50万~100万	6	娄底、宁乡、浏阳、耒阳、长沙县、津澧新城
四级城市	20万~50万	13	株洲县、湘潭县、湘乡、醴陵、攸县、常宁、冷水江、汨罗、临湘、石门、平江、华容、沅江
五级城市	<20万	20	韶山、茶陵、炎陵、衡山、衡南、衡东、衡阳县、祁东、双峰、涟源、新化、桃江、安化、岳阳县、湘阴、南县、汉寿、桃源、安乡、临澧

三 职能结构规划

长株潭城市群城镇职能结构规划如下表所示：

长株潭城市群城镇职能结构规划一览表（2020）

职能等级	职能类别	数量(个)	城镇名称
中心城市	都市区中心城市	1	长沙
副中心城市	都市区副中心城市	2	株洲、湘潭
	外围中心城市	5	衡阳、岳阳、益阳、常德、娄底
节点城市	都市区功能组团城市	7	韶山、浏阳、长沙县、宁乡、湘阴、株洲县、湘潭县
	都市区卫星城市	4	汨罗、平江、湘乡、醴陵
	外围节点城市	12	岳阳县、临湘、沅江、华容、津澧新城、石门、冷水江、攸县、茶陵、衡山、耒阳、常宁
一般城市	外围专业化协作城市	15	南县、安乡、临澧、汉寿、桃源、桃江、安化、双峰、涟源、新化、炎陵、衡东、衡南、衡阳县、祁东

第三节　重点城镇发展定位

一　重点城市定位和发展方向

长沙：长株潭城市群中心城市，湖南省省会，长江中游地区主要增长极之一，国家历史文化名城。

株洲：长株潭城市群副中心城市，湖南省重要的工业基地和交通枢纽，以现代工业文明为特征的生态宜居城市。

湘潭：长株潭城市群副中心城市，湖南省重要的高端制造、科教、旅游和服务业基地，中部地区向西辐射的城乡服务中心和生态宜居城市。

衡阳：湘南中心城市，湖南省交通枢纽，湘南先进制造业基地和物流中心，全国知名的文化和旅游城市。加快国家级综合保税区、国家级高新技术开发区、国家级湘南承接产业转移示范区建设。重视湘江衡阳段的航道和港口建设，重点建设文昌港。重点打造南岳—衡山—炎帝陵—井冈山和南岳—衡山—永州—桂林等精品旅游线路。新建衡—邵—怀铁路，筹建安张衡铁路，规划预留株洲—衡阳、衡阳—娄底城际铁路交通通道，并将株洲—衡阳的城际铁路南延至云集和耒阳。

岳阳：长株潭城市群北大门，长江中游重要港口城市，中部地区石化产业基地和航运物流中心，国家历史文化名城，国家优秀旅游城市和山水相融的现代生态宜居城市。推动石化产业从化工原料向制成品方向发展，大力发展航运物流业，和益阳、常德联手建设洞庭湖生态经济区、开展洞庭湖综合治理。

常德：泛湘西北现代化中心城市，先进制造基地、综合交通枢纽和生态宜居城市。发展商贸业和物流业，增强带动湘西北地区发展的作用。打造长沙—常德—张家界旅游黄金走廊。

益阳：长株潭城市群核心区优选拓展区、洞庭湖生态经济区南部中心城市，现代新型工业城市，宜居山水生态旅游城市，湖南省能源基地。重点推进益阳东部新区、茶马古道、洞庭湖湿地等旅游资源等项目，建设绿色农产品生产和加工基地，打造城乡统筹发展示范区。

娄底：长株潭城市群承东启西的中心城市，湘中地区的核心城市，全省能源原材料生产加工基地，特色装备与先进制造业基地，文化与生态旅游休闲基地。积极推进娄底融城发展，加快娄涟双和冷新一体化建设，逐步形成沿娄底大道的两型产业带。加快改造提升钢铁、煤炭、建材等传统产业，大力发展先进装备制造、新材料、新能源及电动汽车、文化旅游、环保产业、电子信息等战略性新兴产业，积极开展与长株潭汽车、装备制造等产业的区域合作，打造长株潭先进制造业产业配套基地、千亿不锈钢产业基地和薄板深加工产业园。

二 重点城镇定位

长沙县：长株潭城市群核心区东部的综合服务中心，以外向型高科技工业和高效农业为特色的现代化城市。

浏阳：中国花炮之乡，长株潭城市群对接长三角、辐射湘赣边的门户城市和湘赣边区域性中心城市，生态经济发展的示范区和中部休闲旅游名城，高新技术产业、传统特色产业和先进制造配套产业基地。

宁乡：长株潭城市群辐射湘中、湘西北、湘西的节点城市、高新技术产业基地、职业技术教育基地、农副产品精深加工基地和区域性旅游集散地。

株洲县：长株潭城市群装备制造业配套基地、中南地区电力枢纽，现代化生态宜居城市。

醴陵：绿色瓷城、湘东门户，长株潭城市群的传统特色产业基地。

攸县：长株潭城市群的能源原材料基地和农产品加工基地。

茶陵：湘东赣西的交通重镇，株洲市域以商贸业、旅游业及农副产品加工业为支柱的历史文化名城。

湘潭县：长株潭城市群的文化休闲旅游、现代农业基地和城乡统筹示范区。

韶山：具有全国乃至世界影响力的知名旅游城市，长株潭城市群的红色旅游服务基地。

湘乡：长株潭城市群的重要工业基地和休闲旅游城市。

湘阴：长株潭城市群的先进制造配套产业基地和深水港口。

汨罗：国家循环经济试点园区，全国主要的再生资源产业基地，屈原文化旅游基地。

平江：湘鄂赣三省交界的重要门户节点，长株潭重要休闲区，以绿色新型产业、旅游休闲为主的山水宜居城市。

岳阳县：现代农业和农产品加工基地、生态湿地保护和城乡统筹示范区。

临湘：湘北工业重镇，湘鄂边商贸物流旅游大市，环洞庭湖生态宜居新城，国家优质绿色农产品生产加工基地。

华容：国家现代农业示范区，中国棉纺织名城、能源产业大县。

沅江：全国知名的内河船舶制造基地，南洞庭工业新城。

津澧新城：湘鄂边际枢纽，常德市域副中心，促进津（市）澧（县）融合发展，推动交通、能源、信息、环保等全面对接，打造连接江南江北、辐射带动湖区的省际交界地区中心城市。

石门：湖南省重要的有机农产品生产与加工基地，生态宜居的魅力山城。

冷水江：中南地区重要的能源原材料基地，特色资源型工业城市。

衡山：国际旅游目的地，国家重点风景名胜区。

耒阳：全国资源枯竭型城市转型示范城市，衡阳市次中心城市，湘南承接沿海产业转移和衡阳市煤炭电力生产工艺基地，湘南现代工业和商贸中心城市之一以及重要的交通枢纽。。

常宁：国家循环经济示范区，湘南冶金和建材工业基地，农业现代化示范城市。

第四节 产业分工与布局

坚持突出优势、错位发展。长株潭以先进制造业、高新技术产业、现代服务业为主导产业，岳阳以石化工业为主导产业，衡阳以综合制造业为主导产业，常德以农产品深加工和制造业为主导产业，益阳以新能源工业、电子信息和休闲旅游业为主导产业，娄底以能源、原材料工业及配套工业为主导产业。

构建娄底、衡阳原材料工业与长株潭先进制造业之间的上下游关系，长株潭核心区不再新建火电厂，在周边地区发展火电、水电以及风电、核电等新能源，为长株潭提供强大的能源支撑。将烟草、食品工业引导至常德、湘潭，农产品物流和商贸产业调整至湘潭、衡阳、常德，将湘钢的扩建调整与岳阳、娄底的钢铁产业调整相结合，将株洲的石化工业部分调整至岳阳。

第五节 交通建设

构筑联通全国、辐射全省的铁路、公路、水运、民航、管道等综合交通体系和综合枢纽体系，构建或提升湘江—长江水运通道、黄花机场空中通道、京广陆路通道、洛湛二广陆路通道、沪昆陆路通道、长渝陆路通道等六条区域对外通道。建设内部复合公路走廊，发展中心城市之间的快速交通，改造低等级交通网络，加强农村地区与城市的联系。发展城际轨道交通，远期建设长沙—宁乡—韶山—湘乡—湘潭、长沙—浏阳、株洲—醴陵、长沙—湘阴、长沙—汨罗、宁乡—益阳、娄底—衡阳的区域快线。加强港口资源整合，推进港口经营一体化发展，发展港口保税物流，提高湘江岳阳—衡阳段航道技术等级，<u>形成以岳阳港、长株潭组合港为核心，衡阳、常德、益阳、娄底等港口为补充，功能明确、层次分明的港口体系。加快机场扩建改造，开通运营衡阳南岳机场、新建岳阳机场。</u>

第六节　生态保护建设

重视幕阜、罗霄、武陵、雪峰山脉的生态保护与建设，保护森林公园、自然保护区、风景名胜区、基本农田等，加强沿湘江干支流生态廊道建设。建立湘江等河流上下游城镇排水口和污水口的协调机制。整合排污口，上下游城镇在行政边界处进行取水口和排污口调换，形成污水排放口在下游、取水口在上游的格局。不具备调换条件的上下游城镇应明确城市取水口上游 2000 米、下游 200 米范围内严禁设污水排放口。建立和完善森林保护和生态补偿机制，推进林权制度改革，强化森林资源消耗控制。

第七节　长株潭三市城乡统筹发展策略

规划 5 个城乡统筹示范区，包括韶山市、浏阳市区及周边乡镇、醴陵市区及周边乡镇、长沙河西北部乡镇、攸县。实施乡镇通外道路工程、乡镇信息网络工程、技术推广与就业培训工程三项城乡统筹重点扶持工程。

推进城郊整治工作，统筹城郊地区的城乡空间发展。包括城郊地区的环境风貌整治、交通和基础设施改善、加强社会治理和土地整理。加强生活污水、垃圾处理，改善提升城郊地区整体风貌，弘扬地方特色与乡土文化。通过各项设施完善布局，重点提升城郊地区的生产生活条件。社会治理方面要尽快编制专门的城郊发展规划。土地整理包括三个方面：一是耕地整理，结合农田水利、机耕路等农业基础设施建设，通过耕地平整解决物理上的农地细碎化、分散化问题，促进农业规模化、机械化和种植结构优化。二是集体经营性建设用地整理，统筹规划、有序整合零星分散的用地，提高城郊接合部的建设效益与档次。三是宅基地整理，以公共服务集聚的方式引导农民自愿向中心村、镇集中居住，严禁违背农民意愿的强拆和被上楼等行为。

充分挖掘小城镇和乡村地区的自然环境、历史文化、民俗民风的特点，加强特色小城镇和美丽乡村建设。把特色村镇作为城乡一体化的发展重点和推进节点。重点包括人居环境改善、地域风貌提升、基础设施和公共服务优化、绿色低碳、旅游开发等方面。建立和完善对特色小城镇和重点乡村地区投入稳定增长机制，鼓励和引导各类社会资金采取多种方式投资小城镇和重点乡村地区特色产业和项目开发。长株潭三市的特色小城镇分为四种类型，一是特色产业小镇，主要包括长沙市的大瑶、沿溪、镇头、金井、莲花、沙坪、茶亭、煤炭坝，株洲市的云田，湘潭市的青山桥、壶天、楠竹山、花石、茶恩寺；二是红色旅游小镇，主要包括长沙市的花明楼、开慧、文家市、中和，湘潭市的乌石、龙洞、清溪；三是历史文化小镇，主要包括长沙市的靖港、黄材、铜官、乔口、沩山，株洲市的朱亭、东堡、三河、黄丰桥、仙井，湘潭市的白石；四是生态休闲小镇，主要包括长沙的灰汤、流沙河、大围山、白箬铺、格塘镇、张坊、小河、达浒镇、社港，株洲市的三门、鸾山、八团、策源、平乐、贺家桥，湘潭市的棋梓、虞唐；合计49个特色小城镇。长株潭三市美丽乡村建设的重点主要包括十四大片区：长沙市的花明楼片区、浏阳河片区、白箬铺片区、捞刀河片区、石燕湖片区、高新区真人桥片区、望城千龙湖片区、宁乡关山片区、浏阳高坪片区，株洲市的云龙片区、荷塘月色片区，湘潭市的韶山片区、梅林桥片区、湘乡水府庙片区。

第八节　功能拓展区分区发展指引

一　基本原则

——生态优先，持续发展。以资源环境容量为基础，保护水源、森林、湿地等重要资源，构建较为完备的生态安全体系，形成可持续发展的区域整体。

——突出核心，点轴发展。强化长株潭城市群的核心作用，沿重要交通线路、经济走廊实施点轴开发，促进城市发展由空间极化到空间扩散转变。

——功能互补，联动发展。加强长株潭城市群与周边城市的经济联系，尤其要利用娄底、益阳的能源优势，衡阳的交通和综合保税区优势，岳阳的港口优势，促进城市间功能互补，形成大中小城镇协调发展的格局。

二　分区发展指引

北部促进发展区：包括汨罗、湘阴两县。主要拓展港口物流、循环经济、都市农业、休闲旅游、农产品加工等功能。加快实施退垸还湖、移民进城（镇）和防洪体系建设。

西部综合发展区：包括益阳市区、桃江县，娄底市区、双峰县，宁乡县、湘乡市、韶山市、湘潭县的部分。主要拓展与核心区联动的能源原材料和旅游等功能。加大涟水污染治理，对水府庙及周边地区实施统筹管理。

东部优化发展区：包括浏阳和醴陵的大部分。培育沿 319、320 和 106 国道的特色小城镇带。重点发展生物医药、电子信息、机械制造和健康食品等产业，提升花炮、陶瓷等特色产业，推动乡镇企业入园，降低资源消耗和环境污染。

南部协调发展区：包括攸县、茶陵和炎陵。主要拓展与核心区联动的能源和旅游等功能，加强和衡阳的联系，打造南岳—酒埠江、云阳山、炎帝陵—井冈山等精品旅游线路。

第九节　外围协作区战略节点发展指引

一　岳阳城陵矶

城陵矶港区是湖南省综合交通运输体系的重要枢纽、现代物流的重要园区、开放型经济的重要门户，是长株潭城市群通江达海、对接长江开放经济带，参与长江中游竞争与协作的重要枢纽。

依托城陵矶综合保税区、汽车整车进口口岸、进口肉类指定口岸、进口粮食指定口岸，联合长株潭组合港，扩张腹地空间，整合区域资源，共同打造长江中游航运中心。协调港口之间差异化发展，探索股份合作机制；完善港口集疏运体系，提升湘江航道等级，提高水运中转比例；大力发展两型临港产业，包括港口物流、临港重工、低碳新兴战略性产业、生产性服务业等，构建多元化、现代化的临港产业体系。

二　衡阳白沙

衡阳白沙是长株潭城市群先进制造业集聚区、循环经济示范区和城乡统筹样板区，带动大湘南地区对外开放和承接沿海产业转移的桥头堡，是长株潭城市群对接珠三角和沿海开放经济带，参与国际产业分工与协作重要门户。

重点建设松木港、文昌港、土谷塘航电枢纽、临空港和综合保税区，加快建设湖南省油气储备中心。协调统筹各个产业片区，重点发展先进制造业、电子信息产业、商贸物流业、生态农业、生态休闲旅游业等两型产业。

第五章　城市群发展支撑体系

第一节　产业发展

按照"简政放权、控制两端"的发展模式，将长株潭城市群建设成为具有国际吸引力的湖湘文化旅游目的地和具有国际竞争力的先进制造产业基地，以及内陆重要的高技术产业基地、应用科技创新中心和现代服务业中心。

一　产业体系建设

构建以两型产业为核心的新型产业体系，培育发展七大战略性新兴产业为先导，加快发展三大现代服务业，改造提升三类传统优势产业。

——壮大七大战略性新兴产业：即培育壮大先进装备制造、新材料、文化创意、生物、新能源、电子信息和节能环保等七大战略性新兴产业。

——提升三大现代服务业：即加速提升旅游产业、生产服务业和消费服务业等三大现代服务业。优势特色制造业为支柱、现代服务业为支撑的产业新格局。

——改造三类传统产业：提升机械装备产业，打造国际竞争力的工程机械产业集群；加快淘汰以冶金、有色、石化、建材等资源加工类落后产能；优化轻工、食品和纺织等轻工劳动密集型产业。

二　产业空间布局

（一）优化核心区产业布局，形成"一轴四带"的产业布局。

——一轴：长株潭湘江高端服务创新产业轴，以长株潭湘江两岸为核心空间，重点发展金融、商务、现代物流、商业、科技创新、文化创意、休闲旅游等高端服务业。

——四带：

东北部高端装备制造产业带：以长沙经开区、临空产业园、浏阳经开区为核心空间，重点发展工程机械、汽车装备、临空产业、电子信息、生物医药等产业。

西北部高新技术产业带：以长沙高新区、麓谷科技产业园、宁乡开发区、望城经济开发区、金州开发区、益阳高新区等大河西先导区为核心，重点发展电子信息、新材料、新能源、节能环保等高新技术产业。

东南部先进制造产业带：以株洲高新区、株洲河东片区、仙井产业园、霞阳产业园为核心，重点发展轨道交通、新材料、航天航空、新能源装备等先进制造。

西南高端制造和基础工业产业带：以湘潭高新区、九华、湘潭天易示范区、南湖军工产业园为核心，重点发展钢铁冶金、汽车以及汽车零部件、军工装备、节能环保、新能源装备等产业。

（二）形成以长株潭为核心，以三条产业经济带为骨架，以三个次增长极为补充，多点分布的重要开发园区为载体的产业梯度布局的发展格局。

——一个核心：长株潭三市为核心区，重点发展先进制造业、电子信息、生产性服务业等高新技术产业。

——三个次增长极：

一是以岳阳为中心的城市群北向次增长极，重点发展石油化工、现代物流等主导产业；

二是以常德为中心的城市群西北向次增长极，重点发展制造配套业、农产品深加工等主导产业；

三是以衡阳为中心的城市群南向次增长极，重点发展电子信息、先进制造、现代服务业、生物技术、软件开发及应用、现代物流等主导产业。

——三条产业带：

一是岳阳—长株潭—衡阳产业发展带，依托南北向综合交通优势，集聚发展石化、先进制造、新能源等高技术产业、现代物流等主导产业；

二是长株潭—益阳—常德产业发展带，依托长益常高速引导城市群制造业沿线布局和拓展，建设西线工业走廊；

三是长株潭—娄底产业发展带，重点提升沿线地区的机械制造、能源原材料工业，依托区位优势加快发展现代物流业，打造西向经济通道。

——多园区：两型示范园区、省级经济开发区。

第二节 交通规划

按照"协调引导、绿色低碳、效率提升"的发展模式，构筑与长株潭城市群空间、职能、交通发展特征相适应的高效、节约、智能、一体化的新型现代综合交通运输体系。以交通枢纽为核心，以交通廊道为纽带，提升长株潭城市群综合交通枢纽地位。

一 综合交通通道和枢纽

规划形成"四条国家运输通道、三条区域运输通道、四条地区运输通道"的走廊布局。国家运输通道为武汉—岳阳—长株潭核心区—衡阳—广州、南昌—长株潭核心区—娄底—贵阳、厦门—长株潭核心区—益阳—常德—张家界—重庆、南京（合肥）—九江—岳阳—长株潭核心区—衡阳—南宁；区域运输通道为宜昌—常德—益阳—娄底—湛江、岳阳—常德—吉首、吉安—衡阳—怀化。规划形成"一主五副"枢纽布局，辅助规划"七主二十普"交通节点。长株潭核心区为全国性枢纽；衡阳、岳阳、常德、益阳、娄底等城市构成区域性枢纽；浏阳、宁乡、醴陵、湘乡、韶山、衡山、汨罗等县市为主要交通节点。

二 公路

形成"高效便捷、四通八达"的公路网系统。规划高速公路形成"六纵七横两环七支"网络布局。六纵为张家界—安化—武冈、G55 二广、南县—益阳—娄底—祁东、S61 岳临、G4 京港澳、S11 平炎；七横为 G56 杭瑞、G5513 长张、安化—益阳—平江、怀化—娄底—长沙—浏阳、G60 沪昆、武冈—永州—常宁—耒阳—茶陵、G72 泉南；两环为长沙外环、长株潭大外环；七支为娄底—新化、衡东—双峰、衡阳—邵阳、石门—津市—安乡、慈利—宜昌、湘潭—韶山、衡阳—衡山。规划国省道"八射二十九纵二十九横"并进行提级改造，均达到二级以上标准。核心区高速公路环外扩，长株潭大外环由西外环高速、长常—长浏高速公路北迁线（长沙北横线）、平汝高速、沪昆高速公路南迁线组成，长沙外环线由京港澳复线、长常—长浏高速公路北迁线（长沙北横线）、京港澳高速公路东迁线（长攸高速）、长沙南横线组成，环内现有高速公路适时取消收费，部分路段可以结合实际需求改建为城际快速道路。

三 铁路

形成"分层体系，客货分离"的铁路系统，构建连接长三角、珠三角、成渝、中原地区的大能力铁路通道，强化铁路枢纽地位。建设沪昆、渝厦客运专线、怀邵衡铁路（怀化—邵阳—衡阳）、蒙华铁路（湖北荆州—岳阳—江西吉安段）、安张衡铁路（陕西安康—张家界—衡阳）、黔张常岳九铁路（重庆黔江—张家界—常德—岳阳—江西九江）、石南益铁路（石门—津澧—南县—沅江—益阳）、常桂铁路（常德—安化—广西桂林）、西长快速铁路（陕西西安—湖北宜昌—常德—长沙），实施湘桂铁路扩能、石长增建二线、洛湛铁路增建二线、焦柳铁路增建二线等工程，规划预留岳宁客运专线（岳阳—九江—芜湖—南京），规划预留韶山铁路接洛湛线，建设新长沙站、新湘潭站、新常德站、新娄底站、改造株洲站、衡阳站、岳阳站、益阳站等，并与轨道交通及公共交通有机衔接，形成现代化综合枢纽。核心区货运功能外迁并形成环线，由京广西迁线、长浏铁路、浏醴连接线、沪昆南迁线组成，结合工业区、自贸区增设外围货运站；环内的京广、沪昆铁路客运为主，将结余运能转为城际，穿行中心城区的部分可改建地下线，带动地下空间开发。

四 水运

规划形成"干支结合、水陆联运"的内河航运体系和"两纵四横"骨干航道网络布局。整治长江干线湖南段、湘江航道，将湘江航道提升至Ⅱ级标准。以岳阳港为龙头联合长株潭组合港，整合区域资源，共同打造湖南省的长江中游航运中心。协调港口之间差异化发展，探索股份合作机制；完善港口集疏运体系，提高水运中转比例；结合临港产业发展及区域产业调整，提升集装箱吞吐量占比。衡阳、常德、益阳为内河区域性重要港口。协调岸线资源利用、航电枢纽建设和港口功能的发挥。

五　航空

以空港建设为基础，构建内陆城市国际化的平台。规划形成"一主六支五通用"机场系统布局。规划 2020 年长沙黄花机场建成中国中部国际航空枢纽，完成第三代候机楼和第二、第三跑道的建设。开通并增加直抵日韩、欧美、澳洲、东南亚的国际航线。通过城际轨道交通、高速公路、长沙城市轨道线网等集疏运设施提升长沙黄花机场的可达性。适时开展长株潭核心区第二机场研究。现状的常德机场、建成试航的衡阳南岳机场、新建的韶山、岳阳、娄底新化机场以及长沙大屯营机场等为支线机场。新建长沙开慧、株洲、炎陵、衡阳大浦、娄底等通用机场。

六　物流

规划形成"中心辐射、多式协调"的区域物流体系和"十主二十辅"物流园区布局。十个主要综合物流园区分别为长沙金霞物流园区、长沙黄花机场航空物流园区、株洲石峰物流园区、湘潭九华物流园区、湘潭荷塘现代综合物流园区、衡阳白沙洲物流园区、岳阳城陵矶物流园区、常德德山综合物流园区、益阳现代物流园区、娄底湘中物流园区等。二十个辅助及专业物流园区为长沙航空产业园、望城高星物流园、浏阳普洛斯物流园、宁乡农产品物流园、株洲临空产业园、株洲董家塅航空产业园、湘潭西商贸物流园、鹤岭物流园、湘乡物流园、衡阳茶山坳物流园、岳阳洪山物流园、岳阳太阳桥物流园、漕溪港物流园、华容物流园、汨罗众发物流园、常德斗姆湖物流园、益阳铁矿石物流园、娄底万宝消费品综合物流园、冷水江物流园等。

七　城际轨道交通

规划形成"一心六射一半环"网络布局，远景增加"两联五延"七条线路，完善城市群城际轨道交通网络布局。一心为长株潭核心区，依托长沙、株洲、湘潭铁路客站及高铁车站、黄花机场组织核心区城际轨道线路，实现核心区重点交通枢纽两两互通、快速连接。由长沙—株洲、长沙—湘潭线路组成"人"字形骨架，线路进入三市市中心。在此基础上增加湘潭—株洲、长沙河西线、湘潭高铁站—长沙南站—黄花机场、株洲—黄花机场联络线等，联系各具有重要区域职能的组团。依托核心区城际线网向外辐射六个方向，分别为长沙—岳阳、长沙—浏阳、长沙—益阳—常德、株洲—醴陵、株洲—衡阳、湘潭—娄底。加强核心区西侧重点旅游区及北部、南部城镇的连接，连通平江—汨罗—湘阴—宁乡—韶山—湘乡—衡山—攸县—茶陵，形成半环，增加核心区对外的辐射，同时大大增加长株潭城市群轨道交通线网运营线路的弹性，避免核心区城际轨道线路过分拥挤状况。未来根据城市群发展需要实现"两联五延"线路。"两联"指核心区外围衡阳—双峰—娄底—益阳—湘阴、平江—浏阳—醴陵—攸县等连接线；"五延"指衡阳延伸至耒阳、岳阳延伸至临湘、常德延伸至张家界、津澧（荆常城际衔接湖北荆州）、娄底延伸至邵阳（新化）。

八　城际快速道路

强化对外和过境通道，构建沟通核心区各重要组团的"九纵九横九联"长株潭城市群快速道路网络。纵向：利用京港澳高速、长株高速—株洲湘江大道、雷锋大道北延线—长沙西三环—长潭西线，同时新建或改建黄桥大道—伏林大道、长沙星沙—株洲渌口（星渌大道）、长沙福临—江背—湘潭梅林桥大道（107国道东移线），改造芙蓉大道，延伸长沙东二环至湘潭昭山（昭山大道）、延伸长沙西二环至湘潭九华（岳东大道）；横向：利用沪昆高速、莲易大道，同时新建或改建319国道北移线、长沙金州—安沙—浏阳永安—浏阳城区（金沙大道）、长沙南二环—劳动东路、长沙南横线、湘乡—醴陵（320国道南移线）、株潭绕城南线（含株洲东城大道、武广湘潭连接线），延长长沙南三环线至江背镇；连接线：长沙北三环及东延线、机场连接线—金阳大道、长宁公路、洞株公路、华强大道、云柏大道、株洲西站至韶山高铁站连接线（韶山连接线）、株洲铜霞路至湘潭迅达大道、九华至湘乡城际道路（湘乡连接线）等。新建道路的具体走向及技术标准、高速公路改建城市快速路的可行性等在有关专项规划及项目前期工作阶段进行深入研究论证。

九　区域绿道网

构筑"三环五射九联"区域绿道网。绿道网主线2400公里，支线800公里。

第三节　基础设施

按照"环境友好、协调共享"的发展模式，构建安全、清洁、均等的基础设施保障体系。

一　能源

进一步扩大天然气配额，提高调储能力。重点推进天然气管网、调峰和储备设施的建设，实现"县县通"。以现有忠武线潜湘支线、西二支线樟树—湘潭支线和拟建设的中卫—贵阳联络线、西三线、新疆煤制气外输管道为依托，配套建设长株潭城市群区域内供气支干线、长株潭和常德座调峰设施以及岳阳 LNG 储配库。到 2020 年，中心城区天然气普及率达到 90%，县及县级市城区普及率达到 70% ~ 80%。长株潭地区天然气供气量达到 56.5 亿立方米。到 2020 年，液化石油气需求量为 7.8 万吨，安排相应的储配设施。到 2020 年，长株潭核心区保有主要电厂四座，发电装机容量 680 万千瓦；长株潭核心区 500 千伏变电站达到 13 座，其中新建 7 座；220 千伏变电站 92 座，其中新建、扩建 65 座。长沙新、扩建星沙、城南、马栏山等 19 项 220 千伏及以上输变电工程。积极发展内陆核电建设，新建湖南桃花江和小墨山核电站。大力发展生物质能、风能、太阳能、浅层地能、沼气等清洁可再生能源。充分利用本地生物质资源，建设农林生物质发电、粪便沼气发电和垃圾发电设施，到 2020 年，长株潭城市群三类生物质发电设施装机容量分别达到 54、15.8 和 56.5 兆瓦。

二　供水

加强第二水源建设，实现优质水源与备用水源区域共享。逐步推进供水企业深度处理改造和对二次供水的管理，保障供水安全。加大公共供水系统服务面积，推进城乡一体化供水，提高现有供水设施利用效率，关闭公共供水服务范围内的自备井。到 2020 年，长株潭三市中心城区日供水需要 575 万吨，其中，长沙市区 400 万吨/日，株洲市区 100 万吨/日，湘潭市区 75 万吨/日；核心区的再生水回用量达到 65 万吨/日。探索分质供水，加强水功能区管理，继续改善湘江水源，株洲、湘潭两市利用原有取水口，三市共同或分别选择第二水源。

三　排水

城市和农村分别以集中和分散相结合的原则进行污水处理设施建设，实现区域城乡污水处理全覆盖，确保区域污水处理设施水平均等。完善污水收集管网设施建设，建成区污水管网普及率达到 95% 以上，污水收集处理率达到 95% 以上，保证污水厂正常运行负荷达到 70% 以上。到 2020 年，长株潭三市中心城区污水处理能力达到 505 万吨/日，建成规模在 5 万吨/日以上的城市集中污水处理厂 24 座，加上村镇中小型污水处理厂，处理能力达到 538 万吨/日，污水收集处理率达到 95% 以上。根据尾水去向因地制宜制定设施标准，湘江流域执行最为严格的排放标准。对水环境不达标或是水资源紧缺的地区优先推进再生水利用。

四　城乡垃圾处理

到 2020 年，实现城乡生活垃圾处理的无害化、减量化、资源化。垃圾日产生量

9348 吨，其中，长沙、株洲和湘潭片区日垃圾量分别为 5154 吨、2147 吨和 2047 吨。需新增垃圾处理能力 3900 吨/日，完善设施建设，实现城镇垃圾 100% 无害化处理。生活垃圾优先采用焚烧发电的处理方式，综合考虑交通条件、距离等因素合理布局垃圾焚烧厂、填埋场，实现区域共享。规划预留大型垃圾焚烧厂和综合处理场用地。市区推广分类收集和处理，推进垃圾资源化。建立城乡一体化的垃圾收运体系，推广户分类、村镇就地资源化的处理模式。提高工业危险废物和医疗废物处置能力，各城市应建设完善的工业危险废物和医疗废物处置中心，使工业固体废物综合利用率达到 98%。

五　防洪

长沙城区湘江两岸段均为 200 年一遇设防标准的重点保护圈，近期按 100 年一遇设防，株洲城区、湘潭城区湘江堤防均按 100 年一遇的标准设防。规划需新建或加高防洪堤 506 公里，其中湘江干流 200 年一遇标准防洪堤 36.2 公里，100 年一遇标准防洪堤 141 公里，50 年一遇标准防洪堤 100 公里。其他河道 200 年一遇标准防洪堤 14.8 公里，100 年一遇标准防洪堤 11.2 公里，50 年一遇标准防洪堤 83 公里，20 年一遇标准防洪堤 120 公里。

六　信息

整合长株潭的 4 个城市网络以及 12 县市网络，统一运营，统一技术规范和服务标准。建立垂直管理体系，实现网络一体化。到 2015 年，完成长株潭 200 万有线电视用户（含乡镇）网络双向改造，实现光纤到户。到 2020 年，建成各类信息网络互联互通的骨干信息传输网，建设覆盖城乡的宽带和 4G 无线通信网络。建立功能完善的电子业务网络平台，实现三市电子政务、电子商务、社会保障、交通信息管理、社区信息资源的整合和共享。构建现代传播体系，提高社会信息化程度，构建数字城市和智慧城市群；与软环境的优化紧密结合，助推信息产业和文化产业创新发展。提高邮政网点覆盖率。建立完善的教育科研、医药卫生、劳动与社会保障、网络文化和社区信息等社会信息化服务体系。完善电子金融系统、现代物流、旅游管理和电子商务系统。

七　农业设施

提升农业水利化、田园化、机械化水平，拓展现代农业功能。加强农机服务网络建设，农机化水平达到 80%；加强农田水利建设，提高相关水库功能，农田灌溉保证率达到 90%。2020 年全省年农业用水总量控制在 350 亿立方米以内，农田灌溉水有效利用系数达到 0.54 以上。

第四节　公共服务

一、推进户籍制度改革，建立统一规范的人力资源市场，建立健全公共就业、社会保障、外来人员服务体系，加快人力资源和社会保障综合服务设施等公共服务设施建设。

二、保护历史文化资源，重点保护建设岳麓山历史文化风貌保护区、长沙古城历史文化风貌保护区、三石戍城文化遗址公园、长沙铜官窑国家考古遗址公园、长沙国王陵（国家）考古遗址公园、益阳兔子山简牍遗址公园、羊舞岭古窑址公园、屈子文化园、桐溪曾国藩文化园、华容桃花山景区、靖港历史文化名镇、铜官历史文化名镇、湘潭城正街、窑湾历史街区、益阳石码头历史街区、东门口历史街区、花明楼5A级旅游景区、炭河里国家考古遗址公园、沩山万佛灵山公园、大围山国家生态旅游示范区、王震故居、宋任穷故居、任弼时故居、胡耀邦故居、秋收起义文家市会师纪念馆、谭嗣同故居、白沙古镇、道吾山兴华寺、大围山红莲寺、昭山佛教文化中心、金刚石霜寺、南岳宗教圣地、衡阳历史文化名城及抗战名城等集中反映湖湘文化传统的地区。发展茶陵红色文化、炎陵炎帝文化。塑造省府文化活动中心、新河三角洲文化活动中心、新世纪文体活动中心、株洲河西文化中心、湘潭老城文化艺术活动中心、绿心湖湘文化展示、空灵岸佛教文化等文化中心。建设天心国家级文化产业园和长沙广告、雨花数字传媒、金星出版、金鹰影视、浏阳河文化产业园、昭山一仰天湖文化创意等特色文化产业园以及梅溪湖国际服务区，打造湘江文化走廊。加强农村文化设施建设，完善文化服务网络。

三、加强教育和人才培养，优化区域教育资源配置，加快提高教育现代化水平，巩固提高义务教育，建设区域性公共实训基地，优化高校空间布局，提高高等教育质量，增强高校人才培养、科技创新与社会服务能力，促进产学研一体化。加大企业家、科技创新、紧缺专业技术人才的培养和引进。推进核心区教育均等化：构建长沙宁乡、坪塘、暮云和湘潭九华、易俗河以及株洲云龙实训职业教育基地联盟；在长株潭三市外来劳务人员（逾百万人口）比较集中地区加大农民工子弟学校配置力度，将留守儿童的义务教育转移至城市；鼓励长沙的四大名校在株洲、湘潭兴办分校。

四、重点建设完善株洲、湘潭市市级医疗卫生机构，加强城市社区卫生服务机构和县乡村医疗卫生机构业务用房建设及设备配置，加强人才队伍建设，不断改善市、县、乡、村四级医疗卫生服务条件，提高医疗卫生服务能力和水平。发展面向民生的养老、社区、健身服务设施。

五、建立长株潭统一的人力资源市场、就业、社会保障、医疗等服务体系。建立长株潭优质教育、医疗资源的共建共享及均等化政策体系。

第五节　资源利用

按照"市场主导、结构优化"的发展模式，实现长株潭城市群节水、节地、节矿、节能的资源利用发展目标。

一　充分利用市场机制提高资源利用效率

以市场为基础，完善资源价格形成、调整和补偿机制。鼓励长株潭各城市积极探索与自身资源特点相结合的资源开发利用市场机制，积极参与循环经济示范城市创建，利用市场机制建立资源节约与循环利用体系。

二　拓宽渠道优化能源资源利用结构

重点推进天然气设施建设，结合"气化湖南工程"，提高天然气等清洁能源的比重。充分利用本地资源，通过生物质发电等方式推进生活垃圾和农业废弃物资源化。在对环境影响评估进行充分论证的前提下，积极推进水电站和核电站建设。结合各地资源禀赋，在适宜地区适度发展风能、太阳能等清洁能源。到2020年，将天然气、生物质能、水电在能源中的消费比重分别由2010年的1%、2%和12%提高至10%、4%和15%。

在煤炭生产、利用环节通过税费调节鼓励高品质煤的生产和利用率；通过火电厂烟气处理设施改造，除尘、脱硫和脱硝率分别达到99.9%、98%和85%以上，促进燃煤减排。通过政府主导和市场定价相结合的方式推动油品质量的提升。

加强湘潭、华容等水资源紧缺地区的再生水利用率。增加财政补贴，加强农田水利设施建设，减少灌渠渗漏损失，提高灌溉效率。水资源紧张地区推广水旱轮作或旱稻；调整农业种植结构，种植节水作物。

三　重点推进农业节水灌溉

加大政府科技和资金投入，加强农田节水灌溉基础设施建设。2020年完成20处大型灌区续建配套与节水灌溉改造，启动一批中型灌区续建配套和规模化节水灌溉增效示范项目。

因地制宜确定节水灌溉发展模式。环洞庭湖平原灌溉区：加强提水设备配套、衬砌渠道、推广水稻控制灌溉高产节水技术。湘中南干旱走廊缺水丘陵区：衬砌防渗渠道、山区丘陵采用喷微灌、加强坡改梯以及田间集雨、灌排设施建设等。

强化农业用水总量控制。明确和分解落实农业用水总量控制指标，加强用水计量与考核。

优化农业种植结构和布局。提倡发展和应用适水种植技术，加快建立与区域水资源承载能力相适应的节水型农业结构。

体制机制创新。建立政府调控、市场引导、公众参与的农业用水新机制。推进农业水价综合改革。

第六节　环境保护

按照"系统综合、区域联动"的模式，对生态格局进行全方位保护，全产业链实施综合治理，重点解决湘江水系污染、土壤重金属污染、大气雾霾等突出环境问题，实现长株潭城市群天蓝、地绿、水清、土净、境美的生态环境保护目标。

具体的生态环境保护目标有：绿色 GDP 占 GDP 比重大于90%，环保投入占 GDP 的比例大于2.5%，生态保护区域面积大于60%，自然湿地保护率大于70%，森林资源蓄积量年增长率大于3%，城市空气质量达到二级标准天数比例大于85%，地表水好于Ⅲ类水质比例大于95%，污水达标处理率大于95%，土壤修复面积每年提升5%。

一　全方位的生态格局保护

构建"一心一脉、一肾两肺"的生态格局。心：长株潭生态绿心；脉：湘江水系；肾：洞庭湖区；肺：西部雪峰—武陵山脉和东部罗霄—幕阜山脉。分别实施如下保护修复策略。

强心：保护修复生态斑块功能的完整性，提升绿心生态服务功能，落实《湖南省长株潭城市群生态绿心地区保护条例》，并适时做出相应调整，完善配套制度建设，积极推动生态保护和环境修复的建设工程，引导绿色创新发展。

净脉：按照相关规划和省政府"一号重点工程"的三个"三年计划"部署稳步推进实施，加大支流治理力度，注意四个结合，即重点污染企业搬迁转型和化工园区建设相结合；截污减排、控制污染物排入与备用水源建设、饮用水和污水处理工艺升级相结合；推行生态农业发展和农村基础设施建设相结合；岸线分段利用与湘江风光带和休憩公园建设、天然湿地恢复、人工湿地建设相结合。着力推动清水塘、下摄司、竹埠港、水口山、合江套等工矿区转型发展。区域内资江、沅江、澧水等其他水系及其支流参照湘江水系的治理措施进行综合整治。

清肾：建设洞庭湖生态经济区，促进产业转型发展，建设宜居家园，加强生态修复保护，重点推进三大策略：保水，即水资源综合配置，协调三峡蓄水和供水关系，建水库群缓解季节性缺水，提高区域水资源使用效率，确保生态需水；控污，即加强污染控制，改善水环境，强化污水处理，控制并逐步降低水体富营养化程度；还湿，即完善健全湿地保护管理制度，理顺权属体制，恢复湿地生态，提高生物多样性，保护优先，引导合理利用，发挥综合生态效益。

理肺：引导绿色发展，严格产业准入，防止污染转移。矿山、荒山复绿，治理水土流失，提高水源涵养，保护生态，防止过度开发。禁止滥捕，保护生物多样性和野生动物迁徙走廊，提升生态服务功能。实施区域综合生态补偿，发挥生态优势，确保持续发展，提振民生。

二　全产业链的综合治理

实施农业、工业全产业链综合治理，着力发展环保服务业，节能减排，生态修复，全面提升区域环境质量。

生态农业，塑秀美乡村。因地制宜，推行各类生态农业模式，科学施肥用药，循环利用资源，提供绿色健康的农产品，提高农民收入，美化乡村环境。严格产业准入，防止城市污染转移到农村。畜禽养殖分类管理，种养结合，资源回用。适当补贴，推动农村供水、污水处理、垃圾处理、生物质能发电、太阳能和沼气利用等基础设施建设。健全农村环境监测，全面消减农业面源污染，逐步改善农村环境。对农用土地进行重金属和有机污染物调查，实施土壤分级利用和生态修复，防止危及食品安全，推动生态修复产业发展。

清洁生产，护蓝天碧水。推进产业结构优化升级，重点行业切入突破，开展清洁生产示范，制定标准，淘汰落后产能。加快调整能源结构，控制煤炭消费总量；提升工艺，规模发展，产业入园集中高效治理；强化综合治理，实施多污染物协同控制。大力发展循环经济，开展清洁生产审核工作，有效防治工业污染。重点实施湘江水系治理和区域大气污染雾霾联防联控等环保行动，建立环境污染预警应急体系，妥善应对污染事件。

打造千亿环保产业群。聚焦污染治理设备制造，生态修复实施，资源高效利用等环保产业园和循环经济园。做大做强装备制造、资源综合利用、环境监控、城市矿山、土壤生态修复等环境服务企业。提高市场占有率，打造一批技术含量高、市场前景好、单个产品年产值过 5 亿元的品牌产品。重点抓好"国家水专项"、各类环保新技术新工艺、先进适用环保技术和生态技术的推广应用。

第六章　规划的环境影响与评价

第一节　资源环境促进与约束因素分析

一　促进因素

长株潭城市群位于湖南省东部，通江达海，水陆空交通途径四通八达，具有良好的区位优势。矿藏资源种类繁多，有色金属储量大。位于湘江下游，地势平缓，光、热、水资源丰富。地貌条件多样，森林覆盖率高，生物多样性高，具有建设各类自然保护区、森林公园及旅游胜地的基础条件。

二　约束因素

基于季风气候、马蹄形地貌特征以及燃煤为主的能源结构，大气污染物难扩散，二氧化硫和氮氧化物等容易积聚形成酸雨，酸雨加剧重金属污染。城市分布以湘江水系为纽带，长株潭三城距离近，排污江段与取水江段交错，水资源调度和水质保护存在协调困难。森林覆盖率虽高，但目前的树种结构不尽合理，森林和植被生态效益有改善的余地。有色金属储量大、开采冶炼产业发达，也造成重金属污染较严重，且土壤污染区与农产品产区多有重叠。资源禀赋和历史上以重化产业为主的工业体系导致环境污染问题比较突出。

第二节　规划与相关法律和政策的协调性分析

本规划根据城市规划法、环境保护法、环境影响评价法等法律，遵循相关条例、法规、标准，按照生态文明建设和"两型社会"建设的要求，对长株潭城市群及外围五市发展的各个方面进行了全面研究和安排，协调社会经济发展与生态环境保护两个方面，符合法律及法规和政策的要求，妥善处理了社会经济发展与生态环境保护与修复间的关系。

第三节　规划环境影响分析

规划实施带来的正面影响包括禁止开发区和限制开发区的划定，规范城乡的开发行为，防止对生态敏感区的破坏；全面保护核心生态资源，保护生物多样性，改善生态环境质量，提升生态功能；加强产业结构调整与湘江及其支流，洞庭湖区以及其他水系的和环境综合治理，将解决历史遗留的环境污染问题；推进清洁生产，促进资源能源的节约和循环利用，将从源头上控制污染物的排放；着力建设区域环境治理联动机制和区域综合生态补偿机制，促进区域生态环境问题的有效解决；对重金属污染土壤进行分级管理利用，发展生态修复产业，切实保障食品安全；以紧凑空间结构建设城市，能够实现土地的高效利用。

本规划实施过程中应尽量避免的负面影响包括：避免对关键生态资源的破坏，充分尊重地形地貌和利用原有的山林水系，践行低影响开发模式；基础设施建设将占用大量土地，要推行基础设施共建共享，加强生态环境类基础设施投入；产业准入提高环境门槛，产业布局要合理，适当聚集，便于污染集中治理，中心城区产业疏解转移不能导致污染外扩；保障经济总量持续增长的同时要提高资源能源的利用效率，污染物排放量不能随之增长。

由于规划既考虑了当前急需解决的环境污染问题，也根据长远发展的要求，对生态环境建设进行了安排。因此，本规划的实施，将改善长株潭城市群的生态环境质量，为实现可持续发展，建设生态文明，提供坚实的支撑。

按照《中华人民共和国环境影响评价法》和《规划环境影响评价条例》规定，建议尽快组织开展规划调整后的规划环评工作，全面分析评估规划调整对生态环境的具体影响。

第四节　生态环境建设保障措施

一　法规保障

以国家关于生态环境保护的系列法规与政策为依据，根据对"两型"社会建设的要求和长株潭城市群具体情况，提出和完善相关法规，将资源利用、城乡建设与生态环境保护与修复纳入法制化轨道。建议尽快制定《湖南省大气污染防治条例》和区域综合生态补偿机制相关法规文件，将区域大气污染和雾霾联防联控纳入法治轨道，为将流域、森林、湿地、矿产等各部门多要素的生态补偿整合为一个体系和一个平台进行配套法规准备。按照《国家生态保护红线—生态功能基线划定技术指南（试行）》尽快开展区域或湖南的生态功能基线划定工作，科学布局生产空间、生活空间、生态空间，给自然留下更多修复空间，增强生态保护的法律保障。加大执法力度，杜绝有法不依、执法不严现象。依法行政、规范执法，落实执法责任制，实行环境稽查制度，建立健全监督制度。以新闻媒体为桥梁，接受社会公众的监督，对直接涉及群众切身利益的环境与发展决策，建立健全公众参与制度。

二　行政保障

进一步完善区域环境治理联动机制和建立统一的区域综合生态补偿平台，实现各地区与各部门统一决策，协调区域、流域生态环境问题的解决。以生态环境承载力为前提，协调各种各类规划内容。将生态建设与环境保护与城镇规划、国民经济和社会经济发展中长期规划等有机结合起来，互相衔接、互相补充。依法建立重大决策责任追究制度，建立生态环境的目标责任考核机制。

三 政策保障

实行严格的生态环境准入政策，优化产业结构。鼓励发展资源能源消耗低、环境污染少的工业和第三产业。限制高耗能、高污染产业，实行严格的退出政策。结合区域实际，公布技术落后、污染严重的生产工艺、设备、产品和企业淘汰名录，强制淘汰落后产能。工业全面推行清洁生产并实施考核，支持生态农业、环保产业的发展。

四 经济保障

健全环境投融资机制，完善生态补偿机制和创新补偿手段，多渠道筹措资金，增加生态环境建设和保护投入。运用产业政策引导社会生产力要素流动，鼓励利于资源保护、生态环境建设的建设项目。

五 技术保障

积极开发、引进、推广先进适宜技术，促进清洁生产，环境污染治理与修复，组建循环经济产业园区，促进生态环境保护、资源综合利用与废弃物资源化。推行以循环经济为核心的经济运行模式，探索建设长株潭循环经济城市群。推行农村生态环境基础设施建设和农业生物质废弃物循环利用，建设美丽乡村。

第七章　规划实施保障

第一节　近期行动

一 投资重点

重点领域主要包括三部分：一是城市群的连接性基础设施，主要包括城际轨道、城际快速、城际信息化基础设施等；二是城市群集聚带来的资源保障和环境治理；三是以教育、医疗、文化等公共设施均等化为重点的公共服务强化。

重点地域主要包括三部分：一是处于工业化中期、区位交通条件优越的潜力县，重点是作为外围节点的县及县级市，包括宁乡、浏阳、株洲县、醴陵、攸县、韶山、湘潭县、湘乡、湘阴、汨罗、平江、衡山等；二是投资相对不足的地区，重点是衡阳、岳阳、常德、益阳、娄底五个城市的市区；三是发达地区的结构性优化，重点是长沙、株洲、湘潭三个中心城市的城镇化质量提升。

二 以长株潭三市为核心的重大行动工程

以自贸区和湘江经济带为突破的开放创新升级。依托黄花机场和霞凝港，提升湘潭和金霞保税区，积极争取空港保税区，结合长沙、湘潭两大国家级经济开发区，发展长株潭自由贸易园区和自由贸易港区。湘江创新经济带由东西两岸共同构成：西岸的湘江硅谷经济带以科技—产业创新为主题，加快建设湘江新区，积极创建长株潭国家自主创新示范区。东岸的湘江生态经济带以生态—文化创新为主题；南部围绕长株潭绿心，整合三市两型示范区，共同创建国家生态文明示范区；北部充分发挥湖湘文化底蕴、湖南卫视的品牌效应和天心国家级文化产业园的组合优势，大力发展具有湖湘特色的文化创意产业。

以城郊整治和特色村镇为重点的新型城镇化示范。在新型城镇化背景下，城市郊区尤其是特大城市郊区的农村发展，成为城乡统筹的关键区域。城郊整治的重点涵盖环境风貌整治、交通和基础设施改善、社会治理、耕地整理、集体经营性建设用地整理和宅基地整理。选择发展基础良好、资源禀赋有特色、区域示范作用强的一批小城镇，建设成为带动片区的节点。突出"特色产业小镇、红色旅游小镇、历史文化小镇、生态休闲小镇"四大类型。推进长株潭"美丽乡村"建设，把自然生态景观、湖湘文化精髓与现代农业建设融于一体。

以城际网络和航运中心为抓手的交通枢纽提升。城际网络包括城际轨道网、城际快速路网和区域绿道网。规划形成"一心六射—半环"城际轨道网，"九纵九横九联"的城际快速路网，"三环五射九联"的区域绿道网，强化城市群的交通联系，促进文化和旅游发展的一体化。以岳阳港为龙头联合长株潭组合港，整合区域资源，共同打造湖南省的长江中游航运中心。协调港口之间差异化发展，探索股份合作机制；完善港口集疏运体系，提升湘江航道等级，提高水运中转比例；结合临港产业发展及区域产业调整，提升集装箱吞吐量占比。

以湘江重金属和雾霾防治为首要的环境治理优化。通过源头控制—过程阻断—末端治理相结合，强化湘江流域的重金属污染防治。尽快建立农产品产地土壤分级管理利用制度，开展农产品禁止生产区划分，对不同程度的污染土壤，分别采取调整种植结构、用地性质置换等措施。加强长株潭大气环境治理的区域联防联控措施。全面整治燃煤小锅炉，积极推进煤改气、煤改电，加快电力、钢铁、水泥、有色等重点行业污染治理，深化面源污染治理和机动车污染防治。优化区域经济布局，提高清洁能源利用率和能源利用效率，健全监测预警和应急体系。

以供水安全和教育均等为标志的公共服务强化。完善供水设施建设与管理，加强第二水源建设，划定水源保护区，制定跨区域水源保护政策，协调水源利用与保护的关系；逐步推进供水企业对二次供水的统一管理，增强水质监管与监测能力以及供水安全保障应急能力建设。强化教育均等化力度：重点建设岳麓山大学城和湘潭大学城，结合湖南农大建设隆平高科技产业园。构建长沙市宁乡、坪塘、暮云和湘潭九华、易俗河以及株洲云龙实训职业教育基地联盟。在长株潭三市外来劳务人员比较集中地区加大农民工子弟学校配置力度，鼓励长沙的四大中学名校在株洲或湘潭兴办分校，推进区域内优质教育资源布局的均衡化。

第二节　法制保障

一　动态维护两型建设法制格局

在现行《长株潭城市群区域规划条例》和实施细则、《长株潭城市群生态绿心地区保护条例》、《湘江生态经济带长株潭段建设保护办法》基础上，及时根据新的形势和规划调整内容进行修订。长株潭城市群各市也要制定和及时修订相应的若干条例或政策规定，强化对上述区域性法规的具体落实。

二　强化"两型社会"建设执法力度

完善行政执法程序，规范执法自由裁量权，加强对各有关职能部门的行政执法的监督，全面落实推进"两型社会"建设的日常行政执法责任制和执法经费由财政保障制度，做到严格规范公正文明执法。

第三节　组织保障

一　强化规划的统筹作用

适时调整《长株潭城市群区域规划条例》，依法强化区域规划的总体统筹作用，作为区域内各类各层规划编制和实施管理的依据。加强区域规划与省域城镇体系规划和长株潭城市群八市总体规划的协调和衔接。依据经批准的区域规划和所在城市总体规划，尽快调整或修编示范区的总体规划、分区规划和详细规划，要按照《城乡规划法》的要求，将用地纳入城市建设用地实施统一的规划管理。各级政府研究制定规划实施的具体工作方案，把各项任务落实到年度计划，加强区域规划实施的综合评估和监督。

二　设立高效协调的行政管理机制

在"省统筹、市为主、市场化"的原则下，进一步加强两型工委的统筹作用和两型管委会的执行作用，统一规划和推动城市群建设，强化省级事权的协调管理，建立两型认证评价机制。建立完善城市群两型工作系统，建立区域协调机制，鼓励跨市联合开发、利益共享。采取强化目标责任制、完善前期工作推进机制、加强项目建设要素保障、切实加强项目管理、强化项目协调服务和督查督办等工作措施，统筹推进区域重大项目建设。完善建设项目审核的分级管理制度，加强规划确定的禁止开发区内建设项目以及区域性影响建设项目的省级审查。规划确定的省级战略资源地区，由省政府与地方政府联合审查和实施监管。组织实施对"两型社会"改革建设目标落实情况的考核评价和奖惩工作。加强对具有重大区域性影响项目实施的事前、事中和事后监管。加强对各项条例、法规、相关政策落实情况的检查管理。

第四节　政策机制保障

一　加强政府行为优化机制

多元化、差异化的政绩考核机制。加大资源消耗、环境损害、生态效益、产能过剩、科技创新、安全生产、新增债务等指标的权重，更加重视劳动就业、居民收入、社会保障、人民健康状况。对主体功能区规划中的限制开发区域和生态脆弱的国家扶贫开发工作重点县以及绿心地区的示范片区，取消地区生产总值考核。纠正单纯以经济增长速度评定政绩的偏向。

政府权力约束机制。规范政府与市场的边界，实行"两份清单"制度。权力清单针对政府，"让权力在阳光下运行"，进一步简政放权，全面清理审批事项；负面清单针对市场，"非禁即可"，未列项目不再审批。同时，建立更加科学的决策和责任追究制度。

二　优化城市群一体化治理机制

建立政府间协调会议机制。包括省级部门之间以及城际之间的联席会议和针对合作领域与重大项目的专题会议，强化部门与城际合作以及对区域重大项目的管理。明确界定各级政府的事权划分，尤其是给予高位协调机构适当地赋权。在现有示范区之间框架合作协议的基础上，进一步扩大双边和多边合作。

推进市场化和公众参与。尽量减少政府干预，尊重市场选择；政府间尽量采取自愿谈判、合作入股的方式，解决利益分歧；强化公众的知情、建议和监督权。

适时研究行政区划调整。加快启动长沙、株洲、湘潭三县的撤县并区，宁乡撤县设市，桃江和沅江撤县并区，双峰、涟源撤县设区，冷水江市和新化县合并设市。

三 建立资源利用的市场推进机制

完善资源价格形成、调整和补偿机制。探索建立和完善自然资源产权制度：健全和完善统一、开放、有序的资源初始产权有偿取得机制；建立和规范各类资源产权交易市场。推进资源性产品价格改革：针对水、电等资源逐步建立体现资源稀缺程度、市场供求关系和环境恢复成本的资源价格形成机制。构建城市群循环经济体系：探索建立生产者责任延伸和工业废弃物处理认证等制度，通过税收优惠等措施提高尾矿利用的积极性。

完善农村土地征用及流转机制，促进用地节约。探索建立统一的城乡土地交易市场，提高农用土地的利用率扣产出率，提高农民收入。

四 建立环境保护区域联动机制

环境治理区域联动机制。将项目点源环境治理变为区域环境整体治理，行政区环境管理体制变为区域环境管理体制。加强对资源环境的管理、监督检察，以及跨行政区和跨部门的协调，维护区域环境整体利益。协作原则为：分区、分责、分时，即根据生态环境现状和发展情况划分不同区域，确定划分不同责任主体和边界进行环境问责，根据不同时段给予阶段性目标和持续性计划。协作内容主要包括：跨地区环境问题、区域环境资源配置、信息交流合作、环境应急处理、环境教育研究、法律政策执法、环境纠纷解决等。建立健全环境同治机制，强化目标责任考核机制，实施创新环境经济政策，包括：推进主要污染物排污权交易，建立统一多要素的生态补偿机制，以奖代罚引导企业主动减排，推广环境污染第三方治理模式。

区域综合生态补偿机制。加强生态环境统一监管，以区域生态服务价值为评估对象，划分责任和权利，整合财政、林业、环保、国土资源、水利、农业等各部门要素的生态补偿措施和资源，开展自然资源确权登记，建立区域生态环境治理和生态补偿基金。在两型委建立统一的生态补偿实施平台，挑选重点生态功能区进行试点。创新补偿手段，变单纯经济补偿为政策、经济和技术补偿多重方式并举，并对补偿进行绩效评估。政策补偿手段包括项目补偿、政策补偿、飞地开发等；经济补偿包括横向财政转移支付、排污权交易、水权交易、生态服务标志和生态激励等；技术补偿包括生态产业打造和绿色技术援助等。逐步使得区域综合生态补偿大于破坏生态开发的收益，促使各主体积极主动的保护修复生态环境，实现可持续绿色发展。

五 创新基础设施投融资与运营机制

建立政府与市场合理分工的基础设施投融资体制。建立多元化投融资主体和渠道：

通过特许经营、投资补助、政府购买服务等多种形式，吸引包括民间资本在内的社会资金，参与投资、建设和运营可经营性城市基础设施项目，强化项目的效益和监督。政府应集中财力建设供水等非经营性基础设施项目，允许政府通过发债等多种方式拓宽融资渠道，建立政策性金融机构。优先选择收益稳定、投资规模大、技术发展成熟的项目，如市政供热、污水处理、垃圾处理、养老服务设施、保障房建设等采用 PPP 模式进行建设与运营，从而缓解财政支出压力，提高公共产品供给效率。

创新基础设施投资项目的运营管理方式。实行投资、建设、运营和监管分开。改革现行城市基础设施建设事业单位管理模式，向独立核算、自主经营的企业化管理模式转变。

第五节　示范区优化发展保障

一　示范区差异化动态管理机制

1. 发展机制：从行政主导到包容增长

改变政府在经济发展中的作用，弱化行政控制和干预。以市场为基础实现发展要素的优化配置，示范区发展更加多元、综合。政府从规定动作、特殊优惠转向简政放权、非禁即可、基于市场、两型激励。从单纯注重经济增长，转向经济、政治、文化、社会、生态多方面协调并进。

2. 管理机制：从有进无退到双向流动

强调各地特色化、差异化发展，建立示范区分级制度。根据资源条件、环境特征、发展模式等因素，将示范区分级分类，分别制定不同的发展目标、建设要求、核心功能。建立示范区的动态管理体系，加强考核，建立退出机制，实现双向流动，激发示范区发展活力。

3. 考核机制：从单一标准到差异考核

按照差异化、动态化、阶段化的原则，确定考核标准。通过渐进式的目标体系衔接发展现实和"两型"要求。依据各示范区的实际发展水平进展，动态调整考核指标内容，使得考核机制适应发展现实。通过差异化的考核标准，引导多样化探索"两型"社会建设路径。

二　推进示范区扩誉提质

规划在原有示范区基础上，提出 27 个潜力地区，强化圈轴拓展的空间结构，兼顾地域发展公平，实现示范区的全域覆盖。充分体现两型特色，在多个领域突出两型建设的要求，促进"两型"与"四化"相结合，重塑示范区发展主题。推进差异化考核机制，针对每类示范区特点，适当增加相应的考核指标，使考核体系更具操作性。

三 加快示范区体系优化

建立示范区分级、分类体系。将各示范区划分为新型工业化型、新型城镇化型、产城融合型三大类别，龙头、特色、一般三种级别，赋予不同的导向目标、政策优惠和改革权限。实现示范区进入、推出双向流动机制，推行考核末位淘汰；同时兼顾地域均衡与分类均衡，每年吸纳若干申请的示范区进入，实现数量进出平衡。

国务院
关于同意设立湖南湘江新区的批复

国函〔2015〕66号

湖南省人民政府：

《湖南省人民政府关于设立国家级湘江新区的请示》（湘政〔2013〕37号）收悉。现批复如下。

一、同意设立湖南湘江新区。湖南湘江新区位于湘江西岸，包括长沙市岳麓区、望城区和宁乡县部分区域，面积490平方公里。湖南湘江新区区位条件优越、科教创新实力雄厚、产业发展优势明显、区域综合承载能力较强，资源节约型和环境友好型（以下称"两型"）社会建设成效显著。设立湖南湘江新区，是实施国家区域发展总体战略、贯彻落实《国务院关于依托黄金水道推动长江经济带发展的指导意见》（国发〔2014〕39号）的重要举措，有利于带动湖南省乃至长江中游地区经济社会发展，为促进中部地区崛起和长江经济带建设发挥更大作用。

二、湖南湘江新区建设，要全面贯彻党的"十八大"和十八届三中、四中全会精神，按照党中央、国务院决策部署，突出新型工业化和新型城镇化融合发展重大主题，坚持高标准规划、高起点建设，注重科技创新和自主创新，注重保障和改善民生，注重经济社会和资源环境协调发展，推动产业转型升级和集聚发展，促进产城融合和城乡协调，提升对内对外开放水平，激发大众创业、万众创新热情，不断提高经济综合实力和竞争力，努力把湖南湘江新区建设成为高端制造研发转化基地和创新创意产业集聚区、产城融合城乡一体的新型城镇化示范区、全国"两型"社会建设引领区、长江经济带内陆开放高地。

三、湖南省人民政府要切实加强组织领导，完善工作机制，明确工作责任，加大支持力度，积极探索与现行体制协调、联动、高效的管理方式，积极稳妥扎实推进湖南湘江新区建设发展。要认真做好湖南湘江新区发展规划编制工作，规划建设必须符合土地利用总体规划、城市总体规划、镇总体规划、环境保护规划、水资源综合规划等相关专项规划的要求。要着力优化空间布局，切实节约集约利用土地，严格保护耕地和基本农田，切实保护和节约水资源。涉及的重要政策和重大建设项目要按规定程序报批。

四、国务院有关部门要按照职能分工，加强对湖南湘江新区建设发展的支持和指导，在有关规划编制、政策实施、项目安排、体制机制创新等方面给予积极支持，帮助解决湖南湘江新区发展过程中遇到的困难和问题，营造良好的政策环境。

设立并建设好湖南湘江新区，对于促进中部地区崛起、推进长江经济带建设、加快内陆地区开放发展具有重要意义。各有关方面要统一思想，密切合作，勇于创新，扎实工作，共同推动湖南湘江新区持续健康发展。

国务院

2015 年 4 月 8 日

在长株潭国家自主创新示范区
建设动员大会上的讲话

徐守盛

2015 年 4 月 26 日

尊敬的健林副部长，同志们：

这次会议是贯彻落实国务院批复精神，启动和部署长株潭国家自主创新示范区建设的一次重要会议。长期以来，万钢主席和科技部对湖南的改革发展事业非常关心，特别是在科技进步、自主创新等方面给予了高度重视和大力支持，今天，健林副部长又亲自到会指导，刚才给我们做了重要讲话，对长株潭国家自主创新示范区这个国家级招牌当前要做什么事和下一步我们的工作重点应该在哪几个方面，对我们提出了明确的要求，希望我们认真领会，在国家自主创新示范区起步阶段和整个建设过程中来贯彻落实。对科技部对我们的关心支持，借此机会，我代表湖南省委、省政府，向科技部表示衷心感谢！下面，我讲四点意见。

一 建设长株潭国家自主创新示范区，思想要统一、认识要到位

长株潭自主创新示范区，是国家战略层面的创新发展平台，担负着为全国创新驱动发展探索经验的重大使命。全省各级各部门要把思想和行动统一到党中央、国务院的决策部署上来，从全局和战略高度，深刻认识长株潭示范区建设的重大意义。

第一，这是贯彻实施国家创新驱动发展战略的重要实践。党的十八大以来，党中央、国务院大力实施创新驱动发展战略，密集研究大政方针，密集出台措施方案，密集实施重大工程。习近平总书记多次作出重要指示，强调实施创新驱动发展战略刻不容缓；我们能不能实现"两个一百年"奋斗目标、能不能实现中华民族伟大复兴的中国梦，要看我们能不能有效实施创新驱动发展战略。中央在长株潭布局国家自主创新示范

区，就是希望我们发挥优势、先行先试，为实施创新驱动发展战略率先实践、探索经验。我们一定要增强责任感和使命感，把长株潭示范区作为实施创新驱动发展战略的"试验田"，勇于实践、大胆探索，闯出一条创新驱动发展的路子来。

第二，这是适应新常态、培育新动力的重要工程。适应新常态是经济工作的大逻辑，培育新动力是实现新发展的大方向。在新常态下，谁能在科技创新上杀出一条血路，谁就能在适应新常态上走出一条新路；谁能在培育新动力上先行一步，谁就能在实现新发展中胜出一筹。长株潭地区是全省科技资源的聚集区，是培育新动力的主阵地、推动新发展的主战场，我们要建设好长株潭示范区，发挥其在全省培育发展新动力、打造发展新引擎中的龙头作用，推动全省经济保持中高速增长、迈向中高端水平。

第三，这是全面深化改革的重要载体。当前，我省正处于全面深化改革的关键时期。科技体制改革在改革大棋局中具有结构支撑作用，是全面深化改革的重要内容，是长株潭示范区建设的重头戏。国务院批复同意长株潭建设国家自主创新示范区，不仅为我们推进科技创新搭建了重要平台，而且为我们全面深化改革特别是深化科技体制改革提供了明确方向。我们要用活用足用好长株潭示范区这个重要平台和载体，大力推进科技体制改革，引领带动全省改革工作有力有效有序推进。

二　建设长株潭国家自主创新示范区，思路要清晰、定位要准确

国务院批复明确了长株潭示范区建设的指导思想、总体要求和目标定位，概括起来就是"三区一极"。我们要深刻领会、深入贯彻，努力做到"三个牢牢把握"。

1. 要牢牢把握创新创业这个核心主题

国务院批复强调，要全面实施创新驱动发展战略，努力把长株潭国家自主创新示范区建设成为创新驱动发展引领区和军民融合创新示范区，这是长株潭示范区建设的核心主题，是我们必须遵循的根本导向，在示范区建设中，我们要紧紧扭住创新创业这个主题，强化科技创新的引领和支撑作用，大力推进全民创新创业，形成大众创业、万众创新的新浪潮。

2. 要牢牢把握创新发展这个中心任务

习近平总书记指出，实施创新驱动发展战略，要紧扣发展，坚持问题导向，通过创新突破发展的瓶颈制约。建设长株潭示范区，不是为了标新而创新，不是为了立异而创新，而是要通过创新形成发展新动源。发展始终是示范区建设的中心任务，这一点务必牢牢把握。要面向经济建设主战场推进示范区建设，坚持在发展中创新、在创新中发展，要坚决克服科技强、经济弱的现象，坚决扭转各自为战、力量分散的局面，坚决打破投入多头、形不成拳头的瓶颈，加快把科技成果转化为发展成果，把科技资源转化为

经济资源，把科技优势转化为发展优势，努力将长株潭打造成为中西部地区发展新的增长极。

3. 要牢牢把握体制改革这个根本动力

改革是创新的"助推器"和"催化剂"。国务院批复要求，要充分发挥长株潭地区科教资源集聚和体制机制灵活的优势，努力把长株潭国家自主创新示范区建设成为科技体制改革先行区。要按照中央要求，积极开展科技体制改革和机制创新，在科研院所转制、科技成果转化、军民融合发展、科技金融、文化科技融合、人才引进、绿色发展等方面先行先试，以改革引领和推进长株潭示范区建设，为全民创新创业注入不竭动力。

三 建设长株潭国家自主创新示范区，任务要明确、措施要可行

建设长株潭示范区，是一项复杂的系统工程，需要多措并举、多管齐下、综合施策。这里，我着重强调五点。

1. 要突出抓科技投入

我省科技投入偏低，研发经费投入强度排全国第15位，在已经获批国家自主创新示范区的七个省份中，我省科研经费投入是最低的。在科技投入上，各级各部门和广大企业要算大账、算长远账、算投入产出账，要看到科技投入是打基础、利长远、管根本的大事，要整合盘活存量资金，按照国发〔2014〕64号文件要求，把分散在各个部门的科技资金整合起来、统筹使用，集中力量办大事，解决资金分散化、碎片化问题。要发挥财政资金"四两拨千斤"的杠杆作用，以天使投资、创业投资、风险补偿等方式撬动社会"大资本"。要创新方式方法，推动科技与金融深度融合，通过市场机制引导金融资本和社会资金进入科技创新领域以金融资本激活科技创新"这池春水"。

2. 要突出抓人才支撑

习近平总书记强调，"创新驱动实质上是人才驱动"。人才工程是长株潭示范区建设的生命工程，必须摆在首要位置，重点解决培养得好、引进得了、留用得住等问题，把长株潭打造成为创新创业人才特区。要大力培育人才，依托国家和省重大人才培养计划，加快培养一支包括学科带头人、科技领军人才、现代企业家、高技能人才等在内的创新创业人才队伍。要大力引进人才，坚持不求所有、但求所用和不求所在、但求所为的原则，创新人才引进机制和方式方法，采取柔性机制和办法，吸引国内专家、海外智力等高层次人才来长株潭开展科技研发和项目合作。要大力优化人才发展环境，建立以创新绩效为核心的人才评价机制，完善技术成果转化分配制度，为各类人才提供良好的科研、创业、生活条件，让广大创新创业者创新有劲头、创业有奔头、生活有甜头。

3. 要突出抓协同创新

协同创新是科技创新的必然趋势和重要途径。要大力推进产学研用结合，注重发挥企业主体作用，支持企业、高等院校、科研机构、行业协会等共建研发平台和科技创新战略联盟，合作研发攻关核心技术、共性技术、关键技术。要加强国际国内科技合作交流，主动融入全球研发创新体系，深化与外省市国家自主创新示范区的合作交流，推动创新资源跨区域流动共享。长株潭示范区是三市共建共享的示范区，三市不能有"一亩三分地"的狭隘思维，要坚持"一盘棋"思想，树立"共同体"观念，按照产业分工、区域互补、合作共赢的原则，推进资源要素对接对流、公共设施共建共享、产业发展互补互促，实现差异化、特色化、联动型发展。要打破体制机制壁垒，构建有利于协同创新的制度体系。

4. 要突出抓成果转化

科技成果转化严重不足，大量科技成果关在实验室、锁在柜子里、挂在墙壁上，成为沉睡的宝藏，这是我省科技创新工作面临的最为突出的问题。建设长株潭示范区，一定要把科技成果转化这篇大文章做足做活做好。要面向市场开展科技创新，发挥市场对科技创新方向、路线选择和各类创新资源配置的导向作用，让科技成果适应市场需求，做到能转化、能利用、能形成生产力，防止科技与经济"两张皮"。要加强科技成果转化服务体系建设，搭建成果转化平台，培育发展技术市场，完善成果转化的机制和环境。要大力发展高新技术产业，做强做优现有主导产业，发展壮大一批先导产业，孵化培育一批产业新业态，打造体现湖南特色、具有国际竞争能力的创新型产业集群。

5. 要突出抓创新生态

建设长株潭示范区，离不开良好的创新创业环境。只有创新创业生态好，人才才会纷至沓来，创新才会蓬勃发展，创业才会蔚然成风。要以构建市场化、专业化、集成化、网络化的"众创空间"为载体，培育创新创业主体，优化创新创业服务，弘扬创新创业文化，形成有利于创新创业的生态系统，充分释放大众创业、万众创新的无限能量和潜力，让每一个人都有创新创业出彩的机会。要厚植和弘扬创新创业文化，在湖南精神中大力培育创新精神，在湖湘文化中突出建设创业文化，丰富心忧天下、敢为人先的精神内涵，唱响创新至上、创业伟大的时代风貌，广泛开展创新创业文化创建活动，让创新创业基因深植于每个社会细胞中，形成鼓励探索、宽容失败的良好氛围，激发全民创新动力，点燃万众创新激情。

四　建设长株潭国家自主创新示范区，领导要有力、服务要跟进

一要强化组织领导。按照"省统筹、市为主"的机制，加强组织协调，认真履行

职责，层层分解任务，层层传导压力，层层狠抓落实，形成强大合力。二要强化规划引领。加强顶层设计，科学编制示范区发展规划纲要，科学确定战略目标、发展定位、重点任务、保障措施等，有关地区和部门要抓紧制定专项规划，以规划引领示范区建设。三要强化政策支持。全面落实国家政策，确保不落项、不走样、不打折。抓紧制定出台省委、省政府《关于加快建设长株潭国家自主创新示范区的若干意见》，要有干货、有力度、有突破。四要强化服务保障。加快转变政府职能，在权力上做减法，在服务上做加法，实行"阳光新政"，促进政府职能由"行政管理"向"公共服务"转变，构建低成本、便利化、全要素、开放式的创新创业服务体系。

同志们，建设长株潭国家自主创新示范区，重任在肩，唯有勇往直前，务必矢志不渝。让我们紧密团结在以习近平同志为核心的党中央周围，认真贯彻落实中央各项决策部署和国务院批复精神，抢抓机遇、开拓创新、真抓实干，高标准、高水平、高要求推进长林潭示范区建设，向党中央、国务院和全省人民交出一份合格答卷。

在长株潭国家自主创新示范区
建设动员大会上的讲话

杜家毫

2015 年 4 月 26 日

尊敬的健林部长，各位领导、同志们：

今天的会议，主要是认真贯彻习近平总书记在湖南视察时的重要讲话精神，坚定不移实施创新驱动发展战略，全面启动长株潭国家自主创新示范区建设，努力把示范区打造成为我省适应引领经济发展新常态、加快转型发展的重要引擎。刚才，玉海司长宣读了国务院批复；接下来，健林部长、守盛书记还要作重要讲话，请大家深入学习领会，抓好贯彻落实。下面，我讲三点意见。

一 坚定信心、奋勇攻坚，坚决完成国家赋予的重任

建设长株潭国家自主创新示范区，既是我省加快发展的历史机遇，也是国家赋予的重大使命和责任，充分体现了党中央、国务院对湖南发展的关心和支持。我们要按照中央要求，坚定信心、抢抓机遇、不辱使命，全力以赴抓好示范区建设，确保早见成效。

（一）深入领会和贯彻国务院批复要求

国务院批复指出，要努力把长株潭国家自主创新示范区建设成为创新驱动发展引领区、科技体制改革先行区、军民融合创新示范区、中西部地区发展新的增长极。国务院对示范区"三区一极"的战略定位，既为湖南明确了示范区建设的发展目标，更赋予了我们重大责任，也明确了实现路径和工作重点。我们要充分认识完成这一任务的艰巨性，必须在科技部等国家有关部委的指导和支持下，举全省之力将批复要求落实到示范

区建设的方方面面和全过程，细化为一个个具体的科研课题、建设项目、行动计划，力争一步一步将宏伟蓝图变为现实，让全省人民共享建设成果。

（二）充分发挥我省优势

近年来，我省坚持把科技创新摆在重要的位置，在科研院所转企改制、产学研结合、体制机制创新等方面大胆探索，初步形成了具有湖南特色的自主创新路子，被外界称之为"自主创新长株潭现象"。这些都为我们在新的起点上建设国家自主创新示范区打下了坚实基础、创造了良好条件。下一步，我们要认真总结前段工作中的好经验、好做法，进一步激发蕴藏在高等院校、科研院所、企业研发机构和广大群众中的创新创造活力，有针对性地把"长板"拉长，把"短板"补齐，提高示范区建设的质量和水平。

（三）注重学习借鉴各地经验

2009 年以来，国家先后批复了 7 家国家自主创新示范区。特别是北京中关村、武汉东湖、上海张江等已建设多年的示范区，在园区建设、产业发展、体制机制创新以及政策突破等方面先行先试，探索了许多新鲜经验，基本形成了比较完善的政策支撑体系和工作推进机制。我们要采取"拿来主义"，认真研究、充分吸纳各地的好经验、好做法、好模式。同时，要结合自身特点，在科研院所转制、科技成果转化、军民融合发展、科技金融、文化科技融合、人才引进、绿色发展等方面加大探索力度，为全省乃至全国的转型创新发展探索更多可复制、可推广的经验。

（四）广泛凝聚各方合力

示范区建设是一项"国字号"系统工程，涉及方方面面，必须上下联动、加强配合，建立协同推进机制，搭建创新合作的联动平台，集成推进示范区建设。要加大向国务院有关部委汇报衔接力度，在重大项目安排、政策先行先试、体制机制创新等方面，积极争取国家相关部委的支持和帮助。各地各部门要强化大局意识，各司其职、协同配合，共同研究解决发展中的重大问题。要积极开展宣传推介，全面展示示范区的独特优势和巨大发展空间，吸引更多的企业和投资者参与进来，营造全社会共同关心、支持示范区建设的良好氛围。

二　明确目标、科学规划，努力培育全省转型创新发展的强力引擎

习近平总书记指出，"唯改革者进，唯创新者强，唯改革创新者胜"。我们要立足现有基础，聚集创新要素，整合创新力量，提升创新品质，努力开创我省创新发展新局面。

（一）突出完善提升规划

在科技部等国家部委的指导下，《长株潭国家自主创新示范区发展规划纲要（2015～2025年）》（初稿）已经出台。下一步，要坚持规划先行、规划引领，多层次、多角度、多渠道征求修改意见，完善顶层设计，确保规划高度契合国务院批复精神和具体要求，确保规划与长株潭"两型社会"建设规划、长株潭城市群区域规划和正在编制的省"十三五"规划、长株潭三市"十三五"规划以及省直相关部门专项规划无缝对接，既有效推进示范区建设，又有力促进长株潭基础设施、产业发展、生态环保建设等全面升级。同时，要尽快出台加快建设示范区的政策意见，着手研究制定示范区建设条例，把示范区发展纳入规范化、法制化轨道。

（二）加快体制机制创新

要创新管理体制，建立健全长株潭三市协调联动机制，密切沟通，统筹协调；认真开展行政审批权下放园区试点，建立省、市和园区的权利清单和责任清单，提高行政效率。要创新科研机制，出台促进高校、科研院所科技成果转化和知识转移的政策措施，深化科研院所转企改制和市场化建设机制；探索军民融合发展新路径，在示范区内布局一批军民融合重大项目，合作共建一批集研发、生产、孵化于一体的军民融合专业园。要创新金融机制，完善创业金融服务体系，建立健全专利权质押贷款风险补偿机制，扩大高新技术企业科技保险试点，拓展科技型企业融资渠道。

（三）推动产业集聚集群

建设示范区的重要任务，就是要做强做大一批具有全球竞争力的创新型企业，培育一批特色鲜明的创新型产业集群。要积极对接"中国制造2025"和"互联网＋"行动，在推动产业跨界融合以及信息化中，打造装备制造、新材料、电子信息、生物医药、节能环保等优势产业集群，壮大培育绿色住宅、卫星应用、文化创意、现代服务业等新兴产业集群。同时，立足示范区现有产业特色，延伸发展3D打印、工业机器人、干细胞、石墨烯、碳化硅纤维、大数据、云计算等新技术、新产品、新业态，提升产业智能化、高端化、绿色化发展水平。

（四）强化平台载体建设

要健全公共技术服务平台体系，鼓励高校、科研院所、大企业开放研发试验设施，支持孵化器、大学科技园等创业服务机构建设公共服务平台，集中优势资源服务创业企业创新发展。要强化重大科技基础设施建设，巩固国家超级计算长沙中心、亚欧水资源中心等重大创新平台功能，加快建设一批国家级技术中心，组建长株潭技术创新中心，夯实重大科技问题解决的技术基础。要建设高层次人才创新创业平台，加大对创新单位的支持力度，鼓励有条件的地区和单位建立高层次人才工作驿站、创新创业基地和各类科研人员产学研创新平台。

（五）提升开放合作水平

实践证明，开放程度越高，创新活力越强，创新成果就会越多。要强化国内创新合作交流，以深度融入长江经济带为重点，加强与长三角、珠三角、长江中游城市群、成渝经济区、大西南地区的对接合作，全面推进跨区域开放合作，对接东中西部大市场，拓宽发展新空间。要强化国际科技合作交流，主动对接国家"一带一路"等战略，鼓励示范区内高校、科研院所开展对外合作交流，加强国际人才网络链接；建设更优的工作生活环境，吸引国际优秀企业在示范区设立研发中心、优秀海外人才在示范区创新创业。要在有针对性地引资、引技、引才的同时，促进示范区先进产能、技术和产品向外拓展，推动更高层次的"引进来"、"走出去"。

三　全力以赴、久久为功，着力推动大众创业、万众创新

省里将成立示范区建设领导小组，长株潭三市要加强组织领导，建立联席会议制度，定期召开联席会议，研究解决示范区建设中的重大问题。相关部门要强化"一盘棋"意识，密切配合、主动作为，细化规划、落实责任，以"钉钉子"精神，一抓到底，抓出成效。

（一）努力培育创新创业生态

一个全方位、立体式、充满生机的创新创业生态系统，可以释放出蕴藏在大众创业、万众创新之中的无穷创意和无限财富。一要大力发展"众创空间"。加大政策扶持力度，简化企业登记手续，支持有条件的地方对"众创空间"的房租、宽带网络、公共软件等给予适当补贴。发挥政府创投引导基金和财税政策作用，通过创新融资模式提供有力资金支持，促使更多创业人才脱颖而出。二要推进"大众创业"。以支持大学生等年轻创业者、大企业管理人员、科技人员创业者、留学归国创业者为重点，扩大支持"大众创业"的覆盖面，不断增强示范区创业源动力。建立健全创业人才绿色通道，做好高层次人才引进、企业孵化服务和政策落实工作，集聚一批由高端创业投资家和科技中介人才领衔的创业服务团队。三要弘扬创新创业文化。塑造"创业长株潭"品牌形象，加大对成功创业者、青年创业者、天使投资人、创业导师、创业服务

机构的宣传力度，使创业在长株潭地区和湖南成为一种价值导向、一种生活方式、一种时代气息。

（二）尽快研究出台配套政策

为创业创新创造法治环境、改善监管环境、搭建竞争平台、扫除政策障碍，必须制定相应的配套支持政策。各级各部门要按照国务院批复所确定的各项任务，认真开展调查研究，提出先行先试政策实施与推动国家政策落实的具体办法，并进一步细化相应配套措施，明确工作责任和时间要求，使其尽快落实到位。特别是积极整合相关财政专项资金和新增资金，大力引导社会资本参与示范区建设，保障示范区建设的资金需求。同时，各级各部门要增强服务意识，加快建立一站式服务、绿色通道、连审连批等制度，努力提高政府服务效率和服务水平。

（三）不断强化考核评价

随着创新驱动发展上升为国家战略，考核评价的重点要向强化创新指标考核转变。一要改变传统"GDP考核"导向，建立责任分工明确的示范区动态评估考核体系，重点突出对三市高新区合作项目、交流互动、科技创新、创业孵化、国际化等方面的考核。二要建立示范区建设统计监测和考核评估体系，以制度创新突破行政管理体制障碍，建立省统筹、市为主、多部门协调的工作机制，加强城与城、园区与园区、部门与部门之间的协同，引导一体发展、协同发展。三要增加对省直相关部门、所在市地方政府支持发展示范区建设的考核，并纳入省委省政府绩效评估指标体系，督促阶段性目标和各项措施的落实，形成协同推进合力。

（四）加快试点经验推广

要及时总结试点经验，不断创新探索、总结完善，把成功做法经验化、个别探索系统化，逐步建立健全推进创新发展的长效机制。要深入细致地搞好调查研究，认真对示范区建设中的成功经验进行科学分析，揭示其中可推广、可复制、可持续的经验。要加快推广和宣传，通过报纸、广播、电视及网络等多种方式，全面系统、通俗易懂地宣传创新试点成功经验，特别要着重宣传创新成功经验的科学精神和科学方法，推动区域经验成为全省性的工作措施。

建设长株潭自主创新示范区的号角已经吹响，让我们共同努力，积极进取，奋发有为，认真贯彻国务院批复的各项精神，把长株潭自主创新示范区建设成为湖南进一步转型升级的新的引擎和增长极。

国家发展和改革委员会
关于印发《湖南湘江新区总体方案》的通知

发改地区〔2015〕924号

湖南省人民政府，国务院有关部委、直属机构：

《湖南湘江新区总体方案》（以下简称《方案》）已经国务院同意，现印发你们，并就有关事项通知如下。

一、湖南湘江新区位于湘江西岸，包括长沙市岳麓区、望城区和宁乡县部分区域，区位交通条件优越、科教创新实力雄厚、产业发展优势明显、区域综合承载能力较强，资源节约型和环境友好型社会建设成效显著。设立并建设好湖南湘江新区，是实施国家区域发展总体战略、贯彻落实《国务院关于依托黄金水道推动长江经济带发展的指导意见》（国发〔2014〕39号）的重要举措，有利于带动湖南省乃至长江中游地区经济社会发展，对于促进中部地区崛起、推进长江经济带建设、加快内陆地区开放发展具有重要意义。

二、请湖南省人民政府按照《国务院关于同意设立湖南湘江新区的批复》（国函〔2015〕66号）要求，全面做好《方案》的组织实施工作，依据《方案》和依法批准的土地规划、城镇规划等组织编制湖南湘江新区发展规划，认真落实《方案》提出的战略定位、空间布局、发展重点等各项任务，确保实现《方案》确定的发展目标。要切实加强组织领导，完善工作机制，明确工作责任，加大支持力度，积极探索与现行体制协调、联动、高效的管理方式，积极稳妥扎实推进新区建设发展。

三、请国务院有关部门按照职能分工，认真贯彻落实国务院批复精神，进一步加强对湖南湘江新区建设发展的支持和指导，在有关规划编制、政策实施、项目安排、体制机制创新等方面给予积极支持，帮助解决新区发展过程中遇到的困难和问题，营造良好的政策环境。

四、我委将按照国务院批复精神，会同有关部门加强对湖南湘江新区建设发展的指导和监管，组织开展《方案》实施情况的跟踪评价与督促检查，重大问题及时向国务院报告。

　　附件：湖南湘江新区总体方案

国家发展和改革委员会

2015 年 5 月 4 日

湖南湘江新区总体方案

　　根据党中央、国务院领导同志重要批示指示精神和《国务院关于依托黄金水道推动长江经济带发展的指导意见》（国发〔2014〕39 号）要求，为规范湖南湘江新区（以下简称新区）建设，提升新区发展水平，充分发挥新区在新型工业化和新型城镇化融合发展方面的示范带动作用，特制定本方案。

　　一　发展基础

　　新区位于长沙市湘江西岸，包括岳麓区、望城区和宁乡县部分区域，核心区域为岳麓区岳麓街道等 15 个街道、望城区喻家坡街道等 8 个街道以及宁乡县金州镇，覆盖长沙高新技术产业开发区、宁乡经济技术开发区和望城经济技术开发区 3 个国家级园区，面积 490 平方公里。

　　2014 年常住人口 85 万人，地区生产总值 970 亿元，财政总收入 167 亿元，工业总产值 2110 亿元。

　　（一）区位交通条件优越在国家城镇化"两横三纵"战略格局中，新区位于长江横轴和京广纵轴的结合点，京广铁路、京港澳高速公路等贯通新区，京广高铁、沪昆高铁等在周边交汇，3000 吨级船舶可在湘江长沙段及以下常年通行并经洞庭湖通江达海，紧临的长沙黄花国际机场年旅客吞吐量多年居中部地区首位。

　　（二）科教创新实力雄厚新区现有两院院士 40 余名、大中专院校 30 多所、在校大学生 30 余万名，"千年学府"岳麓书院坐落于此，拥有国家超级计算长沙中心等 120 余个国家级技术创新平台、40 多家部（省）属科研机构，是国家重要的海外高层次人才创新创业基地和中南两地区科技创新中心。

　　（三）产业发展优势明显新区拥有长沙高新技术产业开发区、宁乡经济技术开发区、望城经济技术开发区 3 个国家级园区，形成了装备制造、电子信息、新材料、新能源及节能环保、医药、食品加工等优势产业集群，是中部地区重要的战略性新兴产业基地和先进制造业基地，产业支撑和带动作用明显。

（四）"两型"社会建设成效显著新区是长株潭城市群资源节约型和环境友好型（以下简称"两型"）社会建设综合配套改革试验区的先导区。

近年来，新区率先实行了生态环境资源补偿、节约集约用地、耕地保护、土地整治、污染损害赔偿、绿色信贷、绿色财税七大政策，建立了落后产能淘汰、生态环境补偿、污染治理和资源节约激励四大机制，区内高耗能、高污染企业全部关停并转，城镇垃圾无害化处理率和污水处理率达到100%。

（五）综合承载能力较强新区属于全国主体功能区规划明确的重点开发区域，土地开发强度较高，资源环境承载能力较强，综合交通网络体系基本形成，水利、能源、信息等基础设施保障有力，具备了大规模集聚人口和产业的基础条件。

生态条件良好，人居环境优美，拥有岳麓山、橘子洲、洋湖湿地等大批生态景观资源，是全国生态文明建设试点区。

加快新区建设，有利于构建产业承接和要素集聚新平台，为三大众创业、万众创新营造良好环境；有利于打造中部地区崛起新增长极，引领和带动湖南乃至长江中游地区更好更快发展；有利于培育沿江开发开放新支点，为推进长江经济带建设提供支撑；有利于探索"两型"社会建设综合配套改革新经验，为促进经济平稳健康发展与社会和谐稳定提供示范。

二 总体要求

（一）指导思想全面贯彻党的十八大和十八届三中、四中全会精神，以邓小平理论、"三个代表"重要思想、科学发展观为指导，深入学习贯彻习近平总书记系列重要讲话精神，按照党中央、国务院的决策部署，进一步解放思想、深化改革、扩大开放，突出新型工业化和新型城镇化融合发展重大主题，坚持高标准规划、高起点建设，注重科技创新和自主创新，着力保障和改善民生，促进经济社会发展和资源环境相协调，推动产业转型升级和集聚发展，推进产城融合和城乡协调，提升对内对外开放水平，激发大众创业、万众创新热情，不断提高经济综合实力和竞争力，在带动湖南省经济社会发展、促进中部地区崛起和长江经济带建设中发挥更大作用。

（二）战略定位

1. 高端制造研发转化基地和创新创意产业集聚区。

充分发挥新区内国家级技术创新平台和国家级园区的科技资源优势，以体制机制创新为突破口，发挥市场在资源配置中的决定性作用，提升综合效能，推进创新创意和资本紧密结合，推动产业承接发展和转型升级，促进科技创新成果加速转化，形成重要的战略性新兴产业基地和创新创意发展新高地。

2. 产城融合、城乡一体的新型城镇化示范区。

坚持以人为本，率先开展农业转移人口市民化、城镇化投融资机制、农村宅基地制度、集体经营性建设用地管理等方面的改革探索，打造功能完善、产城融合、活力充沛、生态宜居的现代化智慧新城，为国家推进新型城镇化建设探索路径、提供示范。

3. 全国"两型"社会建设引领区。

牢固树立生态文明理念，深入推进"两型"社会建设综合配套改革试验，及时总结可推广、可复制的经验做法，积极发展绿色产业，大力推广绿色建筑、绿色交通、绿色能源，倡导绿色消费，促进资源循环高效利用及人与自然和谐相处，实现生态文明建设与经济社会发展良性互动。

4. 长江经济带内陆开放高地。

抢抓国家建设长江经济带的战略机遇，充分发挥区位优势，加强区内港口与沿江各大港口的有机联动，加快与周边地区基础设施互联互通，构建区域大通关体系，打造通江达海、对接国内外的综合性开放平台。

（三）发展目标到 2025 年，新区综合实力大幅提升，城镇化率达到 80% 左右，地区生产总值年均增速明显高于湖南省平均水平，战略性新兴产业增加值年均增速达 20% 以上，现代产业体系更加完善，生态环境进一步优化，全方位对内对外开放格局基本形成，成为带动湖南省和长江中游地区经济社会发展的重要引擎、长江经济带建设重要支撑点、全国"两型"社会建设先行区。

三 空间布局

统筹新区与周边地区联动发展，根据资源环境承载能力、现有开发强度和发展潜力，综合考虑人口分布、产业结构、城镇布局、交通网络、自然资源、生态环境等因素，优化功能分区，构建功能协调互动、空间舒展有序的"两走廊、五基地"总体格局。

（一）建设"两走廊"

1. 湘江西岸现代服务业走廊

科学开发和合理利用新区沿江岸线资源，注重突出特色和保护环境相结合，重点发展金融服务、文化创意、商贸物流、中介服务、生态旅游等服务业，向南辐射湘中、湘南地区，向北带动洞庭湖生态经济区，引领带动长株潭城市群现代服务业发展，提升对内对外开放水平。

2. 319 国道战略性新兴产业走廊

依托沿线重要产业园区，加强产业布局联动、基础设施互通和公共平台共享，重点发展高端制造、新材料、电子信息、新能源与节能环保、生物医药等产业集群，向东对接长沙主城区和浏阳市，向西辐射带动益阳等经济发展腹地，打造国内领先、国际先进的战略性新兴产业走廊。

（二）打造"五基地"

1. 自主创新引领基地

以岳麓山大学城、麓谷科技新城、含浦国际教育培训基地等为主体，促进科技、教育与产业的协同发展，加快建设各类人才创新创业、工作学习、生活游憩的优质平台，重点发展研发、设计、教育培训等生产性服务业。

2. 先进制造业发展基地

充分发挥长沙高新技术产业开发区、宁乡经济技术开发区和望城经济技术开发区等国家级园区及6省级园区制造业规模优势，积极抢抓国际和沿海产业加快转移机遇，以工程机械、电子信息、航空航天、食品加工、再制造等产业为重点，围绕产业链关键环节，大力吸引科技含量高和配套关联性强的项目入驻，推动制造业向高端化、集成化发展。

3. 总部经济集聚基地

依托区内优越的自然生态环境，高标准建设梅溪湖总部经济区、洋湖总部经济区和滨水新城，强化商务商贸、教育医疗、文化娱乐等配套服务，培育发展电子商务、文化创意、移动互联网、服务外包等新兴服务业，着力吸引国内外企业总部以及研发中心、营销中心、结算中心集聚落户，打造国际化、智能型总部经济基地。

4. 生态旅游休闲基地

推进岳麓山风景名胜区、大王山国家旅游度假区、乌山森林公园、凤凰山森林公园、金州湖湿地公园建设和莲花山、桃花岭、象鼻窝等生态资源保护与开发，重点发展旅游度假、医疗健康、体育健身、养老服务等产业，打造完整的旅游休闲产业链，建设生态旅游休闲目的地。

5. 现代都市农业示范基地

加快望城区、宁乡县农业科技园等特色农业功能区以及莲花、靖港、夏铎铺等特色小镇建设，推进现代农业适度规模经营，重点发展有机农业、高效农业、观光农业和都市休闲农业，打造融生产性、休闲性和生态性于一体的都市农业示范基地。

四 重点任务

（一）探索创新发展路径

1. 形成具有较强竞争力的自主创新体系

大力实施自主创7新能力提升工程，加快关键核心技术研发攻关，在若干重点领域组建一批技术创新平台，加快国家超级计算长沙中心、亚欧水资源研究利用中心、中意设计创新中心湖南中心建设；围绕重点产业、关键共性技术，探索组建各类跨区域产业技术创新战略联盟。

引导企业进行跨区域强强联合，争取建设先进储能材料、人类干细胞等国家级创新平台，积极引进省部级以上工程技术研发平台，力争50%以上的工程技术研发平台达到国际先进水平、80%以上达到国内领先水平。

以梅溪湖国际新城为核心规划建设未来科技城，加快梅溪湖研发中心建设，打造高水平创新创业基地。

2. 建设全国一流的科技成果转化交易平台

依托区内高校和长沙高新技术产业开发区，鼓励和引导国内外高校和科研机构、企业等在新区建立技术转移中心、大学科技园和成果转化基地，培育具有国际竞争力的高科技产业链。

抓住战略性新兴产业成果孵化等关键环节，完善科技企业孵化体系，培育一批科技企业孵化器。

做大做强中国（长沙）科技成果转化交易会品牌，打造中国科技创新成果交易的重要平台。

3. 建立健全富有活力的科技创新体制机制

建立产学研协同创新机制，强化企业在技术创新中的主体地位，推进应用型技术研发机构市场化、企业化改革。

完善科技创新、技术转让、企业并购等政策，改进政府对技术创新的支持方式，建立以产业基金、创业投资基金等金融手段支持科技研发和成果转化的保障机制，支持和鼓励科技人员创新创业。

完善创新服务体系，为各类创新主体搭建公共平台、提供优质服务。

（二）构建高端产业体系

1. 促进战略性新兴产业集群发展

以产业园区为载体，积极吸引产业链整体转移和关联产业协同转移，培育一批具有国内外先进水平的战略性新兴产业集群。

在高端制造业领域，着力提升产业配套能力，实现产品系列化、产业高端化，打造高端制造业基地。

在新材料领域，培育形成以先进储能材料、先进复合材料、钛金属材料、超硬材料与硬质合金为主导的新材料产业体系。

在电子信息领域，大力发展移动电子商务、云计算等软件开发和服务外包产业，做大做强国家软件产业基地和服务外包基地。

在新能源与节能环保领域，重点发展太阳能光伏产业、热泵产业、智能电网设备及并网服务产业，加快建设环保先进装备制造基地。

在医药领域，重点发展现代中药、生物疫苗和诊断试剂、医疗器械、医疗康复服务、基因工程药物等产业。

2. 推动现代服务业集聚发展

着力推进金融服务、科技研发、商务会展、商贸物流等现代服务业集聚发展，建设现代服务业集聚区。

大力引进国内外金融机构区域总部，加快建设长沙金融后援服务中心、滨江金融区。

积极扶持各类创新平台建设，培育一批特色研发服务企业，打造高端研发机构集聚地。

壮大法律、会计、咨询、评估等商务服务业，推进会展业向国际化、品牌化、专业化方向发展。

以湖南大学、中南大学等科研院所为依托，推进研发设计服务与相关产业融合发展。

加快建设洋湖总部经济区，逐步形成一批金融总部、研发总部、贸易总部等。

加强综合物流园区和专业物流中心等建设，构建功能完备的现代物流体9系。

（三）培育文化产业高地

1. 提升文化产业规模化、集约化、专业化水平

大力整合开发各类文化资源，优化产业布局和结构，加快发展文化创意、工艺设计、演艺娱乐、影视传媒、数字出版、移动多媒体、动漫游戏等产业。

积极培育各类专业化市场，坚持创意、科技、资本相结合，提升文化品牌价值，增强文化产业整体实力和竞争力，将文化优势转化为经济社会发展优势。

重点建设以岳麓山为依托的大河西文化创新创意产业区，打造以月亮岛、橘子洲等为依托的湘江西岸文化旅游休闲产业带，做优做强麓谷国家动漫游戏产业振兴基地和岳麓文化艺术产业基地，深入推进长沙国家级文化和科技融合示范基地建设。

2. 推进文化体制机制创新

按照创新体制、转换机制、面向市场、增强活力的要求，加快经营性文化单位转企改制，稳步推进公益性文化事业单位改革，加快推进现代公共文化服务体系建设。

支持各种形式的小微文化企业发展，鼓励符合条件的文化企业上市融资。

支持民间资本参与文化遗产保护开发和文化创意集聚区建设，投资兴建电影院、文化站等各类文化设施。

加快文化产业"走出去"与"引进来"步伐，加强与国内外文化产业集团合作，培育一批拥有自主品牌、投资主体多元化的大型文化企业集团，积极参与国际竞争，推

动优秀艺术团体参与境外各种文化交流活动，不断提高新区文化创意产业的国际知名度和影响力。

（四）推进生态文明建设

1. 构筑生态安全屏障

划定生态保护红线，实施生态功能分区控制，明确禁止开发区域、限制开发区域。

严格控制岳麓山、凤凰山、大王山等山体开发，划定河湖管理范围，保护洋湖、梅溪湖等湿地资源，加强自然保护区、风景名胜区、饮用水源保护区、水源涵养区、自然湿地等重点区域的生态环境保护。

依托交通干线、水系、丘陵山地和湿地，建设沿江沿河沿路生态廊道。

2. 加强环境基础设施建设

优化城市绿地布局，推进公园绿地、道路林荫和城市绿道建设。

继续实施湘江流域重金属污染治理工程，加快湘江底泥治理和修复进程。

加快城乡污水管网体系建设，提高城镇污水集中处理设施处理排放标准，推进湘江流域长沙段环境综合整治，统筹实施截污治污、清淤疏浚、排水防涝、护岸防洪、生态修复等工程。

同步规划建设污水和垃圾集中处理等污染治理设施，工业废水经预处理后方可进入污水集中处理设施，实现污水"分类收集、无害处理、中水回用"。

严格实行入河湖排污总量控制，规划期内城市污水处理率达100%、中水回用率达20%，实现"河畅、水清、岸绿、景美"。

严格控制生产生活污染气体排放，综合运用绿色电力调度、绿色信贷等政策措施淘汰重污染行业，推动实现区域"绿色交通"全覆盖。

深入推进农村面源污染防治工作，加强农村环境基础设施建设，推广生态健康养殖模式，打造健康优质、整洁秀美的农村生态环境。

3. 推行绿色低碳生产生活方式

实行能源消费总量与强度双控目标管理，严格投资项目节能评估和审查，从源头上控制能源消费增量，切实降低单位产值能耗。

发展绿色低碳产业，编制清洁低碳技术推广目录，建设一批绿色低碳城镇、园区、企业。

加强商业和民用节能产品推广应用，加快智能电网、分布式能源站、风力发电、热泵等清洁能源供应设施建设。

建立高效的垃圾分类回收利用体系。

倡导绿色出行、推广绿色建筑，积极创建低碳社区，鼓励消费者购买节能环保产品，加快推动生活方式向勤俭节约、绿色低碳、文明健康方向转变。

4. 创新生态文明建设机制

健全环境监测预警和评价、排污权交易、环境污染责任保险等机制。

建立水资源、水环境承载能力监测评价体系，实施河流跨界断面水质考核，完善水环境补偿机制，开展湘江流域综合管理试点。

强化水土流失治理和水土保持监督管理，促进水资源综合利用和循环利用，积极创建节水型社会。

严格实施流域水质目标管理和节能目标、环境空气质量改善目标管理考核。

严格环境执法，提高生态环境监管和科研能力，加大对超标排放的惩处力度。

探索建立绿色绩效考核体系，加大生态环境保护考核指标权重。

探索编制自然资源资产负债表和环境保护责任清单，对领导干部实行自然资源资产离任审计，建立完善生态环境损害责任终身追究制和环境污染事故责任追究制。

（五）提高城镇化发展质量

1. 推进产城融合发展

统筹各类功能区规划建设，推进功能混合和产城融合，构建多组团、多支点和生态型、现代化的新型城镇体系。

高水平规划建设梅溪湖中心城区，强化行政、经济、文化功能。

在新区北部、南部、西部分别规划建设滨水新城、洋湖新城、沩东新城三个次中心城区，提升产业发展和人口集聚功能，带动周边区域发展。

统筹规划建设岳麓、坪浦、黄金、雨敞坪等中心镇，因地制宜发展一批都市农业小镇、文化旅游小镇、生态宜居小镇、商贸物流小镇，在集聚产业的同时集聚人口。

在符合条件的产业园区规划和建设住房、教育、医疗、休闲等生活服务设施，推动产业园区向现代城市功能区转变。

2. 提升城市建设和治理水平

严格执行国家建设标准，加强建筑质量管理，高标准推进城市建设。

保护和传承湖湘文化，注入现代文化元素，提升城市建设的文化内涵。

加快建设智慧城市，提升城市对信息的全面感知和利用能力。

树立以人为本、服务为先的理念，加强城市供水供气供电、公交和防洪防涝设施等建设治理污染、拥堵等城市病，让出行更方便、环境更宜居。

引入市场机制，建立科学合理的城市治理模式，提高城市治理效率和服务质量。

3. 构建新型城乡关系

推进城乡规划和管理体制一体化，实现基础设施、公共服务、产业、生态文明协同发展，提高城乡产业关联度和经济融合度，探索城乡发展一体化的新路子。

加快城市道路、电力、通信、燃气、给排水等基础设施向中心镇和农村社区延伸。

加大公共财政对农业农村的投入力度，提升农村教育、医疗卫生、劳动就业、社会保障、文化体育、农业信息化等公共服务水平，推进城乡基本公共服务均等化。

破除城乡体制壁垒，鼓励城市资本、技术、人才等资源向农村流动。

（六）提升开放型经济水平

1. 完善立体综合交通网络

加快构建新区"七纵九横"快速交通体系。

加快轨道交通路网建设，继续推进湘江过江通道建设，实现与长沙主城区无缝对接。

以长沙金桥综合客运枢纽为中心，整合长沙河西综合交通枢纽、长沙货运西站，合理优化线路配置和其他交通节点设置，推进换乘枢纽建设，增强人流、物流集散功能。

抓好石长（石门—长沙）铁路复线、长株潭（长沙—株洲—湘潭）城际铁路、长岳（长沙—岳阳）城际铁路、长常（长沙—常德）城际铁路等线路建设，抓紧推进京港澳、长益（长沙—益阳）等国家高速公路扩容改造前期工作，加快 319 国道等国省干线公路升级改造，加强铁路运输网和高速公路运输网对接，推动长沙霞凝新港与岳阳城陵矶港互通，全面畅通铁海、江海联运通道，打造辐射湖南、对接全国的立体综合交通运输网络。

2. 构建大通关体系

依托长株潭城市群，利用长沙电子口岸信息平台资源，实行通关业务一条龙服务，着力构建以水港、空港、保税物流中心等为支撑的口岸体系。

推动新区与周边城市、沿海港口城市之间跨关区（检区）便利通关，通过票证通用、互为代理、通程结算、联程联运等方式，形成高效畅通的国际国内贸易通关体系。

3. 打造综合性开放平台

全面加强区域交流合作，构建内外联动、互利共赢、安全高效的开放型经济新体制。

积极对接长江三角洲、珠江三角洲、中原经济区、成渝经济区等地区，推动形成优势互补、互利共赢的合作发展模式。

学习借鉴上海等自由贸易试验区在政策、制度创新方面的经验做法，鼓励新区企业在自由贸易试验区设立办事机构和营销平台，提升贸易便利化服务水平。

推进企业注册登记、人才培养引进、投融资、跨境交易、知识产权等方面的政策创新，支持创办国际贸易投资专业化咨询机构，加强国际社区、国际学校、国际医院等建设，构建与国际惯例相衔接的公共产品供给体系和创新创业服务体系。

五 保障措施

（一）切实转变政府职能

1. 创新行政管理方式

探索行政区与功能区融合发展的体制机制，根据需要赋予新区市级和部分省级经济社会管理权限。

着力整合区域内各类行政资源，进一步理顺内部行政管理体制，努力破解制约发展的体制机制障碍。

探索形成协同管理、精简高效、权责一致的管理模式，推进政府治理能力现代化。

2. 推行权力清单和责任清单

实行"行政权力进清单、清单之外无权力、权力和责任相对应"的管理体制，向社会公布政务流程图，取消没有法定依据的权力事项，冻结虽有依据但明显不适应发展要求的权力事项，压缩各类重复交叉权力事项，最大限度精简行政权力，进一步规范市场秩序，激发市场活力和潜力。

3. 试点推行市场准入负面清单

依法依规探索开展"负面清单"管理（不包括外商投资），按照"非禁即入"的原则，制定发布投资、产业发展等领域负面清单，在科技、文化等优势领域和重点环节开展负面清单管理试点，形成示范带动效应，为市场主体提供更大空间。

（二）创新城镇化发展体制机制

1. 推进人口管理制度改革

坚持自愿、分类、有序的原则，加快推进户籍制度改革，有序推进农业转移人口市民化。

以合法稳定就业、合法稳定住所、城镇社会保险参保年限等为基准条件，因地制宜制定具体的户口迁移政策。

加强对农业转移人口就业技能培训和创业引导，努力提高其融入城镇的能力。

2. 健全规划管理体制机制

按照城乡一体、全域管控、部门协作的要求，形成统一衔接、功能互补的规划体系，提高城市规划管理水平。

统筹规划城市空间功能布局，加强空间开发利用管理，合理确定城镇开发边界和开发强度，优化生产、生活、生态空间结构。

3. 创新城镇化资金保障机制

按照政府主导、社会参与、市场运作的原则，构建投融资主体多元化、投融资方式多样化、项目建设运营市场化的城市建设投融资体制。

拓宽城市建设融资渠道，放开市场准入，积极引入政府和社会资本合作（PPP）等模式，吸引各类市场主体参与新区开发建设。

（三）完善要素保障体系

1. 合理安排用地需求

对新区建设用地计划指标实行差别化管理，严格按照土地利用总体规划组织建设。

湖南省建设用地指标优先保障新区合理用地需求，对新区建设用地计划实行单列，新区范围内的耕地占补平衡可在全省范围内统筹解决。

在严格保护耕地和节约集约用地的前提下，鼓励新区开发利用未利用土地，允许在土地开发整理和利用等方面先行先试。

对可挖潜的存量工业用地制定相应的开发再利用政策，开展城镇低效用地再开发试点，进一步挖掘工业用地空间。

加强工矿用地再开发利用的场地环境调查和风险评估。

强化国土资源节约利用和生态保护监测监管。

2. 提升金融服务能力

鼓励符合条件的各类金融机构在新区设立分支机构。

探索支持符合条件的民营资本发起设立自担风险的中小金融机构。

鼓励在新区内发展金融租赁公司。

支持符合条件的外资银行分支机构入驻新区，依法依规开展人民币业务。

3. 强化人力资源支撑

综合运用教育培训、创业支持、提高待遇等措施，探索建立有利于人才成长和创新创业的体制机制。

提升新区高等教育办学水平，推动与国内知名高等学校合作办学，加强优势、特色学科和专业建设。

加快发展职业教育，深入推进校企合作培养、培训技术技能型人才。

实施人才引进培育工程，引进一批国内外高端科技型、管理型人才，培养一批本土优秀企业家。

推进收入分配制度改革，激励各类科研人员和大学生群体创新创业。

完善住房、教育、医疗、就业等公共服务，为创业和就业人员提供良好的工作生活环境。

湖南省人民政府办公厅
关于成立长株潭国家自主创新
示范区建设工作领导小组的通知

湘政办函〔2015〕72号

各市州人民政府，省政府各厅委、各直属机构：

根据工作需要，省人民政府决定成立长株潭国家自主创新示范区建设工作领导小组。现将领导小组组成人员名单通知如下。

组　　长：杜家毫　省人民政府省长

副组长：李友志　省人民政府副省长

成　　员：石华清　省人民政府副秘书长、省政府金融办主任

陈小春　省人民政府副秘书长

庄　超　省委组织部部委委员

徐正宪　省长株潭两型试验区管委会常务副主任

廖跃贵　省编办副主任

谢建辉　省发改委主任

王柯敏　省教育厅厅长

童旭东　省科技厅厅长

谢超英　省经信委主任

郑建新　省财政厅厅长

胡伯俊　省人力资源社会保障厅厅长

方先知　省国土资源厅厅长

刘尧臣　省环保厅厅长

蒋益民　省住房城乡建设厅厅长

刘宗林　省农委主任

徐湘平　省商务厅厅长

李　晖　省文化厅厅长

张　健　省卫生计生委主任

丛培模　省国资委主任

张云英　省地税局局长

陈立新　省质监局副局长

朱建纲　省新闻出版广电局局长

肖祥清　省知识产权局局长

丁永安　省国税局局长

黎对贞　长沙海关关长

李赛辉　湖南银监局局长

熊国森　湖南证监局局长

胡衡华　长沙市人民政府市长

毛腾飞　株洲市人民政府市长

胡伟林　湘潭市人民政府市长

领导小组办公室设在省科技厅，童旭东兼任办公室主任，省科技厅分管副厅长兼任办公室副主任，领导小组其他成员单位分管负责人为办公室成员。领导小组办公室承担领导小组的日常工作。

今后，领导小组组成人员因工作变动需要调整的，由所在单位提出意见，经领导小组办公室审核，报领导小组组长批准后，由领导小组行文，报省政府办公厅备案。

湖南省人民政府办公厅

2015 年 6 月 12 日

推进长株潭一体化发展，
打造新常态下我省经济核心增长极[*]

杜家毫

2015 年 7 月 1 日

习近平总书记在中央城镇化工作会议上指出，要把中国城镇化道路的重点放到促进城市群的发展上。我们要深入贯彻习近平总书记的重要指示精神，按照省委统一部署，利用长株潭城市群得天独厚的条件，悉心汲取国内外城市群发展的经验，积极探索具有湖湘特色的城市群发展路子，努力打造新常态下我省经济核心增长极的升级版，为全国城镇化特别是城市群发展创造经验。

一 推进长株潭一体化具有良好基础、面临重大机遇

推进长株潭一体化发展，是历届省委、省政府既定的发展思路，也是一以贯之的努力方向。早在 20 世纪 50 年代，我省就有把长株潭三市合并成"毛泽东城"的设想。从 1984 年正式提出建设长株潭经济区方案，到 1997 年实施长株潭一体化发展战略，再到 2007 年获批长株潭城市群"两型社会"综合配套改革试验区，历届省委、省政府始终在积极探索和开拓。尤其是当前，国家加快推进长江经济带建设，把长株潭城市群正式列入长江中游城市群国家发展战略，再加上国务院批准设立长株潭国家自主创新示范区和湘江新区，更为长株潭城市群发展提供了新机遇。我们要统一思想和行动，坚定不移、更好更快地推进长株潭一体化发展。

---

[*] 此文根据杜家毫同志在调研长株潭城市群规划、产业、交通、公共服务一体化工作及相关座谈会上的讲话整理。

二 长株潭城市群已成为全省发展的重要引擎

长株潭城市群是全省发展基础最好、资源最密集、创新最活跃的区域。历届省委、省政府都对长株潭一体化发展寄予厚望，都在倾全省之力把长株潭城市群打造成为核心增长极。经过多年努力，长株潭城市群发展已取得长足进步，无论是经济总量，还是增长速度和发展质量，都位居全省前列，成为带动全省经济发展的"火车头"。2014 年，长株潭城市群完成地区生产总值 11555.9 亿元，增长 10.5%；三市经济总量占全省比重超过四成。特别是，长株潭三市以占全省 1/7 的面积、1/3 的人口，集聚了全省 70%以上的科研机构、70% 以上的创新创业平台、60% 以上的高新技术企业，创造了全省 70% 以上的科技成果，实现了全省 60% 以上的高新技术产业增加值，成为全省创新驱动的重要引擎。随着一体化发展的加快推进，无论是扩大投资、做大产业，还是拉动消费，都将创造巨大需求，为全省稳增长提供源源不断的强大动力。长株潭三市要充分发挥优势，在适应引领新常态、率先实现转型创新发展方面走在全省前列，为全省改革、发展、创新作出新的更大贡献。

三 长株潭城市群拥有众多国家级发展平台

当前，长株潭城市群拥有"两型社会"综合配套改革试验区、自主创新示范区、湘江新区三大国家级平台，含金量都很高，是加快推进长株潭一体化发展的突出优势。如果及时有效发力，充分利用好这些国家级平台，抓住机遇、用好机遇，就可能是"山重水复疑无路，柳暗花明又一村"，"两岸猿声啼不住，轻舟已过万重山"，达到新境界、实现新跨越。比如，2007 年国务院批复成立长株潭城市群"两型社会"综合配套改革试验区，省委、省政府审时度势，采取系列政策措施，以"两型社会"试验区为龙头，加快推进长株潭一体化发展步伐，带动和促进全省经济发展，取得巨大成就，长株潭"两型社会"试验区已成为全省发展的重要平台。

下一步，我们要在整合、拓展上下功夫，切实把这三大国家级平台的资源整合好、优势发挥好，不断探索产业协同发展、企业协同创新、环境协同治理的新机制，共同培育新技术、新产品、新业态、新模式，增强三市的整体和协同效应，带动、促进全省区域协调发展，力争达到"1+1+1>3"的效果。

长株潭城市群发展已上升为国家战略。从建设长株潭城市群"两型社会"综合配套改革试验区，到进一步促进中部地区崛起和实施长江经济带发展战略，再到颁布《长江中游城市群发展规划》，国家对中部地区的改革发展提出了系列指导意见，一步一步引向深入。这是作为长江中游城市群重要一环的长株潭城市群，面临的又一重大历史性机遇。在国家规划中，涉及我省的环长株潭城市群，包括长株潭和岳阳、益阳、常德、衡阳、娄底，其中长株潭是核心。国家对武汉城市圈的定位，是打造中国经济新的支撑带、增长极，建设全国重要的综合交通运输枢纽、先进制造业和高技术产业基地、中部地区现代服务业中心；对环长株潭城市群的定位，是建设全国"两型社会"示范区、"四化"同步发展先行区、现代化生态型城市群；对环鄱阳湖城市群的定位，是建设全国大湖流域生态人居环境建设示范区和低碳经济创新发展示范区。比较国家对中部三个城市群的定位，除了国家给长株潭城市群的定位外，我们还要把国家对武汉城市圈的定位，即建设全国重要的综合交通运输枢纽、先进制造业和高技术产业基地、中部地区现代服务业中心，作为长株潭城市群的奋斗目标。

四　准确把握新常态下推进长株潭一体化的新内涵、新要求

新形势下，对长株潭城市群的发展，我们不能满足于过去的发展成绩和基础，要有更高的目标、更宽的视野，持之以恒、久久为功，努力打造新常态下全省经济核心增长极的升级版、中部崛起新高地、全国城市群一体化发展示范区。

准确把握一体化的内涵要求。一是一体化不是一样化。一体化与差异化相辅相成，"差异"得越好，一体化就越好。两者是共性和个性的关系，有个性才有共性，共性又可以指导个性。表现在城市发展定位上，就是要有主有次、有机结合。比如CBD，可能长沙就是"主"，株洲、湘潭就是"副"。但在航空城、机车城方面，株洲就是"主"；在红色旅游方面，湘潭就是"主"。

二是一体化就是特色化。从城市规划来讲，一体化就是大家都朝一个方向发展。从产业来讲，一体化的真正含义是特色化，没有特色化，就没有一体化。比如株洲的电力机车和以硬质合金为重点的新材料谁也代替不了，做强做大这些产业，就是长株潭一体化的重要内容。再如，航空航天产业，株洲一直有航空发动机制造基础，人才较为集中，应作为全省发展的重点。还有陶瓷，长沙铜官窑很有名，但年代已经久远，现在醴陵的陶瓷技术在全省是最好的。

三是坚持融合与错位并重。比如装备制造、汽车零部件、食品加工、文化旅游、商贸物流、现代农业、新型材料等产业，三市都有，这是历史形成的，无法避免，必须逐步融合。同时，在融合过程中注意错位发展，把特色产业与自身的产业基础和优势结合起来，真正做到你无我有、你有我优、你优我新、你新我特、你特我强。

遵循自然、经济和社会发展规律。一是自然规律。要守住两条底线，即：保护好湘江、保护好绿心。一方面，不管如何规划，如何发展产业，都要保护好湘江；另一方

面，先划定绿心（昭山）的规划红线和禁止开发区域，红线之外的规划建设再行研究。

二是经济规律。一个地方的发展，除了领导人强不强、思路对不对，还有内在的经济规律起作用。比如，当前时空距离所带来的差别和效应，正在因高速公路、高速铁路、民航的发展而递减。此外，国家政策已趋同或者说基本趋同，政策效应也在递减。除了国家的东、中、西部等几大板块间还有一些政策差别外，国家对相同板块的省区政策基本一致。又如，建设湘粤、湘赣经济合作区，不能简单地在两个省区的边界找一块地方，各自划一半土地，重新建设交通、污水垃圾处理等基础设施。必须以更开阔的思路谋划湘粤、湘赣合作，在较大的范围实现市与市的共同发展，而不是简单地在两地边界上建设一个我享受你的政策、你享受我的政策的园区。

三是社会发展规律。长株潭一体化的最终目的，是为三市人民创造更加幸福美好的生活。无论是政策制定、改革推进，还是项目建设，都要努力寻求最大公约数，广泛听取群众和企业意见、接受全社会监督，调动群众和企业参与的积极性，真正办顺民意、得民心的事情。尤其是要着眼建成更高水平、更加均衡的小康，统筹抓好三市的交通、养老、医疗、教育、文化、低保、救济救助等公共服务体系建设，促进公共服务设施互联互通、共建共享。

五 突出一体化的工作重点

主要是四个方面：一是规划。长株潭城市群的发展，要深入调查研究、找准参照系，汲取国际国内城市群发展的经验教训，从顶层设计抓起、从规划的编制和实施做起，将发展战略和规划，落实到基础设施对接、产业互补发展、公共服务融合等方面。目前，长株潭城市群有了总体的指导性规划，主要是"一轴"、"一心"、"一带"和"五区十八片"。"一轴"，即以湘江为长株潭城市群的主轴；"一心"，即"绿心"，是城市的心脏，是生态中心；"一带"，即沿江风光带；"五区十八片"，即"两型社会"建设的示范区、示范片。要坚持三规融合，长株潭三市的规划要与长株潭城市群规划相衔接，三市之间的规划也要融合。尤其在片区建设上，要学习香港经验，把每个片区用快捷的交通设施连接起来，完善公共设施、住宅、商业、交通等配套设施。

二是交通。长株潭三市交通一体化具有很好的基础，目前想得清楚、看得明白、干得有效的工作首先还是交通。主要是两大方面、五个层次。一方面，也是第一个层次，即域外交通，主要是高速、高铁、机场、水运等，这方面的基础已经非常坚实。另一方面，是域内交通，分为城际铁路、城市干道、城市轨道交通、城市公交等四个层次，按规划力争到2018年基本建成。

三是产业。发挥基础最好、资源最密集、创新最活跃的优势，整合三市的技术、人才、创新平台等资源，在全省率先实现转型创新发展。要围绕第二产业的发展，加快产业升级，提升创新能力，大力发展新兴产业，形成以新兴产业为主、多点支撑的局面。发挥大专院校多、科研力量强的优势，促进产学研结合，加快发展高新技术产业，加速科技成果转化，把科研优势转化为现实生产力。大力发展现代服务业，提高服务业在经济总量中的比重。充分利用都市周边地区，加快都市农业发展。按照特色园区都有一批特色企业、特色企业中必有核心企业的思路，在长株潭布局一批"园中园"，优先支持一批核心企业，建设一批特色园区。

四是公共服务。交通设施的完善拉近了三市的距离，很多公共设施，包括大学、医院、大型公共文化设施、大型体育场馆等，不仅可以为本市服务，也可以为另外两市服务、为一体化服务。要本着从行政形态上是三个城市、从物理形态上是一个城市群或者说一个大城市的思路，认真研究政策措施，促进三市公共服务设施一体化，将有限的公共资源发挥出尽可能高的效益。如，长沙建了音乐厅、大剧院，株洲和湘潭就可以共用。又如，在长沙建大型足球场，其他市可以建高水平的大型游泳馆等设施。再如医院，很多疑难杂症都会到长沙的大医院来，但湘潭、株洲可以发挥中医或其他专科的作用，而不是都要建全科医院。

六　务实高效、更好更快推进长株潭一体化

长株潭一体化是一项长期的系统工程，要狠抓当前，把能做的先做起来，积小成为大成、积小胜为大胜。

明确近期工作任务。规划方面，要加强长株潭城市群规划的对接融合，以及城市群发展研究，制定长株潭一体化"十三五"规划。交通方面，年底前打通三市所有"断头路"，长株潭城际铁路明年年底通车，湘潭和株洲市在城市主城区各规划建设一条轨道交通线，并与长株潭城际铁路相连，主要解决城市公共交通三市相连的问题。要提前谋划轨道交通线建成后的经营管理，合理配置省市各级投入的利润预期，并学习香港新市镇建设经验，依托轨道交通的线路、站点加快卫星镇、小市镇建设，科学有效地推进新型城镇化。产业方面，以长株潭为核心，在移动互联网、食品加工、工业机器人、节能环保、影视传媒、生物医药、轨道交通、航空航天、文化旅游、陶瓷新材料、电子信息、兵器工业、电机装备、海洋装备、钢板材、金融创新、大学生创业等领域，建设和挂牌17个特色产业园区。要走差异化、错位化的发展路子，坚决避免恶性竞争，形成互补、融合发展的良好格局。公共服务方面，尽快实现三市的公交、健康、社保、图书馆四个"一卡通"，推进城市户籍、交通、文化产业、信息、机关事业单位收入一体化，实现地名差异化，搭建交通管理、公共服务综合平台。

完善推进工作机制。对确定的近期工作任务，要列出任务清单，逐项明确完成时限，明确牵头省级领导和负责部门。对于跨市的工作任务，从省里和三市抽调干部组成建设协调小组，加快具体问题的协调处理；涉及多个部门的，加强部门协同，三市共同努力、共同落实，确保抓一件成一件。比如规划工作，要建立长株潭三市规划联席会议制度，省住建厅以及三市的规划局长、两型办主任参加，会议的召集人由三市轮流"坐庄"，一年一牵头。长株潭三市要牢固树立"一盘棋"思想，对涉及一体化的重要工作和任务，要服从大局、统一步调，不能"各唱各的调"。尤其是在争取国家政策和项目支持方面，要共同发声、共同发力、共同争取。

强化政策资金保障。政策保障方面，原来明确下放给长沙市的政策，分期分批下放到湘潭、株洲两市。需要省里出台的支持政策和统筹协调的工作，省政府和相关省直部门要加快研究，加大协调力度；长株潭三市也要及时出台配套政策，强化政策执行，确保及时落地实施。资金保障方面，厘清政府和市场的边界，该政府提供的公共服务、基础设施，要在划分省、市、县级政府事权和支出责任的基础上，整合资源、集中投入。比如城际铁路、城际干道建设资金，省财政承担的资金要提前拨付，明年的资金今年下半年要拨付到位。有些具有一定盈利预期的公共服务和基础设施项目，能够给社会去做的就要放手，采取PPP、政府购买服务等方式，引导社会资本投入。对产业一体化等工作，要加强规划、政策和资金引导，充分发挥市场配置资源的决定性作用，真正做到让企业决策、市场选择。

"天时人事日相催，冬至阳生春又来"。推进长株潭一体化发展，既是我省当前稳增长调结构促改革惠民生的重大抓手，更是适应引领经济新常态的长远战略，必须统一思想、高度重视、立即行动，按照既定部署积极稳妥推进，力争早见成效，为我省全面建成小康社会、谱写中国梦的湖南篇章提供强大动力、奠定坚实基础。

中共湖南省委、湖南省人民政府关于建设长株潭国家自主创新示范区的若干意见

湘发〔2015〕19 号

为认真贯彻国务院关于建设长株潭国家自主创新示范区的批复精神，促进长株潭一体化发展，把长株潭国家自主创新示范区建设成为创新驱动发展引领区、科技体制改革先行区、军民融合创新示范区和中西部地区发展新的增长极，努力打造湖南适应引领经济新常态、加快转型创新发展的新平台和新引擎，现提出如下意见。

一 创新人才培育和引进机制

（一）完善人才引进培养机制

实施"长株潭高层次人才聚集工程"，在重点产业领域引进和培养掌握国际领先技术、引领产业跨越发展的海内外高层次人才和团队。对引进培养的人才和团队，在示范区进行科技成果转化的，给予奖励和银行贷款贴息；在示范区新办高新技术企业的，在房租补贴、设备购置、团队建设及技术研发等方面给予扶持。完善柔性引才机制，吸引海内外专家来示范区开展协同创新、科技研发和项目合作。

（二）健全人才评价激励机制

完善科技人员职称评审机制，将科技成果（知识产权）转化效益作为高校、科研院所专业技术人员职称评审的重要依据。科技人员参与职称评审、岗位考核时，科技成果（知识产权）转化应用情况与论文指标、纵向课题指标要求同等对待。推动职称政策向企业人才开放，扩大用人单位在科技人才专业技术服务评定和岗位聘用中的自主

权。鼓励企业采取股权奖励、股权出售、股票期权等方式，对科技创新人才实行股权和分红激励。

（三）营造良好创新创业环境

探索建立统一的人才交流服务平台，实现各类人才服务"一站式"办理。对引进的海内外高层次人才，在购房落户、子女入学、配偶安置、养老医疗、永久居留等方面，开辟绿色通道，给予特殊支持。加强国际学校建设。支持长株潭三市高新区建设知识产权保护示范区，实行严格的知识产权保护制度，支持以专利使用权出资登记注册公司，营造尊重创造、保护创新的公平环境。

（四）优化科技经费使用结构

除以定额补助方式资助的科技计划项目外，依据科研任务实际和财力可能核定项目预算，不在预算申请前先行设定预算控制额度。劳务费预算应当结合当地实际以及相关人员参与项目的全时工作时间等因素合理编制。调整科技计划项目经费中劳务费开支范围，将项目临时聘用人员的社会保险补助纳入劳务费科目中列支。

具体实施办法由省委组织部、省科技厅、省长株潭两型试验区管委会、省教育厅、省公安厅、省财政厅、省人力资源社会保障厅、省卫生计生委、省地税局、省工商局、省知识产权局、省国税局和长株潭三市政府另行制定。

二　创新科技开发转化机制

（一）深化科研院所转制改革

赋予科研院所科技成果自主处置权、灵活的用人权。引导社会资本参股转制院所，支持转制院所通过上市做大做强。建立公益性科研院所服务行业创新机制，经价格主管部门核准，允许收取一定的服务费，允许科研人员在企业兼职，合理取酬。

（二）推动科技成果转化

深化科技成果处置权、收益权改革，除涉及国家安全、国家利益和重大社会公共利益的成果外，转移转化所得收入全部留归单位；对于职务发明成果转让收益（入股股权），成果持有单位可按不低于70%的比例奖励科研负责人、骨干技术人员等重要贡献人员和团队。在不违反知识产权保护相关法律法规的前提下，允许符合条件的高校、科研院所等事业单位科技人员，在示范区创办科技型企业并持有股份；经所在单位批准，离岗在示范区转化科技成果或创办科技型企业的，可保留人事关系，3年内可回原单位，重大科研课题牵头人、有突出贡献者，可适当延长至5年。

（三）促进技术转移转化试点

探索建立全国性的技术贸易区，适时举办科技成果展示会、交易会、对接会等，定期发布行业科技成果目录信息。建立以企业新产品开发需求为导向的成果、专利信息挖掘系统。收储一批优秀成果形成专利包，开展研发或对科技成果进行二次开发。建立健全创新产品中试的体制和平台。建设科技成果（知识产权）交易平台，争取建成国家中部技术产权交易平台。

（四）扶持新型研发机构发展

制定新型研发机构认定管理办法。采取企业主导、院校协作、多元投资、成果分享的新模式，建设以应用技术研发和产业化为主的新型创新研究院（所）。新型研发机构在政府项目承担、职称评审、人才引进、建设用地、投融资等方面享受与国有科研机构同等待遇。符合条件的新型研发机构以科学研究为目的，在国家政策规定范围内进口国内不能生产或者性能不能满足需要的科研用品，免征进口关税和进口环节增值税、消费税。

具体实施办法由省科技厅、省长株潭两型试验区管委会、省编办、省发改委、省经信委、省财政厅、省人力资源社会保障厅、省国土资源厅、省工商局、省政府金融工作办、省知识产权局、省国税局、长沙海关和长株潭三市政府另行制定。

三　创新创业创造主体培育机制

（一）支持培育发展创新型产业和企业

积极对接"中国制造2025"，全面推动制造业与服务业融合、"互联网＋"产业跨界融合，加快突破一批重大关键技术与成套装备，重点支持新一代信息技术产业、高档数控机床和机器人、航空航天装备、海洋工程装备及高技术船舶、先进轨道交通装备、节能与新能源汽车、电力装备、新材料、生物医药及高性能医疗器械、农业装备、工程机械、节能环保等一批特色产业和特色园区发展。

加速培育创新型领军企业，对年营业收入在10亿元且纳税额在5000万元以上，近三年来营业收入平均增长率在20%以上，具有行业技术主导权的领军企业，通过政府股权投资等方式给予重点扶持。加大对科技型中小企业的支持，为其提供贷款贴息和融资担保；对其租赁研发、生产或办公用房，给予房租补贴。支持高新技术企业做大做强，对企业建立研发和产业化基地，以及上市、并购等，给予补贴和贷款贴息。支持企业与高校、科研院所建立产学研用联合体，有针对性地开展技术攻关和成果转化。支持企业牵头或参与制订地方标准、行业标准、国家标准、国际标准。支持高新技术企业和产业技术联盟构建专利池，培育国际品牌，提升示范区重点产业的核心竞争力。

（二）支持建立企业研发准备金制度

运用财政补助机制激励引导企业普遍建立研发准备金制度。对已建立研发准备金制度企业的研发投入，探索实行普惠性财政补助，引导企业有计划、持续地增加研发投入，开展科技创新。

（三）推进军民融合创新

依托省产业技术协同创新研究院等技术创新机构，联合在湘的军事院校、军工企业、军工科技院所建设军民融合科技创新产业园，重点支持100项技术相对成熟、有望快速转化、市场前景广阔的科技成果转化与产业化项目，对接国家重大军工项目布局。每年发布推广一批军民两用技术成果，鼓励民参军、军转民融合发展。搭建军民融合公共服务平台。

（四）大力发展众创空间

支持高校、科研院所、行业领军企业及其他各类创新主体建设孵化器和公共技术、公共信息、公共培训等创业服务平台。在孵化器建设用地和财政资金补助方面，给予优惠政策。建立科技企业孵化器风险补偿机制。加强创新创业公共服务，重点在创业孵化服务、创新模式服务、第三方专业化服务等方面建立公共服务体系。对创业路演、创业大赛等各类创业活动给予后补助。对在校大学生开展创业实践给予补贴。对高等院校教师作为天使投资人投资的学生在示范区创办的科技企业，给予一定比例资金支持。

具体实施办法由省科技厅、省长株潭两型试验区管委会、省发改委、省教育厅、省经信委（省国防科工局）、省财政厅、省人力资源社会保障厅、省环保厅、省农委、省商务厅、省地税局、省国税局和长株潭三市政府另行制定。

四 创新资源开放共享机制

（一）建立统一的公共科技服务平台

按照"产权多元化、使用社会化、营运专业化"的原则，构建长株潭研发公共服务平台，打造包括技术研发、技术转移、成果转化、创业孵化、金融服务等在内的高水平创新创业服务体系，实行"点对点"接单、研发、攻关、转化、服务。凡纳入长株潭研发公共服务平台体系并对外开放共享的，根据服务情况给予运行补贴。支持重点领域的公共研发测试等服务平台建设，根据服务总量和效果给予奖励；支持服务外包等领域的公共平台建设，对其设备购置和运营维护费用，由政府按比例分级给予补贴。

（二）完善创新资源开放共享机制

加强科技资源开放服务，鼓励高校、科研院所采取市场化方式对外提供科学仪器设备等科研资源开放共享服务，鼓励企业对外提供实验平台共享和产品研发服务。建立新购大型科学仪器设施联合评议制度，制定促进大型科学仪器设施共享规定。对科研设备与仪器开放效果好、用户评价高的管理单位，由同级财政会同有关部门根据评价考核结果和财政预算管理的要求，建立开放共享后补助机制。

具体实施办法由省科技厅、省长株潭两型试验区管委会、省发改委、省教育厅、省经信委、省财政厅、省质监局、省政府金融工作办、省知识产权局、湖南银监局和长株潭三市政府另行制定。

五 创新投入支持机制

（一）加大财税支持

优化整合部分省级和长株潭三市相关财政专项资金和新增资金，设立示范区建设专项资金。积极争取国家各项产业基金和创投基金，统筹用于示范区建设。落实国家关于自主创新示范区的股权奖励个人所得税政策、有限合伙制创业投资企业法人合伙人企业所得税政策、技术转让所得企业所得税政策、企业转增股本个人所得税政策。强化普惠性政策支持，完善研发费用加计扣除等优惠政策实施机制。

（二）推进科技金融改革创新

支持组建长株潭科技创新金融服务集团，建立科技金融服务平台，综合采用代持政府股权投资、自有资金投资、合作设立基金等方式，开展产业投资、科技金融、园区发展服务。建立无形资产评估交易服务平台，支持推广知识产权质押、股权质押等科技金融创新产品。支持科技成果转化引导基金和天使（种子）基金发展，促进科技私募基金发展。建立示范区科技金融的风险分担和补偿机制，鼓励金融机构采取投贷联动、保贷联动等方式创新金融产品，全面开展科技保险。探索建立科技企业信用评级制度，将企业研发投入和知识产权等创新能力要素纳入企业综合信用评级报告，推动评级结果在银行贷款绿色通道、融资担保、贷款贴息及风险补偿机制中的应用，进一步畅通科技企业融资渠道。

（三）扩大政府采购

鼓励行政事业单位向科研机构、科技型中小企业、创新人员购买创新服务。逐步扩大两型产品的认定范围，提升政府两型采购的规模。对纳入《湖南省两型产品政府采购目录》的产品，给予首购、订购、价格扣除、评审加分等优惠政策，并将采购适用领域扩大到使用财政性资金全额投资或部分投资的项目。

具体实施办法由省科技厅、省长株潭两型试验区管委会、省发改委、省财政厅、省地税局、省政府金融工作办、省国税局、湖南银监局、湖南证监局和长株潭三市政府另行制定。

六　创新管理服务机制

（一）加大统筹协调力度

打破行政区划限制，在用地、财税、人才引进和培养等方面，建立长株潭三市政策协同机制。赋予三市同等的行政权限，将下放长沙市的省级权限，逐步向株洲市、湘潭市下放，赋予长株潭三市同等的先行先试权、改革自主权和市场要素配置权。按规定开展行政审批权下放园区试点，精简规范行政审批事项、创新行政审批方式、加强电子政务建设、推行公共服务外包。建立示范区负面清单制度。积极争取国家政策支持，开展自贸区政策的复制推广试点。

（二）提高行政服务水平

支持设立"一门式"办公大厅，将省直、市直各部门和园区办事流程简化至办公大厅完成。建立统一的示范区科技管理信息系统，实现数据资源的互联互通，并向社会开放服务。

（三）完善示范区管理机制

组建高层次人才智囊团，打造特色新型科技智库。完善重大科技创新政策咨询评估制度，组织高层次人才积极参与示范区重大政策、重大工程、重大项目的咨询、论证和评估等工作，吸纳更多企业参与研究制定技术创新政策、规划、计划等。建立开放的园区管委会机制，建立高新企业、高校和科研机构人员在示范区挂职、兼职制度，健全与绩效挂钩的奖励激励机制。

具体实施办法由省委组织部、省科技厅、省长株潭两型试验区管委会、省委宣传部、省编办、省发改委、省教育厅、省经信委、省财政厅、省人力资源社会保障厅、省国土资源厅、省商务厅和长株潭三市政府另行制定。

中共湖南省委　湖南省人民政府

2015 年 11 月 5 日

湖南省人民政府办公厅
关于在湘江流域推行水环境
保护行政执法责任制的通知

湘政办发〔2015〕110号

各市州人民政府，省政府各厅委、各直属机构：

为加强湘江保护，保障湘江流域生活、生产和生态用水安全，根据国家有关法律法规和省委、省人民政府关于推进湘江流域环境行政执法体制改革的要求，结合我省实际，经省人民政府同意，现就在湘江流域推行水环境保护行政执法责任制工作通知如下。

一　责任主体

湘江流域是指我省境内降雨汇入湘江的区域，东至罗霄山脉、南至南岭山脉、西至湘资两水分水线、北至洞庭湖濠河口，具体为湘江干流及春陵水、渌水、耒水、洣水、蒸水、涟水、潇水等流域面积超过5000平方公里及流域长度超过150公里的一级支流流经的区域，包括长沙市、湘潭市、株洲市、衡阳市、郴州市、永州市、娄底市、邵阳市、益阳市、岳阳市等地全部或者部分区域。湘江流域水环境保护行政执法的责任主体为上述各市人民政府，以下统称湘江流域各市人民政府。

二　工作要求

（一）梳理执法依据

湘江流域各市人民政府要按照《国务院办公厅关于推行行政执法责任制的若干意

见》（国办发〔2005〕37号）要求，理顺湘江流域环境监管行政执法体制，探索湘江流域环境保护监督体制创新试点，全面梳理本级政府与湘江流域水环境保护相关的行政执法依据与职权，并向社会公布。湘江流域各市人民政府所属职能部门要根据本级人民政府确定的职能分工，严格履行行政执法职责。

环境保护部门依法行使工业废水污染防治、城镇集中式饮用水水源保护区污染防治、医疗废物污染防治等环境保护执法职责，负责水质监测、水环境污染事故调查处理等工作。

水利部门依法行使河道采砂污染防治、水土保持、水工程防洪管理、河道管理等水政执法职责，牵头负责水面保洁，负责水量监测，参与相关水环境污染事故调查处理等工作。

交通运输（水运管理）部门依法行使船舶污染防治等航道执法职责，参与相关水环境污染事故调查处理等工作。

农业部门依法行使农药化肥污染防治、水上养殖污染防治、渔业船舶污染防治等农业执法职责，参与相关水环境污染事故调查处理等工作。

住房城乡建设部门依法行使城市市政排水管网排水许可及违法排水与污水处理的行政处罚等执法职权，参与水环境污染事故调查处理等工作。

林业部门依法行使湿地、森林公园污染和破坏防治、防止森林资源破坏和管理等方面的林业执法职责。

安全生产监督管理部门负责无主尾矿治理。

经济和信息化部门依法对严重污染水环境的落后工艺和设备实行淘汰制度，会同质量技术监督、环境保护等有关部门严格产业政策审查，禁止新建不符合国家产业政策的各类严重污染水环境的生产项目。

卫生计划生育部门依法行使在饮用水水源保护区修建危害水源水质卫生的设施或进行有碍水源水质卫生作业违法行为方面的行政处罚职权，依法协助环保部门开展医疗废物监管工作。

发展改革部门依法加强立项审查，严格控制造成湘江水质污染的投资项目。

公安部门依法查处涉及水资源管理和保护、水污染防治、水域和岸线保护、生态保护等治安案件；协助有关部门处理湘江保护纠纷或其他违法案件；参与突发性水污染事件的应急处置工作。

城市管理部门依法行使生活垃圾、餐厨垃圾管理等方面的行政处罚职权，强化对生活垃圾、餐厨垃圾的规范处置，防止生活垃圾、餐厨垃圾随意倾倒。

（二）落实执法责任

湘江流域各市人民政府要根据执法机构和执法岗位的配置，将梳理出来的与湘江流域治理有关的法定职权分解到具体执法机构和执法岗位，规范执法权力的运行。按照中共中央、国务院《生态文明体制改革总体方案》《党政领导干部生态环境损害责任追究办法（试行）》《关于开展领导干部自然资源资产离任审计的试点方案》的要求，加大湘江流域各市党政领导水环境保护执法的追责力度，实行领导干部自然资源资产离任审计，建立生态环境损害责任终身追究制，实行领导班子成员生态文明建设一岗双责制。

（三）严格监督考核

省人民政府每年对湘江流域各市人民政府的水资源管理进行绩效考核，对其管理的断面水质水量进行监测考核，并结合年度绩效考核与断面水质水量考核工作，在湘江流域推行水环境保护行政执法责任制，细化各级政府水质水量等水环境执法考核指标，加大履行法定执法职责情况、执法规范化的考核权重。按照中共中央、国务院《生态文明体制改革总体方案》要求，探索建立多元化补偿机制，逐步增加对湘江流域重点生态功能区转移支付，完善生态保护成效与资金分配挂钩的激励约束机制。湘江流域各市人民政府要根据省人民政府的部署，落实本级政府工作部门及所辖县市区人民政府湘江水环境保护行政执法责任，严格监督考评。

三　组织领导

湘江流域推行水环境保护行政执法责任制工作涉及面广，工作量大，专业性强，湘江流域各市人民政府要切实负起责任，加强组织领导，认真做好本地区推行湘江流域水环境保护行政执法责任制的组织协调、跟踪检查、督促落实、经费保障等工作，严肃追究不作为和乱作为行为，构建湘江流域安全和谐的生活、生产和生态用水环境。

湖南省人民政府办公厅

2015 年 12 月 15 日

科技部关于印发《长株潭国家自主创新示范区发展规划纲要（2015～2025年）》的通知

国科发高〔2016〕50号

湖南省人民政府：

《长株潭国家自主创新示范区发展规划纲要（2015～2025年）》已经长株潭国家高新区建设国家自主创新示范区部际协调小组各成员单位会签同意，现予印发，请认真组织落实。

科技部

2016年2月1日

长株潭国家自主创新示范区发展规划纲要
（2015～2025年）

长沙、株洲、湘潭国家高新技术产业开发区分别于1991年、1992年、2009年获国务院批准建立。2014年12月，国务院批复同意支持长沙、株洲、湘潭3个国家高新区建设国家自主创新示范区（以下简称"示范区"）。为加快建设好示范区，根据《国务院关于同意支持长株潭国家高新区建设国家自主创新示范区的批复》（国函〔2014〕164号）精神，制定本规划。

一　基础和形势

（一）现实基础

长沙、株洲、湘潭高新区历经多年发展，高新技术产业发展迅速，科技创新能力显著增强，科技体制改革取得重大突破，科技创新引领"两型社会"建设成效明显，城市群协同创新格局形成，有力带动了地方产业结构调整，促进了经济社会发展，成为我国重要的创新创业中心之一，为示范区建设奠定了坚实的基础。

长株潭已经成为长江经济带创新驱动发展的重要动力源。近5年，示范区高新技术产业增加值年均增长36%以上，带动全省年均增速达到33.6%，位居全国第一，成为引领中西部发展的重要高新技术产业基地。2014年，示范区实现高新技术产业增加值占长沙、株洲、湘潭三市总量的47.3%，占全省总量的29.3%。高端装备制造产业具备全球竞争力，长沙高新区是全球重要的工程机械制造基地，株洲高新区是全国最大的电力机车研发生产基地，湘潭高新区是我国重要的能源装备产业基地。文化创意产业领跑全国，建成全国首批国家文化和科技融合示范基地。新材料产业特色突出，形成了先进电池材料、高性能结构材料、先进复合材料等产业集群。新一代信息技术产业发展迅猛，以手机游戏、移动电商、移动阅读为主导的移动互联网产业异军突起。生物健康产业后来居上，以生物制药、现代中药及数字化医院等为代表的生物健康产业呈高速增长态势。国际标准制定具有世界话语权，起重机国际标准化技术委员会（ISO/TC96）和烟花国际标准化技术委员会（ISO/TC264）秘书处相继落户长沙。

长株潭已经成为我国科技创新资源的重要聚集区。人才智力资源富集，2014年底，已汇聚两院院士54名，国家千人计划专家73名，引进留学归国人员和海外专家1000多名。创新创业平台密集，拥有国防科技大学、中南大学等高等院校69所，省级及以上科研机构1000余家，国家级孵化器、加速器载体面积300多万平方米。科技金融体系完善，成立了科技支行、创投基金、天使基金、人才基金等服务平台。科技合作交流活跃，建成欧洲工业园、西班牙工业园、德国工业园、中国台湾工业园等对外合作基地，举办了八届中国（长沙）科技成果转化交易会。世界级创新成果不断涌现，取得了世界运算速度最快的"天河二号"亿亿次超级计算机、世界大面积亩产最高的超级杂交稻、碳/碳复合刹车材料等多项世界和国内领先的科研成果。

长株潭已经成为科研院所转制改革和体制创新的先行区。科研院所转制成为全国亮点，内生培育出中联重科、南车时代等具有国际竞争力的高新技术企业。目前，长株潭72家科研院所已有39家转制为企业，近五年取得应用类科技成果3850项、转化成果2690项、制定国家标准150个，成为全省成果产出与转化的重要力量。产学研结合模式全国领先，以产业技术链为中心组建产业技术创新联盟，以高校、科研院所为依托共建企业研发中心。军民融合创新发展模式具有示范效应，建立湖南省产业技术协同创新研究院，建成南方宇航非航产业园、中航湖南通用航空发动机产业园等一批军民融合产业园，探索出军民融合、成果转化的新路径。

长株潭已经成为我国"两型社会"建设的引领区。两型产业发展机制不断完善，三市实施原创性改革 106 项，启动产业转型升级、排污权交易等重点改革，出台长株潭区域产业发展环境准入标准，探索建立"两型社会"综合评价指标体系。清洁低碳技术广泛推广，实施重大科技专项 300 多个，取得重大关键技术成果 100 多项，重点推广重金属污染治理、餐厨垃圾资源化利用和无害化处理等十大清洁低碳技术。

长株潭已经成为城市群协同创新的先导区。一体化加速协同创新步伐，长株潭已形成半小时交通圈，实现"交通同网、能源同体、电话同号、信息同享、金融同城、生态同建、污染同治"，构筑城市群协同创新的初步基础。知识产权协同共建保护创新活力，长株潭三市相继进入全国首批"国家知识产权示范城市"，截至 2014 年底，三市专利申请量和授权量分别为 174472 件和 102477 件，占全省的 58.92% 和 60.99%。

示范区取得的成就主要得益于坚定不移地贯彻实施国家创新驱动发展战略，坚定不移地深化科技体制改革，坚定不移地推动创新链、产业链、资金链"三链融合"，坚定不移地构建以企业为主体的大协同创新格局，坚定不移地弘扬湖湘文化的创新精神，为中西部地区创新驱动发展提供了重要示范。

（二）形势与机遇

新时期，国际国内经济环境正经历着深刻变化，国际金融危机加快催生了新一轮科技革命和产业变革，国内经济转型和调整步伐不断加快。示范区创新和发展面临新形势、新机遇、新要求和新挑战。

全球新一轮科技革命和产业变革正在兴起。金融危机后，以绿色、智能和可持续为主要特征的新一轮科技革命和产业变革的方向日益明晰，全球创新竞争日趋激烈。传统意义上的基础研究、应用研究、技术开发和产业化的边界日趋模糊，科技创新与金融资本、商业模式融合更加紧密，技术更新和成果转化更加快捷，产业更新换代不断加快。与历次科技产业革命不同的是，在此次科技产业革命的许多新兴领域中，中国与发达国家基本处于同一起跑线上，机遇难得。示范区在电子信息、地理信息、新材料、工程机械、能源装备、生物健康、轨道交通等战略性新兴产业领域优势突出，应积极抢占全球科技创新和高新技术产业发展战略制高点，为国家赢得创新发展主动权做出贡献。

中国经济发展进入创新驱动转型升级关键时期。我国经济发展正面临增长速度换挡期、结构调整阵痛期、前期刺激政策消化期"三期"叠加的新常态，必须科学认识新常态、主动适应新常态、积极引领新常态，把转方式、调结构放在更加突出的位置，加快从要素驱动、投资驱动发展为主向以创新驱动发展为主转变，让科技创新成为引领新常态的新引擎。要深化科技体制改革，破除制约科技创新的思想障碍和制度藩篱，处理好政府和市场的关系，以改革释放创新活力，推动科技和经济社会发展深度融合，真正实现大众创业万众创新。示范区作为中国创新驱动发展的重要高地，需要进一步深化科技体制改革，优化创新创业生态，提升自主创新能力，培育发展战略性新兴产业，引领中西部地区创新驱动发展。

"一带一部"区位优势为湖南融入"一带一路"和长江经济带发展战略带来新机遇。习近平总书记在湖南视察时作出湖南要发挥"一带一部"区位优势的重要讲话，深刻阐述了实施中部崛起战略和依托长江建设中国经济支撑带所赋予湖南的新的区位价值和优势，这将有利于湖南承接东部产业梯度转移和对接西部大市场，推动东中西部地区的产业、要素、市场有效对接和高效配置。示范区作为湖南创新驱动发展的核心引擎，要加快引领示范全省创新、开放发展，放大湖南"一带一部"融合效应，积极融入国家"一带一路"及长江经济带发展战略，促进我国东中西部地区协调发展，探索依靠科技创新支撑生态文明建设的新路径。

综合来看，示范区作为引领中西部地区创新驱动发展的先锋，必须进一步解放思想，深入把握宏观战略环境和趋势，立足现有基础和优势，以更具创新的气魄优化创新创业生态，以更大的决心与勇气推进体制机制改革，以更加开放的姿态汇聚全球高端创新资源，培育一批具有国际竞争力的创新型产业集群，探索城市群协同创新的新模式，在实施国家创新驱动发展战略中承担更多责任、发挥更大作用，为中西部地区创新驱动发展提供更加有效的示范。

二　总体发展战略

（一）指导思想

深入贯彻党的十八大和十八届三中、四中、五中全会精神，牢固树立创新、协调、绿色、开放、共享的发展理念，全面实施创新驱动发展战略，充分发挥长株潭地区科教资源集聚和体制机制灵活的优势，以优化创新创业生态为主线，以体制机制创新为动力，以创新人才为第一资源，按照"创新驱动、体制突破、以人为本、区域协同"的原则，积极开展激励创新政策先行先试，激发各类创新主体活力，强化知识产权保护，推进科技成果转移转化，最大程度释放创新潜力和创造活力，形成大众创业万众创新的良好局面。

创新驱动——强化科技创新的引领和支撑作用，充分整合社会资源和科技资源，优化创新创业生态，同时坚持高端引领与大众创新创业相结合，推动形成大众创业、万众创新的新浪潮。

体制突破——充分发挥市场在资源配置中的决定性作用，积极开展科技体制改革和机制创新，在科研院所转制、科技成果转化、科技金融、文化科技融合、人才引进、绿色发展等方面先行先试，全面激发各类创新主体活力。

以人为本——把更多资源投入到"人"身上而不是"物"上面，围绕激活"人"、解放"人"、服务"人"、保护"人"的创新成果，全方位、一体化设计创新创业服务链条，充分释放创业者的活力和创造力，激发科技人员的创业热情，在体制和机制上解决阻碍科技人员创业的壁垒，在制度上为高层次人才创新创业提供保障。

区域协同——优化示范区整体规划布局，探索长沙、株洲、湘潭三市差异化发展路径，形成有机发展整体；对外加强与周边园区、省市、东中西部地区乃至有关国家的联动与协作，增强企业、产业和创新要素的国际化水平。

（二）战略定位

坚持"创新驱动引领区、科技体制改革先行区、军民融合创新示范区、中西部地区发展新的增长极"的战略定位，力争用10年左右时间，建成具有全球影响力的创新创业之都。

创新驱动引领区。深入实施创新驱动发展战略，通过技术创新、体制机制创新、管理创新和商业模式创新，促进传统产业转型升级、新兴产业培育壮大、社会和谐发展，辐射带动全省乃至中西部地区经济发展由以要素驱动为主向以创新驱动为主转变。

科技体制改革先行区。大力推进科技体制改革和机制创新，探索建立综合性示范区政策法规体系，促进科技与经济紧密结合，在科研院所转制、科技成果转化等方面先行先试，形成可复制、可推广的科技体制改革模式，为中西部地区科技体制改革作出示范。

军民融合创新示范区。发挥军用创新资源丰富、军工企业较多的优势，依托国防科技大学和省产业技术协同创新研究院等，探索军民融合技术协同创新的新机制，建立军民融合技术协同创新平台和产业基地，完善具有长株潭特色的军民融合技术协同创新体系，为全国军民融合深度发展提供示范。

中西部地区发展新的增长极。充分发挥"一带一部"优势，集聚高端创新要素，优化创新创业生态系统，大力发展战略性新兴产业和现代服务业，构建特色鲜明的现代高新技术产业体系，培育创新型产业集群，成为引领中西部地区发展新的增长极。

（三）发展目标

按照"核心先行、拓展辐射、全面提升"的"三步走"路径，逐步实现示范区建设的近、中、远期目标。

近期目标（2015～2017年）：

第一步，核心先行。利用三年时间，实现技工贸总收入"翻一番"，由2014年的6500亿元增长到1.3万亿元，年均增长25%以上，打造1个万亿核心区、形成5个千亿级创新型产业集群、新引进 100 个高端创新团队（其中 10 个以上国际顶尖创新团队），高新技术产业增加值占 GDP 比重达到 33%，全社会研发投入占 GDP 比重达到 3%。获得国家认定的高新技术企业数量达到 2000 家，其中，年销售收入过 50 亿元、100 亿元的高新技术企业数量分别达到 20 家、15 家以上。重点建好示范区核心区、开展政策先行先试，将示范区初步建设成为湖南省创新驱动发展的重要引擎、中西部自主创新的战略高地、我国培育战略性新兴产业的重要载体、国内具有重要影响力的创新中心。

中期目标（至 2020 年）：

第二步，拓展辐射。再用三年时间，到"十三五"末，实现示范区技工贸总收入"翻两番"，达到 2.6 万亿元，高新技术产业增加值占 GDP 比重达到 40%，全社会研发投入占 GDP 比重达到 4%。初步建立有利于创新创业的政策支撑体系、技术服务体系和城市群协同创新体系，推进军民融合、科研院所改制、科技与金融结合、文化与科技融合等特色试点示范，实现创新创业生态优化、创新资源高度集聚。促进示范区与其他园区联动发展，辐射带动全省率先实现全面小康。

远期目标（至 2025 年）：

第三步，全面提升。通过 10 年时间，全面提升创新驱动发展能力。到 2025 年，力争示范区技工贸总收入实现"翻三番"，达到 5 万亿元，年均增长 20% 以上，高新技术产业增加值占 GDP 比重达到 50%，全社会研发投入占 GDP 比重达到 5%，每万人发明专利拥有量达到 50 件，技术交易额达到 500 亿元规模，众创空间面积达到 2000 万平方米。

探索形成一个有利于技术转移转化和创新创业的具有全国示范意义和推广价值的宏观政策架构，建立一套有利于调动创业者积极性的全社会系统响应激励机制，构建一个包括技术研发、技术转移、创业孵化、金融服务等在内的高水平创新创业服务体系，建设一批具有较强支撑能力的高端创新创业平台，集聚一批具有较强创新创业能力的高端创新人才和团队，培育出一批国际知名品牌和具有较强国际竞争力的骨干企业，打造一批拥有技术主导权的产业集群和新业态，培养一种"鼓励创新、支持创业"的文化及企业家精神，把示范区建设成为创新生态优化、创新资源丰富、创新产业集聚、创新实力雄厚的创新创业特区，成为具有全球影响力的创新创业之都。

三　重点任务

（一）增强自主创新能力

发挥长株潭科教资源集聚优势，强化企业技术创新主体地位，促进高等院校和科研院所成果转移转化，激发各类创新主体活力，推动产学研合作体制机制创新，构建优势突出、特色鲜明的区域创新体系，增强持续创新能力。

1. 提升创新基础能力

（1）积极承担国家科技重大专项。制定示范区主导产业、先导产业技术创新路线图，集成资源积极承接核高基、传染病防治、新药创制、水体污染治理、油气田、航空发动机等国家科技重大专项，加快 IGBT 及 SiC 等新一代电力电子器件、艾滋病和病毒性肝炎等重大传染病防治和重大新药创制、生物新品种培育、重金属污染防治等技术研发与产业化。承接实施好一批重大科技创新、重大产业化示范项目。

（2）布局一批科研基础设施和平台。以新材料、电子信息、生物健康等领域为重点，从预研、新建、推进和提升四个方面逐步完善重大科研基础设施和平台体系。强化国家超级计算长沙中心、亚欧水资源中心、国家计量检测研究院长沙分院等重大创新平台功能，整合长株潭检验检测资源，推进第三方检验检测机构规模化、专业化、市场化、国际化发展，加快建设一批重点（工程）实验室、工程（技术）研究中心、企业技术中心、检验检测中心、技术创新示范企业、院士工作站，组建长株潭公共科技服务平台和技术创新中心，创建国家标准创新中南基地，建设长株潭检验检测认证高技术服务业聚集区，提高科研检测装备水平，增强国家计量基标准研制能力，夯实重大科技问题解决的物质技术基础。

（3）健全产业创新平台体系。依托企业、高校院所、产业技术研究院等创新资源，围绕工程机械、先进轨道交通、航空航天、风力发电、海工装备、先进电池材料、北斗卫星导航、生物健康、节能环保、新材料、汽车及零部件等产业建立技术创新战略联盟等若干专业创新平台，提供科技研发、技术服务、设备共享、检验检测等服务。积极打造云制造服务平台，进一步整合先进制造资源，做大做强龙头企业，加速中小制造业企业发展。建立中小企业标准信息服务平台。依托湖南标准网，充实标准信息资料，提升标准服务水平，为中小企业提供针对性强的增值服务。完善技术性贸易措施服务平台，支撑企业提高国际竞争力。

2. 强化企业技术创新主体地位

（1）完善以企业为主体的技术创新体系。完善企业为主体的产业技术创新机制，鼓励中小微企业开展技术创新、商业模式创新、管理模式创新等各类创新活动。扩大企业在创新决策中的话语权，支持龙头企业加大对产业关键核心技术和前沿技术的研发力度，参与国家重大科技专项，牵头组织实施国家、省、市重大科技产业化项目，承担重点（工程）实验室、工程（技术）研究中心、检验检测认证中心、企业技术中心等高水平研发中心建设任务。引导龙头企业生产、技术、服务外包，带动外围配套企业创新发展。引导龙头企业参与国际认证认可，增加国际互认。

（2）深化企业主导的产学研合作。支持企业与高等院校、科研机构、上下游企业、行业协会等共建研发平台和产业技术创新战略联盟，建设产业关键共性技术创新平台，合作开展核心技术、共性技术、关键技术研发和攻关，联合申报国家、省、市重大科技产业化项目。鼓励和促进高等学校、科研机构、检验机构与企业之间人员交流。

（3）强化企业产品技术标准主体责任。放开搞活企业标准，建立企业产品和服务标准自我声明公开和监督制度。培育发展团体标准，鼓励具备相应能力的学会、协会、商会、联合会等社会组织和产业技术创新联盟，协调相关市场主体共同制定满足市场和创新需要的标准。支持和鼓励企业参与国际、国家标准制定，对新承担并完成战略性新兴产业领域国际、国家标准制定的牵头单位给予一定补助资金。

（4）推动企业新产品新技术开发应用。建立新产品新技术目录导向机制，针对产业研发重点，结合企业和市场需求，发布新产品、专利转化年度目录，引导社会力量对新产品、专利转化的研发。创新对企业新产品新技术新工艺开发和科技成果转化的支持方式，由立项补助向完成新产品开发和专利转化验收后支持转变。

3. 发挥高校和科研院所创新效能

（1）积极发展研究型大学与新型研发机构。促进在湘高等院校和科研院所融入长株潭区域创新体系，建设一批面向应用、体制机制灵活的高水平研发机构、产业技术协同创新研究院和工业技术研究院，加快湖南省产业技术协同创新研究院、长株潭清华创新中心、国家计量检测研究院长沙分院、国家标准创新中南基地等新型研发机构的建设发展，提高示范区面向产业发展的创新能力。

（2）探索建设创业型大学。鼓励支持高校院所开设创业课程，设立创业学院、创业俱乐部，传播创业理念，营造青年科技人员和大学生敢于创业、乐于创业的氛围。鼓励成功创业者和企业家在大学内担任客座教授，开办演讲会、设立学分课程，支持高校院所向企业派遣科技特派专家，增进学术界和产业界的紧密交流。

（3）推进科研检测设施的开放共享。加强科技资源的开放服务，鼓励高校和科研院所以市场化方式向社会开放实验室、科研设备，提高科技资源使用效率。探索建立长株潭开放实验室和检验检测共享平台，为企业和高校、科研院所提供研发、设计、中试、检测等服务。

（二）优化创新创业生态

以构建市场化、专业化、集成化、网络化的众创空间为载体，有效整合资源，培育创新创业主体，完善创新创业服务体系，弘扬创新创业文化，形成有利于创新创业的生态系统，释放蕴藏在"大众创业、万众创新"之中的无穷创意和无限财富。

1. 积极发展众创空间

（1）加快创业苗圃建设。在长沙高新区创业苗圃计划的基础上，着力打造覆盖示范区全域的预孵化体系，依托企业、高校院所、投资机构等全社会各界力量，加快建设一批创业创新园、创业咖啡、创业社区等创业苗圃。强化商业计划咨询、注册指导等服务能力，完善精细化的"创业种苗"培育和专业化的"成长管理"运作模式，与示范区内的孵化器、加速器共同形成梯级创业孵化体系。

（2）建设创新型科技企业孵化器。借鉴车库咖啡、创新工场等新型孵化器模式，积极吸引社会资本参与，以"新服务、新生态、新潮流、新概念、新模式、新文化"为导向，打造一批投资促进型、培训辅导型、媒体延伸型、专业服务型、创客孵化型等创新型孵化器。建立健全孵化服务团队的激励机制和入驻企业流动机制，加快社会资本和创业孵化的深度融合，聚合各类创业要素，形成涵盖项目发现、团队构建、投资对接、商业加速、后续支撑的全过程孵化链条。

（3）培育生态化的创业示范社区、创业创新园。积极引进和建设一批"YOU＋"等以"孵化器＋宿舍"为特征的新型创业公寓，为创业者提供价廉宜居的创业空间。支持各园区、大型企业以产业转型升级为契机，通过盘活办公楼宇和厂房，集聚创业者、投资人、创业导师、服务机构、媒体等创业要素，营造有利于大众创新创业者交流思想、沟通信息、碰撞想法的工作空间、网络空间、社交空间和资源共享空间，打造形成一批创业创新文化浓郁的创业生态示范社区和示范园。

（4）扶持建设众创空间。推广新型孵化模式，鼓励发展众创、众包、众扶、众筹空间。加大政策扶持，适应众创空间等新型孵化机构集中办公等特点，简化企业登记手续，为创业企业工商注册提供便利。支持有条件的地方对众创空间的房租、宽带网络、公共软件等给予补贴。完善创业投融资机制，发挥政府创投引导基金和财税政策作用，积极探索创新券等扶持手段，对众创空间内的种子期、初创期科技型、创意型中小企业给予支持，促使更多"创客"脱颖而出。

2. 大力培育创新创业主体

（1）推进大众创业。把握我国创业者发展的新特点和新趋势，大力支持大学生等年轻创业者、大企业高管及连续创业者、科技人员创业者、留学归国创业者等群体，不断增强示范区创业源动力。集聚一批由高端创业投资家和科技中介人领衔的创业服务团队。建立健全创业人才绿色通道，做好高层次人才引进、企业孵化服务和政策落实工作。

（2）引导龙头企业营造创业生态圈。借鉴百度、联想、腾讯等领军企业的经验，鼓励支持示范区龙头企业凭借技术优势和产业整合能力，开展新一代移动通信、大数据、节能环保、生物健康等新兴技术领域的产业孵化，面向企业内部员工和外部创业者提供资金、技术和平台，培育和孵化具有前沿技术和全新商业模式的创业企业，形成多个从领军企业走出来的具有长株潭特色的创业系。

（3）强化瞪羚企业培育。实施瞪羚企业培育计划，建立示范区瞪羚企业筛选体系，利用省市各级相关专项资金，为瞪羚企业发展提供多方位支持。鼓励和支持社会民间资本参与建设科技企业加速器，为瞪羚企业提供标准化、通用型、可自我调整适应市场变化的物理空间，以及专业化和个性化的研发支撑、融资支持、市场拓展等加速服务，推动瞪羚企业快速成长。

3. 完善创新创业服务体系

（1）建立公开统一的公共服务平台。聚集统筹各类创新资源，建设公开统一的研究开发公共服务平台，利用大数据、云计算、移动互联网等现代信息技术开展政策咨询、研究开发、技术转移、知识产权、检验检测、认证认可、标准信息、创业孵化、科技咨询、科技金融等方面服务，提高效率和质量。鼓励高校、科研院所、大企业向创业企业开放研发试验设施。

（2）推进市场化的产业组织创新。整合市场资源，积极与科技地产商等平台型企业开展战略合作，吸引社会民间资本广泛参与建设众创空间载体。在新一代信息技术、生物健康、节能环保、工业机器人、绿色住宅等领域建设产业技术创新联盟和产业服务联盟，推进产业关键共性技术合作研发和成果转化。支持创业企业与硅谷、中关村、上海、深圳等地的众筹、科技博客、众包、创客等新型社交化组织建立有效链接，打造开放式创新创业生态体系。

（3）培育高端化的创业导师队伍。支持各类创业服务平台聘请成功创业者、天使投资人、知名专家等担任创业导师，为创业企业提供有针对性的创业辅导。鼓励成功的创业者、企业家辅导投资新的创业者，形成创业者—企业家—天使投资人—创业导师的互助机制。

（三）深化科技体制改革

充分发挥市场在资源配置中的决定性作用，在科技成果转化、科研院所转制、检验检测认证机构整合、科技金融结合等领域强化体制机制创新，积极吸引社会民间资本参与创新创业，将自主创新优势转化为产业竞争优势，为全国科技体制改革提供示范。

1. 创新科技成果转化机制

（1）建立科技成果转移转化的市场定价机制。整合区域科技成果转移转化服务资源，规范开展科技成果与知识产权交易，组织科技成果展览展示、重点科技成果推介、招商对接洽谈等活动，探索协议定价和在技术交易市场挂牌交易、拍卖等市场化的科技成果市场定价机制和交易模式，提高科技成果转移转化效率。

（2）建设科技成果转移转化服务体系。积极创建国家中部技术转移中心，完善技术转移服务体系，促进创新能力提升和科技成果转化。发挥政府采购促进创新的作用，探索运用首购订购、非招标采购以及政府购买服务等方式，支持创新产品的研发和规模化应用。鼓励企业与研究开发机构、高等院校及其他组织采取联合建立研究开发平台、技术转移机构或者技术创新联盟等产学研合作方式，共同开展研究开发、成果应用与推广、标准研究与制定等活动。加强对研究开发机构、高等院校科技成果转化的管理、组织和协调，促进科技成果转化队伍建设，优化科技成果转化流程。大力培育和发展技术市场，鼓励创办科技中介服务机构，以政府购买服务的形式支持科技中介服务机构的科技成果转移转化活动。

2. 深化科研院所转制改革

（1）深化科研院所转企改制。赋予转制企业法人财产权和独立的民事权利责任。鼓励院所转制企业完善内部管理，以产权为纽带建立权责明确、管理科学的现代企业制度。支持科研院所吸引社会资本，探索混合所有制。

（2）创新科研机构市场化建设机制。鼓励市场主体创办科研机构，建立适应不同类型科研活动特点的管理体制和运行机制。借鉴中科院深圳先进技术研究院建设的创新模式，加快发展湖南省产业技术协同创新研究院。支持科学家吸引社会民间资本组建新型科研机构，提升原始创新能力，支持其承担国家、省科技计划。探索基础研究和前沿技术研发的组织模式，推动示范区科研机构创新能力进入世界前列。

（3）鼓励科技人员创业。制定鼓励高校、科研院所等事业单位科技人员在职离岗创办科技型企业、转化科技成果的政策。对于离岗创业科技人员，在一定期限内保留人事关系，享有相关权利。高校、院所在职称评聘和相关考核工作中，充分考虑科技人员创办科技型企业所取得的成效。

3. 探索军民融合深度发展路径

（1）对接军工集团军民融合项目。对接兵器集团、兵装集团、中航工业、航天科技、航天科工、中国电科等军工集团，把握其军民融合发展方向，结合示范区在航空航天、海工装备、电子信息、新能源装备、智能装备、新能源汽车等产业领域的发展导向，争取在示范区内布局一批军民融合重大项目。

（2）合作共建军民融合产业基地。依托军民融合骨干企业加强与国防科技大学、中南大学、湖南大学、湘潭大学、南华大学、湖南科技大学等高校及江南工业集团、江麓机电集团、608所、航天科工068基地、中国电科48所等军工企业协同创新，在北斗卫星导航、海工装备、风电装备、3D打印、物联网、智能控制系统等领域，打造一批集研发、生产孵化于一体的国家或省级新型工业化产业示范基地（军民结合），为军民融合特色产业发展提供有效支撑载体。

（3）探索"军转民"、"民参军"的融合机制。搭建"民参军"综合服务平台。建设"民参军"信息发布综合服务平台，提供"民参军"流程咨询。鼓励支持具有较强科技创新实力和自主知识产权的民营企业取得"民参军"资质认证，简化手续做好"民参军"保密审查。加强北斗卫星导航等军民两用技术联合攻关，扩大民口科研机构和科技型企业对军用技术研发承接范围。探索开展军转民技术交易试点。以军转民技术交易有关政策重点支持的范围和工信部《军用技术转民用推广目录》的技术项目为重点，依托湖南省产业技术协同创新研究院，整合专业化科技中介服务机构，对军民两用技术成果和专利开展市场化推广和交易，促进军工技术向民用领域辐射和转移转化。

4. 推进科技与金融结合

（1）完善创业金融服务体系。积极吸引社会资本投资于创业企业。支持早期创业企业，提高创业企业融资效率。鼓励各类金融机构通过天使投资、创业投资、融资租赁、小额贷款、担保、科技保险、多层次资本市场等多种形式为创业企业提供金融服务。扩大省科技成果转化引导基金规模，支持引导地方政府、民间资本发起设立各类针对科技型企业的创业投资基金。通过湖南省科技成果转化引导基金对示范区科技成果转化贷款给予风险补偿。

（2）强化天使投资服务。结合下一步税制改革，对包括天使投资在内的投向种子期、初创期等创新活动的投资，统筹研究支持政策，引导社会创业投资机构及投资人对长株潭创业企业进行投资。制定年度科技创业重点产业导向目录，发布创业企业融资需求信息，建立天使投资对接通道。鼓励天使投资人（机构）成立天使俱乐部、天使投资联盟等交流网络，开展天使投资人培训、天使投资案例研究、天使投资与创业者对接会等天使投资公共服务活动。

（3）拓宽科技型企业融资渠道。推动互联网和科技金融产业融合，鼓励互联网金融企业开展业务创新，与金融机构、创业投资机构、产业投资基金深度合作，发起设立产业基金、并购基金、风险补偿基金等。积极推动园区企业开展融资租赁业务，鼓励企业通过"售后回租"、电子商务的委托租赁等融资租赁产品获得贷款，并给予风险补偿基金、贴息等支持。发挥股权质押融资机制作用，支持符合条件的创新创业企业发行公司债券或发行项目收益债，募集资金用于加大创新投入。

（4）建立区域科技信用服务体系。引导建立科技企业信用评价标准，鼓励商业银行、担保机构、小额贷款机构积极参考科技企业信用评价报告，对符合条件的创业企业加大信贷支持力度。在政府采购、项目招标、财政资助等事项办理中，将科技企业信用评级纳入审核评价指标体系。加强企业投融资信息服务，广泛引进专业化水平高、公信力强的信用评级机构，整合科技资源、企业资源、中介资源和金融资源，加强企业信用信息共享，促进投融资双方信息互通，推进征信评级平台建设，以信用促融资、以融资促发展。

（5）扩大高新技术企业科技保险试点。在长沙高新区科技保险试点基础上，在示范区开展试点工作。鼓励保险机构不断创新和丰富科技保险产品，探索创新科技型企业在申请信用贷款或轻资产抵押贷款时，开展贷款保证保险、专利质押贷款保险、信用保险保理业务、小额贷款保证类等创新科技保险业务。建立知识产权质押融资市场化风险补偿机制，简化知识产权质押融资流程。加快发展科技保险，推进专利保险试点。

（四）建设长株潭人才发展改革试验区

以推动大众创业万众创新为重点，择天下英才而用之。坚持敢为人先、先行先试，注重高端引领、衔接带动，加快推进人才发展体制机制改革和政策创新，探索形成具有国际竞争力的人才制度优势，切实抓好重大人才工程实施，建设人才智力高度密集、创新创业繁荣活跃的人才发展改革试验区。

1. 加强高端人才引进培养

（1）实施"长株潭高层次人才聚集工程"。以领军人才等高层次人才为重点，充分发挥企业主体作用，在重点产业领域引进和培养掌握核心技术、引领产业跨越发展的海内外高层次人才。引进、支持一批海内外创客来湘创新创业。

（2）积极引进海内外高层次人才和团队。依托千人计划、长江学者奖励计划、百人计划等国家和省内重大人才工程，立足海外高层次人才创新创业基地、留学生创业园等平台，加快引进掌握国际先进技术、具有巨大发展潜力的科技领军人才和团队。在高端装备、新材料、新一代信息技术、生物健康、节能环保等领域引进10个以上国际顶尖创新团队。

（3）大力培养省内领军人才。依托万人计划、创新人才推进计划、湖湘人才发展支持计划等国家和省内重大人才工程，立足创新人才培养示范基地、重大科研项目、国际科技合作项目及重点实验室、重点学科、工程（技术）中心等平台建设，培养一批创新能力突出、熟悉国际前沿动态的学科带头人、科技领军人才和团队，培养一批懂技术、善经营的现代企业家和跨界复合型人才。

（4）培育引进产业高技能人才。实施产业高技能人才振兴计划，依托大型骨干企业、职业院校和职业培训机构，培育引进具有创新意识的高技能人才。开展校企联合招生、联合培养试点，大力发展职业技能培训，拓展校企合作育人途径和方式。

（5）大力推进柔性引才用才。完善柔性引才用才机制，坚持不求所有、但求所用，打破国籍、地域等人才流动刚性制约，推动刚性引才和柔性引才并举，依托国际技术转移中心，发现、吸引海内外高层次人才来示范区开展协同创新、科技研发、项目合作。

2. 完善人才发展体制机制

（1）健全人才评价机制。改进人才评价方式方法，探索建立重业绩、重贡献的科学化社会化专业化人才评价机制。探索建立政府荣誉制度，对作出杰出贡献的优秀人才聘请其担任相关领域的咨询专家、顾问，推荐参选各级人大代表、政协委员，组织参与示范区经济社会发展重大政策、重要科研计划、重要项目的咨询论证等。

（2）完善人才激励机制。鼓励各类企业通过股权、期权、分红等激励方式，调动科研人员创新积极性。对高等学校和科研院所等事业单位以科技成果作价入股的国有科技型企业，放宽股权出售对企业设立年限和盈利水平的限制。建立促进国有企业创新的激励制度，对在创新中做出重要贡献的技术人员和经营管理人员实施股权和分红激励。

（3）创新外籍高端人才使用机制。在示范区开展外籍高端人才技术移民和投资移民试点，为符合条件的外籍专业技术人才申请办理"永久居留证"。逐步放开对外籍留学人才创业就业的限制，提供申请就业许可、工作居留许可的便利。

3. 提高人才联系服务水平

（1）建设高层次人才创新创业平台。鼓励有条件的地区和单位建立高层次人才工作站、高层次人才创新创业基地、创业服务中心、留学人员创业园、企业院士工作站、中小微企业博士后科研人员产学研创新平台，对新认定的国家工程（技术）中心、国家工程技术研究中心、国家检验检测认证中心、企业技术中心、新认定设在企业的重点实验室给予配套资金支持。

（2）完善生活配套服务。完善人才综合服务平台，建设高端人才社区，实现各类人才服务"一站式"办理，对引进的紧缺急需人才特别是国际顶尖人才，在签证居留、配偶安置、子女入学等工作条件和生活待遇方面给予优惠政策，提供全方位服务。

（五）培育创新型产业集群

立足现有产业基础和创新资源禀赋，根据科技、产业发展趋势，按照"做强主导产业、做大先导产业、培育新兴业态"的发展思路，培育一批企业集聚、要素完善、协作紧密、具有国际竞争力的创新型产业集群，形成"5 + 5 + X"的产业格局和分工明确、优势互补、良性互动的空间布局，在以智能制造为主导的"工业4.0"战略和"中国制造2025"行动以及全球新一轮产业革命中抢占先机，确立竞争优势。

1. 做强主导产业

（1）高端装备产业

工程机械。以长沙高新区麓谷园区及星沙园区为核心，全面推动制造与服务融合和以互联网为纽带的产业跨界融合，重点发展一批高端特种工程机械、大型工程机械及盾构装备，利用信息化技术，研发具有感知、决策、执行等智能化功能新产品，推进液压元器件及系统、行走传动控制等关键零部件自主研制，提高工程机械产业整体研发、系统设计和技术服务总承包能力，支持发展租赁服务、设备再制造、二手机流通、技术信息咨询等生产性服务业，健全产业链条，走自主化、国际化发展道路，打造具有国际一流的工程机械装备制造研发和产业化基地。

动力装备。以株洲高新区为核心，重点发展先进轨道交通、通用航空、新能源汽车等三大动力装备制造及安全防护产业。先进轨道交通产业，重点发展电力机车、动车组列车、城市轨道交通车辆等整车，加大车轴、转向架等关键零部件研发力度，提升在电气控制装置、牵引电机与电器等领域的高端制造优势。通用航空产业，重点发展中小型航空发动机、飞机着陆系统、航空传动系统等零部件研制。新能源汽车产业，主攻纯电动汽车整车的研发、生产与推广示范，加快在锂电池、电动机、电控系统等领域的关键产品和技术开发，打造具有国际影响力的"中国动力谷"。

能源及矿山装备。以湘潭高新区及九华园区为核心，重点发展新能源装备、先进矿山装备等能源装备制造产业。新能源装备产业，以风电装备、太阳能利用装备为核心，坚持以应用带市场，推动制造与服务跨界融合，重点研发大型风电机组，打造材料—叶片、轴承和主齿轮箱—整机—发电并网的风电装备产业链；聚焦光伏光热发电装备，加大光伏发电应用推广，打造晶硅材料—光伏电池及组件—系统集成的光伏产业链。先进矿山装备产业，以突破大型化、绿色化、智能化、液压化等先进矿山装备发展的关键技术瓶颈为核心，创新发展矿山提升运输装备、矿山通风与环境控制装备、矿山安全生产等领域，打造全国领先的能源装备产业基地。

（2）新材料产业。坚持"市场导向、延伸链条、产业协同、高端发展"的原则，重点发展先进储能材料、复合材料、先进硬质材料为主导，以新型功能材料、高端金属结构材料为支撑的新材料产业体系。以基础研究和应用研究为核心，以深度加工及终端产品开发为抓手，进一步提升先进电池材料、碳材料、钢材料、硬质合金材料、超硬材料等领域的研发和高端制造优势，重点突破纳米技术、高性能合金技术、金属特种加工技术等一批关键技术，大力发展适应电子信息、新能源、生物、航空航天、装备等产业发展的新材料产业集群，建设全国领先的新材料产业创新示范基地。

（3）新一代信息技术产业。坚持电子信息制造业与软件及信息技术服务业融合发展，重点培育发展移动智能终端及配套、物联网、基础软件、信息技术服务、高性能集成电路、地理信息、新一代电力电子器件、激光陀螺等领域。加强政府引导，大力增强物联网产业的系统集成能力，深入推进信息技术创新、新兴应用拓展和网络建设的互动结合。加快突破核心基础软件、高端通用芯片、新一代电力电子器件、传感器等领域关键技术。大力推进智能终端、工业控制、先进轨道交通、汽车电子等领域的芯片研发及产业化，加快构建"芯片—软件—整机—系统—信息服务"产业生态链。以功率器件为突破口，发展壮大集成电路特色制造业，推动国产装备和材料在生产线上规模应用，着力提升集成电路领域的生产、设计、封装、测试工艺和水平，打造特色明显、创新体系完善的新一代信息技术产业集群，进一步提升我省电子信息产业的核心竞争力。

（4）生物（健康与种业）产业。大力发展生物健康产业，以打造"健康中国"为引领，充分发挥基因检测等技术和平台优势，推动生物医药、医疗器械、健康服务等生物健康产业向高科技化、高集聚化、高统筹化方向发展。以"资源汇聚＋资金支持＋全球链接"为手段，着力突破新型疫苗、基因工程药物、诊断试剂等生物制药领域关键技术，推进抗肿瘤、心血管疾病、糖尿病类等重大疾病治疗用的新药研发及仿制药开发。加快中药保健品、药用辅料、高端医疗器械等领域关键产品和技术研发，建设湖南省健康产业园。构筑人才集聚高地，打造生物健康"湘军"，全面促进自主创新成果的产业化，打造"科技领先、产业领先"的健康制造国际品牌。积极发展现代种业，充分发挥我省杂交育种平台与技术优势，大力推广杂交育种技术在粮食、果蔬、药材等领域的应用，打造一批生产加工技术先进、市场营销网络健全、技术服务到位的"育繁推一体化"现代种业集团。

（5）文化创意产业。充分发挥长沙国家文化科技融合示范基地的辐射带动作用，积极促进文化和科技融合，推进数字技术、信息技术在文化创意产业中的应用，引进培育文化科技复合型人才，构建具有竞争力的产业服务平台和产业载体，提高文化创意产业的创新能力，打造长株潭文化产业发展集聚区。重点支持数字媒体、数字出版、动漫游戏、数字旅游和工业设计等向高端化、网络化方向发展，形成具有湖湘特色的文化创意产品生产、经营、服务、运作新模式，推动特色文化产业园区和基地建设，打造中西部文化创意产业发展新高地，带动和促进全国文化创意产业跨越发展、特色发展。

2. 做大先导产业

（1）移动互联网产业。以市场需求为导向，强化政府规划引导，坚持以应用服务创新牵引带动技术创新、产品创新、模式创新，大力发展移动视频、移动音乐、移动游戏、移动广告、电子商务等领域，积极推动移动社交网络、移动安全、人机交互、位置服务、健康服务、智能家居等基础性、趋势性应用加速发展。结合智慧城市建设，鼓励发展移动政务、移动教育、移动金融、数字旅游等行业信息化应用，支持"智慧旅游"建设。鼓励传统产业应用移动互联网，促进转型升级。着力打造一批国际先进、国内领先的移动互联网示范龙头企业，成为面向世界、辐射全国的移动互联网应用服务中心、全国领先的移动互联网应用创新产业基地。

（2）绿色建筑产业。以实现建筑绿色化、提高建筑质量、提升建筑业生产效率为主要目标，以生产方式工业化为主要手段，推进建筑产业的现代化，大力推进住宅产业化工程，做大做强绿色住宅产业。重点发展预制装配式混凝土结构、钢结构，积极推广木结构建筑，重点推广部品部件工业化、土建装修一体化、可再生能源建筑一体化，全面推进绿色住宅、公共建筑、工业厂房、市政设施的建设，带动绿色建筑设计咨询、绿色建筑制造、绿色建材、新能源、节能设备、建筑运行管理服务、智能建筑等相关产业的发展。不断发展和完善"联盟＋园区＋项目"的创新模式，加强产业链的资源整合，建立和完善涵盖科研、设计、开发、生产、装备、施工、建材、装修、物流、物业等方面的省建筑产业现代化联盟；推进产业集群的发展，科学布局，打造住宅产业化千亿级园区；大力推动项目建设，完善建筑产业现代化技术标准体系，提升全寿命周期内建设项目的整体价值。

（3）北斗卫星导航应用产业。以维护国家战略安全、促进信息消费为导向，发挥长沙在北斗卫星导航系统核心技术研发和建设运营等方面的领先优势，重点推进北斗卫星导航核心芯片及模块的研发与产业化、地面增强系统、遥感应用平台、区域级检定中心、平台运营服务、终端产业化等项目建设。引导北斗卫星导航应用骨干企业、重大成果、重大项目等进一步向示范区聚集，形成集高端技术、高端终端与装备、特色应用示范、产品检测为一体的北斗卫星导航应用产业集群。大力推动北斗卫星导航兼容终端的配备与替代，鼓励社会车辆使用北斗卫星导航产品。将示范区建成国内领先的北斗卫星导航系统技术研究和产业化应用基地。

（4）节能环保产业。以"集群化、高端化、服务化"为导向，以满足区域内环境治理和节能升级为切入点，重点在节能技术与装备、环保技术与装备、节能服务和环境服务等领域取得突破。以政策扶持助推产业发展、以标准提升释放区域需求，重点发展重金属污染防治、烟气除尘和脱硫脱硝、垃圾综合处理处置等技术和装备。加快突破资源循环利用关键共性技术，研制大宗固体废弃物综合利用技术与装备。强化非晶高效节能电机、三相异步电机、稀土永磁电机等高效节能装备的高端制造优势，探索培育合同能源管理和合同环境服务等服务模式，坚持"做强龙头企业、引驻大型企业、孵化特色企业"的思路，打造国内领先的节能环保产业集群。

（5）高技术服务业。坚持"政府引导与市场配置相结合、科技创新与服务创新相融合"的发展原则，依托本地丰富的科技文化资源、优越的区位交通条件，重点发展研发服务、创业孵化、检测认证、科技咨询和技术转移等高技术服务业以及地质灾害预防、防暴恐检测等公共服务业，大力发展现代物流、科技金融、高端商务等生产性服务业，积极培育发展电子商务、在线教育、大数据、O2O等利用信息化技术的新型服务业态。推进商业模式创新、服务流程创新与科技创新的相互结合，建立带动湖南、辐射中部地区乃至全国的充满活力、各具特色的高技术服务业集群。

3. 培育新兴业态

把握当前全球第三次工业革命发展趋势，聚焦互联网信息技术、新材料技术、可再生能源技术等先进技术的演进态势，在三大技术相互融合发展催生巨量新兴产业的背景下，坚持市场主导与政府扶持相结合、整体推进与重点突破相结合、科技创新与产业化相结合、技术创新与商业模式创新相结合，前瞻把握未来市场需求，抢抓机遇、积极布局，培育发展"互联网＋"、3D 打印、工业机器人、大数据、云计算、可穿戴设备、干细胞、石墨烯、碳化硅纤维等一批产业新业态，全面提升产业智能化、高端化、绿色化发展水平，努力培育新的经济增长点。

4. 统筹规划空间布局

坚持"资源共享、事业共创、利益共赢"的发展理念，围绕产业集群发展，按照法定城乡规划及"一区三谷多园"的架构，逐步完善空间布局，在三市形成产业链、创新链、服务链、资金链协同互动的发展格局。统筹资源配置，优化产业布局，统一组织协调，鼓励和促进各分园科技资源开放共享、创新要素合理流动、产业发展优势互补。

"一区"即长株潭国家自主创新示范区。"三谷"为示范区核心区，分别是："长沙·麓谷创新谷"，发挥长沙高新区的科研资源优势和创意产业优势，鼓励科技创新、汇聚一流人才，重点建设研发总部、新兴产业创新与设计中心、现代服务业集聚区等三大功能区；"株洲·中国动力谷"，依托株洲高新区在先进轨道交通、航空航天等领域的产业基础及研发优势，集聚资源、突出特色，着重打造新能源汽车、高端动力装备制造产业密集区；"湘潭智造谷"，立足于湘潭高新区机电一体化、电控技术优势，着力发展智能装备制造与高端生产性服务业，形成机器人及智能装备"研发＋制造＋服务"全产业链的核心产业集群。

同时，按照"产业发展差异化、资源利用最优化、整体功能最大化"的思路，以国家级和省级开发区、工业园区、新型工业化产业示范基地等为载体，在长株潭三市规划建设若干园区，统筹产业布局。长沙以麓谷、星沙、浏阳等国家级产业园区为载体，重点发展工程机械、工业机器人等高端装备制造产业集群；株洲以高新区为载体，重点发展动力装备产业集群；湘潭以高新区、九华等国家级园区等为载体，重点发展能源及矿山装备产业集群；辐射带动雨花、宁乡、金州、望城、暮云、天心、韶山、昭山等一批省级以上特色产业园区，重点发展新一代信息技术产业集群、文化创意产业集群和现代服务业集群；隆平、浏阳、荷塘、昭山、天易、湘乡等园区，重点发展生物健康产业集群；宁乡、望城、金州、天元、醴陵、茶陵、雨湖等园区，重点发展新材料产业集群；雨花、湘乡等园区，重点发展节能环保产业集群；金霞、临空、岳塘等园区，重点发展现代物流产业集群；以株洲、平江、湘潭雨湖等国家和省级新型工业化产业示范基地为载体，重点发展军民融合产业集群。

构建科学评价机制，加强对各园区创新资源集聚利用和经济效益的统计分析、动态监测、考核评估，根据考核评估结果对各分园实行动态管理，建立相应的激励和退出机制。

（六）推动区域开放协同

根据长株潭在长江中游城市群中的核心地位和"一带一部"区位中的优势，以深度融入长江经济带和"一带一路"为重点，全面推进跨区域开放合作，对接东中西部大市场，面向全国创造发展新空间，面向世界加快推进国际化，建设中部地区开放发展的先锋区域，打造成为推动东中西部地区开放融合发展的重要引擎。

1. 推进长株潭城市群协同创新

建立城市群协同推进机制和考核评估体系。坚持以制度创新突破行政管理体制障碍，建立省统筹、市建设、区域协同、部门协作的工作机制，加强城与城、园与园、部门与部门之间的协同。改变传统"GDP"考核导向，建立责任分工明确的示范区动态评估考核体系，重点突出对示范区合作项目、交流互动、科技创新、创业孵化、国际化等方面的考核，增加对省相关部门、所在市地方政府支持示范区建设的考核，将考核结果纳入绩效考核。

2. 强化与东西部地区创新合作交流

加强与京津冀、长三角、泛珠三角的产业与科技对接。进一步推动长株潭国家自主创新示范区与中关村、东湖、张江、深圳、苏南、天津等国家自主创新示范区之间的合作交流，共同探索示范区建设的有效做法。推动与中部和长江经济带各类科技园区建立更为紧密的战略合作关系，在创新合作模式、招商引资、品牌输出、产业转移等方面加强衔接合作。推动长株潭城市群、武汉城市圈、环鄱阳湖经济圈融合发展，促进长江中游区域经济一体化。

3. 引领带动中西部地区转型创新发展

（1）合作共建创新型创业服务机构。发挥示范区在"众创空间"建设发展方面的经验优势，支持长株潭三市高新区创业服务中心等机构与中西部地区各地方开展合作，采取设立分支机构、输出服务、人员培训等模式共建创业苗圃、创新型孵化器、加速器、创业社区等"众创空间"，引领中西部地区创新创业发展。

（2）推动创新资源跨区域流动共享。搭建"长株潭创新资源共享平台"，提供创新资源数据库、科技成果资讯等线上服务，举办长株潭创新资源流动与共享论坛、创新资源交流会、高层次科技人才行等线下服务，推动人才、技术、资金等创新资源在长株潭示范区与中西部地区各区域间自由流动。

（3）探索园区共建等异地合作模式。积极与中西部各市地区开展合作，共建产业园区，完善现有产业链配套，开展新兴产业的区域分工协作。鼓励支持长株潭高等院校与中西部地区地方政府共建大学科技园，提升地方科技发展水平。鼓励长株潭示范区龙头企业与中西部地方政府共建企业园，健全下游及内部配套体系。

4. 提升国际化发展水平

（1）建设国际创新园。以产业国际化、人才国际化和公共配套服务国际化为原则，主动与国外园区开展合作，于示范区内规划建设国际创新园，打造长株潭承接国际高新技术转移与项目引进及产业化的专业基地。

（2）组建国际联合研究中心。积极与海外顶尖高校共建国际联合研究中心，为示范区培养"国际型、复合型、创业型"高层次技术人才和管理人才，打造能够直触产业前沿、具备承担重大科技专项实力的特色产业创新基地。

（3）强化国际科技合作交流。吸引国际优秀企业在示范区设立研发中心，支持优秀海外人才在示范区创新创业。鼓励示范区内高校院所开展对外合作交流，参与国际重大科技计划，鼓励企业设立海外研发、销售与生产网络。

（4）加强国际人脉网络链接。实施华人创新社群链接计划，与创新资源尖峰地区的华人社群建立长效联络机制，邀请海外高端创新人才到长株潭示范区参观调研、互动交流，实现与全球创新高地的开放合作和紧密连接。

（七）引领绿色发展

完善节能、环保产业发展机制，通过政府绿色采购推广应用节能环保新技术、新产品，加强生态建设和环境保护，合理节约集约利用土地资源，倡导绿色生产生活方式，引领示范区绿色发展。

1. 强化土地节约集约利用

（1）完善土地准入制度。严格执行城市总体规划和土地利用总体规划，合理利用土地资源。完善入园项目审核制度，建立项目准入指标体系，提高准入门槛。严格执行土地使用标准，积极组织节地评价，加强企业用地合同管理，明确企业用地建设规范与违约处置办法。

（2）创新土地集约利用方式。鼓励发展孵化器、加速器、创业空间等集约式开发建设模式。制定严格的企业用地退出管理流程与实施办法。加大建成区土地资源挖潜力度，采取多种方式促进土地资源向效益好、集约利用率高的企业流转。

（3）严格保护耕地和基本农田。严格控制项目建设占用耕地。确实无法避免的，要按照占补平衡、占优补优、占水田补水田的原则，提前落实补充耕地。优先划定永久基本农田，严格管理，特殊保护，除国家重大项目确实无法避让外，不得涉及基本农田。

2. 倡导绿色生产生活方式

（1）推广绿色节能技术。构建政府引导、市场主导的协同推进机制，依托亚欧水资源研究和利用中心、中南大学国家重金属污染防治工程技术研究中心、国家城市能源计量中心（湖南）、湖南省节能服务产业联盟等科研平台，集中突破一批节能环保关键技术，推广应用重金属污染治理、餐厨垃圾资源化利用和无害化处理等十大清洁低碳技术，以及清洁发展机制（CDM）和合同能源管理（EMC）等市场化节能减排机制。通过推行政府绿色采购制度，引导和促进企业开发清洁低碳产品。

（2）发展循环经济。按照"资源集约使用、产品互为共生、废物循环利用、污染集中处理"的要求，推动产业循环式组合。鼓励企业建立循环经济联合体，开展循环经济标准化试点示范，实行清洁生产，推行产品生态设计，强化原料消耗管理，实现内部工艺间能源梯级利用和物料循环使用。

（3）倡导绿色低碳生活。引导、培养公众低碳消费习惯，提倡步行、自行车、公共交通等低碳出行方式，鼓励购买新能源汽车。以绿色节能标准建设商务建筑，改进已有商务楼的供暖、制冷、照明系统。营造示范区电子办公环境，推行无纸化办公，合理回收和再利用电子垃圾。

四　保障措施

（一）完善共建机制

加强组织领导。湖南省政府成立长株潭国家自主创新示范区建设领导小组，在示范区部际协调小组的指导下负责组织规划纲要的具体实施，明确职责分工，完善工作机制，并做好本规划与其他规划在实施过程中的协调衔接。领导小组下设办公室，设省科技厅。长沙、株洲、湘潭三市作为建设主体，分别建立相应的工作机制。

密切部省联系。湖南省政府加强与部际协调小组相关部门的联系和协作配合，积极开展体制机制创新，落实各项专项改革工作和先行先试政策，共同推动示范区的建设与发展。

强化监督考核与宣传。部际协调小组负责对规划实施情况进行监督检查，示范区建设领导小组及办公室具体组织示范区建设情况评估，并向国务院报告进展情况，对建设经验进行总结宣传与推广。

（二）建设服务型政府

加快政府职能转变。推动政府职能从研发管理向创新服务转变，从服务提供者向服务组织者转变，制定政府购买社会公共服务的指导意见和管理制度，做好政府购买公共服务的评估、监督和公示。

深化行政审批制度改革。进一步理顺"三谷多园"及省级以上园区管理体制，加大简政放权力度，深入推进行政审批制度改革，精简审批项目，优化审批流程，实行跨部门串并联组合审批，提高审批效率，着力营造低成本、高效率的投资环境。

推动社会组织发展。发挥社会力量，重点培育和发展经济类、服务类、公益慈善类、城乡社区类等社会组织。深化社会公共事务服务方式改革，探索建立企业、社会组织、公众和政府良性互动的公共管理机制，对劳动者创办社会组织符合条件的，给予相应创业扶持政策，促进社会组织发展壮大。

（三）加强知识产权保护

完善知识产权体制机制。完善知识产权协同保护机制，进一步加强知识产权行政执法能力建设，支持探索知识产权综合行政执法模式，争取成立知识产权法院。加强"两法衔接"，完善打击侵犯知识产权和制售假冒伪劣商品工作长效机制，加大依法查处知识产权侵权案件力度。完善知识产权纠纷多途径解决机制，积极推进专利纠纷行政调解协议司法确认工作。健全知识产权维权援助体系，建立"12330"知识产权投诉举报通道，建立 24 小时接受举报的快速反应机制。建立健全创新创业、技术交易、成果转化中的专利维权机制，加强应对专利纠纷尤其是重大、涉外专利案件的维权援助工作。探索国内生产总值核算方法，体现创新的经济价值；研究建立科技创新、知识产权与产业发展相结合的创新驱动发展评价指标。

加强科技创新活动的知识产权保护。加强自主创新的知识产权保护管理，把知识产权保护贯穿到科技创新各个阶段，重大科技项目、产业创新工程项目在申报和验收环节应提交知识产权分析和总结报告。有效保护职务发明人合法权益，兑现职务发明奖励报酬，切实保障职务发明人收益权、署名权，鼓励职务发明人合理受让单位拟放弃的专利权等相关知识产权。切实加强创新成果的专利保护，强化科技创新活动中的知识产权政策导向，坚持技术成果的权利化、专利管理和保护的规范化，强化科技成果转化的法律保护。

加强重大经济活动的知识产权保护。引导企事业单位建立重大经济活动的知识产权评议机制，对重大攻关、重大引进、重大并购及重大产业化项目，应加强以评估分析为重点的知识产权评议工作。推进重大经济活动知识产权评议工作，健全政府投入项目和涉及国有资产的重大经济活动知识产权评议机制；积极开展知识产权专项评估和论证，促进决策科学化，有效防止技术盲目引进和自主知识产权流失，确保国家安全。

加强重点领域的知识产权保护。加强战略性新兴产业知识产权保护，针对示范区具有比较优势和发展潜力的战略性新兴产业发展需求，加强知识产权战略布局和保护；加大核心专利和重大技术标准的融合力度及品牌建设，指导建立战略性新兴产业重点领域知识产权联盟；完善重点产业领域知识产权风险防控与预警机制。推进知识产权优势企业培育、工业企业知识产权运用能力培育、国有企业知识产权战略实施等工作。加强文化产业、涉农、贸易和展会中的知识产权保护。

加强知识产权文化建设。大力开展宣传教育活动，努力形成尊重知识、崇尚创新、诚信守法的知识产权文化氛围。大力培育行政管理、司法审判、企业管理、中介服务、教学研究等各类知识产权人才。

（四）完善质量标准体系

强化企业质量主体责任，建立健全质量管理体系，加强全员、全过程、全方位的质量管理，严格质量检验和计量检测。建设长株潭标准信息统一公共服务平台，开展标准信息检索、标准提供服务，及时通报 WTO/TBT 信息，搭建企业产品走出去桥梁。鼓励企业积极参与与国际、国家标准化活动。鼓励企业、科研院所承担国际、国家标准化技术组织，对主导、参与国际、国家标准制修订的企业分别给予不同程度的资金支持和奖励。

（五）建立新型实用科技智库

成立示范区科技战略咨询和评估委员会。整合咨询公司、投资机构、会计师事务所、律师事务所、检验检测认证机构、知识产权机构等专业化服务机构，邀请国内外科技创新、产业发展、城市建设等领域的专家学者，组成智库，开展长株潭示范区重大战略需求专题调研与论证，发挥其在战略规划、政策制定、重大立项决策等方面的咨询作用。

加强软科学研究。以促进科技进步和经济社会发展为根本目的，围绕示范区创新创业生态、体制机制创新、创新型产业发展、城市群协同创新等战略问题持续开展研究，为示范区相关部门科学化决策、精细化管理提供支撑。研究项目完成后，在保护知识产权的前提下，加强研究成果的宣传、推广和应用。

（六）加大政策扶持和财政投入力度

研究出台加快示范区建设的若干意见，构建推进科技成果转化、科研院所转制、军民融合、科技金融结合、人才发展、绿色发展、创新创业的政策体系，支持示范区在体制机制改革和激励创新政策等方面率先突破。加大财政科技投入力度，由地方研究在优化整合各类技术创新专项资金和新增资金的基础上设立示范区建设专项资金，制订并完善资金管理办法，统筹用于示范区创新能力建设、创新创业扶持、人才队伍建设、科技服务购买、政策补贴等。

（七）营造创新创业文化氛围

加大对成功创业者、青年创业者、天使投资人、创业导师、创业服务机构的宣传力度，推广优秀创业企业及创业团队的先进模式和经验，推出一批长株潭创业形象大使，树立一批新时代创业者的偶像，传播长株潭创业精神，使创业在长株潭地区成为一种价值导向。引入专业培训团队，借助众创空间平台，开展创新创业培训。组织实施"创业中国"行动计划，积极承办跨地区跨领域的全国性、国际性创业活动。利用科交会、湘洽会等会展平台，邀请世界知名企业家、创业者、企业导师和创投机构对投资趋势、技术潮流和商业模式展开互动交流。支持举办湖南青年创业大赛、创业训练营、科技创新大讲堂等活动，吸引更多的社会力量参与和支持创新创业。弘扬"敢为人先"的湖湘文化，营造"鼓励创新、宽容失败"的创业氛围，吸引更多海内外优秀人才和创业团队落户长株潭。

（八）强化法治保障

加强示范区建设的立法工作，及时把一些成熟做法和政策上升到法律法规层面，研究制定《长株潭国家自主创新示范区条例》等相关配套文件，为建设长株潭国家自主创新示范区提供法制保障。

湖南人民政府办公厅
关于印发《湖南省湘江保护和治理第二个 "三年行动计划"（2016～2018年） 实施方案》的通知

湘政办发〔2016〕26 号

各市州、县市区人民政府，省政府各厅委、各直属机构：

《湖南省湘江保护和治理第二个"三年行动计划"（2016～2018 年）实施方案》已经省人民政府同意，现印发给你们，请认真组织实施。

湖南省人民政府办公厅

2016 年 4 月 11 日

湖南省湘江保护和治理第二个 "三年行动计划"（2016～2018 年） 实施方案

2013 年，省人民政府决定将湘江保护和治理作为"一号重点工程"，连续实施三个"三年行动计划"。通过第一个"三年行动计划"（2013～2015 年）的实施，湘江流域产业结构进一步优化，流域水资源短缺、水环境污染、水生态破坏的状况得到明显改善。为持续推进湘江保护和治理工作，特制定本实施方案。

一 指导思想和基本原则

以党的十八大和十八届三中、四中、五中全会精神为指导，大力推进生态文明建设。

以改善水环境质量、控制水资源使用总量为核心，以"治"与"调"为重点，按照"节水优先、空间均衡、系统治理、两手发力"原则，系统推进流域水资源管理、水污染防治和水生态保护。坚持全面依法推进、注重改革创新，坚持严格考核问责、落实各方责任，坚持综合施策、突出工作重点，坚持全民参与、鼓励市场运作，形成"政府统领、企业施治、市场驱动、公众参与"的工作格局，进一步加强湘江流域的科学保护和治理。

二　主要工作目标和指标

通过实施第二个"三年行动计划"（2016～2018年），实现以下主要工作目标：

（一）流域用水总量控制在175亿立方米以内。

（二）万元工业增加值用水量控制在60立方米以内，农田灌溉水有效利用系数提高到0.53以上，城镇公共供水管网漏损率小于11%。

（三）全面深化流域内工业企业污染整治，依法关停取缔各类不符合国家产业政策和装备水平低、环保设施差的污染严重企业，基本完成产业园区外重化工企业搬迁入园和园区循环化改造。

（四）全面治理流域内干流和主要支流两岸城镇生活污水和垃圾，处置率均达到90%以上；全面取缔入江非法排污口，基本完成重点不达标支流和地级城市建成区黑臭水体的治理。

（五）实现流域内各县市区农村环境综合整治全覆盖，达到国家提出的农村环境综合整治主要目标要求。

（六）依照有关规定全面完成流域内重点区域企业搬迁、关停和遗留固废治理，构建环境风险防控体系，形成成熟模式和典型经验。

（七）湘江流域水质全面好转，干流和主要支流水质稳定在Ⅲ类标准内，其中水质优于Ⅱ类标准的断面较2015年增加30%以上。

三　主要工作措施

（一）加强水资源保护

1. 严格水资源管理

健全流域取用水总量控制指标体系，实施最严格水资源管理。加强相关规划和项目建设布局水资源论证工作，对取用水总量接近控制指标的地区，限制审批建设项目新增取水许可；对取用水总量已达到或超过控制指标的地区，暂停审批建设项目新增取水许

可。对纳入取水许可管理的单位和其他用水大户实行计划用水管理。到2018年，流域
用水总量控制在175亿立方米以内。

2. 增强水资源配置能力

加快建设涔天河水库及灌区、芦江水库等已开工项目，加快推进毛俊水库、椒花水库、
白石洞水库、郭家嘴调水工程前期工作。开展水库大坝安全运行管理能力建设，充分挖掘现
有蓄水工程调蓄能力，进一步完善水量调度方案，采取闸坝联合调度、生态补水等措施，合
理安排闸坝下泄水量和泄流时段，维持流域江河湖库基本生态用水需求。加强湘江流域城市
防洪闭合圈建设，所有县级城市防洪标准达20年一遇、地级城市达50年到100年一遇。

（二）提高用水效率

1. 抓好工业节水

开展节水诊断、水平衡测试、用水效率评估，严格用水定额管理。严格执行《湖
南省用水定额》（DB43T388－2014），对流域20个行业63种产品实施强制性用水定额
标准。新建、改建、扩建项目用水达到行业先进水平，节水设施与主体工程同时设计、
同时施工、同时投运。

2. 加强城镇节水

积极推进节水型城市建设，开展海绵城市试点，推行低影响开发建设模式，建设
滞、渗、蓄、用、排相结合的雨水收集利用设施。新建城区硬化地面，可渗透面积要达
到40%以上。严厉查处生产、销售不合格的节水产品、设备，公共建筑必须采用节水
器具，鼓励居民家庭选用节水器具。及时更新改造供水管网，到2018年，流域公共供
水管网漏损率控制在11%以内。

3. 发展农业节水

基本完成大型灌区续建配套与节水改造和大型灌排泵站更新改造；启动重点中型灌
区续建配套与节水改造和中型灌排泵站更新改造。继续加强农田水利建设，大力推进塘
堰整修、扩容、清淤、防渗和塘堤加固工程，建设现代高效节水工程设施。在湘中、湘
南部分没有灌溉条件的丘陵山区坡耕旱土和园地，实行坡地改水平梯土，修建集雨池、
集雨窖等微小型集雨蓄水设施。在水田农业上示范推广高产耐旱型水稻品种。在旱地农
业上示范推广土壤深耕、聚垄分厢、覆盖保墒、间作套种等综合节水种植技术，积极推
进旱地农业综合技术示范区创建。

（三）强化工业污染防治

1. 进一步优化产业结构和布局

全面排查装备水平低、环保设施差的小型工业企业。到2016年底前，依法全面取

缔不符合国家产业政策的严重污染水环境的生产项目。按照资源禀赋和工业基础，继续推进重点行业企业整合、升级，进入产业园区聚集发展，做优做强优势主导产业。

2. 专项整治十大重点行业

制定造纸、焦化、氮肥、有色金属、印染、农副食品加工、原料药制造、制革、农药、电镀等行业专项治理方案，到2017年底前，完成十大重点行业专项治理。鼓励企业在稳定达标排放的基础上进行深度治理，实施清洁化改造，提高工业用水循环利用率。新建、改建、扩建上述行业建设项目实行主要污染物排放减量替代。

3. 集中治理产业园区水污染

产业园区内工业废水必须经预处理达到集中处理要求，方可进入污水集中处理设施。新建、升级产业园区应同步规划、建设污水、垃圾集中处理等环保设施。到2017年底前，各类产业园区要根据要求和实际建成污水集中处理设施，并安装自动在线监控装置。

（四）加快推进城镇生活污染治理

1. 加快城镇污水处理设施建设与改造

积极推进"两供两治"工程建设。全面加强配套管网建设，强化城中村、老旧城区和城乡接合部污水截流、收集，对现有合流制排水系统加快实施雨污分流改造，难以改造的，采取截流、调蓄和治理等措施。因地制宜加快改造和新建城镇污水处理设施，到2017年底前，敏感区域（重点湖泊、重点水库、湘江长沙综合枢纽工程汇水区域）城镇污水处理设施全面达到一级A类排放标准。

2. 推进污泥处理处置

污水处理设施产生的污泥应进行稳定化、无害化和资源化处理处置，禁止处理处置不达标的污泥进入耕地。一律取缔非法污泥堆放点。到2017年底前，现有的污泥处理处置设施要基本完成达标改造。

3. 强化城镇生活垃圾处理

加强生活垃圾填埋场运行管理，垃圾渗滤液处理不能稳定达标的，到2017年底前，完成处理设施的升级改造。积极推进垃圾焚烧发电项目和城乡环卫一体化，到2018年底前，50%以上的地级城市建成垃圾焚烧或协同处置设施，实现生活垃圾的减量化、资源化。

（五）全面开展农业农村污染防治

1. 防治畜禽养殖污染

全面完成畜禽养殖禁养区划分工作，到2017年底前，依法关闭或搬迁禁养区范围内的畜禽养殖场（小区）。现有规模化畜禽养殖场（小区）要根据污染防治需要，配套建设粪便污水贮存、处理、利用设施。散养密集区要实行畜禽粪便污水分户收集、集中处理利用。自2016年起，新建、改建、扩建规模化畜禽养殖场（小区）要实施雨污分流、粪便污水资源化利用。鼓励和支持采取种植和养殖相结合的方式就地就近消纳利用畜禽养殖废弃物。加强病死畜禽无害化处理，到2017年底前，生猪调出大县、其他畜禽养殖大县基本建立集中病死畜禽无害化处理中心。

2. 推进生态健康水产养殖

在饮用水水源保护区及其他环境敏感区域划定禁止和限制养殖区，其他重点水域必须严格按照环境容量控制养殖规模和品种。规范养殖生产行为，推行高效生态养殖技术，强化生态环境控制和资源化利用。积极推广人工配合饲料，逐步减少冰鲜杂鱼饲料使用。加强养殖投入品管理，依法规范和限制使用抗生素等化学药品。

3. 控制农业面源污染

优化农业产业结构，发展循环绿色农业。全面开展农作物化肥农药使用量零增长行动，推广低毒、低残留农药，开展农作物病虫害绿色防控和统防统治。到2018年底前，测土配方施肥技术覆盖率达到90%以上，主要农作物化肥利用率提高3～5个百分点，其中氮肥利用率提高到40%以上，农作物病虫害统防统治覆盖率达到35%以上。到2018年底前，建成20个以上的农业面源污染综合防治示范区，区域内90%以上的农业生产废弃物实现资源化利用。

4. 扎实推进农村环境综合整治全覆盖工作

按照"县为主导、政府牵头、部门联动、市场驱动、村民参与"和"以奖促治、先治后奖、奖惩结合"的原则，以改善农村人居环境，提升农民群众生活质量为目标，以整治生活垃圾、污水污染，加强耕地和饮用水水源保护为重点，建立健全环保工作和污染防治服务体系。实施全省重点集镇污水处理三年计划，到2018年底前，实现流域内所有县市区农村环境综合整治全覆盖。

（六）加强高速公路、河道、船舶和港口污染防治

1. 加强高速公路服务区污染治理

到2016年底前，流域内所有高速公路服务区建成污水收集处理设施并稳定达标排放。

2. 积极治理船舶污染

依法强制报废超过使用年限的船舶。加强船舶配套环保设施建设，禁止船舶向水体排放含油废水和倾倒垃圾。严格监管水上危险化学品运输，确保船舶运输环境安全。

3. 加强河道保洁

加强河道治理和航运管理，加大水域岸线保护力度，严格打击非法采砂行为，全面落实河道保洁责任制，加强河道垃圾清理打捞，实现水岸无垃圾堆、水面无漂浮废弃物。水电站、航电枢纽等拦河工程要配套保洁设施设备，定期清理打捞河面垃圾并转运到所在城镇垃圾处理站点进行处理，严禁非行洪时期向下冲泄垃圾。

4. 增强港口码头污染防治能力

加快垃圾接收、转运及处理处置设施建设，提高含油污水、化学品洗舱水等接收处置能力及污染事故应急能力。到 2018 年底前，港口、码头、装卸站及船舶修造厂要达到污染防治建设要求。

（七）加强饮用水水源地保护

1. 加快城乡供水水源工程建设

基本完成流域单一水源地级城市应急备用水源建设，有条件的城市完成双水源建设。按照"区域城乡供水一体化、区域供水规模化、工程建管专业化"的思路，启动实施农村饮水巩固提质工程建设，通过改造、升级、配套和联网等方式，提高农村饮水安全保障程度和质量。

2. 加强饮用水水源地环境监管

科学划定集中式饮用水水源保护区，到 2016 年底前，完成日供水量 1000 吨或服务人口 10000 人以上的集中式饮用水水源保护区的划分。到 2017 年底前，完成 1000 人以上农村集中式饮用水水源保护区的划定。从水源到水龙头全过程监管饮用水安全，流域内各市、县市区人民政府及供水单位应定期监测、检测和评估本行政区域内饮用水水源、供水厂出水和用户水龙头水质等饮水安全状况，地级城市自 2016 年起每季度、县级自 2018 年起要向社会公开城市饮水安全状况信息。

3. 加快推进饮用水水源地污染整治

在饮用水水源保护区内，禁止设置排污口，依法拆除或关闭饮用水水源一级、二级保护区已建成的与供水设施和保护水源无关的建设项目，强化饮用水水源保护区内网箱养殖取缔工作。加大工作力度，强化湘江长沙综合枢纽工程库区污染整治。

4. 建设饮用水水源预警与应急体系

建立饮用水水源地风险评估机制，定期开展风险评估，加强防范环境风险。流域内各市、县市区人民政府要制定饮用水水源污染应急预案，建立污染来源预警、水质安全应急处理和水厂应急处理三位一体的应急保障体系，提高环境风险应急处置能力。

5. 加强水质较好水体保护

对已纳入国家《水质较好湖泊生态环境保护总体规划（2013～2020 年）》的湖库，

加大生态保护和污染治理力度，确保水体水质保持稳定或持续改善。到2017年底前，完成东江湖、水府庙生态环境保护总体方案整治内容；到2018年，完成铁山水库生态环境保护总体方案整治内容，流域内其他湖库启动整治工作。

（八）加强不达标水体整治

1. 整治城市黑臭水体

流域内地级城市建成区要根据水体排查结果，及时公布黑臭水体名称、责任人及达标期限。采取控源截污、垃圾清理、清淤疏浚、生态修复等措施，加大黑臭水体治理力度，每半年向社会公布治理情况。到2017年底前，长沙市建成区基本消除黑臭水体。

2. 加强重点支流的污染整治

根据目前水环境状况，对达不到Ⅲ类水质标准要求的流域开展环境综合整治，制定不达标水体污染综合整治方案。到2018年底前，基本完成蒸水、涟水、浏阳河、捞刀河等重点支流的污染整治。

3. 防治地下水污染

有计划地开展地下水资源调查评估，定期开展集中式地下水型饮用水水源补给区等区域环境状况调查评估。石化生产存贮销售企业和工业园区、矿山开采区、垃圾填埋场等区域要进行必要的防渗处理。到2017年底前，加油站地下油罐要全部更新为双层罐或完成防渗池设置。报废矿井、取水井实施封井回填。制订地下水污染场地清单，积极推进地下水污染修复治理试点工作。

（九）深入推进重点区域污染综合整治

按照"一区一策"的原则，深入推进株洲市清水塘、郴州市三十六湾、娄底市锡矿山、衡阳市水口山和湘潭市竹埠港等重点区域污染集中整治，到2018年底前，基本完成整治任务。

1. 株洲市清水塘

基本完成规划内污染企业搬迁、关停，开展遗留污染治理，完成环境污染第三方治理试点目标。

2. 郴州市三十六湾

科学论证矿产开采规模和布局，加快推进退矿复绿，深化矿区源头和矿山尾砂污染治理，推进甘溪河、陶家河等流域污染治理，建立健全环境污染风险防控体系，消除环境安全隐患。

3. 娄底市锡矿山

基本完成历史遗留废渣治理，进一步优化产业结构调整和企业污染防治设施升级改造，加大资源整合力度，提高资源综合利用水平，加强生态修复，确保青丰河、涟溪河锑浓度大幅削减，水质标准达到Ⅲ类，有效改善区域生态水平和水环境质量。

4. 衡阳市水口山

将合江套区域纳入水口山重点区域范围，基本完成水口山区域产业结构调整和历史遗留污染治理任务，完成企业周边规划内居民搬迁，全面依法关停搬迁合江套区域的污染企业。加大环境基础设施建设力度，完成水口山有色金属产业园区的循环化改造，实施区域污染场地治理修复。

5. 湘潭市竹埠港

完成企业关停后的污染场地修复和治理，推进退出场地相关建设规划的实施，完成环境污染第三方治理试点目标。

（十）加强生态保护

1. 加强森林生态系统建设与保护

以国家、省级重点生态功能区为重点，大力开展植树造林，推进退耕还林、封山育林、水土保持、矿山植被修复等生态工程，不断扩大森林面积，稳定高水平森林覆盖率，提高水源涵养能力。深入推进生态红线试点工作，突出抓好生态公益林管护。

2. 加大湿地保护力度

加强对自然湿地和重要人工湿地资源的保护，禁止湿地无序开发，遏制湿地退化趋势，已侵占自然湿地等水源涵养空间的要限期予以恢复。加强滨河（湖）带生态建设，利用现有沟、塘、窖等，配置水生植物群落、格栅和透水坝，建设生态沟渠、污水净化塘、地表径流集蓄池等设施，提高水体岸边生态水平和污染物的自然降解能力。

3. 加强小流域治理

在湘江干支流源头区，饮用水水源保护区等重点区域，因地制宜推进小流域综合治理试点，以封育保护和生态修复为主，以综合治理为辅，以治理促保护，控制水土流失，构筑生态屏障。

4. 促进江河湖库水系连通

大力开展水生态文明示范建设，推进长沙市、株洲市、郴州市等国家级水生态文明城市试点，启动省级城乡水生态文明示范建设。以水资源紧缺、水生态脆弱和水环境恶化等地区为重点，着力解决水系复杂、河湖萎缩、蓄滞洪水能力降低等问题，逐步构建流域布局合理、生态良好、引排得当、蓄泄兼筹、丰枯调剂、多源互补、调控自如的江河湖库水系连通体系。

四 保障措施

（一）加强组织领导，落实责任分工

湘江保护和治理委员会负责组织和监督指导全省湘江保护和治理工作，定期研究解决相关问题。流域内各市、县市区人民政府是方案实施的责任主体，要把湘江保护和治理纳入本地区经济社会发展规划，不断完善政策措施，加大资金投入，确保全面完成各项任务。湘江流域8市人民政府要制定实施方案和年度工作计划，将目标任务分解落实到辖区内县市区。省直有关部门要按照职责分工对湘江保护和治理工作进行指导协调、监督检查和推动落实。

（二）严格目标考核，实施责任追究

科学划分水污染控制单元，明确水质保护目标和水资源使用总量，强化目标管理。湘江保护和治理委员会与流域8市人民政府及省直相关部门签订目标责任书，逐年分解落实工作任务，并严格监督考核。按照考核办法，对完成任务好的，予以奖励；对未完成任务，水环境质量持续恶化、出现水污染事故、超过用水总量的，要约谈相关地方人民政府及其有关部门的负责人，并依法依规依纪追究有关单位和人员的责任。

（三）加大执法力度，严格监督管理

在湘江流域内落实行政执法责任制，加强流域内各市、县市区人民政府和各有关部门环保工作的综合监督，根据国家有关规定建立完善省以下环保机构监测监察执法垂直管理制度；建立流域水行政执法控制体系，在上游永州、中游衡阳、下游长沙建立执法控制点，加强三地水政执法能力建设，实现跨行政区域联合执法。强化环保、水利、公安、监察等部门和单位协作，健全行政执法与刑事司法衔接配合机制，完善案件移送、受理、立案、通报等规定。深入推进环境保护大检查，全面实施网格化环境监管和精细化管理，深化污染物排放总量控制制度，加强排污许可证管理，认真落实按日计罚、查封扣押、行政拘留等处罚措施，严厉打击环境违法行为，加大典型环境违法行为的曝光力度，严格落实排污单位的主体责任。

（四）发挥市场激励机制，加大资金投入力度

依法落实环境保护、节能节水、资源综合利用等方面的税收优惠政策，完善污水、垃圾收集及处理收费政策，深入推进生态补偿、排污权有偿使用和交易、绿色信贷、能

效及节水环保"领跑者"制度等政策措施。加快建立"政府引导、地方为主、市场运作、社会参与"的多元化筹资机制，积极争取国家资金支持，建立完善湘江保护和治理投入保障机制。在加大各级政府投入，有效整合城市建设、环保、农业、水利建设、地质环境灾害综合防治等方面资金的同时，采取设立环保产业基金、推行环境绩效合同服务、授予开发经营权益等方式，积极推进 PPP 模式和环境污染第三方治理，鼓励社会资本加大对湘江保护和治理工作的投入。

（五）加强监管能力建设，提升科技支撑水平

进一步完善水环境质量监测体系，强化部门信息共享，加强城镇集中式饮水水源、市及县市区际跨界水体监测断面（点位）的自动监测能力建设，建立水环境承载能力监测评价和预警体系。加强风险防范和控制能力建设，流域内各市、县市区人民政府要制定和完善水污染事故应急处置方案，并定期组织演练。进一步整合优势科研力量，积极支持建设一批环保工程中心、实验室，加大对重金属污染治理、生活污水垃圾处理处置等领域的先进技术工艺及装备开发、示范和推广力度，加快发展环保服务业，培育壮大环保产业。

（六）加强信息公开，推动公众参与

定期公布流域内各市、县市区的水环境质量状况和排名，全面推进企业环境行为信用等级评价工作，依法推动企业向全社会公开相关环境信息，切实保障公众的知情权、监督权。建立完善部门与公众良性互动机制，充分发挥环保组织和志愿者的监督作用，健全举报制度，充分利用"12369"环保举报热线和网络平台，限期办理群众举报投诉问题。加强宣传教育和绿色创建，定期开展游泳、钓鱼、摄影比赛等宣传推广活动，逐步树立"节水洁水，人人有责"的行为准则，推动公众践行文明、节约、绿色的消费方式和生活习惯。

湖南湘江新区发展规划（2016～2025年）*

前　言

　　建设好湖南湘江新区（以下简称"湘江新区"），对于促进中部地区崛起、推进长江经济带建设、加快内陆地区开放发展具有重要意义。根据《国务院关于同意设立湖南湘江新区的批复》（国函〔2015〕66号）、《国家发改委关于印发〈湖南湘江新区总体方案〉的通知》（发改地区〔2015〕924号），制定本规划。

　　湖南湘江新区核心区域面积约490平方公里，包括岳麓区岳麓街道、望月湖街道、橘子洲街道、银盆岭街道、观沙岭街道、望城坡街道、西湖街道、咸嘉湖街道、望岳街道、梅溪湖街道、坪塘街道、含浦街道、天顶街道、洋湖街道、学士街道等15个街道，望城区高塘岭街道、乌山街道、白沙洲街道、大泽湖街道、月亮岛街道、金山桥街道、黄金园街道、雷锋街道等8个街道，宁乡县金州镇等1个乡镇，覆盖长沙高新技术产业开发区、宁乡经济技术开发区和望城经济技术开发区等3个国家级园区和宁乡高新区、岳麓工业集中区等2个省级园区。

　　规划范围涵盖长沙市岳麓区全境，高新区全境（含代管的岳麓区麓谷街道、望城区雷锋街道），望城区白箬铺镇、乌山街道、高塘岭街道、白沙洲街道、大泽湖街道、月亮岛街道、金山桥街道、黄金园街道等8个街镇，宁乡县玉潭镇、夏铎铺镇、金州镇、历经铺乡、城郊乡等5个街镇，面积约1200平方公里。

　　本规划期限为2016～2025年。

　　本规划按照经济社会发展规划、城乡规划、土地利用规划、生态环境保护规划"多规合一"的理念编制，经法定程序审批通过后，是指导湘江新区当前和今后一个时期改革发展建设的行动纲领和编制相关专项规划的重要依据。

　　* 此规划于2016年4月22日为湖南省人民政府批复，在收入本书时有删节。

第一章 发展基础和战略意义

湘江新区发展基础良好、战略地位突出，在引领推动全国改革开放、带动区域经济发展方面发挥着重要的独特作用，对深入实施国家区域发展总体战略具有重大意义。

第一节 发展基础

一 区位优势明显

湘江新区处于国家城镇化"两横三纵"战略格局长江横轴和京广－京哈纵轴的结合点，位于东部沿海地区和中西部地区过渡带、长江开放经济带和沿海开放经济带结合部（以下简称"一带一部"）。

随着渝长厦高铁、京港澳高速复线等重大交通项目的建成，新区将成为丝绸之路经济带、21世纪海上丝绸之路（以下简称"一带一路"）和长江经济带联动发展的重要互通节点，成为辐射中西部、连接东南亚的桥头堡。

二 创新优势集中

新区是国家重要的海外高层次人才创新创业基地和中南地区科技创新中心。

高校资源密集，现有国家重点大学3所，两院院士40余名；科研机构汇集，拥有国家超级计算长沙中心等120余个国家级技术创新平台、40多家部（省）属科研机构；创新园区聚集，作为国家自主创新示范区，长沙高新区科技创新实力位居全国高新区前十强。

三 产业优势明显

新区综合交通网络体系基本形成，水利、能源、信息等基础设施保障有力；拥有3个国家级园区和2个省级园区，形成了装备制造、电子信息等优势产业集群，是中部地区重要的战略性新兴产业基地和先进制造业基地；现代服务业平台初具规模，重大服务业项目加速聚集，具备了大规模集聚人口和产业的基础条件。

近5年来，湘江新区保持了13%的年均经济增速，经济总量占全市的30%、全省的8%。

四 生态优势突出

新区资源环境承载能力较强，生态条件良好，人居环境优美，拥有水域面积80平方公里，山体面积 300 平方公里，农田 200 平方公里，拥有岳麓山、洋湖湿地、金州湖等大批生态景观资源，是长株潭城市群资源节约型和环境友好型社会（以下简称"两型社会"）建设综合配套改革试验区的核心示范区。

第二节　战略意义

一　有利于建设长沙区域性中心城市

湘江新区是长沙城市品质提升和产业转型升级的主阵地。

综合考虑生活、生产、游憩三个维度，推动现代服务业与先进制造业双轮驱动，新型工业化和新型城市化良性互动，努力实现现代产业、现代生活、现代都市三位一体协调发展，提升城市综合实力和国际竞争力，构建产城融合、城乡一体的新型城镇化示范区，有利于充分发挥长沙"一带一部"核心区优势，为实现跨江发展、双核驱动增添强劲动力，推动长沙加快建设具有国际品质和湖湘文化标识的现代化中心城市和国际化大都市。

二　有利于提升长株潭城市群发展新优势

湘江新区作为长株潭自主创新示范区和"两型社会"综合配套改革试验区的核心平台，有利于发挥先行先试政策优势、人才科技创新优势和自然环境生态优势，实现优势叠加、政策共享、功能互补、统筹推进，推动长株潭城市群建设成为人口规模大、技术水平高、服务功能强、基础设施发达、"两型"特色突出的国家级城市群。

三　有利于打造长江中游地区核心增长极

湘江新区作为促进中部崛起、推动长江中游发展的核心引擎和建设富饶美丽幸福新湖南的前沿阵地，积极探索创新、协调、绿色、开放、共享发展的新路径和新模式，推动形成错位定位、层次分明、协作有序的区域发展格局，打造长江中游城市群核心增长极。

四　有利于构筑内陆开放型经济新高地

主动顺应国家实施"一带一路"、推动东西双向开放和沿海沿江沿边全面开放的战略，积极融入横贯东西、辐射南北、通江达海、经济高效、生态良好的长江经济带，建设综合性开放平台、推进基础设施互联互通、构筑大通关体系，实现企业、人才、技术、资金和产品"引进来"与"走出去"，在更高层次更广领域聚集发展要素，把新区打造成为中部地区外商投资首选地、长江经济带内陆开放高地。

第二章 总体要求和发展目标

第一节 指导思想

高举中国特色社会主义伟大旗帜，全面贯彻党的十八大、十八届三中、四中、五中全会精神，深入贯彻习近平总书记系列重要讲话精神，坚持"四个全面"战略布局和"五化同步"发展要求，贯彻创新、协调、绿色、开放、共享发展新理念，坚持发展第一要务，坚持以提高经济发展质量和效益为中心，突出新型工业化和新型城镇化融合发展重大主题，做大经济总量、提升发展质量、提高人均均量，加快打造区域发展新增长极、转型发展新引擎、内陆开放新高地、创新创业新平台和宜居宜业新家园，努力打造引领新常态践行新理念的先行区和示范区，着力建设全面建成小康社会、建设富饶美丽幸福新湖南的重要引擎，展示国家级新区创新活力和奋进风采，争当国家级新区建设的排头兵，在带动湖南省经济社会发展、促进中部地区崛起和长江经济带建设中发挥更大作用。

第二节 基本原则

一 改革示范、创新发展

坚持先行先试、创新驱动，在重点领域和关键环节进行改革探索，更加注重供给侧结构性改革，实现科技创新、制度创新、管理创新、开放创新、文化创新有机统一和协同发展，将新区的生态优势、创新优势、科教优势和产业优势转化为核心竞争力，同步实现增速换挡、动力转换和结构优化，创造可复制、可推广的创新模式和改革经验。

二 产业支撑、协调发展

发挥产业倍增对城乡品质倍升和收入倍加的引领作用，突出产业优化升级的主攻方向，强化先进制造业的重点支撑作用，实现先进制造业与现代服务业双轮驱动，补齐补强结构性、功能性发展短板，促进长沙东西互动协调发展，促进城乡区域协调发展，促进经济社会协调发展，促进新型工业化、信息化、新型城镇化、农业现代化、绿色化同步发展，不断增强发展的整体性。

三　生态优先、绿色发展

坚持节约资源和保护环境的基本国策，坚持可持续发展，坚定走生产发展、生活富裕、生态良好的文明发展道路，深入推进"两型"社会建设，充分融入山水洲城特质和湖湘文化特色，促进资源节约集约利用及人与自然和谐相处，实现生态文明建设与经济社会发展良性互动。

四　品质提升、共享发展

坚持发展为了人民、发展依靠人民、发展成果由人民共享，充分调动人民积极性、主动性、创造性，增强发展动力。

突出以人为核心的新型城镇化，全方位展示都市新城的品质品位、气质气派、特点特色，提升城乡居民生活水平，使全体人民在共建共享发展中有更多获得感和幸福感。

五　区域联动、开放发展

全面对接"一带一路"和长江经济带发展战略，推动国家级新区、自主创新示范区和"两型社会"综合配套改革试验区功能叠加，辐射带动新区与周边区域联动发展。

坚持内外需协调、进出口平衡、引进来和走出去并重、引资和引技引智并举，发展更高层次的开放型经济，打造长江经济带内陆开放高地。

六　规划引领、科学开发

按照土地利用总体规划、城乡规划和新区总体方案要求，落实新区发展总体规划和相关专项规划，明确新区发展的战略目标、空间布局和重点任务，坚持科学的开发方向、合理的推进时序和严格的管控措施，彰显新区的发展实力、国际水准、一流品质和湖湘特色。

第三节　战略定位

一　高端制造研发转化基地和创新创意产业集聚区

充分发挥新区内国家级技术创新平台和国家级园区的科技资源优势，以体制机制创新为突破口，发挥市场在资源配置中的决定性作用和企业的市场主体作用，提升综合效能，推进创新创意和资本紧密结合，推动产业承接发展和转型升级，促进科技创新成果加速转化，形成重要的战略性新兴产业基地和创新创意发展新高地。

二 产城融合、城乡一体的新型城镇化示范区

坚持以人为本，率先开展农业转移人口市民化、城镇化投融资机制、农村宅基地制度、集体经营性建设用地管理、农业设施用地管理等方面的改革探索，促进城市新区与工业园区融合发展，打造宜居宜业、功能完善、产城融合、活力充沛、生态宜居的现代化智慧新城，为国家推进新型城镇化建设探索路径、提供示范，高标准把湘江新区打造成为国家新型城镇化综合试点示范区。

三 全国"两型"社会建设引领区

牢固树立"尊重自然、顺应自然、保护自然"、"发展和保护相统一"和"绿水青山就是金山银山"的理念，深入推进"两型"社会建设综合配套改革，把生态文明融入新区改革发展建设的全过程和各方面，健全生态文明制度体系、优化空间开发格局、发展绿色产业、推广绿色建设、倡导绿色生活、弘扬生态文化，促进资源节约利用和环境质量持续优化，实现生态文明建设与经济社会发展良性互动、人与自然和谐相处，在绿色发展、循环发展、低碳发展方面发挥示范引领作用。

四 长江经济带内陆开放高地

抢抓国家"一带一路"和长江经济带建设的战略机遇，充分发挥区位优势，加强区内港口与沿江各大港口的有机联动，加快与周边地区基础设施互联互通，构建区域大通关体系，打造通江达海、对接国内外的综合性开放平台。

第四节 发展目标

按照"三年出形象，五年成规模，十年树标杆"的要求，湘江新区发展的阶段性目标为：到 2018 年，新区地区生产总值年均增长 11% 左右、固定资产投资年均增长 20% 左右、高新技术产业增加值年均增长 18% 左右、城镇化率达 86% 左右、研发经费投入占国内生产总值比重提高到 2.5%、科技进步贡献率达到 61%，承载能力稳步提升，经济实力显著增强，现代产业体系基本构建，品质新城日益凸显，生态环境持续改善，改革开放取得突破，展现宜居宜业、精致精美的城乡新形象。

到 2020 年，新区地区生产总值年均增长 11% 左右、固定资产投资年均增长 20% 左右、高新技术产业增加值年均增长 18% 左右、城镇化率达 87% 左右、研发经费投入占国内生产总值比重提高到 2.8%、科技进步贡献率达到 66%，承载能力显著提升，经济总量和城乡居民人均收入相对 2010 年增长 3 倍，产业结构明显优化，城乡品质实现倍升，体

制机制更趋完善，完成长株潭综合配套改革试验区改革任务，重点领域改革实现突破，对外开放格局基本形成，国际化都市和现代化品质新城形成规模，率先迈向基本现代化。

到2025年，新区地区生产总值年均增长10%左右、固定资产投资年均增长18%左右、高新技术产业增加值年均增长18%左右、城镇化率达89%左右、研发经费投入占国内生产总值比重提高到3.3%、科技进步贡献率达到75%，承载能力全面形成，综合实力大幅提升，城乡统筹融合共进，现代产业体系日益健全，辐射带动作用显著增强，对外开放高地全面形成，创新驱动发展和全面深化改革格局全面形成，成为带动湖南省和长江中游地区经济社会发展的重要引擎、长江经济带建设重要支撑点、全国"两型"社会建设先行区，树立全国新型工业化和新型城镇化融合发展的标杆。

第三章　构建高端产业新体系

围绕产业集约化、集聚化、集成化，突出高端、智能、融合发展，按照"主动减量、优化存量、引导增量"的要求，积极培育新产品、新技术、新业态，减少无效和低端供给，扩大有效和中高端供给，实现先进制造业与现代服务业双轮驱动，农业与二、三产业融合发展，扩大有效需求与提升有效供给两端发力，强力推动经济增长保持中高速、产业发展迈向中高端，着力构建以制造业为主体、现代服务业为支撑、现代农业为基础的现代产业体系。

落实"中国制造2025"和"互联网+"计划，加快信息化与工业化深度融合，促进服务业优质高效发展，支持战略性新兴产业加快发展，推动传统产业优化升级，着力发展北斗导航、航空航天装备、3D打印、机器人等一批有优势、有潜力的未来产业，构建梯次发展的产业结构和新一轮产业竞争的先发优势。

建设国家新材料、智能装备、智能终端、节能环保、生物医药、文化创意等产业区域中心，培育一批国际化企业集团、打造一批区域性领军企业、扶持一批创新型小微企业，提升产品质量和品牌塑造，创新拓展营销渠道方式，鼓励推进国际产能合作，打造集研发、生产、销售、服务于一体的综合性产业链条。

第一节　提升产业空间布局

构建"两走廊、三轴、五基地"的产业发展空间布局。

一　两走廊——湘江西岸现代服务业发展主轴

以湘江西岸岸线为主轴，提升大王山旅游度假区、洋湖总部经济区、岳麓山风景名胜区、滨江金融商务区、麓谷高技术服务区规划建设品质，建设望城滨水新城，加快形成具有国际品质、湖湘特质的金融总部经济区、区校合作示范区、现代都市滨水区和文化旅游目的地，向南辐射湘中、湘南地区，向北带动洞庭湖生态经济区，引领带动长株潭城市群现代服务业发展。

——319国道战略性新兴产业走廊。

依托长沙高新区、宁乡经开区、望城经开区等国家级园区和宁乡高新区、岳麓工业集中区等省级园区，加强产业布局联动、基础设施互通和公共平台共享，重点发展先进装备制造（智能制造）、新能源与节能环保、新一代信息技术、新材料、生物医药等产业集群，向东对接长沙主城区、长沙县和浏阳市，向西辐射带动益阳等经济发展腹地，打造国内领先、国际先进的战略性新兴产业走廊。

二　三轴——岳长潭产业功能轴

沿岳长潭城际铁路打通南北区域联系，沿线串联望城高星组团、岳麓中心城区、坪浦组团，构筑产城融合、创新驱动、智造引领的综合性发展轴。

——北部发展次轴。

沿望京大道形成联动高星组团、宁乡组团，打造联动城乡、交通便捷的开放型发展轴。

——南部产业发展次轴。

沿长韶娄高速–莲坪大道形成联系坪浦组团，辐射道林镇、花明楼镇等周边区域，按照符合长株潭生态绿心规划和绿心保护条例的要求，形成人文彰显、生态优美的绿色化发展轴。

三　五基地——自主创新引领基地

以长沙高新区为核心，辐射带动岳麓山大学城、岳麓工业集中区、宁乡高新区、沩东新城等区域，促进科技、教育与产业的协同发展，加快建设各类人才创新创业、工作学习、生活游憩的优质平台，重点发展研发、设计、教育培训等生产性服务业。

——先进制造业发展基地。

充分发挥长沙高新区、宁乡经开区和望城经开区等国家级园区制造业规模优势，以工程机械、电子信息、航空航天、食品加工、有色新材、再制造等产业为重点，推动制造业向高端化、集成化发展。

——总部经济集聚基地。

依托区内优越的自然生态环境，高标准建设梅溪湖总部经济区、洋湖总部经济区、滨江金融商务区、金桥国际商务区和望城滨水新城，强化商务商贸、教育医疗、文化娱乐等配套服务，培育发展电子商务、文化创意、移动互联网、服务外包、科技服务等新兴服务业，着力吸引国内外企业总部以及研发中心、营销中心、结算中心集聚落户，打造国际化、智能型总部经济基地。

——生态旅游休闲基地。

推进岳麓山风景名胜区、大王山旅游度假区、乌山森林公园、凤凰山森林公园、洋湖湿地公园、金州湖湿地公园建设和莲花山、桃花岭、象鼻窝等生态资源保护与开发，重点发展旅游度假、医疗健康、体育健身、养老服务等产业，打造完整的旅游休闲产业链，建设生态旅游休闲目的地。

——现代都市农业示范基地。

加快望城农业科技园、宁乡县农业科技园、岳麓都市农业带等特色农业功能区和特色村镇建设，推进现代农业适度规模经营，重点发展有机农业、高效农业、观光农业和都市休闲农业，打造融生产性、休闲性和生态性于一体的都市农业示范基地。

第二节　培育全国领先的先进制造业产业集群

支持新材料、先进装备和智能制造、新能源与节能环保、信息技术、生物技术等新兴产业发展，支持食品、轻纺、家电等传统产业优化升级，引导制造业朝着分工细化、协作紧密方向发展。

发挥企业的主体地位和资本的整合功能，坚持引进消化吸收再创新，通过新材料、新模式、新工艺、新技术创新发展提升传统优势产业；发挥智能制造在推进制造业转型升级发展中的统领作用，促进信息技术向市场、设计、生产等环节渗透，推动生产方式向柔性、智能、精细转变，实现生产过程自动化、流程管理数字化、企业信息网络化、智能制造云端化，推进制造业的高端化发展。

一　新材料产业集群

依托长沙高新区国家新材料成果转化及产业化基地、宁乡高新区国家级节能环保新材料高新技术产业化基地、望城经开区国家有色金属新材料精深加工高新技术产业化基地和重点企业，重点发展动力电池及材料、金属新材料、高性能复合材料，布局发展石墨烯、纳米材料、生物材料、智能材料等前沿材料领域，打造储能材料产业链、有色金属材料产业链、碳材料产业链、精细化工材料产业链和磁性材料产业链，形成我国中西部地区新型材料产业集聚的重要基地。

到2025年，新材料产业集群产值达3000亿元。

二　先进装备和智能制造产业集群

依托长沙高新区智能制造产业园、中联重科工业园、宁乡经开区先进装备制造产业园、智能家电产业园、望城智能交通产业园等专业园区和重点企业，提升工程机械、电力设备等传统优势产业，培育发展航空航天装备、智能家电、智能电网装备、高档数控机床、海工装备、物流装备产业，将 3D 打印设备、智能机器人系统集成和本体制造、工业和服务机器人产业做出特色，打造一批生产过程和生产产品智能化领军企业。

到 2025 年，先进装备和智能制造产业集群产值达到 2500 亿元。

三　新能源与节能环保产业集群

依托长沙高新区、宁乡经开区、岳麓工业集中区、宁乡高新区节能环保产业园和新能源产业园等专业园区和重点企业，在巩固绿色建筑、太阳能光伏等全产业链的基础上，做大做优环保技术、节能装备、装配式住宅、锂离子电池等特色产业。

到 2025 年，新能源与节能环保产业集群产值达到 600 亿元。

四　新一代信息技术产业集群

依托长沙高新区移动互联网产业专业园、北斗导航应用产业集聚区、信息产业园和望城经开区电子信息产业园和中南大学科技产业化基地等专业园区、重点企业，加快电子信息产品核心基础零部件（元器件）、关键基础材料的研发生产，大力发展新一代电子信息技术设备制造业，做大做强卫星技术及应用、集成电路、信息通信设备、数据库、办公软件、操作系统、中间件及工业软件产业。

到 2025 年，新一代信息技术（电子信息）产业集群收入达 1000 亿元。

五　生物医药产业集群

依托长沙高新区生物医药产业专业园、岳麓工业集中区生物基因检测专业园、宁乡经开区医疗机械专业园和重点企业，在发挥制药产业、高性能医疗机械产业优势的同时，大力发展生物疫苗、诊断试剂、基因工程药物、现代中药、化学制药、医药商业等产业。

到 2025 年，生物医药产业集群产值达 600 亿元。

六　食品轻纺家电产业集群

依托宁乡经开区丝绸之路特色食品加工产业园、妇孕婴童用品产业园、望城经开区食品加工产业园（高科技食品加工基地）、宁乡高新区高端纺织服装、印刷包装产业园等特色园区，湖南大学设计艺术学院、中意设计创新中心等设计平台和重点企业，做精做优做特农副食品加工业、纺织服装业、智能家电业，酒、饮料和精制茶制造业，发展功能食品营养保健品和特殊功用服装。

提升产品质量，培育优势品质，创新营销方式，拓展市场空间。

到2025年，食品轻纺家电等轻工产业集群产值达1200亿元。

第三节　打造辐射中西部现代服务业集聚中心

加快发展现代服务业，放宽市场准入，适应新型工业化和居民消费结构升级的新形势，促进服务业优质高效发展，推动生产性服务业向专业化和价值链高端延伸、生活性服务业向精细和高品质转变，推动制造业由生产型向生产服务型转变，促进现代制造业与服务业有机融合、互动发展。

一　建设医疗健康中心

重点依托湘江新区国际医疗健康城、沩东新城生态养老健康城，引入和集聚国内外高端医疗资源、一流医疗机构和先进管理模式，集聚一大批综合性医院和特色专科医院，引进国内外知名医疗管理品牌，设立医疗服务、医学研发、康复疗养、总部商务、综合配套等五大功能板块，抢占基因检测、分级诊断等技术和产业制高点，打造"医、养、研、商、游"全生命健康服务产业链，形成面向东南亚、服务中西部的国际高端专科医疗、医学中心。

二　建设商贸物流中心

推动商业优化升级和物流融合发展。

以滨江新城商务区、梅溪湖中央商务区和金星大道现代先进服务业街区为核心打造湘江新区中央商务区（CBD）。

依托滨水新城高端服务业集聚区、斑马湖商贸集中区、麓谷商业中心和地铁上盖商圈，建设一批商业综合体、地标性商业设施，重点发展品牌商贸、高端餐饮、娱乐休闲、社区养老等生活性服务业，壮大法律、会计、咨询、评估等商务服务业，大力集聚国际国内知名品牌，建设都会级商业功能区；建设金桥物流中心、高星物流园和宁乡农产品物流基地、学士医药物流基地等重要物流节点，完善进口保税、出口监管、物流金融等现代物流服务功能，建设跨境电子商务综合试验园区和保税物流园，形成现代物流园、物流中心、配送中心、电子商务基地相结合的物流产业群，打造中部地区重要的物流配送中心。

到 2025 年，社会消费品零售总额达 1650 亿元，社会物流收入达 360 亿元以上。

三　建设区域金融中心

推动滨江新城金融商务区、长沙金融后援服务中心、高新区科技与金融创新示范园建设；积极引进新设各类金融机构，鼓励全国性、区域性金融机构和外资金融机构在新区设立分支机构，创造条件鼓励境内外金融机构在新区设立地区总部、后援中心和专营机构，支持财务公司、金融租赁公司和消费金融公司等非银行机构组建，丰富区域金融业态。

积极发展绿色金融，打造金星路绿色金融街区，推进绿色资产证券化，完善对节能低碳、生态环保项目的各类担保机制，鼓励金融机构通过信贷资产证券化盘活存量资金；推进各类金融要素体制机制深化改革，明确战略定位，发挥比较优势，满足新区多元化多层次金融需求；推动金融对外开放，支持符合条件的外资银行分支机构入驻新区，开展跨境人民币结算业务。

到 2025 年，金融业增加值达到 450 亿元。

第四节　建设独具特色的国家文化创新创意产业高地

顺应消费多元化、个性化导向，以配套基础设施和服务能力建设为重点，促进各类社会资源有效融合，大力发展文化旅游、创新创意等体验型、休闲型、创意型经济，创造新供给，释放新需求。

一　建设创新创意产业中心

以长沙高新区自主创新示范区为依托打造"中国创新谷"，以岳麓工业集中区、岳麓山大学城、香山教育城为重点打造泛岳麓山创新创意示范圈。

互联网产业，依托湖南移动互联网产业集聚区、中国联通长沙云数据中心成立长沙移动互联网产业技术研究院，依托长沙证通电子互联网大数据科技产业园、国防科大天河超级计算机和国家超级计算长沙中心，重点发展移动电子商务、物联网、云计算和大数据产业；软件产业，优化提升以长沙信息产业园为核心的软件产业公共技术服务平台，重点发展软件开发、信息与网络服务产业；设计产业，依托中南大学科技园研发总部、湖南大学设计艺术学院、中意设计创新中心、华曙研究院等创新研究院，重点发展工业设计、工程设计和展示设计产业；检验检测认证产业，依托湖南工业设计创新平台，建设中意技术转移湖南分中心等技术转移平台，重点发展计量检测技术、检测装备研发、检测认证产业。

服务外包产业，以高新区服务外包产业基地为重点，发展信息技术外包服务（ITO）、业务流程外包服务（BPO）和知识流程外包服务（KPO）产业。

到2025年，创新创意产业总收入年均增速15%以上，达到2600亿元以上。

二　建设文化产业中心

整合各类文化资源，依托长沙高新区麓谷国家动漫游戏产业基地、岳麓文化艺术产业基地、梅溪湖国际文化艺术中心，充分发挥中国湖南动漫公共技术服务平台等公共服务平台的作用，实施"名人、名园、名企、名品、名牌"建设工程，加快推进文化创意和设计服务与相关产业融合，推动创意设计、演绎娱乐、影视传媒、新闻出版、移动教育、动漫游戏等优势产业做大做强，吸引和聚集全球创意资源，建设具有中部地区特色的国家级文化和科技融合示范基地。

到2025年，文化产业增加值占地区生产总值比重达10%以上。

三　建设旅游度假中心

高起点高品质规划、建设、推出精品旅游线路、高端旅游景点和特色旅游产品，打造串联大王山旅游度假区－洋湖景区－岳麓山风景名胜区－汉王陵遗址公园－月亮岛－乔口渔都的湘江西岸黄金旅游经济产业带，重点发展以湘江欢乐城、美丽中国长沙文化产业园为核心的现代都市度假游，以岳麓山风景名胜区、汉王陵遗址公园、湘军文化园、香山风情小镇为重点的名胜山水游，以湘江古镇群为核心的休闲观光游，以雨敞坪－莲花、关山小镇、光明大观园为重点的乡村特色民宿游，打造辐射中西部地区的旅游度假目的地。

到2025年旅游业总收入达到1400亿元。

第五节　构建环长株潭现代都市农业示范基地

加强农业供给侧结构性改革，构建现代农业产业体系、生产体系和经营体系，提高农业质量效益和竞争力，推动种养加一体、三大产业融合发展，走产出高效、产品安全、资源节约和环境友好的农业现代化道路。

创建全国"两型"都市现代农业示范基地，在稳定粮食生产的同时，加大农业结构调整力度，重点发展特色水果、设施蔬菜、休闲渔业、观光农业等"两型"产业，充分发挥农业生态保障功能，提高农业生产效率。

到2025年，新区耕地保有量保持在26490公顷以上，其中一、二级耕地占80%以上，"三品一标"农产品占销售食用农产品70%以上，主要农产品监测合格率达到95%以上，农业产地环境质量合格率达到100%，农村居民人均可支配收入超过61000元，农业综合生产能力大幅提升。

一 建设望城农业科技园

以乌山、靖港等乡镇为核心节点，构建以农业科技研发、观光休闲农业、高效设施农业等功能于一体的现代农业产业带，带动长株潭地区及环洞庭湖经济区现代农业发展，建设国内一流的国家级农业科技园区。

二 建设宁乡农业科技园

建设以金州镇为核心的现代农业科技示范区，构建以农产品精深加工和高效种植、特色养殖、休闲观光为主导的产业格局，打造中部地区高效农业展示中心、农业科技应用推广中心、农产品加工物流中心，争创国家级农业科技园。

三 建设岳麓都市农业带

以"莲花慢谷"、"雨敞坪彩谷"、"学士智谷"、"含浦乡韵谷"、"高新区电商农业示范园"为核心，推动传统农业向科技种植、规模经营、生态休闲、观光旅游农业、电商农业转型，打造引领中部地区的都市农业示范带。

第四章　塑造品质城市新形象

推进以人为核心的新型城镇化，按照"生产空间集约高效、生活空间宜居适度、生态空间山清水秀"的要求，贯彻"适用、经济、绿色、美观"的建筑方针，坚持区域统筹、产城融合、城乡一体，提升城市规划建设管理水平，促进新城建设与旧城改造联动、精致城市与美丽乡村建设同步、城镇发展与产业支撑协调、就业转移与人口集聚统一，促进城市管理智能化、公共服务便捷化、人居环境生态化，提高城市空间利用率，改善城乡人居环境，实现城乡品质倍升。

第一节　提升城镇空间布局构建"一主、三副、多点"的城镇空间布局

一 一主——岳麓中心城区

由梅溪湖国际新城、麓谷科技新城、岳麓山大学城、滨江新城、市委市政府行政服务

区等 5 个功能区块组成，远期向西拓展白箬铺组团，沿湘江西岸及 319 国道进行布局，强化行政文化、现代商业、科技创新功能融合，建设现代化城市中心区、市级综合服务中心、中部创新服务中心，打造长沙"西中心"。

二 三个新城副中心

——北部高星副中心。

由望城高塘岭组团、滨水新城、望城经开区等 3 个功能区块组成，围绕湘江岸线进行布局，打造长岳一体化和内陆开放主阵地。

——西部宁乡副中心。

由宁乡玉潭组团、宁乡高新区、沩东新城、宁乡经开区等 4 个功能区块组成，沿金州大道两厢布局，构筑向西联动发展桥头堡。

——南部坪浦副中心。

由洋湖生态新城、大王山（观音港）旅游度假区、岳麓工业集中区等 3 个功能区块组成，沿靳江河景观带布局，打造长株潭融城突破口。

三 多点集约推动城郊镇发展，将雨敞坪、莲花、乌山等建设成为联动城乡、精致精美的卫星城镇

第二节 优化城市建设形态

一 优化城市总体规划

突出全球视野、国际水准，坚持城市建设用地、生态涵养用地、农业农村用地各占 1/3 的总体空间布局，打造便捷舒适的城市空间。

统筹新区与周边地区联动发展，按照"多规合一"和"精明增长"的要求，适度混合生产、生活、生态三种功能，实现城市建设、公共服务、生态保护三者有机融合，形成"蜂巢式、网格状"的城乡空间结构，避免产业空心化和人口隔离化，建设集约紧凑、疏密有致、环境优先的现代两型都市。

二 优化开发建设节奏

把握市场经济规律、自然生态规律和城市发展规律，用足城市存量空间，合理确定新区建设目标，科学编制新区建设规划体系。

按照核心圈层、规划圈层、辐射圈层功能互补的定位，优化新区城市总体功能定位，

打造宜居宜业、精致精美、人见人爱的城市品质。

按照整体规划、分步推进的原则，明确分期开发重点，"十三五"期间重点完善岳麓中心城区和南部坪埔组团的城市功能、引导产业集聚，推进北部高星组团和西部宁乡组团的基础设施建设。

三　优化功能片区控规

优化梅溪湖国际新城、大王山旅游度假区、滨江商务新城、洋湖生态新城、岳麓山风景名胜区、麓谷科技新城、金桥高铁站周边等核心片区控规，高标准编制望城滨水新城、宁乡沩东新城等拓展片区控规，提升产业用地比重，合理布局商住用地，留足生态用地空间，形成整体低密度、局部高效利用、景观廊道通透、天际线优美的城市形象。

四　优化节点城市设计

注重细节营造，将整体风格、气质、高度、体量、色调、植被等细节有机融合，强化城市空间秩序管理，提炼城市文化遗产基因，形成城市审美感与辨识度合一的独特城市形象。

加强湘江西岸、梅溪湖－雷锋湖城市中轴线、岳麓大道、东方红路两厢、出入城口等重点地段、重点区域城市设计和标志性建筑设计。

对北起湘江航电枢纽、南至学士路大桥的湘江西岸岸线区域统一规划设计，进行景观绿化、灯光亮化、建筑美化，保护和适度开发生态绿洲，打造具有国际品质和湖湘文化特质的现代化都市滨水景观区。

第三节　提升综合承载能力

一　完善内部路网体系

建设过江通道，新增人民路、桐梓坡路（湘雅路）、月亮岛路（冯蔡路）、学士路、丁白大桥等过江桥隧，促进城市东西联动发展；加强功能组团联系，建设潇湘大道、雷锋大道—麓景路—含浦大道、黄桥大道南延线等南北向快速化通道，岳宁大道—梅江路、长益高速宁乡以东段快速化通道，改造提升319国道、西二环辅道、桐梓坡路、咸嘉湖路，建设新学士路、长望路西延、莲坪大道、南横线等东西向道路，建设金花快速、历泉公路等外围联系道路，与长沙河东共同构建全市"环射＋棋盘"的高快路网格局和"两环、四横、六纵、十一射"的骨干路网框架；完善轨道交通体系，开展湖南湘江新区城市轨道交通大中运量一体化规划研究，建设机场轨道快线、地铁3、4、6号线、2号线西延线二期等轨道交通设施和中运量 T1、T6、T8 线等中运量公共交通设施，优化常规公交线路及站点，构建安全、便捷的公共交通换乘体系；完善城市路网微循环，大力实施疏堵工程，优化路网结构，提质主城区内部道路，增强服务配套功能；加强公共配套停车场建设，重点在轨道交通换乘站点、车站、医院、学校和道路街区等人流密集场所规划建设地下、地面或立体公共配套停车场；推进公交都市建设，贯彻公交优先发展理念，优先建设公交站场、公交专用道等公共交通设施；推进慢行交通体系建设，构建通畅、舒适的自行车道、步行道以及人行过街设施系统。

建成以大中运量轨道交通为骨干、常规公交、出租汽车为补充、自行车等慢行交通为延伸的公共交通格局。

二 完善城市市政体系

按照"适度超前"和"先规划后建设，先地下后地上"的要求，构筑功能完备、安全高效的绿色市政设施体系。

推进地下综合管廊建设，全面实现雨污分流和生活污水全处理，实现新建区供水、供气、电力、通信、广播电视、通讯、治污的综合覆盖，构筑集信息传递、能源输送、排涝减灾、废物排弃等于一体的城市"生命线"，打造梅溪湖综合管廊建设示范区；实施电力扩容工程，实现电力通道全面打通，提高供电的可靠性、安全性；推进气化新区工程，提高天然气覆盖范围，全面完成园区"煤改气"工作；建设水务提升工程，科学规划建设城市给排水、排截污管网体系和污水处理设施，结合城市湿地景观改造合理布局小型污水处理设施，扩容洋湖、岳麓等污水处理厂；推进海绵城市建设试点，加强雨水在本区域内的积存、渗透和净化，统筹自然降水、地表水和地下水的系统性，协调给水、排水等水循环利用各环节，推广中水回用，促进雨水资源的利用和生态环境保护；建设优质水源保障工程，研究城市供水后备水源建设；提升通信网络基础设施功能，加快建设光纤网络，大幅提升宽带网络速率。

统筹各类防灾设施和应急救援专业队伍建设，构建高效的防灾减灾公共体系。

到 2025 年，年均供电能力增加 13%，城区天然气入户率到达 100%，清洁能源利用率达 80%，中水回用率达到 30%。

三 提升公共服务体系

科学合理规划教育布局，高质量建设和完善教育基础设施，汇集名校名师资源，做大普惠式学前教育和优质义务教育、做特高中阶段教育、做优现代职业教育、支持高等教育发展，高标准实现区域教育现代化；建设象鼻窝、大王山、湘江新区综合体育中心，推动学校体育场所有序开放，大力推广校园足球和社会足球，形成运动活力之都；加大对医疗卫生事业的支持力度，提质现有综合性医疗机构，建立健全社区医疗、公共卫生、疾病预防控制、妇幼保健等多层次医疗卫生体系；推动政府投资兴建的各类公共服务设施向社会开放，整合基层宣传文化、党员教育、科学普及、体育健身、图书阅读等设施，建立综合性文化服务中心。

到 2025 年，实现小学 500 米服务半径、中学 1000 米服务半径覆盖率达到 100%，每 15 平方公里布局一所综合性医院或特色专科医院、每 5 平方公里拥有 1 处体育文化活动设施和老年人日间照料中心。

到 2017 年，新区核心区范围全面实现义务教育就近入学。

第四节　提升城市治理水平

一　建设智慧新区

以新一代（智慧）城域网为基础，构建基于物联网和互联网结合的大数据应用平台和云服务信息平台，完善信息基础设施，建设免费无线城市。

统筹物质资源、信息资源和智力资源综合利用，重点提升交通、社区、校园、水务、旅游、管理等领域的智慧化水平，打造湘江新区全域智慧城市综合运营管理平台，提升城市资源综合使用效益和城市管理服务水平。

推进梅溪湖、洋湖、滨江智慧城市建设。

二　建设文明新区

发挥雷锋故乡优势，拓展文化传播途径，打造爱心城市、书香城市、志愿者之城。

以构建区域整体文明为中心，按照功能互补、协调发展的原则，整体推进城乡文明一体，打造具有高效能的基础设施、高水平的管理体系、高质量的生活环境、高效率的合作分工、高品位的城乡文化、高素质的公民思想道德。

全方位开展文明单位创建工作，争创全国文明单位。

三　建设法治新区

改进社会治理，实现行业协会商会与行政机关全面脱钩，构建社会综合管理、治安综合治理、矛盾综合化解、人口综合调控的平台和机制；加强城市管理，坚持属地管理和共同投入机制，将政府购买物业服务和城管日常执法有机结合，建立项目"建全移交"的体制，实施分类分阶段处理的高效机制；创新社区服务模式，推进基层治理模式改革试点，形成以社会保障卡为核心的"一号式"社会管理方式，推广一站式社会服务平台和网格化管理，把社区建设成为管理有序、服务完善、文明祥和的社会生活共同体。

第五章 探索生态文明建设新路径

坚持绿色发展，深入推进"两型"社会建设，严守资源消耗上限、环境质量底线、生态保护红线，着力改善生态环境，实现生态文明建设与经济社会发展良性互动，将新区建设成为国家生态文明试验区。

梅溪湖国际新城、洋湖生态新城、大王山旅游度假区、望城滨水新城、宁乡沩东新城全面建成绿色生态示范城区。

第一节 优化生态安全结构

构建"一轴、三廊道、多节点"的生态安全格局，推动生态保护和建设。

（一）"一轴"是指湘江生态景观轴，突出水系的景观价值与旅游价值，建设滨河绿色廊道系统，确保重要景观河段滨江带与公共性道路的连通性。

（二）"三廊道"是指由北面的乌山——谷山廊道、南面的岳麓山——莲花山廊道以及通过基本农田——香山生态片联通南北的廊道组成的"工字型"生态廊道，加强森林生态系统的保护，增强与河流水系、保护区以及其他生态板块的连通性。

（三）"多节点"指区域内的林地、水库、湖泊、湿地、公园以及块状绿地等小型生态绿地斑块，增强城乡、建成区及廊道之间生态用地的连通性，提高区域生态系统稳定性，为居民提供休闲娱乐的场所。

第二节 优化国土空间开发格局

根据湘江新区资源禀赋、发展现状与潜力，合理划分优化开发、重点开发、限制开发和禁止开发四类主体功能区。

土地利用规划和其他各类专项规划均须按照主体功能区划的要求制定和实施。

一 优化开发区域

主要范围为岳麓区中心城区、望城区中心城区、宁乡县中心城区和长沙高新技术开发区、望城经济开发区、宁乡经济技术开发区、宁乡高新技术产业园区等区域，面积158.4平方公里。

区域内开发强度较高、人口密度较大、资源环境容量接近饱和、生态环境压力相对较大，此区域主要针对现有空间布局、产业结构、发展方式进行优化调整。

二 重点开发区域

主要范围为坪塘街道（长株潭生态绿心范围除外）、雷锋街道、白箬铺镇等街镇镇区和岳麓区、望城区、宁乡县中心城区外围区域，面积455.2平方公里。

重点开发区域主要应在开发过程中注重规划和保护，实现可持续发展。

三 限制开发区域

主要范围为基本农田保护区、禁止开发区的外围区域，面积386.9平方公里。

区域原则上以保护为主，但在作城市发展用地时需对其使用进行合理引导。

四 禁止开发区

主要范围为依法设立的各级各类自然文化资源保护区域及其他禁止进行工业化城镇化开发、需要特殊保护的重点生态功能区，面积199.5平方公里。

除重大基础设施建设项目之外，区域禁止一切建设活动，坚持生态保护和保育。

第三节 加强生态系统保护建设

一 划定生态保护红线

坚持保护优先、自然恢复为主，实施山水林田湖生态保护和修复工程，构建生态廊道和生物多样性保护网络。

根据土地利用总体规划和《长株潭城市群生态绿心地区总体规划》，制定《湖南湘江新区环境保护规划》，划定生态保护红线，实施生态功能分区控制，明确禁止开发区域、限制开发区域、生态保护区域；加强自然保护区、森林公园、湿地公园、风景名胜区、饮用水源保护区、水源涵养区、自然湿地、长株潭生态绿心、工字型生态廊道等重点区域的生态环境保护，推进生态用地可持续增长；严格保护永久性河流、重要水库、大型水塘、山地、林地及基本农田，形成山体、农田和建成区绿化隔离带三道绿色生态屏障。

对重要生态功能保护区实行严格保护下的适度利用和科学恢复，建成风廊、水廊、动物迁徙廊道等相结合的完善绿色生态网络，防止生态破坏和生态功能退化。

生态保护红线一级管控区，主要包括湘江新区内饮用水水源一级保护区、森林公园、风景名胜区的核心区、湿地公园，总面积约 120 平方公里，占湘江新区总面积的10%。

生态红线一级管控区内严禁一切与生态保护无关的开发建设活动。

生态保护红线二级管控区，主要包括基本农田保护区、重点生态公益林区、饮用水水源二级保护区、重要湿地，以及河流和交通道路生态廊道、公园绿地等，总面积约330 平方公里，占湘江新区总面积的 27%，生态红线二级管控区内严禁有损主导生态功能的开发建设活动，禁止建设产生污染的项目。

将生态红线保护纳入政府绩效考核，综合运用经济、法律、行政手段严守生态红线。

二 加强生态环境治理

深入实施"清霾、碧水、静音、净土"四大行动，着力构建天蓝、水碧、空气清新的环境新常态。

实施湘江流域治理，加快水生态保护，系统整治江河流域，统筹推进湘江干流及支流的截污治污、清淤疏浚、排水防涝、护岸防洪、生态修复等工程，加快建设城乡污水地下综合管廊和污染治理设施建设，实现污水"分类收集、无害处理、中水回用"。

加强大气污染防治，建立完善区域大气联防联控协作机制，全面退出"三高一低"行业，落实扬尘控制网格化管理，扩大高污染燃料禁燃区范围，落实汽车尾气排放控制目标。

实施重点大气工业污染源控制项目，重点加强挥发性有机物污染防治。

加强工业污水治理，实施污染物达标排放与排放总量控制定期考核和公布制度。

推进土壤、固废污染防治及生态修复，开展土壤污染治理与修复试点，实施原长沙市铬盐厂污染土壤等典型区域的治理、修复及风险控制。

建立垃圾分类收集体系，实现减量化、资源化、无害化目标。

深化农村环境综合整治，推进村庄生态化更新、农村垃圾、污水无害化处理和面源污染治理。

到 2025 年，水环境功能区水质达标率、集中式饮用水水源水达标率、建成区集中式污水处理率达到 100%，所有工业园区污水治理稳定达标，工业用水重复利用率达到90% 以上，空气质量优良率达到 80% 以上，建成区声环境质量全面达标。

三 改善生态景观品质

树立山水林田湖是一个生命共同体的理念，按照生态系统的整体性、系统性及其内在规律，统筹考虑自然生态各要素，进行整体保护、系统修复、综合治理，维护生态平衡，改善生态品质。

结合新区绿地、山体、水域现状，打造沿山沿江沿湖的生态开敞空间。

建设城市公园。

推进岳麓山风景名胜区综合整治工程，保护提质谷山、香山、莲花山、乌山、大王山森林公园，打造社区精品绿地公园。

建设环城绿带。

以自然生态资源为基础，以绿带建设为抓手，营造自然植物群落，塑造防护绿地特色景观带，打造城市防护绿地型景观标杆，串联生态廊道、森林公园、湿地公园及楔形绿地，形成集生态功能、旅游功能、文化休闲功能于一体的环城绿带。

建设水系景观。

建设梅溪湖、桐溪港、雷锋湖、金州湖、康宁湖、斑马湖等生态湖体，实施望城湖区水系综合治理，打造独具特色的都市湖泊水系景观，形成以湘江干流为主轴，湖泊湿地为节点，湘江支流为延展，湘江洲岛相点缀的滨水景观体系。

到2025年，新区森林覆盖率不低于35%，建成区绿地率不低于45%，生态用地比例不低于48%。

第四节　建设低碳节能示范新区

一　推广绿色建筑

出台鼓励和支持绿色建筑建设、消费的扶持政策，完善绿色建筑指标体系和技术导则。

将绿色建筑相关指标、星级要求等纳入立项审批、土地出让、规划设计、竣工验收、运营监管等环节实施全过程监管。

规划期内，新区范围内新建建筑的绿色建筑标准执行率达90%，二星级以上绿色建筑的占比达30%以上，其中单体面积2万平方米以上大型公共建筑和政府投资公益性公共建筑应达到二星级以上。

新建建筑设计和施工阶段节能标准执行率达到100%。

二　发展绿色交通

倡导步行交通、自行车交通、常规公共交通和轨道交通等出行方式，推动实现区域"绿色交通"全覆盖。

鼓励和推广双能源汽车、天然气汽车、电动汽车、氢气动力车、太阳能汽车等绿色节能交通工具。

加快轨道交通、绿道建设，实现以功能片区为单位轨道交通和慢行交通系统全覆盖。

加快绿道建设，在新区形成自行车、步行慢行交通系统，创造绿色出行的基础设施条件。

到 2025 年，公共交通出行占比达 40%，绿色公共交通出行比例占公共交通出行总量的 70%。

三 发展绿色能源

推广分布式区域能源站，建设梅溪湖、滨江、洋湖、大王山分布式能源项目，提高天然气、太阳能、水源热泵、生物质发电等清洁能源利用比例；全面推进工业企业入园，鼓励建设集中供能住宅小区，通过热电联产提供生产性、生活性集中供热、供冷；实行能源消费总量与强度双控制目标管理，推进投资项目节能评估和审查，从源头上控制能源消费增量、降低单位产值能耗。

到 2025 年，工业园区单位工业用地产值超过 75 亿元，单位 GDP 能耗在 0.38 吨标准煤/万元。

四 优化能源结构

实施一批落后产能淘汰项目，限期退出湖南坪塘南方水泥有限公司等污染企业；扩大、落实"禁燃区"范围，将原二环线内的"禁燃区"进一步扩大到岳麓区全区（含高新区），望城区的高塘岭街道、大泽湖街道、白沙洲街道、月亮岛街道、金山桥街道、黄金园街道等街道；禁燃区内禁止新建任何燃煤设施，全面使用清洁能源。

开展集中供热项目建设，将集中供热的园区由宁乡经开区扩大到望城经开区等条件较成熟的工业园区；实施清洁能源改烧项目，在包括宁乡经开区、岳麓工业集中区等工业园区内全面推广清洁能源；鼓励工业园区研发新的应用技术或者是改进能源消耗设备来提高能源的使用效率，对能源消耗超过国家和省级规定的单位产品能耗限额标准的企业和单位，严格落实节能评估审查制度；在农村地区，推进农村生物质能技术，普及和推广先进的沼气技术，以及生物柴油等其他生物质能技术。

五 鼓励绿色消费

编制清洁低碳技术推广目录，加强商业和民用节能产品的推广应用，建立高效的垃圾分类回收利用体系，实施两型产品认定和两型产品政府采购制度，创建一批绿色低碳城镇、园区、企业和社区，鼓励消费者购买节能环保产品，加快推动生活方式向勤俭节约、绿色低碳、文明健康转变。

到 2025 年，新区生产销售产品两型产品认证比例达 80%。

六　开展两型示范创建

纵深开展社区、村庄、企业、学校、机关等领域的两型示范单位创建活动，加快两型综合示范片区建设，打造两型生产生活的集中展示区，形成在全国有影响的经验模式。

第五节　健全生态文明建设机制

一　建立健全自然资产产权制度和国土空间用途管制制度

组织开展自然资源生态空间的确权登记，理清自然资源所有者、使用者、管理者、保护者、受益者的责任与权利，形成归属清晰、权责明确、监管有效的自然资源资产产权制度。

将用途管制扩大到所有自然生态空间，严禁任意改变用途。

完善覆盖全部国土空间的监测系统。

二　健全环境资源交易机制

依托长沙市环境资源交易所，深化污染物排放量、碳汇等环境资源交易，通过市场机制"盘活"有限的环境容量，促进减排技术的升级，控制或降低整体的污染物排放量，实现社会污染总成本的最小化。

三　实行综合性生态补偿机制

完善生态保护成效与资金分配挂钩的激励约束机制，通过财政补偿、转移支付方式，针对长株潭生态绿心、工字型生态廊道和靳江河、龙王港及其支流流域两厢的涉农行政村，对因保护耕地、永久基本农田、林地等重要生态功能影响了经济发展的涉农行政村，实行"有奖有罚"的管控措施，调动当地政府的生态保护积极性。

四　建立完善第三方治理机制

探索实施环境污染第三方治理，完善合同能源管理方式，创新环境公用设施投资运营市场化机制，撬动社会资本参与"两型"社会建设，提高环境治理的质量和效率。

五 探索建立绿色绩效考核机制

严格实施流域水质目标管理和节能目标、环境空气质量改善目标管理，建立由经济发展、资源消耗、生态环境等指标构成的绿色发展评估指数体系，加大生态环保和低碳节能考核指标权重。

实行流域水质分段负责制和断面考核。

探索编制自然资源资产负债表和环境保护责任清单，对领导干部实行自然资源资产离任审计，建立完善生态环境损害责任终身追究制和环境污染事故责任追究制。

第六章　建设国家自主创新示范区

充分发挥科教与人才资源优势，推进体制机制创新，加快高新技术、高端设备、高级人才、创新企业、创新品牌和高水平服务等创新要素的培育和聚集，发展以技术、品牌、质量为核心的新产品、新产业和新市场，完善区域创新体系。

打造由麓谷创新谷、岳麓山大学城、岳麓工业集中区组成的"创新三角"，构建"生产集群—创新平台—城市服务与创新服务"三个层面的创新功能支撑体系，建设国家级专业化创新创意中心。

以长沙高新区为核心推进长株潭国家自主创新示范区建设，将湘江新区建设成为创新驱动发展的国家级新区典范和具有强大带动力的区域创新中心。

第一节　建设创新驱动发展引领区

一 积极推进"互联网＋"和"＋互联网"行动

以智慧新区建设为基础完善信息基础设施，完善无线传感网、行业云及大数据平台等新型应用基础设施，推进"互联网＋"创新创业、"互联网＋"协同制造、"互联网＋"绿色生态、"互联网＋"人工智能、"互联网＋"便捷交通等重点领域发展。

开展制造业"＋互联网"试点示范，依托大数据和云计算推进大规模个性化定制、网络化协同制造和服务型制造，打造中联重科、中电软件园等一批网络化协同制造公共服务平台，完善网络化、智能化、服务化、协同化的"互联网＋"产业体系。

二 扶优做强创新主体

强化企业创新主体地位和主导作用，引导和鼓励企业制定创新战略，支持企业通过并购重组、购买知识产权等方式提高创新资源整合能力，培育中联、三一、中兴、隆平高科、远大住工等企业集团和创新联盟，支持联盟承担产业共性技术研发重大项目，完善产业创新链；实施"领军企业引领"计划，支持行业领军企业构建高水平研发机构，鼓励开展基础性前沿性创新研究，吸引集聚全球优秀人才，培育具有国际竞争力的创新型企业；实施"瞪羚企业"培育计划，重点扶持一批成长性好、发展潜力大的科技型中小企业加速发展；实施"柳枝行动计划"，为优质的移动互联网创业"草根"和团队提供支持，引导中小微企业走"专精特新"发展道路，构建技术创新公共服务平台，鼓励商业模式创新。

三　提升科技创新能力

支持有特色高水平大学和科研院所建设，鼓励和支持参与国家重大科技计划与专项，组织产业技术创新战略联盟、龙头企业、科研院所争取参与新一代宽带无线移动通信网、基因工程等国家科技重大专项工作。

鼓励支持企业承担国家航空发动机、量子通信、智能制造和机器人、重点新材料、健康保障、新能源、节能环保等领域的重大科技项目，争取国家科技项目或工程在湘江新区布局。

加快建设以国家实验室为引领的创新基础平台，加快建设一批科技基础设施，积极建设一批国家、省级工程重点实验室、工程研究中心、工程实验室和企业技术中心。

整合现有科技资源，统筹规划，在若干重点领域构建一批重要研发基地，实现集中布局，形成协同创新新格局。

打造长沙麓谷创新谷，发挥高新区的科技研发资源优势和创意产业优势，鼓励科技创新，汇聚一流人才，建设研发总部、新兴产业创新与设计中心、现代服务集聚区等三大功能区。

四　优化创新创业环境

健全技术创新的市场导向机制，促进企业成为技术创新决策、研发投入、科研组织和成果转化的主体。

落实普惠性政策支持，完善企业研发费用加计扣除政策，扩大固定资产加速折旧实施范围，推动设备更新和新技术广泛应用。

推广新型孵化模式，鼓励发展众创、众包、众扶、众筹空间，发展天使、创业、产业投资，加快实施"大众创业、万众创新"。

建设创业苗圃、创业社区、创客空间等创新创业载体。

建设岳麓山"创客丛林"和"创业小镇"，发展高新创新区、环湖创意园、沿路创业街等市场化、专业化、集成化、网络化"众创空间"和移动互联网微孵化平台，实现创新与创业、线上与线下、孵化与投资的结合，为小微创新企业成长和科技人员创业提供开放式综合服务平台。

第二节　打造科技体制改革先行区

一　推进科研院所转制改革

建设市场化的新型创新研究机构，围绕重点产业发展方向，面向科研院所设立政产学研协同创新、以应用技术研发和产业化为主的工业技术研究院、研究所和研究中心。

推进中南大学科技园、湖南大学科技园、湖南农大协同创新现代农业综合试验园、长沙科技城等产学研用金一体化基地建设，引进知名高校和科研院所在新区建立产学研结合的技术转移中心。

推进产学研政合作，建立科研院所、高校和企业开放科研设施的激励机制，推动科技资源开放共享。

推进科研院所资产处置和股权激励试点。

二　加快科技成果转化改革

完善技术转移机构，推动技术转移由零散、线下的技术转移服务向集成化、平台化、市场化、互联网化方向发展。

建设湖南省科技成果转化和知识产权交易平台，完善知识产权创造、保护和转化利用的支持机制。

探索与欧盟企业网络（EEN）等建立科技合作伙伴关系，深化国际转移合作机制。

协调推进"长株潭"三地科技创新共享合作机制，建立"长株潭"公共技术中心或平台；推进区校合作，加强政府（园区）与高校、科研院所的全面战略合作，共建公共研发平台，形成技术成果转移和产业化机制，建设长沙高新区、岳麓工业集中区等区校合作示范区。

三　促进科技金融结合创新

加快技术和知识产权交易平台建设，建立从实验研究、中试到生产的全过程科技创新融资模式，促进科技成果资本化、产业化。

支持探索科技金融结合新机制和新模式，聚集投融资资源，完善科技信贷服务体系、股权投融资服务体系、科技资本市场体系，加快形成多元化、多层次、多渠道的科技投融资体系，破解企业融资难、融资贵问题。

强化"天使投资"服务，聚集创投、风投机构，做大产业基金规模，促进企业上市，拓展科技型企业融资渠道。

积极支持多层次资本市场建设，与湖南股交所共建移动互联网专版等创新板块。

鼓励发展移动互联网金融，支持探索互联网银行、证券、保险等创新模式。

四 推动文化科技融合发展

突破一批文化科技融合关键技术，加强文化领域技术集成创新与模式创新，培育一批新技术、新模式、新业态的文化科技企业。

支持《湖南日报》、《长沙晚报》等文化集团建设文化项目基地，高标准建设长沙国家文化和科技融合示范基地。

创新"文化＋创意＋科技＋产业化"的融合发展模式，建立文化科技协同创新体系。

完善数字化网络化的公共文化服务体系，打造文化科技发展平台。

第三节 建设军民融合创新示范区

一 推进军民资源互动共享

引导各类符合条件的市场主体主动进入武器装备科研生产领域，开展军民供需对接活动，促进"军转民"和"民参军"的融合对接，建立军民融合重大科研任务形成机制，促进军民两用技术双向转化。

对军民两用技术成果和专利开展市场化推广和交易，促进军工技术向民用领域辐射和转移转化。

支持具有较强科技创新实力和自主知识产权的企业参与军工项目建设。

推进军民标准深度合作，建立有机衔接、军民兼容的标准体系。

鼓励新区范围内新材料、智能制造、仪器仪表、生物医药、装备制造企业通过民品转军品、并购、产学研结合和成立军工产业基金等方式进入军工领域，促进民用高新技术领域适用产品与技术向军用转移应用。

二 推动先进军用技术转化和应用

加强与国防科学技术大学等单位联合，加快湖南省军民融合协同创新研究院建设，促进军工技术向民用领域辐射和转移转化。

加强北斗导航等军民两用技术联合攻关，扩大民品科研机构和科技型企业对军用技术研发承接范围。

对接军工企业、单位，大力发展以超高频电子标签芯片应用为龙头的物联网产业、以北斗卫星应用为龙头的数字化导航产业、以航空部品制造技术应用为龙头的通用航空产业。

加快推动天河系列超级计算系统的技术研发和产业化进程，助力云计算、大数据相关产业发展。

三　建设军民融合科技创新产业园

提升岳麓山大学科技园和尖山军民融合创新产业园，在北斗卫星导航、航空航天、3D打印、物联网、智能控制等领域，建设集研发、孵化、加速于一体的军民融合科技创新产业园，为军民融合产业发展提供支撑载体。

鼓励新一代信息技术、新材料等优势产业与军工产业融合发展。

稳步推进军工科研院所改革，激发科研院所内在动力和活力。

第七章　打造内陆开放协作新高地

贯彻《湖南省对接"一带一路"战略行动方案》，抢抓全球产业重新布局和国际产能深化合作的重大机遇，发挥新区对接融入国家"一带一路"、长江经济带发展战略的区位优势和产业优势，主动参与国家扩大内陆沿边开放，提升全面开放水平、拓展经贸合作领域、扩大人文交流，加快构建全方位、多领域的开放发展新格局，打造内陆开放型经济新高地。

到2025年，实际利用外资年均增幅达15%左右，达45亿美元以上；进出口总额年均增幅达12%左右，达110亿美元以上。

第一节　构建开放门户

一　建设国际服务平台

依托滨江新城金融区、麓谷创新金融中心（梅溪湖国际新城二期）、滨水新城、大学城打造高能级国际服务中心体系。

建设观音港新城长株潭创新合作示范区，承接湘潭综合保税区的增值业务，发展服务业外包、高端商务社区。

建设长沙高新区国际科技商务平台、服务外包国际合作平台等国际社区、国际医院、国际学校、国际工厂，积极引入领事馆、商务代办机构，形成中部地区国际交流中心、国际研发中心、技术转移中心、国际教育基地和国际医疗健康基地。

加快引进跨国总部经济，重点吸引世界500强和中国500强企业、港澳台知名企业中国总部或地区总部、国际行业组织在华机构入驻。

二　建设海关特殊监管平台

争取在新区设立海关特殊监管区域，积极与湘潭综合保税区、岳阳综合保税区、衡阳综合保税区、金霞保税物流园区实现联动发展，完善新区与周边地区的保税物流体系。

依托电子口岸公共平台，建立便利跨境电子商务等新型贸易方式的体制，健全服务贸易促进体系，实施"单一窗口"和通关一体化。

创新实施期货保税交割海关监管制度、境内外维修海关监管制度、融资租赁海关监管制度等措施。

实施进口货物预检验制度、动植物及其产品检验审批负面清单制度、检验检疫分线监督管理模式和汽车平行进口政策。

发挥海关特殊监管区域的辐射带动作用，搭建服务于加工贸易转型升级的公共服务平台，支持区内加工贸易企业发展结算、保税服务、自主营销等业务。

三　探索建立自由贸易试验区

以湘江新区为核心申报建设中国（湖南）自由贸易试验区，重点发展智能装备、新材料、电子信息、生物医药等货物贸易，医疗健康、文化旅游、工程外包、研发设计等服务贸易，创新覆盖生产加工、物流运输、销售服务、国际结算及相关增值业务全产业链的贸易方式，形成中部地区国际贸易中心。

四　探索口岸建设新模式

加强口岸执法政务公开的系统性、及时性，推进口岸监管方式创新，通过属地管理、前置服务、后续核查等方式将口岸通关现场非必要的执法作业前推后移，把口岸通关现场执法减到最低限度。

推进新区与沿海沿边口岸之间的物流合作和联动发展，加快发展国际物流，构建集仓储、运输、加工为一体的现代物流体系。

根据国家产业政策和新区产业基础，争取增设国家进口基地和整车、药品进口口岸。

推动与沿海沿边通关协作，实现口岸管理相关部门信息互换、监管互认、执法互助，加快推进关检合作"一次申报、一次查验、一次放行"，全面深化海关区域通关一体化和检验检疫一体化，实现与全国联动通关，优化口岸通关环境。

推进电子口岸及信息化建设，建设集平台监管、数据处理、政策发布和国际物流动态于一体的电子口岸。

第二节　提升开放层次

一　拓展国际合作空间

以融入自由贸易区网络为目标，利用中国东盟自由贸易区、中韩自由贸易区、中澳自由贸易区、中巴经济走廊、孟中印缅经济走廊等开放合作平台和机制，拓展国际经济合作空间；与东盟、中亚、欧洲国家开展商事、经贸、海关、商检的互认合作的谈判，建立新区经广西和云南至东南亚国家，经新疆至中亚和欧洲的国际物流直达通道；发挥亚欧水资源研究利用中心、中意设计创新中心等合作平台作用，积极争取举办世界级论坛节会，拓展国际人文交流空间；深化与长沙、湖南国际友好城市、省州的交流，提升国际知名度和影响力；制定和实施面向全球的城市形象宣传计划。

发挥省、市驻外机构的桥梁纽带作用，开展招商引资和经济协作交流，探索新工艺、新产品、新业态招商模式。

二　优化对外开放环境

坚持"引进来与走出去"相结合，建立新的国际贸易规则下企业走出去促进体系，促进企业境外上市、海外并购、援外建设发展步伐；积极推进现代服务业综合试点，重点建设跨境电商产业园，形成服务贸易与货物贸易协调推进的对外贸易新格局。

建立健全制造、研发、销售、物流、结算五大中心功能体系，率先开展贸易多元化试点，在海关特殊监管区域实现加工制造和商贸服务两种功能、两种税制的叠加，形成独特的开放型经济优势。

扩大服务业开放。

鼓励和允许融资租赁公司兼营与主营业务有关的商业保理业务，允许设立外商投资资信调查公司、股份制外资投资性公司，融资租赁公司设立子公司不设最低注册资本限制，允许内外资企业从事游戏游艺设备生产和销售。

三　优化外商投资服务

全面放开服务业市场，扩大服务贸易比重，形成鼓励区内优势企业产品走出去的机制，培育国内外知名的品牌。

推进外商投资备案制制度改革，实施外资准入前国民待遇和负面清单监管模式，促进内外资企业一视同仁、公平竞争。

引进和实施国际贸易、仲裁、管理等国际标准体系，鼓励企业和社会团体参与国际化标准体系的制定，建立符合国际惯例的经济运行规则和机制，打造与国际接轨的营商环境。

争取新区开展放宽外资准入改革试点，探索逐步放开高端装备制造、高等教育、文化、医疗、金融、交通运输、信息服务、商务服务等产业的外资准入限制，突破外资在注册资本、股权比例、经营范围等方面的限制。

建立更加开放的外商投资管理制度。

全面放开外商投资广告企业的准入限制，实行纳税信用管理网上评级。

创新企业标准备案管理制度，实现企业自主备案，将产品标准备案拓展到服务标准备案领域。

对从事委托加工实行生产许可证制度管理的产品和企业，取消生产许可证委托加工备案。

四 促进国际产能和技术合作

开展国际产能和装备制造合作。

瞄准中亚－俄罗斯－东欧、南亚、东南亚、西亚－非洲、大洋洲－南美等重点区域，推动产业化住宅、工程机械、环保机械、农业等重点产业"走出去"，开展国际化经营，建立海外研发中心或分支机构；发挥企业市场主体作用，落实国家优惠政策，对投资新区域和新领域、带动相关产业"抱团"出海的重点企业，给予政策和资金支持。

以工程承包＋融资、工程承包＋融资＋运营、BOT、技术研发外包等国际合作模式参与境外重大建设项目建设，鼓励有实力的企业建设境外经贸园区，吸引上下游产业链转移和关联产业协同布局，带动一批配套中小企业和上下游产业"走出去"；鼓励开展技术合作。

支持高校、研究机构与沿线国家共建一批联合实验室（研究中心）和国际技术转移中心，合作开展重大科技攻关。

引导支持有实力的企业在沿线国家建设研究中心或技术示范和推广基地。

到2025年，对外投资中方合同投资额、对外承包工程和劳务合作完成营业额年均增速保持在20%左右。

第三节 实现联动型协作发展

一 推进市域联动发展

按照产业联动发展、基础设施联动建设、资源要素联动配置、生态环境联动保护的要求，推动湘江新区核心区域、规划区域和周边区域协调发展；向东加强与长沙主城区和东部开放型经济走廊的互动发展，共同做强做优大长沙。

二 推进区域联动发展

按照交通、生态环境保护、产业升级转移、要素市场、公共服务一体化的要求，以地铁、城市轻轨、城际公路同城化建设为重点，突出产业合理分工，形成"生产、研发、经营适度分离"的产业体系，引导企业总部入驻湘江新区。

加强与周边地市的联动发展。

向南加快推动长株潭一体化，共同打造国家级城市群；向北推动长益岳一体化，联动环洞庭湖生态经济区建设；向西推动长益娄一体化，共同打造湘中"金三角"。

三 推进国家战略联动发展

积极对接"京津冀"、"长三角"、"珠三角"、中原经济区、成渝经济区等地区，推动形成优势互补、互利共赢的合作发展模式。

主动参与"泛珠"区域协作，对接《内地与香港关于建立更紧密经贸关系的安排》《内地与澳门关于建立更紧密经贸关系的安排》，加强与港澳的经贸合作。

对接《海峡两岸经济合作框架协议》，加强与台湾的经贸合作。

协调推进国家级湖南湘江新区与长株潭自主创新示范区、长株潭"两型社会"建设综合配套改革试验区建设，加快建设具有全球影响力的科技创新中心、绿色低碳发展示范区。

四 推动与国家级新区联动发展

与浦东新区、江北新区、两江新区、天府新区形成长江经济带国家级新区发展联盟；与贵安新区、兰州新区、西咸新区、滇中新区共同形成"一带一路"的重要内陆节点；与广州南沙新区形成进出口联动、产品与技术互助的机制，促进与港澳的深度合作；与天津滨海新区加强产业招商合作，深度参与京津冀一体化协同发展；与福州新区加强合作，参与海峡西岸经济区建设和台海经济合作；加强与舟山群岛新区、大连金普新区、青岛西海岸新区在海工装备、陆海联运等领域的合作，共同参与国家海洋战略。

第四节　构建多层次对外开放通道

一 建设国际化互联通道

加强铁路运输网、水运网、公路运输网、航空运输网对接，着力发展多式联运，形成高效畅通的国际贸易通道。

航空方面，申报湖南湘江新区通用机场，发展公务出差和空中旅游，推进大屯营军民两用机场建设，畅通与黄花机场的快捷通道；水运方面，申请省域统筹推动湘江航道升级，建设望城新康港、铜官港及其港口陆域用地，建设联港快速通道，加强与霞凝港、城陵矶港的分工协作，开通金桥物流园（长沙无水港）—岳阳—东南亚等"五定"班轮；铁路方面，推进湘新欧班列常态化，开通长沙西经广西（云南）至东南亚专列，打造辐射湖南、对接全国、联通世界的立体综合交通运输网络。

二　构建省际互通交通体系

高标准规划建设综合性、放射状交通枢纽节点，提升湖南湘江新区区域交通区位。

建设渝长厦高铁、长沙至西安高铁、长沙至九江高铁、长常、长岳、长潭（西环线）城际铁路，开展京广高铁复线建设研究，将金桥综合交通枢纽建设成为一站式汇集高铁、地铁、城际、长途汽车、城市公交等一体的现代化国家级综合交通枢纽；优化湖南湘江新区（大河西）综合交通枢纽功能，将其打造成为长沙与长江中游城市群之间同城化中短途客运集散中心之一；建设石长铁路增建二线工程和京广铁路货运专线，提质长沙货运西站，形成面向中西部地区的客货分流节点枢纽。

三　完善高效城际交通体系

强化与周边区域联系，建成长株潭城际铁路、坪塘大道、潇湘大道等长株潭一体化综合交通工程，开展长株潭城际铁路连接长沙火车南站通道研究；建设湘府路、西二环快速化改造、黄花机场快速连接线等与机场、高铁的畅通工程；推进 G319 分流线、北横线、南横线等市域骨干公路建设；建设麓谷、含浦汽车站，推进长益高速公路扩容工程等区域联通工程，构建立体化的城市交通体系；建设客运港区和旅游码头，形成完善的水上客运交通和水上旅游线路。

第八章　构筑城乡统筹新模式

建立健全以城带乡、以工促农、以点带面、城乡互动的长效机制，实现城乡规划、基础设施、公共服务、产业发展、生态环境和管理体制的一体化，率先实现全面小康，在城乡统筹发展方面形成改革示范效应。

第一节　推进城乡建设服务一体化

一　推动城乡基础设施一体化

围绕农村净化、亮化、绿化、美化目标，统筹推进农村基础设施建设，引导农民向集镇和中心村集聚，实施农村公路提质、电力扩容、安全饮水、环境整治为重点的"四大工程"，实施土地综合整治、电网升级、宽带乡村、农村生活垃圾治理、小型污水处理、农村建房提质、农村危房改造和乡镇自来水厂建设工程，实现城乡基础设施的无缝对接、城乡生态环境同步提升，城乡人居环境同步改善。

二　促进城乡公共服务均等化

加快建立以科技、教育、文化、卫生、体育等为主要内容的公共服务体系，逐步实现同城同待遇。

建立健全覆盖城乡的社会保障体系，加快健全以城乡居民医保、最低生活保障、基本养老保险为主要内容的农村社会保障制度，完善社会福利、社会救济和社会互助等城乡一体、居民共享的社会保障体系。

三　探索城乡生产要素双向自由流动

加快推进不动产统一登记工作，全面完成农村土地承包经营权、宅基地使用权、集体建设用地使用权等农村土地确权登记发证工作；发挥农村产权交易平台的作用，建立农村土地使用权流转交易市场，探索建立城乡统一的建设用地市场；鼓励社会资本发展村镇银行和小额贷款公司，提高农村金融服务水平。

第二节　实现城乡品质形象特色化

一　差异化打造"美丽乡村"

坚持差异化、特色化发展，将乡镇、村组分为城镇化和保留乡镇（村居），分类指导、科学统筹乡镇产业发展和公共服务设施建设，实现现代农业和美丽乡村共同推进，建设莲花都市旅游城镇、雨敞坪现代农业示范镇、靖港历史文化名镇、乌山中小企业基地，把白箬铺镇建设成为城乡联结特色小镇。

按照促进农业生产发展、人居环境改善、生态文化传承、文明新风培育的要求，建设关山、光明、真人桥、桐木、立马、香山等一批"天蓝、地绿、水净，安居、乐业、增收"的"美丽乡村"。

二 实现旧城区和城乡接合部有机更新

到 2020 年，全面完成熊家湾、坪塘、桐梓坡、望兴、万宝山等棚户区改造，全面完成望城坡、后湖等城中村改造，完成新区范围内农村危房改造工作。

按照"违建清零、环境清洁、形象清新"的要求完成雷锋老集镇、坪塘集镇等城乡接合部整治，加快城乡用地功能置换，复活传统街区、塑造城市门户，让城市享有农村的清新、农村拥有城市的文明。

第三节　推进城乡管理体制一体化

一 健全农业转移人口市民化推进机制

加快户籍制度改革，建立统一的居民户口登记制度，以合法稳定居住、就业为条件放开新区户籍登记；加快住房、教育、医疗、社保等与户籍管理相关的配套制度改革，确保迁移落户居民享受城镇居民同等权利；健全相关配套政策，剥离依附于户籍制度上的权属"捆绑"功能，实现农村居民与村集体经济组织成员身份分离，继续保留其落户前在原址所享有的各项权益。

二 创新城乡一体化投入机制

建立政府投入、社会投资和村民自筹相结合的城乡一体化投入机制，采用政府补助、贴息贷款、公私合营等方式加大资金投入力度，提高农村建设的常态化和可持续发展水平。

对于政府主导、财政支持的农村公益性工程和项目，采取购买服务、政府与社会资本合作等方式，引导企业和社会组织参与建设、管理和运营。

三 加快构建新型农业经营体系

引导土地经营权规范有序流转，创新土地流转和规模经营方式，积极发展多种形式适度规模经营，提高农民组织化程度。

鼓励发展规模适度的家庭农场，引导农民专业合作社拓宽服务领域，鼓励工商资本发展适合企业化经营的现代种养业、农产品加工流通和农业社会化服务。

第九章　保障措施

坚持要素保障与创新驱动共同发力，政策支持与深化改革同步推进，政府引导与市场主导有机结合，赋予与湘江新区发展定位相适应的政策措施，形成全社会共同参与、共同推进、共享成果的生动局面，为新区又好又快发展提供坚强保障。

第一节　优化管理体系

一　加强组织领导

省委、省政府管理湖南湘江新区发展规划、区划调整、重大产业项目布局、厅级领导干部任免等重大事项和涉及省级事权的其他重大事项；长沙市委、政府负责湖南湘江新区日常运行和管理；湖南湘江新区按照经济功能区定位，统一编制规划并实施监管，统一制定综合配套改革政策，统一进行产业布局和项目准入，统一土地储备与管理，统一组织重大基础设施建设。

湖南省委、省政府成立湘江新区建设协调领导小组，定期或不定期召开会议，专题听取新区建设情况汇报，研究决定并协调解决新区发展中的重大问题。

推动成立国家级湖南湘江新区部际联席会议制度。

二　健全管理机制

湖南湘江新区党工委、管委会根据省委、省政府和市委、市政府的授权，履行部分省级经济管理权限和市级经济社会管理权限，对新区进行统一领导和管理；授权实施与市级经济社会管理权限和部分省级经济管理权限相适应的行政许可、行政处罚、行政强制、行政确认、行政检查、行政裁决等行政执法权限，实现新区事新区办。

对法律、法规没有规定由省级实施的权限，省下放市州的权限，全部交由新区直接实施；对法律、法规规定不得委托或下放的权限，采取新区管委会相关部门直接报省直部门单位、新区管委会直接报省人民政府的方式进行审批；探索行政区与功能区融合发展的管理机制，推动新区逐步由经济功能区向行政区转变，根据新区发展的实际需要，适时推进行政区划调整，不断增强新区行政统筹能力，逐步形成"行政区统领、功能区支撑、街镇整合提升"的管理体制架构。

三　加强考核监督

湘江新区定期向省人民政府和国家发展改革委报送新区发展建设情况和推进改革示

范经验；建立年度目标责任考核机制，省委、省政府对新区进行年度绩效考核；新区党工委、管委会负责对有关园区、区县进行绩效考核，形成上下联动、协同推进的工作格局。

四　强化法治保障

制定出台《湖南湘江新区管理条例》，贯彻落实新区发展规划和总体方案，明确新区依法行政的主体地位和行政执法权限，将新区改革发展纳入法治轨道，为新区建设提供可靠的法制保障。

五　抓好规划实施

进一步发挥总体方案和发展规划的统领作用，加强年度计划与发展规划，新区规划与长沙市土地利用规划、城市总体规划和交通、水利、产业、生态等专项规划的衔接，把发展规划确定的主要目标任务落到实处。

按照发展规划确定的目标和任务，充分发挥重大项目对经济社会发展的支撑和带动作用，扎实推进重大项目、重大改革、重大政策措施落地，把规划变成计划，把计划变成行动。

完善规划监督评估制度，强化组织实施、强化评估考核、强化宣传监督，扩大公众参与，加强统筹协调，营造全社会共同参与和支持新区发展和规划实施的氛围，形成落实规划目标任务的合力。

第二节　深化改革创新

把握好"加法"和"减法"、当前和长远、力度和节奏、主要矛盾和次要矛盾、政府和市场的关系，着力加强供给侧结构性改革。

充分发挥市场在资源配置中的决定性作用，更好发挥政府作用，激活市场主体活力、提高要素供给效率、创造优良发展环境，增强提升发展水平的改革动能。

国家和省（市）重大改革优先安排在新区试点。

结合自身优势，坚持问题导向，在协调推进全面改革的同时，每年围绕 1～2 个重大问题进行重点探索，创造可复制、可推广、可借鉴的改革经验，为推动新区转型创新发展提供良好的体制机制保障。

一　推进土地制度改革

探索建立城乡统一的建设用地市场，减少非公益性用地划拨，完善土地租赁、转让、抵押二级市场，扩大市场配置国有土地范围；完善工业用地配置方式，建立有效调节工业用地和居住用地合理比价机制，逐步缩小工业用地和其他经营性用地的地价差，开展工业地产信托试点；开展城乡建设用地增减挂钩试点，建立健全节约集约用地综合评价、激励机制和考核制度；鼓励开发利用地下空间，建立低效用地再开发利用工作机制。

支持在土地租让结合、先租后让、征转分离、弹性年限等方面进行创新。

二 推进金融和投融资改革

开展综合金融试点。

支持新区所属国企成为金融控股集团，鼓励各类金融要素市场和金融机构在金融产品、金融服务、金融管理、技术和组织形式等方面开展金融创新；规范发展互联网金融，支持互联网支付等第三方支付机构入驻新区；推动科技与金融结合，支持商业银行在新区设立科技支行；在新区开展投资贷款联动试点；推动金融支持新型农业经营主体发展。

推动金融对外开放。

支持新区试点金融开放政策，支持设立在新区的银行机构发放境外项目人民币贷款；争取率先在新区开展人民币资本项目可兑换。

放宽社会投资准入。

理顺市政公用产品和服务价格形成机制，探索发行一般债券、专项债券，为城市基础设施筹集长期建设资金，推广政府与社会资本合作（PPP）模式，吸引社会资本通过特许经营等方式参与城市基础设施投资和运营。

积极推行个人经常项下人民币结算、外商投资企业外汇资本金意愿结汇和银行办理大宗商品衍生品柜台交易涉及的结售汇业务。

实行直接投资项下外汇登记及变更登记下放银行办理。

加强统筹协调，完善适应现代金融市场发展的金融监管框架，依托行政区和业务主管部门，明确监管职责和风险防范处置责任，实现金融风险监管全覆盖。

有效运用和发展金融风险管理工具，健全监测预警、压力测试、评估处置和市场稳定机制，防止发生系统性、区域性金融风险。

三 推进行政管理体制改革

新区按照"精简、统一、高效、优质"的原则设置"大部制"的管理和服务机构。

推进简政放权，由湖南湘江新区管委会统一履行规划区域内与市级经济社会管理权限和省级经济管理权限相适应的行政审批和执法权限，新区在计划、项目、资金等的申报、审批、审核、下达等方面按照市州级同等权限执行；推进"三张清单"建设，推行权力清单和责任清单制度，试点推行市场准入负面清单，对行政审批的前置审查、办理程序和管理标准创新；深化商事制度改革，建立和完善企业设立"单一窗口"平台，全面推进"三证合一"，探索"先照后证"和集群注册等试点改革，激活企业活力、转变监管方式。

推动工商、税务、机构代码等涉商事项网上审批备案、网上办理、网上自动赋码。

四　推进投资与服务贸易便利化

在新区优先推行自由贸易试验区在全国范围内可复制的改革经验。

《国务院关于推广中国（上海）自由贸易试验区可复制改革试点经验的通知》（国发〔2014〕65号）和后续改革在新区全面推广。

按照国际通行标准推动体制机制改革创新和对外开放，实现投资和优质要素进出便利化，推动新区建立贸易自由、投资便利、金融服务完善、产业高度集聚、法制运行规范、监管透明高效、辐射带动效应明显的综合改革创新区。

第三节　强化政策保障

一　财政政策

新区探索实行省指导、市管理的财政管理体制，设立财政部门管理财政收支，并设立单独的国库；设立湘湖南湘江新区建设发展专项，从2016～2020年，省财政每年安排一定数额的一般性转移支付资金，支持湘江新区重大基础设施和重大创新平台建设，促进新区加快发展；省财政在分配地方政府债券资金时，对新区给予重点支持；相关专项资金分配向新区倾斜；优先支持新区符合条件的基础设施、城乡社会事业和生态环境保护建设项目申报中央基建投资等有关补助资金；优先支持新区符合条件的企业按照程序申报国家有关补助资金；完善地方政府债务管理配套制度，争取国家级新区政府债试点；完善基础设施建设融资证券化，建立湘江新区城市发展基金。

二　国土政策

新区新增建设用地年度计划由省直接下达并给予重点倾斜；对新区内用地规模大的项目，根据项目实施进度分期建设、分期供地、分年度解决新增建设用地计划。

占用耕地确不能在新区范围内实现占补平衡的，依法在全省范围内统筹解决。

三 金融政策

支持在新区建立期货交易市场、知识产权交易中心和银行外汇结算中心；鼓励银行、保险、证券、财务公司、担保等各类金融机构在新区设立分支机构，支持银行业金融机构将区内现有金融网点升格为分行或支行；支持民间资本进入新区银行业，优先支持符合条件的民营资本在新区内设立自担风险的中小金融机构。

四 创新政策

积极争取在湘江新区范围内全面参照实施《关于推广中关村国家自主创新示范区税收试点政策有关问题的通知》（财税〔2015〕62号）明确的政策措施。

支持新区深化科技体制机制改革，以校企合作为平台，促进产学研一体化，推进资金链、产业链、创新链"三链融合"一体化发展，争取给予新区在高新技术企业认定中增加文化产业支撑技术领域的企业认定，支持新区组建工业技术研究院。

支持建设重点（工程）实验室、企业技术中心、工程（技术）研究中心等公共创新平台和研发设计、检验检测、金融租赁、互联网交易等公共服务平台；搭建新技术（产品）推广服务平台，推进政金产学研用模式建设。

五 规划政策

允许新区根据发展需求，在不改变城市主体功能和总体结构，以及不违反城市群区域规划、城市总体规划、专项规划等强制性内容的前提下，对新区规划进行局部优化和调整，并报省人民政府核准；支持在新区开展城市规划、土地利用规划、生态文明规划和经济社会发展规划"多规合一"试点。

支持新区开展规划管理体制机制改革创新。

六 产业政策

促进总部经济集聚，在新区建设湖南企业总部集聚基地，按照"生产、研发与运营基地"相分离的原则，建立新区与省内各市州招商引资合作及利益分享机制，鼓励和支持省属国企和央企驻湘总部企业入驻湘江新区；政府新兴产业发展基金等政策性基金引导社会资本投入先进装备制造等新兴产业；支持产品应用，对高性价比、市场容量大、进口替代性高的"两型"产品，在政府采购、招投标等方面建立"宽进严管"的绿色通道和差别化激励扶持政策；实施质量提升和品牌塑造工程，落实和配套政府质量奖励，打造一批具有自主知识产权的优质产品和知名品牌。

第四节 夯实人才基础

一 推进人事制度改革

完善干部选拔、考核评价、管理机制，推进干部能上能下、能进能出、合理流动；授权支持新区自主制定机关事业单位的岗位制、绩效考核制和履行出资人职责的国有企业的岗位制、绩效考核制、薪酬管理体系；建立和完善党政机关、企事业单位和社会各方面人才顺畅流动机制；授权新区创新人才考录、引进、培养、使用等方面的优惠政策，可在湖南省人才引进有关优惠政策的基础上加大倾斜力度。

二 加快建设人才特区

推进新区智库建设和发展，鼓励和吸引国内外知名智库、知名专家到新区开展咨询服务，加大引智力度。

坚持人才优先发展战略，积极探索人才开发、股权激励、技术入股、科技成果产业化、人才中介服务等方面的特殊政策和机制；加大人才开发投入，大力发展人力资源服务业，加快建设和扶持高水平、国际化的人力资源服务机构；建设人才交流培养平台，支持高校、科研院所、企业跨国跨地区开展学术交流和项目共建，设立联合研发基地，推动境内外人才联合培养，加快博士后科研流动站、科研工作站以及博士后创新实践基地等载体的建设。

三 实施高端人才聚集计划

依托国家海外高层次人才创新创业基地、国家创新人才培养示范基地，加大对国家"千人计划"、省"百人计划"人才的引进力度，引进一批从事国际前沿科学技术研究、带动新兴学科发展的杰出科学家和研究团队。

实施千名企业家和万名专业技术人才培养计划，加大力度培养国内外顶尖企业家和管理精英，提供优质高效的服务；赋予领军人才更大的人财物支配权、技术路线决策权、经营管理决策权，实行以增加知识价值为导向的分配政策，实行特殊的薪酬待遇体系；鼓励海外高层次人才带尖端技术、项目、工作团队入区，与港澳和海外机构建立人才优势共享机制，联合开展科研项目研究，进行科研成果转化，形成"人才雁群"效应。

湖南省财政厅、湖南省长株潭
"两型社会"试验区建设管理委员会、
湖南省科技厅等六部门关于印发
《湖南省政府采购两型产品认定办法》
的通知

湘财购〔2016〕6 号

2016 年 5 月 19 日

各有关单位：

　　根据《中共湖南省委湖南省人民政府关于加快长株潭试验区改革建设全面推进全省"两型社会"建设的实施意见》（湘发〔2011〕15 号），为充分发挥政府采购政策功能，促进我省"两型社会"建设，现将《湖南省政府采购两型产品认定办法》印发给你们，请遵照执行。

　　附件：湖南省政府采购两型产品认定办法

湖南省政府采购两型产品认定办法

第一章　总　则

　　第一条　为深入贯彻落实省委、省政府《关于加快经济发展方式转变推进"两型社会"建设的决定》等文件精神，利用政府采购政策扶持推广先进、成熟、适用的资源节约型和环境友好型产品，特制定本办法。

第二条 本办法所称的政府采购两型产品（以下简称两型产品）是指符合国家产业政策，满足政府采购需求，在资源节约、环境友好方面优势突出的产品。

第三条 两型产品认定由省财政厅、省长株潭两型试验区管委会、省科技厅、省经信委、省环保厅、省质监局共同组织实施。

省财政厅牵头两型产品认定工作，负责发布《湖南省两型产品政府采购目录》和落实两型产品政府采购政策；省长株潭两型试验区管委会、省质监局牵头两型产品认定规范相关工作；省科技厅牵头两型产品征集、评审组织工作；省经信委、省环保厅配合做好两型产品认定工作。

第四条 两型产品认定工作遵循公开、公平、公正、科学的原则。经认定的两型产品，列入《湖南省两型产品政府采购目录》，向社会公布。

第五条 两型产品认定工作遵循自愿申请的原则。

第二章　申报条件

第六条 申请认定的两型产品，应符合以下条件：

（一）符合国家法律法规、符合国际公约约定、符合国家及湖南省产业技术标准及相关产业政策；

（二）符合《两型产品（公共类）认定规范》，符合国家、行业、地方相关质量标准，符合环保、安全、卫生等有关规定；

（三）产品拥有不少于2个用户，且反映良好。

第七条 申请认定两型产品的单位，应符合以下条件：

（一）依法登记注册的生产企业或高等院校、科研院所等事业单位，具有独立承担民事责任的能力；

（二）具有良好的商业信誉和健全的财务会计制度；

（三）具有履行合同所必需的设备和专业技术能力；

（四）依法缴纳税收和社会保障资金；

（五）近3年生产经营活动中没有违法记录。

第三章　申报及认定程序

第八条 两型产品申报及认定包括指南发布、申报受理、抽查检查、综合评审、会议审定、社会公示、认定发布等工作流程。

第九条 指南发布：两型产品每年认定一批，省科技厅牵头在其门户网站发布申报通知，明确年度申报重点和范围。

第十条 申报受理：凡申报两型产品的单位，均需填写《湖南省两型产品认定申请书》及附件，与《申请单位承诺书》（纸质材料和电子版各一份）一并报送省科技厅。每年8月31日前，省科技厅随时受理两型产品申报材料。

第十一条 检查抽查：每年9月，根据两型产品申报受理情况，必要时，省科技厅牵头组织专家对申报产品综合技术资料进行审查和抽查，并提出评审意见。检查抽查方式和内容包括：

（一）听取产品生产应用情况介绍；

（二）查阅使用单位对产品的评价意见；

（三）查阅产品资料；

（四）实证考察产品在资源节约、环境友好、质量水平和应用等方面情况；

（五）对考察的情况提交书面报告。

第十二条 综合评审：省科技厅牵头组织召开两型产品综合评审会，专家组成员依据两型产品认定规范对申报参评产品的两型性进行综合评审。

第十三条 会议审定：省财政厅牵头组织六家管理单位召开联席会议，听取年度受理、抽查及评审情况汇报，按照产品申报数量和质量及专家评价分行业领域划定分数线，确定年度拟入选两型产品名单。

第十四条 社会公示：省科技厅将综合评审符合条件的产品名单向社会公示，公示期为15天。对有异议的产品，任何单位和个人可在公示期内向省科技厅实名书面申述，省科技厅牵头根据情况进行调查，并反馈处理结果。

第十五条 认定公布：对公示期满无异议的产品，由省财政厅牵头，联合五家主管单位将年度认定的两型产品纳入《湖南省两型产品政府采购目录》在湖南政府采购网站（www.ccgp–hunan.gov.cn）和相应政府网站向社会同时公布。

第十六条 两型产品认定有效期一般为2年。有效期满可按第十条重新申请复评。在下批两型产品目录未发布前，前一批两型产品有效期自动延伸。

第四章 附则

第十七条 申请两型产品认定的单位提交的各种材料必须准确真实，不得弄虚作假。对隐瞒真实情况、提供虚假材料或采取其他欺诈手段骗取两型产品认定的产品，经核实后从《湖南省两型产品政府采购目录》中剔除，取消其两型产品政府采购优惠待遇并予以公告，5年内不再受理该企业的两型产品认定申请。

第十八条 入选两型产品的企业应当定期反馈实施情况，每年 6 月与 12 月向省科技厅提交两型产品政府采购实施情况报表。

第十九条 参加两型产品认定工作的有关人员，对所承担认定工作负有诚信、合规义务，并对申报认定企业的有关资料信息负有保密义务。违反两型产品认定工作相关要求和纪律的，依法依规追究相关人员责任。

第二十条 本办法自公布之日起施行。

工业和信息化部
关于长株潭创建"中国制造2025"
试点示范城市群的批复

工信部规函〔2016〕502号

湖南省经济和信息化委员会：

你委《关于将长株潭城市群确定为"中国制造 2025"城市群试点示范的请示》（湘经信〔2016〕583 号）收悉。经研究，现批复如下。

一、原则同意（长株潭创建"中国制造 2025"城市群试点示范实施方案）（以下简称"实施方案"），请认真组织长沙、株洲、湘潭三市做好实施。

二、总体要求。全面贯彻创新、协调、绿色、开放、共享的发展理念，深入实施（中国制造 2025），坚持"创新驱动、质量为先、绿色发展、结构优化、人才为本"的基本方针，以推进制造业转型升级和提质增效为核心，以加快新一代信息技术与制造业深度融合为主线，以深化改革、扩大开放为动力，转方式、调结构、抓创新，全面推进"1274"行动，加快发展 12 大重点产业，大力实施 7 大专项行动，着力打造制造强省 4 大标志性工程，功夫提升领先优势，充分发挥比较优势，拓展放大潜在优势，形成极具特色和竞争力的长沙"麓谷"、株洲"动力谷"和湘潭"智造谷"协同错位特色发展的产业新格局，推进制造业向网络化、智能化、绿色化、服务化发展，打造"中国制造 2025"长株潭城市群示范引领区，如快实现制造大省想制造强省的新跨越，为实施制造骚国战略做出新贡献。

三、试点内容。立足长沙、株洲、湘潭三市产业基础和优势，分业施策，有序推进，大力发展 12 大重点产业，构筑长株潭城市群高端、智能、高效、绿色的新型制造业体系。组织实施制造业技术创新计划，建立以创新中心为核心载体的制造业创新体系，推进长株潭地区制造业创新中心建设，突破一批重大关键共性技术。建设智能制造人才培养基地，政产学研用结合协同育人，设立制造业人才海外引进计划，实施"高精尖缺"人才引进计划。打造"工匠湘军",推动制造业与教育的融合,探索"订单式"人才联合培养机制。围绕"品种、品质、品牌"推进质量品牌建设。开展中小企业"专精特新"发展工程专项行动。深化改革外育投资管理体制,提高贸易投资便利化和产业对外开放水平。

长沙市要大力实施智能制造工程,围绕智能装备与产品、智能生产与服务等关键重点领域,支持政产学研用联合攻关,开发智能产品和自主可控制的智能装置并实现产业化,依托优势企业建设智能工厂和数字化车间。开展分类实施流程制造、高数制造、智能装备和产品、新业态和新模式、智能化管理、智能化服务等试点示范及应用推广。大力发展工程机械高端整机产品和核心零部件,提高核心技术自主率,打造技术智能化、制造服务化、服务网络化、资源配置全球化的国际领先的工程机械之都。加快突破新能源汽车储能、混合功力、电机及驱动等关键技术,推进示范推广工程,加快充电桩等基础设施建设,打造世界领先的新能源汽车集聚产业基地。加大新材料研发和科技成果转化力度,引导材料工业领域延伸产业链,打造国内领先的新材料产业基地和先进储能材料之都。引进和培育以信息安全为核心的电子信息产业龙头,构建自主可控硬件、安全软件与信息技术服务三位一体产业链,打造全国信息安全产业基地。

株洲市要大力实施制造业创新能力建设工程,围绕制造业创新发展的重大共性需求,建设以国家级创新中心为代表的重大创新品台,开展行业基础和共性技术研究研发、成果产业化、专利转化、人才培训等。突破先进轨道交通装备行业关键共性技术,促进轨道交通装备产业升级,优化产业空间布局,以龙头企业为牵引加快打造世界领先的现代轨道交通装备制造产业体系。大力推进军民融合,积极构建中小航空发动机自主发展工业体系,重点发展航天航空装备、中小型航空发动机等零邮件,推进通用飞机、直升机以及无人机的研发与产业化,提升服务型制造水平,建成全国重要的中小航空发动机产业基地和航空关键零部件生产基地。

湘潭市要大力实施高端装备创新工程,围绕高墙制造装备共性关键技术突破与工程化、产业化瓶颈,建设一批重点项目,组织一批重点攻关工程,开发一批标志性、带动性强的重点产品和重大装备,提升自主设计水平和系统集成能力。在海洋工程装备领域,对接国家"海洋强国"和"一带一路"战略,以龙头企业为支撑。引入智能化生产技术,打造智能化工厂,形成海洋工程装备产业链,打造国内领先的海洋工程装备生产基地。以可再生能源电力接入电网关键技术装备研发生产为方向,聚焦风电和光伏领域,重点发展节能电机和风力发电装备,形成成套制造设备能力和成套出口能力,建成国内先进的高墙店里装备成业基地。

四、组织实施。长沙、株洲、湘潭三市要强化对试点示范工作的组织领导和协调推进,健全工作机制,落实责任分工,制定年度工作计划,抓紧制定切实有效的配套政策,加强督促检查,扎实抓好各项试点任务落实。加强对试点示范进展和效果的跟踪评估,年度进展情况在下一年度一季度前报工业和信息化部,试点示范过程中的新情况、新问题及时报工业和信息化部。湖南省经济和信息化委员会要加强指导和协调,建立完善长沙、株洲、湘潭三市互动合作机制,加强试点示范过程的监督和评价考核,并通过试点示范扎实推进"中国制造2025"各项目标和任务在本省的贯彻落实。工业和信息化部将在国家制造强国建设领导小组工作机制下,会同相关部门指导和支持长株潭城市群试点示范城市建设,"中国制造2025"相关政策资源、重大工程和试点示范城市群的高端咨询服务和跟踪宣传报道,并将相关试点成功经验及时向全国推广。

工业和信息化部

2016 年 11 月 30 日

中共湖南省委、湖南省人民政府《关于全面深化长株潭两型试验改革加快推进生态文明建设的实施意见》

湘发〔2016〕31 号

为贯彻落实国家生态文明建设新要求，进一步保护好我省的青山绿水，加快推进长株潭两型试验区第三阶段改革，制定本实施意见。

一 总体要求

（一）指导思想

全面贯彻落实党的十八大和十八届二中、三中、四中、五中、六中全会精神，深入贯彻习近平总书记系列重要讲话精神，牢固树立创新、协调、绿色、开放、共享发展理念，将生态文明建设融入经济建设、政治建设、文化建设、社会建设和党的建设各方面和全过程。

按照国家生态文明体制改革和推进供给侧结构性改革总体要求，结合推进长株潭一体化、推动经济转型升级、建设富饶美丽幸福新湖南，进一步解放思想，大胆创新，努力将长株潭两型试验区建设成全省生态文明试验区、先行区、示范区，突出建设国土空间科学开发先导区、生态产品价值实现先行区、环境治理体系改革示范区、绿色发展评价导向实践区，为建设生态强省提供动力支持，为全国生态文明改革建设提供制度成果。

（二）主要目标

到 2020 年，长株潭两型试验区综合配套改革任务全面完成，基本形成资源节约和环境友好的新机制、传统工业化成功转型新经验以及城市群发展新模式，长株潭城市群成为全国"两型社会"建设的示范区、长江经济带的重要支撑、中部崛起的重要增长极、具有国际品质的现代化生态型城市群。

（三）基本原则

一是坚持问题导向、目标引领，以发展为第一要务，切实遵循国家对综合配套改革试验区和生态文明试验区的标准和要求，用好国家"试验田"的先行先试权，敢啃硬骨头，勇当改革先锋，着力破解制约湖南发展的资源环境约束和体制机制障碍。

二是坚持系统集成、深化突破，积极巩固已有改革成果，广泛借鉴国内外生态文明改革成功经验，向更深层次、更大范围推进，加快形成更加先进适用、可复制、可推广的制度规范和有效模式。

三是坚持统筹协调、全面创新，更加注重改革的系统性、整体性和协同性，把长株潭两型试验区作为改革创新特别是生态文明体制改革的综合性平台，集中改革资源，加强横向配套、上下联动，带动产业结构、城乡建设、生活方式的全面转型升级。

二　健全资源节约和高效利用体制机制

（一）加快建立自然资源资产产权制度

明确各类自然资源产权权利，形成归属清晰、权责明确、监管有效的自然资源资产产权制度。

创新自然资源全民所有权和集体所有权的实现形式，除生态功能重要的外，推动所有权和使用权相分离。

探索建立覆盖各类全民所有自然资源资产的有偿出让制度，统筹规划建设自然资源资产交易平台。

健全国有自然资源资产管理体制，对各类全民所有自然资源资产的数量、范围、用途实行全面监管。

健全自然资源资产管理体制。

加快编制自然资源资产负债表，加快推进领导干部自然资源资产离任审计试点，为全省全面铺开探索经验。

（二）深化自然资源及其产品价格改革

率先建立自然资源价格管理制度，将资源所有者权益和生态环境损害等纳入自然资源及其产品价格形成机制。

按照国家统一部署，科学合理确定水资源费征收标准，推进农业水价综合改革。

全面实行非居民用水、用电、用气超计划、超定额累进加价制度。

加快电力市场建设，推进售电侧市场改革。

（三）深化土地管理体制机制改革

实行最严格的耕地保护制度和土地节约集约利用制度。

完善基本农田保护、耕地占补平衡、城乡建设用地增减挂钩等制度，实行建设用地总量和强度双控制度，强化用地标准管控和供地率考核。

完善土地有偿使用制度，健全地价形成机制、评估制度和价格体系。

探索通过土地承包经营、出租等方式，健全国有农用地有偿使用制度，改革工业用地供应方式，提高用地弹性和用地效率。

（四）率先建立能源、水和矿产资源管理制度

建立能源消费总量和强度双控制度，健全节能目标责任制和奖励制，健全重点用能单位节能管理制度。

完善最严格的水资源管理制度，强化取水总量和强度双控。

完善规划和建设项目水资源论证和取水许可制度。

制定主要江河流域水量分配方案，完善省市县三级取用水总量控制指标体系。

逐步建立农业灌溉用水量控制和定额管理、高耗水工业企业计划用水和定额管理制度。

建立矿产资源开发利用管理制度，完善矿产资源有偿使用制度、矿业权出让制度。

建立矿产资源节约集约开发机制。

建立矿业权人"黑名单"制度。

完善矿山地质环境保护和土地复垦制度。

三　完善生态环境保护体制机制

（一）健全环境污染治理机制

以湘江流域综合治理为依托，建立健全流域治理同步、交流协作和资源共享机制，推行河长制，建立上下游联合交叉执法和突发性污染事故的水量水质综合调度机制，探索按流域设置环境监管和行政执法机构。

完善"政府牵头、部门联动、市场驱动、居民参与"的城乡环境同治机制，推进城镇污水垃圾处理设施全覆盖和稳定运行，采取政府购买服务、强制性第三方治理、村民环保自治等措施，改善农村人居环境，促进城乡垃圾整治、污水治理，推进农村环境整治全省域覆盖。

健全长株潭大气污染联防联控机制，建立长株潭三市联动的应急响应体系。

（二）创新生态保护机制

将用途管制制度扩展到所有自然生态空间，依法全面实行空间转用审批制度。

率先建立最严格的林地、湿地生态红线管控制度和林地、湿地保护责任追究制度、损害赔偿制度。

积极探索绿心地区保护发展机制，创新产业绿色发展、联合执法和生态补偿等体制机制，建立国家公园体制，推进昭山、五云峰、婆仙岭、九郎山等跨区森林公园共建共享。

深化集体林权制度改革，开展组建林地股份农民合作社试点和集体林地资产股份制改革试点，推进建立林权流转指导价格发布制度。

推进土壤重金属污染修复试点，率先建立耕地河湖休养生息制度。

（三）建立生态环境管理基础制度

推动开展环境保护管理体制创新，探索实行环保机构省以下环境监测、监察执法垂直管理。

探索建立多元化、综合性的生态保护补偿机制，完善森林、湿地等重点领域和禁止开发区域、重点生态功能区等重要区域生态补偿制度，完善流域水质水量奖罚生态补偿制度，建立生态补偿标准核算体系和正常增长机制，完善生态文明建设成效与财政资金分配挂钩的约束机制，探索实施地区间横向生态补偿制度、生态补偿市场化机制。

改革污染物排放许可制，建立统一公平、覆盖所有固定污染源的企业排放许可制。

（四）完善环境治理和生态保护市场化机制

建立吸引社会资本投入生态环境保护的市场机制，推广政府和社会资本合作模式，探索在重金属污染治理领域、城镇污水垃圾处理等环境公共基础设施领域、工业园区和重点企业污染治理领域推行环境污染第三方治理。

完善合同能源管理推广机制，推进公共机构合同能源管理政策实施。

积极推行合同节水管理。

开展基于能源消费总量管理下的用能权交易，开展水权交易试点探索，推进碳排放权交易，提升中部林业产权交易服务中心功能。

四 构建产业结构优化升级的体制机制

（一）完善引导机制

制订产业发展引导目录，完善产业环境准入政策及产业投资项目准入评估机制，建立以投入产出、节能减排、用工绩效等为主要内容的项目承诺准入制度。

实施产业负面清单制度。

建立重点用能企业在线监测、清洁生产审核等制度。

完善资源循环利用制度，促进垃圾强制分类、种养业废弃物资源化利用，加快建立生产者责任延伸制度，限制一次性用品使用。

制订低效落后企业（产能）评价体系，实行差别化用电、用水、用地、排污权等政策。

建立健全节能环保产业发展的激励引导机制。

（二）构建绿色产业发展制度体系

健全政府两型采购、绿色价格等政策，引导绿色投资、绿色生产、绿色消费。

按照国家统一部署积极推进资源环境相关税制改革。

大力实施长株潭城市群金融改革方案。

加快建立完善支持绿色金融发展的监管政策、激励机制。

（三）推进高水平对外开放

结合国家"一带一路"和湖南"一带一部"发展战略，紧扣绿色发展和国际化，实施长株潭两型试验区对外经济体改革，探索开放型经济运行管理新模式。

推动各类海关特殊监管区之间错位发展以及与长株潭国家自主创新示范区等的联动发展，全面对接广东、上海等自由贸易试验区，建立跨国并购、证券投资、风险投资、非股权安排、项目外包、业务离岸化等新兴引资方式和机制，成为内陆对外开放高地。

五 加快建立创新驱动发展的体制机制

（一）完善自主创新体制机制

以长株潭国家自主创新示范区建设为龙头，深化科技成果处置权、收益权、分配权改革，在科研院所转制、科技成果转化、军民融合发展、科技金融、文化科技金融、人才引进、绿色发展等方面探索出新路子。

（二）健全绿色科技支撑体系

完善支撑生态文明建设的科技创新平台、成果推广服务体系、政策体系、标准体系，创新和强化清洁低碳技术推广服务机制，努力成为有国际影响的清洁低碳技术策源地和孵化地。

（三）创新人才开发与配置的体制机制

加快建设长株潭人才改革发展试验区，积极开展人才政策突破和体制机制创新，参与国际国内人才竞争与合作。

探索建立重业绩、重贡献的科学化、社会化、专业化人才评价机制。

支持通过股权、期权、分红等方式，建立充分体现创新价值的分配机制。

六　建立完善城市群协同发展机制

（一）健全国土空间治理体系

强化《长株潭城市群区域规划（2008～2020年）》《湖南省长株潭城市群区域规划条例》的实施监督。

完善主体功能区制度，健全基于主体功能定位的国土开发利用差别化准入制度。

建立国土空间开发保护制度，编制完善长株潭国土空间规划，统筹耕地保护、水域岸线保护、生态建设、城镇开发和产业发展，推动所有市县实现"多规合一"，形成一套规划成果、一张空间蓝图、一套运行机制的良好空间治理格局。

（二）完善基础设施共建共享机制

建立各基础设施规划建设部门之间、基础设施各专项规划与城乡规划之间的协调管理机制。

改革建设管理模式，构建互惠互利、互助互赢的共建共享机制，促进城际干道网、城际铁路网、综合交通枢纽、绿道网、污水垃圾处理设施网等建设。

加快构建高速、移动、安全的新一代信息基础设施，统筹空间、测绘、气象等基础设施建设。

大力构建多元化的投融资主体结构。

建立长株潭三市协调的公用事业价格形成机制。

（三）深化产业协同发展机制

加强主导产业链条、产业集群的规划统筹和协作配套体系建设，优化产业空间布局。

发展特色产业园区，建立城市群产业技术战略联盟，支持长株潭三市企业、科研院所等主体开展跨市兼并重组整合，探索建立相应的利益协调和补偿机制，采用飞地经济、托管等模式，共建专业园区，打造区域产业链、创新链、资金链。

促进园区在信息共享、人才培训、技术创新、产业转移、招商推介等方面加强协作。

（四）加快建立要素市场和公共服务一体化机制

加强区域金融基础制度建设，加快多层次资本市场建设，推进金融同城。

探索建立城乡统一的建设用地市场。

建设技术、人才、资本等要素汇聚的公共技术服务平台。

推进市场准入标准、市场监管模式、产权登记体系、市场诚信体系的统筹。

加强机制创新，通过政策、标准、资质、执法等多方面协调，探索建立资源优化配置、共建共享、流转顺畅、协作管理的社会公共事务管理机制。

七　率先建立现代化生态文明治理体系

（一）加快政府管理制度创新

建立绿色发展评估和绩效考核体系，确立更高绿色评价标准，增强各级政府推动绿色发展的能力。

全面落实简政放权、放管结合、优化服务，推行市场准入负面清单，规范权力运行流程。

加强电子政务建设，建立协同办公、资源共享、科学管理的运行机制。

率先建立健全综合性市场监管体系，创新事中事后监管制度。

（二）完善生态文明法制

加强立法，完善《湖南省环境保护条例》《湖南省实施〈中华人民共和国循环经济促进法〉办法》等地方性法规。

加快生态环境损害赔偿制度改革。

全面落实《党政领导干部生态环境损害责任追究办法（试行）》《湖南省贯彻落实〈党政领导干部生态环境损害责任追究办法（试行）〉实施细则》。

健全环境资源司法体系，完善生态环境保护责任体系。

加强生态环境保护法制宣传教育。

（三）加强标准化建设

强化重要的资源生态环境标准制定和实施，建立自我评价、社会评价与政府引导相结合的标准评价机制，深化两型示范创建，完善标准认证机制，形成政府引导、市场驱动、社会参与、协同推进的标准化共治格局。

（四）健全公众参与机制

完善生态环境信息公开机制和环境影响评价公众参与平台。

建立健全决策咨询制度，改革建议征集制度，通过座谈会、论证会、听证会和新闻媒体、网络平台等多种形式，听取社会各界的意见和建议。

支持生态文明建设公益组织发展。

鼓励公众监督改革进程、评价改革效果。

（五）推进生态文明建设信息化

建立跨部门的资源生态环境监控运行机制和资源环境承载能力监测预警机制，完善相关指标体系、技术方法、数据库和信息技术平台。

八 保障措施

（一）进一步加强组织领导

各有关部门要积极支持和指导长株潭两型试验区各市开展工作，加强重大改革事项的系统研究和部署。

长株潭两型试验区各市县党委、政府要承担改革试验的主体责任，切实加强组织领导和推进实施，明确时间表、路线图、责任书。

省长株潭两型试验区工委（管委会）负责协调组织第三阶段改革试验，进一步完善考核激励机制，督办、督查推进贯彻落实。

（二）健全政策支撑体系

各级各部门在相关工作统筹中要体现长株潭先行区、主导区的地位，将国家部署在湖南的生态文明建设试点示范，优先放在长株潭先行先试；省部署推进的生态文明改革试点必须在长株潭地区部署并统筹推进。

省级职能部门要研究完善支持长株潭两型试验区建设的产业、金融、土地、环境治理等政策。

各市县政府要加强资金保障，支持本地区两型改革重点项目建设。

（三）强化改革任务落实

健全完善改革进展报告、督办协调、督察落实、结项验收、考评激励、责任追究等机制，各级各部门要以钉子精神抓改革任务的落实，以改革任务落实与否判定改革工作成效。

每年确定年度重点项目，纳入省委全面深化改革领导小组督查范围，发现问题要明确责任、限定时间、挂账整改；对改革滞后的，实行约谈制度；整改不力的，严肃问责。

省长株潭两型试验区工委（管委会）和省委改革办、省绩效办应加强长株潭两型试验区改革考核评价工作，将考核结果纳入绩效考核范围，并作为干部评价、任用的重要依据。

（四）注重经验总结推广

把改革经验的总结、提升、推广，作为改革工作的重要内容和衡量改革任务完成情况的重要指标，采取自评估和第三方评估相结合的方式，及时总结、提升改革经验，将实践成效上升为制度成果。

开展生态文明改革创新案例申报评选，遴选先进经验上报国家有关部委，采取案例发布、媒体宣传、现场会等多种方式，在长株潭两型试验区及全省推广。

长株潭两型试验区以外各市州要结合实际，充分借鉴长株潭两型试验区的先进经验，加快推进全省生态文明建设。

附件：长株潭两型试验区改革行动计划

长株潭两型试验区改革行动计划

长株潭两型试验区改革行动计划为明确长株潭两型试验区第三阶段改革建设的重点任务、责任分工及时间要求，制定以下行动计划。

一　推进资源节约和高效利用

（一）自然资源生态空间确权

开展自然资源生态空间统一确权登记试点，探索研究水流、森林、山岭、荒地、滩涂等各类自然资源产权主体界定的办法，形成适合湖南实际的组织模式、技术方法及制度规范。

到 2020 年，基本建立自然资源生态空间统一确权登记制度和体系。

（责任单位：省国土资源厅，长株潭两型试验区各市人民政府）

（二）实施资源环境价格改革政策

依法推进水资源费改税工作，实行从量定额计征。

实施煤电价格联动、燃煤机组基本电费加电度电费两部制电价政策。

在水泥等行业实行基于综合电耗水平标准的阶梯电价政策。

完善居民用水电气阶梯价格、污水垃圾处理收费、可再生能源电价政策，推进农业水价综合改革，落实超计划、超定额取水定额累进加价制度。

推进输配电价改革，在长株潭开展非居民用天然气季节性差价试点，合理确定地下综合管廊收费、中水回用价格等。

（责任单位：省发改委、省财政厅、省水利厅、省住房城乡建设厅、省经信委，长株潭两型试验区各市人民政府）

（三）推进资源循环利用

实施循环发展引领计划，建立健全长株潭两型试验区资源产出率统计体系、资源再生产品和原料推广使用制度。

制定循环经济技术目录，实行政府优先采购、贷款贴息等政策。

建立循环型工业、农业、服务业体系。

建立垃圾分类、废弃物资源化利用等制度，建立区域性再生资源交易市场、废旧物资回收中心和再生资源信息系统。

限制一次性用品使用，鼓励开设跳蚤市场。

到 2020 年，工业固体废弃物综合利用率达到 75%。

（责任单位：长株潭两型试验区各市人氏政府，省发改委、省统计局、省经信委、省农委、省住房城乡建设厅、省环保厅）

（四）建设低碳能源体系

提高煤炭清洁高效利用率，鼓励太阳能光伏、风电等新能源发展，推动天然气在工业燃料、交通、民用等领域应用，促进燃煤电厂超低排放。

到 2018 年底前，30 万千瓦及以上燃煤发电机组（暂不含 W 型火焰锅炉和循环流化床锅炉）实施超低排放改造，烟尘、二氧化硫、氮氧化物排放浓度分别不高于 l0、35、50 毫克/立方米。

关闭 9 万吨/年及以下煤矿，逐步淘汰 16 万吨以下选煤厂。

（责任单位：长株潭两型试验区各市人民政府，省发改委、省经信委）

（五）开展能效领跑者引领行动

组织企业积极参与国家能效领跑者计划，及时更新节能新技术新产品推广目录，建立推动终端用能产品、高耗能行业、公共机构能效水平提升的长效机制。

（责任单位：省发改委、省经信委、省机关事务管理局，长株潭两型试验区各市人民政府）

（六）推广合同能源管理

完善能耗管家、节能医生、合同能源管理企业联盟等形式，发展能耗监测技术，培育一批专业化服务机构。

制订修订公共机构能耗标准，调整现有公共机构能源经费预算制度，建立全省公共机构能耗信息平台，推进公共机构合同能源管理政策实施。

完善工业企业合同能源管理制度。

（责任单位：省发改委、省经信委、省财政厅、省机关事务管理局，长株潭两型试验区各市人民政府）

（七）实行最严格的耕地、林地、湿地保护制度

对试点地区划定的永久基本农田实施特殊保护，探索推广建设占用优质耕地耕作层剥离再利用工作经验。

结合土地利用总体规划，启动长株潭两型试验区各县市区县级林地保护利用规划修编。

实行严格的林地分级管理和项目使用准入审核审批。

开展林地股份农民合作社试点、集体林地资产股份制改革试点。

把长株潭两型试验区所有湿地纳入保护范围，制定、实施湿地生态修复规划。

在洞庭湖、水府庙等地开展湿地产权确权试点。

（责任单位：省国土资源厅、省林业厅、省财政厅，长株潭两型试验区各市人民政府）

（八）推进土地集约节约利用

建立"以亩产效益"考核评价为核心的低效用地退出机制。

深化低丘缓坡开发利用、城乡建设用地增减挂钩等试点。

改革工业用地供应方式，实行分阶段考核验收，鼓励采取长期租赁、先租后让、租让结合等灵活多样的供地方式，探索以工业用地在法定最高出让年期内缩短出让年期等方式实行弹性出让。

制定开发园区工业项目用地的投资强度、产出效益、容积率、绿地率等准入标准。

到 2020 年，单位地区生产总值所需建设用地面积降低达到国家确定的目标值。

（责任单位：省国土资源厅，长株潭两型试验区各市人民政府）

（九）推进水生态文明试点

在长株潭地区开展水权交易试点，探索建立水权交易规程、风险防控机制。

全面建设节水型社会，建立健全节约集约用水机制，制定水生态文明城乡建设评价标准。

到 2020 年，全面完成长沙、株洲、郴州等国家级水生态文明城市试点建设，并在条件适宜的市州开展省级水生态文明示范县城或乡镇、村建设。

（责任单位：省水利厅、省发改委、省住房城乡建设厅、省环保厅，长株潭两型试验区各市人民政府）

二 推进生态环境保护治理

（一）深入实施湘江保护和治理"一号重点工程"

专项推进园区、重点区域、城乡生活污水垃圾及农业面源污染治理，实施企业整治整合及沿岸退耕还林、还湿试点，实施株洲清水塘、湘潭竹埠港、衡阳合江套等老工业区绿色搬迁改造。

完善流域综合治理绩效考核指标体系，在绩效考核中加大水污染防治工作的比重。全面推行河长制。

2018 年，完成株冶搬迁改造，完成湘潭竹埠港企业关停后的污染场地修复和治理。

到 2020 年，全面完成株洲清水塘老工业区企业搬迁改造，湘江流域除浏阳河出口河段不低于 Ⅳ 类标准外，其余国控断面水质优良率达到 100%。

（责任单位：省环保厅、省水利厅、省农委、省发改委、省林业厅、省经信委，长株潭两型试验区各市人民政府）

（二）完善城乡环境同治机制

建立城乡一体化的垃圾收运体系、循环利用与无害化处理系统，推进城乡垃圾分类处理和资源化利用，开展农村垃圾专项治理行动。

开展农村环保自治改革试点。

2018 年底前，实现长株潭两型试验区所有县市区农村环境综合整治全覆盖。

到 2020 年，县以上城镇污水达标处理率达到 95%，县以上城镇生活垃圾无害化处理率达到 100%，全部集镇和 90% 以上村庄的生活垃圾得到有效治理。

落实以绿色生态为导向的农业补贴制度，加快推进化肥、农药、农膜减量化以及畜禽养殖废弃物资源化和无害化。

（责任单位：长株潭两型试验区各市人民政府，省环保厅、省住房城乡建设厅、省农委）

（三）健全生态安全管理制度

落实突发环境事件应急预案，建立健全突发环境事件应急救援网络，提高与环境风险程度、污染物种类等相匹配的突发环境事件应急处置能力。

建立健全食品安全监管、农产品和水产品质量安全监管体系。

健全防灾减灾体制，完善灾害调查评价、监测预警、防治应急体系。

（责任单位：省环保厅、省国土资源厅、省农委、省食品药品监管局，长株潭两型试验区各市人民政府）

（四）推进重金属污染耕地修复治理

深入推进试验区重金属污染耕地修复治理试点工作，完善达标生产区与管控专产区，即轻中度污染区 "VIP＋N" 治理修复模式、重金属镉污染粮食 "四专一封闭" 收购处置模式、替代种植区即重度污染区的农作物替代种植补偿模式，形成可复制的修复治理模式。

引入市场机制，支持开展第三方承包治理试点。

（责任单位：省农委、省环保厅、省国土资源厅，长株潭两型试验区各市人民政府）

（五）建立长株潭大气污染联防联控机制

协调开展长株潭三市联合执法、信息共享、预警应急，将重污染天气应急响应纳入各级政府突发事件应急管理体系。

到 2020 年，长沙、株洲、湘潭可吸入颗粒物浓度在 2015 年基础上下降 18%，长沙、株洲、湘潭全年空气质量达到二级标准的天数大于 303 天。

（责任单位：长株潭三市人民政府，省环保厅）

（六）创新长株潭生态绿心保护发展模式

修编绿心地区总体规划，完成控制性详细规划编制，出台生态绿心及周边地区规划、建设、管理和保护等"一揽子"解决方案。

实施生态绿心地区示范片发展工程、不符合主体功能定位的产业退出工程、生态绿心地区复绿补绿插绿五年行动，建设长株潭城际绿道网，将绿心地区林地（国家级公益林地除外）全部纳入省级生态公益林范围并提高补偿标准。

健全绿心管控与发展机制，开展生态绿心环境保护联合执法、监督。

（责任单位：省长株潭两型试验区管委会、省林业厅、省住房城乡建设厅，长株潭三市人民政府）

（七）推进耕地河湖休养生息

编制耕地、河湖休养生息规划，调整严重污染和地下水严重超采地区的耕地用途，按规定逐步将 20 度以上不适宜耕种且有损生态的陡坡地退出基本农田。

在洞庭湖地区开展退田还湖、退田还湿试点。

（责任单位：省发改委、省农委、省国土资源厅，长株潭两型试验区各市人民政府）

（八）健全生态补偿制度

完善生态保护区域财力支持机制。

推进建立生态保护红线区域生态补偿机制。

推进湘江及资沅澧流域水质水量生态补偿。

开展湿地生态补偿试点，探索公益林分类分区域生态补偿办法，加快建立环境空气质量生态补偿机制。

到 2018 年，基本建立体现生态价值和代际补偿的生态补偿制度。

（责任单位：省财政厅、省环保厅、省水利厅、省林业厅，长株潭两型试验区各市人民政府）

（九）创新矿山生态环境综合防治机制

以湘潭鹤岭、娄底锡矿山等涉及"一湖四水"流域污染问题矿区的矿山复绿为重点，推进矿山地质环境治理示范。

（责任单位：省国土资源厅、省林业厅，长株潭两型试验区各市人民政府）

（十）推行环境第三方治理

创新环境公用设施投资运营市场化机制，研究实施财政、融资、担保、信用等支持政策。

培育壮大一批环保产业龙头企业，加快向环保服务领域拓展。

整合各级财政安排的涉环资金，对重金属污染治理、农村环境综合整治、良好生态湖泊水域综合治理、城镇污水垃圾处理、土壤污染治理及矿山地质环境综合治理等领域重点项目，引入第三方治理。

探索建立限期第三方治理机制，探索实施强制委托第三方治理。

到 2018 年底前，完成株洲清水塘、湘潭竹埠港地区国家环境污染第三方治理试点、长沙宁乡县畜禽养殖污染强制性第三方治理试点等任务，形成典型经验和操作模式并在全省推广。

（责任单位：省发改委、省环保厅、省农委、省住房城乡建设厅、省经信委、省财政厅，长株潭两型试验区各市人民政府）

（十一）建立碳交易市场和低碳技术交易平台

建立和完善以碳排放总量控制制度为基石、碳排放权交易制度为核心的低碳发展制度框架，完善碳交易注册登记系统，建立碳交易监管体系，建设湖南省国际低碳技术交易中心，争取全国低碳技术交易试点。

2016 年，实现省级碳交易管理平台与国家碳交易注册登记系统的同步和连接。

2017 年，碳交易中心建成运营。

（责任单位：省发改委，长株潭两型试验区各市人民政府）

（十二）深化排污权交易

推进刷卡排污试点，探索排污权短期租赁，完善排污权抵押贷款制度，推行"以收代补""以减排量定补助资金"的污染治理资金下达模式。

2016年，基本完成排污权初始分配，建立完善省市县共用的排污权交易平台。

到2020年，建立实施社会资金参与、抵押贷款、刷卡排污、跨行政区交易等机制，建立排污权交易体系。

（责任单位：省环保厅，长株潭两型试验区各市人民政府）

（十三）探索海绵城市建设模式

研究编制海绵城市建设技术标准图集，完善相关指标体系、绩效评价方法，完善引导社会资本参与海绵城市项目建设机制。

在加快常德试点的同时，向长株潭及全省推广，到2020年，城市建成区20%以上面积达到70%降雨就地消纳和利用、年径流总量控制率在75%～85%的目标要求。

（责任单位：省住房城乡建设厅，长株潭两型试验区各市人民政府）

（十四）建立健全城市综合管廊建设机制

完善强制入廊政策、建设运营维护费用合理分担政策以及运营管理办法。

强化投入机制建设和标准体系建设。

到2020年，在长株潭地区建成一批具备国内先进水平且在省内起到引领示范作用的高标准城市地下综合管廊，长株潭三市分别建成60公里、40公里和40公里以上。

（责任单位：省住房城乡建设厅，长株潭三市人民政府）

三　推进产业转型升级

（一）构建绿色制造体系

组织实施《湖南省绿色制造工程专项行动方案》，开展绿色制造试点示范，对获得省部级试点示范的工业企业按规定进行奖励，实行差别化用电、用水、用地、排污权等政策。

加快建立生产者责任延伸制度，推进产品生态设计，制定产品生态设计规范，开展纸塑复合包装物回收利用联盟建设相关工作。

（责任单位：省经信委、省发改委、省商务厅，长株潭两型试验区各市人民政府）

（二）促进清洁生产行动

以长株潭及湘江流域为重点区域，以传统排放较大行业为重点对象，全面推行工业企业清洁生产审核制度，推广清洁生产技术。

（责任单位：省经信委、省环保厅，长株潭两型试验区各市人民政府）

（三）推广绿色建筑

加快推进建筑产品部品标准化、产业化、工厂化、现代化，完善标准体系、图集，推广绿色建筑和建材。

实施《湖南省绿色建筑行动实施方案》，开展绿色建筑评价。

建立绿色建筑全寿命周期管理模式。

大力推广绿色施工，积极创建绿色施工示范工程。

到2020年，长株潭50%以上的新建建筑达到绿色建筑标准。

（责任单位：省住房城乡建设厅，长株潭两型试验区各市人民政府）

（四）推进绿色金融创新

落实国家批复的长株潭金融改革发展专项方案，争取国家支持开展长株潭两型试验区绿色金融改革试点。

制订绿色金融规则，创新绿色信贷产品和服务模式。

鼓励金融机构加大绿色信贷发放力度，探索建立财政贴息等绿色信贷扶持机制。

支持金融机构和企业发行绿色债券，探索资产证券化、市政债等融资方式，完善环境污染责任保险制度，推进绿色信用体系建设。

大力发展绿色租赁、绿色信托，支持设立各类绿色发展基金并实行市场化运作。

支持符合条件的银行业金融机构打造绿色金融集团，建立绿色金融专业化经营体系。

加强对绿色金融业务和产品的监管协调。

推动绿色金融扩大开放。

到2020年，在绿色债券、绿色发展基金、绿色银行等领域取得实质性进展。

（责任单位：省政府金融办、人民银行长沙中心支行、省长株潭两型试验区管委会、省发改委、省财政厅、省环保厅、湖南银监局、湖南证监局、湖南保监局，长株潭三市人民政府）

（五）提升打造开放新平台

争取国家支持长株潭地区开展开放型经济新体制综合试点试验。

完善长株潭企业"抱团出海"和"借船出海"机制，加大央企、湘企合作力度。

完善铁空水陆和电子口岸体系，加强区域内综合保税区等海关特殊监管区域建设，建立口岸联动机制。

进一步加快口岸功能区域建设，完善口岸功能资质，提高运营效益，丰富铁水、铁公、空公等多式联运组合模式，畅通国际物流通道。

（责任单位：省商务厅、长沙海关，长株潭两型试验区各市人民政府）

四 实施创新驱动战略

（一）长株潭国家自主创新示范区建设

围绕自主创新示范区发展规划，搭建科技公共服务、科技金融结合、科技成果交易、对外合作交流等一批创新服务平台，重点实施军民融合、科技成果转化及产业化、高层次人才聚集、创新型产业集群培育等一批创新示范工程。

到 2020 年，力争自主创新示范区技工贸总收入 2.6 万亿元，全社会研发投入占 GDP 比重达到 4%。

（责任单位：省科技厅、省发改委、省经信委、省财政厅、省政府金融办、省商务厅，长株潭三市人民政府）

（二）健全绿色科技支撑体系

组织实施大气污染防治科技示范工程、新能源和节能环保科技示范工程、"四水一湖"水安全科技创新工程、重金属污染土壤修复科技工程等，完善支撑生态文明建设的科技创新平台和服务体系。

（责任单位：省科技厅，长株潭两型试验区各市人民政府）

（三）创新清洁低碳技术推广机制

出台"十三五"十大清洁低碳技术推广实施方案，加强产业技术联盟、科技投融资平台、市场推广平台等服务体系建设，形成一批成熟的技术推广经验模式和骨干企业。

（责任单位：省长株潭两型试验区管委会、省发改委、省经信委、省环保厅、省住房城乡建设厅、省交通运输厅、省农委、省科技厅，长株潭两型试验区各市人民政府）

（四）完善政府两型采购制度

提高两型采购货物产品所占的比重，完善两型产品认定及管理办法以及政府两型采购政策，将政府两型采购逐步拓宽到工程、服务领域。

2017年，出台《政府采购支持"两型社会"建设管理办法》，推进政府两型采购规范化、法制化。

（责任单位：省财政厅、省长株潭两型试验区管委会、省科技厅、省质监局、省环保厅、省经信委，长株潭两型试验区各市人民政府）

（五）建设长株潭人才发展改革试验区

实施"长株潭高层次人才聚集工程"，在重点产业领域大力引进海内外高层次人才、培养省内领军人才，建立人才综合服务平台，创新出入境、子女入学、医疗保障等服务，促进科研院所、高校人才与企业科技人才双向流动，建设高端人才社区，实现各类人才服务"一站式"办理。

（责任单位：长株潭三市人民政府，省委组织部、省人力资源社会保障厅、省科技厅）

五　推进城市群协同发展

（一）强化一体化推进机制

明确长株潭三市党委和政府主体责任、省直部门统筹协调责任，建立推进一体化建设的考核奖惩机制，制定一体化发展指标体系及评估办法。

加强政策资源整合，形成三市政策协同化、省级政策统筹化、争取国家支持板块化的机制。

（责任单位：长株潭三市人民政府，省长株潭两型试验区管委会、省发改委等）

（二）完善城市群空间规划体系

以土地利用总体规划为底盘，以土地调查及地理国情普查等法定数据为底数，在充分对接城市、环保、交通、绿心等专项规划的基础上，编制完善长株潭两型试验区国土空间规划，划定城市开发边界、耕地和基本农田保护红线、生态红线，建立红线管控制度。

在湘江新区、绿心地区等区域，推进土地利用总体规划、城市总体规划、生态保护规划等"多规合一"。

构建统一的空间规划基础信息平台，推动多部门规划信息的互通共享和业务管理的衔接协调。

简化自上而下的用地指标控制体系，调整按行政区和用地基数分配指标的做法。

建立国土空间动态监测制度。

到 2020 年，完成长株潭城乡规划一张图信息系统建设，实现控制性详细规划编制和项目建设实时监控及动态管理。

（责任单位：省国土资源厅、省长株潭两型试验区管委会、省发改委、省环保厅、省住房城乡建设厅，长株潭三市人民政府）

（三）推进基础设施共建共享

制定长株潭城市群基础设施规划编制管理办法。

加强城市群路网、航道、航空设施以及区域性污水、垃圾、危险品废弃物、医疗废弃物等处理（处置）设施的统筹规划、建设、管理。

加快构建高速、移动、安全的新一代信息基础设施，统筹空间、测绘、气象等基础设施建设。

（责任单位：省发改委、省交通运输厅、省经信委、省国土资源厅、省环保厅、省住房城乡建设厅、省气象局，长株潭三市人民政府）

（四）促进产业协同发展

编制城市群产业布局规划和产业发展目录。

支持长株潭三市联合申报国家、省重大产业化项目。

建立长株潭招商引资共享平台。

大力发展特色园区。

搭建协同创新平台。

支持产业跨市转移重组的土地、财政等政策。

（责任单位：省发改委、省经信委、省科技厅、省商务厅、省财政厅、省国土资源厅，长株潭三市人民政府）

（五）加快推进"三通四化"，落实公交、健康、社保一卡通和交通、户籍、信息、统一规划基础上的地名一体化

深化户籍制度改革。

推进长株潭三市教育、文化、体育、医疗等资源开放共享。

加强三市居民就业、养老保险、基本医疗保险、工伤保险和生育保险政策设计和协调。

逐步实现统一的住房公积金运行管理模式。

（责任单位：省人力资源社会保障厅、省教育厅、省公安厅、省长株潭两型试验区管委会、省卫生计生委、省文化厅、省民政厅、省交通运输厅、省住房城乡建设厅、省通信管理局，长株潭三市人民政府）

六　推进现代化生态文明治理体系建设

（一）加强标准化建设

推进生态文明建设标准全覆盖、强制性标准全实施，整合环保、节能、节水、循环、低碳、再生、有机等标准，率先建立统一的绿色产品标准、认证、标识等体系，开展标准第三方认证。

到 2020 年，基本建成系统完备的生态文明及"两型社会"标准化体系。

（责任单位：省质监局、省长株潭两型试验区管委会、省发改委等，长株潭三市人民政府）

（二）开展绿色发展绩效评价考核

建立绿色发展指标体系，完善体现不同主体功能区特点和生态文明要求的市县党政领导干部政绩考核办法，突出经济发展质量、能源资源利用效率、生态建设、环境保护、生态文化培育、绿色制度等方面指标。

综合考虑各地主体功能定位、资源禀赋、产业基础、区位特点等，开展生态文明建设评价，将评价结果向社会公开。

开展生态系统价值核算试点，探索构建生态系统价值核算体系和核算机制。

深化长沙市、湘潭市绿色发展评价试点。

（责任单位：省统计局、省人力资源社会保障厅、省长株潭两型试验区管委会，长株潭两型试验区各市人民政府）

（三）完善环境资源司法体系

研究建立环境资源保护行政执法与刑事司法无缝衔接机制，对违反环境保护、自然资源利用等方面法律法规的行为依法进行处置。

健全法院、检察院环境资源司法职能配置。

严格依法有序推进环境资源公益诉讼，推进环境资源专门化审判，建立大气、水、土壤、森林、矿产等领域的各类环境资源刑事、民商事、行政诉讼及相关非诉讼执行案件的公正高效审理机制。

完善环境资源多元化纠纷解决机制。

（责任单位：省高级人民法院、省人民检察院、省司法厅、省公安厅、省环保厅，长株潭两型试验区各市人民政府）

（四）完善生态文明建设责任体系

总结娄底市、株洲市、嘉禾县等地领导干部自然资源资产离任审计试点经验，探索将审计评价结果作为领导干部考核、任免、奖惩的重要依据。

总结娄底市自然资源资产负债表编制经验，推广改革成果。

开展生态环境损害赔偿制度改革，探索建立环境损害赔偿评估体制机制，推进娄底市生态环境损害赔偿制度改革试点。

全面落实《湖南省环境保护工作责任规定（试行）》《湖南省重大环境问题（事件）责任追究办法（试行）》《湖南省贯彻落实〈党政领导干部生态环境损害责任追究办法（试行）〉实施细则》《湖南省环境保护督察方案（试行）》。

（责任单位：省委组织部、省政府法制办、省环保厅、省统计局、省审计厅，长株潭两型试验区各市人民政府）

（五）促进生态文明信息化建设

推进大气、水、土壤等环境质量信息和项目审批、执法等监管信息公开。

到 2020 年，基本建立污染物监测及信息发布系统、资源环境承载能力动态监测网络，基本实现能源生态环境数据的互联互通和共享。

（责任单位：省环保厅、省发改委、省国土资源厅、省林业厅、省长株潭两型试验区管委会等，长株潭两型试验区各市人民政府）

中共湖南省委　湖南省人民政府

2016 年 12 月 13 日

长株潭国家自主创新示范区建设工作领导小组关于印发《长株潭国家自主创新示范区建设协调议事工作规则》的通知

湘创组〔2017〕2 号

各成员单位：

《长株潭国家自主创新示范区建设协调议事工作规则》已经长株潭国家自主创新示范区建设工作领导小组第二次会议审议通过，现印发给你们，请认真贯彻执行。

附件：长株潭国家自主创新示范区建设协调议事工作规则

长株潭国家自主创新示范区建设工作领导小组

2017 年 2 月 18 日

长株潭国家自主创新示范区建设协调议事工作规则

为加快推进长株潭国家自主创新示范区（以下简称自创区）建设，建立完善建设统筹协调工作机制，特制定本规则。

第一章 总 则

第一条 在省委、省政府的统一领导下，自创区建设坚持"省统筹、市建设、区域协同、部门协作"的基本原则。

第二条 在长株潭国家自主创新示范区建设工作领导小组的统筹协调下，省、市相关部门分工协作、各司其职，共同推进自创区建设发展。

784

第三条 建立完善相关工作机制，推动自创区建设议事决策更加科学、规范、高效，切实提高决策水平和工作效率。

第二章 领导小组议事工作规则

第四条 自创区建设工作领导小组（以下简称领导小组）是省政府统筹推动自创区建设发展的议事协调机构，负责研究

审议自创区建设的重大决策事项、审议自创区先行先试政策、统筹协调自创区建设重大项目及其他与自创区建设相关的重大事项。

第五条 领导小组每年召开一次年度会议，并根据需要，不定期召开工作会议，研究审议自创区建设重大问题。主要包括：

（一）总结自创区建设工作进展；

（二）研究部署自创区建设工作；

（三）研究审议自创区发展建设规划、行动计划；

（四）研究审议先行先试重大政策；

（五）统筹协调自创区重大平台、重大项目建设；

（六）协调部署争取国家部委支持自创区建设事项；

（七）其他相关重要问题。

第六条 领导小组会议由组长（或委托副组长）主持召开，由省政府办公厅具体组织，省科技厅协助。议题由领导小组办公室（省科技厅）负责收集，经副组长审核后报组长审定。参加人员为领导小组成员单位，根据会议内容需要可请有关单位列席。

第七条 会议决议由各成员单位按职责分工组织实施，实施和执行情况，应根据要求向领导小组及其办公室报告，省政府办公厅和领导小组办公室负责督查。

第八条 根据工作需要，由领导小组组长或副组长召集，不定期组织相关成员单位召开会议，研究审议相关事项。

第三章 领导小组办公室协调工作规则

第九条 自创区建设工作领导小组办公室（以下简称领导小组办公室）是领导小组的办事工作机构。具体承担领导小组日常工作事务。主要包括：

（一）组织编制自创区发展规划、行动计划、年度工作计划等；

（二）组织制定自创省区层面重大政策试点、重大平台与项目建设、重大人才引进计划方案等，统筹推动创新资源开放共享；

（三）拟定自创区绩效评估指标，承担绩效评估数据采集工作；

（四）协助组织召开领导小组会议；

（五）开展自创区工作督查；

（六）编办自创区建设工作简报和网站；

（七）承办省委、省政府、领导小组交办的其他相关工作。

第十条　领导小组办公室设省科技厅，办公室主任由省科技厅厅长兼任，副主任由一名副厅长担任，各领导小组成员单位分管负责人任成员。各成员单位明确一名处室负责人，担任联络员，负责具体工作联系。

第十一条　领导小组办公室实行不定期工作会商制度。根据工作需要，由办公室主任或副主任召集领导小组成员单位成员或联络员召开会议协商相关工作。

第十二条　建立情报信息沟通制度，领导小组成员单位按要求定期将自创区建设工作进展及相关情况报送领导小组办公室，办公室采取会议、文件、简报等方式及时将领导小组的重大决策部署、建设进展及相关情况及时报送各成员单位。

第十三条　建立工作督查调度制度。领导小组办公室负责自创区建设重点工作进度督查、调度，定期召开工作调度会，重点督查、调度省委、省政府、领导小组关于自创区建设的重大决策部署落实、重点建设任务实施、先行先试政策执行、主要指标任务完成等，并及时向领导小组报告。

第四章　长株潭三市及园区工作会商规则

第十四条　长沙、株洲、湘潭三市建立自创区建设联席会议制度，定期协调沟通自创区建设事宜。联席会议原则上每半年召开一次，如有需要可临时召开。

第十五条　联席会议实行轮值制度，由长株潭三市政府或相关园区轮值主办，三市政府分管领导、科技局主要负责人、相关园区负责人参加，领导小组办公室派人列席。根据需要，邀请省直相关成员单位参加。

第十六条　联席会议议题由召集相关参会单位确定，报领导小组办公室备案。主要包括以下工作：

（一）协调落实领导小组重点部署工作任务；

（二）总结交流自创区建设经验；

（三）协调科技资源开放共享、园区发展、产业布局等；

（四）协调自创区政策制定；

（五）其他需要沟通、交流的有关内容。

第十七条　三市及相关园区加强多种形式的联系沟通，确保自创区建设协调联动。

第五章　附　则

第十八条　本制度自发布之日起试行。由领导小组办公室负责解释。

湖南省人民政府办公厅正式印发
实施《长株潭国家自主创新示范区建设
"三年行动计划"（2017～2019年）》的通知

湘政办发〔2017〕15号

各市州、县市区人民政府，省政府各厅委、各直属机构：

《长株潭国家自主创新示范区建设三年行动计划（2017～2019年）》已经省人民政府同意，现印发给你们，请认真贯彻执行。

湖南省人民政府办公厅

2017年4月6日

长株潭国家自主创新示范区建设"三年行动计划"
（2017～2019年）

为认真贯彻落实科技部《长株潭国家自主创新示范区发展规划纲要（2015～2025年）》（国科发高〔2016〕50号）（以下简称《规划纲要》）、《中共湖南省委湖南省人民政府关于建设长株潭国家自主创新示范区的若干意见》（湘发〔2015〕19号，以下简称《意见》），扎实推进长株潭国家自主创新示范区（以下简称"自创区"）建设，结合我省实际，制定本行动计划。

一 总体要求

（一）指导思想

全面落实党的"十八大"和十八届三中、四中、五中、六中全会精神，深入贯彻习近平总书记系列重要讲话精神，坚持创新、协调、绿色、开放、共享发展理念，深入实施创新引领、开放崛起战略，着力提升创新能力，建设区域创新高地，示范带动实现富饶美丽幸福新湖南目标。

（二）基本原则

1．规划统领，协同推进

围绕《规划纲要》《湖南省"十三五"科技创新规划》以及自创区空间和产业规划布局，进一步完善"省统筹、市建设、区域协同、部门协作"的工作机制，协同推进自创区建设。

2．目标指引，分步实施

分解《规划纲要》目标任务，按照"目标清晰、重点突出、分步实施、持续完善"的思路，有步骤、有计划的分年度推进自创区建设。

3．制度保障，双轮驱动

在深化改革上先行先试，以体制机制创新激发科技创新活力，发挥制度创新、科技创新的协调作用。

4．以人为本，服务先行

坚持以"人"为核心，尊重创新创造的价值，激发各类人才的积极性和创造性。推动政府职能由研发管理向创新服务转变，建立创新资源开放共享机制。

（三）行动目标

用三年时间，自创区创新驱动发展引领区、科技体制改革先行区、军民融合创新示范区、中西部地区发展新的增长极建设取得显著进展，为全省科技创新基地建设奠定坚实基础。

创新环境更加优化。新引进高端创新团队100个以上，其中国际顶尖创新团队10个以上；扶持新型研发机构20个以上；每万人有效发明专利拥有量达到20件，年均增长15%，实现专利权质押融资额度年均增长30%。

创新投入持续增加。发挥政府投入的引导和撬动作用，完善政府、企业、社会多元投入机制。研究与试验发展经费投入占地区生产总值比重力争达到3.3%。

创新绩效显著提高。技工贸总收入达到1.8万亿元；高新技术企业达到2000家以上，高新技术产业增加值占地区生产总值的比重达到35%；科技进步贡献率达到65%。

竞争优势稳步提升。长沙高新区全国综合排名由第16位提升至第14位；株洲高新区由第28位提升至第26位；湘潭高新区由第80位提升至第75位，其他各项指标稳步提升。

长株潭国家自主创新示范区建设目标值

指　标	基期（2016 年）	目标（2019 年）
每万人发明专利拥有量（件）	15.36	20
研发投入占 GDP 比重（%）	2.9	3.3
技工贸总收入（万亿元）	0.8	1.8
高新技术产业增加值占 GDP 比重（%）	30	35
高新技术企业数量（家）	834	2000
科技进步贡献率（%）	60	65

二　重点任务

（一）完善推进体系，优化创新环境

1. 协同创新体系

完善部际协调小组和省自创区建设领导小组工作机制，加强部省对接。强化省直相关部门及长株潭三市之间的沟通协调。建立定期会商制度，协同推进工作落实和目标完成。以建立企业联盟的方式，引导企业推进供给侧改革，提高全要素的创新能力。编制实施自创区空间发展规划，按照"一区三谷多园"架构，逐步优化自创区整体空间布局，将自创区范围辐射拓展到国家新区、其他省级及以上开发区、工业园区、新型工业化产业示范基地，在创新协同、产业协同、区域协同等方面做出示范。

2. 政策支撑体系

按照"1＋N"的工作思路，加快出台落实《意见》的实施细则，重点在人才引进培养、科研院所转制、科技成果转化、创新创业主体培育、军民融合、科技资源开放共享、科技金融结合等方面制定工作方案、具体实施办法，进一步完善自创区建设政策体系。积极推动出台《长株潭国家自主创新示范区条例》。

3. 绩效考核体系

建立自创区绩效考核评估机制，建立完善自创区建设的绩效考核机制，将自创区绩效考核纳入对长株潭三市和省直相关部门的绩效考核指标，推进自创区建设工作落实。

（二）实施示范工程，提升创新能力

1. 高层次人才聚集示范工程

一是依托省引进海外高层次人才"百人计划"、"企业科技创新创业团队支持计划"、"湖湘青年英才支持计划"等重点人才引进培养计划，进一步完善人才引进培养和评价激励机制；

二是建立人才交流服务平台，实现自创区各类人才服务"一站式"办理；

三是充分发挥职业技校和企业生产实习车间的作用，实施高技能人才振兴计划，引进和培养大批既掌握高超技艺、技能，又掌握现代科学知识和前沿技术的技能加智能的复合型人才。

四是规划建设宜居宜业宜游的国际社区。长沙实施人才引进培养计划，建立高层次人才举荐制度，规划建设科学家、院士等高端人才集中创新创业载体和基地。创新校企订单式人才培养、联合培养模式，建设企业化人才基地和高校实训基地，探索建设人才资源信息网络与数据库，搭建人才交流网络和服务平台，力争引进高端创新团队40个，其中国际顶尖创新团队5个；株洲围绕集成电路、工业机器人、智能设备、互联网＋等领域，引进一批掌握关键核心技术的高端创新团队和领军人才，力争引进高端创新团队35个，其中国际顶尖创新团队3个、新兴产业项目和研发机构10~20个；湘潭围绕打造特色产业体系，积极吸引和聚集海内外高端创新团队、科技领军人才、产业发展领军人才、高层次经营管理人才、高技能人才等，力争引进高端创新团队25个，其中国际顶尖创新团队2个。

2. 军民融合创新示范工程

创新省产业技术协同创新研究院运行机制，推进省军民融合科技创新产业园、投融资平台和"军民融合众创空间"建设工作，构建"园区管理、投资融资、信息共享、扶持服务"等为一体的综合性平台，探索军民融合科技成果转化的开放、创新、管理新模式。以国家和军队重大战略需求为牵引，重点推进智能无人系统、海洋保障系统、自主可控计算机整机、磁悬浮、激光陀螺、北斗导航、特种材料、信息安全以及航空航天、高端装备制造等领域的军民融合。进一步协调多部门聚焦军民融合深度发展，积极推动国家军民融合创新示范区、军民科技协同创新平台的申报和创建，支持"军民融合众创空间"纳入军队军民融合科技成果转化试点单位，支持长沙高新区创建国家军民融合科技创新示范基地。

3. 科技成果转化及产业化示范工程

进一步推进科研院所改制改革，研究制定激励、保护科研活动的先行先试政策。完善落实科技成果转化法的配套措施，开展科技成果处置权收益权分配权改革示范，建好湖南省科技成果转化和技术交易网络平台，支持建设（长沙）国家大学科技城、科技要素交易平台、尖山湖国际创新中心、中国计量院长沙分院、电力牵引轨道机车车辆国家技术创新中心、国家新能源机动车检测中心株洲分中心（湖南新能源汽车协同创新研究院）、湘潭力合科技领航城、湘潭院士创新产业园等高规格的科技成果产业化基地，探索科技成果托管、挂牌、拍卖、协议等交易方式。建设以应用技术研发和产业化为主的新型研发机构，扶持湖南（航天）新材料技术研究院、长沙智能制造研究总院、长沙增材制造（3D打印）应用工业技术研究院、长沙环保（服务）工业技术研究院、中科院天仪空间研究院、株洲协同创新研究院（湖南省协同创新研究院株洲分院）、湘潭产业创新研究院等创新研究院发展。整合区域科技成果转移转化服务资源，大力培育科技服务机构，建立健全科技成果转移转化的市场指导定价机制，规范开展科技成果与知识产权交易。培育文化科技融合新业态，重点支持一批文化科技企业提升研发能力、成果转化能力和市场竞争能力，支持长沙国家级文化和科技融合示范基地建设。

4. 创新型产业集群培育工程

推进"长沙·麓谷创新谷"、"株洲·中国动力谷"、"湘潭智造谷"建设，围绕产业链部署创新链，实施"中国制造2025"战略和"互联网＋"行动计划，跨区域、跨行业培育创新型产业集群，合力推进工业新型优势产业链发展，实现区域协同创新发展。其中，长沙重点发展工程机械、文化创意、北斗卫星导航应用、绿色建筑（含装配式建筑）、移动互联网、生物（健康与种业）、节能环保、碳基材料、能源材料等产业；株洲重点发展轨道交通、通用航空、新能源汽车、燃气轮机、硬质合金材料等产业；湘潭重点发展智能制造、海工装备、海洋矿业、现代服务业等产业。通过"研发＋制造＋服务"全产业链提升，互联网与制造业的跨界融合发展，传统媒体与新媒体融合发展，打造工程机械、轨道交通、智能制造、新材料、新一代信息技术等5个千亿级创新型产业集群，培育发展移动互联网、文化创意、绿色建筑、北斗卫星导航应用、节能环保、高技术服务、生物健康等一批百亿级创新型产业集群。

（三）搭建创新平台，强化创新服务

1. 长株潭科技公共服务平台

按照"产权多元化、使用社会化、营运专业化"的原则，打造包括技术研发、标准化、检验检测认证、技术转移、成果转化、知识产权、创业孵化、金融服务、科技咨询等在内的高水平创新创业服务体系。引导、支持自创区各类科技服务机构纳入服务体系，实行"点对点"接单、研发、攻关、转化、服务，完善并应用好自创区人才引进、技术需求、成果转化等动态清单（三张清单）。建设湖南省科研仪器设施和检验检测资源开放共享服务平台，推动全省科研设施和科研仪器向社会开放共享。依托现有资源，在长株潭三市及国家高新区分别设立"一站式"创新创业服务窗口，省、市进一步下放经济管理权限，将省直、市直各部门和园区办事流程简化至服务窗口完成。

2. 长株潭科技金融服务平台

采用省地共建、市场化运作机制，探索实行科技、金融、产业深度融合的科技金融服务运营模式。依托现有具有科技金融服务工作基础和经验的投融资机构和事业单位，省市联合，改造建设长株潭科技金融服务平台，强化政策性服务功能，综合采用代持政府股权投资、自有资金投资、合作设立基金等方式，按照"政策先导、服务为本、逐步拓展、持续运营"的原则，面向自创区开展政策性和市场化金融服务以及科技金融结合服务。建立自创区科技金融风险补偿机制，制定风险补偿基金管理办法，鼓励金融机构采取投贷联动、保贷联动等方式创新金融产品，组织开展国家投贷联动试点申报。鼓励商业银行设立科技支行，鼓励商业保险公司设立科技保险子公司，创新科技金融服务。

3. 科技成果（知识产权）交易平台

依托湖南省技术市场和交易中心，建立自创区科技成果转化项目库、知识产权运营项目库、标准信息库、专利信息库、知识产权专家库和中介服务机构信息库，建设集科技成果转化、技术交易、知识产权公共服务于一体的综合性网络平台。围绕技术转移与成果转化，提供成果推送、标准制修订、产学研对接、技术经纪人培训、无形资产评估、知识产权咨询服务、创业孵化、科技金融、维权援助等一站式全流程集成化服务，建成特色鲜明的国家中部技术产权交易平台。

4. 对外合作交流平台

大力实施开放崛起战略，强化与东西部地区创新合作交流，加强与京津冀、长三角、泛珠三角的产业与科技对接，组建区域科技合作联盟，推动建设长江经济带科技资源开放共享联盟，促进大型科研仪器等科技资源的共用共享，共建产业园区，完善现有产业链配套，开展新兴产业的区域分工协作。以产业国际化、人才国际化和公共配套服务国际化为原则，主动与国外园区、国际组织、境外服务机构合作，打造湖南对外科技合作窗口。支持湖南省国际（区域）技术转移中心、欧洲企业服务网络EEN、亚欧水资源研究和利用中心、中意设计创新中心、中意技术转移湖南分中心、长沙高新区国际科技商务平台、湖南力合长株潭创新中心、国际标准化组织起重机技术委员会秘书处、湖南北卡创新创业中心以及长株潭区域内国际合作基地等平台建设，打造长株潭承接国际高新技术转移与项目引进及产业化的专业基地。

5. 规划展示平台

依托省政府政务信息平台，建设自创区网站及APP，与省科技厅网站、长株潭三市政府及国家高新区管委会门户网站建立信息接口，实现数据资源的互联互通，并向社会开放服务。新建自创区科技成果展示馆暨公共服务中心，运用多媒体、自媒体等现代展示技术，全方位，多角度地展现自创区建设成果与发展方向，将规划成果展示馆建成自创区整体形象宣传和对外交流的重要平台。

三　保障措施

（一）加强组织领导

充分发挥部际协调小组和省自创区建设领导小组的统筹协调作用，加快建立自创区工作会商与联动推进工作机制，定期召开部际协调小组会议和省自创区建设领导小组会议，部署自创区建设重点工作，研究解决发展重大事项，确保省直相关部门、长株潭三市及园区之间的统筹协调联动。

（二）调整资金投入方式

优化整合部分省级财政资金，引导长株潭三市相关财政资金，集中用于自创区建设。充分发挥财政资金的杠杆作用和激励作用，支持引导长株潭三市政府、社会资本发起设立各类针对科技型企业的产业发展基金、科技成果转化基金、创业投资基金，扶持自创区创新型企业发展。积极运用湖南省重点新兴产业引导基金、创新投资基金、文旅基金、中部崛起基金等基金以及政府、社会资本合作模式（PPP），统筹推进自创区建设，以财政"小投入"撬动社会"大投入"。制定长株潭科技创新券发放办法，以政府购买服务方式支持创新创业。

（三）营造创新创业环境

营造"鼓励创新、宽容失败"的大众创业、万众创新氛围，有效整合资源，建设一批国际青年社区、新型创业公寓、创业创新园等众创空间，引导、支持"麓谷·创界"、微软云孵化平台、腾讯众创空间、轨道交通国家专业化众创空间等健康发展。完善创新创业服务体系，释放创新创业的活力和创造力。进一步加强知识产权行政执法能力建设，完善知识产权协同保护机制，支持自创区建立专利、商标、版权、地理标志产品集中统一管理的知识产权管理体制，建立完善知识产权质押融资风险管理机制和知识产权质押融资评估管理体系，开展专利权质押融资、专利保险、知识产权证券化等试点。

工业和信息化部
关于衡阳市纳入长株潭"中国制造2025"试点示范城市群的批复

工信部规函〔2017〕172号

湖南省经济和信息化委员会：

你委《关于请求将衡阳市纳入长株潭"中国制造 2025"试点示范群的请示》（湘经信〔2017〕109 号）收悉。经研究，现批复如下。

一、原则同意《衡阳市创建"中国制造 2025"城市试点示范实施方案》，并将衡阳市纳入长株潭"中国制造 2025"试点示范城市群。请认真组织实施，整合现有资金渠道，设立并运作好本地"中国制造 2025"产业基金，加快构建制造业新体系。

二、请加强指导和协调，建立完善衡阳市与长沙、株洲、湘潭三市的互动合作机制，形成协同错位发展的产业新格局。统筹省内相关政策资源，支持衡阳试点示范工作，并及时跟踪评估进展，将试点示范过程中的新情况、新问题、新经验和年度进展情况报工业和信息化部。

工业和信息化部

2017 年 4 月 17 日

中共湖南省委组织部、湖南省科技厅关于印发《长株潭高层次人才聚集工程实施方案（试行）》的通知

各市州党委组织部、科技局，各有关单位组织（人事）、科技部门：

为贯彻落实《中共湖南省委湖南省人民政府关于贯彻落实创新驱动发展战略建设科技强省的实施意见》（湘发〔2016〕25 号）、《中共湖南省委印发〈关于深化人才发展体制机制改革的实施意见〉的通知》（湘发〔2016〕27 号）精神，进一步加强我省海内外紧缺急需高层次科技创新人才的引进和聚集，省委组织部、省科技厅共同研究制订了《长株潭高层次人才聚集工程实施方案（试行）》，现印发给你们，请遵照执行。

中共湖南省委组织部

湖南省科学技术厅

2017 年 4 月 24 日

长株潭高层次人才聚集工程实施方案（试行）

第一章　总则

第一条　为大力吸引海内外优秀科技人才来长株潭国家自主创新示范区乃至全省创新创业，满足长株潭国家自主创新示范区建设以及我省经济社会发展人才需求，根据《中共湖南省委印发〈关于深化人才发展体制机制改革的实施意见〉的通知》（湘发

〔2016〕27 号）和《中共湖南省委湖南省人民政府关于建设长株潭国家自主创新示范
区的若干意见》（湘发〔2015〕19 号）精神，决定实施长株潭高层次人才聚集工程，
特制定本方案。

第二条 坚持需求导向、精准引进、分类评价、区别支持的原则，优先引进我省
"十三五"规划确定的战略性新兴产业、重点优势产业、军民融合重点支持领域以及科
技服务业紧缺急需人才，兼顾传统产业转型升级需要，加大对青年人才的引进和支持力
度。

第三条 长株潭国家自主创新示范区先行先试并逐步扩大至全省范围，实现人才引
领产业、产业集聚人才、以才引才的良性互动。

第二章 引才类型及条件

第四条 创新人才：依托国家及我省重大创新项目、重点学科以及重点实验室等重
大研发平台引进，研究方向前沿且符合我省战略性新兴产业或重点优势产业等发展需
要，在战略性新兴领域内取得前瞻性的原创成果、解决重点优势领域关键性技术难题、
攻克制约传统产业转型升级技术瓶颈。分为以下三个层次：

（一）顶尖创新人才：中国科学院院士、中国工程院院士、发达国家院士及诺贝尔
奖获得者或相当水平的国内外顶尖人才。

（二）杰出创新人才：国家"千人计划"创新类人才、"万人计划"（创新人才推
进计划）科技领军人才、"长江学者奖励计划"特聘教授、国家杰出青年科学基金获得
者，或达到以上人才计划申报条件的国内外一流人才。

（三）优秀青年创新人才：国家"青年千人"、"万人计划"青年拔尖人才、"长江
学者奖励计划"青年学者、国家优秀青年科学基金获得者，或达到以上人才计划申报
条件的 40 周岁以下青年专家。

第五条 创新团队：由顶尖创新人才或杰出创新人才牵头，核心成员不少于 4 名，
核心成员应符合创新人才条件，团队其他骨干应具有满足工作所需的科研能力或经营管
理水平，团队结构合理且核心成员稳定合作 2 年以上。牵头人对团队组建及团队经费使
用享有自主权。

第六条 创业人才：运用自主知识产权创办高科技企业或依托我省企业进行成果转
化的科技创业人才，为所在企业的主要创办人（担任董事长或者总经理职务）和股东
（股权不低于 30%），且创业项目符合我省战略性新兴产业发展趋势或能填补我省产业
发展空白，具有产业化潜力。同一人为多个企业主要创办人和股东的，只能通过一个企
业申报。

第七条 科技服务和经营管理人才：为产业发展及创新全链条提供研发设计、技术转移、创业孵化、科技金融、科技咨询、知识产权等科技服务人才，以及具有较强经营管理和资本运作才能的懂技术、懂市场、懂管理的复合型人才。

第八条 军民融合高端人才（团队）：为加大军民融合创新工作力度，对依托湖南省军民融合科技创新产业园、军民融合协同创新中心等平台以及我省军民融合重点项目引进，研究方向和成果符合国家国防战略前沿技术发展和我省军民融合重点优势产业发展需要，能解决我省军民融合产业关键性技术或工艺难题的创新创业优秀人才予以重点支持。

第九条 外聘专家：产业发展和技术创新急需又无法给予来湘工作的上述各类人才全职岗位，采取阶段性工作、挂职锻炼、假期工作、产学研项目合作、提供战略咨询或技术指导等柔性引智方式。外聘专家来湘工作时间一般不少于每年 2 个月，以我省中小企业为用人主体。

第三章 支持方式

第十条 为创新人才提供科研经费、补贴及奖励等经费支持。

（一）科研经费：按照科研经费实际支出的 60%，最高给予顶尖人才 1000 万元、杰出人才 500 万元、优秀青年人才 300 万元的科研项目和科研平台经费支持；按一事一议的方式提供顶尖人才创新团队最高 1 亿元、杰出人才创新团队最高 3000 万元经费支持，用于科技攻关和科研平台建设。

（二）购房补贴：市州引进人才由各市州按申报当年当地市场均价给予顶尖人才不少于 200 平方米、杰出人才不少于 150 平方米、青年人才不少于 100 平方米的购房补贴（税后），中央在湘单位和省直单位引进人才由所在单位给予相应补贴。入选省"百人计划"的创新人才，不再享受购房补贴。

（三）奖励：对引进的各类科技创新创业优秀人才（团队）给予奖励。顶尖人才（团队）最高给予 300 万元奖励；杰出人才（团队）最高给予 200 万元奖励；优秀青年人才最高给予 100 万元奖励。奖励经费在合同期内分年度拨付到位。

（四）引才补贴：按照引进人才实际发生费用的 60%，对成功引进各类科技创新创业优秀人才（团队）的单位给予补贴。每成功引进 1 名人才，按照顶尖人才、杰出人才、优秀青年人才等类别，分别给予用人单位最高 800 万元、600 万元、400 万元的补贴。补贴经费在合同期内分年度拨付到位。

第十一条 为创业人才所在企业提供创业贴息补助和建设补助等经费支持。

（一）贴息补助：获得银行贷款的，按不超过银行同期贷款基准利率的 30% 给予贴息补助，累计最高贴息 500 万元。

（二）实验室和生产线建设补助：对各类科技创新创业优秀人才（团队）创办的企业建设实验室和生产线给予资助。按项目总支出的 30% 予以资助，单个企业最高补贴 500 万元。

第十二条 为科技服务和经营管理人才所在服务机构或企业提供薪酬补贴、住房补贴等经费支持。

（一）薪酬补贴：按所在科技服务机构或企业实际给付引进人才计缴所得税年度薪酬总额的 30% 且最高不超过 10 万元予以资助，最多连续支持 3 年。年度薪酬总额以引进人才在湘纳税依据作凭证。

（二）住房补贴：给予科技服务和经营管理人才 20 万 ~ 50 万元购房或者租房补贴。

第十三条 为外聘专家用人单位提供薪酬及差旅补贴等经费支持。

（一）薪酬补贴：用人单位实际给付的计缴所得税年度劳动报酬高于 10 万元的，按劳动报酬的 60% 予以资助，单个引智项目（专家）最高不超过 50 万元。劳动报酬以引进人才在湘纳税依据作凭证。

（二）差旅补贴：根据引智专家全职工作地点，给予国外专家 10 万元、其他专家 5 万元的差旅补贴。

第十四条 对企业为主联合高校、科研院所建立的符合园区产业定位的人才实践或培训基地等给予补贴。按项目实际支出的 30% 资助，单个人才实训基地最高资助 200 万元。

第十五条 其他配套支持。创新创业人才及创业企业优先享受国家或湖南省规定的公共服务和各项扶持政策；积极推荐承担国家、省部级科技计划重大专项、重点项目、重大工程建设项目以及各类人才计划等；鼓励各级各有关部门及用人单位提供人才经费、公共技术服务平台、办公场地、投融资服务、创业孵化、分配激励、知识产权、法律政策咨询等方面的配套支持；妥善解决创新创业人才居留落户、子女入学、家属安置、医疗保健等问题。

第四章　评选程序

第十六条 引进人才评选主要包括申报推荐、资格审查、评审考察及公示审定四个阶段。

（一）申报推荐

采取引进单位申报或院士提名的方式推荐申报。院士提名的，杰出创新人才申报需 2 名以上院士推荐，青年创新人才申报需 1 名院士推荐，每名院士推荐不超过 2 名人选。顶尖创新人才（团队）和杰出创新人才（团队）须经市州人民政府审定后推荐申报。

（二）资格审查

1. 由省科技厅负责邀请有关领域的专家从专业角度对申报材料，特别是知识产权的真实性、有效性、关联性和权属性进行核实。通过资格审查的申报对象进入专业评审环节。

2. 审查重点包括：申报材料是否完整，正文与附件是否一致；申报人的年龄、学历学位、职称等是否符合申报条件；用人单位是否符合申报条件；申报人是否与用人单位签订意向合同或劳动合同，签订合同的时间是否符合申报条件；申报人是否承诺并有可能满足申报条件要求的在湘工作时间；海外引进人才须配合国家安全部门做好海外背景审查，所获的国（境）外学历学位，须提供教育部留学服务中心出具的"学历学位认证书"；其他需审核的事项。

（三）评审考察

1. 专业评审

一是根据申报对象的专业领域分组，每组聘请5~7名国内外专家组成专家组进行分组评审。评审专家要求与评审对象研究领域相同，并且曾从事同一方向的具体研究工作，外省专家应占一定比例，根据实际情况可邀请外籍专家参与。

二是重点对申报对象的科研能力进行评判。评审专家根据申报对象及其团队科研水平、团队构成、团队科研与成果转化能力、发展前景、依托平台与支撑条件等情况，独立进行评分。原则上平均分低于80分的申报团队，不进入实地考察环节。

三是中国科学院院士、中国工程院院士、发达国家院士及诺贝尔奖获得者等国际国内顶尖人才及其团队，可免于专业评审，直接进入实地考察环节。

2. 实地考察

一是对象为通过专业评审的申报对象。主要对用人单位的支撑配套能力做出评价，指标包括用人单位的管理模式及运行机制、近年来的经营和盈利情况、对人才及项目的投入情况、项目预算的目标相关性及经济合理性等方面。

二是分组进行，每组邀请专家3~5名，包括投资专家、财务专家、技术专家和管理专家等。

三是主要流程：考察实验室或生产车间；听取申报人及其用人单位汇报；查阅用人单位相关资料；专家讨论形成考察意见并签名确认。

四是考察意见作为综合评审的重要参考。考察中发现影响入选的重大问题的（如单位支撑配套能力严重不足、存在其他弄虚作假行为等），可直接提出否决意见，申报对象不再进入综合评审环节。

3. 综合评审

一是由省科技厅组织 7~9 名科技、管理、财务、产业等方面的专家组成专家小组，对申报对象进行综合评审。

二是主要围绕省委省政府的战略部署、我省经济社会发展需求、产业发展平衡等方面，采取申报团队陈述、专家提问、口头答辩、小组讨论、无记名投票等形式进行，并形成专家及专家小组书面评审意见。

三是确定资助额度。结合综合评审情况，根据申报对象整体科研实力、未来发展潜力、产业发展需求等因素，按一定比例确定拟入选名单，并按排名先后分成不同的资助档次。

（四）公示审定

对考察合格者公示无异议后，报省委人才工作领导小组审定。

第十七条　对我省紧缺、急需或特殊人才或团队的引进，可按特事特办、一事一议的方式启动评选程序，报省委人才工作领导小组特批引进。

第五章　考核评价

第十八条　用人单位是引进和使用人才的主体，负责人才推荐申报、日常服务、监督管理及考核评估等工作的具体实施；省委人才工作领导小组办公室（以下简称"省委人才办"）和省科技厅组织相关单位对人才工作情况、用人单位支持措施和配套经费落实及使用情况进行抽查。

第十九条　柔性引进人才强调以用为本，来湘全职工作者应能在确定引进后半年内到岗且连续工作五年以上，每年在湘工作不少于 9 个月且切实履行合同；原则上在首聘期内不允许变更单位及岗位性质，引进的创新创业团队不得随意变更成员，特殊情况下需及时向省科技厅报送备案。

第二十条　用人单位依据引进人才合同，分阶段按期开展年度评估、中期评估和期满考核。期满考核结果将作为用人单位信用评价及绩效评估的重要依据，对经省委人才办和省科技厅认定验收结果"优秀"的，按用人单位人才配套经费20%、最高不超过100 万元予以一次性奖励。

第二十一条　对在引进人才中出现弄虚作假或因用人单位管理服务不到位原因造成重大问题的，省委人才办和省科技厅可视情况分别做出停止支持资金拨付、追缴经费、取消人才称号、暂停用人单位申报资格、追究用人单位责任等处理，同时，纳入科研严重失信行为记录。

第二十二条　将人才引进、人才服务及配套措施等指标纳入对市州的绩效评估。

第六章　附则

第二十三条　本方案由省委人才办和省科技厅负责解释，自公布之日起施行。

在长株潭衡"中国制造2025"试点示范城市群建设推进大会上的讲话[*]

许达哲

2017 年 5 月 12 日

2017 年 5 月 12 日上午，在长株潭衡"中国制造 2025"试点示范城市群建设推进大会上，中共湖南省委副书记、省长许达哲强调，要开拓创新、真抓实干，加快制造强省建设，努力把长株潭衡"中国制造 2025"试点示范城市群打造成为湖南制造业转型升级和新常态下经济发展的新典范、新引擎。

许达哲指出，要把实施"中国制造 2025"、建设制造强省作为贯彻新发展理念的具体实践、作为在中部崛起中走在前列的关键举措、作为推进转型升级的重要抓手，以强烈的使命担当和责任意识，不断探索通过制造业转型升级提升发展质量和效益的有效路径，带动全省制造业向更高形态发展。

许达哲强调，要科学高效推进试点示范建设各项工作。要坚持创新引领。聚焦技术创新、融合创新、思路创新，坚持市场主导、政府引导，强化企业技术创新主体地位，拓展政产学研用合作，着力突破一批重点产业领域的技术瓶颈；加快推进"互联网＋"和"＋互联网"，深入推进军民融合发展，推进制造业与生产性服务业深度融合。要坚持开放合作。想方设法引进高水平项目，以建链、补链、强链为目标，着力引进资金、技术、人才和管理经验；积极对接"一带一路"，支持制造业优质产品和优势产能"走出去"，大力开拓国际新兴市场。要坚持重点突破。各试点市要盯紧重点产业、重点园区、重点企业，明确各自的主攻产业方向，通过考核倒逼园区提升信息化和绿色发展水平，对各自有实力、有潜力的企业实施"一企一策"优质服务，努力培育一批骨干龙头企业，扶持发展一批"小巨人"企业。要坚持项目带动。坚持"开工一批、推进一

---

[*] 本文系许达哲同志讲话的摘要，原载 2017 年 5 月 12 日的《湖南日报》。

批、建成一批"的思路，抓好一批重点项目的实施，实行"一个项目、一名领导、一个班子、一抓到底"，着力破解要素制约，推动重大项目尽快投产达效。

许达哲要求，要强化统筹协调、政策保障、督查考核，通过各试点市先行先试、重点突破、摸索经验，着力破解我省制造业发展中存在的突出矛盾和问题，真正使试点示范干在实处、走在前列。

长株潭衡"中国制造2025"试点
示范城市群建设推进计划
（2017～2019）[＊]

前　言

　　长株潭衡城市群是长江中游城市群的核心之一，是国家"两型社会"综合配套改革试验区，是湖南制造强省建设的主战场。

　　近年来获得了"两型社会"、自主创新、两化融合等多个国家级试点示范，具有较好的产业基础和体制机制优势。

　　2016 年长株潭城市群成功申报"中国制造 2025"试点示范城市群，2017 年衡阳作为试点示范城市，纳入长株潭城市"中国制造 2025"试点示范城市群，这是我省贯彻落实制造强国战略、推进湖南制造强省建设的重要举措。

　　为全面开展长株潭衡"中国制造 2025"试点示范城市群建设，我们编制了"中国制造 2025"试点示范城市群建设推进计划，将通过积极开展创新体制建设、智能制造、工业强基、质量品牌、政策创新等各项试点，先行先试，发挥长沙、株洲、湘潭、衡阳四个城市的特色优势，探索城市群协同发展新模式，推进制造业向网络化、智能化、绿色化、服务化发展，打造"中国制造 2025"长株潭衡城市群示范引领区，加快实现湖南由制造大省向制造强省跨越。

　　本推进计划根据《中国制造 2025》《湖南省贯彻〈中国制造 2025〉建设制造强省五年行动计划（2016～2020 年）》《长株潭城市群区域规划（2008～2020）》《长株潭国家自主创新示范区发展规划纲要（2015～2025）》《长株潭创建"中国制造 2025"试点

　　＊　此件收入本书时有删节。2017 年 6 月 27 日湖南省人民政府召开新闻发布会，正式发布实施该计划。

示范城市群实施方案》《衡阳市创建"中国制造 2025"城市试点示范实施方案》《工业和信息化部关于长株潭创建"中国制造 2025"试点示范城市群的批复》《工业和信息化部关于衡阳市纳入长株潭"中国制造 2025"试点示范城市群的批复》等文件精神编制。

一 总体要求和目标定位

（一）总体要求全面贯彻创新、协调、绿色、开放、共享的发展理念，深入实施《中国制造 2025》，坚持"创新驱动、质量为先、绿色发展、结构优化、人才为本"的基本方针，以推进制造业转型升级和提质增效为核心，以加快新一代信息技术与制造业深度融合为主线，以深化改革、扩大开放为动力，转方式、调结构、抓创新，全面推进"1274"行动，加快发展 12 大重点产业，大力实施 7 大专项行动，着力打造制造强省 4 大标志性工程，巩固提升领先优势，充分发挥比较优势，拓展放大潜在优势，形成极具特色和竞争力的长沙"麓谷"、株洲"动力谷"、湘潭"智造谷"、衡阳"老工业基地转型升级示范区"协同错位特色发展的产业新格局，推进制造业向网络化、智能化、绿色化、服务化发展，打造"中国制造 2025"长株潭衡城市群示范引领区，加快实现制造大省向制造强省的新跨越，为实施制造强国战略做出新贡献。

（二）主要目标通过 3 年创建，长株潭衡城市群初步建成较为完善的新型制造业体系、区域协同创新体系、人才、政策体系，制造业发展的质量和效益明显提升，成为实施"中国制造 2025"，建设制造强省的排头兵。具体目标如下：

——新型制造业体系初步形成。

到 2019 年，长株潭衡城市群规模以上工业增加值达到 9000 亿元以上，12 个重点产业取得重要突破，形成 14 个标志性优势产业集群、16 个标志性特色产业基地、50 家左右标志性产业领军企业和 50 个左右标志性品牌产品，质量效益、两化融合、创新能力、循环经济、产业结构和企业技术改造全面提升，制造业竞争力指数达 86，增加值率比 2015 年提高 2 个百分点以上，全员劳动生产率增速达 8.5%，规模以上单位工业增加值能耗比 2015 年下降 18%，二氧化碳排放量比 2015 年下降 22%，用水量比 2015 年下降 23%，工业固体废物综合利用率达到 75%，成为湖南建设制造强省行动的排头兵。

——区域协同创新体系基本建立。

到 2019 年，规模以上制造业企业研发投入占主营业务收入比重达 1.8% 以上，亿元主营业务收入有效发明专利数 1 件，宽带普及率 75%，数字化研发设计工具普及率 75%，关键工序数控化率 55%，建成 1～2 个国家级制造业创新中心、30 个区域性和省级制造业创新中心，建成一批省级以上企业创新平台、工业设计中心和制造业中试基地，突破一批重大关键共性技术，共建一批公共服务平台，形成一批拥有自主知识产权和竞争优势的品牌产品、企业和区域，基本建立起创新驱动发展的生态体系。

——人才培养体系更加健全。

到2019年，培养、引进一批现代管理人才、先进技术人才、高技能人才，人才队伍体系更加健全，制造业人才发展环境更加完善，对产业发展的支撑保障作用进一步增强。

——政策保障体系趋于完善。

制造业发展的规划指导、财税金融、创新创业、对外开放、产业集群、要素保障和政务环境等政策保障体系不断优化，一批政策得到落实推进，对产业、创新和人才发展支撑作用更加有力。

（三）试点内容立足长沙、株洲、湘潭、衡阳四市产业基础和优势，分业施策，有序推进，大力发展12大重点产业，构筑长株潭衡城市群高端、智能、高效、绿色的新型制造业体系。

组织实施制造业技术创新计划，建立以创新中心为核心载体的制造业创新体系，推进长株潭衡地区制造业创新中心建设，突破一批重大关键共性技术。

建设智能制造人才培养基地，政产学研用结合协同育人，设立制造业人才海外引进计划，实施"高精尖缺"人才引进计划。

打造"工匠湘军"，推动制造业与教育的融合，探索"订单式"人才联合培养机制。

围绕"品种、品质、品牌"推进质量品牌建设。

开展中小企业"专精特新"发展工程专项行动。

深化改革外商投资管理体制，提高贸易投资便利化和产业对外开放水平。

长沙市大力实施智能制造工程，围绕智能装备与产品、智能生产与服务等关键重点领域，支持政产学研用联合攻关，开发智能产品和自主可控的智能装置并实现产业化，依托优势企业建设智能工厂和数字化车间。

开展分类实施流程制造、离散制造、智能装备和产品、新业态新模式、智能化管理、智能化服务等试点示范及应用推广。

大力发展工程机械高端整机产品和核心零部件，提高核心技术自主率，打造技术智能化、制造服务化、服务网络化、资源配置全球化的国际领先的工程机械之都。

加快突破新能源汽车储能技术、混合动力技术、电机及驱动技术等关键技术，推进示范推广工程，加快充电桩等基础设施建设，打造世界领先的新能源汽车集聚产业基地。

加大新材料研发和科技成果转化力度，引导材料工业领域延伸产业链，打造国内领先的新材料产业基地和先进储能材料之都。

引进和培育以信息安全为核心的电子信息产业龙头，构建自主可控硬件、安全软件与信息技术服务三位一体的产业链，打造全国信息安全产业基地。

株洲市大力实施制造业创新能力建设工程，围绕制造业创新发展的重大共性需求，形成以国家级创新中心为代表的重大创新平台，开展行业基础和共性技术研发、成果产业化、专利转化、人才培训等。

突破先进轨道交通装备行业关键共性技术，促进轨道交通装备产业升级，优化产业空间布局，以龙头企业为牵引，加快打造世界领先的现代轨道交通装备制造产业体系。

大力推进军民融合，积极构建中小航空发动机自主发展工业体系，重点发展航天航空装备、中小型航空发动机等零部件，推进通用飞机、直升机以及无人机的研发与产业化，提升服务型制造水平，建成全国重要的中小航空发动机产业基地和航空关键零部件生产基地。

湘潭市大力实施高端装备创新工程，围绕高端制造装备共性关键技术突破与工程化、产业化瓶颈，建设一批重点项目，组织一批重点攻关，开发一批标志性、带动性强的重点产品和重大装备，提升自主设计水平和系统集成能力。

在海洋工程装备领域，对接国家"海洋强国"和"一带一路"战略，以龙头企业为支撑，引入智能化生产技术，打造智能化工厂，形成海洋工程装备产业链，打造国内领先的海洋工程装备生产基地。

以可再生能源电力接入电网关键技术装备研发生产为方向，聚焦风电和光伏，重点发展节能电机和风力发电装备，形成成套制造设备能力和成套出口能力，建成国内先进的高端电力装备产业基地。

衡阳市大力实施工业强基工程，做强电力装备、新一代信息技术等产业，围绕核燃料研发、核设备制造、核尾矿库综合治理等核产业开发，建设衡阳白沙绿岛军民融合产业园，促进军民融合深度发展，加快建设军民融合产业发展试点基地。

集中力量建设工业循环经济发展示范区，以传统行业绿色改造升级、绿色低碳工业园区建设、绿色生产方式推广为重点，加强循环经济政策法规体系和技术支撑体系产业建设。

围绕新一代信息技术产业、电力装备等重点产业领域，培育一批在国内外具有广泛影响力的优势特色产业聚集示范区。

依托老工业基地的优势企业、科研机构和重大项目，加大改造升级力度，建设老工业基地制造业转型升级示范区。

二 实施一批转型升级专项行动

长株潭衡城市群要结合产业基础和优势，积极开展智能制造、绿色制造、服务型制造、企业培育、产业链构建、产业集聚等工程专项，推进制造业与互联网深度融合，推动产业向高端、智能、高效、绿色方向发展，加快形成可推广经验。

（一）着力完善协同创新平台，实施制造业创新能力建设工程专项行动长沙要强化创新开放合作和资源共享，在工程机械、信息技术、新材料等重点优势产业领域打造一批高水平创新载体。

搭建长沙工业大数据云平台、大数据交易中心、技术转移服务中心、工业设计中心等创新公共服务平台，打造新型政产学研用协同创新机制，形成协同、高效的制造业创新生态体系。

株洲围绕轨道交通装备、航空装备等重点行业转型升级和创新发展的重大共性需求，形成一批制造业创新中心，开展行业基础和共性关键技术研发、成果产业化、人才培训等工作。

在轨道交通装备等重点领域，加快建设国家先进轨道交通装备创新中心、国家IGBT创新中心，省级先进硬质合金创新中心等。

湘潭加快建设有湘潭产业特色的海工装备、矿山装备、军民融合的制造业创新中心。

围绕智能装备产业、汽车及零部件等重点领域，成立技术创新战略联盟，围绕产业基础技术、关键共性技术等开展联合攻关。

衡阳依托衡山科学城、白沙工业园等专业园区，整合国家、湖南省及衡阳市各个科研院所、重点客户等资源，在衡阳市建设跨地区、跨领域、面向行业的制造业创新中心。

建立健全"政产学研金介用"协同机制，打造制造业创新生态系统。

将衡阳市生产力促进中心打造升级成为衡阳国家级科技创新公共服务平台，为产业创新转型发展提供支撑。

到2019年，长株潭衡城市群要培育形成一批国家级制造业创新中心和省级制造业创新中心，培育一批技术创新示范企业，培育建设一批产学研创新联盟，搭建技术产权交易平台等公共服务平台。

（二）系统推进智能制造试点，实施智能制造工程专项行动长沙依托长泰机器人、长沙华恒、宇环数控、华曙高科等企业，大力发展工业机器人及智能自动化生产线成套装备、数控机床、增材制造等智能制造装备的应用。

依托三一重工、中联重科、红太阳光电、远大科技、永清环保等企业，将智能工程机械技术、新能源装备技术、智能环保装备技术提升至国际领先水平。

在工程机械、汽车制造、新材料、生物医药等领域开展智能制造示范车间建设。

每年举办一次以上智能制造产业发展现场经验交流与推广活动。

株洲依托中车株机、中车株机研究所等企业，将湖南智能轨道交通装备技术提升至国际领先水平。

大力发展工业机器人及智能自动化生产线成套装备。

在轨道交通、汽车制造、新材料等领域推广智能制造，全面开展智能制造示范企业和智能制造示范车间创建。

实施工业云及工业大数据创新应用试点，建设一批高质量的工业云服务和工业大数据平台，推动软件与服务、设计与制造资源、关键技术与标准的开放共享。

湘潭依托湘电集团等企业，将智能电力装备技术提升至国际先进水平。

大力发展以在线监测、远程诊断和云服务为代表的智能服务，推动风电、环保、节能等领域龙头骨干企业创新经营模式。

依托泰富重工、湘电集团、江麓机电、威胜电气等企业，在海工装备、工程机械、电子电气等领域开展智能制造示范车间建设。

衡阳依托特变电工，以输变电智能装备为核心，大力推进电力装备智能化。

依托富士康等企业，大力发展移动智能产品。

到 2019 年，长株潭衡城市群要创建一批智能制造示范企业，一批智能制造示范车间，项目运营成本、产品生产周期、不良品率均有明显降低。

（三）全面构建绿色制造体系，实施绿色制造工程专项行动长沙在陶瓷建材、金属材料加工、电子信息等重点耗能行业实施能效提升计划。

以有色冶炼、化工建材、生物制药等重点行业为突破口，全面推进"两型企业"建设，组织开展"两型长沙——千家企业清洁生产绿色行动"。

以铜官循环工业园等园区为试点，推动园区循环经济发展。

依托长沙国家级产业再制造示范基地，在工程机械、先进装备制造、新能源汽车及零部件产业领域，大力发展再制造产业。

株洲大力推动传统基础制造工艺绿色化、智能化发展。

抓住国家将清水塘地区列入老工业基地搬迁改造的机遇，实现有色、化工、建材等传统制造业绿色改造升级。

有效控制电力、建材、化工等重点行业碳排放，提高大宗工业废弃物综合利用水平，推进资源高效循环利用。

发展绿色园区，推进国家低碳工业园区试点示范，加快试点园区重点用能行业低碳化改造，培育一批低碳企业。

湘潭大力推进绿色制造和低碳制造，全面完成竹埠港等老工业区搬迁改造和转型发展。

抓好湘钢等企业低碳转型示范。

全面推行循环生产方式，促进企业、园区、行业间链接共生、原料互供、资源共享。

支持企业开发绿色产品，推行生态设计，显著提升产品节能环保低碳水平，引导绿色生产和绿色消费。

衡阳着力打造工业循环经济发展示范区，实施循环经济发展示范工程和重点行业循环化改造、资源循环再生战略。

加大循环经济试点示范，建设冶金固废资源化示范基地，实现企业生产过程清洁化、废物循环资源化、能源利用高效化。

大力推进松木经开区、水口山国家循环经济示范园区、大浦工业园环保整治，促进低碳循环发展。

全面推进有色冶金、煤炭、化工、建材、轻工等传统制造业绿色改造升级。

完善资源综合利用产业链，促进尾矿、废石、粉煤灰、废旧电子电器、废金属、废塑料等资源综合利用。

到2019年，长株潭衡城市群单位规模工业增加值能耗、用水量明显下降，工业固体废物综合利用水平稳步提高，绿色制造水平明显提升，绿色制造体系初步建立。

（四）加快打造产业竞争高地，实施高端装备创新工程专项行动长沙聚焦工程机械、新材料、节能与新能源汽车等优势领域，大力推进国际产能和装备制造合作。

依托三一集团、中联重科等企业，推进工程机械等企业在全球建立一批具有影响力的研发设计、生产制造、销售服务基地。

株洲聚焦轨道交通装备、航空装备、节能与新能源汽车等领域，开发一批标志性、带动性强的重点产品和装备，实现一批重大装备的工程化、产业化应用。

依托中车株机等企业，推进国际产能和装备制造合作，引导和支持中车株机等企业采取工程总包、BOT等形式"走出去"，承接海外业务。

推进轨道交通企业由产品、技术出口向资本、管理输出转变。

湘潭聚焦海洋工程装备领域，对接国家"海洋强国"和"一带一路"战略，以龙头企业为支撑，引入智能化生产技术，打造智能化工厂，形成海洋工程装备产业链，打造国内领先的海洋工程装备生产基地。

聚焦风电和光伏，以可再生能源电力接入电网关键技术装备研发生产为方向，重点发展节能电机和风力发电装备，形成成套制造设备能力和成套出口能力，建成国内先进的高端电力装备产业基地。

衡阳聚焦超特高压输变电装备等优势领域，围绕高端制造装备共性关键技术突破与工程化、产业化瓶颈，提升自主设计水平和系统集成能力。

依托特变电工等企业，推动电力装备企业采取工程总包、BOT 等形式"走出去"。

到 2019 年，长株潭衡要推进开展一批重点项目，组织重点攻关，开发一批标志性、带动性强的重点产品和重大装备，把高端装备制造业培育成具有国际竞争力的支柱产业。

（五）不断强化产业基础支撑，实施工业强基工程专项行动长沙大力发展工程机械高端整机产品的核心零部件。

加快组建长沙新材料产业研究院等专项攻关研发机构，重点突破装备制造业的材料瓶颈。

加快突破新能源汽车储能技术、混合动力技术、电机及驱动技术等关键技术。

成立长沙市集成电路设计与应用产业技术创新战略联盟，加快推进构建装备制造在工业"芯"领域的新高地。

株洲聚焦轨道交通装备、新材料、航空航天装备等优势产业领域。

突破先进轨道交通装备行业关键共性技术；落实"技术创新平台和硬质合金产业提升"项目，有效支撑株洲市轨道交通装备、节能与新能源汽车、航空装备等产业实现转型升级。

大力推进军民融合，重点发展航天航空装备、中小型航空发动机等零部件，积极构建中小航空发动机自主发展工业体系。

湘潭围绕新能源装备、海工装备、先进矿山装备、节能与新能源汽车、新材料等重点行业，布局和组建"四基"研究中心，创建公共服务平台开展先进成型、加工等关键制造工艺联合攻关，着力解决影响核心零部件（元器件）产品性能和稳定性的关键共性技术。

利用国家工业强基网、各类行业、专业互联网平台，促进四基推广应用。

探索建立支持开展军民融合科技创新机制，大力推动船舶电力推进系统等军民两用重大产业项目建设。

衡阳针对信息技术、电力装备、军民融合等产业领域，打造一批基础制造领军企业，促进重点行业、关键领域产业链整体发展。

统筹总装企业与基础制造企业协同发展，推进产用结合，在发电设备、汽车制造等重点领域，引导整机企业和"四基"企业、高校、科研院所产需对接，建立创新战略产业联盟，提升重大装备的自主可控水平。

到 2019 年，长株潭衡城市群围绕核心基础零部件（元器件）、先进基础工艺、关键基础材料和产业技术基础等环节，推进一批重点项目，开展一批关键技术研究，创建一批产业技术基础公共服务平台。

（六）大力促进制造业服务化，实施制造＋互联网＋服务工程专项行动长沙依托三一重工、中联重科，在工程机械现有优势产业领域，从以产品制造为核心向产品、服务和整体解决方案并重转变，从提供设备向提供一体化服务转变。

在纺织、服装、家电、住宅等直接面向消费者的行业企业，推行定制化生产模式。

鼓励骨干制造企业加大以互联网为基础的制造业技术服务应用。

引进和培育以信息安全为核心的电子信息产业龙头，构建自主可控硬件、安全软件与信息技术服务三位一体产业链。

株洲支持先进轨道交通、节能与新能源汽车、航空装备领域的制造企业延伸服务链条，搭建产品远程监测与诊断平台，完善产品智能维护系统，向客户提供个性化定制服务、全生命周期管理和在线支持服务。

鼓励北汽株洲、中车株机、中车株洲所等企业通过业务流程再造，面向行业提供社会化、专业化服务。

依托株洲铜塘湾保税物流中心（B型），进一步完善物流建设和服务标准，加快建设智慧物流示范基地。

湘潭大力建设工程机械、矿山装备、海工装备、新能源装备、分离机械装备等行业的物联网平台，建设中小企业管理信息化云服务平台、大型企业私有云等。

大力发展工业互联网。

在塔机、挖机、桩机等工程机械行业、风电、海工装备、矿山通风、矿山机车等重点行业和骨干企业组织开展试点示范，重点支持生产过程控制、生产环境检测、制造供应链跟踪、远程诊断管理等物联网应用。

衡阳依托特变电工等龙头企业，不断延伸产业链条，推动发展服务型制造。

鼓励企业增加服务环节投入，发展个性化定制等新型制造模式。

加强生产性服务业集聚区和公共服务平台建设。

加快衡山科学城互联网装备及新材料企业建设，推进电子信息制造业、物联网等产业发展。

构建电子商务产业链，加快打造省级电子商务产业集聚示范基地和湘南区域电子商务中心。

到2019年，长株潭衡要形成一批具有示范性、引领性、带动性的"制造＋互联网＋服务"示范企业，一批示范项目，一批示范平台和示范集群。

（七）突出放大特色优势亮点，实施中小企业"专精特新"工程专项行动长沙着力提升质量品牌，面向"专精特新高"中小企业开展"质量专家中小企业行"等活动，开展质量诊断服务。

支持大企业优先与本地中小企业开展配套协作，不断分离配套环节及特定的生产工艺，通过专业分工、服务外包、订单生产和引资设厂等方式，将相关产品和服务委托给中小企业经营。

支持中小企业主动承接产业和产品转移，加快技术改造和技术创新步伐，逐步改善产业、产品结构，为大企业提供优质产品和优良服务。

株洲在硬质合金等新材料领域，实施一批中小企业扩能改造升级项目，提升中小企业生产工艺和能力。

引导中小企业互补合作、集聚共赢，打造国家先进硬质材料特色产业集聚区。

在先进轨道交通装备等领域，加快筹建科技型中小企业投融资服务平台等公共服务平台。

湘潭探索建立面向中小企业的云设计、云管理、云制造、云商务服务模式，实现中小企业"互联网＋专精制造"模式转型。

促进大中小企业协同发展。

引导大企业与中小企业通过专业分工、服务外包、订单生产等多种形式，建立协同创新、合作共赢的协作关系。

衡阳鼓励本地科技型中小企业逐步向专业园区集中，与大企业一起配套发展。

围绕输变电装备、新型化工等产业方向，以创新型小微企业、成长型中小企业、高新技术企业为基础，加快培育一批成长潜力大、商业模式新、产业特色鲜明的高成长型企业。

实施龙头企业培育工程，在现代服务业、先进制造业、战略性新兴产业等领域培育出一批自主创新能力强、主业突出、掌握核心关键技术、拥有自主知识产权和品牌优势的重点骨干企业。

到 2019 年，长株潭衡城市群要培育一批省级"专精特新"示范企业，打造一批细分领域的行业冠军。

三 发展一批标志性产业集群

充分发挥国家级高新区、经开区和省级产业园区、工业集聚区产业集聚发展作用，围绕优势产业领域，突出优势产业链构建，大力推进创新公共平台建设，加快配套企业集聚，形成配套完善，特色鲜明的标志性产业集群。

长沙进一步巩固提升工程机械产业国内领先地位，形成具有国际前沿水平的主机产品、基础技术、功能部件的研发与制造体系；着力加大新材料研发和科技成果转化力度，引导材料工业领域延伸产业链；打造世界领先的新能源汽车集聚产业基地，推进示范推广工程，加快充电桩等基础设施建设；发展工程机械高端整机产品和核心零部件，延伸产业链；引进和培育以信息安全为核心的电子信息产业龙头，构建自主可控硬件、安全软件与信息技术服务三位一体产业链；加快生物制品、中成药开发，大力发展高性能医疗器械，培育形成国内知名的生物医药及高性能医疗器械产业基地。

株洲着力打造世界领先的现代轨道交通装备制造产业体系，优化产业空间布局；积极构建中小航空发动机自主发展工业体系，推进通用飞机、直升机以及无人机的研发与产业化。

湘潭着力打造海洋工程装备产业链；聚焦风电和光伏，重点发展节能电机和风力发电装备，构建电力装备集群。

衡阳着力打造电子信息产业集群、输变电高端装备产业集群、有色金属及化工新材料产业集群、汽车及零部件产业集群。

到2019年，长株潭衡城市群要形成一批在国内外具有较强影响力、特色鲜明、竞争力强、品牌声誉好、支撑区域经济发展能力强的标志性产业集群，重点打造1～2个世界级优势产业集群。

四　打造一批标志性产业基地

围绕长沙工程机械、株洲先进轨道交通装备、湘潭海工装备、衡阳输变电装备等重点领域，依托现有国家级经开区、高新区和省级产业园区（工业集中区），国家级、省级新型工业化产业示范基地，坚持特色化、差异化发展。

着力打造株洲高新区轨道交通产业基地、长沙经开区工程机械产业基地等一批标志性产业基地。

到2019年，长株潭衡城市群加快形成一批主导产业突出、创新能力强、服务功能完善、承载重点产业发展能力强的制造业特色产业基地（园），促进长株潭衡城市群产业结构调整优化。

五　壮大一批标志性领军企业

围绕先进轨道交通装备、工程机械、电力装备等重点领域，以中车株洲电力机车、中车株洲所、中联重科、三一重工、蓝思科技、长沙比亚迪、特变电工、富士康（衡阳）、五矿有色等核心企业为重点，着力壮大一批标志性领军企业，培育一批引领行业发展、具有国际竞争力的跨国集团。

围绕先进轨道交通装备等重点产业链关键环节和"建链补链"领域，大力引进世界500强、中国500强和行业龙头企业。

加大对处于初创期、成长期的创新型企业和高成长性企业的支持力度，壮大一批有发展潜力、成长性好的创新型企业。

到2019年，长株潭衡城市群要形成一批能够参与全球竞争和区域竞争、行业领先的产业领军企业，形成2家以上主营业务收入过千亿元的大企业。

六 培育一批标志性品牌产品

围绕优势产业领域和优势产业链，聚焦标志性领军企业，开展工业品牌建设试点示范，鼓励企业制定先进的企业标准，组织攻克一批长期困扰产品质量提升的关键共性质量技术。

每年培育5家左右"湖南省工业质量标杆"，鼓励企业创建全国工业品牌培育示范企业。

引导企业制定品牌管理体系。

依托长沙经济技术开发区、株洲经济技术开发区、湘潭经济技术开发区、衡阳经济技术开发区等新型工业化产业示范基地、国家级、省级园区，抓好产业集群区域品牌培育。

到2019年，长株潭衡城市群要创建一批"全国质量标杆"、一批"全国工业品牌培育示范企业"，培育一批拥有自主知识产权和核心竞争力的标志性知名品牌产品，建成一批具有核心竞争力和国内外影响力的标志性品牌企业，打造一批特色鲜明、竞争力强、市场信誉好的标志性产业集群区域品牌。

七 做强一批新兴优势产业链

充分发挥长株潭（衡）国家自主创新示范区建设引领带动作用，突破关键技术领域，形成一批在全国范围内具有影响力的标志性工业新兴优势产业链。

长沙围绕工程机械、新材料、新能源汽车及动力电池、先进装备制造、新一代信息技术产业、生物医药及医疗器械等产业领域，重点打造工程机械产业链、新型轻合金产业链、碳基材料产业链、显示功能材料产业链、人工智能及传感器产业链、自主可控计算机及信息安全产业链、基因技术及应用产业链、空气治理技术及应用产业链、装配式建筑产业链、3D打印及机器人产业链等；株洲围绕先进轨道交通装备、新材料、节能与新能源汽车、电子信息、新能源、航空装备、生物医药及医疗器械等产业领域，重点打造先进轨道交通装备产业链、先进硬质材料产业链、新能源装备产业链、IGBT 大功率器件产业链、航空航天产业链、中药产业链等；湘潭围绕汽车及零部件、节能环保装备、电力装备等产业领域，重点打造先进储能材料及电动汽车产业链、新能源装备产业链等；衡阳围绕新材料、生物医药及高性能医疗器械等产业领域，重点打造化工新材料产业链、中药产业链等。

到 2019 年，长株潭衡城市群要围绕先进轨道交通装备、新材料等产业，在省内构建形成一批新兴优势产业链。

八　建设一支制造业人才队伍

（一）着力引进产业高端人才实施科技领军人才计划

围绕 12 大重点产业和 20 个新兴优势产业链，重点引进、培养和扶持一批能够突破关键技术、发展高新技术产业、带动新兴产业发展、促进社会事业进步的领军人才。

实施重点领域人才培养计划。

围绕 12 大重点产业和 20 个新兴优势产业链，积极鼓励企业引进紧缺急需的高层次人才，重点引进一批具有全日制硕士研究生以上学历或副高以上职称的高学历高职称人才，拥有发明专利和独特技术优势的高级技术研发人才，以及在国内外知名企业担任高层职务的高级经营管理人才。

实施现代企业家培育计划。

推进企业经营管理人才职业化、市场化、专业化和国际化，着力培育一批企业高级管理人才，重点培养精通企业管理、熟悉战略经营、善于资本运作的优秀企业人才。

到 2019 年，人才引进、激励、使用制度更加完善，引进一批服务于制造业的现代管理人才、高级技术人才，逐步形成长株潭衡特色的企业家精神。

（二）加快培养实用技能人才

围绕工程机械、新一代信息技术、新材料、轨道交通、汽车、电力装备等优势领域，依托中联重科、三一重工、国科微电子、华菱集团、中车株机、湘电集团、特变电工等龙头企业，以及湖南三一工业职业技术学院、衡阳技师学院、湖南化工职业技术学院、长沙汽车工业学校、湖南交通工程学院等职业院校，着力培育一批实用技能人才。

对接区域优势、特色产业，统筹规划职业院校规模、布局和专业设置，建设一批示范性专业群，推进"现代学徒制"国家试点。

积极推进校企联合办学，对接实际行业需求，支持职业院校和重点企业建立一批高技能人才培训基地、公共实训中心和技能大师工作室。

到 2019 年，形成覆盖长株潭衡城市群的职业技能人才培养体系和激励制度，培养一批高水平的职业技能人才。

打造一批行业背景突出、区域特色鲜明、培养定位准确、需求结合密切的人才培养基地。

九　建立完善工作推进机制

长株潭衡城市群积极争取"中国制造 2025"各项政策落地，开展各项政策先行先试，加快建立四市联动机制，完善考核评估体系，为试点示范工作推进营造良好制度环境。

（一）强化联动机制制造强省建设领导小组统筹推进长株潭衡创建试点示范城市群工作，由省领导定期或不定期听取创建工作情况，指导推进创建工作，领导小组成员单位协同推进各项创建工作的开展。

制造强省建设领导小组办公室牵头，建立联席会议制度。

由制造强省建设领导小组副组长、办公室主任、省经信委主要负责人担任召集人，成员为省经信委分管负责人、长株潭衡四市政府分管领导，联络员为省经信委投资处负责人、长株潭衡四市经信委部门负责人。

办公室设省经信委投资规划处。

定期或不定期召开工作例会，重点研究、解决存在问题，梳理汇总需要提请领导小组研究解决的重大问题，推动工作落实。

（二）强化省部对接定期向工信部等国家部委汇报阶段性工作进展，衔接试点示范城市建设相关工作，加强部省市各部门的协调沟通指导。

积极争取《中国制造 2025》相关政策资源、重大工程和试点示范项目优先在长株潭衡城市群布局，围绕离散型智能制造、流程型智能制造、网络协同制造、大规模个性化定制、远程运维服务等领域，抢先在长株潭衡试点示范城市群建设一批智能制造示范项目和示范企业。

重点争取将长株潭衡纳入国家即将组织开展的智能制造示范区建设，充分发挥示范引领作用。

（三）强化任务落地长沙、株洲、湘潭、衡阳四市作为试点示范的主体，要强化对试点示范工作的组织领导和协调推进，健全工作机制，落实责任分工，制定推进工作计划，完善配套支持政策，加强督促检查，扎实抓好各项试点任务落实。

确保到 2019 年长株潭衡"中国制造 2025"试点示范城市群建设的总体要求、主要目标和试点内容落在实处，加快形成长沙"麓谷"、株洲"动力谷"、湘潭"智造谷"、衡阳先进制造业基地协同错位特色发展的格局。

（四）强化项目服务以制造强省建设12个重点产业领域和20个新兴优势产业链规划的重大项目为抓手，加大项目建设力度，强化项目服务。

突出企业主体作用，围绕转型升级、提升核心竞争力，切实加大投入，每年滚动建设一批、投产一批、谋划一批重点项目，增强制造业发展后劲。

积极创造条件，争取国家重大项目落户长株潭衡城市群。

对带动能力强的重大项目，优先纳入省重点项目管理，给予全方位支持。

加强对长株潭衡城市群制造强省重点项目的调度监控，搞好协调服务，促进项目建设顺利进行，确保投资实效。

（五）强化政策支撑制造强省专项资金将对试点示范批复明确的长株潭衡四市主攻领域给予重点倾斜支持，即长沙市"工程机械、新能源汽车、新材料、新一代信息技术"行业、株洲市"先进轨道交通装备、航天航空装备、新能源汽车"行业，湘潭市"海洋工程装备、风电和光伏"行业，衡阳市"电力装备"行业，做到一个行业、一批龙头企业、一批重点项目、一个产业基地、一支专业人才队伍和一支服务团队，强力推动各项任务扎实开展。

（六）强化专家作用在试点示范建设过程中，积极与湖南制造强省建设专家咨询会专家沟通，充分发挥专家团队智库作用，为示范工作进程中的各类重大问题提供科学决策依据。

（七）强化融合发展支持长株潭衡创新思路，大胆探索融合发展新模式，通过深化两化融合、军民融合、产融合作、产城融合，全面促进融合发展。

支持长株潭衡加快构建层次优化布局合理的军民融合产业区域发展新体系，打造一批军民融合"精品工程"和"龙头工程"；支持长沙株洲作为国家产融合作试点城市的作用，开展产融合作试点，探索产业与金融良性互动的新模式；进一步深化产城融合，大力推进园区发展的转型升级。

（八）强化宣传推广加强对长株潭衡试点示范城市群的高端咨询服务和跟踪宣传报道，深入挖掘一批"中国制造2025"长株潭衡试点示范的工作经验和典型模式，定期举办"新项目观摩"等形式的流动现场会，不断发掘新经验、新亮点，进行全方位、高密度、强有力的宣传推广，进一步提升影响力，发挥示范作用。

（九）强化考核机制根据"中国制造2025"考核评价标准体系，围绕推进"1274"行动和实施"一二三四"推进路线，建立考核办法，完善评价指标体系。

从工业总量、集群发展、产业基地、领军企业、品牌产品五个维度和质量效益、两化融合、创新能力、绿色发展、结构优化、技术改造六个方向分别对长株潭衡"制造业平稳发展目标"、"制造业提质增效目标"进行分解和评价考核，确保长株潭衡试点示范城市群创建目标任务的完成。

长株潭衡四市每年依据考核办法进行自我考核评价，定期上报工作进展，及时优化调整方案，解决试点过程中出现的问题。

制造强省建设领导小组定期组织对长株潭衡试点示范城市群重大项目工作落实情况开展专项督查。

在长株潭试验区两型系统
工作会议上的讲话

易春阳

2017 年 8 月 29 日

今天的会议是报请省委、省政府领导同意召开的，既是一次情况交流会，也是一次鼓劲加油会，主要任务是，系统总结试验区获批以来特别是进入第三阶段后的工作，深刻领会中央和省委、省政府关于试验区改革的新部署、新要求，统筹安排下一阶段试验区改革建设有关工作。根据会议安排，我讲三个方面意见。

一 长株潭试验区改革建设取得了巨大成效

2007 年 12 月，长株潭城市群获批为全国"两型社会"建设综合配套改革试验区以来，按照中央关于试验区改革建设的总体部署要求，在省委、省政府的坚强领导下，各市、省直各有关部门积极作为，紧扣"三个率先"要求，大胆先行先试，有力地推进试验区改革建设取得重大实质性进展：形成了一批国家层面的两型改革制度成果，争取了长株潭自主创新示范区、湘江新区、"中国制造 2025"等一批国家战略平台，布局了节能减排财政综合政策、湘江综合治理、重金属污染土壤治理、城际铁路等一批重大工程项目。试验区成为推动湖南绿色崛起的国家动力，成为聚合国内外创新资源的重要平台，成为推介展示湖南发展的闪亮名片。

特别是去年试验区改革建设转段进入第三阶段以来，我们按照省委、省政府的部署要求，与省直各有关部门、试验区各市党委政府以及市县两型工作机构一道，密切配合、通力协作，推动试验区改革建设实现新的良好开局。

（一）紧扣重点领域和关键环节抓改革，推动试验区建设跨入新阶段

对标国家批复的试验区改革总体方案明确的目标任务，一手抓顶层设计，一手抓任

务落实，全面启动长株潭试验区第三阶段改革建设。

一是绘就第三阶段工程设计。我们通过与试验区各市、省直各部门深入调研，报请省委、省政府出台《关于全面深化长株潭两型试验区改革加快推进生态文明建设的实施意见》，明确了六大类体制机制创新以及43项具体改革行动，确立了试验区第三阶段改革建设的任务书、路线图、时间表和责任制。

二是统筹推进各项改革试验。注重了三个结合，第一，省统筹与市为主的结合，对国家和省委省政府明确的改革任务，报请省政府发文，明确责任市州和省直牵头部门。同时，充分尊重基层首创精神，鼓励支持各地自主开展改革，创造了很多新鲜经验。长沙率先全国省会城市开展对城市生态功能区实施全面系统的生态补偿；株洲市创新绿色信贷机制，实行环保超标贷款"一票否决制"；湘潭与专业环保企业合作搭建重金属污染综合整治投资和实施平台；常德率先全省开展海绵城市建设试点，与岳阳一起成为国家气候适应型城市建设试点；郴州积极创新东江湖流域生态补偿机制，专门设立专项保护基金、编制专项规划；娄底深化领导干部自然资源离任审计试点，完善自然资源资产保护目标责任制。

第一，试点安排与经验总结的结合，将省里的重大改革任务，采取省点题的形式，选取有基础有积极性的地方试点，省市联合攻关，这两年分别开展长沙湘江新区综合生态补偿、株洲生态文明综合执法体制改革、湘潭市绿色GDP评价改革等19个试点。同时，在全国率先开展生态文明改革创新案例遴选发布，及时把实践成效上升为制度成果，将点上的经验推广到面上的行动，经过省直部门和国家发改委宏观院的把关评审，两年推出了51个经验模式。

第二，制度创新与技术创新的结合。着力创新清洁低碳技术推广机制，编制《长株潭试验区清洁低碳技术推广实施方案（2017～2020年）》，储备了一批重大清洁低碳技术项目。联合省财政厅、省科技厅等部门推动政府两型采购，引导两型技术产品覆盖171家企业、793个产品。推动成立湖南湘江节能环保协作平台，益阳市环保竹制品加工技术联盟等一批绿色技术推广服务平台得到发展，大大提高了绿色技术市场的活力。

长株潭试验区的影响力不断扩大。2016年、2017年承担的国家改革试验任务分别是12项、10项，在全国试验区中名列前茅。省质监局等部门推进的两型标准体系，省财政厅、省科技厅等部门推动的政府两型采购，我们共同推动的两型示范创建，省环保厅、省住建厅推动的城乡环境同治等等，成为全国性改革经验。长株潭改革试验的"金字招牌"更加突出，单从橘子洲上的两型展馆来看，开馆6年来共接待了200万人次，习近平、胡锦涛等30多位党和国家领导人到馆考察，国外来宾遍及48个国家和地区，去年接待人数接近40万人次。

（二）立足边设计边实施抓重点，推动长株潭一体化发展进入新时期

推进长株潭一体化发展是历届省委、省政府一以贯之的工作重点。去年，省第十一次党代会报告专门作出了"大力推进长株潭一体化，增强长沙引领、辐射和服务功能，加快三市基础设施对接、产业互补发展、环境协同治理、公共服务整合，形成整体优势"的决策部署。今年，省委常委会工作要点、省委深改组工作要点、省政府工作报告等文件对长株潭一体化均作出了具体部署安排。省委、省政府在明确责任分工中，均将长株潭一体化工作交由我委牵头组织实施。我们正在积极筹划、主动推进。

一是突出理论支撑研究。从去年开始，开展了长株潭一体化重大问题研究和长株潭区域湘江生态走廊建设方案及洲岛保护利用研究，在大量调查研究的基础上，目前已经形成初步成果。同时，紧紧围绕加快推进长株潭一体化和长沙创建国家中心城市，开展了宏观政策等前期研究。这些研究为推进长株潭一体化提供了坚实的理论基础。

二是突出总体框架设计。从国家大力支持城市群建设发展的大势出发，积极开展《省委、省政府推进长株潭一体化发展的实施意见（代拟稿）》的研究起草工作，充分借鉴吸收国内发达地区城市群发展的成功经验，广泛向各级各有关方面征求意见建议，着力启动长株潭一体化重大项目库建设。

三是突出重大项目推进。今年以来，我们在突出长株潭一体化顶层设计的同时，扎实组织策划并启动实施一批一体化重大项目。与省发改委、省财政厅一道努力，成功申报了总金额20亿元人民币的金砖国家新开发银行长株潭绿心区域生态综合治理贷款项目，该项目重点围绕生态绿心地区小流域生态修复、农村生活污水和垃圾处理、小流域底泥处理、污染耕地修复等方面开展，由长株潭三市相关平台公司组织实施。8月8日，完成了项目协议和贷款协议的草签，这成为我省争取国际金融组织贷款的大项目；9月3日，将作为我国的代表项目向厦门金砖国家峰会作专题汇报，届时省领导将出席峰会并与新开行正式签约。去年底，我委会同省通管局、省经信委，通过连续三年的努力，顺利完成国家长株潭"宽带中国"示范城市群创建目标任务，使长株潭信息高速公路进一步提速，据测算，长株潭三市仅基站建设一项，共节约配套投资达12亿元、建设用地450亩。

（三）坚持多措并举抓监管，推进生态绿心保护成为新常态

按照省委、省政府的部署，我们将生态绿心保护工作提升到全局高度，从严把控项目准入审批，从严开展违法违规问题监管，把保护放在生态绿心各项工作的第一位。

一是完善规划体系。按照"绿心规模不减、三区比例不变、各市内部平衡、生态

廊道连片、生态品质提升"的原则，启动绿心总规局部修改工作。为避免出现"两层皮"现象，在总规局部修改启动后，创新开展绿心控规审查，目前已完成暮云、昭山等7个片区控规审核工作。编制绿心村庄规划，推动绿心地区10个村庄开展绿心村庄规划。开展绿心及周边地区保护与发展一揽子解决方案研究。

二是强化保护监管。利用国产高分辨率卫星遥感、地理信息系统和全球定位等技术，创建生态绿心地区总体规划实施卫星监控系统，每个季度对绿心地区全域进行扫描监测、定位监控、实施核查，近两年累计监测违法违规行为240宗，联合省直有关部门清查绿心地区历史遗留问题296宗。

三是健全工作机制。加强规划对接，对绿心范围内14个行政主体的相关规划进行对接协调，对重大项目的选址进行指导把关，对修规进行准入审核。构建绿心保护科学投入机制，累计安排两型专项建设资金6000多万元用于推动生态绿心示范片（带）建设。与省住建厅、长株潭三市规划局共同建立长株潭规划工作联席会议工作机制，加快开发"长株潭规划一张图"系统。

四是严抓督察整改。中央第六环保督察组进驻湖南期间，按要求积极配合开展有关工作。中央环保督察反馈意见后，迅速学习传达有关精神，主动扛起责任，立即着手组织问题整改。家毫书记、达哲省长高度重视环保督察绿心反馈问题的整改工作，特别是向群常务副省长、兰香部长、光荣副省长亲自调研、亲自督办，对绿心保护工作提出了更高标准、更严要求。

（四）瞄准绿色发展抓导向，推动两型监管考评体系形成新特色

一是积极探索绿色评价体系。我们与省统计局一起连续4年发布省、市年度两型综合评价报告，以清晰、直观、定量的方式，展示试验区两型建设总体进程、各市推进两型力度、目标任务完成情况。去年以来，省发改委、省统计局等部门研究起草了全省生态文明建设目标评价考核办法、生态文明目标评价考核体系，提出7大类共55项评价指标的湖南绿色发展指标体系。湘潭韶山市推进绿色GDP改革，以指标体系指导绿色发展。衡阳引入第三方评价机制，建立对县市区、园区"两型社会"综合评价指数体系，倒逼各级政府转变观念推进两型建设。二是率先构建两型标准认证体系。坚持用标准固化两型改革成果、用标准推进两型建设，将两型理念、要求、方法，融入经济活动、城乡建设、公共服务领域，转换为70多项两型标准、规范和指南，探索形成"两型社会"建设的标准体系；积极推进两型认证，去年应邀出席全国认证认可工作会议并作典型经验介绍。今年3月，国家认监委将第十六次全国认证认可工作部际联席会议选择在长沙召开，国家发改委、工信部等27个部委的相关负责同志参加会议，现场推介长株潭认证经验。三是加强重点工作督查考核。发挥绩效考核"指挥棒"的作用，

推动长株潭试验区"两型社会"建设工作进入全省绩效考核。根据省委、省政府的部署，先后组织开展生态文明改革、长株潭三市生态绿心保护的专项督查。

（五）突出以点带面抓创建，推动两型宣传教育形成新格局

近年来，通过激发每个社会主体参与两型的活力，形成了"两型社会"建设全民参与、共建共享的良好格局。

一是开展示范创建。通过近些年的连续培育，两型示范创建涵盖社会生产、生活、消费各个环节、多个领域，呈现出星火燎原之势。目前，省市两级共培育两型示范创建单位和项目 1000 多个，涌现了长沙岳麓区光明村、株洲天元区泰西社区、湘潭韶山市清溪镇等一批两型示范创建范本，为富饶美丽幸福新湖南增添了生动的画卷。

二是开展两型教育。发挥两型景区、社区等的教育引导功能，建立了一批高水平的两型宣教基地，发布两型公益广告。率先编制《湖南省中小学两型教育指导纲要》和《小学生两型知识系列读本》，"教育一个孩子、带动一个家庭、影响一个社区、辐射整个社会"的两型教育经验在全国推广。三是开展深度宣传。去年，省委宣传部、省发改委、环保厅等部门、各市、省内媒体策划了 20 多项专题宣传，《人民日报》、新华社、中央电视台等央媒对我省"两型社会"和生态文明改革进行了重点报道。

同志们，今年是长株潭城市群获批全国"两型社会"建设综合配套改革试验区十周年。十年来，试验区以转型升级带动全省经济增长，长株潭三市 GDP 能耗降低一半以上，2016 年，试验区实现地区生产总值 2.55 万亿元，是 2007 年的 3.7 倍，年均增长 11.5%。作为试验区核心的长株潭三市，以占全省 12.8% 的土地，实现了全省 43.8% 的 GDP、40.3% 的地方财政收入，小康实现程度达到 97.7%，成为带动全省发展的重要引擎。

回顾试验区十年改革建设的丰硕成果，充分印证了当年国家和省委、省政府英明决策的预见性、前瞻性和科学性，充分体现了历届省委、省政府抓"两型社会"建设的大决心、大格局和大气魄，充分展示了省直部门、各市推进国家试验的积极性、主动性、创造性，为湖南绿色发展赢得了先机，为生态文明改革建设抢占了高地。

这十年，试验区工作机构从两型办，转变到两型工委、管委会，我们的工作始终得到了省委、省政府的高度重视和坚强领导，始终得到了试验区各市党委政府、省直各有关部门的积极配合和鼎力支持，始终得到了试验区两型系统全体干部职工的积极响应和辛勤付出。刚才会议开始放的视频，十多分钟的时间，看了确实令人振奋，十年来我们各市各部门确实做了大量卓有成效的工作，了不起。借此机会，我谨代表试验区工委、管委会，向一直以来关心和支持我们工作的各位领导和同志们表示衷心的感谢！

二 长株潭试验区改革建设面临新形势、新要求

试验区改革建设进入第三阶段以来，从中央到省委、省政府对试验区综合配套改革提出许多新的思想、新的思路、新的要求，需要我们认真领会。

第一，要充分认识中央对试验区改革建设做出的新部署。党的十八大以来，以习近平同志为核心的党中央提出了一系列治国理政新理念新思想新战略，我们要结合自身的工作深刻把握。从生态文明建设来看，从党的十八大提出"五位一体"总体布局，到党的十八届三中全会提出"深化生态文明体制改革"；从党的十八届四中全会提出"用严格的法律制度保护生态环境"，到中央政治局会议首次提出"五化协同推进"的总体战略，我们党从建设、改革、法律三个维度，将生态文明建设提升到了前所未有的高度。而生态文明与"两型社会"又是一脉相承，试验区在生态文明改革建设中大有可为、也应该大有作为。从全面深化改革来看，十年前，国家聚焦综改配套改革，鼓励试验区先行先试、创造经验、示范全国，长株潭试验区顺势而生。

十年来，国家相继批复了12个综改试验区。随着中央全面深化改革的提出，从改革主题、环境、条件等方面对综改试验区提出了许多新的要求，很多综合试验区顺势而为，不断调适改革主题，有效地推动了事业的发展。比如，上海浦东新区把落实国家战略与自主改革相结合，与时代结合非常紧密，将改革主题明确到自由贸易试验区、自主创新示范区和陆家嘴金融贸易区上来，领跑全国综改试验。比如，山西省将国家资源型经济转型综改区融入全省改革整体谋划推动，具体组织由省发改委转到省改革办，进一步强化了综改区的抓手和平台作用。由此可见，在全面深化改革的大好时代，综改试验区工作事在人为，关键是要紧紧跟上时代的步伐。从城市群发展来看，习近平总书记高度重视城市群发展，指出"要在中西部和东北有条件的地区，依靠市场力量和国家规划引导，逐步发展形成若干城市群，成为带动中西部和东北地区发展的重要增长极。"他亲自谋划布局京津冀协同发展和雄安新区建设。截至目前，国务院已经批复了7个国家级城市群规划，将重点打造20个城市群。长株潭试验区本身就有"率先形成城市群发展的新模式"战略部署，这与当前国家高度重视城市群发展的战略完全契合。

第二，要深刻领会省委、省政府对试验区改革建设提出的新要求。省第十一党代会提出，要落实"一带一部"区域定位，大力实施创新引领开放崛起战略，建设"五个强省"，实现富饶美丽幸福新湖南愿景。这些新思路、新理念、新战略对试验区改革建设提出了新的更高要求。

一是落实"一带一部"对试验区改革建设提出了新的要求。习近平总书记对湖南提出的"一带一部"（东部沿海地区和中西部地区过渡带、长江开放经济带和沿海开放

经济带结合部）的战略定位。我理解，这是长株潭试验区面临的巨大发展机遇，需要试验区更进一步发挥综合改革优势，以两型改革激发内生活力，在中部群雄并起的格局中发挥龙头引领作用。

二是推进"两大战略"对试验区改革建设提出了新的要求。省委实施"创新引领、开放崛起"战略，其核心内涵是以科技创新为引领，推进理念创新、制度创新、管理创新、文化创新等各方面的全面创新。试验区改革建设的核心任务是资源节约、环境保护、产业优化、科技创新、土地管理五个方面的体制机制创新，以及投融资、对外开放、财税、城乡统筹及行政管理等配套创新，这与"两大战略"的要求高度一致。试验区要在"两大战略"实施中发挥先锋带动作用。

三是建设"五个强省"对试验区改革建设提出了新的要求。建设"五个强省"是建设富饶美丽幸福新湖南美好愿景的具体路径，特别强调推动生态环境明显改善，实现从绿色大省向生态强省转变；美丽湖南，就是要坚持生态优先，使三湘大地山清水秀、天朗地净，家园更美好。生态强省、美丽湖南建设，明确了当前和今后一个时期试验区改革建设的主攻目标。

第三，要客观检视当前试验区改革建设面临的新挑战。十年来，试验区成为湖南最为亮丽的名片，更成为湖南立足自身优势抢抓发展机遇的自信之基。但随着中央、省里全面深化改革的深入推进，试验区面临的新情况、新挑战、新困难也随之增多。

一是思想认识出现新误区。试验区成立之初，在认识上存在"对立论""超前论""无用论""吃亏论"等错误思想认识，但省委、省政府坚定不移推进"两型社会"建设，从推进"四化两型"，到坚持"五个发展"，再到"创新引领、开放崛起"，省委、省政府的战略决策始终把"两型社会"建设作为核心内容进行谋篇布局。但试验区改革进入第三阶段，又出现了试验区改革建设"边缘论""过时论""撤并论"等新的思想误区，是过去错误思想认识的"升级版"，这与当前省委、省政府高度重视生态文明建设和试验区改革是极不相称的，应当坚决抵制。

二是改革呈现疲劳状态。试验区改革建设经过十年"中长跑"，一些地方、一些部门不同程度地出现"疲劳"现象，甚至片面地认为，到了2020年，国家批复的试验区改革三个阶段就完成了，自然就交卷了。

三是具体困难矛盾客观存在。十年来，在无先例可循、无模式可学的情况下，我们办成了许多过去想办而没有办成的大事，解决了许多过去想解决而没有解决的难题，但仍存在一些问题。比如，在一体化建设方面，存在推进一体化进程中动力不足、合力衰减，规划、政策统筹手段乏力，关键领域的一体化程度不深等。又比如，绿心保护与发展面临严峻形势，违法违规项目时有发生，开发与保护的矛盾十分突出，保护的合力尚未完全形成。再比如，长株潭试验区"3＋5＋1"考核"指挥棒"的作用还没有充分发挥，部分市的两型工作机构力量不强、手段缺乏，等等。针对这些新挑战，我们必须高度重视，摒弃消除思想误区，克服修正疲劳状态，稳步解决困难矛盾，以时不我待的紧迫意识和责任意识积极推进试验区第三阶段改革建设。

三 大力推进下一阶段长株潭试验区改革建设工作

当前和今后一个时期，是试验区改革建设持续发力、纵深推进的关键时期，也是务实求效、决战决胜的冲刺阶段。全省两型系统要认真学习贯彻党的"十八大"、十八届三中、四中、五中、六中全会精神和习近平总书记系列重要讲话，深入贯彻落实省十一次党代会精神，紧扣试验区第三阶段目标任务，不忘初心、继续前进，扎实推进"一改一化一保护"各项工作，不断谱写长株潭城市群发展新篇章，以优异成绩迎接党的十九大胜利召开。

第一，要精准对标长株潭试验区改革的目标任务，确保向国家交上一份满意的"答卷"。按照"决战三年"的工作思路，对标国家批复的总体方案和省委、省政府第31号文件，强力推动六大类体制机制改革创新、43项行动计划，统筹兼顾、突出重点，确保到2019年底前基本完成试验区肩负的各项改革目标任务。

一是继续先行先试。习近平总书记指出，"改革试点既是重要任务，也是重要方法"。这些年来，全省两型系统牢固树立"先锋意识"，主动作为、先行先试、敢闯敢干，下好了改革这步"先手棋"；积极向所在市委、市政府提建议、当参谋，务实高效地推进两型改革建设；争取了省直各有关部门的理解和支持。下一步，要继续高举先行先试的大旗，根据第31号文提出的"两个凡"，即凡国家部署在湖南的生态文明建设试点示范，要优先放在长株潭先行先试；凡省里部署推进的生态文明改革试点必须在长株潭地区部署并统筹推进。要切实发挥长株潭试验区的综合性平台作用，争取承担更多的重大改革试点，对重大改革试点，要集体攻关、务求突破。

二是注重协调联动。各市两型办要切实当好市委、市政府的参谋助手，积极争取市改革办、市直部门的支持，将试验区改革任务与全面深化改革同谋划、同部署、同落实。同时，还要进一步加强与省直各有关单位的沟通对接。在这里拜请应邀出席今天会议的省直各部门，一如既往地将试验区改革的政策、项目、资金请求向相关国家部委作好衔接汇报，共同为长株潭试验区争取更多的支持。

三是抓好总结推广。有没有取得更多有影响的改革经验和制度成果，是衡量改革工作成效的重要标准。我们将与部门合作，采取自评估、第三方评估的方式，及时总结、提升、推广改革经验。各市要发现区县创造的改革经验，一项一项地认真打磨，打通瓶颈制约，并在全市推广，对基本成熟的经验成果，积极提请省直部门向全省乃至全国推介。数量不求多，认准了的就要做好做到位。要加快促成两型改革经验上升为全国经验，当前要认真做好国家发改委拟向全国推广 5 条长株潭试验区经验的工作，这是试验区改革成果的一次集中体现，要打造成为"改革长株潭"的品牌。

第二，要拓宽深化长株潭一体化发展的思路举措，真正把长株潭打造成为名副其实的核心增长极。2015 年，家毫书记亲自主持召开规划、产业、公共服务三个一体化专题会议，并亲自视察长株潭城际轨道交通建设工作，这为长株潭一体化建设注入了强劲的动力，推动长株潭加快成为全省经济社会发展的核心增长极。下一步，我们要按照省委、省政府的部署要求，借鉴京津冀协同发展的有效做法，着力推动长株潭三市在规划统筹、基础设施、产业发展、生态文明、公共服务、市场建设等方面融合发展，每年扎扎实实干几件让省委省政府满意、长株潭三市受益、广大群众得到实惠的实事。

一是强共识。长株潭三市、省直各部门在推动一体化发展上，应该站得更高、看得更远、谋得更深，把思想认识和实践行动统一到省委、省政府的决策部署上来，深刻认识一体化对于湖南经济社会发展的至关重要性。环长株潭各市要把长株潭一体化作为加快自己发展的机遇，主动加强对接融合。

二是抓规划。根据向群副省长指示，要求我委牵头，抓紧编制长株潭一体化规划，统筹空间规划经济社会发展情况，建立统规统管的城市群规划体系，形成由区域规划、专项规划、示范片区规划、项目规划组成的全方位、多层次规划体系。

三是推项目。没有项目落地的一体化都是空谈。要在规划的基础上编制长株潭一体化重大项目库，加快实施长株潭湘江风光带建设、长株潭段湘江洲岛与湿地保护利用、长株潭城市群"断头路"连通、长株潭生态绿心地区复绿补绿五年行动等一批跨区域重大项目。长株潭三市回去后要抓紧时间调研，及早拟定一批需要三市协调推进的项目，我委将会商三市和省直各部门后报省政府批准实施。

第三，要多措并举加大生态绿心保护力度，在保护绿水青山中赢得金山银山。长株潭生态绿心地区是长株潭三市的重要生态屏障，是检验试验区两型改革建设的重要标志。我们要坚持"生态优先、保护第一"的原则，严格执行生态绿心总体规划和保护条例，切实完善管理制度和审批程序，强化监管整治，努力将生态绿心建成具有国际品质、湖南特色的生态特区。具体来讲，当前保护生态绿心有三项工作要抓紧抓实：

一是总规修改。当前，长株潭三市对绿心总规调整的呼声很高，这也是我们当务之急需要做好的工作。该项工作自去年启动以来，我委协同长株潭三市以及省直有关部门进行了多轮沟通对接。下一步，长株潭三市要进一步深化认识，不能把解决问题的办法都寄希望于修编，修编是为了更好地加强绿心保护。前不久，中央第六环保督察组反馈了生态绿心保护方面的问题，请长株潭三市政府严格按照《绿心保护条例》，坚决落实中央和省委、省政府交办的环保督察整改任务，立即组织对"绿心"地区存在的问题进行整治，并从严落实责任追究。当然，我们也会实事求是，在严格遵循省政府明确的修规原则基础上，积极支持三市政府妥善处理绿心地区存在的各类历史遗留问题。

二是规范项目准入程序。绿心地区建设项目准入程序经过近两年的试行，对保护生态绿心发挥了重要作用，但还是有一些需要完善和提升的地方。为此，今年以来，我委开始着手绿心项目准入程序修改工作，重点围绕科学调整办理程序、完善必备资料内容、规范必备资料标准、界定准入产业门类、确定准入项目规模、明确发文范围等六方面进行完善提升。在进一步征求三市和省直相关部门意见后，上报省政府批准实施。

三是严格督察制度。《绿心保护条例》第35条明确要求省政府制定生态绿心地区总体规划实施督察制度。我委正在研究起草相关制度，下一步，将着手构建绿心督察制度，会同省人大执法检查办、省政府督查室以及省直有关部门，适时开展违法违规整治情况督察，建立工作台账，根据督察情况进行奖惩，年底向省人大、省政府作专题报告。

第四，要下大力气加强两型系统干部队伍建设，为建设富饶美丽幸福新湖南贡献"两型力量"。十年改革，不仅取得了巨大的工作业绩，也锻造了一支想事干事、敢打敢拼的改革队伍，这是我们全面深化改革的宝贵财富。但面对新形势、新情况、新问题，要攻坚克难争取综改的全面胜利，队伍建设仍是摆在我们面前的一个重要课题。

一要进一步振奋精神。建设"两型社会"是国家使命，关乎湖南发展、关乎民生福祉，我们有幸能够参与其中，是人生不可多得的机缘。同志们要从执政为民、建设富饶美丽幸福新湖南的高度来担负责任，以更加饱满的热情投入到这个伟大的事业。

二要进一步提升能力。一方面，要提高政治站位，认真学习领会习近平总书记系列重要讲话精神，在推进"两学一做"学习教育常态化制度化过程中，牢固树立政治意识和大局意识，不断提高自身的政治敏锐性和鉴别能力。另一方面，要深入钻研业务，试验区"一改一化一保护"工作，涉及领域都很广，新事务很多，不能用简单化、一般化的做法，需要创新性地、综合性地运用市场、行政、法律等手段，能力的积累尤为重要。

三要进一步强化落实。抓落实是中央和省委省政府推进改革的根本要求。刚才，上游同志宣读了湖南省"两型社会"建设目标管理考核办法，考核办法对考核对象及分类、考核内容和方法、考核程序、考核组织与责任分工、考核结果的评定与运用做了明确规定和要求。这就是今后加强全省两型系统工作的"指挥棒"。需要明确，考核结果的运用将会做到两个挂钩：与省政府对各市人民政府年度绩效评估挂钩，与"两型社会"建设专项资金分配挂钩。省两型委一年专项资金1个亿元，单打独斗不行，必须与各市各部门的工作紧密结合，根据各市的工作重点、工作效果，采取"以奖代补"的方法，发挥"四两拨千斤"的作用。请各市两型办（发改委）高度重视，强化责任，确保改革建设各项重点任务落实到位。

四要进一步廉洁从政。工委、管委会对干部队伍廉洁从政、廉洁自律问题一直都十分重视，严格执行中央和省委省政府的有关规定，也制定了一系列的制度，请两型系统的同志们监督和帮助我们抓好落实。两型系统的干部一定要从严自律，做到知责有为，上下共同努力，做一个干干净净的、堂堂正正的系统。

最后，再强调几件具体工作：要以试验区成立十周年为契机，积极宣传、推介和展示好本地区两型改革建设的成绩，为迎接党的十九大胜利召开营造良好的舆论氛围。要提升两型示范创建工作，示范创建是试验区的一个创举，在全国很有影响，要由点到面、系统集成，进一步明确各市、各县市区的主体作用，加大投入力度，使两型与经济社会发展、城乡建设等更加紧密结合，形成大家都来建两型的格局，省两型委主要是与省直部门一道加强面上指导，对各市涌现的好典型进行宣传推介，示范效应大的进行重点奖励。要高度重视两型督查考评工作，从一开始就要扎实做好基础工作，不能"临时抱佛脚"，年底工委将实事求是地根据工作实际进行加扣分，绝不当好好先生。要开展两型规划展示馆的升级改造，特别是在资料征集等问题上，请各市、省直各部门给予必要的支持配合。

同志们，长株潭试验区改革建设工作，使命光荣，责任重大，任务艰巨，我们要按照省委、省政府的统一部署，顽强拼搏，开拓创新，以良好的精神状态和一流的工作业绩迎接党的十九大胜利召开，为建设富饶、美丽、幸福的新湖南而努力奋斗。

湖南省人民政府办公厅关于转发省长株潭两型试验区管委会等单位《长株潭两型试验区清洁低碳技术推广实施方案（2017～2020年）》的通知

各市州、县市区人民政府，省政府各厅委、各直属机构：

省长株潭两型试验区管委会、省发改委、省科技厅、省经信委、省国土资源厅、省环保厅、省住房城乡建设厅、省交通运输厅、省农委《长株潭两型试验区清洁低碳技术推广实施方案（2017～2020年）》已经省人民政府同意，现转发给你们，请认真组织实施。

湖南省人民政府办公厅

2017 年 9 月 12 日

长株潭两型试验区清洁低碳技术推广实施方案（2017～2020 年）

省长株潭两型试验区管委会　省发改委　省科技厅

省经信委　省国土资源厅　省环保厅　省住房城乡建设厅

省交通运输厅　省农委

为进一步发挥清洁低碳技术在加强环境保护、落实生态强省战略中的重要作用，根据国家有关政策和我省实际，现就"十三五"期间在长株潭"两型社会"建设综合配套改革试验区（包括长沙市、株洲市、湘潭市、衡阳市、益阳市、常德市、岳阳市、娄底市及郴州市，以下将上述9市统称为"长株潭试验区"）推广清洁低碳技术，制定如下实施方案。

一　总体要求

（一）指导思想

全面贯彻落实党的"十八大"和十八届三中、四中、五中、六中全会精神，以邓小平理论、"三个代表"重要思想、科学发展观为指导，深入学习贯彻习近平总书记系列重要讲话精神，牢固树立创新、协调、开放、绿色、共享发展理念，紧紧围绕落实国家"两型社会"改革试验任务和加快生态文明建设的要求，认真贯彻落实省委、省政府"创新引领、开放崛起"战略，以推动绿色发展为目标，以激发市场主体活力为重点，以强化技术推广服务体系为抓手，以体制机制和商业模式创新为保障，为推进我省实现从绿色大省向生态强省转变提供支持。

（二）基本原则

——坚持问题导向、创新驱动。瞄准人民群众关心关切、制约我省转型发展的重大资源环境问题，坚持科技创新和体制机制创新"双轮"驱动，完善政产学研用金协同创新机制，实施节能环保重大科技专项，着力从体制机制层面破解行业痛点难点，加快建立技术推广新机制新模式。

——坚持统筹协调、重点推进。结合资源环境优化的现实需求，整合行政、资金、技术、人才等资源，重点突破资源配置分散、市场培育滞后等瓶颈，在重点区域、重点行业、重点领域、重点单位，集中推广一批先进高效、适合省情的重点清洁低碳技术。

——坚持政府引导、市场主体。强化政府服务功能，通过政策扶持、平台支撑、法制推动、考评促进等措施。充分发挥市场配置资源的决定性作用，加快各类清洁低碳技术推广，促进技术、资金、人才等资源合理优化配置。

——坚持示范引领、项目实施。以长株潭试验区为主体，以重大生态环保工程为依托，注重技术系统集成注入，推进一批示范性强的试点示范项目。鼓励和支持全省各市推广成熟适用的技术和整体解决方案。

（三）总体目标

研发、孵化、转化并推广一批细分领域清洁低碳技术，实施一批先进、成熟、清洁、低碳的技术推广示范项目，培育壮大一批技术领先、管理精细、综合服务能力强、品牌影响力大的两型标杆企业，推动形成更多原创性改革创新成果，有效释放清洁低碳市场空间，到2020年，节能环保产业产值年均增长20%以上，努力打造绿色产业聚集区、具有国际影响的清洁低碳技术孵化地。

二 重点任务和目标

（一）污水处理技术推广

依托湘江保护和治理"一号重点工程"和洞庭湖、资水、沅水、澧水治理，有针对性地处理结构性和水质性缺水、市政污泥、农村特别是湖区水质较差等问题。物理技术方面，重点推广微滤、纳滤、超滤和反渗透等膜技术，磁性团聚、铁盐共沉、铁粉法、铁氧体法等磁分离技术，铁碳微电解处理技术，旋流剪切气泡曝气器技术；化学技术方面，重点推广电化学（催化）氧化技术，新型催化活性微电解技术，臭氧氧化及湿式（催化）氧化技术，污酸废水资源化处理新技术；生物技术方面，重点推广重金属废水生物制剂法深度处理技术，好氧折流－生物附着MBR中水回用技术；物理化学联合技术方面，重点推广多维电絮凝重金属废水深度处理技术，等离子体水处理技术，双级高效过滤技术，重金属污染地下水渗透反应墙修复技术，城市污泥高效低耗深度脱水成套技术。到2020年，县以上城镇生活污水处理率达到95%，地级及以上城市污泥无害化处理处置率达到90%以上；农村分散式生活污水治理试点示范取得成效。（省环保厅牵头，省发改委、省住房城乡建设厅、省水利厅参与）

（二）土壤修复技术推广

针对镉、砷、汞、镍、钒等重金属污染程度较重的特点，突出工矿区、耕地的重金属污染治理。物理修复技术方面，重点推广土壤洗脱技术，热脱附技术；化学修复技术方面，重点推广重金属污染渣土稳定化/固定化－化学淋洗（SSCW）修复技术，化学氧化/还原技术，固化/稳定化技术；生物修复技术方面，重点推广土壤植物修复技术，铬渣堆场重污染土壤微生物修复技术，生物通风技术；物理化学联合修复技术方面，重点推广土壤阻隔填埋技术，地下水抽出处理技术，地下水修复可渗透反应堆技术，地下水监控自然衰减技术，多相抽提技术，土壤蒸汽浸提修复、玻璃化、热处理、电动力修复、化学脱卤、溶剂提取技术。到2020年，培育一批土壤污染治理与修复专业企业，研究和储备一批土壤污染治理与修复关键技术；土壤环境质量明显改善，耕地土壤环境质量达标率提高10%。（省农委、省环保厅牵头，省国土资源厅参与）

（三）大气污染防治技术推广

突出火电厂提标改造、脱硝、除尘、汽车尾气治理，以及碳排放、臭氧、挥发性气体治理，进一步提高治理要求。针对工业企业造成的大气污染问题，重点推广燃煤锅炉烟气脱硫技术，烟气脱硫除尘及多污染物协同净化技术，锅炉脱硝技术，锅炉静电除尘技术，锅炉 PM2.5 预荷电增效捕集技术，锅炉二氧化碳捕集技术，冶炼烟气二氧化硫与重金属协同控制技术，挥发性有机气体回收吸附净化技术，高效挥发性有机气体催化燃烧技术，低浓度多组分工业废气生物净化技术，有机废气治理技术，水煤浆代油洁净燃烧技术；针对大气面源污染问题，重点推广油气回收治理技术，餐厨油烟净化技术，室内空气净化技术，室内空气有害气体微生物净化技术，常温催化氧化甲醛、一氧化碳和臭氧技术，综合抑尘技术，大气挥发性有机物、细粒子和超细粒子在线监测技术，污染源排放遥测技术，重点污染物面源排放挥发性有机物及温室气体自动监测技术，区域大气污染源识别与动态源清单技术，大气 PM2.5 水溶性污染组分及其气态前体物在线监测技术；针对移动源大气污染问题，重点推广机动车尾气净化技术，柴油车尾气颗粒物过滤消除技术。到 2020 年，二氧化硫、NOX、烟（粉）尘排放量较 2015 年分别下降 8%、10% 和 10%，加油站、储油库、油罐车等油气回收率提高到 90% 以上。（省环保厅牵头，省经信委、省交通运输厅、省住房城乡建设厅参与）

（四）生态养殖技术推广

在养殖过程粪污排放控制阶段，重点推广种养一体化技术、适度规模标准化养殖技术，养殖粪污减量排放技术、饲料微生物处理技术，动物营养系统调控技术、稻渔综合种养技术、池塘循环流水养殖技术，池塘种养结合生态养殖技术，冬季产气率提升（物料速腐剂、发酵剂改进）技术，生物能源转化技术；在养殖末端治理阶段，重点推广农牧结合粪污资源化利用技术，生物有机肥加工技术，病死动物肉骨粉资源化利用技术，病死动物无害化处理技术，生态治污技术，生态湿地处理技术。到 2020 年，创建一批国家级、省级标准化示范养殖场；新建大型沼气工程 500 处，提质改造大型沼气工程 200 处，大型养殖场完全配套沼气工程；建设规模化生物天然气工程试点项目 2 处；新认证畜禽水产品"三品一标"（无公害农产品、绿色产品、有机产品）1000 个以上。（省农委牵头，省环保厅参与）

（五）资源循环利用技术推广

进一步解决废弃物处理技术滞后、处理装备落后的问题，促进废弃物资源综合利用产业发展。重点推广"城市矿产"资源循环利用技术，包括废弃电器电子产品拆解回收处理技术，废金属预处理及综合利用技术，废旧塑料破碎分选改性造粒技术，橡胶石墨资源化利用技术，废旧电池再生及综合利用技术；大宗固体废弃物资源化利用技术，包括有色金属尾矿浮选分离技术，冶炼渣无害化处理及稀贵金属分离、提纯、再生和深加工技术，炼铁高炉烟尘氨法生产技术，建筑废弃物协同处理技术；农林废弃物资源化利用技术，包括生物质气化发电、燃料成型技术，农作物秸秆"五化"利用技术，林业"三剩物"板材加工、清洁造纸、生物可降解塑料生产技术，农林产品加工副产物综合利用技术；再制造技术，包括废旧件清洗、拆解技术，零部件激光喷涂和磁记忆无损修复技术，工程机械液压系统再制造技术，再制造装配技术；矿产资源节约与综合利用技术，包括分级尾砂胶结充填采矿新技术，微细粒难选贫铁矿选矿新工艺，有色金属尾矿萤石综合回收利用技术，粉石英生产高纯超细准球形硅微粉和特种二氧化硅新材料技术，高碳镍钼矿高效选矿新技术，硬石膏制硫酸废渣联产水泥技术，矽卡岩型低品位白钨矿高效利用新技术以及地下立体分区大规模控制爆破开采技术。到 2020 年，农林废弃物利用率达到 85% 以上，再制造产业产值超过 90 亿元，资源循环利用产业产值超过 3000 亿元。（省发改委牵头，省国土资源厅、省经信委、省环保厅、省农委参与）

（六）垃圾资源化处理技术推广

针对生活垃圾，重点推广生活垃圾焚烧发电处理技术，工业协同处理生活垃圾和污泥技术，污泥深度脱水技术，生活垃圾裂解资源化技术，循环流化床预处理工艺技术，焚烧烟气净化技术和垃圾渗滤液处理技术，垃圾衍生燃料（RDF）制备技术，餐厨垃圾综合利用技术；针对建筑垃圾，重点推广建筑废弃物资源化处理技术，建筑垃圾制砖（砌块）技术，建筑垃圾再生骨料、再生混凝土、干混砂浆技术。到 2020 年，长株潭试验区共建成 7 座生活垃圾焚烧发电项目，焚烧处理设计能力达到 9400 吨/日；全省所有乡镇、90% 以上村庄的生活垃圾得到有效治理。（省住房城乡建设厅牵头，省环保厅、省科技厅参与）

（七）工业节能技术推广

传统工业节能改造仍有较大空间，发展绿色制造，大力推广应用先进节能技术，将大幅度提升工业节能水平。电力（火电）行业，重点推广汽轮机通流部分改造技术，锅炉烟气余热回收利用技术，锅炉燃料优化技术，二次送风技术；钢铁行业，重点推广高炉脱湿鼓风技术，加热炉蓄热式燃烧技术，低品质余热余能利用技术；有色行业，重点推广液态高铅渣直接还原炼铅技术，流态化焙烧技术；化工行业，重点推广富氧制气技术，节能型全低变换工艺及变压吸附脱碳技术，离子膜法烧碱技术；建材行业，重点推广水泥回转窑富氧燃烧技术，全氧燃烧技术，玻璃熔窑余热综合利用技术，原配料高温预分解技术，干法制粉技术，陶瓷砖塑性挤压成型技术，一次烧成技术，烧结砖大断面隧道窑技术，隧道窑保温技术，余热余压利用技术，窑炉风机变频调速技术；推进燃煤锅炉"以大代小"，推广使用高效煤粉锅炉和循环流化床锅炉，综合采用锅炉燃料优化、二次送风等技术节能改造，推广流态化焙烧、富氧/全氧二次燃烧等窑炉节能技术；推广基于节能的人工智能控制技术，传感与监测技术。到2020年，全省单位规模工业增加值能耗在2015年基础上降低18%；建设100家绿色工厂和10家绿色园区，认证100家两型工业企业。（省经信委负责）

（八）新能源发电技术推广

利用生物质能、水汽能、页岩气、山地风能资源优势，大力推广新能源开发与利用技术。风能方面，重点推广永磁直驱风电技术，大尺寸复合材料叶片、功能性叶片设计技术，先进叶片制造技术，风机智能诊断技术；太阳能方面，重点推广晶硅太阳能电池银电极浆料技术，铜铟镓硒薄膜太阳能电池技术，光伏发电（光伏屋顶）以及热发电技术，风光互补分布式能源系统微电网接入技术，智能电网技术；生物质能方面，重点推广农林废弃物清洁热解气化多联产关键技术，生物质原料可持续供应技术，谷壳生物质发电并联产生物质碳基肥技术，生物质炉和生物质燃料制取技术，生物质燃气转化设备及其物联网技术；地热能方面，重点推广中深层地热能综合利用技术，增强型地热利用技术，高温地热能发电技术，浅层地温能综合利用技术。到2020年，全省煤品燃料消费占能源消费总量比重控制在60%以内，非化石能源占比达到16%；风电、光伏发电、生物质能发电规模分别达到600万千瓦、300万千瓦和80万千瓦，新增浅层地热能2000万平方米、中深层地热供暖（制冷）面积40万平方米。（省发改委、省能源局负责）

（九）绿色交通技术推广

绿色交通涉及交通基础设施建设管理养护、运输装备、交通运输组织，需要材料、新能源、信息化等多类技术。车辆方面，重点推广新能源和清洁能源车辆技术，甩挂运输技术，汽车轻量化技术，节能驾驶与绿色维修技术；船舶方面，重点推广清洁能源船舶技术，船舶船型标准化技术，船舶水污染控制技术；公路方面，重点推广生态防护技术，公路绿色降噪技术，水资源处理和综合利用技术，长寿命路面技术，路面材料再利用技术，隧道节能技术，公路场站节能技术，公路场站智能信息化技术，温拌沥青及其混合料应用技术，废旧沥青路面材料再生技术，就地热再生养护技术；港口方面，重点推广生态护岸技术，港口水资源循环利用技术，港口锚地水污染控制技术，港口码头油气回收技术，港口装卸设备"油改电"和"油改气"技术，靠港船舶使用岸电技术，港口绿色照明技术，电能替代技术。到 2020 年，高速公路服务区污水循环利用率达 50%，道路运输清洁燃料车辆保有量增长率达 50%，船舶污水接收处理率达 100%，内河运输船舶能源消耗中液化天然气（LNG）比例达 10%，交通运输环境监测网重点监测对象覆盖率达 100%，交通运输能耗统计监测平台建设完成率达 50%，新增及更换的公交车中新能源车辆比重达 65%，港口岸电技术覆盖率达到 100%。（省交通运输厅负责）

（十）绿色建筑技术推广

绿色建筑建设方面，重点推广绿色建造技术，装配式建筑技术，BIM 技术（建筑信息模型技术）；节地方面，重点推广机械式立体停车技术，立体绿化技术；节水方面，按照海绵城市建设理念和要求，重点推广透水地面技术，雨水与中水收集回用技术，节水灌溉技术；室内环境质量方面，重点推广室内新风技术，室内光环境控制技术，室内噪声控制技术；运营与管理方面，重点推广建筑能源系统管理技术，建筑智能化监控技术，节能量检测与节能效果确认技术；既有建筑节能改造方面，重点推广建筑围护结构改造技术，建筑设备与系统节能改造技术；可再生能源建筑应用方面，重点推广太阳能光热、光电技术，高效空气源热泵应用技术；绿色建材方面，重点推广装配式建筑部品部件、砌体材料、保温材料、预拌混凝土、建筑节能玻璃、陶瓷砖、卫生陶瓷、预拌砂浆等技术。到 2020 年，长沙市、株洲市、湘潭市三市 50% 以上新建建筑达到绿色建筑标准要求，全省 30% 以上新建建筑达到绿色建筑标准要求；全省城镇新（改、扩）建筑，设计和施工阶段执行节能强制性标准率均达到 100%；各市州中心城区装配式建筑占新建建筑比例达到 30%，长株潭三市中心城区达到 50%。（省住房城乡建设厅负责）

三 保障措施

（一）进一步加强组织领导

建立由省长株潭两型试验区管委会牵头，省发改委、省科技厅、省经信委、省国土资源厅、省环保厅、省住房城乡建设厅、省交通运输厅、省农委等相关部门参加的协调联动机制。省长株潭两型试验区管委会负责清洁低碳技术推广工作中组织协调和督查服务，建立目标责任、考核、通报制度。省科技厅负责加强清洁低碳技术研发、成果转化、平台建设、国际合作等工作；省发改委负责制定完善相关政策、向国家争取清洁低碳技术项目等工作。各技术推广牵头部门要加强技术推广工作指导和支持，编制并组织实施专项技术推广方案。各市州、县市区人民政府要切实担当清洁低碳技术推广实施的主体责任，做好组织协调工作，结合实际情况，分解任务目标，明确工作进度和要求。有关部门要以清洁低碳技术推广重点项目为载体，完善项目推进机制，以项目带动清洁低碳技术推广应用。（省长株潭两型试验区管委会、省发改委、省科技厅、省经信委、省国土资源厅、省环保厅、省住房城乡建设厅、省交通运输厅、省农委等部门及各市州人民政府负责）

（二）健全政策支撑体系

用好长株潭"两型社会"改革试验区和长株潭自主创新示范区的先行先试权，深化科研院所和技术成果收益权、处置权改革，加速科技成果产业化、资本化，推动产业链、创新链和资金链无缝对接。优化投资结构，对清洁低碳技术领域进行重点投资。严格落实国家关于节能、节水、环境保护、资源综合利用等税收减免优惠政策。完善合同能源管理、合同环境服务、环境污染第三方治理、政府和社会资本合作、合同节水管理等新模式的扶持政策。建立清洁低碳技术评价体系，推行清洁生产、能效领跑者、水效领跑者、环保领跑者制度。执行水电气阶梯价格和排污费改革，严格落实环境责任，严肃查处资源环境领域的各类违法违规行为，强化清洁低碳技术推广市场发展的倒逼机制。（省长株潭两型试验区管委会、省发改委、省财政厅、省科技厅、省环保厅、省国税局、省地税局等负责）

（三）加大资金投入和绿色金融创新

进一步加大财政资金支持力度，形成支持清洁低碳发展资金投入的稳定增长机制。加大政府两型采购的力度，将政府两型采购逐步拓宽到工程、服务领域，支持建筑节能、绿色建筑等清洁低碳技术产品申报进入两型产品政府采购目录。着力发展绿色金融，通过财政贴息、信用担保和风险补偿手段，加大对清洁低碳领域的信贷支持力度；将企业环境信用评价结果纳入金融信用信息基础数据库；支持清洁低碳型企业开展债务直接融资，发行绿色金融债券和信贷资产证券化产品；支持清洁低碳型企业申请中国清洁发展机制基金委托贷款，支持设立各类绿色发展基金，实行市场化运作；深化用能权、用水权、排污权、林权投融资机制；积极推进碳金融相关研究，发展碳排放权交易、碳金融市场，有序发展碳租赁、碳债券、碳基金等各类碳金融产品；积极发展环境污染责任险，支持巨灾保险、环保技术装备保险、农牧业灾害保险等绿色保险产品和服务，扩大环境污染强制责任保险的范围。（省长株潭两型试验区管委会、省发改委、省财政厅、省科技厅、省住房城乡建设厅、省环保厅、省经信委、省质监局、省政府金融办、人民银行长沙中心支行、湖南银监局、湖南证监局、湖南保监局等负责）

（四）强化推广机制和商业模式创新

加强技术推广服务体系建设，鼓励高等院校、科研院所、企业建设研究中心和技术创新平台，培育和壮大清洁低碳技术推广联盟，建设技术推广公共服务协作大平台，搭建清洁低碳技术推广大数据平台。建立技术需求挖掘、技术征集、技术甄别、实践应用等一条龙推广机制。发展第三方技术推广服务，培育专业绿色"经纪人"团队。发挥清洁低碳技术标杆企业的资源整合、示范带动作用。在生态文明及"两型社会"建设领域编制、认证、实施一批标准，开展科技、标准、产业同步行动，将技术融入标准，以标准推广技术，形成技术研发–标准制定–社会应用–产业培育的创新机制。（省长株潭两型试验区管委会、省科技厅、省质监局等负责）

（五）加强宣传推广培训

建设由高校、科研院所、企业等组成的清洁低碳技术推广智库，发挥其社会化服务功能。积极举办清洁低碳技术产品相关展会。打造一批清洁低碳技术产品应用集中展示区。通过广播、电视、报刊、网络等媒介和国内外技术交流平台等，宣传和推介清洁低碳技术、产品，发布成功案例，做好政策宣讲，引导各类企业和广大群众积极参与绿色低碳生活，推动形成节约、绿色、文明、健康的生产生活方式。（省长株潭两型试验区管委会、省发改委、省人力资源社会保障厅、省政府新闻办等负责）

图书在版编目（CIP）数据

长株潭一体化三十五年文献选编／张萍主编． －－北
京：社会科学文献出版社，2018.5
ISBN 978 - 7 - 5201 - 2352 - 5

Ⅰ．①长…　Ⅱ．①张…　Ⅲ．①城市群 - 区域经济发展
- 湖南 - 文集　Ⅳ．①F299.276.4 - 53

中国版本图书馆 CIP 数据核字（2018）第 040987 号

长株潭一体化三十五年文献选编

主　　编／张　萍
副 主 编／史永铭　胡亚文

出 版 人／谢寿光
项目统筹／邓泳红
责任编辑／陈　雪　胡濒尹

出　　版／社会科学文献出版社·皮书出版分社（010）59367127
　　　　　地址：北京市北三环中路甲 29 号院华龙大厦　邮编：100029
　　　　　网址：www.ssap.com.cn
发　　行／市场营销中心（010）59367081　59367018
印　　装／三河市东方印刷有限公司

规　　格／开　本：787mm×1092mm　1/16
　　　　　印　张：54　插页：0.75　字　数：1105 千字
版　　次／2018 年 5 月第 1 版　2018 年 5 月第 1 次印刷
书　　号／ISBN 978 - 7 - 5201 - 2352 - 5
定　　价／298.00 元